本书受中国历史研究院学术出版经费资助

中国历史研究院
Chinese Academy of History

学术出版资助

以文治边

文物考古视阈下明朝对西藏的经略

李 帅 著

社会科学文献出版社
SOCIAL SCIENCES ACADEMIC PRESS (CHINA)

中国历史研究院学术出版
编委会

主　　任　高　翔
副 主 任　李国强
委　　员　（按姓氏笔画排列）
　　　　　卜宪群　王建朗　王震中　邢广程　余新华
　　　　　汪朝光　张　生　陈春声　陈星灿　武　力
　　　　　夏春涛　晁福林　钱乘旦　黄一兵　黄兴涛

中国历史研究院学术出版资助项目出版说明

为了贯彻落实习近平总书记致中国社会科学院中国历史研究院成立贺信精神，切实履行好统筹指导全国史学研究的职责，中国历史研究院设立"学术出版资助项目"，面向全国史学界，每年遴选资助出版坚持历史唯物主义立场、观点、方法，系统研究中国历史和文化，深刻把握人类发展历史规律的高质量史学类学术成果。入选成果经过了同行专家严格评审，能够展现当前我国史学相关领域最新研究进展，体现我国史学研究的学术水平。

中国历史研究院愿与全国史学工作者共同努力，把"中国历史研究院学术出版资助项目"打造成为中国史学学术成果出版的高端平台；在传承、弘扬中国优秀史学传统的基础上，加快构建具有中国特色的历史学学科体系、学术体系、话语体系，推动新时代中国史学繁荣发展，为实现"两个一百年"奋斗目标、实现中华民族伟大复兴的中国梦贡献史学智慧。

中国历史研究院
2020 年 3 月

从新的角度认识明代中央与西藏地方的关系

——《以文治边：文物考古视野下明朝对西藏的经略》序

如何认识明代中央与西藏地方的关系，从来是国际藏学界关注的一个重要议题。西方学者中有些人认为明代中央与西藏地方的关系只是一种宗教上的"檀越关系"或者"供施关系"，否认明代已经和前朝的元代、后来的清代一样，有效地实施了中央王朝对西藏地方的政治管辖。这和中国学者对此的认识存在根本性的分歧。造成这个局面的一个很重要的原因在于，明代治藏的方略明显与元代、清代有别。元代以军事手段为引导，充分利用西藏内部宗教派别之间的势力斗争，扶持萨迦教派，从而实现了对西藏的直接掌控，将其纳入中央王朝的管理体系之中，并通过在中央设立宣政院统管西藏事务，在西藏设立乌思藏宣慰司、十三万户等机构，封授西藏僧俗头领担任职官，派蒙古军队进驻西藏等一系列措施，加强了对西藏的管辖。而清代继承元代对西藏的治理方式，不仅使用军事手段确保对西藏的直接管控，驻军西藏，而且随之建立了一套完整的治藏措施与制度，如设立驻藏大臣、实行金瓶掣签制度等，有效地实现了中央王朝对西藏的管理。相比而言，明代中央对于西藏的治理在方式上更显弹性，更加注重以文化交流、融合来加强中央与西藏地方政权之间的联系，通过对西藏各宗教首领的"册封"

与"赏赐",使治藏方略取得成功,实现了中央王朝治藏政策新的制度性创造。这也就是李帅博士所说的"以文治边"。

李帅曾经参与了我任首席专家的国家社科基金重大招标项目"文物考古所见西藏与中原关系资料的整理与研究",担任其中明代部分的子课题负责人。这是我们共同从文物考古的视野和史料入手、以一个新的角度来研究和认识西藏与祖国历史上的关系的开始。他在这项工作中投入了大量的心血,尽可能完备地收集了丰富的文物考古资料,结合历史文献并广泛吸收前人研究成果,出色地完成了研究任务。这项集我们研究团队多年心血的研究成果将以《历史铸就的统一体:文物考古所见西藏与中原关系研究》为名由中国藏学出版社正式出版。通过这个项目,李帅的研究视野更为拓展,他开始从西藏历史发展的长轴线、广视角来思考西藏若干历史问题,关注的目光从西藏史前时代考古一直延伸到宋元明清各代。呈现在我们面前的这部新著,就是在这样的学术背景之下不断积累、研究史料之后完成的"处女作"。

这部新著有几个突出的特点我认为是值得加以介绍的。首先,与以往更多地从文物、艺术史的角度出发来探索明代汉藏之间的文化交流不同,该书的研究是从政治层面的明代中央王朝对于西藏的治理这个高度出发,重新审视了通过文物、考古实物所折射出的明代治藏方略中的智慧之光,令人信服地论述了明代治藏举措的有效与成功之处。如同李帅最后所总结归纳出的结论所论述的那样,明代虽然不同于元代和清代直接在西藏驻军或者派驻官员直接参与西藏地方事务的管理,但极为有效地利用了中华文化中源远流长的"赐贡体系",依靠以物质赏赐为形式、文化交融为目的、心理趋同为导向的"柔性"手段,达成了"以文治边"的实际效果。李帅在书中列举出明代中央在西藏实施的若干举措,如在藏设立军政机构,但均由当地僧俗担任职官;建立藏僧等级制度,将各派僧侣按照统一标准纳入同一系统中进行管理;不同于元代和清代着重扶持某个教派,而是采取"多封众建"的方式广泛敕封各派宗教首领等，他认为这些举措对于西藏所产生的文化影响更为长远。他进一步指出，元、明、清三代统治者虽然在治藏策略和措施上各有不同，但存在一些共性，如都重视对西藏宗教首领的召请与敕封，注重对藏传佛教的经营，尊重藏传佛教的习俗和观念，从心理上引导藏传佛教对于中央政府及皇帝本人的尊崇与认同，吸纳僧人参与地方政务，在物质上大加赏赐，等等，这些都是三代王朝经略西藏历史经验的积累和政治智慧的延续。这些论说我认为都是颇富新意而且具有很强说服力的。

其次，在史料的运用上，这本书很显然体现出了我们考古学科的特点，即利用文物考古的实物证据拓展研究史料，将其纳入传统的文献史料体系当中整体性地加以考察，从中发现和提出问题并加以科学阐释。这部著作中所涉及的文物覆盖面极为广泛，其中既有直接表现中央王朝敕封西藏地方的文书、档案、印玺等物，也有经由内地赏赐的丝绸、瓷器、铜佛像、唐卡，还有许多西藏向中央进贡的地方物品。除了可移动文物之外，作者还对反映明代汉藏文化交流的一些不可移动文物，如佛塔、寺院建筑、碑刻、墓葬等也加以充分利用和解读，将从精神文化到物质生活的不同层面尽可能多样地展现给读者，围绕中心论题抽丝剥茧式地层层递进，让人有别开生面之感。

最后，作者的研究视野十分开阔，目光所及不仅仅在于西藏和内地，甚至扩展到南亚各国。如书中专辟出一个章节论述明朝经略西藏所考量的南亚因素及其对治藏的影响，就颇有新意。作者认为，明代中央政府清楚地认识到作为佛教发源地的南亚地区对于西藏的宗教影响，因此在治藏方略中有意识地合理利用了一些南亚因素，产生了正面的效果。例如，主动与南亚相关国家建立联系，优待和任用"西天僧"参与治藏事务，郑和下西洋活动中的治藏动机，侯显、洪保等使藏人员的南亚经历，赏赐西藏物品中的南亚因素等方面，都从心理和宗教上引导西藏僧俗认识中央王朝具有正统地位，从而加深其对于祖国内地的向往与认同。这些观点，都扩展了以往研究中的既存成果，从更为辽阔的地理空间上论证了明代在经略西藏地方过程中对于周边相关国家和地区关系的处理，是其经营西藏策略的重要组成部分。

李帅作为一位跨入藏学研究领域不久的学术新人，我为他所取得的成绩感到高兴，但同时不可否认，这部著作当中还存在着诸多不足，有待进一步深入和改进。因为考古文物资料最大的局限在于它们尽管是客观的存在，但又是零散的史料，要将它们整合起来比较全面地反映明代中央王朝对于西藏治理经略的历史过程，存在相当大的难度，有许多重要的史实并不能够找到直接的文物证据来加以论述，文物考古材料所能够反映和折射出的也仅仅是这个宏大历史叙事中的一些片段，我相信李帅对此会有清醒的认识，绝不会止步于此而自满。

李帅的学术成长前途远大，这与他的人品密不可分。从大学时代直到现在，他都是同学们心目中的"帅哥"（这并非是说他人长得太帅）。刻苦努力，低调踏实，做事认真，乐于助人，这是李帅的本色和基调。近些年来，他作为四川大学西藏考古研究团队中的一员进入西藏高原开展田野调查与发掘工作，很快便成为队伍中不可或缺的骨干成员。我衷心地期待，他朝着自己心中的学术目标，一步一个脚印，迈开坚实的步伐，迎着太阳不断前行。

霍 巍

2020 年 12 月 8 日于四川大学江安花园

目　　录

绪　论 …………………………………………………………（1）

第一章　明朝在西藏构建的政、教体系 ………………………（63）
　　第一节　明朝在西藏构建的军政体系 ……………………（63）
　　第二节　明朝在西藏构建的藏僧等级体系 ………………（91）

第二章　赐贡体系下明廷与西藏之间的物品流通 ……………（119）
　　第一节　西藏向明廷进贡的物品 …………………………（120）
　　第二节　明朝内地输入西藏的物品 ………………………（128）
　　第三节　明廷赏赐西藏物品的文化因素分析 ……………（175）

第三章　明朝内地输藏物品在西藏的使用与影响 ……………（192）
　　第一节　明朝内地输藏物品在西藏的使用对象 …………（192）
　　第二节　明朝内地输藏物品在西藏的使用方式 …………（206）
　　第三节　明朝内地物品与文化对西藏的影响 ……………（228）

第四章　汉藏文化之间的差异与调和 …………………………（256）
　　第一节　"神权"与"皇权"——两种社会
　　　　　　与观念的差异 ……………………………………（256）

第二节　改变与适应——汉藏文化之间的差异与调和……（269）
　　第三节　入乡随俗——藏传佛教在内地的影响与融合……（280）

第五章　明朝经略西藏中的内引与外联策略……………（298）
　　第一节　明朝经营内地藏传佛教的举措及其
　　　　　　与治藏的关系……………………………………（298）
　　第二节　明朝经略西藏中的南亚因素及其
　　　　　　对治藏的影响……………………………………（316）

结　语……………………………………………………………（337）

附　录……………………………………………………………（353）

图　版……………………………………………………………（415）

参考文献…………………………………………………………（558）

专有名词汉藏对照………………………………………………（613）

后　记……………………………………………………………（619）

图版目录

图 1-1　洪武敕封搠思公失监为俄力思军民元帅府
　　　　元帅圣旨 …………………………………………（416）
图 1-2　洪武十二年敕封端竹监藏为信武将军、加麻
　　　　万户府万户诏书 …………………………………（416）
图 1-3　必力公万户府印 ……………………………………（417）
图 1-4　乌思藏宣慰司分司印 ………………………………（418）
图 1-5　朵甘卫都指挥使司印 ………………………………（419）
图 1-6　明成祖敕封挫失吉承袭其父冷真监藏职名诏书……（420）
图 1-7　乌思藏卫俺不罗行都指挥使司印 …………………（420）
图 1-8　永乐十四年敕封喃葛加儿卜为昭勇将军、领思
　　　　奔寨行都指挥使司都指挥佥事诰书 ……………（422）
图 1-9　果累千户所印 ………………………………………（423）
图 1-10　司徒之印 ……………………………………………（424）
图 1-11　永乐皇帝敕封锁巴头目剌昝肖为司徒诏书 ………（424）
图 1-12　赏巴国公之印 ………………………………………（425）
图 1-13　灌顶国师阐化王印 …………………………………（426）
图 1-14　"灌顶国师阐化"复制印 …………………………（427）
图 1-15　永乐十一年封翰喃渴烈思巴为思达藏
　　　　　辅教王的诰书 ……………………………………（428）
图 1-16　阐教王印 ……………………………………………（429）

图 1-17　明宪宗为遣使来贡并回赐事给如来大宝
法王等敕谕……………………………………（429）
图 1-18　宣德元年册封公哥儿寨官忍昝巴为昭勇将军、
乌思藏都指挥佥事诰命……………………（429）
图 1-19　宣德元年续封那儿卜藏卜为领思奔寨行都
指挥使司佥事诰书…………………………（430）
图 1-20　成化五年封南葛剳失坚参叭藏卜为
辅教王的诏敕………………………………（432）
图 1-21　嘉靖四十一年封授剳思巴剳失坚参承袭其父
阐化王之职诰书……………………………（433）
图 1-22　如来大宝法王之印……………………………（434）
图 1-23　正觉大乘法王之印……………………………（435）
图 1-24　刺绣大慈法王像唐卡…………………………（436）
图 1-25　明武宗给八世噶玛巴的诏敕…………………（437）
图 1-26　广慧悟法净觉妙善翊国衍教灌顶戒定西天佛子
大国师印……………………………………（438）
图 1-27　永乐十二年敕封妥巴阿摩葛承袭其子哲尊巴灌顶
圆通慈济大国师诰书………………………（438）
图 1-28　弘慈妙觉灌顶大国师印………………………（439）
图 1-29　灌顶国师之印…………………………………（440）
图 1-30　元代灌顶国师之印……………………………（440）
图 1-31　灌顶净慈通慧国师印…………………………（441）
图 1-32　大慈法王像缂丝唐卡…………………………（442）
图 1-33　戒定善悟灌顶国师印…………………………（443）
图 1-34　永乐十三年敕封高日斡锁南观为慧善
禅师之敕谕…………………………………（444）
图 1-35　弘善禅师图书…………………………………（444）
图 1-36　洪武八年允准乌思藏哈尔麻（哈立麻）剌麻
在卒尔普寺修行护敕………………………（445）

图 1-37　永乐十八年颁赐洮州喇嘛锁南巴藏卜的敕谕……（445）
图 1-38　《敕建大护国保安寺圆寂大善法王墓志铭》…（446）
图 1-39　《法海禅寺记》碑……………………………………（447）
图 1-40　谢尚师哈立麻来京并进贡马匹事敕书…………（448）
图 1-41　宣德二年敕封六世葛里麻通哇敦丹
　　　　　为慧慈禅师诏书……………………………………（448）
图 1-42　明英宗为遣僧来贡并回赐事给尚师
　　　　　哈立麻的敕谕…………………………………………（449）
图 1-43　弘治九年敕封锁南坚参巴藏卜袭净修
　　　　　圆妙国师的敕谕………………………………………（449）
图 1-44　正德四年畜吉短竹袭庄严通悟国师敕谕……（450）
图 1-45　嘉靖皇帝给管着坚昝的袭职敕谕………………（451）
图 1-46　明宪宗回赐乌思藏大宝法王葛哩麻等物品诏书…（451）
图 2-1　摩利支佛母鎏金铜像……………………………（452）
图 2-2　黄铜不空成就佛坐像……………………………（452）
图 2-3　多笼僧纲司印……………………………………（453）
图 2-4　都纲之印…………………………………………（454）
图 2-5　"圆修般若"图章…………………………………（454）
图 2-6　"朵儿只唱"图记…………………………………（455）
图 2-7　永乐皇帝遣使赏赐促儿卜丹萨瓦国师端
　　　　古禄丹竹斡薛诏书……………………………………（456）
图 2-8　大明皇帝颁赐大国师果栾罗葛罗坚藏巴里
　　　　藏卜礼单……………………………………………（457）
图 2-9　云龙纹锦缎…………………………………………（457）
图 2-10　哲蚌寺措勤大殿明代龙纹织绣顶幔……………（458）
图 2-11　扎什伦布寺双龙金丝织锦缎顶幔华盖…………（459）
图 2-12　扎什伦布寺鸾凤牡丹纹缂丝装饰………………（460）
图 2-13　明代飞鱼补子……………………………………（460）
图 2-14　龙纹青白玉銙……………………………………（461）

图 2-15　龙纹青白玉铊尾 …………………………………………（461）
图 2-16　洪武釉里红牡丹纹执壶 ………………………………（462）
图 2-17　永乐白釉锥花僧帽壶 …………………………………（462）
图 2-18　宣德蓝釉盘 ……………………………………………（463）
图 2-19　青花海水龙纹高足碗 …………………………………（464）
图 2-20　宣德青花八宝纹藏文高足碗 …………………………（464）
图 2-21　宣德青花藏文莲托八吉祥纹僧帽壶 …………………（465）
图 2-22　成化青花缠枝花卉纹碗 ………………………………（465）
图 2-23　成化青花夔龙纹高足碗 ………………………………（466）
图 2-24　弘治黄釉碗 ……………………………………………（466）
图 2-25　正德黄地青花云龙纹碗 ………………………………（467）
图 2-26　嘉靖青花云龙纹执壶 …………………………………（467）
图 2-27　嘉靖黄地绿彩松竹梅纹碗 ……………………………（468）
图 2-28　万历青花婴戏纹碗 ……………………………………（468）
图 2-29　万历青花庭院仕女纹高足碗 …………………………（469）
图 2-30　景泰蓝番莲纹僧帽壶 …………………………………（470）
图 2-31　八宝纹莲花碗 …………………………………………（470）
图 2-32　白釉刻花夔龙纹高足碗及皮革碗套 …………………（471）
图 2-33　万寿纹双花耳青白玉杯 ………………………………（471）
图 2-34　玉高足碗 ………………………………………………（472）
图 2-35　四仙寿字纹碧玉碗 ……………………………………（472）
图 2-36　万寿纹龙纽盖执壶 ……………………………………（473）
图 2-37　龙纹青白玉方执壶 ……………………………………（473）
图 2-38　万寿长春青白玉八角托盘 ……………………………（474）
图 2-39　青白玉夔龙乳钉寿字纹簋 ……………………………（474）
图 2-40　龙纹双龙耳活环青玉瓶 ………………………………（475）
图 2-41　龙纹青白玉嵌饰 ………………………………………（475）
图 2-42　龙香御墨 ………………………………………………（476）
图 2-43　人物纹水晶笔架 ………………………………………（476）

图 2 - 44	碧玉方印盒	(476)
图 2 - 45	明永乐毗瓦巴鎏金铜像	(477)
图 2 - 46	明永乐宝冠无量寿佛	(477)
图 2 - 47	明永乐持金刚鎏金铜像	(478)
图 2 - 48	明永乐四臂观音鎏金铜像	(478)
图 2 - 49	明宣德金刚持菩萨鎏金铜像	(479)
图 2 - 50	明永乐摧碎金刚鎏金铜像	(479)
图 2 - 51	明永乐喜金刚鎏金铜像	(480)
图 2 - 52	明永乐大黑天鎏金铜像	(480)
图 2 - 53	明永乐吉祥天母鎏金铜像	(481)
图 2 - 54	明永乐金刚亥母	(481)
图 2 - 55	明永乐绿度母鎏金铜像	(482)
图 2 - 56	象牙质十一面观音立像	(482)
图 2 - 57	明永乐鎏金铜铃、杵	(483)
图 2 - 58	明宣德鎏金铜铃、杵	(483)
图 2 - 59	铜碰铃	(484)
图 2 - 60	雕龙玉钟	(484)
图 2 - 61	永乐年制铜钹	(485)
图 2 - 62	宣德年制铜钹	(485)
图 2 - 63	"大明永乐年施"钢剑	(485)
图 2 - 64	镶银翅海螺法号	(486)
图 2 - 65	明永乐铜鎏金聚莲塔	(487)
图 2 - 66	"大明永乐年施"菩提伽耶寺院模型	(488)
图 2 - 67	"大明永乐年施"款铜曼陀罗	(489)
图 2 - 68	明永乐铜鎏金八瓣莲花大威德金刚曼陀罗	(489)
图 2 - 69	明永乐带链铜香炉	(490)
图 2 - 70	铜象首足炉	(490)
图 2 - 71	永乐八年版朱砂《甘珠尔》	(492)
图 2 - 72	《吉祥无量寿佛好事经部》	(493)

图 2-73	"永乐年施"大威德金刚唐卡	(493)
图 2-74	佛陀释迦牟尼卷轴绢画	(494)
图 2-75	明成祖朱棣御容像	(494)
图 2-76	《噶玛巴为明太祖荐福图》长卷	(498)
图 2-77	楚布寺"大转法轮之寺"匾额	(499)
图 2-78	噶玛寺明代万岁牌	(499)
图 2-79	宣德青花五彩鸳鸯纹高足碗	(500)
图 2-80	明大庆法王领占班丹绣施普贤菩萨像唐卡	(501)
图 2-81	扎什伦布寺明代二龙戏珠纹锦	(501)
图 2-82	萨迦寺藏宣德年铜钹	(502)
图 2-83	哲蚌寺明代八卦龙纹顶幔	(502)
图 2-84	青白玉云凤八卦纹竹节足爵	(502)
图 3-1	大昭寺太监杨瑛碑	(503)
图 3-2	明代药师佛唐卡	(503)
图 3-3	甘丹寺供奉的"甘丹绣唐"	(504)
图 3-4	明代缂丝《罗汉像》唐卡	(504)
图 3-5	净修通悟国师印	(505)
图 3-6	第六辈红帽噶玛巴相关的文告	(505)
图 3-7	红帽噶玛巴印	(506)
图 3-8	正统法旨上的"净觉西天佛子大国师"和"金刚三昧"印痕	(506)
图 3-9	明代西藏地方盖"灌顶国师阐化王印"的文告	(507)
图 3-10	阐化王给德吉康萨娃的执照	(508)
图 3-11	木纽铁质的"赏巴国公之印"	(508)
图 3-12	康熙十一年藏文档案上的"赏巴国公之印"	(509)
图 3-13	清顺治五年档案上的"灌顶国师阐化王印"印痕	(509)
图 3-14	配有金属托座的宣德青花五彩鸳鸯纹圈足碗	(510)

图 3-15	明代高足碗及鎏金莲花纹银碗座	(511)
图 3-16	十世噶玛巴创作的《三罗汉与孔雀》唐卡	(511)
图 3-17	噶玛寺明代壁画中的器物图像（一）	(512)
图 3-18	噶玛寺明代壁画中的器物图像（二）	(513)
图 3-19	贡嘎曲德寺赤增康门外壁南铺萨迦祖师像中的器物图像	(514)
图 3-20	噶玛寺明代壁画中的僧帽壶图像	(515)
图 3-21	阿里古格故城出土铁铠甲上的蓝地福字灵芝纹妆花缎	(516)
图 3-22	贡嘎曲德寺赤增康门外壁北铺萨迦祖师贡嘎宁波像	(516)
图 3-23	八世噶玛巴米居多吉的鎏金铜像	(517)
图 3-24	明代玛吉拉准像唐卡	(518)
图 3-25	明代彩绘强巴佛唐卡	(518)
图 3-26	色拉寺的主供鎏金铜弥勒佛	(519)
图 3-27	噶玛寺明代壁画中五世噶玛巴使用铃、杵的形象	(519)
图 3-28	噶玛寺明代壁画中藏僧使用串珠的图像	(520)
图 3-29	贡嘎曲德寺明代壁画中的香炉图像	(520)
图 3-30	噶玛巴玉印（一）	(521)
图 3-31	噶玛巴玉印（二）	(521)
图 3-32	贡嘎曲德寺明代壁画中的仪仗出行图像	(522)
图 3-33	四臂观音菩萨坐像	(523)
图 3-34	药师佛坐像	(523)
图 3-35	镀金铜手持金刚像	(524)
图 3-36	东方持国天王鎏金铜像	(524)
图 3-37	贡嘎曲德寺明代壁画	(525)
图 3-38	《八思巴画传》唐卡第三轴"密宗神佛图（一）"	(525)

图 3-39　贡嘎曲德寺明代壁画之城门图像……………………（526）
图 3-40　贡嘎曲德寺明代壁画中的武士形象…………………（526）
图 3-41　大昭寺汉式斗拱……………………………………（527）
图 3-42　白居寺之藏式木梁托和汉式斗拱……………………（527）
图 3-43　"扎嘎"藏瓷酒罐……………………………………（528）
图 3-44　铁糌粑盒……………………………………………（528）
图 3-45　红铜鎏金花六方宝瓶…………………………………（529）
图 3-46　头颅骨鼓（嘎巴拉鼓）………………………………（529）
图 3-47　止贡凝氏王府印………………………………………（530）
图 4-1　明末四合如意云龙纹过肩妆花缎………………………（530）
图 4-2　大昭寺明代梵字龙纹绸缎………………………………（531）
图 4-3　双龙捧寿纹青白玉托盘…………………………………（531）
图 4-4　明宣德青花缠枝莲托八吉祥纹碗………………………（531）
图 4-5　明景泰青花八宝勾莲纹大罐……………………………（532）
图 4-6　明宣德青花莲托八吉祥纹高圈足碗……………………（532）
图 4-7　明成化斗彩莲托八吉祥纹碗……………………………（533）
图 4-8　青花缠枝莲托八吉祥纹碗………………………………（533）
图 4-9　明代金地缂丝灯笼仕女袍料……………………………（534）
图 4-10　绛色勾莲八吉祥纹妆花缎……………………………（534）
图 4-11　八吉祥纹缎绣四团龙圆领夹龙袍地纹…………………（535）
图 4-12　明永乐剔红八吉祥梵文荷叶式盘………………………（535）
图 4-13　智化寺大智殿天花板上的彩绘梵文莲花卷草
　　　　 图案………………………………………………（536）
图 4-14　青花兰札体梵文出戟盖罐……………………………（536）
图 4-15　法海寺明正统青铜梵钟………………………………（537）
图 4-16　十三陵神道棂星门……………………………………（538）
图 4-17　北京万佛堂石窗雕刻…………………………………（538）
图 4-18　南京大报恩寺塔拱门琉璃构件…………………………（539）
图 4-19　明景泰铜鎏金药师佛像………………………………（539）

图 4-20	明景泰无量寿佛	(540)
图 4-21	北京潭柘寺金刚延寿塔	(540)
图 4-22	中国国家画院白塔庵塔	(541)
图 4-23	河北正定隆兴寺梦堂和尚舍利塔	(541)
图 4-24	五台山正德十年《广宗寺碑》	(542)
图 4-25	《明故大隆善护国寺西天佛子大国师张公墓塔记》碑	(543)
图 4-26	北京云居寺藏明重刊藏汉合璧《圣胜慧到彼岸功德宝集偈》	(544)
图 4-27	大隆善寺净觉慈济大国师锁南领占巴藏卜所译元代帝师法旨	(544)
图 4-28	梵文金簪	(545)
图 4-29	北京定陵出土梵文真言字镶宝玉佛鎏金银簪	(545)
图 4-30	六字真言银镀金嵌宝石帽饰	(546)
图 4-31	南京明墓出土嘎乌式金盒	(546)
图 4-32	江苏常州和平新村明墓出土银嘎乌	(547)
图 4-33	定陵出土带藏文的吉祥如意钱	(547)
图 4-34	定陵出土带朱书藏文的金枕顶	(548)
图 4-35	湖南蚂蚁山明墓内的石质喇嘛塔	(548)
图 4-36	明蜀僖王墓内的藏式风格图像	(549)
图 4-37	金质大黑天造像	(549)
图 4-38	金质大鹏金翅鸟像	(550)
图 4-39	湖北广济张懋夫妇合葬墓出土的《法被图》	(550)
图 5-1	《西天佛子大国师班丹扎释寿像记》残碑拓片	(551)
图 5-2	《重修古刹灵岩寺碑记》拓片	(551)
图 5-3	《重修鸡鸣禅寺记》碑	(552)
图 5-4	班丹扎释寿像	(552)
图 5-5	五台山塔院寺大白塔	(553)

图 5-6　五台山殊像寺藏"大明弘治九年岁次丙辰
　　　　闰三月二十八日造"铜钟 ………………………（553）
图 5-7　《御制瞿昙寺碑》拓片 ……………………………（554）
图 5-8　"瞿昙寺"匾额 ……………………………………（554）
图 5-9　瞿昙寺"万岁牌" …………………………………（555）
图 5-10　明成祖遣使致得银协巴书 ………………………（555）
图 5-11　五台山圆照寺金刚宝座塔 ………………………（556）
图 5-12　真觉寺金刚宝座塔 ………………………………（557）

绪　　论

一　研究缘起及价值

本书研究主题的确立是基于现实与学术双重因素的影响。首先，本书是笔者在参与 2011 年度国家社科基金重大招标项目"文物考古所见西藏与中原关系资料的整理与研究"工作的过程中逐渐形成的，这是本书研究主题确立的现实因素。其次，本书主要基于当前藏学研究的学术背景与学术热点展开论述。由于独特的自然地理环境与历史人文传统，西藏一直是国内外政治和学术关注的热点，这使得藏学研究成了中国社会科学领域中一个颇具现实关怀和现实意义的学术领域。在这样的背景下，汉藏交流史、西藏与内地政权或中央政权关系史等就成了藏学研究中具有较高学术价值和现实意义的研究课题和研究热点。下面分别从本书的研究时段与研究材料的使用等方面进行说明。

本书的研究时段为明代，不仅因为"明代藏史研究一直以来都是相对薄弱的环节"，[1] 还因明朝经略西藏的方式比较特殊。[2] 相较

---

[1] 《中国藏学年鉴》编辑委员会编：《中国藏学年鉴（2009）》，中国藏学出版社 2011 年版，第 210 页。

[2] 本书的"西藏"是一个地域概念，其范围即现今的西藏自治区。该区域在明代通常被称为乌思藏，但二者所指的地理范围不尽相同。本书重在使用"西藏"所代表的地域范围，即研究明朝对现今西藏所在区域的经略。

元、清两代而言，明朝经略西藏的方式显得比较"柔软"，既无军队驻扎，亦未有内地官员居藏施政。因此，不仅那些有意歪曲西藏与祖国历史关系的人不承认西藏归属明朝，① 甚至连一些严谨的学者也对西藏归属明朝持怀疑态度。② 此外，明代碑刻及传统文献中也有称当时的西藏为"乌思藏国"的情况，③ 这说明西藏与明朝的关系有其特殊之处，使当时和现代的一些人未能认识清楚，故值得进一步分析和探讨。

目前，除研究明代宗教艺术和汉藏工艺美术的学者较多使用文物考古材料之外，大多数学者在研究明代汉藏关系时仍以传统的汉、藏文文献资料为主，这导致他们的研究在材料使用、材料解读等方面比较类似。同时，文献材料本身会有不足和缺陷，常受制于著者的思想和认识，不一定能真实反映当时历史的整体状况和真实面貌，若单纯依靠某些文献材料来进行历史研究则有可能导致片面甚至错误的认识，这也是中外学者对明朝与西藏关系产生认知分歧的重要原因之一。因此，要改变目前的研究局面，除了依靠研究理论与方法的进步以及研究视野和方向的开拓外，迫切需要对各种新旧材料进行深入挖掘、释读与系统研究。

作为基本历史资料之一的文物考古材料在现代历史研究中逐渐

---

① 黎吉生：《西藏简史》（H. E. Richardson, *A Short History of Tibet*, 1962），李有义译，刊印本，中国社会科学院民族研究所1979年版。夏格巴：《藏区政治史》，刘立千、罗润苍等译，刊印本，印度德里藏文，1976年（1992年翻译）。迈克尔·C. 范沃尔特·范普拉赫：《西藏的地位》（Michael C. van Walt van Praag, *The Status of Tibet: History, Right, and Prospects in International Law*, Westview Press, 1987），贺明明、吴聿衡译，刊印本，中央统战部1991年版。

② 杜齐：《西藏中世纪史》，李有义、邓锐龄译，中国社会科学院民族研究所民族史室、民族学室1980年版，第44页。Turrell V. Wylie, "Lama Tribute in the Ming Dynasty," *Tibetan Studies in Honour of Hugh Richardson*, Oxford, 1979, pp. 335–340.

③ 《重修圆照寺记》，张正明、科大卫主编：《明清山西碑刻资料选》，山西人民出版社2005年版，第319页。《敕赐崇恩寺西天大辣麻桑渴巴辣行实碑》，北京图书馆金石组编：《北京图书馆藏中国历代石刻拓本汇编（明二）》第52册，中州古籍出版社1989年版，第10—11页。

显现出良好的作用和优势，利用客观且直观的文物考古材料来研究西藏与内地关系不失为一条拓新之道。但由于各种原因，文物考古材料在当前西藏某些时代和历史问题的研究中还未能发挥应有的作用，于汉藏关系及西藏历史研究而言当是遗憾。长期以来，有关明代汉藏关系的文物考古材料已被不断发现和公布出来，目前已经积累了比较丰富的实物资料，基本涉及明朝与西藏关系的各主要层面。然而，目前国内外学界在利用文物考古资料来系统研究明代汉藏关系，从文物考古视角来构建明代汉藏关系基本框架等方面的工作仍未有效展开。鉴于上述研究现状，本书尝试以文物考古材料为基础，从文物考古视角来对明朝经略西藏这一主题开展综合研究。

基于以上背景，本书的价值可以分为学术价值和现实价值两个方面。首先就学术价值而言，至少有以下五点。第一，本书的研究能够弥补西藏与明朝关系研究中的若干空白，为明代汉藏关系的认知提供一套切实可信的实物证据，有利于推进和深化西藏与祖国关系等课题的研究。第二，本书系统收集和利用了不少新的文物考古材料，并从文物考古视角对明朝经略西藏这一主题进行了研究，取得了一些新认识和新成果，有利于丰富和深化汉藏关系以及西藏与中央政权关系研究的内容及层面。第三，本书涉及的一些专题在学界已有的研究中得到的关注不够，研究不深，如明代藏僧等级体系，明代内地输藏物品的内容及其在西藏的使用与影响，内地输藏物品体现的汉藏之间在思想与观念上的交流和碰撞，以及明朝在南亚的外交活动与明朝治藏的关系，等等。本书将在研究视野上有所扩大，在一些薄弱的研究课题上有所突破，为明代藏族史、边疆史、汉藏关系史的研究提供有益的参考和补充。第四，本书以文物考古资料为基础，通过对反映明代汉藏关系的物质实物的系统梳理和分析，获取物质实物所承载的历史、文化、思想观念等信息来开展研究，与传统文献材料互疑、互补、互释和互证，以求共同探索和阐述历史之真实。第五，目前学界利用文物考古材料，从文物考古视角来进行明清阶段综合性历史研究的案例还比较少见，本书的研究将是这方面的有益尝试。

本书的研究还具有一定的现实价值和意义。首先，本书以客观、具体的文物考古资料来证明明朝与西藏之间存在真实的政治关系、文化联系与经济往来，明朝以独特的经藏策略保持了西藏对其的认同和归属。上述认识是从客观物质材料出发得出的，不仅是对单纯文献论证的补充、修正与完善，而且是一种新的信息源，更具说服力，支持了维护国家统一和民族团结的主张。其次，本书还对明朝经略西藏的策略做了简要分析，在此基础上对古代王朝经略西藏的历史经验进行了简要总结，可为当前治藏提供历史智慧与借鉴。

二 学术史回顾

由于明朝经略西藏这一主题涉及藏学、汉藏关系史和边疆经略史等相关内容，因此本书对该主题学术史的回顾和梳理没有限于明朝经略西藏本身，而是将其放在明代汉藏关系史的学术大背景下进行考察，以便更全面地认识和把握学术界对明朝经略西藏这一主题的研究历程。下面就按照国内（大陆、港台地区）与国外两部分进行梳理和介绍。

（一）国内

1. 大陆地区

根据《中国藏学史（1949年前）》一书对中国藏学研究的分期，鸦片战争之前（1840）以汉、藏文文献形式记载藏事的漫长时期被称为传统藏学时期，该阶段的涉藏论著重在记叙而不是研究。从鸦片战争到清朝灭亡的时期（1840—1911）被认为是中国藏学研究的萌芽期，该阶段的涉藏论著主要为奏牍奏疏、游记志略之类。[①] 这些涉藏论著是在清末藏事危机的时代背景下出现的，具

---

① 王尧、王启龙、邓小咏：《中国藏学史（1949年前）》（修订本），中国社会科学出版社2013年版，第26—94页。

有很强的现实关怀，除涉及明朝与西藏关系的史料外，基本不见专门论述明代汉藏关系的论著。

中国古代的地方志和金石学著作都有记叙古代文物的传统，在清代编撰的西藏地方志中已经出现了有关明代涉藏文物的记录。清代成书的《卫藏通志》在记叙明朝封授西藏大宝法王的历史后，用案语提到前藏大寺（楚布寺）收藏的一幅明代卷轴画："前藏西北山后大寺，住锡噶尔玛巴瑚图克图，系黑教喇嘛，云南人也，即明时所谓哈立玛者。藏手卷一轴，长二十余丈，乃绘永乐初哈立玛诵经灵谷寺图。"① 前句中的手卷应即仍存于世的《噶玛巴为明太祖荐福图》长卷。② 总体看来，民国以前的藏学还停留在传统的记述和资料抄录阶段，关注现实的涉藏问题，缺乏学术研究的分析和理论支撑，还不能视为现代意义上的学术研究。

受西方学术思潮的影响，中国现代意义上的学术研究在民国时期才逐渐发生，该时代风气也影响到藏学领域，现代意义上的涉藏学术研究由此拉开序幕。因此，本书对明朝经略西藏这一主题的学术史回顾以中华民国的建立（1911）为起点，以研究路径、方法、内容与材料等方面的发展、变迁为标准，将我国学界对该主题的研究历程分为五个阶段，下面分别对各阶段的情况进行梳理和介绍。

（1）初始期（1911—1949）

本阶段是我国现代藏学研究的初始期，虽然筚路蓝缕，但不断有所突破，为我国藏学的后续发展奠定了基础。本阶段有关明代汉藏关系的研究论著有综合性和专题性两种，以综合性论著为主，但这类论著大部分不是专门针对本书的研究主题，而是在综合论及西藏历史和汉藏政治、宗教与文化联系时有所涉及。例如，吴燕绍先

---

① 松筠撰，《西藏研究》编辑部编辑：《卫藏通志》卷一《考证》，西藏人民出版社1982年版，第184页。

② 甲央、王明星主编：《宝藏——中国西藏历史文物》（3），朝华出版社2000年版，第94—137页，图48。

生编著的《西藏史大纲》是本阶段具有代表性的一部西藏通史类著作，该书从《明史》《清凉山志》等文献中辑录出明朝封授三大法王和五大教王的史料来对明朝与西藏的历史关系进行说明。① 本阶段另一本代表性著作是法尊法师编写的《西藏民族政教史》，该书是一部利用藏、汉文文献材料来写作的西藏佛教历史教材，其中涉及明朝与西藏相关宗派和人员交往的内容。②《唐宋元明清历代与西藏之关系》一文对唐以来中原（中央）王朝与西藏的关系进行了简要论述，涉及双方在政治、文化等方面的交往和联系。③ 法尊法师的《元明间与中国有关之西藏佛教》一文主要就元明时期与内地有关系的西藏相关教派做了介绍，其中涉及噶举派、格鲁派与明朝交往的历史。④ 此外，《西藏史略》⑤、《西藏史地大纲》⑥、《西藏历史与五族联合》⑦、《西藏政教之始末》⑧、《中藏关系之史的考察》⑨、《元明清之中藏关系》⑩、《西藏与中国过去之关系》⑪、

---

① 吴燕绍编著：《西藏史大纲》，全国图书馆文献缩微复制中心1993年版，第320—348页。

② 法尊编：《西藏民族政教史》第3卷，全国图书馆文献微缩复制中心1991年版，第26—27页。

③ 文武：《唐宋元明清历代与西藏之关系》，连载于《开发西北》第2卷第1期，1934年7月；第3卷第3期，1935年3月。

④ 法尊：《元明间与中国有关之西藏佛教》，《文史杂志》第4卷第9、10期，1944年11、12月。

⑤ 李安陆：《西藏史略》，文言竖排，无标点，连载于《西北杂志》第1、2、3、4期，1912年11月（学术13—18页）、12月（学术25—34页），1913年1月（学术35—48页）、2月（学术49—58页）。

⑥ 洪涤尘编著：《西藏史地大纲》，正中书局1936年版，第143—145页。

⑦ 班禅额尔德尼：《西藏历史与五族联合》，《蒙藏旬刊》第40期，1933年2月10日。

⑧ 班禅额尔德尼：《西藏政教之始末》，刘家驹译，《蒙藏旬刊》第83期，1934年5月20日。

⑨ 苏大成：《中藏关系之史的考察》，《新亚细亚》第7卷第3期，1934年3月。

⑩ 苏大成：《元明清之中藏关系》，《蒙藏月报》第1卷第5期，1934年8月25日。

⑪ 熊耀文：《西藏与中国过去之关系》，《蒙藏旬刊》第94、95期合刊，1934年10月30日。

《历代对于西藏之抚绥》①、《喇嘛教在中国》②、《〈喇嘛教在中国〉补遗》③以及《历代汉藏关系概述》④等论著中也有与明代汉藏关系相关的内容。

本阶段出现了少量涉及明代汉藏关系的专题性论文，如《译注明成祖遣使召宗喀巴纪事及宗喀巴复成祖书》、《明代西茶易马考》⑤、《明朝西南边疆之茶马市易》⑥、《明史乌斯藏大宝法王考》和《明乌思藏初通中国考》⑦等。其中于道泉先生的《译注明成祖遣使召宗喀巴纪事及宗喀巴复成祖书》一文利用藏文文献对明成祖召请宗喀巴之事以及宗喀巴与明成祖交往的信件进行了考察，弥补了汉文史籍记载的阙如。⑧韩儒林先生的《明史乌斯藏大宝法王考》一文结合汉、藏文文献对大宝法王的教派、地位及寺院位置等内容进行了探究。⑨《明代西茶易马考》和《明朝西南边疆之茶马市易》两篇文章则从汉藏之间的茶马互市入手，对明朝与藏族地区之间的经济、政治关系进行了简要介绍。

从研究成果来看，本阶段有关明代汉藏关系的学术研究具有以下几个特点。第一，专门性的研究成果比较少见，多数论著只是简要涉及明代的情况，且重史轻论，论述重点主要围绕政治和宗教层面展开。第二，主要使用传统的汉文文献来开展研究，但已经有学者开始利用汉、藏两种文献来进行研究。第三，涉及本

---

① 郑鹤声：《历代对于西藏之抚绥》，《中央日报》1946年4月10—11日，第3版。
② 王宜昌：《喇嘛教在中国》，《力行》第4卷第5、6期，1941年11、12月。
③ 王宜昌：《〈喇嘛教在中国〉补遗》，《力行》第5卷第2期，1942年2月。
④ 谭英华：《历代汉藏关系概述》，《康导月刊》第6卷第9、10期，1947年9月。
⑤ 李光璧：《明代西茶易马考》，《中央亚细亚》第2卷第2期，1943年4月。
⑥ 谭英华：《明朝西南边疆之茶马市易》，《边政公论》第2卷第11、12期合刊，1943年。
⑦ 谭英华：《明乌思藏初通中国考》，《史学杂志》第1期，1945年12月。
⑧ 于道泉：《译注明成祖遣使召宗喀巴纪事及宗喀巴复成祖书》，《庆祝蔡元培先生六十五岁论文集》，中研院历史语言研究所1933年版，第939—966页。
⑨ 韩儒林：《明史乌斯藏大宝法王考》，《真理杂志》第1卷第3期，1944年6月。后收入氏著《穹庐集》，河北教育出版社2000年版，第485—493页。

书相关主题研究的作者不仅有汉族学者，藏族学者也开始论及这方面的内容。第四，由于本阶段是中国传统学术向现代学术转型的重要时期，新、旧学术研究并行存在，所以这一时期既有简单摘用传统文献的论著，也有利用文献材料为解决相关学术问题而进行深入研究的高水平论著。第五，受制于当时的社会环境、学术发展阶段以及西藏与内地关系的现实状况，民国时期有关汉藏关系的研究还处于初始阶段，整体认识相对浅显甚至存在一些错误，同时对文献材料的挖掘也不够深入，不过这都是学术发展历程中的正常现象。

（2）新生期（1950—1966）

在新中国成立以及西藏和平解放的社会历史背景下，我国的藏学研究迈入了一个新阶段。本阶段涉及明代汉藏关系研究的大部分论著仍是利用文献材料从政治层面来论述明朝与西藏地方的关系，其中以下三篇（本）论著最具代表性。第一篇为王忠先生的《评理查逊〈西藏简史〉关于明代西藏地方历史的谬说》，该文驳斥了英国人理查逊（又译为黎吉生）在《西藏简史》一书中关于明朝与西藏关系的判定。该文利用《明实录》、《宗喀巴大师传》和《续藏史鉴》等汉、藏文文献对明朝治理西藏的制度、政策进行了梳理，包括明朝在西藏设立军政机构与职官、敕封僧俗首领等方面的内容，以此证明明朝对西藏有统治权。不仅如此，王忠先生的这篇文章还利用布达拉宫保存的明代诏敕进行论述，这使得该文在材料使用和研究方法方面较以前的研究有很大进步。① 王森先生在20世纪60年代初曾应民族研究所之邀写作了十篇有关西藏佛教史的文章，当时以《关于西藏佛教史的十篇资料》为名在民族所内部刊印。② 该资料第十篇名为《明代卫藏地方政教情

---

① 王忠：《评理查逊〈西藏简史〉关于明代西藏地方历史的谬说》，《历史研究》1963年第5期。

② 该书现已更名为《西藏佛教发展史略》，参见王森《西藏佛教发展史略》，中国藏学出版社2009年第2版，"再版前言"，第1页；"原版前言"，第1页。

况》，作者利用汉、藏文文献材料对明代西藏的世俗与宗教势力及其兴衰变化进行了梳理，对明朝在西藏的政策以及与西藏地方势力和教派之间的交往进行了论述。①《西藏地方历史资料选辑》是一本以汉藏关系为主题、以资料汇编为主的论著，其中第四章为"明代对西藏地方的管理"，主要内容是由《明实录》等文献中摘抄出来的史料按照相应的主题分类组合而成，包括明朝治理西藏的政教制度、西藏对明朝的贡赋、汉藏间的茶马贸易以及明朝和格鲁派之间的关系等。②本阶段还有不少涉及明代汉藏关系的论文，如《一千五百年来的藏汉民族关系》③、《西藏地方与祖国的历史关系》④、《中央政府管理西藏地方的制度的发展》⑤、《略论历史上汉藏民族间的茶马互市》⑥和《明代时期汉藏两族的友好关系》⑦等。

本阶段有关明代汉藏关系研究的成果基本都着眼于政治层面，这与当时的时代背景有关。据《西藏地方历史资料选辑》一书的"序言"："本书开始编辑，是在一九五九年夏季，那还是刚刚平定了西藏反动集团叛乱的时候。中国人民平叛的胜利刺痛了帝国主义和外国反动派。他们到处造谣诽谤、混淆视听……还在千方百计地利用所谓西藏问题来反对中国人民，还在四处散播谎言，歪曲历史，指望蒙蔽些不明真相的人……本书出版的目的，在于使关心西藏但不太了解西藏或者没有机会接触西藏历史材料的人，从这些确凿的材料里进一步了解西藏历史的真面目。"⑧上述内容不仅反映

---

① 王森：《西藏佛教发展史略》，第236—262页。
② 北京大学历史系等编著：《西藏地方历史资料选辑》，三联书店1963年版，第53—86页。
③ 李有义：《一千五百年来的藏汉民族关系》，《新建设》1952年第6期。
④ 子元：《西藏地方与祖国的历史关系》，《民族研究》1959年第4期。
⑤ 王忠：《中央政府管理西藏地方的制度的发展》，《历史研究》1959年第5期。
⑥ 马金：《略论历史上汉藏民族间的茶马互市》，《中国民族》1963年第12期。
⑦ 马伟：《明代时期汉藏两族的友好关系》，《历史教学问题》1958年第12期。
⑧ 北京大学历史系等编著：《西藏地方历史资料选辑》，"序言"，第1页。

了这一阶段汉藏关系研究的学术与时代背景，而且道出了该阶段有关本书相关主题研究的主流意识和指导思想，集中体现了本阶段藏学研究所具有的现实关怀。

随着新中国文物考古事业的开展，西藏地区的文物考古工作也被提上日程。在西藏和平解放后不久，一个藏传佛教艺术调查工作组在西藏工委和军区的支持下于1955年赴拉萨、日喀则、江孜等地的寺院进行调查，其调查成果以《西藏的佛教艺术》为名刊发在《文物参考资料》上，① 同时又以《西藏佛教艺术》为名集录出版。《西藏佛教艺术》一书公布的文物材料包括西藏各时期的绘画、建筑与雕塑，其中有体现明代汉藏关系的文物，如带"大明永乐年施"款的印度菩提伽耶寺院模型等。② 这次针对西藏佛教艺术的调查是我国在西藏地区自主开展的最早的文物调查工作之一，其成果还在故宫以图片的形式进行了展览。③

1959年，中央组织了一次专门针对西藏的文物调查，此次调查有包括考古学者在内的众多人员参与，主要对西藏拉萨、日喀则和山南的寺院、遗址以及墓葬等地面的古代遗存进行调查。这次调查所得资料最初以《西藏文物见闻记》为题连续在《文物》上刊布，更丰富和详细的资料则直到20世纪80年代以后才由相关参加者逐渐公布出来。20世纪60年代刊布的系列简报虽然简略，但其中提到了不少与明代汉藏关系相关的文物，如拉萨噶丹寺（即甘丹寺）的明代刺绣唐卡，拉基大殿内用明清皇帝赏赐锦缎、蟒袍所做的顶幛，色拉寺的大慈法王像缂丝唐卡等；④ 日喀则扎什伦布寺收藏的明代瓷器、珐琅器，拉当寺（即那塘寺）藏永乐十七年（1419）、永乐二十一年诰敕，萨迦寺的明代青花瓷器等；⑤ 山南市

---

① 刘艺斯：《西藏的佛教艺术》，《文物参考资料》1957年第4期。
② 刘艺斯编：《西藏佛教艺术》，文物出版社1957年版，图11。
③ 田文秀：《西藏佛教艺术图片展览》，《美术》1957年第3期。
④ 王毅：《西藏文物见闻记（一）》，《文物》1960年第6期。
⑤ 王毅：《西藏文物见闻记（二）》，《文物》1960年第8、9合期。

乃东区则错巴寺收藏的明代释迦佛像缂丝唐卡、昌珠寺藏大明宣德年款铜钹,① 以及扎囊县敏珠林寺收藏的明代玉质"灌顶国师之印";等等。② 上述文物的发现丰富了明代汉藏关系研究的资料,为进一步开展研究提供了条件。

与此同时,内地也发现少量涉及明代汉藏关系的文物考古资料,见于《南京牛首山弘觉寺塔内发现文物》③、《北京慈因寺出土的明代锦缎》④ 和《故宫所藏明清两代有关西藏的文物》等文章。其中朱家潘先生写作的《故宫所藏明清两代有关西藏的文物》一文刊布了多件明代涉藏文物,如永乐八年明成祖给失家摄聂喇嘛的敕谕、班禅和达赖进贡给乾隆皇帝的明永乐年与明宣德年款铜铃杵等。朱先生在介绍这些文物时还结合文献材料对文物背后的相关历史进行了介绍,以此证明明清中央政府与西藏地方的统一关系。⑤

整体看来,本阶段有关明代汉藏关系的研究仍然十分薄弱,涉及方面也比较有限,但仍较前一阶段有很大进步。第一,在资料方面,西藏和内地都有不少涉及明代汉藏关系的文物资料被发现和公布出来,丰富了明代汉藏关系研究的资料。第二,在研究方法上,不仅对反映汉藏关系的文物进行研究,而且还将文物与文献结合起来开展研究。第三,本阶段研究的重点和目标更加明确,注重从政治等层面来论证西藏是明朝治下的一个区域。

(3) 沉寂期(1967—1978)

由于特殊的历史原因,包括藏学在内的众多学科在本阶段都经历了一个低潮,中国藏学研究"基本处于停滞状态",与藏学有关的"历史、宗教、文学、艺术、语言、文字、文化、教育等方面

---

① 王毅:《西藏文物见闻记(五)——山南之行》,《文物》1961年第3期。
② 王毅:《西藏文物见闻记(续完)——山南之行》,《文物》1961年第6期。
③ 蔡述传:《南京牛首山弘觉寺塔内发现文物》,《文物参考资料》1956年第11期。
④ 魏松卿:《北京慈因寺出土的明代锦缎》,《文物》1959年第2期。
⑤ 朱家潘:《故宫所藏明清两代有关西藏的文物》,《文物》1959年第7期。

更是文章稀少"。① 但本阶段有两篇译自日本学者谷光隆先生文章的译文发表，分别是《明朝茶马贸易的研究——以茶法为中心》和《明代茶马贸易的研究——以庝寇为中心》。②

（4）复兴期（1979—1995）

在经历了一段时期的沉寂后，学术界对明代汉藏关系的研究在本阶段逐渐恢复并兴盛起来。早在1979年就已经有涉及明代汉藏关系的论文发表。第一篇是谢佐先生发表的《青海乐都瞿昙寺考略》，该文对瞿昙寺的概况、创建背景与历史以及明朝对瞿昙寺的支持等方面进行了论述，其中有涉及明朝支持和经营藏传佛教的内容。③ 另有一篇文章名为《明宣德十年雕造的班丹札释像——非传说之姚广孝像》，该文对北京护国寺内的一尊木雕僧人像进行了研究，认为这是明代著名藏僧班丹扎释的寿像，他是明代汉藏关系史中一位非常重要的人物。④ 值得注意的是，本阶段有关明代汉藏关系研究的成果最先出现在文物考古领域，这与文物考古工作在前一阶段并未完全中断以及该领域三大期刊（《文物》《考古》《考古学报》）较早复刊有一定关系。

随着我国文物考古事业的发展以及文物考古研究水平的提升，考古学在藏学研究中的地位和影响日隆，成果亦逐渐增多。本阶段与明代汉藏关系主题相关的论著以文物考古类居多，绝大部分是刊布和介绍西藏与内地发现的明代涉藏文物的资料性论著。第一类是对反映明代汉藏关系的重要文物进行介绍和初步研究的论文，如《明朝皇帝赐给西藏楚布寺噶玛活佛的两件诏书》一文对明太祖颁给四世噶玛巴的护敕和明成祖颁给五世噶玛巴得银协巴的一件致书

---

① 王启龙、阴海燕：《中国藏学史（1950—2005）》，中国社会科学出版社2013年版，第92页。

② 王启龙、阴海燕：《中国藏学史（1950—2005）》，第96页。

③ 谢佐：《青海乐都瞿昙寺考略》，《青海民族学院学报》1979年第Z1期。

④ 步连生：《明宣德十年雕造的班丹札释像——非传说之姚广孝像》，《文物》1979年第7期。

进行了介绍。①《明朝封授西藏地方官员的印章》一文介绍了西藏保存下来的明代官印，如朵甘卫都指挥使司印、灌顶国师阐化王印、灌顶国师之印、必力公万户府印和阐教王印等。②《西藏地方明封八王的有关文物》一文介绍了明朝颁给西藏八王的部分文物，如颁给大宝法王的"如来大宝法王之印"、《噶玛巴为明太祖荐福图》长卷和成化七年诏敕，颁给大乘法王的"正觉大乘法王之印"，颁给大慈法王或其弟子的刺绣大慈法王像，颁给阐教王的印章以及颁给阐化王和辅教王的诏敕等。③《大昭寺藏永乐年间文物》一文介绍了大昭寺内保存的明太监杨瑛碑、永乐年款铜铃和鎏金铜造像以及两幅永乐年施款唐卡等。④ 类似的论文还有《大兹法王释迦也失缂丝像》⑤、《拉萨现藏的两部永乐版〈甘珠尔〉》⑥、《介绍西藏文管会库藏的一件青花藏文高足碗》⑦、《记北京市拣选的几件西藏文物》⑧、《介绍两幅明清唐卡》⑨、《拉萨哲蚌寺藏两件明清瓷器》⑩、《萨迦寺藏明宣德御窑青花五彩碗》⑪、《布达拉宫藏明成祖朱棣画像》⑫、《大宝法王及有关文物》⑬、《大庆法王领占班丹绣施

---

① 西藏自治区文物管理委员会：《明朝皇帝赐给西藏楚布寺噶玛活佛的两件诏书》，《文物》1981年第11期。
② 西藏自治区文物管理委员会：《明朝封授西藏地方官员的印章》，《文物》1981年第11期。
③ 文竹：《西藏地方明封八王的有关文物》，《文物》1985年第9期。
④ 西藏文管会文物普查队：《大昭寺藏永乐年间文物》，《文物》1985年第11期。
⑤ 欧朝贵：《大兹法王释迦也失缂丝像》，《西藏研究》1985年第3期。
⑥ 嘉措、平措等：《拉萨现藏的两部永乐版〈甘珠尔〉》，《文物》1985年第9期。
⑦ 石柱、冷健：《介绍西藏文管会库藏的一件青花藏文高足碗》，《文物》1981年第11期。
⑧ 程长新、张先得：《记北京市拣选的几件西藏文物》，《文物》1985年第11期。
⑨ 欧朝贵：《介绍两幅明清唐卡》，《文物》1985年第11期。
⑩ 王望生：《拉萨哲蚌寺藏两件明清瓷器》，《文物》1985年第11期。
⑪ 胡昭静：《萨迦寺藏明宣德御窑青花五彩碗》，《文物》1985年第11期。
⑫ 欧朝贵：《布达拉宫藏明成祖朱棣画像》，《文物》1985年第11期。
⑬ 《大宝法王及有关文物》，《西藏日报》1986年3月28日。

普贤菩萨像考释》①、《元以来中央政权颁授西藏地方首领印章举要》②、《明宪宗敕西藏大宝法王噶玛巴书释》③、《噶玛寺》④、《如来大宝法王哈立麻为明太祖及高皇后建普度大斋长卷画》⑤、《西藏康马县乃宁曲德寺的明代佛像绢画》⑥ 和《明大宝法王建普度大斋长卷》⑦ 等。上述文章的写作模式基本一致，重点是对文物进行介绍，然后结合文献对文物背后的相关历史进行简要说明。

前文提到中央曾于1959年在西藏组织过一次文物调查，此次调查的成果在20世纪60年代初曾简要发表，更多的资料在本阶段才被逐渐公布出来。首先是宋伯胤先生1985年发表的《明朝中央政权致西藏地方诰敕》一文，该文重点刊布了西藏发现的洪武至成化时期的十二件诰敕，其中以永乐时期最多，此外还提及正统、嘉靖时期的部分诰敕。⑧ 宿白先生也参与了此次西藏文物调查工作，他根据当年的调查日记整理出多篇调查简报，包括《西藏日喀则地区寺庙调查记（上）——西藏寺院调查记之三》⑨、《西藏日喀则地区寺庙调查记（下）——西藏寺院调查记之三》⑩ 和《拉

---

① 欧朝贵：《大庆法王领占班丹绣施普贤菩萨像考释》，《西藏研究》1987年第2期。
② 陈金钟：《元以来中央政权颁授西藏地方首领印章举要》，《中央民族学院学报》1988年第3期。
③ 孟庆芬：《明宪宗敕西藏大宝法王噶玛巴书释》，《藏族史论文集》编辑组编：《藏族史论文集》，四川民族出版社1988年版，第221—232页。
④ 丹扎：《噶玛寺》，《西藏研究》1988年第3期。
⑤ 欧朝贵：《如来大宝法王哈立麻为明太祖及高皇后建普度大斋长卷画》，《西藏艺术研究》1992年第3期。
⑥ 西藏文管会文物普查队：《西藏康马县乃宁曲德寺的明代佛像绢画》，《南方民族考古》第4辑，四川科学技术出版社1992年版，第297—302页。
⑦ 罗文华：《明大宝法王建普度大斋长卷》，《中国藏学》1995年第1期。
⑧ 宋伯胤：《明朝中央政权致西藏地方诰敕》，中央民族学院藏族研究所编：《藏学研究文集》，民族出版社1985年版，第85—99页。
⑨ 宿白：《西藏日喀则地区寺庙调查记（上）——西藏寺院调查记之三》，《文物》1992年第5期。
⑩ 宿白：《西藏日喀则地区寺庙调查记（下）——西藏寺院调查记之三》，《文物》1992年第6期。

萨布达拉宫主要殿堂和库藏的部分明代文书——西藏寺院调查记之七》①等，这些论文连同其他一些调查和研究文章最后结集为《藏传佛教寺院考古》一书出版。②该书不仅收录了许多反映明代汉藏关系的文物，如碑刻匾额、诏敕文书、宗教法器和唐卡壁画等，而且还对这些文物及其背后的相关历史进行了研究。宿先生的这本著作被认为是"西藏历史考古学的奠基之作"③，其使用的考古学研究方法及研究路径被认为是西藏考古研究应该努力的方向。④

本阶段西藏自治区还编撰和出版了一系列的文物志书和文物图录，这些著作中也收录了不少与明代汉藏关系有关的文物。其中文物志书类著作有《拉萨文物志》⑤、《乃东县文物志》⑥、《琼结县文物志》⑦、《扎囊县文物志》⑧、《昂仁县文物志》⑨、《亚东、康马、岗巴、定结县文物志》、《错那、隆子、加查、曲松县文物志》⑩、《吉隆县文物志》⑪和《萨迦、谢通门县文物志》⑫等。上述这些文物志书中均收录有反映明代汉藏关系的文物，例如《亚东、康马、岗巴、定结县文物志》中提及的文物就有永乐御制旃檀佛像绢画、"大明宣德年制"铜钹、永乐年款绿度母金铜像和成化暗八

---

① 宿白：《拉萨布达拉宫主要殿堂和库藏的部分明代文书——西藏寺院调查记之七》，《文物》1993年第8期。
② 宿白：《藏传佛教寺院考古》，文物出版社1996年版。
③ 罗炤：《西藏历史考古学的奠基之作——读宿白先生〈藏传佛教寺院考古〉》，《文物》1998年第7期。
④ 甲央、霍巍：《20世纪西藏考古的回顾与思考》，《考古》2001年第6期。
⑤ 西藏自治区文物管理委员会编：《拉萨文物志》，刊印本，1985年，第114—115、164—166页。
⑥ 西藏自治区文物管理委员会编：《乃东县文物志》，刊印本，1986年。
⑦ 西藏自治区文物管理委员会编：《琼结县文物志》，刊印本，1986年。
⑧ 西藏自治区文物管理委员会编：《扎囊县文物志》，刊印本，1986年。
⑨ 索朗旺堆主编：《昂仁县文物志》，西藏人民出版社1992年版。
⑩ 索朗旺堆主编：《错那、隆子、加查、曲松县文物志》，西藏人民出版社1993年版。
⑪ 索朗旺堆主编：《吉隆县文物志》，西藏人民出版社1993年版。
⑫ 索朗旺堆主编：《萨迦、谢通门县文物志》，西藏人民出版社1993年版。

仙霁红釉瓷杯等。①

　　文物图录包括两种类型，一种是主要收集某一类文物的专题性文物图录，如《西藏唐卡》②、《西藏佛教唐嘎艺术·八思巴画传》③、《西藏历代藏印》、《中国壁画全集34：藏传寺院4》④ 和《西藏历史档案荟粹》等。《西藏历代藏印》一书收录了西藏地方元代以来的大量印章，其中包括39枚明代印章，这些印章绝大部分与明代汉藏关系有关。⑤《西藏历史档案荟粹》收录了西藏地方保存的元代以来的部分档案文书和印章，其中明代有11件，包括洪武敕封搠思公失监的圣旨、永乐敕封锁巴头目刺昝肖的诏书、如来大宝法王之印和必力公万户府印等。⑥ 另一种为综合性图录，如《萨迦寺》、《布达拉宫》⑦、《大昭寺》⑧、《西藏文物精粹》和《西藏概况》⑨ 等。这类著作囊括的文物类型通常比较多样，如《萨迦寺》一书收录的文物就包括建筑、壁画、造像、唐卡、法器和经籍等，其中与明代汉藏关系相关的文物有铜鎏金佛塔、大明永乐年款造像、铜香炉、瓷器和雕龙玉钟等。⑩《西藏文物精粹》一书收录的文物包括唐卡、雕塑、瓷器、玉器和民族文物等，其中与明代汉藏关系相关的文物有八瓣莲花大威德金刚曼陀罗、永乐款《喜金刚》刺绣唐卡、宣德青花藏文僧帽壶和成化款龙香御墨等。⑪ 此

---

　　① 索朗旺堆主编：《亚东、康马、岗巴、定结县文物志》，西藏人民出版社1993年版，第51、85、90、121页。
　　② 西藏自治区文物管理委员会编：《西藏唐卡》，文物出版社1985年版。
　　③ 中央民族学院少数民族文学艺术研究所主编，杨树文、张加吉、安旭、罗丹编著：《西藏佛教唐嘎艺术·八思巴画传》，西藏人民出版社、新世界出版社1987年版。
　　④ 金维诺主编：《中国壁画全集34：藏传寺院4》，天津人民美术出版社1993年版。
　　⑤ 欧朝贵、其美编著：《西藏历代藏印》，西藏人民出版社1991年版，第18—50页。
　　⑥ 西藏自治区档案馆编：《西藏历史档案荟粹》，文物出版社1995年版，图23—33。
　　⑦ 西藏自治区文物管理委员会编：《布达拉宫》，文物出版社1985年版。
　　⑧ 西藏工业建筑勘测设计院编：《大昭寺》，中国建筑工业出版社1985年版。
　　⑨ 《西藏概况》画集编委会编：《西藏概况》，西藏人民出版社1987年版。
　　⑩ 西藏自治区文物管理委员会编：《萨迦寺》，文物出版社1985年版。
　　⑪ 西藏自治区文物管理委员会编：《西藏文物精粹》，紫禁城出版社1992年版。

外，本阶段出版的《古格故城》考古报告中还提到了西藏西部发现的明朝内地造丝绸。① 这些文物志书和文物图录非常重要，有助于我们了解和认识与明代汉藏关系相关的文物在西藏的保藏环境和使用等方面的情况。

本阶段内地也发现和公布了许多明代涉藏文物，例如黄颢先生的《在北京的藏族文物》一书对北京地区的涉藏寺院进行了梳理，提到了一些反映明代汉藏关系的碑刻、建筑、壁画、经书等文物。②《法海寺壁画》一书公布了法海寺内一批具有汉藏艺术风格的明代壁画。③《北京图书馆藏中国历代石刻拓本汇编（明一、明二、明三）》公布了一批明代涉藏石刻的拓片资料，如《法海禅寺记》④、《大通法王碑铭》⑤和《护国寺僧众职名碑》⑥等。本阶段出版的一些田野考古报告和简报中也有不少明代涉藏资料，如《定陵》中的藏文吉祥如意钱、八吉祥纹缎绣四团龙圆领夹龙袍和带藏文的金枕顶等。⑦本阶段涉及明朝内地反映汉藏关系的文物的论著还有《略述北京地区的西藏文物》⑧、《五台山大塔院寺白塔的来源与创建新考》⑨、《广东南华寺发现八思巴字、藏文重要文物》⑩、《藏汉合璧〈圣

---

① 西藏自治区文物管理委员会编：《古格故城》（上），文物出版社1991年版，第319页，附录八：张宏源《采集纺织品鉴定报告》，第446—447页。
② 黄颢：《在北京的藏族文物》，民族出版社1993年版，第11—14、31、36—39页。
③ 北京市法海寺文物保管所等编：《法海寺壁画》，中国旅游出版社1993年版。
④ 北京图书馆金石组编：《北京图书馆藏中国历代石刻拓本汇编（明一）》第51册，第79、114页。
⑤ 北京图书馆金石组编：《北京图书馆藏中国历代石刻拓本汇编（明二）》第52册，第31页。
⑥ 北京图书馆金石组编：《北京图书馆藏中国历代石刻拓本汇编（明三）》第53册，第179页。
⑦ 中国社会科学院考古研究所等：《定陵》，文物出版社1990年版，第87—88、161、163—164、166页。
⑧ 黄颢：《略述北京地区的西藏文物》，《西藏研究》1982年第1期。
⑨ 黄盛璋：《五台山大塔院寺白塔的来源与创建新考》，《晋阳学刊》1982年第1期。
⑩ 杨鹤书：《广东南华寺发现八思巴字、藏文重要文物》，《中山大学学报》1982年第2期。

胜慧到彼岸功德宝集偈〉考略》①、《西宁弘觉寺与西安小雁塔〈正统圣旨碑〉》②、《明代敕赐乐都县瞿昙寺二印》③、《明永乐年间内府刊本佛教经籍》④、《甘肃岷县发现一方象牙印》⑤、《流落到美国的智化寺藻井》⑥、《明成化藏汉文对音写经浅探》⑦、《故宫博物院藏明清时期藏、蒙俗瓷器》⑧和《明蜀僖王陵藏式石刻考释》⑨等。

  本阶段还出版了若干涉及明代汉藏关系的文献档案类资料汇编，主要有《明实录藏族史料》⑩、《西藏地方是中国不可分割的一部分（史料选集）》、《藏族史料集》（三）、《元以来西藏地方与中央政府关系档案史料汇编》（1）和《西藏重要历史资料选编》（藏文）⑪等。其中《藏族史料集》（三）中的明代资料辑录自《明史》；⑫《西藏地方是中国不可分割的一部分（史料选集）》一书中的明代资料是从《明史》《明实录》《西番馆译语》等文献中摘抄出来的，并按照相应的主题分类，包括设立机构和任命职官、

---

① 罗炤：《藏汉合璧〈圣胜慧到彼岸功德宝集偈〉考略》，《世界宗教研究》1983年第4期。
② 陈庆英、仁庆扎西：《西宁弘觉寺与西安小雁塔〈正统圣旨碑〉》，《青海社会科学》1984年第3期。
③ 白万荣：《明代敕赐乐都县瞿昙寺二印》，《文物》1984年第9期。
④ 周绍良：《明永乐年间内府刊本佛教经籍》，《文物》1985年第4期。
⑤ 杨益民：《甘肃岷县发现一方象牙印》，《考古与文物》1987年第1期。
⑥ 梁玉泉：《流落到美国的智化寺藻井》，《紫禁城》1987年第5期。
⑦ 王家鹏：《明成化藏汉文对音写经浅探》，《故宫博物院院刊》1988年第4期。
⑧ 赵宏：《故宫博物院藏明清时期藏、蒙俗瓷器》，《故宫博物院院刊》1994年第1期。
⑨ 任建新：《明蜀僖王陵藏式石刻考释》，《四川文物》1995年第3期。
⑩ 《西藏研究》编辑部编辑：《明实录藏族史料》第一、二集，西藏人民出版社1982年版。
⑪ 恰白·次旦平措主编：《西藏重要历史资料选编》（藏文），西藏藏文古籍出版社2001年版。
⑫ 陈燮章、索文清、陈乃文辑：《藏族史料集》（三），四川民族出版社1987年版，第133—335页。

敕封藏僧及茶马贸易等内容。① 《元以来西藏地方与中央政府关系档案史料汇编》（1）一书的明代部分按照专题编排史料，除了《明史》《明实录》等传统的汉、藏文文献外，特意将西藏等处收藏的明代涉藏档案中的文字做了全文抄录，② 其中很多档案是首次全文披露，学术意义重大。

本阶段有关明代汉藏关系的研究性论著逐渐增多，可分为综合性和专题性两类。其中综合性论著主要有《藏族史要》③、《藏族简史》④、《元明两代中央与西藏地方的关系》、《西藏简明通史》、《西藏文明东向发展史》⑤ 和《西藏地方与中央政府关系史》⑥ 等。邓锐龄先生撰写的《元明两代中央与西藏地方的关系》一书的第二部分专门对明朝中央与乌思藏的关系进行了研究，主要利用文献材料对明朝经略乌思藏的历史进行了叙述式的梳理，包括明初对西藏地方势力的招抚和封授，在西藏设立机构和职官，召请并敕封三大法王和五位教王，允许西藏人员朝贡并给予优厚赏赐，以及明朝皇帝对藏传佛教的信仰和支持等内容。作者最后认为明朝对西藏采取的是"放任自治"的政策，该政策保证了汉藏民族关系的和睦与西藏社会文化的长足发展。⑦

《西藏通史——松石宝串》是以恰白·次旦平措先生为首的藏族学者编写的一部西藏通史，藏文版于1991年出版，汉文版由陈庆英先生等翻译并于1996年出版。这部西藏通史与以往汉族和藏

---

① 西藏社会科学院等编：《西藏地方是中国不可分割的一部分（史料选集）》，西藏人民出版社1986年版，第87—165页。

② 中国藏学研究中心等合编：《元以来西藏地方与中央政府关系档案史料汇编》（1），中国藏学出版社1994年版，第75—209页。

③ 王辅仁、索文清编著：《藏族史要》，四川民族出版社1981年版。

④ 《藏族简史》编写组：《藏族简史》，西藏人民出版社1985年版。

⑤ 石硕：《西藏文明东向发展史》，四川人民出版社1994年版。

⑥ 黄玉生、车明怀、祝启源等编著：《西藏地方与中央政府关系史》，西藏人民出版社1995年版。

⑦ 邓锐龄：《元明两代中央与西藏地方的关系》，中国藏学出版社1989年版，第44—93页。

族学者的同类著作有明显不同：一是以历史唯物主义史观为指导，摆脱了西藏传统史学的神学色彩；二是以西藏历史的发展脉络为叙事主线，同时兼顾中原王朝的历史发展序列；三是以藏文文献为主要资料，辅以汉文史料及档案文物。该书第六章下有"明朝对西藏地方政权的管理"一节，涉及明代经略西藏的举措，这部分除了使用藏、汉文文献外，还使用了成化七年（1471）明宪宗颁给七世噶玛巴的诏敕等档案文物。[1]

本阶段还有不少专题性研究论文对明代汉藏关系的不同方面进行了研究。第一类是有关明朝治藏政策与制度的论文，主要使用文献材料来开展研究，涉及明朝在西藏设立的机构与职官、对僧俗人员的敕封和管理等内容，代表性论文有《从〈西番馆来文〉看明朝对藏区的管理》、《谈明代的"多封众建"及其它》[2]、《评美国藏学家魏里的〈明朝的喇嘛进贡〉——兼论元明时期的西藏政策》[3]、《明朝前中期中央政府对藏族地区的治理》[4]、《明代藏区行政建置史迹钩沉》、《明朝西藏政策的内涵与西藏经济的东向性发展》[5] 和《历代中央王朝治理西藏政策的演变和发展》[6] 等。其中吴均先生的《从〈西番馆来文〉看明朝对藏区的管理》一文根据《西番馆来文》中保存的明代奏表对明朝管理藏族地区的相关举措进行分析，如"多封众建"的册封政策、

---

[1] 恰白·次旦平措等：《西藏通史——松石宝串》，陈庆英等译，西藏社会科学院、中国西藏杂志社、西藏古籍出版社1996年版，第451页。

[2] 周润年：《谈明代的"多封众建"及其它》，中央民族学院藏族研究所编：《藏学研究文集》，第159—170页。

[3] 沈卫荣：《评美国藏学家魏里的〈明朝的喇嘛进贡〉——兼论元明时期的西藏政策》，《西北民族研究》1988年第2期。

[4] 马文余：《明朝前中期中央政府对藏族地区的治理》，《西藏研究》1989年第1期。

[5] 石硕：《明朝西藏政策的内涵与西藏经济的东向性发展》，《西藏研究》1993年第2期。

[6] 张江华：《历代中央王朝治理西藏政策的演变和发展》，《西藏研究》1994年第2期。

名号承袭的管理政策和朝贡政策等，由此得出明朝对藏族地区的管理实际是"封建社会的地方区域自治"的认识。①《明代藏区行政建置史迹钩沉》一文对明朝在乌思藏和朵甘地区设立的主要军政机构进行了梳理，在论及俄力思军民元帅府时提到了现存的档案文物。②

第二类专题研究主要利用文献材料从朝贡与贸易等角度来研究明代汉藏关系。《明代的汉藏茶马互市》一文对明代茶马互市的特点、形式及变迁进行了考察，认为明朝与藏族地区的茶马互市包括差发马制度和朝贡互市制度两种形式，这是明代汉藏之间政治和经济关系的体现。③《明代乌思藏朝贡述略》一文就明代乌思藏的朝贡类型、贡道与贡品以及朝贡的制度、性质和意义等进行了探讨，认为明代乌思藏的朝贡具有政治和经济的双重功能。④ 同属此类研究的论文还有《元明清以来西藏地方同祖国的经济关系纪略》⑤、《明代茶马互市政策研究》⑥、《明代西藏"贡道"研究》⑦、《明代内地与西藏的交通》⑧ 和《论明清川藏贸易》⑨ 等。

第三类专题研究主要涉及明代汉藏关系的相关人物，主要有

---

① 吴均:《从〈西番馆来文〉看明朝对藏区的管理》,《吴均藏学文集》,中国藏学出版社2007年版,第58—85页。该文原刊于《藏族学术讨论会论文集》,西藏人民出版社1984年版,第103—134页。
② 祝启源:《明代藏区行政建置史迹钩沉》,《祝启源藏学研究文集》,中国藏学出版社2002年版,第183—219页。该文原刊于《藏学研究论丛》第5辑,西藏人民出版社1993年版,第225—260页。
③ 赵毅:《明代的汉藏茶马互市》,《中国藏学》1989年第3期。
④ 杜长风:《明代乌思藏朝贡述略》,《西藏研究》1990年第3期。
⑤ 黄万纶:《元明清以来西藏地方同祖国的经济关系纪略》,《西藏研究》1988年第3期。
⑥ 陈一石:《明代茶马互市政策研究》,《中国藏学》1988年第3期。
⑦ 冯汉镛:《明代西藏"贡道"研究》,《西藏研究》1989年第1期。
⑧ 赵毅:《明代内地与西藏的交通》,《中国藏学》1992年第2期。
⑨ 张莉红:《论明清川藏贸易》,《中国藏学》1993年第3期。

《明代中央政府赴藏地使者事辑（上、下）》①、《明代中央政府赴藏地使者事辑补》②、《略论明朝所封的三大法王及其历史作用》③、《哈立麻来京的影响》④、《西藏如来大宝法王考》⑤、《明初使藏僧人克新事迹考》⑥、《哈立麻得银协巴与明廷关系综述》⑦、《〈贤者喜宴〉明永乐时尚师哈立麻进京纪事笺证》⑧、《明西天佛子大国师智光事迹考》⑨ 和《明乌斯藏大慈法王释迦也失事迹考述》⑩ 等。此外，本阶段还有少量从文物材料入手来研究明代汉藏之间宗教、艺术与文化关系的论文，如《西藏唐卡与明武宗》⑪、《景德镇瓷器与西藏》⑫、《西藏的景德镇青花瓷器》和《白居寺壁画风格的渊源与形成》等。其中《西藏的景德镇青花瓷器》一文通过介绍西藏存有的部分明清景德镇青花瓷器来探讨汉藏之间的艺术交流。⑬《白居寺壁画风格的渊源与形成》一文对西藏白居寺明代壁画的风格及其渊源进行了考察，其中涉及中原艺术对白居寺壁画的影响。⑭

---

① 王继光：《明代中央政府赴藏地使者事辑（上、下）》，《西藏研究》1986年第1、2期。
② 王继光：《明代中央政府赴藏地使者事辑补》，《西藏研究》1987年第3期。
③ 周润年：《略论明朝所封的三大法王及其历史作用》，《藏学研究论丛》编委会编：《藏学研究论丛》第2辑，西藏人民出版社1990年版，第159—172页。
④ 冯汉镛：《哈立麻来京的影响》，《中国藏学》1991年第1期。
⑤ 房建昌：《西藏如来大宝法王考》，《中央民族学院学报》1991年第5期。
⑥ 邓锐龄：《明初使藏僧人克新事迹考》，《中国藏学》1992年第1期。
⑦ 卓嘉：《哈立麻得银协巴与明廷关系综述》，《西藏研究》1992年第3期。
⑧ 邓锐龄：《〈贤者喜宴〉明永乐时尚师哈立麻进京纪事笺证》，《中国藏学》1992年第3期。
⑨ 邓锐龄：《明西天佛子大国师智光事迹考》，《中国藏学》1994年第3期。
⑩ 沈卫荣：《明乌斯藏大慈法王释迦也失事迹考述》，《两岸蒙古学藏学学术研讨会论文集》，"蒙藏委员会"1995年版，第247—290页。
⑪ 傅同钦：《西藏唐卡与明武宗》，《紫禁城》1987年第4期。
⑫ 陈德富：《景德镇瓷器与西藏》，《景德镇陶瓷》1991年第4期。
⑬ 陈德富：《西藏的景德镇青花瓷器》，《景德镇陶瓷》1993年第Z1期。
⑭ 熊文彬：《白居寺壁画风格的渊源与形成》，《中国藏学》1995年第1期。

明代汉藏关系研究在本阶段经历了从复苏到兴盛的发展过程，具有以下特点。第一，资料性论著数量明显增加。本阶段西藏及内地都公布了不少与明代汉藏关系相关的文物和档案材料，同时还有汉、藏文文献资料的结集，充实了明代汉藏关系研究的基础资料。第二，依据传统文献材料进行明代汉藏关系研究的成果仍然占据主流，但利用文物考古材料开展研究的成果逐渐增多。第三，虽然本阶段的明代汉藏关系研究仍以政治关系为主，但有不少论著涉及汉藏之间文化、经济与艺术的交流，研究领域和范围不断扩展。第四，由于文化和语言的优势，藏族学者在本阶段的明代汉藏关系研究中发挥了重要作用，取得了丰硕的成果，扩展了明代汉藏关系研究的内容和路径。

（5）稳定发展期（1996年以来）

经过前一阶段的发展和积累，明代汉藏关系研究在本阶段进入了稳定发展的时期，形成了丰硕的学术成果。西藏和内地继续刊发、出版了大量涉及明代汉藏关系的资料性论著，主要包括文献、石刻档案和文物考古两类。其中文献、石刻档案类论著包括《西藏社会历史藏文档案资料译文集》[①]、《明清山西碑刻资料选》、《西藏历史档案公文选·水晶明鉴》、《唐宋元明清藏事史料汇编·明代藏事史料汇编》[②] 和《元代至民国治藏政策法规汇要》等。其中《西藏历史档案公文选·水晶明鉴》收录了宗喀巴与明成祖之间的往来书信、明成祖给释迦也失的敕谕和明宪宗给大宝法王的敕谕等。[③]《元代至民国治藏政策法规汇要》一书就文献中有关明代治藏的相关政策、法规进行了梳理，涉及机构与职官、朝贡制度、

---

① 陆莲蒂、王玉平等译：《西藏社会历史藏文档案资料译文集》，中国藏学出版社1997年版。

② 张羽新、张双志主编：《唐宋元明清藏事史料汇编》第4辑《明代藏事史料汇编》，学苑出版社2009年版。

③ 扎西旺都编：《西藏历史档案公文选·水晶明鉴》，王玉平译，中国藏学出版社2006年版，第301—310页。

册封藏僧、差发马制度和茶马互市等方面的内容。① 《明清山西碑刻资料选》一书收录了山西五台山地区存有的部分碑刻材料，其中有些碑刻与明代汉藏关系相关。

本阶段刊发、出版的文物考古类资料性论著较多，以图录性著作为主，公布了不少西藏和内地存有的与明代汉藏关系有关的文物考古材料。第一种是专题性的文物图录，通常主要收录某一类型的文物，如瓷器、壁画、雕塑、玉器和唐卡等。这类著作包括《西藏江孜白居寺吉祥多门塔》②、《中国藏传佛教雕塑全集》（2）③、《西藏博物馆藏明清瓷器精品》、《西藏博物馆藏元明清玉器精品》④、《中国出土瓷器全集16·甘肃　青海　宁夏　新疆　云南　贵州　西藏》⑤、《噶玛嘎孜画派唐卡》⑥ 和《贡嘎曲德寺壁画——藏传佛教美术史的里程碑》等。《西藏博物馆藏明清瓷器精品》一书公布了西藏博物馆收藏的部分明代瓷器，如龙泉窑青釉刻花卉纹高足碗、洪武釉里红牡丹纹执壶、永乐白釉锥刻缠枝莲花纹僧帽壶、宣德青花藏文莲托八吉祥纹僧帽壶、成化青花夔龙纹高足碗、正德黄地青花云龙纹碗和万历青花云龙纹罐等。⑦《贡嘎曲德寺壁画——藏传佛教美术史的里程碑》一书公布了西藏山南贡嘎曲德寺内的大量明代壁画，这些壁画在内容和风格上能够见到汉地的影响。⑧

---

① 张双智编著：《元代至民国治藏政策法规汇要》，学苑出版社2010年版，第71—238页。

② 杨立泉摄影，熊文彬著：《西藏江孜白居寺吉祥多门塔》，西藏人民出版社、四川民族出版社2001年版。

③ 杨新、王家鹏编：《中国藏传佛教雕塑全集》（2），北京美术摄影出版社2002年版。

④ 西藏博物馆编：《西藏博物馆藏元明清玉器精品》，文物出版社2005年版。

⑤ 张柏主编：《中国出土瓷器全集16·甘肃　青海　宁夏　新疆　云南　贵州　西藏》，科学出版社2008年版。

⑥ 康·格桑益希主编：《噶玛嘎孜画派唐卡》，文物出版社2015年版。

⑦ 西藏博物馆编：《西藏博物馆藏明清瓷器精品》，中国大百科全书出版社2004年版。

⑧ 罗文华、格桑曲培编：《贡嘎曲德寺壁画——藏传佛教美术史的里程碑》，紫禁城出版社2015年版。

本阶段西藏出版了许多综合性的文物图录和志书，主要有《雪域圣殿——布达拉宫》①、《扎什伦布寺》②、《哲蚌寺》③、《布达拉宫秘宝》④、《大昭寺》⑤、《宝藏——中国西藏历史文物》（3）、《西藏博物馆》⑥、《雪域藏珍——西藏文物精华》⑦、《金色宝藏——西藏历史文物选萃》⑧、《日喀则地区现存反映中国中央政府有效治理西藏历史文物目录》⑨、《萨迦寺》⑩、《雪域宝鉴》⑪、《西藏自治区志·文物志》、《布达拉宫珍宝馆图录》⑫、《雪域瑰宝在北京：2013年西藏文物联展》⑬、《历史的见证——西藏博物馆藏历代中央政府治藏文物集萃》⑭和《吉祥宝藏：西藏珍藏的中原及皇家瑰宝》下册等。上述这些图录和志书收录了许多西藏地方保存的与明代汉藏关系相关的文物，如《宝藏——中国西藏历史文物》（3）一书收录的相关文物有诏敕文书、印章、唐卡、绘画、丝绸、造像、瓷器、建筑、法器和用具等十余种类型。《西藏自治

---

① 西藏布达拉宫管理处编：《雪域圣殿——布达拉宫》，中国旅游出版社1996年版。
② 西藏自治区文物局、日喀则扎什伦布寺民管会编：《扎什伦布寺》，中国大百科全书出版社1998年版。
③ 哲蚌寺、余言主编：《哲蚌寺》，中国民族摄影艺术出版社1999年版。
④ 刘鸿孝主编：《布达拉宫秘宝》，中国民族摄影艺术出版社1999年版。
⑤ 拉萨大昭寺民管会编：《大昭寺》，中国民族摄影艺术出版社2000年版。
⑥ 西藏博物馆编：《西藏博物馆》，中国大百科全书出版社2001年版。
⑦ 上海博物馆编：《雪域藏珍——西藏文物精华》，上海书画出版社2001年版。
⑧ 中国历史博物馆、西藏博物馆编：《金色宝藏——西藏历史文物选萃》，中国藏学出版社2001年版。
⑨ 翟向东主编：《日喀则地区现存反映中国中央政府有效治理西藏历史文物目录》，刊印本，2004年。
⑩ 郑堆、德吉卓玛编著：《萨迦寺》，中国大百科全书出版社2008年版。
⑪ 中国藏学研究中心、西藏文化博物馆编著：《雪域宝鉴》，中国藏学出版社2010年版，第20—21页。
⑫ 布达拉宫管理处编：《布达拉宫珍宝馆图录》，中国藏学出版社2013年版。
⑬ 熊文彬、曲珍主编：《雪域瑰宝在北京：2013年西藏文物联展》，中国藏学出版社2013年版。
⑭ 西藏博物馆编，何晓东著：《历史的见证——西藏博物馆藏历代中央政府治藏文物集萃》，四川美术出版社2015年版。

区志·文物志》是西藏第一本全自治区范围的文物志书，对西藏古代遗存的收录十分全面，其内包含的反映明代汉藏关系的文物比较丰富。① 《吉祥宝藏：西藏珍藏的中原及皇家瑰宝》下册收录的反映明代汉藏关系的文物也十分丰富，包括造像、法器、唐卡、玉器、瓷器和经书等类型。② 此外，本阶段有关西藏寺院的一些调查简报如《日喀则地区康马县乃宁曲德寺调查简报》③ 和《西藏江孜县白居寺调查报告》④ 等也记录了少量的明代涉藏文物。上述这些资料性论著中收录的与明代汉藏关系有关的文物虽然常有重复，但类型多样，总量丰富，能够为明代汉藏关系研究提供坚实的资料基础。

本阶段内地也公布了许多明代涉藏文物考古材料，主要见于资料性图录和相关的报告、简报之中。其中资料性图录包括《藏传佛教金铜佛像图典》⑤、《清宫藏传佛教文物》⑥、《擦擦——藏传佛教模制泥佛像》⑦、《北京文物精粹大系·古钟卷》⑧、《中国藏传佛教金铜造像艺术》⑨、《北京文物精粹大系·织绣卷》⑩、《图像与风

---

① 《西藏自治区志·文物志》编纂委员会编撰：《西藏自治区志·文物志》，中国藏学出版社2012年版。
② 周炜、索文清主编：《吉祥宝藏：西藏珍藏的中原及皇家瑰宝》下册，中国藏学出版社2015年版。
③ 姚军、王小灵：《日喀则地区康马县乃宁曲德寺调查简报》，《西藏研究》2007年第1期。
④ 张纪平、丁燕、郭宏：《西藏江孜县白居寺调查报告》，《四川文物》2012年第4期。
⑤ 王家鹏：《藏传佛教金铜佛像图典》，文物出版社1996年版。该书收录的藏传佛教造像以故宫收藏品为基础，还有来自国内外其他机构的藏品。
⑥ 故宫博物院编：《清宫藏传佛教文物》，紫禁城出版社1998年版。
⑦ 刘栋编著：《擦擦——藏传佛教模制泥佛像》，天津人民美术出版社2000年版。
⑧ 《北京文物精粹大系》编委会、北京市文物事业管理局编：《北京文物精粹大系·古钟卷》，北京出版社2000年版。
⑨ 陈庆英、孙国璋主编：《中国藏传佛教金铜造像艺术》，人民美术出版社2001年版。
⑩ 《北京文物精粹大系》编委会、北京市文物局编：《北京文物精粹大系·织绣卷》，北京出版社2001年版。

格：故宫藏传佛教造像》①、《北京文物精粹大系·金银器卷》②、《北京文物精粹大系·佛造像卷》③、《故宫博物院藏文物珍品大系·藏传佛教造像》、《故宫博物院藏古陶瓷资料选萃》卷一④、《藏族文物》⑤、《明清帝后宝玺》⑥、《藏传佛教造像》⑦、《明永乐宣德文物特展——永宣文物萃珍》⑧、《诸佛菩萨妙相名号经咒》⑨和《明永乐宣德文物图典》⑩等。上述这些论著公布的内地明代涉藏资料主要来自北京，尤以故宫博物院藏文物为主，包括造像、法器、瓷器、织绣、金银器和经书等，基本都与藏传佛教有关。例如，《故宫博物院藏文物珍品大系·藏传佛教造像》一书将故宫收藏的藏传佛教造像按照产地分为三类，分别是西藏周边地区造像、西藏本地造像和内地造像，其中明代的内地造像和西藏造像能够反映当时汉藏之间的宗教与艺术交流。⑪

本阶段发表的考古报告和简报中也公布了一些内地发现的明代涉藏文物。例如《景德镇出土元明官窑瓷器》一书收录了景德镇珠山一带御窑厂遗址出土的元明瓷器，包括永乐甜白釉锥花僧帽

---

① 故宫博物院编：《图像与风格：故宫藏传佛教造像》，紫禁城出版社2002年版。
② 《北京文物精粹大系》编委会、北京市文物局编：《北京文物精粹大系·金银器卷》，北京出版社2004年版。
③ 《北京文物精粹大系》编委会、北京市文物局编：《北京文物精粹大系·佛造像卷》，北京出版社2004年版。
④ 故宫博物院古陶瓷研究中心编：《故宫博物院藏古陶瓷资料选萃》卷一，紫禁城出版社2005年版。
⑤ 中国藏学研究中心、中国社会科学院民族学与人类学研究所编：《藏族文物》，中国藏学出版社2008年版。
⑥ 故宫博物院编：《明清帝后宝玺》，紫禁城出版社2008年版。
⑦ 故宫博物院编：《藏传佛教造像》，紫禁城出版社2009年版。
⑧ 故宫博物院编：《明永乐宣德文物特展——永宣文物萃珍》，紫禁城出版社2010年版。该书中的涉藏文物主要来自故宫，也有少量来自西藏。
⑨ 国家图书馆版本提供：《诸佛菩萨妙相名号经咒》，中国藏学出版社2011年版。
⑩ 故宫博物院编：《明永乐宣德文物图典》，故宫出版社2012年版。
⑪ 王家鹏主编：《故宫博物院藏文物珍品大系·藏传佛教造像》，上海科学技术出版社2003年版。

壶、宣德青花莲托八宝藏文僧帽壶、成化斗彩缠枝莲托梵文小杯和青花梵文盘等。①《梁庄王墓》收录了几件与藏传佛教相关的文物，包括金质大鹏金翅鸟像、鎏金铜龛无量光佛像②、金质大黑天像和"十相自在"金牌饰等。③《张懋夫妇合葬墓》一书公布了一件带汉、藏、梵文经咒的《法被图》。④《成都明代蜀僖王陵发掘简报》一文刊布了成都龙泉驿明蜀僖王墓内的一件藏式石刻。⑤此外，《上海嘉定法华塔元明地宫清理简报》⑥、《南昌明代宁靖王夫人吴氏墓发掘简报》⑦、《正定发现明代隆兴寺高僧梦堂和尚舍利塔铭》⑧、《湖南望城蚂蚁山明墓发掘简报》⑨、《南京牛首山明代佛龛的调查与初步探讨》⑩、《南京市祖堂山明代洪保墓》⑪和《南京江宁将军山明代沐斌夫人梅氏墓发掘简报》⑫等简报中也刊布了不少明代涉藏文物。

---

① 炎黄艺术馆编：《景德镇出土元明官窑瓷器》，文物出版社1999年版。
② 湖北省博物馆编：《梁庄王墓——郑和时代的瑰宝》，文物出版社2007年版。
③ 湖北省文物考古研究所、钟祥市博物馆编著：《梁庄王墓》，文物出版社2007年版。
④ 王善才主编，湖北省文物考古研究所编著：《张懋夫妇合葬墓》，科学出版社2007年版，第21页。
⑤ 成都市文物考古研究所：《成都明代蜀僖王陵发掘简报》，《文物》2002年第4期。
⑥ 上海市文物管理委员会：《上海嘉定法华塔元明地宫清理简报》，《文物》1999年第2期。
⑦ 江西省文物考古研究所等：《南昌明代宁靖王夫人吴氏墓发掘简报》，《文物》2003年第2期。
⑧ 梁小丽、马国利：《正定发现明代隆兴寺高僧梦堂和尚舍利塔铭》，《文物春秋》2005年第5期。
⑨ 长沙市文物考古研究所、望城县文物管理局：《湖南望城蚂蚁山明墓发掘简报》，《文物》2007年第12期。
⑩ 符永利、刘文庆：《南京牛首山明代佛龛的调查与初步探讨》，《敦煌研究》2012年第4期。
⑪ 南京市博物馆、江宁区博物馆：《南京市祖堂山明代洪保墓》，《考古》2012年第5期。
⑫ 南京市博物馆、南京市江宁区博物馆：《南京江宁将军山明代沐斌夫人梅氏墓发掘简报》，《文物》2014年第5期。

本阶段涉及明代汉藏关系的研究性论著数量众多，大体可分为综合性研究与专题性研究两类。综合性研究成果主要为通史一类的著作，包括《明清治藏史要》、《西藏地方与中央政府关系简明教程》①、《西藏通史》②、《西藏地方古代史》③、《汉藏民族关系史》④、《元以来西藏地方与中央政府关系研究》（上）、《古代汉藏文化联系》⑤、《试论明永乐时期汉藏之间的关系》⑥ 和《历代中央政府治藏方略研究》⑦ 等。其中《明清治藏史要》一书主要从文献入手，同时使用了少量的诏敕和印章文物，首先对明朝在西藏设立的军政机构和封授的职官进行了梳理，指出明朝采取了与内地不同的都司卫所制度来管理西藏，实现了对西藏的统一；其次就明朝册封西藏宗教首领的制度进行了介绍，具体包括对三大法王和五大教王的敕封以及"僧官制度"的推行；最后就明朝利用赐贡制度和茶马互市政策来经营西藏的情况进行了考察，提出汉藏之间的物品流通与经济往来有利于维护明代国家的统一以及西藏经济、文化的发展。⑧《元以来西藏地方与中央政府关系研究》（上）的第五、六两章涉及明朝敕封西藏僧俗首领等内容，其研究仍主要从文献入手，同时使用了少量文物材料来加强论述。⑨

本阶段还出现了两部专门研究明代西藏史的著作，第一本书名为《明代藏族史研究》，该书是一部较早对明代藏族地区地方史进行研究

---

① 顾祖成、陈崇凯主编：《西藏地方与中央政府关系简明教程》，西藏人民出版社 2001 年版。

② 陈庆英、高淑芬主编：《西藏通史》，中州古籍出版社 2003 年版。

③ 次旦扎西主编：《西藏地方古代史》，西藏人民出版社 2004 年版。

④ 蒲文成、王心岳：《汉藏民族关系史》，甘肃人民出版社 2005 年版。

⑤ 吴健礼：《古代汉藏文化联系》，西藏人民出版社 2009 年版。

⑥ 妥延青：《试论明永乐时期汉藏之间的关系》，硕士学位论文，中央民族大学，2009 年。

⑦ 陈建华、范鹏主编：《历代中央政府治藏方略研究》，民族出版社 2013 年版。

⑧ 顾祖成编：《明清治藏史要》，西藏人民出版社、齐鲁书社 1999 年版，第 24—81 页。

⑨ 邓锐龄、陈庆英等：《元以来西藏地方与中央政府关系研究》（上），中国藏学出版社 2005 年版，第 195—279 页。

的综合性论著，其内容整体分为明代藏族地区内部历史和明朝治藏史两大版块，其中明朝治藏史主要包括治藏政策、行政建制和经济方面的内容。在治藏政策方面，该书指出明成祖时期的治藏重心已经从承袭元朝制度转变为建立以僧王为首的僧官制度。在行政建制一节，该书以文献材料为基础，对明朝在乌思藏设立的主要机构进行了梳理，其中也使用到了文物材料。经济方面主要涉及朝贡和茶马互市，作者认为明朝与西藏之间的朝贡行为具有政治和经济双重意义，既是明朝治藏的重要手段，又是汉藏之间进行物资交换的重要形式。①

第二本书是由中国藏学研究中心组织撰写的《西藏通史·明代卷》，该书是西藏地方通史中的一部断代史。该书涵盖的内容非常全面，除通常的政治、经济和宗教内容外，还有社会生活、语言文学、教育和科学技术等以往通史中涉及较少的方面。同时，该书所秉持的相关观点也是学术界主流和比较前沿的认识，代表了目前我国藏学界研究明代西藏地方史的最新成果。该书的撰写同时兼顾明朝的西藏史和西藏的地方史这两个不同的层面，其中明朝的西藏史主要从明朝中央政府的角度对明廷经略西藏的历史进行梳理，包括"明初对西藏和其他藏区的经略"、"明廷对西藏的管理"、"交通和驿站"的建设以及"西藏和内地之间的经济交流"等内容；同时还涉及藏传佛教在内地的传播和发展情况。② 从材料使用来看，该书仍然是从传统的汉、藏文文献入手，主要利用文献材料展开研究和论述，虽然也使用了少量的文物材料，但重心不在于此。同时，由于该书是通史性质的著作，所以无法展开对某些问题的具体研究，只能遵循一种观点，但这并不影响该书的学术价值。总体看来，上述这些综合性的研究著作仍主要使用文献材料来开展研究，但同时使用了少量的文物材料。这种现象表明，文物考古材料已经成为明代汉藏关系研究中一种必不可少的材料，

---

① 尹伟先：《明代藏族史研究》，民族出版社2000年版，第205—257页。
② 熊文彬、陈楠主编：《西藏通史·明代卷》，中国藏学出版社2015年版，第3—99、203—205、262—276、505—539页。

文献与文物的结合研究已然成为学者们共同的认知。

本阶段有关明代汉藏关系的研究性论著仍以专题性研究成果为主，涉及汉藏关系的各主要方面。首先是有关明代治藏政策与制度的专题研究，涉及治藏政策和制度的内容、特点及影响等方面。例如《一统与制宜：明朝藏区施政研究》一书依靠文献材料，从政治、经济和宗教文化等方面对明朝在藏区的施政策略进行了研究，其中政治政策包括明朝在藏区设立的军政机构与职官，经济政策包括汉藏之间的朝贡和茶马贸易，宗教文化政策主要指对佛教的利用及在藏区推行儒学教化等。该书最后将明朝治藏放在元、明、清三代的背景中进行比较和考察，对明代治藏的历史地位进行了评价。①《明代西藏行政区划考》一文对《明实录》中记载的明朝在西藏设立的军政机构进行了梳理和考证，对这些机构背后的西藏地方势力进行了介绍。作者认为明朝在西藏的政治活动主要集中于卫藏地区，前期明廷对西藏的管理还比较重视，到中后期则基本采取听之自便的态度，对西藏的管控力度明显下降。②

《明代西藏地方政教体制及职官制度考述》一文对明朝在西藏设立的机构、职官以及西藏地方政教势力的情况进行了分析，认为明朝在乌思藏实现了行政建制，明朝在藏区任命的职官及其品秩有的承袭自元朝，有的为新置。③《明朝在西藏的主权地位》一文从汉、藏文文献入手，对明朝获取西藏主权并在西藏行使统治权力的过程与方式进行了梳理，重点对洪武、永乐两朝的治藏方略和措施进行了考察。作者认为明朝对西藏的治理遵循了政教分离的原则，实现了明朝与西藏地方长期的政治稳定和交流畅通。④"多封众建"一直被认为是明朝治藏的基本策略，《明朝"多封众建"治藏方略研究》一文就对此进行了

---

① 邓前程：《一统与制宜：明朝藏区施政研究》，人民出版社2011年版。
② 房建昌：《明代西藏行政区划考》，《西藏民族学院学报》2001年第4期。
③ 陈楠：《明代西藏地方政教体制及职官制度考述》，《中央民族大学学报》2009年第6期。
④ 罗炤：《明朝在西藏的主权地位》，《中国藏学》2011年第3期。

专门研究，内容涉及该策略的历史渊源、具体内涵、形成原因以及特点与影响等。①《论明朝对藏传佛教的管理》一文就明朝治藏的宗教政策进行了研究，涉及明朝对藏传佛教首领人物的敕封以及在藏区推行僧纲制度等内容。②《明代藏区僧官制度探究》一文对明朝治藏宗教政策中的僧官制度进行了研究，认为明朝封授藏僧法王、西天佛子、大国师、国师、禅师、都纲、喇嘛等名号其实是一种特殊的官职制度，其出现可能与明朝自身的条件、西藏的社会状况以及明朝的治藏策略有关。③ 除此之外，有关明代治藏政策与制度的研究论著还有《藏族地区行政区划简说》④、《明太祖对藏族地区的招抚与管理》⑤、《明朝前期中央治藏措施述略》⑥、《论明初中央政府治藏政策的调适与定型》⑦、《元末明初藏区地方豪势变局与明王朝治藏》⑧、《传承与现实之间：对明初治藏方略出炉之由的诠释》⑨、《多封众建，因俗以治——从历史文献文物看明代对西藏的治理》⑩、《明洪武、永乐年间治藏政策述略》⑪、《明初"广行招谕"治藏方策探究》⑫、《明朝

---

① 阴海燕：《明朝"多封众建"治藏方略研究》，硕士学位论文，西藏大学，2010年。
② 陈庆英：《论明朝对藏传佛教的管理》，《中国藏学》2000年第3期。
③ 张治东：《明代藏区僧官制度探究》，《西藏民族学院学报》2011年第1期。
④ 陈庆英、冯智：《藏族地区行政区划简说》，《西藏民族学院学报》1996年第1期。
⑤ 陈立健：《明太祖对藏族地区的招抚与管理》，《西藏民族学院学报》1996年第2期。
⑥ 夏春峰：《明朝前期中央治藏措施述略》，《西藏研究》2000年第4期。
⑦ 邓前程：《论明初中央政府治藏政策的调适与定型》，《思想战线》2002年第6期。
⑧ 邓前程：《元末明初藏区地方豪势变局与明王朝治藏》，《西南民族学院学报》2003年第2期。
⑨ 邓前程：《传承与现实之间：对明初治藏方略出炉之由的诠释》，《社会科学战线》2003年第2期。
⑩ 索文清：《多封众建，因俗以治——从历史文献文物看明代对西藏的治理》，《中国西藏》2004年第1期。
⑪ 陈柏萍：《明洪武、永乐年间治藏政策述略》，《青海民族学院学报》2006年第1期。
⑫ 陈楠：《明初"广行招谕"治藏方策探究》，《中央民族大学学报》2006年第4期。后收入氏著《藏史新考》，中央民族大学出版社2009年版，第159—184页。

与蒙藏地区政治互动模式初探》①、《明初藏区行都武卫设置述略》②、《元明两朝对藏传佛教宗教事务的法律调整及其历史启示》③ 和《明代藏传佛教度牒制度探微》④ 等。

本阶段有不少论著从朝贡、经贸与交通路线角度对明代汉藏关系进行了研究,相关代表性成果有《元明中央对西藏经济的扶持政策及作用》、《明代朝贡对藏区经济发展的影响》⑤、《汉藏茶马贸易对明清时代汉藏关系发展的影响》⑥、《汉藏经济文化交流史论纲》⑦、《明前期对入藏交通的经营与防护》⑧、《明代茶马互市研究》⑨、《明中后期乌思藏朝贡使进京朝贡改道原因探析》⑩、《从明代汉藏间的茶马互市看明代的治藏政策》⑪、《从朝贡看明朝汉藏交流》⑫、《明代关于藏族地区朝贡定例的原因与过程》⑬、《论明朝与藏区的朝贡贸易》、《明初茶马贸易衰败原因的再辨析》⑭、《厚赏与羁縻:

---

① 马啸:《明朝与蒙藏地区政治互动模式初探》,《西藏研究》2008年第2期。
② 王建敏:《明初藏区行都武卫设置述略》,《西藏民族学院学报》2009年第3期。
③ 牛绿花:《元明两朝对藏传佛教宗教事务的法律调整及其历史启示》,《青海社会科学》2010年第4期。
④ 阴海燕:《明代藏传佛教度牒制度探微》,《藏学学刊》第13辑,中国藏学出版社2015年版,第83—95页。
⑤ 彭陟焱、周毓华:《明代朝贡对藏区经济发展的影响》,《中国藏学》1998年第4期。
⑥ 朴永焕:《汉藏茶马贸易对明清时代汉藏关系发展的影响》,博士学位论文,四川大学,2003年。
⑦ 陈崇凯:《汉藏经济文化交流史论纲》,《西藏大学学报》2005年第1期。
⑧ 郭凤霞:《明前期对入藏交通的经营与防护》,《青海社会科学》2007年第4期。
⑨ 王平平:《明代茶马互市研究》,硕士学位论文,西北师范大学,2010年。
⑩ 喜富裕:《明中后期乌思藏朝贡使进京朝贡改道原因探析》,《西藏研究》2010年第4期。
⑪ 敏政:《从明代汉藏间的茶马互市看明代的治藏政策》,《青海民族研究》2011年第2期。
⑫ 张向耀:《从朝贡看明朝汉藏交流》,《内江师范学院学报》2011年第3期。
⑬ 张向耀:《明代关于藏族地区朝贡定例的原因与过程》,《四川民族学院学报》2011年第6期。
⑭ 金燕红、武沐:《明初茶马贸易衰败原因的再辨析》,《西藏研究》2014年第1期。

论明代藏族地方与中央王朝的贡赐关系》①、《明至清初青藏高原手工业发展研究——以朝贡物品为中心》②、《藏汉经济文化交流史》和《论明代藏区僧俗首领朝贡的意义》③ 等。其中《藏汉经济文化交流史》一书对汉藏之间的经济文化交流进行了研究，其中明代部分涉及汉藏双方在经济、工艺、技术等方面的密切联系。④《论明朝与藏区的朝贡贸易》一文认为朝贡贸易是朝贡体制的一部分，是"西番"各族对国家认同的政治行为换取的经济收益，对维护藏区社会稳定、促进藏区经济发展起到了重要作用。⑤《元明中央对西藏经济的扶持政策及作用》一文就元、明中央政府促进西藏经济社会发展的政策进行了梳理，包括拓展西藏与内地的交通、给予丰厚的赏赐、推进汉藏经济贸易等内容，这些政策有助于加强西藏与内地的联系，促进民族团结和边疆稳定，维护国家统一和领土完整。⑥ 交通路线是沟通汉藏交流的重要媒介，《明代乌思藏驿站交通及汉藏经济交流》一文从驿站交通、明朝与西藏之间的朝贡及赏赐制度、茶马贸易三方面对明代汉藏之间的交通和经济关系进行了研究。⑦《明王朝经藏与南亚诸部交通史迹补释》一文对明朝通过西藏去往南亚的交通路线及其背后的历史进行了考察，认为这是"明王朝经略边疆的重要举措"。⑧

本阶段有不少论著涉及明朝内地藏传佛教及其文献的研究。例

---

① 曹群勇：《厚赏与羁縻：论明代藏族地方与中央王朝的贡赐关系》，《西北民族大学学报》2014 年第 1 期。

② 李晓英、牛海桢：《明至清初青藏高原手工业发展研究——以朝贡物品为中心》，《西藏大学学报》2015 年第 1 期。

③ 普华东智：《论明代藏区僧俗首领朝贡的意义》，硕士学位论文，西藏大学，2016 年。

④ 王建林、陈崇凯：《藏汉经济文化交流史》，社会科学文献出版社 2015 年版。

⑤ 武沐：《论明朝与藏区的朝贡贸易》，《青海民族研究》2013 年第 4 期。

⑥ 陈崇凯、顾祖成：《元明中央对西藏经济的扶持政策及作用》，《西藏研究》1997 年第 2 期。

⑦ 陈楠：《明代乌思藏驿站交通及汉藏经济交流》，《藏史新考》，第 415—433 页。

⑧ 张永攀：《明王朝经藏与南亚诸部交通史迹补释》，《中国边疆学》第 8 辑，社会科学文献出版社 2017 年版，第 31—50 页。

如,《元明时期藏传佛教在内地的发展及影响》一书的第三章专门对藏传佛教在明朝内地的发展与影响进行了论述,包括明朝的治藏政策,藏传佛教在明朝内地发展的历史基础,藏传佛教在南京、北京及五台山地区的存在和发展情况,明朝内地藏传佛教发展的特点,以及藏传佛教对明朝政治、经济和文化产生的影响等内容。①《明代留住京师的藏传佛教僧人》一文首先对不同阶段明代留京藏僧的情况做了介绍,其次就明朝不同皇帝对待留京藏僧的态度、政策及其影响进行了考察,最后就留京藏僧对明朝治藏所起的积极作用和影响进行了分析。②《明代宦官与藏传佛教》一文从宦官中的藏族人员、宦官参与涉藏事务、宦官和藏僧的交往以及番经厂与宦官等方面对明代宦官与藏传佛教之间的密切关系进行了论述,反映了藏传佛教在内地的存在和传播情况。③《明代汉译藏传密教文献研究》一书从佛教语文学角度对国家图书馆、北京故宫博物院和台北"故宫博物院"等机构收藏的《授修习敕轨》《观世音菩萨修习》《吉祥喜金刚集轮甘露泉》等几部典型的明代汉译藏传密教文献进行了详细对勘和深入研究,从佛教思想和义理层面揭示了"明代北京藏传密教的形式和内容",④ 深化了学界对明朝内地藏传佛教的认识。除此之外,《明代藏传佛教对内地的影响》⑤、《藏传佛教与中国传统文化的关系》⑥、《简论明代藏传佛教在五台山的发展》⑦、《法渊寺与明代番经厂杂考》⑧、《论明代留京藏僧的社会功用》⑨、

---

① 赵改萍:《元明时期藏传佛教在内地的发展及影响》,中国社会科学出版社2009年版,第177—290页。
② 杜常顺:《明代留住京师的藏传佛教僧人》,《中国藏学》2005年第2期。
③ 杜常顺:《明代宦官与藏传佛教》,《西北师大学报》2006年第1期。
④ 安海燕:《明代汉译藏传密教文献研究》,中国藏学出版社2019年版。
⑤ 陈楠:《明代藏传佛教对内地的影响》,《中国藏学》1998年第4期。
⑥ 李清凌:《藏传佛教与中国传统文化的关系》,《中国藏学》2001年第3期。
⑦ 赵改萍:《简论明代藏传佛教在五台山的发展》,《西藏研究》2005年第4期。
⑧ 陈楠:《法渊寺与明代番经厂杂考》,《中国藏学》2006年第2期。
⑨ 陈楠:《论明代留京藏僧的社会功用》,《中央民族大学学报》2008年第5期。

《明季北京大隆善寺史实考述》①、《明代内地藏传佛教民间流布考述》②、《"朝天录"中的明代北京藏传佛教研究——以〈燕行录全集〉为中心》③、《明朝宫廷与佛教关系研究》④、《藏传佛教在西域和中原的传播：〈大乘要道密集〉研究初编》⑤、《明代藏僧驻京的三大寺院考述——兼论教派色彩与法脉传承》⑥、《明代汉译藏传密教文献与北京的藏传佛教——兼论明代北京藏传佛教格局的形成》⑦以及《明朝汉人"诈冒"番僧现象探析》⑧等论著也涉及明朝内地藏传佛教及其文献的研究。

明朝统治者与藏传佛教的关系是本阶段明代汉藏关系研究的重要内容，在这方面，学界形成了以下一些代表性成果，如《明洪武朝对藏传佛教的政策及其相关史实考述》⑨、《明代皇帝崇奉藏传佛教浅析》⑩、《信仰与扶持——明成祖与藏传佛教》、《明宣宗与藏传佛教关系考述》⑪、《明武宗信奉藏传佛教史实考述》⑫、《明武

---

① 贾维维：《明季北京大隆善寺史实考述》，沈卫荣、谢继胜主编：《贤者新宴：王尧先生八秩华诞藏学论文集》，中国藏学出版社 2010 年版，第 214—253 页。

② 尹航：《明代内地藏传佛教民间流布考述》，硕士学位论文，中央民族大学，2011 年。

③ 曹娟：《"朝天录"中的明代北京藏传佛教研究——以〈燕行录全集〉为中心》，硕士学位论文，中央民族大学，2012 年。

④ 杜常顺：《明朝宫廷与佛教关系研究》，中国社会科学出版社 2013 年版，第 105—128 页。

⑤ 沈卫荣：《藏传佛教在西域和中原的传播：〈大乘要道密集〉研究初编》，北京师范大学出版社 2017 年版。

⑥ 杜常顺：《明代藏僧驻京的三大寺院考述——兼论教派色彩与法脉传承》，《青海民族研究》2018 年第 1 期。

⑦ 安海燕：《明代汉译藏传密教文献与北京的藏传佛教——兼论明代北京藏传佛教格局的形成》，《青海民族研究》2019 年第 1 期。

⑧ 朱丽霞：《明朝汉人"诈冒"番僧现象探析》，《宗教学研究》2019 年第 4 期。

⑨ 才让：《明洪武朝对藏传佛教的政策及其相关史实考述》，《西藏研究》2004 年第 2 期。

⑩ 何孝荣：《明代皇帝崇奉藏传佛教浅析》，《中国史研究》2005 年第 4 期。

⑪ 才让：《明宣宗与藏传佛教关系考述》，《中国藏学》2007 年第 3 期。

⑫ 才让：《明武宗信奉藏传佛教史实考述》，《西藏研究》2007 年第 2 期。

宗自号大宝法王、大庆法王及大护国保安寺考析》①、《从藏文史籍中有关朱元璋的记载看明清时期藏人对中原的认知》、《明成祖遣使召请宗喀巴史事再考》② 和《明成祖召请大乘法王史事考》③ 等。其中《信仰与扶持——明成祖与藏传佛教》一文使用文献与文物材料，从明成祖对藏传佛教的态度、明成祖受持藏传佛教秘法、明成祖扶持藏传佛教文化等方面对明成祖与藏传佛教的关系进行了考察，认为明成祖对藏传佛教的信仰和维护自身的政治统治之间并不矛盾，反而有助于维护其统治地位，促进汉藏民族之间的交流和联系。④《从藏文史籍中有关朱元璋的记载看明清时期藏人对中原的认知》一文以一种新视角就藏文文献中有关明朝创立者朱元璋的相关记载及其所依据资料的来源等进行了考察，认为这是"藏地史家加强西藏与中原认同在文化心理结构层面的重要表征之一"，是明清藏人对中原的认知和藏人中原观的体现。⑤

本阶段还有不少专门以明代汉藏交往中相关人员为对象的专题研究。一类是对内地入藏人员的研究，包括《明代中官使藏考》⑥、《明代进藏人员论析》⑦、《明代中央政府赴藏地使者辑考》、《明代使藏使臣研究》⑧、《试论明成祖时期宦官出使乌思藏的活动》⑨ 和

---

① 何孝荣：《明武宗自号大宝法王、大庆法王及大护国保安寺考析》，南开大学历史学院、北京大学历史系、中国社科院历史所编：《中国古代社会高层论坛文集——纪念郑天挺先生诞辰一百一十周年》，中华书局 2011 年版，第 517—526 页。
② 安海燕：《明成祖遣使召请宗喀巴史事再考》，《中国藏学》2018 年第 2 期。
③ 杨天雪：《明成祖召请大乘法王史事考》，《中国藏学》2020 年第 1 期。
④ 才让：《信仰与扶持——明成祖与藏传佛教》，《西藏研究》2005 年第 4 期。
⑤ 黄辛建、陈东：《从藏文史籍中有关朱元璋的记载看明清时期藏人对中原的认知》，《藏学学刊》第 15 辑，中国藏学出版社 2016 年版，第 182—191 页。
⑥ 李亚：《明代中官使藏考》，王尧主编：《贤者新宴》第 3 期，河北教育出版社 2003 年版，第 225—250 页。
⑦ 刘永文、韩殿栋、李军：《明代进藏人员论析》，《西藏大学学报》2010 年第 1 期。
⑧ 李淮东：《明代使藏使臣研究》，硕士学位论文，西北民族大学，2012 年。
⑨ 喜富裕：《试论明成祖时期宦官出使乌思藏的活动》，《西藏研究》2015 年第 6 期。

《明永乐年间的遣藏使》①等。其中《明代中央政府赴藏地使者辑考》一文分阶段对明朝派往藏区的使者进行了梳理,并对各阶段出使时间和频率、出使任务与目的、出使人员的身份等进行了归纳,最后就这些使者对明朝制定治藏政策、管理藏区和汉藏经济、文化交流所起的作用进行了阐述。②另一类是对藏区相关人员的研究,如《简述五世噶玛巴第新谢巴的生平事迹》③、《明封司徒锁巴头目剌昝肖考——兼论元明时代乌思藏拉堆洛万户》④、《大慈法王与明朝廷封授关系研究》⑤、《明代大慈法王释迦也失在北京活动考述》⑥、《噶玛巴德行协巴的晋京活动及其影响》⑦、《明代大慈法王研究》⑧、《明成祖朱棣与大慈法王释迦也失》⑨、《关于明成祖遣使召宗喀巴史事补证》⑩、《从宗喀巴弟子释迦益西两次应召进京受封看明代治藏政策和汉藏关系》⑪、《明代乌思藏"五教王"考》⑫、《大智法王班丹扎释北京活动及相关史事再考——以〈西天佛子源

---

① 孙玲、陈武强:《明永乐年间的遣藏使》,《西藏大学学报》2018年第4期。
② 卢亮华:《明代中央政府赴藏地使者辑考》,硕士学位论文,中央民族大学,2010年。
③ 周润年:《简述五世噶玛巴第新谢巴的生平事迹》(藏文),中央民族学院藏学研究所:《藏学研究》第8辑,中央民族大学出版社1996年版,第155—166页。
④ 沈卫荣:《明封司徒锁巴头目剌昝肖考——兼论元明时代乌思藏拉堆洛万户》,《故宫学术季刊》第17卷第1期,1999年,第103—136页。后收入氏著《西藏历史和佛教的语文学研究》,上海古籍出版社2010年版,第614—641页。
⑤ 陈楠:《大慈法王与明朝廷封授关系研究》,《中国藏学》2003年第1期。
⑥ 陈楠:《明代大慈法王释迦也失在北京活动考述》,《中央民族大学学报》2004年第4期。
⑦ 周润年:《噶玛巴德行协巴的晋京活动及其影响》,《西藏研究》2004年第4期。
⑧ 陈楠:《明代大慈法王研究》,中央民族大学出版社2005年版。
⑨ 陈楠:《明成祖朱棣与大慈法王释迦也失》,《故宫学刊》2005年总第2辑。后收入氏著《藏史新考》,第273—293页。
⑩ 陈楠:《关于明成祖遣使召宗喀巴史事补证》,《中国藏学》2005年第1期。
⑪ 桑扎、琼措:《从宗喀巴弟子释迦益西两次应召进京受封看明代治藏政策和汉藏关系》,《西南民族大学学报》2009年第2期。
⑫ 陈楠:《明代乌思藏"五教王"考》,《民族史研究》第9辑,中央民族大学出版社2010年版,第21—45页。

流录〉为据》①、《西天佛子源流录——文献与初步研究》、《大慈法王释迦也失》、《大应法王札实巴考论》②、《大智法王班丹扎释年谱》③ 和《大慈法王释迦也失两次进京相关史事新证》④ 等。其中《西天佛子源流录——文献与初步研究》一书刊布了甘肃岷县发现的两种《西天佛子源流录》抄本，这两种抄本都是明代著名藏僧班丹扎释的传记，详细记叙了他在西藏和内地的活动经历，内容丰富翔实，是研究明朝汉藏关系非常重要的新资料。⑤《大慈法王释迦也失》一书对大慈法王的生平事迹以及与之相关的文献、文物材料进行了梳理和考证，推进了学术界对释迦也失的研究。大慈法王的藏文传记中保存有多件明成祖和明宣宗给其的书信，这些书信目前已不见于汉文文献的记载。⑥

工艺美术等文化交流是汉藏交流的重要组成部分，目前涉及明代此方面的相关研究可以分为两类，一类是从文献材料出发开展的研究，如《元明时期藏汉文化的交融及对中华文明的贡献》、《历史上藏汉民族文化交流综述》⑦ 及《汉藏文化交流史话》⑧ 等。其中《元明时期藏汉文化的交融及对中华文明的贡献》一文对元明时期汉藏之间的文化交融情况及其表现形式进行了考察，涉及西藏

---

① 贾维维：《大智法王班丹扎释北京活动及相关史事再考——以〈西天佛子源流录〉为据》，沈卫荣主编：《文本中的历史：藏传佛教在西域和中原的传播》，中国藏学出版社2012年版，第573—598页。

② 刘永文、齐玲玲、王令梅：《大应法王札实巴考论》，《西藏大学学报》2017年第2期。

③ 李志明：《大智法王班丹扎释年谱》，《西藏研究》2017年第3期。

④ 安海燕：《大慈法王释迦也失两次进京相关史事新证》，《民族研究》2018年第6期。

⑤ 张润平、苏航、罗炤编著：《西天佛子源流录——文献与初步研究》，中国社会科学出版社2012年版。

⑥ 拉巴平措：《大慈法王释迦也失》，中国藏学出版社2012年版。

⑦ 周润年：《历史上藏汉民族文化交流综述》，《西藏民族学院学报》2004年第2期。

⑧ 刘忠编著：《汉藏文化交流史话》，中国大百科全书出版社2000年版，第80—85页。

对内地佛经、语言文字与教育、天文历算、绘画、音乐、建筑艺术与技艺、生活习俗及工艺美术等文化因素的吸收与借鉴，以及西藏佛教等因素在内地的传播和影响等内容。① 另一类是利用文物材料开展的研究，包括《汉藏工艺美术交流史》、《论明代景德镇官窑中的梵文和藏文瓷器》②、《明代瓷器与汉藏文化艺术交流》③、《元明时期西藏佛经在内地的流传及其对装帧艺术的影响》④、《明代丝绸对藏区的输入及其影响》⑤、《明代藏传佛教八吉祥纹样在汉地的传播及其风格演变》⑥、《明清藏传佛教法器铃杵与汉藏艺术交流》⑦、《明清汉藏器物交流刍议》⑧、《明清瓷器八吉祥纹的发展演变》⑨、《西藏文物见证汉藏文化交流》和《明代佛教织绣与汉藏艺术交流》⑩ 等。其中《汉藏工艺美术交流史》是一部主要依靠文物材料来研究古代汉藏工艺美术交流的著作。该书第三章第一节专门论述丝绸、金属器、瓷器、牙雕、玉石器、佛经及敕书等物品输入藏区及其对藏区的影响。⑪《西藏文物见证汉藏文化交流》一文

---

① 陈崇凯：《元明时期藏汉文化的交融及对中华文明的贡献》，《西藏大学学报》1996年第2期。

② 张东：《论明代景德镇官窑中的梵文和藏文瓷器》，《上海博物馆集刊》第7期，上海书画出版社1996年版，第144—157页。

③ 吴明娣：《明代瓷器与汉藏文化艺术交流》，《中国藏学》2002年第3期。

④ 吴明娣、杨鸿蛟：《元明时期西藏佛经在内地的流传及其对装帧艺术的影响》，《美术观察》2006年第11期。

⑤ 吴明娣：《明代丝绸对藏区的输入及其影响》，《中国藏学》2007年第1期。

⑥ 杨鸿蛟：《明代藏传佛教八吉祥纹样在汉地的传播及其风格演变》，《西藏艺术研究》2008年第1期。

⑦ 吴明娣：《明清藏传佛教法器铃杵与汉藏艺术交流》，《世界宗教研究》2011年第6期。

⑧ 杨鸿蛟：《明清汉藏器物交流刍议》，熊文彬、曲珍主编：《雪域瑰宝在北京：2013年西藏文物联展》，第248—275页。

⑨ 石婷婷：《明清瓷器八吉祥纹的发展演变》，《中国藏学》2015年第3期。

⑩ 吴明娣、高燕宏：《明代佛教织绣与汉藏艺术交流》，《中国藏学》2017年第4期。

⑪ 吴明娣：《汉藏工艺美术交流史》，中国藏学出版社2007年版，第85—119页。

利用文书档案、壁画、造像、唐卡、法器以及与历代中央政府施政相关的政治文物对汉藏之间的文化交流进行了论述，其中包括明代汉藏之间交流与互动的情况。①

随着明代反映汉藏关系的文物与考古资料的不断发现，对这些资料进行研究的论著日益增多，包括综合性研究论著和一些针对专门类别文物的研究论著。综合性研究论著如《明代宫廷艺术与西藏本土佛教美术的交流》②、《藏传佛教艺术发展史》、《元明清北京藏传佛教艺术的形成与发展》③、《明代宫廷美术与西藏本土佛教美术风格的相互影响》④ 和《北京藏传佛教艺术（明）：北京藏传佛教文物遗存研究》⑤ 等。其中《藏传佛教艺术发展史》一书的第五章专门研究了明代藏传佛教艺术对汉地的影响，分上、中、下三部分进行论述，每部分均从汉地一些代表性的藏传佛教遗存入手展开讨论。其中上部分重点是对青海、甘肃、云南及湖北等地存留的明代涉藏寺院、建筑进行研究；中部分重点是对北京地区存留的明代藏传佛教寺院和建筑进行研究；下部分重点是对西藏和内地保存的明朝内地造藏传佛教文物进行研究，如《如来大宝法王建普度大斋长卷》、永乐等时期的唐卡与写经等。该书是目前对明朝内地藏传佛教遗存进行综合研究的代表性著作，也是从文物角度研究明代汉藏宗教艺术交流的重要成果。⑥

绝大部分针对专门类别文物的研究是围绕宗教文物展开的，主

---

① 冯智：《西藏文物见证汉藏文化交流》，《西藏大学学报》2009年第1期。
② 童赛玲：《明代宫廷艺术与西藏本土佛教美术的交流》，硕士学位论文，中国美术学院，2008年。
③ 谢继胜、贾维维：《元明清北京藏传佛教艺术的形成与发展》，《中国藏学》2011年第1期。
④ 童赛玲：《明代宫廷美术与西藏本土佛教美术风格的相互影响》，《新美术》2013年第5期。
⑤ 谢继胜、魏文、贾维维主编：《北京藏传佛教艺术（明）：北京藏传佛教文物遗存研究》，北京人民出版社2018年版。
⑥ 谢继胜、熊文彬、罗文华、廖旸等：《藏传佛教艺术发展史》，上海书画出版社2010年版，第401—660页。

要包括造像、壁画、经书唐卡和档案碑刻等。有关藏传佛教造像的研究主要涉及永宣造像的来源、题材、艺术风格、演变与影响等内容，相关论著如《明代永乐宣德宫廷藏式金铜佛像（上、下）》①、《藏传佛像艺术鉴赏》、《论明永乐、宣德佛像的艺术成就》②、《故宫博物院藏明永乐、宣德金铜佛造像——兼论明代早期宫廷造像分期》③、《大崇教寺与永乐宣德佛造像》④ 以及《明永乐宣德佛像源流新证——兼论明初朝廷治藏方略中甘青地区的重要地位》⑤ 等。其中《藏传佛像艺术鉴赏》一书将明代视为藏传佛像艺术的成熟期，认为这一时期内地在吸收藏传佛教造像艺术的基础上形成了具有代表性的永宣宫廷佛像艺术，该佛像艺术反过来又影响到了西藏，是明代汉藏佛教艺术相互交流和影响的体现。⑥

西藏和内地的一些寺院保存了许多反映明代汉藏宗教与艺术交流的壁画，目前有不少论著对这些壁画进行了研究，如《中世纪藏传佛教艺术：白居寺壁画艺术研究》、《北京法海寺壁画中的藏传佛教艺术因素探析》⑦、《西藏山南贡嘎寺主殿集会大殿〈如意藤〉壁画初探》⑧、《从西藏贡嘎曲德寺壁画看钦则画派的特点》、

---

① 黄春和：《明代永乐宣德宫廷藏式金铜佛像（上）》，《收藏家》2003年第4期；《明代永乐宣德宫廷藏式金铜佛像（下）》，《收藏家》2003年第5期。
② 王家鹏：《论明永乐、宣德佛像的艺术成就》，故宫博物院编：《永宣时代及其影响——两岸故宫第二届学术研讨会论文集》，故宫出版社2012年版，第65—96页。
③ 何欣、胡国强：《故宫博物院藏明永乐、宣德金铜佛造像——兼论明代早期宫廷造像分期》，故宫博物院编：《永宣时代及其影响——两岸故宫第二届学术研讨会论文集》，第97—109页。
④ 王家鹏：《大崇教寺与永乐宣德佛造像》，《紫禁城》2014年第5期。
⑤ 王家鹏：《明永乐宣德佛像源流新证——兼论明初朝廷治藏方略中甘青地区的重要地位》，《中国藏学》2016年第4期。
⑥ 黄春和：《藏传佛像艺术鉴赏》，华文出版社2004年版。
⑦ 郭丽平：《北京法海寺壁画中的藏传佛教艺术因素探析》，《中国藏学》2010年第S1期。
⑧ 熊文彬、哈比布、夏格旺堆：《西藏山南贡嘎寺主殿集会大殿〈如意藤〉壁画初探》，《中国藏学》2012年第2期。

《西藏拉孜县平措林寺祖拉康大殿壁画的题材与风格及其流派初探》①和《哲蚌寺措钦大殿内转经道壁画的年代、题材与风格初探》②等。《中世纪藏传佛教艺术：白居寺壁画艺术研究》一书对西藏江孜白居寺壁画进行了系统而深入的研究，作者在探讨该寺壁画风格的渊源与形成时认为明代中原内地艺术是一个重要的影响因素。③《从西藏贡嘎曲德寺壁画看钦则画派的特点》一文从西藏贡嘎曲德寺内由明代钦则画派创作的壁画入手，对该派绘画的特点进行了考察，认为该派吸收了较多的汉地元素，"打破了此前西藏艺术以印度—尼泊尔风格为主导的风气"，开创了以汉风为主导的青绿山水式的西藏绘画风格。④

有关反映明代汉藏关系的文物的研究成果中有一类涉及明代经书唐卡和画卷类文物的研究，如《故宫藏明内府金藏经》⑤、《明人书内府金藏经考——兼论14、15世纪汉藏绘画风格的要素》、《明代汉文佛经中的藏式风格木刻版画初探》⑥、《明〈大宝法王建普度大斋长卷〉译释》⑦、《藏传噶玛噶孜画派唐卡对汉地青绿山水技艺的吸纳》⑧、《台湾"故宫博物院"藏汉译藏传密教仪轨〈吉祥喜

---

① 熊文彬、孜强·边巴旺堆：《西藏拉孜县平措林寺祖拉康大殿壁画的题材与风格及其流派初探》，《藏学学刊》第14辑，中国藏学出版社2016年版，第72—89页。

② 熊文彬、廖旸：《哲蚌寺措钦大殿内转经道壁画的年代、题材与风格初探》，《中国藏学》2017年第3期。

③ 熊文彬：《中世纪藏传佛教艺术：白居寺壁画艺术研究》，中国藏学出版社1996年版，第158—161页。

④ 罗文华：《从西藏贡嘎曲德寺壁画看钦则画派的特点》，《故宫博物院院刊》2015年第5期。

⑤ 罗文华：《故宫藏明内府金藏经》，《紫禁城》2003年第3期。

⑥ 熊文彬：《明代汉文佛经中的藏式风格木刻版画初探》，薛永年、罗世平主编：《中国美术史论文集：金维诺教授八十华诞暨从教六十周年纪念文集》，紫禁城出版社2006年版，第81—94页。

⑦ 陈楠：《明〈大宝法王建普度大斋长卷〉译释》，《藏史新考》，第385—414页。

⑧ 康·格桑益希：《藏传噶玛噶孜画派唐卡对汉地青绿山水技艺的吸纳》，《西藏大学学报》2010年第1期。

金刚集轮甘露泉〉源流考述》①、《明代〈金轮佛顶大威德炽盛光如来陀罗尼经〉探索——汉藏文化交流的一侧面》②、《明智化寺本〈佛说金轮佛顶大威德炽盛光如来陀罗尼经〉图像研究》③、《西藏罗布林卡藏明代大慈法王像缂丝唐卡再探》④、《〈诸佛菩萨妙相名号经咒〉木刻版画——明代内地汉藏与藏汉艺术交流的重要遗珍》⑤、《〈诸佛菩萨妙相名号经咒〉与明代内地藏传佛教版画艺术》⑥、《〈吉祥喜金刚集轮甘露泉〉和〈如来顶髻尊胜佛母现证仪〉》⑦、《西藏著名艺术家十世噶玛巴活佛却英多吉笔下的汉式风格作品》、《西藏甘丹寺藏明初十六罗汉刺绣唐卡相关问题初探》⑧和《十七世纪西藏绘画艺术的伟大变革：云南丽江博物馆藏十世噶玛巴活佛的〈十六罗汉〉唐卡组画》⑨等。其中《明人书内府金藏经考——兼论14、15世纪汉藏绘画风格的要素》一文对故宫

---

① 安海燕、沈卫荣：《台湾"故宫博物院"藏汉译藏传密教仪轨〈吉祥喜金刚集轮甘露泉〉源流考述》，《文史》2010年第3期。

② 廖旸：《明代〈金轮佛顶大威德炽盛光如来陀罗尼经〉探索——汉藏文化交流的一侧面》，《中国藏学》2014年第3期。

③ 廖旸：《明智化寺本〈佛说金轮佛顶大威德炽盛光如来陀罗尼经〉图像研究》，《藏学学刊》第10辑，中国藏学出版社2014年版，第111—140页。

④ 熊文彬：《西藏罗布林卡藏明代大慈法王像缂丝唐卡再探》，《中国藏学》2014年第3期。

⑤ 熊文彬、郑堆：《〈诸佛菩萨妙相名号经咒〉木刻版画——明代内地汉藏与藏汉艺术交流的重要遗珍》，谢继胜、罗文华、石岩刚主编：《汉藏佛教美术研究：第四届西藏考古与艺术国际学术讨论会论文集》，上海古籍出版社2014年版，第347—378页。

⑥ 熊文彬：《〈诸佛菩萨妙相名号经咒〉与明代内地藏传佛教版画艺术》，艾瑞卡·福特等主编：《8—15世纪中部西藏的历史、文化与艺术》，中国藏学出版社2015年版，第206—218页。

⑦ 沈卫荣、侯浩然：《〈吉祥喜金刚集轮甘露泉〉和〈如来顶髻尊胜佛母现证仪〉》，《文本与历史：藏传佛教历史叙事的形成和汉藏佛学研究的建构》，中国藏学出版社、北京大学出版社2016年版，第312—317页。

⑧ 王瑞雷：《西藏甘丹寺藏明初十六罗汉刺绣唐卡相关问题初探》，《故宫博物院院刊》2018年第3期。

⑨ 熊文彬：《十七世纪西藏绘画艺术的伟大变革：云南丽江博物馆藏十世噶玛巴活佛的〈十六罗汉〉唐卡组画》，《美术研究》2018年第4期。

收藏的明人书内府金藏经之版本、抄写年代、插图内容及艺术风格等进行了考察，认为这些抄本中的插图应该是永乐时期宫中藏传佛教艺术的反映。①《西藏著名艺术家十世噶玛巴活佛却英多吉笔下的汉式风格作品》一文对生活于明末清初的噶玛噶举派宗教领袖却英多吉的生平事迹及其创作的雕塑、唐卡等作品进行了梳理，然后重点对其中的唐卡进行了细致分析，认为这些作品融合了藏、汉两种艺术风格，是作者推动汉藏文化交流和融合的证明。②

有关明代涉藏档案碑刻材料的研究成果也比较丰富，如《明封佑善禅师诏书》③、《明朝封赠大崇教寺下寺和西纳寺大喇嘛袭职圣旨释读》④、《明宪宗皇帝的一份敕命及其对西藏佛教的崇奉》⑤、《新发现的两件班丹扎释法旨及相关史实考述》、《明初与藏事有关的诏文及河西碑刻考异》⑥、《明朝时期藏文碑文探析》⑦、《瞿昙寺中的五方碑刻资料》、《大庆法王领占班丹考实——从大庆法王给大宝法王的一封致书谈起》⑧ 以及《新发现的〈班丹扎释偈挽碑〉及相关问题研究》⑨ 等。其中《新发现的两件班丹扎释法旨及相关史实考述》一文对班丹扎释留居北京期间发往岷州大崇教寺的两

---

① 罗文华：《明人书内府金藏经考——兼论14、15世纪汉藏绘画风格的要素》，《藏学学刊》第1辑，四川人民出版社2004年版，第193—208页。

② 熊文彬：《西藏著名艺术家十世噶玛巴活佛却英多吉笔下的汉式风格作品》，《中国藏学》2016年第1期。

③ 熊文彬：《明封佑善禅师诏书》，《中国藏学》2006年第2期。

④ 张羽新、张双志：《明朝封赠大崇教寺下寺和西纳寺大喇嘛袭职圣旨释读》，《中国历史文物》2007年第2期。

⑤ 刘宏：《明宪宗皇帝的一份敕命及其对西藏佛教的崇奉》，《内蒙古社会科学》（汉文版）2011年第2期。

⑥ 王尧：《明初与藏事有关的诏文及河西碑刻考异》，《西藏文史探微集》，中国藏学出版社2005年版，第300—324页。

⑦ 恰嘎·旦正：《明朝时期藏文碑文探析》，《中国藏学》（藏文版）2010年第1期。

⑧ 李帅、朱德涛：《大庆法王领占班丹考实——从大庆法王给大宝法王的一封致书谈起》，《藏学学刊》第17辑，中国藏学出版社2017年版，第172—180页。

⑨ 董华锋：《新发现的〈班丹扎释偈挽碑〉及相关问题研究》，《藏学学刊》第18辑，中国藏学出版社2018年版，第17—24页。

件法旨进行了介绍和研究，涉及大崇教寺的创建和该寺法脉传承的相关历史。①《瞿昙寺中的五方碑刻资料》一文对青海乐都瞿昙寺中的五方明代碑刻之汉、藏文碑文及其反映的相关历史进行了介绍和研究，②从中可以看到明廷对藏传佛教的扶持。

目前还有一些对其他类型的明代涉藏文物进行研究的文章，如《大黑天与十相自在——释读梁庄王墓中的藏传佛教文物》③、《移植与嬗变——明代金银饰品中的藏传佛教艺术》④、《北京智化禅寺转轮藏初探——明代汉藏佛教交流一例》⑤、《南京弘觉寺塔地宫出土金铜尊胜塔像新考》⑥、《明朝颁赐藏僧象牙图章研究》⑦、《解析上海出土文物中的藏传佛教因素》⑧、《论西藏地方的明代复制官印》⑨以及《明朝颁赐西藏印章的初步研究》⑩等。以上这些文章注重对文物本身信息的提取和研究，与以往的资料刊布类文章在研究目标和学术取向上已经有明显不同，推进了明代涉藏文物的研究深度。

综上所述，本阶段的明代汉藏关系研究具有以下几个特点。第一，大量反映明代汉藏关系的文物与考古资料被发现和刊布出

---

① 李志明、洲塔：《新发现的两件班丹扎释法旨及相关史实考述》，《中国藏学》2016年第3期。

② 吴景山：《瞿昙寺中的五方碑刻资料》，《中国藏学》2011年第1期。

③ 杭侃：《大黑天与十相自在——释读梁庄王墓中的藏传佛教文物》，《文物天地》2002年第4期。

④ 扬之水：《移植与嬗变——明代金银饰品中的藏传佛教艺术》，《中国文化》2009年第1期。

⑤ 闫雪：《北京智化禅寺转轮藏初探——明代汉藏佛教交流一例》，《中国藏学》2009年第1期。

⑥ 廖旸：《南京弘觉寺塔地宫出土金铜尊胜塔像新考》，《故宫博物院院刊》2011年第6期。

⑦ 李帅：《明朝颁赐藏僧象牙图章研究》，《西藏大学学报》2015年第3期。

⑧ 徐汝聪：《解析上海出土文物中的藏传佛教因素》，《东南文化》2016年第5期。

⑨ 李帅：《论西藏地方的明代复制官印》，《西藏大学学报》2019年第3期。

⑩ 李帅：《明朝颁赐西藏印章的初步研究》，《藏学学刊》第21辑，中国藏学出版社2019年版，第205—226页。

来，有关这些文物的研究论著也逐渐增多，其中宗教文物与宗教艺术方面的研究成果占了绝大部分。第二，在研究方法上，将汉、藏文文献与文物考古材料结合起来进行研究的论著日益增多，已经成了学术发展的一种趋势，特别是汉藏艺术与宗教研究方面，文物考古材料的使用甚至已经成了主流。第三，本阶段有关明代汉藏关系研究涉及的方面较以往有很大的扩展，除政治、经济与宗教外，文化与艺术关系等方面的研究也日益增多。第四，本阶段综合性研究成果不断涌现，专题性研究成果极大丰富，整体的研究水平较之前有显著提升。第五，本阶段对明代汉藏关系研究的取向不再限于政治，研究目的也不只是服务于政治，而是更加注重从不同层面、更深层次去探讨汉藏文化之间复杂多样且密不可分的关系。

2. 港台地区

港台地区有关明代汉藏关系研究的论著相对较少，可分为资料性论著和研究性论著两类。资料性论著如香港地区出版的《锦绣罗衣巧天工》一书收录了多件明朝内地制作的藏传佛教唐卡，包括明永乐刺绣红夜摩唐卡、明莲花手菩萨唐卡和明正德宝手菩萨织锦唐卡等。[①] 台湾地区出版的《历代金铜佛造像特展图录》收录了受明代汉地影响的藏传佛教造像，如鎏金铜天王立像和大黑天造像；[②]《大汗的世纪：蒙元时代的多元文化与艺术》一书收录了台北"故宫博物院"收藏的明代宫廷泥金写本《如来顶髻尊胜佛母坛城》和《吉祥喜金刚坛城》等佛经。[③] 另外，《金铜佛造像特展图录》[④]、《金铜佛

---

① 香港艺术馆编制：《锦绣罗衣巧天工》，香港艺术馆1995年版，第131页，图25；第141页，图30；第143页，图31。

② 陈慧霞：《历代金铜佛造像特展图录》，台北"故宫博物院"1996年版，第91—93、128页，图28；第94—97、129页，图29。

③ 石守谦、葛婉章主编：《大汗的世纪：蒙元时代的多元文化与艺术》，台北"故宫博物院"2001年版，第112—114页，图Ⅲ-9、图Ⅲ-10。

④ 台北"故宫博物院"编辑委员会：《金铜佛造像特展图录》，台北"故宫博物院"1987年版。

造像特展精品介绍（七）西藏金铜佛》①和《皇权与佛法——藏传佛教法器特展图录》②等台湾地区出版的论著中也收录了明朝内地造藏传佛教铜像的相关资料。

目前港台地区有少量涉及明代汉藏关系研究的综合性论著，如《西藏史》③、《西藏研究》④、《中国边疆民族史》⑤、《汉藏两族的传统关系》、《唐宋元明清四朝对西藏的政策》⑥、《元明乌斯藏与清代西藏》⑦、《元明时期西藏政教之研究》⑧、《（评）左藤长"明代西藏史研究"》⑨、《正德的番、回倾向——大明皇帝对异族宗教的追求》和《元明两朝与西藏的关系》⑩等。其中《汉藏两族的传统关系》一文对明朝与西藏的关系及明朝的治藏政策进行了分析，认为明朝对西藏的治理不直接使用武力，使得汉藏关系从斗争变成糅合，由敌对变为主从，奠定了清代以来汉藏关系的基础。⑪《正德的番、回倾向——大明皇帝对异族宗教的追求》一文重点就

---

① 葛婉章：《金铜佛造像特展精品介绍（七）西藏金铜佛》，《故宫文物月刊》第65期，1988年，第92—103页。

② 台北"故宫博物院"编：《皇权与佛法——藏传佛教法器特展图录》，台北"故宫博物院"1999年版。

③ 李霖灿：《西藏史》，《边疆文化论集》第3卷，"中华文化出版事业委员会"1953年版。

④ "中国边疆历史语文学会"：《西藏研究》，"中国边疆历史语文学会"1960年版。

⑤ 刘义棠：《中国边疆民族史》（修订本），（台北）中华书局股份有限公司1982年第3版，第709—711页。

⑥ 董彦平：《唐宋元明清四朝对西藏的政策》，《国大宪政年刊》第1卷，1967年。

⑦ 《元明乌斯藏与清代西藏》，《反攻杂志》第312、316、317期，1968年。

⑧ 朱宝唐：《元明时期西藏政教之研究》，《中国边政》第25、28、29、30期，1969—1970年。

⑨ 杨启樵：《（评）左藤长"明代西藏史研究"》，《香港中文大学中国文化研究所学报》第3卷第1期，1970年。

⑩ 萧金松：《元明两朝与西藏的关系》，《故宫文物月刊》第329期，2010年，第6—13页。

⑪ 周昆田：《汉藏两族的传统关系》，《西藏研究》，"中国边疆历史语文学会"1960年版，第8—9页。

明武宗对藏传佛教（"番教"）和伊斯兰教（"回教"）的爱好进行了细致的考察，认为明武宗的上述行为主要还是出于个人的信仰。① 除此之外，台湾地区还有一些涉及与明代汉藏关系有关的文物的研究成果，如《明成祖与大宝法王交流研究——以宗教画卷〈荐福图〉为例》②和《明代永乐宫廷金铜造像研究》等。其中《明代永乐宫廷金铜造像研究》一文通过对永乐造像的研究来探讨这一时期藏传佛教艺术对明朝永乐宫廷造像的影响。该文指出，永乐时期的造像在面相、身躯结构比例和饰物的设计等方面均受到了12—14世纪西藏造像风格的影响，这种影响与三大法王和众多藏僧入京进贡佛像以及指导明朝宫廷制作藏传佛教物品等行为有关，这些造像是永乐时期内地与西藏进行文化交流的结晶。③ 总体来看，港台地区有关明代汉藏关系的研究也经历了从单纯依靠文献到注重文物材料的发展过程，但限于各种原因，目前港台地区有关明代藏族史的研究仍"显得特别薄弱"。④

（二）国外

由于历史原因，日本的藏学研究开展得较早，取得了丰硕的成果。目前，日本藏学界涉及明代汉藏关系研究成果颇丰的两位学者分别是佐藤长和乙坂智子，他们的研究代表了不同时期日本藏学界对明代汉藏关系研究的整体情况。其中佐藤长关于明代汉藏关系研究的代表性成果为『中世チベット史研究』（《中世纪西藏史》）⑤，该书收录了十三篇文章，如《关于明武宗迎请活佛考》（「明の武宗の『活佛』

---

① 卓鸿泽：《正德的番、回倾向——大明皇帝对异族宗教的追求》，林富士主编：《中国史新论——宗教史分册》，联经出版事业股份有限公司2010年版，第413—438页。

② 骆爱丽：《明成祖与大宝法王交流研究——以宗教画卷〈荐福图〉为例》，《新世纪宗教研究》第6卷第1期，2007年，第29—80页。

③ 周景培：《明代永乐宫廷金铜造像研究》，硕士学位论文，台湾大学，2016年。

④ 林冠群：《近五十年来台湾的藏族史研究》，《唐代吐蕃历史与文化论集》，中国藏学出版社2007年版，第402页。

⑤ 佐藤長『中世チベット史研究』同朋舍、1986。

迎請について」）①、《元末明初的西藏的形势》②、《明代西藏八大教王考（上、中、下）》以及《明廷对喇嘛教的尊崇》等。《明代西藏八大教王考》对明朝在西藏封授的三大法王和五位教王的世系及他们与明廷交往的历史做了考察，认为明朝在西藏封授的八王是根据当时西藏现实做出的合理决策。③《明廷对喇嘛教的尊崇》一文就永乐至正德年间明朝统治者尊崇喇嘛教的情况做了梳理，并对藏传佛教在明朝宫廷中流行的原因进行了考察，认为明成祖对藏传佛教的尊崇中含有许多纯政策性的意图，与之后某些皇帝信仰藏传佛教的目的有明显不同。④ 佐藤长先生的上述论著主要依靠藏、汉文文献进行研究，涉及明朝与西藏在政治、宗教、文化和经济等方面的交流互动，是日本研究明代汉藏关系的代表性成果。

乙坂智子对明代汉藏关系的研究主要着眼于政治和宗教层面，如《明朝西藏政策的基本体制——关于法王号与王号授予的考察》一文认为明朝在早期阶段的治藏政策延续了元朝的惯例，但其封授法王和王的政策则具有自身的特点，其中法王是宗教头衔，而王则是颁给西藏掌握政治实权人员的。⑤《格鲁派与蒙古族关系的建立及与明朝的关系问题》⑥ 和《一个反映了格鲁派与明朝关系的寺

---

① 佐藤長「明の武宗の『活佛』迎請について」（《关于明武宗迎请活佛考》）『仏教史学論集：塚本博士頌寿記念』塚本博士頌寿記念会、1961。

② 佐藤长：《元末明初的西藏的形势》，邓锐龄译，中国社会科学院民族所、历史研究室资料组编译：《民族史译文集》（9），刊印本，1981年，第1—41页。

③ 佐藤长：《明代西藏八大教王考（上、中、下）》，邓锐龄译，《西藏民族学院学报》1987年第3、4期，1988年第4期。

④ 佐藤长：《明廷对喇嘛教的尊崇》，梁化奎译，《青海民族研究》1992年第3期。

⑤ 乙坂智子：《明朝西藏政策的基本体制——关于法王号与王号授予的考察》，Tamkang大学《第二届中国政教关系国际学术研讨会论文集》，台北，1991年，第17—49页。转引自张亚莎编译《1985—1998年日本的藏族史研究》，《中国藏学》2006年第4期。

⑥ 乙坂智子：《格鲁派与蒙古族关系的建立及与明朝的关系问题》，《日本西藏研究学会纪要》第39卷，1993年，第2—7页。转引自张亚莎编译《1985—1998年日本的藏族史研究》，《中国藏学》2006年第4期。

院——弘化寺的研究》① 两文探讨了格鲁派在青海的弘化寺与明朝的关系，认为弘化寺的建立反映了格鲁派与明朝之间的早期关系。另外，乙坂智子的「永楽 5 年『御製霊谷寺塔影記』をめぐって：明朝によるチベット仏教導入の一側面」（《关于永乐五年"御制灵谷寺塔影记"——明朝引入藏传佛教的一个侧面研究》）②、《明朝接待在京藏传佛教僧人的政策》③ 及「帰ってきた色目人—明代皇帝権力と北京順天府のチベット仏教」（《归来的色目人——明代皇帝的权力和北京顺天府的藏传佛教》）④，龙池清的「明代北京に於ける喇嘛教団」（《明代北京的喇嘛教团》）⑤ 以及滋贺高义的《明成祖与西藏：哈立麻到中国的访问》⑥ 等文章亦涉及明代汉藏关系的相关内容。总体看来，日本藏学界对明代汉藏关系的研究主要依靠传统的汉、藏文文献，重点着眼于明朝与西藏之间的政治和宗教关系，其中一些日本学者在明朝与西藏关系的认知上与中国学界的观点存在较大差异。

早在西藏和平解放以前就有一批西方学者和探险家在西藏活动，

---

① 乙坂智子：《一个反映了格鲁派与明朝关系的寺院——弘化寺的研究》，《东洋文库研究部纪要》第 52 卷，1994 年，第 69—101 页。转引自张亚莎编译《1985—1998 年日本的藏族史研究》，《中国藏学》2006 年第 4 期。
② 乙坂智子「永楽 5 年『御製霊谷寺塔影記』をめぐって：明朝によるチベット仏教導入の一側面」（《关于永乐五年"御制灵谷寺塔影记"——明朝引入藏传佛教的一个侧面研究》）『日本西蔵学会々報』41・42 合併号、1997、11—21 頁。
③ 乙坂智子：《明朝接待在京藏传佛教僧人的政策》，《蛮夷之王、胡羯之僧》，平城 8、9、10 年度科学研究费补助金报告书，1998 年，第 1—48 页。转引自张亚莎编译《1985—1998 年日本的藏族史研究》，《中国藏学》2006 年第 4 期。
④ 乙坂智子「帰ってきた色目人—明代皇帝権力と北京順天府のチベット仏教」（《归来的色目人——明代皇帝的权力和北京顺天府的藏传佛教》）『横浜市立大学論叢』第 51 卷第 1・2 合併号、2000、247—282 頁。
⑤ 竜池清「明代北京に於ける喇嘛教団」（《明代北京的喇嘛教团》）『仏教研究』第 4 卷第 6 号、1941。
⑥ 滋贺高义：《明成祖与西藏：哈立麻到中国的访问》，《大谷史学》1961 年第 8 期。转引自贞兼绫子编《西藏研究文献目录——日文、中文篇（1877—1977）》，钟美珠译，中州古籍出版社 1986 年版。

他们是较早开展明代汉藏关系研究的西方人，其中以著名藏学家杜齐最具代表性。杜齐曾多次进入西藏开展调查，发现和记录了大量的文物与文献材料，先后出版了《西藏－印度》(Indo-tibetica，中文译名《梵天佛地》) 和《西藏画卷》(Tibetan Painted Scrolls) 两部代表性著作，① 两书都收录了西藏留存的反映明代汉藏关系的文物，如造像、唐卡、壁画、诏敕文书等。其中《西藏画卷》一书利用文物和文献材料对西藏历史、社会、宗教和艺术等方面进行了研究，其中有与明代汉藏关系相关的内容，如明朝对西藏宗教和世俗人员的敕封、西藏向明朝的进贡等。该书还收录了一些反映明代汉藏关系的文物，如明英宗敕封朵儿只领占为"辅善翊教国师"的诰命等。② 然而，在关于明朝与西藏关系的认知上，杜齐认为明朝"连同元朝的无可争议的权威一齐都没有恢复"，"汉族对西藏的主权只限于法律上批准和承认那些事实上已存在的特权和权力"。③ 此外，该书还从宗教艺术层面考察了内地艺术对西藏的影响。④ 另一位西方学者黎吉生也曾长期在西藏活动，调查和收集了许多西藏文物，并对其中一些文物如西藏楚布寺收藏的《噶玛巴为明太祖荐福图》长卷和明武宗给八世噶玛巴的致书等进行了研究，其中涉及历代噶玛巴的历史及他们与明、清政府的关系。⑤ 在

---

① Guiseppe Tucci, *Indo-tibetica*, New Delhi：Aditya Prakashan, 1989. 图齐著，魏正中、萨尔吉主编：《梵天佛地》，上海古籍出版社 2009 年版。

② Guiseppe Tucci, *Tibetan Painted Scrolls* (《西藏画卷》)，Bangkok：SDI Publications, 1999, p. 755, fig. I34.

③ Guiseppe Tucci, *Tibetan Painted Scrolls*, pp. 24 – 30. 其中涉及政治的内容已经译成中文，见杜齐《西藏中世纪史》，第 42—54 页。

④ Guiseppe Tucci, *Tibetan Painted Scrolls*, pp. 276 – 278.

⑤ H. E. Richardson, "The Karma-Pa Sect. A Historical Note：PartⅠ with Plates Ⅶ – Ⅺ," (《噶玛巴教派：一个历史注记Ⅰ》) *The Journal of the Royal Asiatic Society of Great Britain and Ireland*, No. 3/4 (Oct., 1958), pp. 139 – 164. H. E. Richardson, "The Karma-Pa Sect. A Historical Note：PartⅡ Appendix A," (《噶玛巴教派：一个历史注记Ⅱ》) *The Journal of the Royal Asiatic Society of Great Britain and Ireland*, No. 1/2 (Apr., 1959), pp. 1 – 18. 以上两文及相关文物照片后收录于 Hugh Richardson, *High Peaks Pure Earth* (《高原净土》)，London：Serindia Publications, 1998, pp. 337 – 378, Plate 92 – 94, 96 – 98。

上述两篇文章中，黎吉生着重强调噶玛巴与明朝皇帝之间的宗教关系，有意否认双方的政治关系，这种歪曲的观念在其写作的《西藏简史》中亦表现得十分明显。

在研究明代汉藏政治与宗教关系的西方学者中，美国学者史伯岭（Elliot Sperling）颇具代表性，其博士学位论文《明初对藏政策：对主张明初皇帝实施"分而治之"政策治藏的一个检验》（"Early Ming Policy toward Tibet: an Examination of the Proposition that the Early Ming Emperors Adopted a 'Divide and Rule' Policy toward Tibet"）利用汉、藏文文献对学界普遍认同的明朝"分而治之"的治藏政策进行了探讨，认为明朝并未对西藏采取"分而治之"的政策，所谓册封诸王的政策只是明朝根据西藏实际做出的应对举措，是结果而不是目的。同时，该文还将明朝对西藏的政策以及西藏对明朝的回应视作宗教与经济行为，因此，作者认为明廷早期对西藏的政策主要是为了避免西藏的威胁而不是为了统治西藏。① 除此之外，史伯岭的《五世噶玛巴以及西藏与明初的关系要略》②、《1413 年明使到宗喀巴处和大慈法王释迦也失到明廷》③、《明代早期诸帝试图对西藏实行"分而治之"的政策吗》④ 和《卓仓多吉强和明朝的早期关系》⑤ 等文章亦涉及明朝与西藏政治和宗

---

① Elliot Sperling, "Early Ming Policy toward Tibet: an Examination of the Proposition that the Early Ming Emperors Adopted a 'Divide and Rule' Policy toward Tibet," （《明初对藏政策：对主张明初皇帝实施"分而治之"政策治藏的一个检验》） Ph. D. dissertation, Bloomington: Indiana University, 1983.

② 史伯岭：《五世噶玛巴以及西藏与明初的关系要略》，才让太译，王青山校，《国外藏学研究译文集》第 2 辑，西藏人民出版社 1987 年版，第 231—241 页。

③ 史伯岭：《1413 年明使到宗喀巴处和大慈法王释迦也失到明廷》，《西藏学会会刊》1982 年第 2 期。

④ 史伯岭：《明代早期诸帝试图对西藏实行"分而治之"的政策吗》，《国际乔玛纪念会论文集》，1983 年。

⑤ Elliot Sperling, "Notes on the Early History of Gro-tshang Rdo-rje-Rdo-rje-'change and its Relations with the Ming Court," （《卓仓多吉强和明朝的早期关系》） Lungta, 2000, pp. 77 – 87.

教关系的考察。卓鸿泽在美国哈佛大学的博士学位论文《明代汉地的藏传佛教》（"Tibetan Buddhism in Ming China"）重点就藏传佛教对明代汉地的影响进行了研究，涉及明朝早期诸帝与藏传佛教的关系、汉人仿冒"藏僧"、"藏僧"在明朝与蒙古和女真冲突中的角色以及明朝人的"宗教双重性"等方面的内容。①

明代汉藏之间的朝贡与贸易也是西方藏学研究者较为关注的议题，相关论著有《明代喇嘛的进贡》（"Lama Tribute in the Ming Dynasty"）②、《明代嘉绒地区苯教的朝贡使团》③ 和《朝贡和贸易：中部西藏和明代早期中国之间的经济交流》（"Tribute and Trade: Economic Exchanges between Central Tibet and Early Ming China"）等。其中《朝贡和贸易：中部西藏和明代早期中国之间的经济交流》一文利用《明实录》等汉文资料对明朝与西藏帕木竹巴地方政权在1368—1434年的经济关系进行了研究，认为双方的贸易活动是在朝贡体系下展开的，西藏向明朝进贡的物品并不是中国经济的重要资产，而明朝回赐给帕木竹巴方面的物品也与其他西藏人员的相同，为茶叶、织物和衣物等，所以明朝与帕木竹巴二者都不认为双方的关系非常重要。由此作者认为明朝并未特别关注西藏中部地区，而明朝与帕木竹巴之间的关系对帕木竹巴在西藏的统治影响甚微。④ 总体看来，西方学者将明朝与西藏之间的朝贡和贸易行为更多地视作经济关系，由此否认明朝对西藏的统治权力。

---

① Toh, Hoong Teik, "Tibetan Buddhism in Ming China," （《明代汉地的藏传佛教》）Ph. D. dissertation, Harvard University, 2004.

② Turrell V. Wylie, "Lama Tribute in the Ming Dynasty," （《明代喇嘛的进贡》）*Tibetan Studies in Honour of Hugh Richardson*, Oxford, 1979, pp. 335 – 340.

③ 罗杰尔·格来特里斯：《明代嘉绒地区苯教的朝贡使团》，陈楠译，《国外藏学研究译文集》第15辑，西藏人民出版社2001年版，第87—99页。

④ Martin Slobodník, "Tribute and Trade: Economic Exchanges between Central Tibet and Early Ming China," （《朝贡和贸易：中部西藏和明代早期中国之间的经济交流》）*Studia Orientalia Slovaca*, I2 · 2, 2013, pp. 227 – 246.

藏传佛教艺术一直是西方藏学研究的热门领域，其中很多成果涉及明代汉藏艺术交流的内容。有关明代汉藏佛教艺术关系的资料性论著主要有《印度与西藏的铜造像》(Indo-Tibetan Bronzes)①、《西藏佛教雕塑之二：西藏与汉地》(Buddhist Sculptures in Tibet Vol. Two：Tibetan & Chinese)、《西藏寺庙珍藏佛教造像108尊》(108 Buddhist Statues in Tibet：Evolution of Tibetan Sculptures)②、《定义永乐：15世纪早期中国的帝国艺术》(Defining Yongle：Imperial Art in Early Fifteenth-century China) 及《完美的肖像：斯皮尔曼收藏的永乐、宣德造像》("The Perfect Image：The Speelman Collection of Yongle and Xuande Buddhist Icons")③ 等。其中瑞典藏学家乌尔里希·冯·施罗德编著的《西藏佛教雕塑之二：西藏与汉地》一书收录了西藏等地保存的由明廷赏赐的金铜造像，如永乐款宝帐护法像、无量寿佛、四臂大黑天造像、四臂文殊像、金刚萨埵、毗瓦巴像等。④《定义永乐：15世纪早期中国的帝国艺术》为美国大都会博物馆藏明代永乐艺术展的图录，收录了不少反映明代汉藏关系的文物，如瓷器、金铜造像、印章、法器、石刻和唐卡等。⑤

---

① Ulrich von Schroeder, *Indo-Tibetan Bronzes* (《印度与西藏的铜造像》), Hong Kong：Visual Dharma Publications, 1981.

② Ulrich von Schroeder, *108 Buddhist Statues in Tibet：Evolution of Tibetan Sculptures*, Chicago：Serindia Publications, 2008, pp. 172 – 173：56A、56B, 170 – 171：55B. 乌尔里希·冯·施罗德：《西藏寺庙珍藏佛教造像108尊》，罗文华译，文化艺术出版社2010年版。

③ Weldon David, "The Perfect Image：The Speelman Collection of Yongle and Xuande Buddhist Icons,"（《完美的肖像：斯皮尔曼收藏的永乐、宣德造像》）*Arts of Asia*, Vol. 26, No. 3, 1996, pp. 64 – 73.

④ Ulrich von Schroeder, *Buddhist Sculptures in Tibet Vol. Two：Tibetan & Chinese* (《西藏佛教雕塑之二：西藏与汉地》), Hong Kong：Visual Dharma Publications Ltd., 2001, pp. 1250 – 1291.

⑤ James C. Y. Watt, Denise Patry Leidy, *Defining Yongle：Imperial Art in Early Fifteenth-century China* (《定义永乐：15世纪早期中国的帝国艺术》), New York：Metropolitan Museum of Art/New Haven：Yale University Press, 2005, pp. 34 – 35, 40, 60, 70 – 74, 76 – 77, 84, 86 – 87.

西方藏学界有关明代汉藏艺术交流的研究性论著数量甚多，基本都利用了文物材料来开展研究，包括《早期汉藏艺术》(*Early Sino-Tibetan Art*)、《西藏绘画史》①、《西藏铜佛像艺术》②、《编织的图像：元、明时期藏汉艺术的丝织唐卡》("The Woven Image：Tibeto-Chinese Textile Thangkas of the Yuan and Early Ming Dynasties")③、《法海寺与明代早期的西藏影响》(*Fahai Temple and Tibetan Influence at the Early Ming Court*)④、《明代边缘和中心寺院中的汉藏艺术融合》("Sino-Tibetan Artistic Synthesis in Ming Dynasty Temples at the Core and Periphery")⑤、《西藏佛教艺术》⑥、《佛陀之法在姜地：十世噶玛巴在丽江地区发展的"汉式风格唐卡画"》("The Buddha's Law among the 'jang：the 10th karma-pa's Development of His 'Chinese-Style Thangka Painting' in the Kingdom of Lijiang")、《一幅永乐刺绣唐卡：图形与历史的分析》("A Yung lo Embroidery Thangka：Iconographic and Historic Analysis")⑦、《一幅绘制于北京的藏式唐卡》("A

---

① 大卫·杰克逊：《西藏绘画史》，向红笳、谢继胜、熊文彬译，西藏人民出版社、明天出版社2001年版。

② 林瑞宾（Rob Linrothe）：《西藏铜佛像艺术》，《故宫学术季刊》第5卷第3期，1988年春季号，第55—71页。

③ Michael Henss, "The Woven Image：Tibeto-Chinese Textile Thangkas of the Yuan and Early Ming Dynasties,"（《编织的图像：元、明时期藏汉艺术的丝织唐卡》）*Orientations*, Vol. 28, No. 10, 1996, pp. 26 – 39.

④ Karl Debreczeny, *Fahai Temple and Tibetan Influence at the Early Ming Court*（《法海寺与明代早期的西藏影响》）, Thesis (M. A.), Indiana University, Dept. of Central Eurasian Studies, 1997.

⑤ Karl Debreczeny, "Sino-Tibetan Artistic Synthesis in Ming Dynasty Temples at the Core and Periphery,"（《明代边缘和中心寺院中的汉藏艺术融合》）*The Tibet Journal*, Vol. 28, Issue 1/2, 2003, pp. 49 – 108.

⑥ 艾米·海勒：《西藏佛教艺术》，赵能、廖旸译，文化艺术出版社2008年版。

⑦ Amy Heller, "A Yung lo Embroidery Thangka：Iconographic and Historic Analysis,"（《一幅永乐刺绣唐卡：图形与历史的分析》）谢继胜、罗文华、景安宁主编：《汉藏佛教美术研究：第三届西藏考古与艺术国际学术讨论会论文集》，上海古籍出版社2009年版，第293—302页。

Tibetan Thangka Painted in Beijing")①、《西方收藏明朝成化与正德时期汉藏风格的唐卡》("Sino-Tibetan Tangkas of the Chenghua and Zhengde Periods in Western Collections")② 和《永乐之外：明代中期宫廷的藏汉风格唐卡》("Beyond Yongle: Tibeto-Chinese Thangkas for The Mid-Ming Court")③ 等。其中法国学者海瑟·噶尔美撰写的《早期汉藏艺术》一书有三章内容涉及与明代汉藏关系有关的文物，其中第五章从永乐金铜造像入手，对造像出现的历史背景、传入西藏的历史事件、造像在西藏的存在和影响以及汉藏之间的佛像流通等情况进行了研究。④ 美国学者卡尔·杜凯鹤在明代汉藏佛教艺术交流的研究方面卓有建树，他的《佛陀之法在姜地：十世噶玛巴在丽江地区发展的"汉式风格唐卡画"》一文对十世噶玛巴在丽江创作的一批"汉式风格唐卡画"进行了研究，认为这批汉式风格的唐卡是噶玛巴却英多杰受汉地画师影响而创作的，⑤ 体现了汉藏绘画艺术的交流与融合。

---

① Helmut F. Neumann, Heidi A. Neumann, "A Tibetan Thangka Painted in Beijing,"（《一幅绘制于北京的藏式唐卡》）谢继胜、罗文华、景安宁主编：《汉藏佛教美术研究：第三届西藏考古与艺术国际学术讨论会论文集》，第303—309 页。

② Marsha Weidner, "Sino-Tibetan Tangkas of the Chenghua and Zhengde Periods in Western Collections," 谢继胜、罗文华、景安宁主编：《汉藏佛教美术研究：第三届西藏考古与艺术国际学术讨论会论文集》，第311—332 页。中文译文见魏盟夏（Marsha Weidner）《西方收藏明朝成化与正德时期汉藏风格的唐卡》，罗文华译，《故宫博物院院刊》2007 年第5 期。

③ Marsha Weidner, "Beyond Yongle: Tibeto-Chinese Thangkas for The Mid-Ming Court,"（《永乐之外：明代中期宫廷的藏汉风格唐卡》）*Artibus Asiae*, Vol. 69, No. 1, 2009, pp. 7 - 37.

④ Heather Stoddard, *Early Sino-Tibetan Art*, Second Edition, Bangkok : Orchid Press Publishing Limited, 2008. 中译本见海瑟·噶尔美《早期汉藏艺术》，熊文彬译，中国藏学出版社1994 年版，第107—188 页。

⑤ Karl Debreczeny, "The Buddha's Law among the 'jang: the 10th karma-pa's Development of His 'Chinese-Style Thangka Painting' in the Kingdom of Lijiang," *Orientations*, Vol. 34, No. 4, 2003, pp. 46 - 53. 中文译文见《绛域佛法：十世噶玛巴汉风唐卡绘画在丽江的发展》，张雯译，《美成在久》2015 年第3 期；《佛陀之法在姜地：十世噶玛巴在丽江地区发展的"汉式风格唐卡画"》，邓云斐译，《西南边疆民族研究》2013 年第1 期。

综上所述，西方藏学界在明代汉藏关系研究以及对反映明代汉藏关系的文物资料的收集、著录等方面的工作开展得较我国略早，并且在一定时期内占有优势，形成以下一些特点。第一，在明代汉藏关系的研究取向和角度方面，西方藏学界在早期阶段对汉藏之间的政治、经济关系关注较多，成果丰富，但随着时间的推移，有关汉藏宗教、艺术交流的研究逐渐占据主流。第二，在研究方法上，西方学者很早就注意将文物和文献材料结合起来开展研究，尤其是在宗教艺术领域，但也有不少研究是依靠传统藏、汉文文献来完成的，不过西方学者在使用文献材料时常以西方的视角和观念去进行信息提取和解读。第三，在涉及明朝与西藏关系的认知上，中国学者和西方学者的观点时常存在分歧，很多西方学者并不认同明朝对西藏的统治。其中原因，除了与西方世界对西藏所秉持的"特殊"立场和心态有关外，[①]还有更复杂的历史与文化因素，本书将在后文进行探讨。

通过梳理国内外学界有关明代汉藏关系研究的学术史，我们可以就目前明代汉藏关系研究的成就与不足略做总结和归纳。首先是成就方面，主要有以下三点：一是在基础资料方面，经过学界长期的努力和积累，目前有关明代汉藏关系的藏、汉文文献材料和文物考古资料已经极大丰富，基本涉及明代汉藏关系的各个层面；二是在研究方法上，学界经历了从早期主要依靠文献材料到现在注重文献和实物资料结合研究的转变，对文物考古资料的利用已经成为藏学研究的潮流和必然趋势；三是在研究路径和取向方面更加多样，包括考古学、民族学、历史学、宗教学等多学科已经被纳入明代汉藏关系的研究中，除政治、经济与宗教等常见的研究主题外，文化、艺术、思想等方面的研究成果也不断涌现。

虽然已经取得了上述诸多成就，但目前有关明代汉藏关系的研

---

① 林冠群：《当代美国藏学研究发展趋势》，《蒙藏季刊》第22卷第1期，2013年3月，第53—55页。

究仍然存在以下几点不足。第一，现有的文物考古资料规模与当前学术研究的水平之间不平衡。目前国内外都刊布了大量涉及明代汉藏关系的文物考古资料，但以此为基础展开的综合性或专题性研究仍然比较有限，缺少立足于文物考古材料并从文物考古视角来系统、全面研究明代汉藏关系的综合性研究成果。第二，目前学界利用文物考古资料来进行明代汉藏关系研究的大部分成果主要着眼于宗教与艺术方面，其他方面的研究仍然比较薄弱。第三，现有研究在文物考古资料的收集与使用方面存在零散化和细碎化的缺点，对文物考古材料的利用与解读还有待进一步拓展和深化，特别是对碑刻材料及内地出土明代涉藏文物等的重视和研究还不够。第四，由于各种原因，中、外学界对明朝与西藏关系的认知还存在很大争议，这种现象的存在值得关注和思考，否则会阻碍双方的学术交流，不利于藏学研究的发展。

三　本书主要内容

从学术史来看，目前与明代汉藏关系相关的资料已经比较丰富，主要为文献资料和文物考古资料，其中文物考古资料包括诰敕文书等档案、印章、造像、碑铭匾额、法器、建筑遗存、壁画与塑像、经书等典籍、绢画唐卡、服饰织物、玩赏陈设品和生活用品等。上述这些文物考古资料是本书研究的基础和最主要的研究资料。本书采用的研究方法是基于研究资料的性质和特点以及研究主题而制定的，即立足于文物考古材料，同时结合汉、藏文文献材料，从文物考古视角对明朝经略西藏这一主题开展综合研究。

由于考古学在物质遗存研究方面具有优越性，因此本书将首先利用考古学的研究方法对这些涉藏文物考古资料进行分析，以明确这些物质遗存的时代、性质、功用、来源和文化因素等信息，同时结合相关资料对这些物质遗存的存在环境、使用对象与使用方式、传播途径和蕴含的思想观念等信息进行考察。其次，以文物考古资料为主，同时结合汉、藏文文献材料，注意二者在宏观与微观研究方面的优势互补，以及文献和文物考古材料的矛盾之处与问题挖掘。再次，长时段和动态地看待相关现象与问题，并将这些现象和问题放到相应的时代背景中进行考察。最后，以问题或专题研究的形式将各种零散、细碎的文物考古资料进行统合，以实现实物资料解读的多样化、信息获取的最大化，最终服务于本书明朝经略西藏这一主题的综合研究。

在古代中国，"文治"与"武功"被作为评价君王政绩的核心标准，这其实代表了中国古代国家治理中的两种模式，即平和手段的"文"和军事手段的"武"。从历史事实来看，明朝与西藏在整个时代都处于和平状态，这应该是明朝对西藏采取"文治"策略的结果。结合明朝经略西藏的具体政策，本书将明朝以"文治"藏中的"文"简要概括为制度文化、物质文化和精神文化这三个主要的层面。明朝以文治藏策略即通过制度的建设、物质的吸引、思想观念的调和等方式来经略西藏，以实现西藏对明朝的认同和归属。

在上述研究方法和理念的指导下，本书将具体按照如下思路来开展研究。明朝经略西藏必须构建相应的制度来确立和维系其在西藏的统治秩序，这是明朝对藏施政的前提，也是明朝与西藏存在政治关系的根本依据。因此本书第一部分主要利用诏敕、印章等文物材料来对明朝治藏的政治与宗教政策进行考察，具体包括明朝在西藏构建的军政体系和宗教体系的内容、管理与维系的手段、发展变迁的情况以及相关的治藏思想等。

在不留驻军队和内地官员的情况下，如何维系在西藏构建的政教体系，如何保持西藏对自身的认同和归属就成了明朝经略西藏所必须面临和解决的问题。显然，明朝找到了相应的对策，即通过融合集政治、经济和文化功能于一体的赐贡体系来牵引西藏的内向，维持其与西藏的关系。赐贡体系是明朝维系和加强与西藏政治关系及文化联系的核心政策，也是保持西藏与明朝持续交往的基本手段。这套体系虽然复杂，但其存在的基础和具体的表现形式十分明确，那便是存在于汉藏之间的物品流通，特别是被赋予了政治意涵的汉地物品向西藏的流通。本书第二部分主要就明代内地与西藏在赐贡体系下流通的物品进行系统梳理,特别是对内地输入西藏物品的类型、性质及阶段变化等情况进行考察。在此基础上重点对明朝赏赐西藏物品的文化因素进行分析,并对这些物品反映出的明朝治藏智慧与谋略进行阐述。

由明朝主导的赐贡体系不仅是明朝治藏的政治与经济政策,而且是一种文化策略。那些通过赐贡体系进入西藏的内地物品其实承载着明朝利用文化来经略西藏的使命,即通过物质文化来影响西藏,牵引西藏向内地靠拢,进而增加汉藏文化的共性。因此,本书第三部分主要就明朝内地输藏物品在西藏的使用对象、使用方式以及对西藏社会产生的影响等情况进行探究,以便对明朝通过物质文化来经略西藏的策略内涵和成效有更深刻的理解。

明朝与西藏在社会制度和思想观念等方面有很大不同,这些不同造成的观念差异和认知冲突是明代汉藏双方交流互动时所必须面对的问题。从历史结果来看,明朝与西藏之间始终保持了稳定的关系,这既是明朝以"文"治藏达到的最优结果,又是汉藏文化彼此认同和相互理解的体现。本书第四部分首先结合文物和汉、藏文文献材料就明代汉藏双方在宗教和皇权关系认知方面的差异进行考察,然后就明朝与西藏在差异调和方面的相关举措进行探讨,在此基础上着重对藏传佛教在内地的影响与融合进行分析。

以上研究主要着眼于明朝直接针对西藏的政策,然而明朝对西藏的经略绝不只限于西藏本身,而是做到了"内外结合"。"内"是指明朝对内地藏传佛教的经营,由此从内部来引导西藏内向;"外"是指明朝在相关外交活动中附及治藏的相关行为和举措,以此从外部来促进西藏内向,这也是明朝经略西藏的策略表现。本书第五部分对明朝经营内地藏传佛教的相关措施进行梳理,并就这些措施对明朝治藏的影响进行考察。在中国古代,外交是内政的延伸和拓展,因此本书将明朝经略西藏的行为放到更大的空间范围中进行观察,重点对明朝经略西藏中的相关南亚因素进行分析,以便更好地认识明朝经略西藏背后的"深谋远虑"。

在综合全书研究的基础上,结语部分将对明朝与西藏关系主题中的三个关键问题进行简要论述。首先是对明朝以"文"治藏策略的综合阐释,这是在全书研究的基础上对明朝治藏策略的内涵、特点、效果及价值进行的总结性归纳。其次涉及明朝与西藏历史关系和性质的辨析与定位,以此回应中、外学界关于明朝和西藏关系的认知分歧。最后是对元、明、清三代经营西藏的策略进行综合性的对比考察,归纳出明朝治藏策略的个性和三代治藏策略的共性,在此基础上对古代中央政权经略西藏的模式、内涵以及反映出的历史经验进行简要总结。

第 一 章
明朝在西藏构建的政、教体系

明朝与西藏之首要关系是政治关系，具体表现为明朝在西藏进行制度建设，这是明朝建立和维系其在西藏统治秩序的前提和基础，也是判定明朝与西藏关系的根本依据。学界已经有大量成果涉及这方面的内容，但主要是根据文献材料来开展的研究。目前，西藏等地已经发现和刊布了许多由明朝颁赐的印章及诏敕（附录表1、表2），这些文物包含大量明朝在西藏进行制度建设的信息，值得系统梳理和研究。本章将主要对明朝在西藏推行的政治与宗教制度进行研究，主要包括军政体系与宗教体系两方面。

第一节 明朝在西藏构建的军政体系

明朝建立不久即在西藏进行了一系列军政制度的建设活动，先后设立了一批军政机构，封授了一批职官，为对藏施政创造条件。下面就文物材料所见明朝在西藏设立的军政机构和封授的职官情况进行论述。

一 明朝在西藏设立的军政机构
（一）续设的元代西藏旧机构

为尽快建立国家体系和统治秩序，明初在边疆地区普遍采取了

"承元旧制"的策略，对元代旧有机构进行续设，其中文物材料显示明朝在西藏续设了如下一些机构。

1. 俄力思军民元帅府

西藏自治区档案馆藏有一件洪武六年（1373）明朝敕封搠思公失监为俄力思军民元帅府元帅的圣旨（图1-1），汉文墨书，内容如下：

> 奉天承运，皇帝圣旨：朕君天下，凡四方慕义来归者，皆待之以礼，授之以官。尔搠思公失监，久居西土，闻我声教，能委心效顺，保安境土，朕用嘉之。今设俄力思军民元帅府，命尔以元帅之职。尔尚思尽乃心，谨遵纪律，抚其部众，使疆土靖安，庶副朕委任之意。可怀远将军、俄力思军民元帅府元帅宜令搠思公失监。准此。洪武六年二月　日。①

这件诏书的年代正好与明朝中央政府下诏在藏族地区系统设立第一批军政机构的时间相符。《明太祖实录》记载，洪武六年二月癸酉"诏置乌思藏、朵甘卫指挥使司，宣慰司二、元帅府一、招讨司四、万户府十三、千户所四"。②这条文献中的"元帅府一"可能就是指"俄力思军民元帅府"。此外，还有一条文献记载洪武八年正月庚午"诏置俄力思军民元帅府……"③这里提及的时间显然与文物材料有矛盾，或因文献舛误，或因"洪武八年"是使者送达诏书后返回朝廷正式确认的时间。

---

① 西藏自治区档案馆编：《西藏历史档案荟粹》，图23。本书使用的文物图片均列于图版中，正文中仅注明图号。正文中出现的图号仅在第一次出现时标明资料来源，之后出现时均不再标注。

② 《明太祖实录》卷七九，洪武六年二月癸酉，中研院历史语言研究所1962年版，第1437页。本书所引《明实录》资料均为此版本，以下不再标注版本信息。笔者认为"乌思藏、朵甘卫指挥使"之后所列机构并非都设在乌思藏地区，而是反映了朵甘与乌思藏地区的整体情况。

③ 《明太祖实录》卷九六，洪武八年正月庚午，第1650页。

"俄力思"为"阿里"的音译，元代译为"纳里速"。《元史》记载，乌思藏纳里速古鲁孙等三路宣慰使司都元帅府下设有"纳里速古儿孙元帅二员"，① 此中的"纳里速古儿孙"即"纳里速古鲁孙"，也是阿里的音译，其范围涵盖西藏西部的阿里及周边部分地区。② "俄力思"区域与明朝内地隔绝甚远，却能很早与明朝建立关系，其背景值得关注。③ 洪武之后的明朝官方文献中再不见俄力思军民元帅府的任何记载，说明该机构设立后不久可能便遭裁撤或废置。

2. 加麻万户府

西藏博物馆藏有一件洪武十二年二月准授端竹监藏为信武将军、加麻万户府万户的制诰（图 1-2），汉文墨书，内容如下：

> 皇帝制曰：朕君天下，凡四方慕义之士，皆授以官，且俾世袭其职焉。惟尔端竹监藏，昔尔祖父世守西土，尔能闻朕声教，委心效顺，朕甚嘉焉。今授尔信武将军、加麻万户府万户，俾尔子孙世袭。尔其招徕远人，绥靖边疆，永为捍御之臣，保成功于不怠，尔惟懋哉。洪武十二年二月二十六日。④

该制诰除提到了加麻万户府外，还提及端竹监藏的"祖父世守西土"，说明其家族在元代就已经是一方守土之官。在诰书正文

---

① 《元史》卷八七《百官三》，中华书局1976年版，第2199页。
② 史为乐主编：《中国历史地名大辞典》，中国社会科学出版社2005年版，第1413页。
③ 李帅：《明代涉藏文物识读二则》，王煜主编：《文物、文献与文化：历史考古青年论集》第1辑，上海古籍出版社2017年版，第290—292页。
④ 西藏博物馆编，何晓东著：《历史的见证——西藏博物馆藏历代中央政府治藏文物集萃》，第70—72页。

之后还有一段考功监的附文：考到端竹监藏年五十一岁，乌思加麻人，元朝加麻万户府世袭万户，洪武十二年二月准授世袭加麻万户府万户。① 这说明端竹监藏是元朝加麻万户府的世袭万户，明朝此次册封只是承袭元朝旧制，继续"准授"而已。加麻万户府驻地在今拉萨市墨竹工卡县。②

3. 必力公万户府

西藏博物馆藏有一枚铜质方印，直纽，印文为汉文九叠篆"必力公万户府印"。印背有"必力公万户府印"和"礼部造洪武十八年正月　日"款识，侧边有"兰字七十号"字样（图1-3）。③ 据款识显示，该印章是明太祖洪武十八年赐予必力公万户府的官司印。《明太祖实录》记载，洪武十八年正月丁卯"定朵甘思宣慰使司秩正三品，朵甘万户府……乌思藏必力公瓦万户府秩皆正四品"。④ 可见印章款识所记年代和文献记载年代完全相符。必力公亦称必力公瓦，为"止贡"的一种读法，其地在今西藏墨竹工卡地区。⑤ "必力公万户"在藏文文献中也被称为"止贡万户"，其在元代已受封为万户，曾因与萨迦派对抗而一度遭到打击，⑥ 但到元末仍保存一定实力，故被明朝续封为万户。《直贡法嗣》记载，止贡派人员接受了明朝对自身的续封，一直以"万户府"自称。⑦

---

① 宿白：《拉萨布达拉宫主要殿堂和库藏的部分明代文书》，《藏传佛教寺院考古》，第211页。

② 房建昌：《明代西藏行政区划考》，《西藏民族学院学报》2001年第4期。

③ 甲央、王明星主编：《宝藏——中国西藏历史文物》（3），第90—91页，图46。欧朝贵、其美编著：《西藏历代藏印》，第19页。

④ 《明太祖实录》卷一七〇，洪武十八年正月丁卯，第2582页。

⑤ 丹珠昂奔等主编：《藏族大辞典》，"必力公万户府印"条，甘肃人民出版社2003年版，第61—62页。

⑥ 陈庆英、高淑芬主编：《西藏通史》，第214页。

⑦ 直贡·丹增白玛坚参：《直贡法嗣》，克珠群佩译，西藏人民出版社1995年版，第148—149、169—171、189页。

4. 乌思藏宣慰司

西藏布达拉宫藏有一枚方形铜印，如意纽，高 6.2 厘米、边长 8.4 厘米。印文为汉文九叠篆"乌思藏宣慰司分司印"，印边沿有款识"大字一十三号"（图 1-4）。① 该印和常见的明代官司印不同，未刻出颁赐部门和年月，纽形也较为特别，不是明廷规定的柱纽，很可能是西藏地方制作的一枚复制印。② 该印无纪年款识，但据印文和字体来看，当为明代官印无疑。

元朝在西藏设立了乌思藏纳里速古鲁孙等三路宣慰使司都元帅府（简称乌思藏宣慰司）来管理卫、藏及阿里地区，③ 下设"宣慰使五员"。④ 文献记载，洪武六年明廷曾"诏置乌思藏、朵甘卫指挥使司，宣慰司二"⑤，这里的"宣慰司二"中有一个应该就是乌思藏宣慰司。又据《明太祖实录》，洪武十五年二月丙寅，"乌思藏指挥同知监藏巴藏卜、宣慰司官朵儿只令真……来朝"，⑥ 这里提到的"宣慰司"应该也是指乌思藏宣慰司。

（二）都司卫所机构

明朝在对元代西藏旧有机构进行续设的同时，也在有条不紊地规划和推行本朝新创设的军政体制，即都司卫所这一军事系统的疆土管理机构，⑦ 具体情况如下。

1. 朵甘卫都指挥使司

西藏博物馆藏有一枚方形银印，二台直纽，高与边长均为 9.4 厘米，印文为汉文九叠篆"朵甘卫都指挥使司印"。印背左、右两侧均有款识，分别为"礼部造永乐五年二月　日"和"朵甘卫都指挥

---

① 欧朝贵、其美编著：《西藏历代藏印》，第 21 页。
② 李帅：《论西藏地方的明代复制官印》，《西藏大学学报》2019 年第 3 期。
③ 王森：《西藏佛教发展史略》，第 213 页。
④ 《元史》卷八七《百官三》，第 2198 页。
⑤ 《明太祖实录》卷七九，洪武六年二月癸酉，第 1437 页。
⑥ 《明太祖实录》卷一四二，洪武十五年二月丙寅，第 2237 页。
⑦ 顾诚：《明帝国的疆土管理体制》，《历史研究》1989 年第 3 期。

使司印赐南葛监藏",侧边有"智字三十七号"款识(图1-5)。①明代"朵甘"的范围包括今甘肃藏区、青海藏区和四川西部阿坝、甘孜和西藏东部昌都一带,即传统地理概念上的"安多"和"康"两部分藏族地区。②《明太宗实录》记载,永乐五年春三月丁卯,"命馆觉头目南葛监藏、阿屑领占俱为朵甘行都指挥使司都指挥使"。③这段记载与上述银印显示的信息完全吻合。

四川邓柯之原林葱土司家收藏有一件宣德五年(1430)的诏敕,汉文内容如下:

> 皇帝敕谕朵甘卫行都指挥使司星吉儿监藏:昔朕太宗文皇帝临御之日,尔父撒力加监藏敬顺天道,输诚来归。朝廷设立衙门,授以官职,亦既有年。朕统天位,悉遵皇祖成宪。今尔父年老,转令尔替职为朵甘卫行都指挥使司指挥使,管束军民,安定边陲。尔宜益顺天心,永坚臣节,俾子子孙孙世居本土,打围放牧,咸膺福泽,同享太平。故谕。④

这件诏敕提到了"朵甘卫行都指挥使司"这样一个机构的名称,与上述印章中的"朵甘卫都指挥使司"略有差异。史料显示,"都指挥使司"和"行都指挥使"虽然在机构建制和职能方面基本相同,但在设置区域与目的等方面还是有差异的。但综合文献与文物材料来看,上述印章和诏敕中提到的机构当指同一机构。至于会有不同称呼的原因,或许与明廷对朵甘卫(行)都指挥使司地位

---

① 甲央、王明星主编:《宝藏——中国西藏历史文物》(3),第140—141页,图50。欧朝贵、其美编著:《西藏历代藏印》,第18页。
② 顾祖成编:《明清治藏史要》,第37页。陈楠:《明代西藏地方政教体制及职官制度考述》,《中央民族大学学报》2009年第6期。
③ 《明太宗实录》卷六五,永乐五年三月丁卯,第918页。
④ 任乃强、泽旺夺吉:《"朵甘思"考略》,《中国藏学》1989年第1期。

的认知发生变化有关。

事实上,朵甘卫(行)都指挥使司这个机构名称的出现本身就有一个发展过程,先后经历了以下变迁:朵甘卫指挥使司(洪武四年置)①——朵甘(行)都卫指挥使司(洪武七年升)②——朵甘(行)都指挥使司(洪武八年改)——朵甘卫(行)都指挥使司(至晚永乐四年已改)。上述变化不仅反映了该机构的等级由"卫"升为"(行)都指挥使司"的过程,而且体现了明朝在藏机构与治藏策略不断调适和落实的过程,这背后其实与朵甘地区复杂的部族情况和互不统属的势力状况有关。

2. 乌思藏卫都指挥使司

文献记载显示,明朝在西藏设有乌思藏都指挥使司,③ 另在文物材料中出现了一个与之名称相近的机构,见于西藏博物馆所藏永乐十一年命挫失吉袭父职的制诰中(图1-6)。该制诰用汉、藏文书写,④ 汉文内容如下:

> 奉天承运,皇帝制曰:帝王以天下为家,故一视同仁,无间远迩,尔乌思藏久遵王化,昔我皇考太祖高皇帝临御之时,设卫建官,于兹有年,尔父指挥佥事冷真监藏既没,尔挫失吉

---

① 《明太祖实录》卷六八,洪武四年十月乙未,第1282页。
② 《明太祖实录》卷九一,洪武七年七月己卯,第1595页。需要指出的是,此处文献中有关该机构名称为"西安行都指挥使司""朵甘、乌思藏二卫为(行)都指挥使司"的记载不准确。因为《明史》记载洪武"八年十月,诏各都卫并改为都指挥使司",显然洪武七年七月不可能出现"都指挥使司"之名。《明史》又载:"(洪武)七年改置西安行都指挥使司于河州,以正为都指挥使,进阶骠骑将军,提调朵甘、乌思藏都卫。"四川德格县档案馆收藏有一件洪武二十一年正月十八日的汉文诏敕,其内也出现了"朵甘都卫"的说法。参见张永海《明洪武二十一年〈制诰〉评介》,《四川档案》1989年第6期。
③ 《明史》卷九〇《兵二》,中华书局1974年版,第2227页。
④ 至迟从永乐朝开始,明朝颁给西藏的诏敕文书已同时采用汉、藏文书写,但限于多方面因素,本书对藏文部分的梳理和考析还有所欠缺,接下来笔者将与有关学者合作,开展藏文部分的识读和初步研究,以弥补本书在这方面的不足。

能继承其业，效力摅忠，有加无替，宜锡宠荣，俾袭厥职，特授尔明威将军、乌思藏卫都指挥使司指挥佥事。尔尚益顺天心，永坚臣节，抚安尔众，各遂其生，俾尔子孙世享无穷之福。钦哉。永乐十一年五月初十日。①

这件制诰中提到了"乌思藏卫都指挥使司"这一机构。挫失吉袭职之事亦见于文献记载，永乐十一年二月己未"以擦巴头目巴儿藏卜继其兄葛谛藏卜、挫失吉继其父冷真监藏，并管著烈思巴簇林监藏俱为乌思藏都指挥使司都指挥佥事"。② 上述文物与文献所载系同一事件，可知乌思藏都指挥使司和乌思藏卫都指挥使司当指同一机构。综合文献与文物材料可知，"乌思藏卫都指挥使司"名称的出现经历了如下变迁过程：乌思藏卫指挥使司——乌思藏（行）都卫指挥使司——乌思藏（行）都指挥使司——乌思藏卫都指挥使司。

3. 乌思藏卫俺不罗行都指挥使司

西藏布达拉宫藏有一枚镂刻龙纽的方形包铜铁印，印文为汉文叠篆"乌思藏卫俺不罗行都指挥使司"（图1-7）。③ 该印印文不规整，印质与纽形也和明朝官印不合，应该是西藏地方制作的一枚复制印。"俺不罗"在羊卓地方，辖地在今天的浪卡子县一带，位于前后藏之间，是沟通前后藏的枢纽，其势力在帕木竹巴地方政权

---

① 中国历史博物馆、西藏博物馆编：《金色宝藏——西藏历史文物选萃》，第36—37页。宿白：《拉萨布达拉宫主要殿堂和库藏的部分明代文书——西藏寺院调查记之七》，《文物》1993年第8期。需要指出的是，宿白与宋伯胤等先生的文章将"冷真监藏"误作"端竹监藏"，故将这件诏书与洪武十二年敕封端竹监藏为信武将军、加麻万户府万户诏书联系起来，认为挫失吉为端竹监藏之子，但依据现有材料还无法作出如此判断。

② 《明太宗实录》卷一三七，永乐十一年二月己未，第1666页。这条文献对挫失吉承袭的官职记载错误，从上述这件诏敕来看，他承袭的官职是正四品的"指挥佥事"，而不是正三品的"都指挥佥事"。

③ 《西藏历代藏印》一书正文中将该印印文记为"乌思藏卫俺不罗行指挥使司"，漏记了"都"字。参见欧朝贵、其美编著《西藏历代藏印》，第20页。

时期仍然比较强大,① 是乌思藏地方的一股重要势力。文献记载,洪武十八年春正月壬午,"以乌思藏俺不罗卫指挥使古鲁监藏为乌思藏卫俺不罗行都指挥使司都指挥佥事"。② 这说明洪武十八年以前明廷就已经在俺不罗设立了卫级行政机构,后来又将俺不罗卫提升为乌思藏卫俺不罗行都指挥使司。该机构名中的"乌思藏卫"即"乌思藏卫都指挥使司"的简称,以此标明乌思藏卫俺不罗行都指挥使司是乌思藏卫都指挥使司的下属机构。

4. 乌思藏卫领思奔寨行都指挥使司

西藏博物馆藏有一件诰敕(图1-8),用汉、藏文书写,汉文内容如下:

> 奉天承运,皇帝制曰:朕惟帝王,以天下为家,故一视同仁,无间远迩。我皇考太祖高皇帝临御之时,尔乌思藏恪遵王化,归向朝廷,暨朕即位以来,虔修职贡,罔有不恭。尔喃葛加儿卜,克敬承于天道,尤识达于事几,输竭诚悃,克效劳勤,朕深嘉奖。今特设领思奔寨行都指挥使司,以尔为昭勇将军、都指挥佥事,尔尚益顺天心,永坚臣节,抚安尔众,各遂其生,俾尔子孙世享无穷之福。钦哉。永乐十四年五月二十六日。

这件诰敕显示领思奔寨行都指挥使司于明永乐十四年设置。该事亦见于《明太宗实录》,永乐十四年五月庚申"设西番领思奔寨行都指挥使司,以头目喃葛加儿卜为都指挥佥事,遣使给诰"。③ 此处记载和上述诰敕的内容与时间相符。值得注意的是,上述诰敕中提到的"领思奔寨行都指挥使司"并不是该机构的最终名称或全称,其全名应为"乌思藏卫领思奔寨行都指挥使司",该名见于

---

① 陈庆英、高淑芬主编:《西藏通史》,第272页。
② 《明太祖实录》卷一七〇,洪武十八年正月壬午,第2586页。
③ 《明太宗实录》卷一七六,永乐十四年五月庚申,第1928页。

西藏博物馆藏一件宣德元年的袭职诰命中。① 此处的"乌思藏卫"也是指乌思藏卫都指挥使司,加在领思奔寨行都指挥使司之前以体现二者之间的统属关系。

"领思奔寨"即仁蚌宗,辖地在今西藏仁布县一带,其初封首领喃葛加儿卜为帕木竹巴地方政权第五任第悉、阐化王扎巴坚赞的外甥,同时又是第六任帕竹第悉的舅舅,与朗氏家族有着牢固的姻亲关系,② 是帕竹地方政权的重要权贵之一。仁蚌宗在帕竹地方政权中承担着特殊的政治使命,那便是负责管控后藏,监视萨迦、夏鲁、拉堆绛、江孜等地方势力,其宗本类似于帕竹政权派驻到后藏的代表,③ 权势很大,地位重要,后来曾一度掌控前后藏的统治权,使帕竹政权空有虚名。④

除上述两个行都指挥使司外,明朝还在西藏设立了乌思藏卫牛儿宗寨行都指挥使司。牛儿宗又译作内邬宗,⑤ 其宗本负责管辖包括拉萨在内的拉萨河中下游一带。⑥ 其首领喃葛监藏曾于永乐六年亲赴内地朝贡,被称为"牛儿宗寨官喃哥藏卜",⑦ 此人为阐化王之侄,也是帕竹地方政权的重要人物。他担任内邬宗宗本期间在前藏地区炙手可热,⑧ 曾支持宗喀巴及其在拉萨举行的传召大法会,⑨ 同时是修建哲蚌寺的主要施主。⑩

---

① 西藏博物馆编,何晓东著:《历史的见证——西藏博物馆藏历代中央政府治藏文物集萃》,第76—77页。
② 陈庆英、高淑芬主编:《西藏通史》,第261页。
③ 陈庆英、高淑芬主编:《西藏通史》,第261页。
④ 恰白·次旦平措等:《西藏通史——松石宝串》,第587—588页。
⑤ 祝启源:《明代藏区行政建置史迹钩沉》,《祝启源藏学研究文集》,第183—219页。
⑥ 陈庆英、高淑芬主编:《西藏通史》,第255页。
⑦ 《明太宗实录》卷八六,永乐六年十二月辛丑,第1148页。
⑧ 陈楠:《明代西藏地方政教体制及职官制度考述》,《中央民族大学学报》2009年第6期。
⑨ 王森:《西藏佛教发展史略》附录二《宗喀巴年谱》,第310—311、315—316页。
⑩ 五世达赖喇嘛:《西藏王臣记》,刘立千译注,民族出版社2000年版,第113页。

5. 果累千户所

西藏博物馆藏有一枚明代象牙狮纽印，印文为汉文九叠篆"果累千户所印"。印背左、右两侧均有汉文款识，左为"大明万历己卯年制"，右为"钦赐大觉禅师图记"（图1-9）。[①]"大明万历己卯年"即万历七年（1579），这是明神宗赐给帕木竹巴阐化王儿子扎什藏卜的"图记"，[②]表明明朝在西藏亦曾设有千户所一类的机构。除前面提到的这些机构外，明朝在西藏还设有仰思多万户、上邛部卫及笼答招讨司等机构。[③]

通过对文物材料中所见明朝在西藏设立的军政机构的梳理，能够大致了解明朝在西藏所设军政机构的整体状况，从中可以看到明朝在西藏进行机构设置时的相关策略和指导思想。

第一，明朝在西藏设立的军政机构中一类是继承元代西藏旧有的行政机构，另一类则属于新创设的都司卫所机构，这两类机构有一个此消彼长的变化过程。从设置时间来看，继承自元代的军政机构主要设置于洪武时期，永乐时期已经很少了；新创机构的设置始于洪武时期，永乐时期继续推进，到宣德时期仍有少量设置，宣德以后则基本不见设置新机构的相关记载。由此看来，明朝早期采取了继承与创新并行的策略来构建西藏的军政体系。

第二，明朝对乌思藏卫都指挥使司下设的三个行都指挥使司的区位与对象选择有明显的针对性和目的性，其中乌思藏卫俺不罗行都指挥使司位于前后藏之间，是沟通前后藏的枢纽，具有重要的战略意义；乌思藏卫领思奔寨行都指挥使司位于后藏，负责管控后藏并监视萨迦、夏鲁、拉堆绛等后藏势力；乌思藏卫牛儿宗寨行都指挥使司位于前藏拉萨地区，控握着西藏的宗教中心。对上述机构区

[①] 西藏博物馆编，何晓东著：《历史的见证——西藏博物馆藏历代中央政府治藏文物集萃》，第94—95页。

[②] 欧朝贵、其美编著：《西藏历代藏印》，第22页。

[③] 房建昌：《明代西藏行政区划考》，《西藏民族学院学报》2001年第4期。

位的选择充分体现了明朝在乌思藏军政机构布局方面的智慧以及对西藏政治和区域格局的了解。

二　明朝在西藏封授的职官

明朝在西藏设立机构的同时进行了职官的封授，现存的诏敕和印章等文物材料显示，明朝在西藏封授了以下一些职官。

（一）元制旧官

明朝在承袭元代西藏旧机构的同时续封了一批元代的旧官，它们是明朝早期西藏官僚系统的重要组成部分。

1. 元帅

前文提到西藏自治区档案馆中有一件洪武六年明朝敕封搠思公失监为俄力思军民元帅府元帅的圣旨，其内有"今设俄力思军民元帅府，命尔以元帅之职"的内容（图1-1），[①] 证明洪武时期在西藏续设有元帅一职。

2. 万户

西藏博物馆藏有一件洪武十二年二月的制诰，内有"今授尔信武将军、加麻万户府万户"的内容。在诰书后的附文中又有"考到端竹监藏年五十一岁，乌思加麻人，元朝加麻万户府世袭万户，洪武十二年二月准授世袭加麻万户府万户"和"信武将军、加麻万户府万户端竹监藏奉制如右"之句（图1-2），[②] 证明明朝在西藏续设有万户一职。

3. 宣慰使

西藏保存有一枚"乌思藏宣慰司分司印"（图1-4），[③] 该印是一枚明代官司印的复制印，使用者应当是乌思藏宣慰司下的某位宣慰使。文献记载，明朝没有遵循元朝宣慰司下设五位宣慰使的旧

[①] 西藏自治区档案馆编:《西藏历史档案荟粹》，图23。

[②] 宿白:《拉萨布达拉宫主要殿堂和库藏的部分明代文书》，《藏传佛教寺院考古》，第211页。

[③] 欧朝贵、其美编著:《西藏历代藏印》，第21页。

制，而是进行了大量的封授，数量达十人以上。①

4. 司徒

西藏博物馆有一枚二台直纽的方形银印，印文为汉文九叠篆"司徒之印"。印背及侧边有汉文款识，右为"司徒之印"，左为"礼部造永乐十年二月　日"，侧边为"智字一百六号"（图1-10）。② 另外还有一枚木纽铜印，印文也是"司徒之印"，为上述银印的复制印。③ 款识显示，该印铸造于永乐十年，但颁赐对象不明。西藏自治区档案馆收藏有一件永乐十一年明廷封锁巴头目剌昝肖为司徒的敕谕（图1-11），用汉、藏文写成，其中汉文内容如下：

> 奉天承运，皇帝制曰：天地之大，包含覆载而万物亨。帝王之道，怀柔抚绥而天下治。故命官锡爵，各因其宜，所以顺人情而广恩泽也。尔锁巴头目剌昝肖，早从佛教，悟解真乘，以清净而为宗，以慈悲而化导。敬顺天道，尊仰朝廷，竭诚奉职，始终一致，爰申宠命，用示褒荣。兹特授尔为司徒，益加精进，肆扬阐于宗风，懋笃忠诚，永膺承于恩典。钦哉。永乐十一年二月初九日。④

剌昝肖是元代拉堆洛万户最后一任万户长搠思吉辇真的儿子。⑤ 这件敕谕涉及的历史事件在《明太宗实录》中也有记载，永乐十一年二月己未，明廷"授锁巴头目剌昝肖、掌巴头目辔巴、

---

① 《明太祖实录》卷九五，洪武七年十二月壬辰，第1641—1642页。乌思藏宣慰司的情况可能亦是如此。
② 甲央、王明星主编：《宝藏——中国西藏历史文物》（3），第142—143页，图51。
③ 欧朝贵、其美编著：《西藏历代藏印》，第24页。
④ 西藏自治区档案馆编：《西藏历史档案荟粹》，图25。
⑤ 沈卫荣：《明封司徒锁巴头目剌昝肖考——兼论元明时代乌思藏拉堆洛万户》，《故宫学术季刊》第17卷第1期，1999年，第103—136页。后收入氏著《西藏历史和佛教的语文学研究》，第614—641页。

八儿土官锁南巴、仰思都巴头目公葛巴等俱为司徒，各赐银印、诰命、锦币"。① 上述银质"司徒之印"可能与永乐十一年这次集体授封司徒的事件有关，至于印款纪年和史书记载相差一年，可能是铸印在先而正式敕封在后，从侧面反映了明廷的这次集体敕封应有相应的规划和准备。

封授西藏僧俗首领以"司徒""大司徒"名号始于元代，如帕木竹巴万户著名首领绛曲坚赞就曾向元朝求得大司徒封号。② 又据文献，"泰定间，以帝师弟公哥亦思监将至，诏中书持羊酒郊劳；而其兄琐南藏卜遂尚公主，封白兰王，赐金印，给圆符。其弟子之号司空、司徒、国公，佩金玉印章者，前后相望"。③ 明初，有元朝故官锁南兀即尔"以元司徒银印来上"。④ 面对这种情况，明初以"司徒者，其俗头目之旧号，因而授之"⑤ 的策略来处理。现存这枚永乐十年的银质"司徒之印"，无论是印章质地还是名号本身，都直接延续了元朝旧制。

5. 国公

西藏保存有一枚方形银印，为二台直纽，印文为汉文九叠篆"赏巴国公之印"。印背两侧及边沿有汉文款识，右为"赏巴国公之印"，左为"礼部造永乐十二年正月　日"，边沿为"礼字一百七十四号"（图1-12）。⑥ 该银印也有一枚复制的木纽铁印。⑦ 赏巴为地名，在今西藏日喀则市南木林县一带，⑧《明实录》中也写作赏

---

① 《明太宗实录》卷一三七，永乐十一年二月己未，第1666页。
② 大司徒·绛求坚赞：《朗氏家族史》，赞拉·阿旺、佘万治译，陈庆英校，西藏人民出版社1989年版，第288—289页。五世达赖喇嘛：《西藏王臣记》，第91页。
③ 《元史》卷二〇二《释老》，第4521页。
④ 《明史》卷三三一《西域三》，第8588页。
⑤ 《明太宗实录》卷一三七，永乐十一年二月己未，第1666页。
⑥ 甲央、王明星主编：《宝藏——中国西藏历史文物》（3），第146—147页，图53。欧朝贵、其美编著：《西藏历代藏印》，第25页。
⑦ 欧朝贵、其美编著：《西藏历代藏印》，第26页。
⑧ 陈庆英、高淑芬主编：《西藏通史》，第272页。

司巴，其首领为公哥列思监藏巴藏卜。① 严格来说，国公并不是职官名称，而是一个勋爵名，元朝开始用来封授西藏相关人员，目前西藏还保存有元代的"门国公印"。② 《明史》记载，明太祖鉴于"元尊番僧为帝师，授其徒国公等秩"的旧制，采取了"降者袭旧号"的政策。③ 可知赏巴国公应为元朝旧封，明朝只是进行了续封。

（二）王

明代西藏地方的几大主要势力集团往往采取政教合一的统治形式，其首领通常由僧人担任，兼管宗教和世俗事务。明朝在经略西藏的过程中，先后封授了五位这样的政教首领为王。这五位王都是僧人，肩负管控一方之重任，直接遵行明朝经略乌思藏的具体政策。由于五王兼管世俗政治，故明朝对其王爵的承袭管理较严，也从未将他们视作宗教上的尊崇对象。因此，这五王可看作明朝在西藏设立的一类特殊职官，④ 是明朝专门针对藏族地区治理的制度创新。

1. 阐化王

阐化王是明朝在藏族地区最早敕封的王，受封者为明代西藏地方最大势力帕木竹巴地方政权的首领。第一位获封阐化王的是帕木竹巴政权的第五任第悉扎巴坚赞（1374—1432）⑤，他是明朝主动派人入藏敕封的，获颁玉印（其余四王为镀金银印），足见明廷对帕竹地方政权的重视和优待。明朝颁给阐化王的玉印现已不存，可见一枚雕刻精美的龙纽象牙质方印，印文为汉文九叠篆"灌顶国

---

① 《明太祖实录》卷八五，洪武六年九月己卯，第 1518 页。
② 西藏博物馆编，何晓东著：《历史的见证——西藏博物馆藏历代中央政府治藏文物集萃》，第 54 页。
③ 《明史》卷三三一《西域三》，第 8588 页。
④ 这里的"王"与本章第二节中将要谈到的藏僧等级体系中的"法王"区别明显，二者属于不同的等级和名号系统。
⑤ 陈庆英、高淑芬主编：《西藏通史》，第 427 页。

师阐化王印"（图1-13）。① 此外，西藏还发现一枚二台如意纽铁印，印文为汉文九叠篆"灌顶国师阐化"（图1-14）。② 上述两枚印章应该都是复制印，属于阐化王系统所有。

2. 辅教王

辅教王居于后藏地方，于永乐十一年受封，受封诏敕现在仍存，用汉、藏文墨书于五色纻丝团龙云纹织物上（图1-15），其中汉文内容如下：

> 奉天承运，皇帝制曰：代天理物，必先怀远之仁，锡德褒贤，宜有推恩之举，所以广至仁而示崇奖之道也。朕恭膺天命，统绍鸿基，以六合而为家，视万方犹一体，博施广爱，无间迩遐。尔斡喃渴烈思巴，世居西土，久遵王化。自朕即位以来，尔能敬顺天道，恭事朝廷，效义摅诚，久而弥笃，眷兹忠悃，良用褒嘉，今特封尔为思达藏辅教王。於戏，锡命颁恩，式弘敷于治化，恤民保众，尚益笃于忠勤，祗服朕言，世延福庆。钦哉。永乐十一年五月二十三日。③

这件诏敕记叙的事件和时间与文献记载完全对应。诏敕提到辅教王来自思达藏，即答仓宗，在今天西藏日喀则市吉隆县境内。④ 辅教王来自萨迦派的都却喇让，与来自拉康拉章的大乘法王同属萨迦派。⑤

3. 阐教王

阐教王受封于永乐十一年。西藏博物馆藏有一枚镀金银印，为

---

① 甲央、王明星主编：《宝藏——中国西藏历史文物》（3），第92—93页，图47。
② 欧朝贵、其美编著：《西藏历代藏印》，第30页。
③ 该诏敕现藏西藏博物馆。文竹：《西藏地方明封八王的有关文物》，《文物》1985年第9期，图七。
④ 陈庆英、高淑芬主编：《西藏通史》，第276页。
⑤ 任小波：《明代西藏萨迦派的传承与支系》，《青海民族研究》2012年第3期。

驼纽，正方形，边长10厘米、高8.5厘米。印文为汉文九叠篆"阐教王印"（图1-16）。① 《明史》记载，"阐教王者，必力工瓦僧也"，② 必力工瓦即止贡，明朝曾在其地设立了必力公瓦万户府。"阐教王印"的印纽与元代"白兰王印"的印纽相同，均为驼纽，③ 可能受到了后者的影响，这也是明朝承袭元朝制度的体现。

4. 赞善王与护教王

明朝封授的赞善王和护教王在明代属朵甘地区，两者于永乐五年三月同时受封。④ 目前还没有发现明廷封授这两位教王的直接文物材料，但有两件文物和赞善王间接相关。第一件文物为嘉靖朝颁布的承袭诏敕（图1-45），早前流落到了国外，由汉、藏文写成，藏文在左，汉文在右，其中汉文录文如下：

> 奉天承运，皇帝制曰：朕惟佛氏以普济之心，开慈悲之教，阴翊皇度，启导群迷。世有能宣扬其道者，国家必褒奖之。尔管着坚昝，乃灵藏赞善王下已故灌顶净修广慧国师结瓦藏之侄，夙承梵教，恪守清规，化诱众生，良足嘉尚。今特命袭尔师叔灌顶净修广慧国师之职。尚其弘宣妙范，丕阐宗风，用广慈仁之化，以膺宠命之荣。钦哉。嘉靖三十四年六月二十九日（上钤"制诰之宝"四字印一方）。⑤

---

① 文竹：《西藏地方明封八王的有关文物》，《文物》1985年第9期，图九。西藏博物馆编，何晓东著：《历史的见证——西藏博物馆藏历代中央政府治藏文物集萃》，第82页。

② 《明史》卷三三一《西域三》，第8584页。

③ 甲央、王明星主编：《宝藏——中国西藏历史文物》（3），第30—31页，图12。

④ 《明太宗实录》卷六五，永乐五年三月丁卯，第917页。

⑤ Peter Schwieger, "A Document of Chinese Diplomatic Relations with East Tibet during the Ming Dynasty," in: Tibetstudien. Festschrift für Dieter Schuh zum 65. Geburtstag. Hrsg. von Petra Maurer und Peter Schwieger. Bonn: Bier'sche Verlagsanstalt, 2007, pp. 209-226. 该诏敕2015年曾在国内某拍卖公司进行过拍卖。

该文物内提到了明朝所封的赞善王。另一件文物即前文提到的"朵甘卫都指挥使司印"（图1-5），① 该印的印背右侧有"朵甘卫都指挥使司印赐南葛监藏"的款识，此中的南葛监藏即第二代赞善王。

（三）都司卫所系统的职官

明朝在乌思藏与朵甘地区新设立乌思藏卫都指挥使司和朵甘卫（行）都指挥使司等都司卫所机构，同时也对应设置了相应的职官，具体情况如下。

1. 都指挥使

《明史》记载："都指挥使司：都指挥使一人，正二品；都指挥同知二人，从二品；都指挥佥事四人，正三品；其属，经历司，经历，正六品……行都指挥使司，设官与都指挥使司同。"② 这说明明朝在乌思藏卫都指挥使司和朵甘卫（行）都指挥使司下设有都指挥使之职官。前述西藏博物馆有一枚"朵甘卫都指挥使司印"，据印背款识可知，该印主人为南葛监藏（图1-5），③ 他的官职便是朵甘卫行都指挥使司都指挥使。④ 四川邓柯之原林葱土司家保存的宣德五年诏敕中提到明廷封授星吉儿监藏"为朵甘卫行都指挥使司指挥使"。⑤ 西藏自治区档案馆收藏有一件成化二十二年明廷回赐大宝法王等人的敕谕，其内提到的受赐人员中有"都指挥头目班觉儿言千"，这里的都指挥头目应该就是都指挥使（图1-17）。⑥

---

① 甲央、王明星主编：《宝藏——中国西藏历史文物》（3），第140—141页，图50。欧朝贵、其美编著：《西藏历代藏印》，第18页。
② 《明史》卷七六《职官五》，第1872页。
③ 甲央、王明星主编：《宝藏——中国西藏历史文物》（3），第140—141页，图50。欧朝贵、其美编著：《西藏历代藏印》，第18页。
④ 《明太宗实录》卷六五，永乐五年三月丁卯，第918页。
⑤ 任乃强、泽旺夺吉：《"朵甘思"考略》，《中国藏学》1989年第1期。
⑥ 西藏自治区档案馆：《西藏历史档案荟粹》，图30。中国藏学研究中心等合编：《元以来西藏地方与中央政府关系档案史料汇编》（1），第193页。

都指挥使之下为都指挥同知一职，虽然目前还没有发现与该官职直接相关的文物材料，但文献材料显示明朝在西藏任命了众多人员来担任该职。如洪武七年以"管招兀即尔为乌斯藏都指挥同知"，① 同年十二月又以"南哥思丹八亦监藏等三人为乌思藏都指挥司同知"。② 如此看来，乌思藏卫都指挥使司下的都指挥同知至少有四人。

2. 都指挥佥事

文物材料显示，都指挥佥事是明朝在西藏地区封授最多的高级别职官，其授予对象与等级都比较明确和集中。前文提到明朝在乌思藏卫都指挥使司下设立了俺不罗、领思奔寨和牛儿宗寨三个行都指挥使司，这三个机构的最高长官均为"都指挥佥事"。除乌思藏卫都指挥使司下的行都司长官可以获封为都指挥佥事外，西藏地方的重要首领人物亦可获封该官职。西藏博物馆藏有宣德元年明廷敕封剳葛尔卜寨官领占巴和公哥儿寨官忍咎巴为昭勇将军、乌思藏都指挥佥事的两件诰书，这两件诰书的特征和行文格式基本一致。其中颁给公哥儿寨官忍咎巴的诰书为丝质（图1-18），汉、藏文墨书，汉文内容如下：

> 奉天承运，皇帝制曰：帝王以天下为家，故一视同仁，无间远迩。尔公哥儿寨官忍咎巴，世处西陲，恪遵王化，既克敬承于天道，尤能识达于事机，修职奉贡，益久益虔，眷兹诚悃，良足褒嘉。今特命尔为昭勇将军、乌思藏都指挥佥事。尔尚益顺天心，永坚臣节，抚安尔众，各遂其生，俾尔子孙世享无穷之福。钦哉。宣德元年十一月初二日。③

---

① 《明史》卷三三一《西域三》，第8588页。
② 《明太祖实录》卷九五，洪武七年十二月壬辰，第1641页。
③ 西藏博物馆编，何晓东著：《历史的见证——西藏博物馆藏历代中央政府治藏文物集萃》，第74页。

在另一件诏书中，刽葛尔卜寨官领占巴也被封为"昭勇将军、乌思藏都指挥佥事"。① 上述两事见于《明宣宗实录》，宣德元年十月"升乌思藏公哥儿寨官忍昝巴、刽葛尔卜寨官领占巴、头目昝卜巴俱为都指挥佥事，给赐银印、诰命"。② 刽葛尔卜寨即扎噶寨，③ 位于今天西藏山南市沃卡达孜所在地"扎喀"；④ 领占巴即达孜巴家族的仁钦贝，他是阐化王治下的重要头目，曾担任宗本一职。⑤ 公哥儿寨即贡噶宗，⑥ 为今贡嘎县；⑦ 忍昝巴来自亚郊巴家族，该家族是帕竹地方政权的重要贵族，世袭贡噶宗宗本。⑧ 结合前文提到内邬宗和仁蚌宗的宗本也被封为昭勇将军、都指挥佥事的情况来看，昭勇将军、都指挥佥事的授予对象很大一部分应该是帕竹地方政权中宗本一类的人物。

文献中还提到有大量西藏人员被授予"都指挥佥事"一职，如"加麻都指挥佥事挪里［思］吉朵尔只"⑨、"擦巴头目巴儿藏卜继其兄葛谛藏卜……管著烈思巴簇林监藏俱为乌思藏都指挥使司都指挥佥事"⑩和"必力工瓦都指挥佥事朵而只搭儿"⑪等。由此看来，明朝在西藏地方授予"都指挥佥事"的对象不仅包括帕木竹巴地方政权中内邬宗、仁蚌宗、贡噶宗等的宗本，而且还有蔡

---

① 宿白：《拉萨布达拉宫主要殿堂和库藏的部分明代文书——西藏寺院调查记之七》，《文物》1993年第8期。后收入氏著《藏传佛教寺院考古》，第215—216页。
② 《明宣宗实录》卷二二，宣德元年十月丙寅，第573页。
③ 五世达赖喇嘛：《西藏王臣记》，第299页，注释第995"仁钦白"条。
④ 房建昌：《明代西藏行政区划考》，《西藏民族学院学报》2001年第4期。
⑤ 陈庆英、高淑芬主编：《西藏通史》，第273页。
⑥ 五世达赖喇嘛：《西藏王臣记》，第305页，注释第1051"细宗"条。
⑦ 房建昌：《明代西藏行政区划考》，《西藏民族学院学报》2001年第4期。
⑧ 陈庆英、高淑芬主编：《西藏通史》，第273页。
⑨ 《〈明实录〉藏事史料增补》，张羽新、张双志主编：《唐宋元明清藏事史料汇编》第4辑《明代藏事史料汇编》第6册，第59页。
⑩ 《明太宗实录》卷一三七，永乐十一年二月己未，第1666页。需要指出的是，葛谛藏卜是都指挥使班竹儿之子，其在永乐六年时仍是都指挥使，到永乐十一年其弟承袭他职位时却变成了都指挥佥事，很可能是明朝有意降低授予其家族的官职。
⑪ 《明宣宗实录》卷二二，宣德元年十月壬申，第579页。

巴、浪卡子、加麻、必力公瓦等地方势力的头领①等。

相对于等级更高的都指挥使与都指挥同知而言，都指挥佥事的等级、地位与西藏地方的政治秩序和权力结构更加贴合，所以该官职应该是明朝在西藏设置数量最多、覆盖范围最广的高级职官，明显超出了官制所规定的四人。从时间来看，明朝在西藏大量封授都指挥佥事主要发生在永乐、宣德时期，授予对象十分明确，说明明朝对西藏职官的封授制度已经逐渐成熟。虽然都指挥佥事一职是基于乌思藏卫都指挥使司而设置的，但由于"自都指挥以下皆令世袭"②的政策以及乌思藏卫都司自身的缺陷，这些官职的受封者似乎没有与该机构形成实际上的密切联系，封授对受封者的实际地位和势力没有产生明显的影响。该官职更像是一种象征身份和地位的"名号"以及与明朝保持关系的凭证，可能较少承担明朝具体的行政使命。正如杜齐所言，明朝中央王朝封给西藏地方的官职"本身并不含有正规运用相应的职权的意义"③。

3. 指挥佥事

西藏博物馆藏有一件永乐十一年明廷颁给挫失吉的袭职诏书，这件诏书提到明太祖曾封冷真监藏为指挥佥事，因其亡故，明廷准予其子挫失吉继承明威将军、乌思藏卫都指挥使司指挥佥事之职（图1-6）。④按明朝官制规定，指挥佥事为正四品，⑤这与挫失吉获得的武散阶名"明威将军"之品秩一致。挫失吉的官职按规定应为卫指挥使司下的职官，却挂在乌思藏都司之下，很可能是作为该机构下设职官的补充，并不依附于具体的卫。

---

① 陈庆英、高淑芬主编：《西藏通史》，第272页。
② 《明史》卷三三一《西域三》，第8588页。
③ 杜齐：《西藏中世纪史》，第58页。
④ 中国历史博物馆、西藏博物馆编：《金色宝藏——西藏历史文物选萃》，第36—37页。
⑤ 《明史》卷七六《职官五》，第1860页。

4. 千户

西藏博物馆藏有一枚"果累千户所印",是万历七年明廷颁给帕木竹巴阐化王儿子扎什藏卜的"图记"(图1-9)。① 该千户所印的存在表明当时应设有千户这一职官。除前文提及的官职外,西藏还有宣慰使同知、招讨使、安抚使、镇抚、都管等一系列的新旧职官。②

通过前文的梳理可知,明朝在西藏建立的职官体系较为复杂,既有对元代旧有职官的延续,又有根据都司卫所制度而新设立的各种职官,此外还有王这一类特殊的职名。与机构的设置情况一样,元代旧有职官的设置主要在洪武时期,到永乐时期已经明显减少;新式职官和王职的封授主要在永乐时期进行并完成,宣德时期仅有少量补充和完善,这之后明朝对西藏职官的封授就比较少见了。明朝在西藏封授的上述职官大部分附属于相应的机构,但也有少数属于单独的系统,如王、司徒等。此外,明朝在西藏设立的机构与相应的职官配属经常不一致,例如三个行都指挥使司之最高长官均不是都指挥使,而是等级略低的都指挥佥事。此外,上述职官虽有等级的高低,但相互之间不一定存在统属关系,独立性较强。

三 明朝对西藏军政体系的维系

明朝早期通过设置机构与封授职官逐步建立起一套治藏的军政体系,为了维系这套军政体系,明朝采取了相应的策略和举措,主要表现在以下几个方面。

1. 确立军政机构内部的层级与统辖关系

从前文对明朝在西藏设立的军政机构之梳理来看,这些机构之间有比较明确的层级与统属关系,其中乌思藏卫都指挥使司是乌思

---

① 西藏博物馆编,何晓东著:《历史的见证——西藏博物馆藏历代中央政府治藏文物集萃》,第94—95页。

② 陈楠:《明代西藏地方政教体制及职官制度考述》,《中央民族大学学报》2009年第6期。

藏地区的最高军政机构，涵盖的人员和机构比较广泛，不仅新封授的大部分职官附属于该机构之下，而且在西藏设立的三个行都指挥使司均被冠以"乌思藏卫"之名，以此表明它们为乌思藏卫都指挥使司的下属机构。明朝对乌思藏地区的机构做出上述安排，就是为了保证这些机构能够形成以乌思藏卫都指挥使司为首的行政体系和统治秩序，如此才能平衡西藏最大势力帕竹地方政权的地位和影响，从而维系西藏军政体系。

2. 对军政机构所属职官精心选择

前文研究显示，附属于乌思藏卫都指挥使司及其下属机构职官的来源主要有两类，一类是帕竹地方政权下属的贵族势力，如领思奔寨、牛儿宗寨、剳葛尔卜寨和公哥儿寨之寨官；另一类则是乌思藏地方的旧势力，如俺不罗①、蔡巴②等。其中，选择帕竹地方政权下的实力派人物出任明朝所设机构之职官，其目的就是通过这些机构将帕竹地方政权的官员变成这些机构的下属官员和明朝的命官，③以便使明朝设立的这些机构能够得到他们的支持，从而维系好这些机构。同时，明朝又选择了一些旧势力来担任所设机构的职官，以期利用这些新、旧势力相互牵制，达到共尊明廷以及保持维系这些机构势力多样性的目的。

3. 对职官承袭妥善管理

对在西藏所封职官的承袭进行管理是明朝维系其西藏军政体系的重要形式和手段，有助于其及时了解和掌握西藏内部官员和形势的变化情况，并及时与新人物建立联系，从而起到维系其构

---

① 俺不罗即元代的羊卓万户（亦称浪卡子万户），是元朝延续下来的旧势力。见房建昌《明代西藏行政区划考》，《西藏民族学院学报》2001年第4期。
② 陈庆英、高淑芬主编：《西藏通史》，第272页。
③ 王忠：《评理查逊〈西藏简史〉关于明代西藏地方历史的谬说》，《历史研究》1963年第5期；黄玉生、车明怀、祝启源等编著：《西藏地方与中央政府关系史》，第87页；陈楠：《明代西藏地方政教体制及职官制度考述》，《中央民族大学学报》2009年第6期；等等。

建的西藏军政体系的作用。首先是对一般性职官承袭的管理，主要涉及都司卫系统的职官。前文提到邓柯之原林葱土司家有一份宣德五年的诏敕，内有"今尔父年老，转令尔替职为朵甘卫行都指挥使司指挥使，管束军民，安定边陲"的内容，①说明朵甘卫行都指挥使司都指挥使之职的承袭得到了明廷的准许并颁给诏敕。西藏博物馆藏有一件宣德元年明廷准许那儿卜藏卜承袭其父官职的诰敕（图1-19），用汉、藏文书写，汉文内容如下：

> 奉天承运，皇帝制曰：朕惟帝王，以天下为家，故一视同仁，无间遐迩。尔乌思藏远在西陲，恪遵王化，朝廷嘉其诚恳，特隆恩命设卫建官，于兹有年。今都指挥佥事喃葛监卜既已亡殁，尔那儿卜藏卜乃其亲子，能继承其业，益效劳勤，宜锡宠荣，俾袭厥职，今特授尔昭勇将军、乌思藏卫领思奔寨行都指挥使司都指挥佥事。尔尚益顺天心，永坚臣节，抚安尔众，各遂其生，俾尔子孙世享无穷之福。钦哉。宣德元年五月十七日。②

这件诰敕是明廷对乌思藏卫领思奔寨行都指挥使司所属的都指挥佥事一职之承袭进行管理的证明。西藏博物馆藏有一件永乐十一年明廷准许挫失吉承袭其父冷真监藏为指挥佥事一职的诏敕，说明明朝对等级更低的指挥佥事一职的承袭也进行了管理（图1-6）。③综上所述，明朝对西藏都司卫所系统下的都指挥使、都指挥佥事和指挥佥事等官职的承袭予以了相应的管理，有助于维系其在西藏构建的军政体系。

---

① 任乃强、泽旺夺吉：《"朵甘思"考略》，《中国藏学》1989年第1期。
② 西藏博物馆编，何晓东著：《历史的见证——西藏博物馆藏历代中央政府治藏文物集萃》，第76—77页。
③ 中国历史博物馆、西藏博物馆编：《金色宝藏——西藏历史文物选萃》，第36—37页。

永乐时期封授的五王是明朝构建的西藏军政体系中一类比较特殊的职官,现存文物材料显示,明朝对其王爵的承袭进行了管理。西藏自治区档案馆藏有一件成化五年明廷准允公哈领占着即坚参巴藏卜承袭阐教王的敕谕,兹将部分汉文内容抄录于下:

> 皇帝敕谕乌思藏阐教王领占坚参叭儿藏卜男公哈领占着即坚参巴藏卜:朕承祖宗大位,主宰天下。凡四方万国,必因俗择人,以抚其众。其能忠事朝廷,众心悦服者,必命继承其爵,以光厥世。所以推仁恩以安远人也。乌思藏地方,邈在西域。尔父在朕先朝临御之时封袭王爵,化导一方,恭修职贡,于兹有年。今既云亡,尔公哈领占着即坚参巴藏卜,乃其亲男……朕今特允其请,命正使右觉义藏卜监参、副使都纲领占藏卜,赍捧敕谕、诰命前去,封尔公哈领占着即坚参巴藏卜为乌思藏阐教王,代尔父掌管印章,抚治番人……尔尚益坚乃心,益懋乃行,忠事朝廷,恪修职贡……成化五年正月辛巳。①

这件敕谕不仅提到了公哈领占着即坚参巴藏卜本人于成化五年承袭为阐教王,而且还提到其父领占坚参叭儿藏卜在"先朝临御之时封袭王爵",说明这两代阐教王的承袭都经过了明朝的批准,是明朝管理阐教王承袭的证明。这件诏敕还修正了《明宪宗实录》和《明史》中关于成化五年承袭阐教王人员名字的错误。②

辅教王始封于永乐十一年,现存文物显示其王爵的承袭亦受到了明廷的管理。西藏博物馆保存有一件成化五年明廷准允南葛剡失坚参叭藏卜承袭辅教王的诏敕(图1-20),汉、藏文墨书,汉文

---

① 中国藏学研究中心等合编:《元以来西藏地方与中央政府关系档案史料汇编》(1),第137页。
② 李帅:《明代涉藏文物识读二则》,王煜主编:《文物、文献与文化:历史考古青年论集》第1辑,第287—290页。

内容如下：

> 奉天承运，皇帝制曰：佛氏之道，以清净为宗，以慈悲为用，上以翊赞皇度，下以开悟群迷，其徒有能承其教者，必有褒嘉之命。尔南葛剳失坚参叭藏卜乃已故辅教王南葛坚参巴藏卜之子，夙承梵教，恪守毗尼，化诱善类，良足嘉尚。尔父既没，今特命尔代辅教王之职。尔尚宣扬法教，丕阐宗风，永笃忠诚，式副宠命。钦哉。成化五年四月十一日。①

作为明代西藏帕竹地方政权首领的阐化王在五王之中地位最高，明朝对其王爵的承袭也最为关注，进行了长期的管理。北京石刻艺术博物馆内有一通正德七年（1512）冬十月的《明故大隆善护国寺西天佛子大国师张公墓塔记》碑，碑文中提到西天佛子张公曾于成化六年奉宪宗皇帝命差往乌思藏，封阐化国王，② 这说明成化年间明廷曾专门派使者赴西藏续封阐化王。西藏博物馆藏有一件嘉靖四十一年（1562）明朝准许剳思巴剳失坚参承袭阿吉汪束剳失剳巴坚参巴藏卜之职为阐化王的诏书（图1-21），汉、藏文墨书，汉文内容如下：

> 奉天承运，皇帝制曰：佛氏之道，以清净为宗，以慈悲为用，上以翊赞皇度，下以开悟群迷。其徒有能承其教者，朝廷必褒嘉之。尔剳思巴剳失坚参乃乌思藏怕木竹巴灌顶大国师阐化王阿吉汪束剳失剳巴坚参巴藏卜之男，夙承梵教，恪守毗尼，化诱善类，良足嘉尚。尔父既年老有疾不能管事，特命尔袭授阐化王之职，尔尚茂扬法教，丕阐宗风，永笃忠诚，式副

---

① 甲央、王明星主编：《宝藏——中国西藏历史文物》（3），第152—167页，图56。西藏自治区档案馆编：《西藏历史档案荟粹》，图29。

② 黄颢：《在北京的藏族文物》，第13页，附录第115页。

宠命。钦哉。嘉靖四十一年五月二十日。①

这件诏书中提到的阿吉汪束剳失剳巴坚参巴藏卜为第九任帕竹第悉，其名在藏文文献中写作阿旺扎西扎巴（1488—1563？）。②剳思巴剳失坚参为阿吉汪束剳失剳巴坚参巴藏卜之子，其名在藏文文献中写为夏仲阿旺扎巴。③文献记载，在阐化王阿吉汪束剳失剳巴坚参巴藏卜任第悉时，帕竹地方政权已经衰落，他承袭阐化王时曾出现不少纷争，直到正德七年才正式被明廷续封为阐化王。④

通过对明朝在西藏设立的机构与封授的职官以及明朝对这些机构和职官进行管理及维系情况的考察，可以就明朝构建西藏军政体系的策略、方式及发展变化情况进行总结。整体来看，洪武时期尝试继承元代治藏的成果和局面，将治藏重心放在"建官设卫"的军政体系的建设上，尝试通过设立机构与任命职官的方式来实现对西藏的统治。首先，采取"因袭"元朝旧制的方式实现了对元朝在藏族地区统治权的和平接收，在这个过程中，相对集中地续设了若干旧机构，续授了一批旧职官；其次，开始按照新的军政体制在西藏推行都司武卫制度，并建立了以乌思藏卫都指挥使司与朵甘卫（行）都指挥使司为主体的军政架构及相应的官僚体系。洪武时期在西藏建立的军政体系表现为新、旧制度相融相参及渐进式的调整，在"因袭"和"相替"的结合中开启了具有明朝自身特点的西藏军政体系的构建之路。

---

① 中国历史博物馆、西藏博物馆编：《金色宝藏——西藏历史文物选萃》，第38—41页。
② 陈庆英、高淑芬主编：《西藏通史》，第260—261页。恰白·次旦平措等：《西藏通史——松石宝串》，第442—444页。
③ 恰白·次旦平措等：《西藏通史——松石宝串》，第443—444页。
④ 佐藤长：《明代西藏八大教王考（中）》，邓锐龄译，《西藏民族学院学报》1987年第4期。

在明太祖的基础上，明成祖进一步对西藏的军政机构和职官进行了调整和补充，新设了领思奔寨行都指挥使司等一批机构，使西藏军政机构的设置和区位布局趋于完善与合理；同时又新封了五位地方政教势力的首领为王，丰富了明朝治藏的职官体系，是明代西藏军政体系的重要创新。整体来看，永乐时期是西藏军政体系确立和完善的时期，之后西藏军政体系的重心已从构建转变为维系。然而，上述政策的效果在没有军事力量和明朝内地官员留驻的情况下大打折扣，因此洪武、永乐两朝在西藏构建的军政体系在宣德之后逐渐松弛并走向衰落，原设于西藏的军政机构与除了诸王以外的各类职官和明廷的交往频率逐渐降低，甚至在正德以后的官方史书中已经少有明廷与这些军政机构和职官进行交往的相关记载。因此，笔者认为洪武、永乐时期在西藏构建起的这套军政体系至迟到嘉靖、万历时已经衰微甚至走向崩溃，只有部分教王还在以原有名义与明廷保持互动。

明朝构建的西藏军政体系衰微的原因，应该与明廷推行的治藏策略和当时西藏的社会状况有关。虽然明朝早期的两位皇帝都很重视西藏世俗军政机构和职官的设置，但因为西藏政教合一的社会结构和权力关系，宗教居于世俗权力之上，主要地方势力的首领通常为宗教人物，或者与宗教关系密切，这样的社会状况必然使明朝在制定对藏策略时要充分重视宗教和宗教人物。所以，当世俗的军政体系在助力明朝将西藏纳入统治之后，其重要性便逐渐下降，宗教政策随之成为维系明朝经略西藏的最佳方式。因此，明朝经略西藏的策略从明成祖时期开始发生转向，即从军政制度治藏转变为通过宗教和文化来经略西藏，这是明朝在经营西藏策略上的重大转变。正因如此，明朝在永、宣之后逐渐疏于经营甚至"荒废"其早期阶段在西藏设立的一系列世俗军政机构和职官，这就使得明朝的治藏举措不似元、清那样"显眼"、"直接"和一以贯之，这也是后世对明朝与西藏政治统属关系认识模糊和存在分歧的原因所在。

第二节　明朝在西藏构建的藏僧等级体系

明朝经略西藏的重心在永乐时期开始发生转变，即从注重世俗军政体系建设变为注重宗教制度建设，这种转变确立了之后明朝治藏的基本思路，即重点通过对藏传佛教及其人员的经营和管理来实现对西藏的经略。西藏社会的意识形态及权力和阶层结构决定僧人在明朝经略西藏的过程中扮演着最重要的角色，承担着最重要的使命。明朝对藏僧等级的安排和对由僧人组织起来的西藏各宗派利益的协调与维护不仅是宗教政策，而且是政治策略，是明朝经略西藏政策的主要内容之一。

一　藏僧等级体系的内容

藏僧等级体系是明朝基于藏僧等级制度，通过敕封方式建立起的一个由不同等级藏僧所组成的人员系统，[①] 这是明朝经略西藏的基本宗教政策。下面就按照藏僧等级制度的序列，结合文物与文献材料对明朝在西藏构建的藏僧等级体系的内容进行梳理。

1. 法王

法王是明代藏僧等级体系中地位最高的一级，始封于明成祖时期，其中以西藏的三大法王最为著名。西藏博物馆收藏有两枚玉印，分别为"如来大宝法王之印"（图1-22）[②] 和"正觉大乘法王之印"（图1-23）[③]，二者的初始主人分别是噶玛噶举派黑帽系

[①] 在实际操作中，西天宗派的僧人以及学习藏传佛教的汉人等亦被纳入这套等级体系中进行封授。

[②] 甲央、王明星主编：《宝藏——中国西藏历史文物》（3），第138—139页，图49。欧朝贵、其美编著：《西藏历代藏印》，第27页。

[③] 甲央、王明星主编：《宝藏——中国西藏历史文物》（3），第144—145页，图52。欧朝贵、其美编著：《西藏历代藏印》，第28页。

五世活佛得银协巴（1384—1415）和萨迦派首领昆泽思巴（1349—1425）。西藏保存有两幅格鲁派僧人释迦也失（1354—1439?）的画像唐卡，其中收藏在西藏博物馆的唐卡上绣有藏、汉文的"至善大慈法王大圆通佛"款（图1-24）。① 上述文物是明朝在西藏封授三大法王的物证，这三位的身份为西藏的宗教首领或其代表。

2. 西天佛子

法王之下为西天佛子，亦始封于明成祖时期。《明史》记载：明成祖时期"授西天佛子者二"，② 一位是来自萨迦派日托拉章（亦写作细脱拉章）的日托巴罗葛罗监粲，③ 其名为"西天佛子灌顶净慈弘智广慧大国师"；④ 另一位即后来的大慈法王释迦也失，其封号为"妙觉圆通慧慈普应辅国显教灌顶弘善西天佛子大国师"。⑤ 成祖之后明廷仍在继续封授西藏僧人为西天佛子，黎吉生在西藏楚布寺曾发现过一件正德十一年明武宗给八世噶玛巴的诏敕，其内有"议仍升高弟锁南坚参巴藏卜为佛子"的记载，这之前锁南坚参巴藏卜已被封为灌顶大国师（图1-25）。⑥ 瞿昙寺有一枚鎏金铜印，印文为"广慧悟法净觉妙善翊国衍教灌顶戒定西天佛子大国

---

① 文竹：《西藏地方明封八王的有关文物》，《文物》1985年第9期，彩色插页。西藏博物馆编，何晓东著：《历史的见证——西藏博物馆藏历代中央政府治藏文物集萃》，第63页。
② 《明史》卷三三一《西域三》，第8577页。
③ 佐藤长：《明代西藏八大教王考（上）》，邓锐龄译，《西藏民族学院学报》1987年第3期。房建昌：《明代西藏行政区划考》，《西藏民族学院学报》2001年第4期。
④ 《明太宗实录》卷一四〇，永乐十一年五月丙戌，第1681页。
⑤ 《明太宗实录》卷一六三，永乐十三年四月庚午，第1843页。
⑥ H. E. Richardson, "The Karma-Pa Sect. A Historical Note: Part I with Plates VII - XI," *The Journal of the Royal Asiatic Society of Great Britain and Ireland*, No. 3/4, October 1958, pp. 139-164, Plate IX - XI. 该组照片现已在英国牛津大学 The Pitt Rivers Museum 博物馆网站上公布，参见：http://web.prm.ox.ac.uk/tibet/photo_2001.59.13.57.1.htm, http://web.prm.ox.ac.uk/tibet/photo_2001.59.13.58.1.html, http://web.prm.ox.ac.uk/tibet/photo_2001.59.13.59.1.html, http://web.prm.ox.ac.uk/tibet/photo_2001.59.13.60.1.html, http://photographs.prm.ox.ac.uk/jpeg_1200s/2001_59_13_57_1-O.jpg，最后访问日期：2017年1月21日。

师印",据印背款识显示,该印颁发于成化二十二年(图1-26)。①甘肃岷县还收藏有一枚象牙印章,印文为"灌顶净觉佑善国师西天佛子",②是明廷封授藏族地区僧人为西天佛子的又一物证。

3. 大国师

大国师在藏僧等级序列中排位第三。《明史》记载:"初,太祖招徕番僧,本借以化愚俗,弭边患,授国师、大国师者不过四五人。"③说明洪武时期已经封授藏僧为大国师。明太祖封的这位大国师是萨迦派僧人公哥坚藏巴藏卜,为元代帝师八思巴(1235—1280)之后,名号为圆智妙觉弘教大国师。④明成祖所封大国师的数量明显增多,他曾利用召请得银协巴、昆泽思巴和释迦也失赴京之机集中封授了一批大国师。其中大宝法王有三位徒弟被封为灌顶大国师,这在西藏自治区档案馆藏永乐五年的一份礼单中有详细记载,他们分别是"灌顶圆修净慧大国师孛隆逋瓦桑儿加领真"、"灌顶通悟弘济大国师高日瓦领禅伯"和"灌顶弘智净戒大国师果栾罗葛啰监藏巴里藏卜"。⑤西藏博物馆保存有一件永乐十二年的诏敕,其内提到明成祖曾封大乘法王的徒弟哲尊巴为"灌顶圆通慈济大国师"(图1-27)。⑥西藏罗布林

---

① 青海省博物馆、青海民族博物馆编著:《河湟藏珍·历史文物卷》,文物出版社2012年版,第236页,图219。白万荣:《明代敕赐乐都县瞿昙寺二印》,《文物》1984年第9期。

② 杨益民:《甘肃岷县发现一方象牙印》,《考古与文物》1987年第1期。甘肃省文物局编:《甘肃文物菁华》,文物出版社2006年版,第317页。

③ 《明史》卷三三一《西域三》,第8577页。

④ 明朝颁发的诏敕中明确提到"有僧公哥坚藏巴藏卜、答力麻八剌,乃昔元八师巴帝师之后"。参见《明太祖实录》卷九一,洪武七年七月己卯,第1596页。这里对于答力麻八剌属于帝师之后身份的记载可能有误。

⑤ 中国藏学研究中心等合编:《元以来西藏地方与中央政府关系档案史料汇编》(1),第102页。

⑥ 宿白:《拉萨布达拉宫主要殿堂和库藏的部分明代文书——西藏寺院调查记之七》,《文物》1993年第8期。西藏博物馆编,何晓东著:《历史的见证——西藏博物馆藏历代中央政府治藏文物集萃》,第68—69页。

卡收藏有一枚镀金银印，印文为"弘慈妙觉灌顶大国师印"，应是正德十年明廷封授某位藏僧为大国师时颁赐的印章（图1-28）。①

4. 国师

国师是明朝对藏僧敕封较多的名号，西藏保存有不少明朝封授藏僧为国师的相关文物。文献记载，明代国师之封始于洪武时期，人数很少，主要是对元代国师的续封，包括灌顶国师章阳沙加②、锁南剳思巴噫监藏卜及吉剌思巴监藏巴藏卜③，炽盛佛宝国师摄帝师喃加巴藏卜④和灌顶国师答力麻八剌⑤、乩列工国师察里巴⑥等。其中章阳沙加、锁南剳思巴噫监藏卜和吉剌思巴监藏巴藏卜三人为承袭关系，享同一个名号，均为帕木竹巴派僧人；⑦喃加巴藏卜为萨迦派僧人；⑧答力麻八剌可能为四世噶玛巴乳必多吉（1340—1383），属噶玛噶举派；⑨"察里巴"即"蔡巴"⑩，属蔡巴噶举派。由于明太祖时期藏僧等级制度并未建立，所以此时大国师和国师的等级最高，给其颁赐的印章通常为玉印。西藏博物馆藏有一枚玉质螭纽的汉文"灌顶国师之印"（图1-29），⑪应该是洪武时期赐给西藏某位灌顶国师的印章，其印纽和

---

① 欧朝贵、其美编著：《西藏历代藏印》，第38页。
② 《明太祖实录》卷七三，洪武五年三月丁酉，第1342页。
③ 《明太祖实录》卷一八八，洪武二十一年正月己亥，第2816页。
④ 《明太祖实录》卷七九，洪武六年二月癸酉，第1437页。
⑤ 《明太祖实录》卷九一，洪武七年七月己卯，第1596页。
⑥ 《明太祖实录》卷二四九，洪武三十年正月辛未，第3609—3610页。
⑦ 陈庆英、高淑芬主编：《西藏通史》，第289页。
⑧ 喃加巴藏卜为元代"摄帝师"，属萨迦派。参见《明太祖实录》卷九一，洪武七年七月己卯，第1596页。
⑨ 陈庆英：《论明朝对藏传佛教的管理》，《中国藏学》2000年第3期。
⑩ 陈楠：《明代西藏地方政教体制及职官制度考述》，《中央民族大学学报》2009年第6期。
⑪ 甲央、王明星主编：《宝藏——中国西藏历史文物》（3），第88—89页，图45。欧朝贵、其美编著：《西藏历代藏印》，第32页。

元代八思巴字的灌顶国师玉印特征相似（图 1-30），① 可能受到了后者的影响。

永乐时期敕封了不少国师，如西藏博物馆有一枚镀金银印，印文为"灌顶净慈通慧国师印"；印背及边沿有"礼部造永乐九年二月　日"和"智字九十四号"的款识（图 1-31）。② 该印制作于永乐九年，颁赐对象为簇尔卜（楚布寺）掌寺端竹斡薛儿巴里藏卜。③ 四川省甘孜藏族自治州博物馆藏有一件永乐十一年的诏敕，内容为明廷封授葛里麻寺（昌都噶玛寺）司徒绰思吉监藏为灌顶圆通妙济国师。④ 西藏日喀则市那塘寺原存两件永乐时期明廷颁给该寺堪布竹巴失剌的诰敕，内容显示，明廷称呼其为"妙悟普济国师"。⑤

永乐之后明廷仍在封授西藏僧人为国师。西藏罗布林卡有一幅大慈法王像缂丝唐卡（图 1-32），⑥ 其下端有一行藏文，熊文彬先生作了翻译："与此幅唐卡画像一起，还有时轮金刚、胜乐金刚、喜金刚、大威德金刚和大轮（金刚）等像，灌顶国师阿木葛和国师索南喜饶二人虔心敬制……"⑦ 阿木葛与索南喜饶为大慈法王释

---

① 甲央、王明星主编：《宝藏——中国西藏历史文物》（3），第38—39页，图15。

② 欧朝贵、其美编著：《西藏历代藏印》，第31页。西藏博物馆编，何晓东著：《历史的见证——西藏博物馆藏历代中央政府治藏文物集萃》，第84页。

③ 《明太宗实录》卷一三七，永乐十一年二月己未，第1665页。

④ 文物实物见于该馆展览。另见丹珠昂奔等主编《藏族大辞典》，"楚普寺明代诰书"条，第108页。

⑤ 宋伯胤：《明朝中央政权致西藏地方诰敕》，中央民族学院藏族研究所编：《藏学研究文集》，第85—99页。王毅：《西藏文物见闻记（二）》，《文物》1960年第8、9合期。

⑥ 甲央、王明星主编：《宝藏——中国西藏历史文物》（3），第150—151页，图55。

⑦ 熊文彬：《西藏罗布林卡藏明代大慈法王像缂丝唐卡再探》，《中国藏学》2014年第3期。另有拉巴平措先生的翻译，内容为"与本唐卡像一起，还有时轮、胜乐金刚、大威德及其注意随从的佛像。灌顶国师阿木葛和国师索南西饶二人以虔诚无暇之心（敬献）"。参见拉巴平措《大慈法王释迦也失》，第90页。

迦也失的弟子，二人随释迦也失赴京后获封为国师。① 杜齐的《西藏图卷》收录了一件天顺四年（1460）明英宗敕封朵儿只领占的诰命，其受封名号为"辅善翊教国师"。② 西藏博物馆藏有一枚成化二十一年的"戒定善悟灌顶国师印"（图1-33），③ 是明宪宗时期封授国师的凭证。此外，西藏还有多枚与国师相关的印章，如"灌顶净觉广慧国师印"④、"灌顶净慈通慧国师印"⑤ 等。

5. 禅师

虽然明太祖时期已经封藏僧为禅师，⑥ 但当时的禅师可能还不是专门的等级名号，仍属于尊称，禅师真正作为一个固定的等级名号被授予藏僧应该要到明成祖时期。西藏博物馆收藏有一件永乐十三年明廷敕封高日斡锁南观为慧善禅师的敕谕（图1-34），内容如下：

> 奉天承运，皇帝敕曰：朕惟佛氏之教，以寂静为宗，以慈悲为用，上足以阴翊皇度，下足以开导群迷。自昔有国者，莫不崇奖维持，兴隆其教，尔高日斡锁南观，精明了悟，愿力弘深，恪守毗尼，心存清净，化诱善类，普劝有情，眷兹纯诚，良足嘉尚。今特封尔为慧善禅师。尔尚弘宣法教，庶扬阐于宗风，永笃忠诚，式丕承于宠命。钦哉。永乐十三年二月十一日。⑦

---

① 固始噶居巴·洛桑泽培：《蒙古佛教史》，陈庆英、乌力吉译注，天津古籍出版社1990年版，第64页。
② Giuseppe Tucci, *Tibetan Painted Scrolls*, p.755, fig.I34.
③ 欧朝贵、其美编著：《西藏历代藏印》，第36页。西藏博物馆编，何晓东著：《历史的见证——西藏博物馆藏历代中央政府治藏文物集萃》，第85页。
④ 欧朝贵、其美编著：《西藏历代藏印》，第37页。
⑤ 欧朝贵、其美编著：《西藏历代藏印》，第31页。
⑥ 《明太祖实录》卷九四，洪武七年十一月甲子，第1636页。
⑦ 甲央、王明星主编：《宝藏——中国西藏历史文物》(3)，第148—149页，图54。

西南大学博物馆保存有一件来自阿坝错尔基寺的敕谕,有关永乐十六年明廷敕封领占省吉为弘教禅师之事。① 另外,内蒙古自治区呼和浩特市档案馆收藏有成化二十二年明宪宗封藏僧锁南奔为通慧禅师的敕命。② 前文提到西藏博物馆有一枚象牙质的"果累千户所印",是明神宗颁给阐化王儿子扎什藏卜的"图记",在印背有"钦赐大觉禅师图记"的款识(图1-9),③ 这里的大觉禅师应该是明廷封给扎什藏卜的名号。除此之外,西藏还保存有"弘善禅师图书"(图1-35)④、"普应禅师"⑤ 等属于明代藏僧的禅师名号印。

6. 都纲

明代的"都纲"有两种性质,一种是僧官名,为内地各府僧纲司之长官;⑥ 另一种是作为藏僧等级制度中的一种等级名号,不具有实际职权。现有材料显示,洪武时期已开始封藏僧为都纲,如瞿昙寺的建寺藏僧三剌被封为西宁僧纲司都纲。⑦ 永乐时期继续封授藏僧为都纲,此时之都纲可能与洪武时期一样,主要是作为僧官职名而不是一种通用的等级名号。⑧ 根据《明英宗实录》中"先

---

① 邹芙都:《西南大学博物馆藏明清政府颁赐阿坝错尔基寺文书简释》,《民族研究》2008年第4期。
② 刘宏:《明宪宗皇帝的一份敕命及其对西藏佛教的崇奉》,《内蒙古社会科学》(汉文版)2011年第2期。
③ 西藏博物馆编,何晓东著:《历史的见证——西藏博物馆藏历代中央政府治藏文物集萃》,第94—95页。
④ 欧朝贵、其美编著:《西藏历代藏印》,第40页。
⑤ 欧朝贵、其美编著:《西藏历代藏印》,第39页。
⑥ 郑天挺、吴泽、杨志玖主编:《中国历史大辞典》下卷,上海辞书出版社2000年版,第2371页。
⑦ 《明太祖实录》卷二二六,洪武二十六年三月丙寅,第3307页。
⑧ 从目前的材料来看,笔者认为永乐时期封授的都纲多和僧纲司机构相关,此时都纲可能还未成为等级名号。永乐时期在乌思藏地区也设有番僧僧纲司并封有都纲,如西藏博物馆保存有一枚永乐十二年颁发的铜质"多笼僧纲司印";印中"多笼"疑即"朵陇"或"朵垄"的异译,位于今拉萨市堆龙德庆区德庆镇。参见欧朝贵、其美编著《西藏历代藏印》,第45页。

是，番僧数等，曰大慈法王，曰西天佛子，曰大国师，曰国师，曰禅师，曰都纲，曰剌麻，俱系光禄寺支待"的记载，① 并结合相关文物材料，笔者认为都纲正式作为藏僧通用的等级名号可能始于明英宗正统初期，这种转变的背后既与在京藏僧的数量增多有关，也和藏族地区都纲之职能弱化相关。

都纲为明朝封给藏僧的一种等级名号，我们可以从《西番馆来文》收录的一件成化十五年由藏僧所上的奏表中得到印证。该奏表内容如下：

> 乌思藏辅教王差使臣都纲沙加星吉等奏：上位金体安然，圣意公平，无间远迩。我乌思藏僧俗人等，时常祝延圣寿万万岁。今赴京进贡，望朝廷可怜见，给与全赏赐。都纲沙加星吉乞与禅师职事，领占扎、远丹罗竹二人乞与都纲职事便益。②

在这件奏表中，作为都纲的沙加星吉首先向明廷请求给予自己禅师职事，同时又为领占扎、远丹罗竹请求都纲职事。由于禅师不是明代僧官制度中的僧官，所以沙加星吉申请从都纲升为禅师只能是等级上的升迁，但说明他已经熟知明朝这套藏僧等级制度中各名号的等级关系，故主动提出请求。《明季史料零拾》中收录了天顺三年明英宗颁给都纲锁南坚参的一件敕书，里面提到"尔锁南坚参夙修善道，恪守毗尼，今特升尔前职，给与印信"。③ 中研院历史语言研究所藏明清内阁大库档案中有一件成化九年明廷敕封藏僧为都纲的敕谕，④ 性质与前一件敕书相同，都是授予藏僧都纲的等

---

① 《明英宗实录》卷一七，正统元年五月丁丑，第333页。
② 任小波：《明代西番馆与西番馆来文》，硕士学位论文，中央民族大学，2007年，第35页。
③ 《〈明实录〉藏事史料增补》，张羽新、张双志主编：《唐宋元明清藏事史料汇编》第4辑《明代藏事史料汇编》第6册，第273页。
④ 中研院历史语言研究所藏明清内阁大库文书档案，档案号：038109-001。

级名号。

7. "剌麻"（喇嘛）

"喇嘛"一词来自藏语音译，本为藏传佛教中对高僧的称谓，意为"上师"、"尚师"或"上人"。① 汉文"喇嘛"一词可能出现于元代，② 明初也被用来指称藏族高僧，不具有等级意义，这从西藏博物馆藏洪武八年明太祖颁给四世噶玛巴之护敕中所用的称呼便可看出（图1-36）。③ "剌麻"作为藏僧等级制度中最低一级名号可能始于永乐时期，这从"剌麻"所指对象由之前的高僧转变为一般藏僧的现象可以论断。西藏和内地发现有多件与该名号相关的文物，如中国第一历史档案馆藏永乐八年明成祖给失家摄聂喇嘛的敕谕，④ 西藏博物馆藏永乐十八年明成祖给洮州喇嘛锁南巴藏卜的敕谕（图1-37）。此外，西藏等地还保存有不少明廷颁给藏僧的象牙图章，如"圆修般若"（图书）⑤、"精进修行"（图书）⑥ 和"如如自在"（图书）⑦ 等，这些图章背面的款识中均提到"剌麻"名号。这类象牙图章是明朝新创制的印章类型，赏赐对象即是以喇嘛为主的低等级藏僧。⑧

虽然上面提到的等级层次已经比较明确，但目前学界对都纲之

---

① 任继愈主编：《佛教大辞典》，江苏古籍出版社2002年版，第1172页。王尧、陈庆英主编：《西藏历史文化辞典》，西藏人民出版社、浙江人民出版社1998年版，第144页。

② 高文德主编：《中国少数民族史大辞典》，吉林教育出版社1995年版，第2203页。

③ 西藏博物馆编，何晓东著：《历史的见证——西藏博物馆藏历代中央政府治藏文物集萃》，第56页。西藏自治区文物管理委员会：《明朝皇帝赐给西藏楚布寺噶玛活佛的两件诰书》，《文物》1981年第11期。

④ 朱家溍：《故宫所藏明清两代有关西藏的文物》，《文物参考资料》1959年第7期，图1。

⑤ 欧朝贵、其美编著：《西藏历代藏印》，第42页。

⑥ 罗福颐：《故宫博物院藏古玺印选》，文物出版社1982年版，第160页，图616。印背文字拓片不清晰，个别字存疑。

⑦ 欧朝贵、其美编著：《西藏历代藏印》，第45页。

⑧ 李帅：《明朝颁赐藏僧象牙图章研究》，《西藏大学学报》2015年第3期。

下的等级序列还存在不少争议。有学者认为这套藏僧等级制度中还应该有"觉义"这样一个等级；① 另外还有学者认为成化年间又在都纲之下增设了觉义、讲经和喇嘛三个等级，② 或者至少是觉义、讲经这两个等级。③ 上述争议虽然是藏僧等级制度本身的争议，但涉及对明朝基于这套等级制度在西藏构建的藏僧等级体系内容的认识，因此有必要对争议做简要梳理。

《明史》记载："僧录司。左、右善世二人，正六品；左、右阐教二人，从六品；左、右讲经二人，正八品；左、右觉义二人，从八品。"④ 又万历《明会典》记载："僧录司。左、右善世二员，左、右阐教二员，左、右讲经二员，左、右觉义二员，俱不支俸。"⑤ 僧录司是明代管理佛教事务的中央机构，隶于礼部，⑥ 讲经和觉义都是僧录司下的僧官，分别为正八品和从八品。而"都纲"是地方机构僧纲司下的僧官，为从九品。⑦ 因此从品级来看，讲经要高于觉义，觉义又高于都纲，所以上述争议中有关部分等级次序的认识应该有误。

北京海淀区管家岭村曾出土一方墓志（图1-38），志盖上篆书"敕建大护国保安寺圆寂大善法王墓志铭"。该墓志记叙了大善法王星吉班丹的生平事迹，内容如下：

> 公俗姓包，乃初窝藏卜次男，陕西岷州卫军民指挥使司木

---

① 《藏族简史》编写组：《藏族简史》，第172页。
② 黄玉生、车明怀、祝启源等编著：《西藏地方与中央政府关系史》，第94页。顾祖成编：《明清治藏史要》，第57页。阴海燕：《明朝"多封众建"治藏方略研究》，第34页。
③ 张治东：《明代藏区僧官制度探究》，《西藏民族学院学报》2011年第1期。
④ 《明史》卷七四《职官三》，第1817页。
⑤ 申时行等重修：万历重修《明会典》卷二《官制·僧录司》，《万有文库》本，商务印书馆1936年版，第52页。以下所引《明会典》均为此版本。
⑥ 郑天挺、吴泽、杨志玖主编：《中国历史大辞典》下卷，第3139页。
⑦ 《明史》卷七五《职官四》，第1853页。

簇世家。公自幼生质温厚，天性高明，心恒向善，天顺四年三月内舍俗出家，投礼大崇教寺弘修静戒悟法辅教阐范善应灌顶圆妙西天佛子大国师班卓藏卜为师。成化十五年授敕谕剌麻。上喜其戒行精严，赐以象牙图书，刻文曰"愿力坚固"四字以勉之。公自是益加精进，成化二十二年三月内升都纲。弘治十四年八月内升右觉义兼大隆善护国寺住持。公为人笃实无妄，戒行坚持。正德改元，今上光临大宝，知公经文谙晓，秘教洪通，升禅师。本年六月内复升国师，优典异常。七月内升佛子，特命住持敕建大护国保安寺及赐佛子冠，屡建坛场，累著灵异。九月内升法王，赐蟒衣锦襕禅衣、法王冠、棕轿仪仗等项，驼钮金印一颗，重二百五十两，玉轴宝诰，诰封万行通融慈仁利济湛默真诚静定贞觉护国吉祥衍梵大善法王西天极乐自在妙感大圆通佛，大振宗风。①

这方墓志为我们揭示了一位居京藏僧如何从普通僧人到最高等级法王的升迁历程，从中可以看到这套藏僧等级制度在现实中的运行情况。墓志内容显示，大善法王星吉班丹来自陕西岷州包氏家族，其为僧经历如下：天顺四年三月出家为僧→成化十五年升剌麻（"喇嘛"）→成化二十二年升都纲→弘治十四年升右觉义→正德元年升禅师→正德元年六月升国师→正德元年七月升（西天）佛子→正德元年九月升大善法王。从星吉班丹的升迁历程来看，他基本遵循了明朝这套藏僧等级制度规定的升迁程序，即剌麻（"喇嘛"）—都纲—右觉义—禅师—国师—西天佛子—法王，只是跳过了大国师这一级。

虽然文献与文物材料显示有众多藏僧在升迁过程中获得过讲经和觉义的职名，但这并不代表讲经、觉义就是明代藏僧等级制度中的等级名号，其应该仍是僧官职名，理由如下：第一，如前文所

---

① 张文大：《管家岭出土大善法王墓志铭》。参见北京市文物局官网，http：//www.bjww.gov.cn/2014/1-28/1390875211156.html，最后访问日期：2017年1月23日。

述，讲经和觉义是明代中央僧官机构僧录司下的僧官职名，并不是全国通设的僧官，使用范围和对象十分有限；第二，从现有文物和文献材料来看，获授讲经、觉义职名的藏僧基本都是留居内地和服务于官方的内属藏僧，如星吉班丹升右觉义时已"兼大隆善护国寺住持"，赴藏续封阐教王的右觉义藏卜监参本是明廷的正使。① 目前还没有发现明朝在西藏封授僧人为讲经和觉义的情况。

对于讲经与觉义的性质，我们还可从两通明代碑刻中找到证据。一通为明正统八年（1443）的《法海禅寺记》碑，碑阴提到"法王、上师、国师、禅师、僧官、剌麻、僧众、官员人等"助缘法海禅寺的修建（图1-39）；② 另一通为成化十一年的《班丹托思巴（净戒禅师）塔铭》碑，碑文有"于正统年间，本寺国师、禅师、僧官、都纲、剌麻、僧众、中贵官、大臣、宰辅官，悉授戒千余员"的内容。③ 这两通碑在罗列僧人时都遵循了从高到低的等级次序，且碑文中都提到了"僧官"，并将其放在"禅师"之后、"都纲"和"剌麻"之前，这正好与讲经、觉义在禅师之后、都纲之前的等级次序相符。同时，从《法海禅寺记》碑文中助缘人员对应的具体身份来看，"僧官"具体指"僧录司左善世大旺、右觉义南浦、右善世祖渊"等人。④

综上所述，笔者认为善世、讲经与觉义在明代被视为僧官，辖于僧录司下，不属于明廷构建的藏僧等级制度的内容，虽被授予内地藏僧，但不适用于广大藏族地区的藏僧。明代藏僧等级制度的内容应如文献记载的那样，分为七个等级，从低到高依次为剌麻

---

① 中国藏学研究中心等合编：《元以来西藏地方与中央政府关系档案史料汇编》（1），第137页。

② 北京图书馆金石组编：《北京图书馆藏中国历代石刻拓本汇编（明一）》第51册，第114—115页。

③ 北京图书馆金石组编：《北京图书馆藏中国历代石刻拓本汇编（明二）》第52册，第123页。

④ 北京图书馆金石组编：《北京图书馆藏中国历代石刻拓本汇编（明二）》第52册，第123页。

("喇嘛")—都纲—禅师—国师—大国师—西天佛子—法王。另外，以往的研究通常都将这套藏僧等级制度看作明代的僧官制度，将其内各等级视为僧官名号。① 其实这套等级制度和明朝在内地推行的僧官制度属于两个不同的系统，不应混为一谈，前者是明朝主要针对藏传佛教而新创设的宗教等级与管理制度。正因如此，《明史》在介绍明代僧官系统时并未将其纳入，而是称"释氏有法王、佛子、大国师等封号……皆一时宠幸，非制也"。②

综合前文研究并结合有关文献材料，笔者将明朝在西藏地方构建藏僧等级体系的过程分为三个阶段。第一个阶段是洪武时期，为藏僧等级体系构建的滥觞阶段，本阶段"授国师、大国师者不过四五人"，这些人都是有历史背景和现实势力的政教首领。与军政体系一样，本阶段也承袭了元代的部分宗教政策，包括国师、大国师名号及其受封人员都与元代有一定关系。第二个阶段为永乐时期，是藏僧等级体系构建的鼎盛期，出现了法王、西天佛子、大国师、国师、禅师和喇嘛等各级名号与对应的人员，该体系的上层结构和整体框架已经基本完整。第三个阶段为宣德至正德时期，本阶段藏僧等级体系的重心已经由建设转变为管理，是对已有等级体系的增补与完善，重点是对留京藏僧进行授封。这种转变可能与藏僧"及宣宗时则久留京师"的大背景有关。③ 这套藏僧等级体系在正德以后逐渐松弛，明朝已经较少对西藏僧人进行敕封和袭职管理，但其并未完全崩溃，而是一直延续并影响到了清代早期。④

---

① 陈庆英、高淑芬主编：《西藏通史》，第298页。熊文彬、陈楠主编：《西藏通史·明代卷》，第86—87页。马晓菲：《明代僧官制度研究》，博士学位论文，山东大学，2014年。
② 《明史》卷七四《职官三》，第1818页。
③ 《明史》卷三三一《西域三》，第8577页。
④ 清朝早期曾续封了若干藏僧为大国师和国师，这从台北中研院保存的明清内阁大库文书档案中几件顺治、康熙年间的档案可以反映。可参见中研院历史语言研究所藏明清内阁大库文书档案，档案号：038183-001、038220-001、038230-001、038229-001、103950-001、032246-001。

二 明朝对西藏藏僧等级体系的管理

明代藏僧等级体系的构建主要发生在永乐时期,永乐之后整个藏僧等级体系的重心已经由构建转为维系。明廷对藏僧等级体系的维系主要表现为对藏僧名号承袭的管理。下面就明朝管理各级藏僧名号承袭的情况进行介绍。

(一) 明朝对法王封号承袭的态度与转变

明朝在西藏和内地均封授了法王,其中留京藏僧的法王名号均不传承已是定制,学界对此基本没有异议。但作为西藏教派首领的大宝法王和大乘法王的名号承袭是否需要明朝准允,则仍需做进一步探讨。汉文文献记载:"故事,法王卒,其徒自相继承,不由朝命。"① 藏文文献记载:"大明皇帝授予得银协巴永久性的官印,因此便不需要再次确认了。"② 基于上述记载,目前学界基本认为明朝封给五世噶玛巴的大宝法王封号自他开始便由该派世代自主承袭而无须听候朝命,明廷不再进行管理和干涉。③ 但通过对明廷与历代噶玛巴之间有关档案材料进行梳理,笔者认为明朝最初并不打算让西藏大宝法王名号自主承袭。

明代"大宝法王"名号的封授始于明成祖时期,首位受封者为噶玛噶举派黑帽系五世活佛得银协巴,他与明廷建立的关系对后世噶玛巴产生了重要影响。五世噶玛巴于永乐四年十二月抵达南京

---

① 《明史》卷三三一《西域三》,第 8576 页。
② 巴卧·祖拉陈瓦:《〈贤者喜宴——噶玛噶仓〉译注(二十六)》,周润年、韩觉贤译,《西藏民族学院学报》2015 年第 3 期。
③ 杜常顺:《略论明朝对西藏的施政》,《青海社会科学》1992 年第 5 期。顾祖成编:《明清治藏要》,第 51 页。陈楠:《大慈法王与明朝廷封授关系研究》,《中国藏学》2003 年第 1 期。熊文彬:《明封佑善禅师诏书》,《中国藏学》2006 年第 2 期。王辅仁编著:《西藏佛教史略》,青海人民出版社 1982 年版,第 147 页。《藏族简史》编写组:《藏族简史》,第 172 页。邓锐龄:《元明两代中央与西藏地方的关系》,第 56 页。黄玉生、车明怀、祝启源等编著:《西藏地方与中央政府关系史》,第 94 页。王尧、陈庆英主编:《西藏历史文化辞典》,第 54—55 页。熊文彬、陈楠主编:《西藏通史·明代卷》,第 422 页。

之后，明成祖与之进行了频繁的书信往来，其中明成祖给五世噶玛巴的书信现在仍保存在西藏自治区档案馆等处。最早一封为永乐五年正月十五日的《谢新年致颂事致尚师哈立麻敕书》，明成祖称五世噶玛巴为"法尊大乘尚师哈立麻巴";① 第二封为正月十八日的《谢尚师哈立麻来京并进贡马匹事敕书》，信中称五世噶玛巴为"法尊大乘尚师哈立麻"（图1－40）。② 同年二月初二，明成祖又致书噶玛巴请其于灵谷寺举办道场，使用的仍是"法尊大乘尚师哈立麻巴"的称呼。③ 然而在永乐五年四月二十六日的《答谢遣国师进佛舍利祝贺诞辰事致大宝法王书》中，明成祖对五世噶玛巴的称呼已经发生变化，使用的是"如来大宝法王西天大善自在佛"。④ 之后五月十八日的《祝如来大宝法王寿辰颂词之敕书》⑤、八月十七日的《申谢为皇后逝世举办五台道场事致如来大宝法王书》⑥、永乐六年正月初一的《致如来大宝法王书及赏单》⑦ 以及永乐六年五月十八日的《遣使赐礼事致大宝法王书》⑧ 等档案中对五世噶玛巴的称呼均为"如来大宝法王西天大善自在佛"。

五世噶玛巴返回西藏后，明成祖又于永乐十一年二月派侯显赴

---

① 中国藏学研究中心等合编：《元以来西藏地方与中央政府关系档案史料汇编》(1)，第96页。

② 西藏自治区档案馆编：《西藏历史档案荟粹》，图24。中国藏学研究中心、西藏文化博物馆编著：《雪域宝鉴》，第20—21页。

③ 中国藏学研究中心等合编：《元以来西藏地方与中央政府关系档案史料汇编》(1)，第97页。

④ 中国藏学研究中心等合编：《元以来西藏地方与中央政府关系档案史料汇编》(1)，第98—99页。

⑤ 中国藏学研究中心等合编：《元以来西藏地方与中央政府关系档案史料汇编》(1)，第99—101页。

⑥ 中国藏学研究中心等合编：《元以来西藏地方与中央政府关系档案史料汇编》(1)，第101—102页。

⑦ 中国藏学研究中心等合编：《元以来西藏地方与中央政府关系档案史料汇编》(1)，第105—106页。

⑧ 中国藏学研究中心等合编：《元以来西藏地方与中央政府关系档案史料汇编》(1)，第106—107页。

藏致得银协巴书，其内使用的称呼为"万行具足十方最胜圆觉妙智慈善普应佑国演教如来大宝法王西天大善自在佛"的封号全名。① 明成祖对五世噶玛巴的称呼之所以发生上述转变，与永乐五年三月丁巳明廷正式敕封其为大宝法王的事件有关。② 这之前明成祖对五世噶玛巴采用的是"法尊大乘尚师哈立麻巴"或"法尊大乘尚师哈立麻"这个传统的宗教称呼，之后则使用明廷给予的正式封号，这种变化说明明廷对噶玛巴的称呼有严格的规范，并不随意使用。

五世噶玛巴得银协巴于永乐十三年圆寂，③ 继任的六世噶玛巴通哇敦丹（亦译为统瓦顿丹，1416—1453）继续与明廷保持联系，不断派使者向明廷朝贡，④ 明廷也一直在接受他的朝贡并进行回赐。在明代官方文献《明实录》中，仍然存在称呼六世噶玛巴为大宝法王的记载。⑤ 然而据文物材料，当明廷获知五世噶玛巴得银协巴圆寂的消息后，明成祖在颁给六世噶玛巴的诏敕中已不再使用大宝法王的称呼。西藏自治区档案馆有一件永乐二十一年明成祖给六世噶玛巴的敕谕，其汉文内容如下：

> 皇帝敕谕尚师哈立麻巴：惟尔历劫精修，夙证妙果，智慧

---

① 西藏博物馆编，何晓东著：《历史的见证——西藏博物馆藏历代中央政府治藏文物集萃》，第60—61页。
② 《明太宗实录》卷六五，永乐五年三月丁巳，第915—916页。
③ 王森：《西藏佛教发展史略》，第108页。
④ 巴卧·祖拉陈瓦：《贤者喜宴·噶玛岗仓史》，周润年译注，青海人民出版社2017年版，第250页。
⑤ 《明太宗实录》卷一九六，永乐十六年正月戊午，第2054页。《明宣宗实录》卷一五，宣德元年三月庚子，第397页。《明宣宗实录》卷一六，宣德元年四月甲申，第439页。《明宣宗实录》卷六〇，宣德四年十二月戊子，第1432页。《明宣宗实录》卷六一，宣德五年正月庚申，第1450页。《明英宗实录》卷一七，正统元年五月癸酉，第332页。《明英宗实录》卷九五，正统七年八月乙卯，第1919页。《明英宗实录》卷一二二，正统九年十月戊申，第2445页。《明英宗实录》卷一二八，正统十年四月辛亥，第2555页。

广大，性行圆融，续如来之宗旨，悟大觉之幽玄。朕心怀仰，
夙夜不忘。兹特遣内官戴兴等，赍敕谕意，并赐以彩币等物，
惟尚师其鉴之。故谕……①

明成祖在这份文书中使用了带有明显等级色彩的"敕谕"，而不像对五世噶玛巴那样称"致书"；同时对六世噶玛巴的称呼又恢复为"尚师哈立麻巴"，而不是大宝法王，这表明明朝官方并不承认六世噶玛巴能够自动承袭五世噶玛巴得银协巴获得的如来大宝法王西天大善自在佛的封号。《西天佛子源流录》记载：明成祖曾专门派藏僧班丹扎释（1377—1456?）"往乌思国，穷究教法，审察葛哩麻巴上师是否再生"，经其辨认考察，最后确定了六世噶玛巴为转世真身。② 班丹扎释返回北京时已经是明宣宗在位，后者仍然关心噶玛巴的转世，"究问葛哩麻巴再生之事"。③ 此举被认为是开创了中央政府审察西藏活佛转世的先河。④

虽然班丹扎释向明宣宗汇报了六世噶玛巴为五世噶玛巴转世真身的审察结果，但明廷仍然没有称呼六世噶玛巴为大宝法王。西藏自治区档案馆藏有一件宣德二年三月二十二日明廷颁给六世噶玛巴的敕谕（图 1-41），汉、藏文墨书，汉文内容如下：

奉天承运，皇帝敕曰：佛氏能仁之教，上以佑助国家，下以化导善类，凡其徒功行有可称者，朝廷必有褒扬之典。尔葛里麻凤严戒律，克勤净修，会宗旨于真乘，演法门之妙用，宜

---

① 中国藏学研究中心等合编：《元以来西藏地方与中央政府关系档案史料汇编》（1），第 156 页。
② 张润平、苏航、罗炤编著：《西天佛子源流录——文献与初步研究》，第 171 页。
③ 张润平、苏航、罗炤编著：《西天佛子源流录——文献与初步研究》，第 172—173 页。
④ 吴俊荣：《噶玛巴源流及其历史地位》，《西藏研究》1995 年第 2 期。

有褒称，用昭宠眷。今特封尔为慧慈禅师，尔尚益坚愿力，茂阐宗风，广慈化之昭敷，膺光荣于悠久。钦哉。宣德二年三月二十二日。①

上述敕谕中的"葛里麻"为"哈立麻""噶玛巴"的另一汉译，指六世噶玛巴通哇敦丹，他不仅没有被明宣宗称呼为大宝法王，反而被授予了一个等级明显较低的"慧慈禅师"名号。

相较于文物材料而言，明代官方文献《明实录》中有关明朝对六世噶玛巴称呼的记载则比较混乱，一类仍然称呼六世噶玛巴为大宝法王，另一类则与文物材料所载一致，使用的是"哈立麻"或"葛里麻"这样传统的宗教称呼。②上述两类称呼的使用存在相互穿插、彼此替换和摇摆不定的情况，部分还与文物材料记载相左，反映出明朝自身的史载体系对六世噶玛巴的称呼和记载没有严格的规定，亦可能与这次"停封"没有明确的命令或旨意有关。虽然文献对六世噶玛巴称呼的记载比较混乱，但都显示出明廷对六世噶玛巴是五世噶玛巴转世和继承人的认同。

西藏还发现两件与六世噶玛巴相关的诏敕，均颁发于正统年间。一件为正统七年九月十五日明英宗为遣使来贡并回赏事给尚师哈立麻的敕谕，使用的称呼为"尚师哈立麻巴"。③第二件为正统十年六月明英宗颁给六世噶玛巴的敕谕（图1-42），汉、藏文书写，其中汉文内容如下：

---

① 甲央、王明星主编：《宝藏——中国西藏历史文物》（3），第148—149页，图54。西藏自治区档案馆编：《西藏历史档案荟粹》，图27。
② 《明宣宗实录》卷一五，宣德元年三月己亥，第395页。《明宣宗实录》卷一六，宣德元年四月甲子，第419页。《明宣宗实录》卷六〇，宣德四年十二月己亥，第1439页。原文写为"合立麻尚师"，"合"当为"哈"之误。《明宣宗实录》卷六一，宣德五年正月癸亥，第1459页。《明英宗实录》一三〇，正统十年六月乙巳，第2582页。
③ 中国藏学研究中心等合编：《元以来西藏地方与中央政府关系档案史料汇编》（1），第164—165页。

> 皇帝敕谕尚师哈立麻巴：佛氏以慈悲之道，化人为善，归依正觉。尚师远处西域，得佛祖之真传，阐仁慈之功用，开导众类，教行一方。而能敬顺天道，尊事朝廷，遣番僧锁南泥麻等以佛像并马匹、方物来贡，于以见尚师效勤愈笃，修职益虔，朕用嘉之。兹锁南泥麻等回，特赐尚师彩币表里，用答至意，其钦承之……正统十年六月初四日。①

上述材料表明直至正统十年，明廷仍以"尚师哈立麻巴"来称呼六世噶玛巴。综上所述，现存与六世噶玛巴相关的四件诏敕的时间前后跨越了二十多年，从永乐二十一年一直到正统十年，经历了成祖、仁宗、宣宗及英宗四帝，但均未称呼其为大宝法王。《贤者喜宴》记载，六世噶玛巴通哇敦丹于景泰四年（1453）圆寂，因此可以推测六世噶玛巴可能终生都未被明廷称呼为大宝法王。从明廷与六世噶玛巴之间存在持续互动，以及明廷知晓和承认六世噶玛巴为五世噶玛巴转世真身的背景来看，笔者认为明廷对六世噶玛巴的合法身份非常了解，只是有意不承认其大宝法王的封号，故主导了该封号的"停封"。

七世噶玛巴名却札嘉措（1454—1506）②，现存文物材料显示，明廷重新称呼其为大宝法王。第一件文物为成化七年明宪宗颁给七世噶玛巴的诏敕（图1-46），汉、藏文墨书，其中部分汉文内容如下：

> 皇帝敕谕乌思藏大宝法王葛哩麻巴等：尔等世居西域，能敬顺天道，尊事朝廷，恪修职贡，愈久愈虔。兹复遣使以方物来进，诚意可嘉。今使回，特赐尔等彩币表里等物，以示褒

---

① 西藏自治区档案馆编：《西藏历史档案荟粹》，图28。中国藏学研究中心等合编：《元以来西藏地方与中央政府关系档案史料汇编》（1），第166页。

② 王森：《西藏佛教发展史略》，第109页。

答，至可领之……成化七年正月二十九日。①

第二件文物为明宪宗给七世噶玛巴的敕谕，时间为成化二十二年，其内使用的称呼为"如来大宝法王葛哩麻巴"（图 1-17）。第三件文物为弘治九年（1496）明孝宗颁给七世噶玛巴的诏敕，使用的称呼也是"如来大宝法王葛哩麻巴"。②上述三件诏敕的时间涉及成化、弘治两朝，都使用"大宝法王葛哩麻巴"来称呼七世噶玛巴，说明明廷在七世噶玛巴时期又重新承认了噶玛巴的大宝法王名号。

七世噶玛巴的转世为八世噶玛巴弥觉多吉（1507—1554）③，现有一件与之相关的诏敕，④原藏楚布寺，用汉、藏文书写，其内使用的称呼为"西天再来应世大宝法王"（图 1-25）。大庆法王领占班丹为明武宗的自封号，这是他为邀请八世噶玛巴弥觉多吉赴内地所写的致书，使用的是"大宝法王"的称呼。⑤据致书中"去岁之冬……恭知法王悲心应感，法体再生"的记载可知，明廷应是刚获悉七世噶玛巴转世的消息，之后便立即承认了八世噶玛巴的"大宝法王"名号。

---

① 该文物现藏西藏博物馆。宿白：《拉萨布达拉宫主要殿堂和库藏的部分明代文书——西藏寺院调查记之七》，《文物》1993年第8期，图六。文竹：《西藏地方明封八王的有关文物》，《文物》1985年第9期，图版捌-3。

② 中国藏学研究中心等合编：《元以来西藏地方与中央政府关系档案史料汇编》(1)，第196页。

③ 王森：《西藏佛教发展史略》，第110页。

④ 宿白先生的文章中曾收录了一件明武宗正德十年（1515）六月颁给弥觉多吉的敕谕，使用的称呼为"尚师哈立麻巴"，参见宿白《拉萨布达拉宫主要殿堂和库藏的部分明代文书——西藏寺院调查记之七》，《文物》1993年8期。后收录于氏著《藏传佛教寺院考古》，第217页。关于该敕谕的月份，宿白先生的文章和书中有不同写法，文章记为三月，书中记为六月，现采用书中说法。同时笔者怀疑这件敕谕很可能就是正统十年六月初四的那件，宿白先生可能误记年代，但因未见全文，暂且存疑，记于此。

⑤ 李帅、朱德涛：《大庆法王领占班丹考实——从大庆法王给大宝法王的一封致书谈起》，《藏学学刊》第17辑，第172—180页。

通过对现存诏敕中有关明廷对五世至八世噶玛巴称呼的系统梳理，我们可以就"大宝法王"名号在明代前期的封授和传承情况做简要总结：五世噶玛巴首先被明廷封为"大宝法王"，但其转世六世噶玛巴没有获得明廷封授的"大宝法王"名号，直到七世噶玛巴才重新获得了明廷封授的"大宝法王"名号（表1-1）。其中六世噶玛巴没有被明廷封授为大宝法王这一情况将有助于修正目前学界关于大宝法王封号可由噶玛巴自主承袭的观点。

表1-1 文物所见明廷对五世至八世噶玛巴的称呼

噶玛巴世系	明廷对噶玛巴的称呼
五世噶玛巴得银协巴 （དེ་བཞིན་གཤེགས་པ，1384—1415）	尚师哈立麻（巴）→大宝法王
六世噶玛巴通哇敦丹 （མཐོང་བ་དོན་ལྡན，1416—1453）	尚师哈立麻巴、葛哩麻（曾获慧慈禅师名号）
七世噶玛巴却札嘉措 （ཆོས་གྲགས་རྒྱ་མཚོ，1454—1506）	（如来）大宝法王葛哩麻巴
八世噶玛巴弥觉多吉 （མི་བསྐྱོད་རྡོ་རྗེ，1507—1554）	大宝法王

上述研究显示，大宝法王名号在六世噶玛巴时期出现了"停封"，到七世噶玛巴时期又"复封"。从前文的分析来看，笔者认为大宝法王名号的"停封"与"复封"应该都是明廷有意为之，背后的原因可能与明朝治藏政策的变迁有关。[①] 大宝法王名号在六世噶玛巴时期的"停封"，可能受以下几方面因素影响。第一，大宝法王封号的传承和续封没有先例。《元史》记载，大宝法王名号

[①] 李帅：《文物所见大宝法王名号在明代前期的传承与变迁》，《南方民族考古》第20辑，科学出版社2020年版，第257—272页。

最初由元世祖忽必烈封给帝师、萨迦派领袖八思巴，① 当其圆寂后，该名号并没有像"帝师"名号那样被八思巴的后任者们所继承。因此，明成祖可能遵循了元代旧例，在封授赴京的五世噶玛巴为大宝法王后，没有打算续封继任的六世噶玛巴为大宝法王。第二，经过洪武、永乐两朝的努力，到六世噶玛巴时期，明廷对西藏的状况已经比较了解，"多封众建"的治藏政策也臻于成熟，明廷与西藏之间的政治关系也趋于稳定。因此，在明廷颁给六世噶玛巴的文书中，已经明确使用带有政治和等级色彩的"敕谕"或"敕"字样，这显然是按照内地的皇权观念来定位明朝皇帝与噶玛巴的关系。在这种背景下，噶玛巴在明朝治藏中的作用和影响便有所弱化，使得明廷对六世噶玛巴的态度和重视程度已经不能与五世噶玛巴同日而语，这可能是明廷没有续封六世噶玛巴为大宝法王的又一原因。这说明明廷"停封"六世噶玛巴大宝法王名号的背后既有历史因素，又有现实原因。

从现存的诏敕来看，大宝法王名号在七世噶玛巴时期的"复封"可能发生在明宪宗时期，具体时间可能在成化七年或稍前。② 关于"复封"的原因，可能与明朝的内、外政治形势以及治边国策的转变有关。经过早期几位皇帝的积极治理，明朝的国力和政治影响在永乐、宣德时期达到了一个高峰，对边疆地区的经略也取得了良好的效果。但在宣德以后，因内、外政局变动和自身实力的下降，明朝开始由盛转衰。尤其是"土木堡之变"的发生，明朝的军事力量和国力受到严重削弱，直接导致其治边国策开始发生转变，逐渐趋于保守，明朝对部分边疆地区的经营力度也随之减弱。在这种背景下，效仿明成祖封五世噶玛巴为大宝法王之旧例，重新恢复噶玛巴的大宝法王封号将有利于再次加强明廷与噶玛巴之间的

---

① 《元史》卷二〇二《释老》，第 4518 页。
② 宿白：《拉萨布达拉宫主要殿堂和库藏的部分明代文书——西藏寺院调查记之七》，《文物》1993 年第 8 期，图六。文竹：《西藏地方明封八王的有关文物》，《文物》1985 年第 9 期，图版捌 - 3。

关系，可稳定明廷对藏族地区的经营。此外，还应该与明朝统治者对藏传佛教的信仰有关。研究显示，明宪宗对藏传佛教极度崇信，其在位期间封授了一大批在京藏僧为法王。① 该举措虽然使得法王名号渐滥，但对明朝恢复噶玛巴的大宝法王名号起到一定的推动作用。

大乘法王是明朝在西藏封授的第二位法王，该名号最初也可能遭受过"停封"。文献记载，萨迦派人员曾多次向明廷请求承袭大乘法王名号。例如，《明史》记载弘治"三年，辅教王遣使奉贡，奏举大乘法王袭职。帝但纳其贡，赐赉遣还，不命袭职"。② 该事件在《明孝宗实录》中有更详细的记载：弘治三年正月，"辅教王遣番僧锁巴等，保送大乘法王袭职入贡……其大乘法王处所差者，许令入贡，然不许其奏请袭职"。③ 又正德九年，"乌思藏萨释迦巴故大乘法王洛竹坚参巴藏卜侄完卜锁南坚参巴尔藏卜，差使臣班蓝端竹列思巴求袭职"。④ 另据《西番馆来文》，嘉靖十年"乌思藏应袭大乘法王昆葛锁南扎叭坚参巴藏卜差使臣昆葛班鸠儿等拜奏上位登大宝"。⑤ 陈庆英先生认为，上述多次"请袭"事件表明萨迦派人士始终认为"大乘法王的继承要经过明朝皇帝的批准才算合法"，⑥ 笔者对此表示赞同。

通过文物与文献材料的结合研究，笔者认为大宝法王、大乘法王二名号最初的承袭应与大国师、国师等名号一样，需要得到明廷的准允和认定才具有合法性。学界过去仅根据文献中"法王卒，其徒自相继承，不由朝命"的记载就认为大宝和大乘这两个法王名号可以不经过明廷认定和准许就能自主承袭和使用的认识可能并

---

① 何孝荣：《明代皇帝崇奉藏传佛教浅析》，《中国史研究》2005 年第 4 期。
② 《明史》卷三三一《西域三》，第 8576 页。
③ 《明孝宗实录》卷三四，弘治三年正月丙子，第 746 页。
④ 《明武宗实录》卷一〇八，正德九年正月己丑，第 2220 页。
⑤ 任小波：《明代西番馆与西番馆来文》，第 45 页。
⑥ 陈庆英、高淑芬主编：《西藏通史》，第 284 页。

不全面，是对这条文献材料的误读。笔者认为这句话应该理解为法王授予对象的人员承袭不需要中央批准，但由明朝封授的法王名号的继承可能还是有一定的制度规范，最初并不允许自主承袭。当然，大宝和大乘二位法王的身份较为特殊，为宗教领袖，无管土治民之权，所以明廷对他们名号承袭的管理并不像阐化王等那样严格，最后也认同了他们名号的自主承袭并视为惯例。也正是二位法王的名号承袭不再得到明廷的认定，才导致大宝、大乘这两个法王名号最终不具有政治和等级意义，逐渐成了一种宗教称号。最后我们还应该看到，虽然明朝多次对"大宝法王"名号的封授和传承进行调整，但基本都没有对西藏社会产生过重大影响，原因在于该封号的调整并未触及噶玛巴转世和传承制度的核心，故最终流于空转。

（二）明朝对法王以下各级藏僧承袭的管理

1. 西天佛子

西天佛子名号较为特殊，通常与大国师名号结合使用，罕见只有西天佛子的情况，如释迦也失在永乐时期受封的名号为"妙觉圆通慧慈普应辅国显教灌顶弘善西天佛子大国师"①。青海省海东市乐都区瞿昙寺原藏一枚成化二十二年的鎏金铜印，印文为"广慧悟法净觉妙善翊国衍教灌顶戒定西天佛子大国师印"（图1-26），也是将西天佛子和大国师名号结合使用。目前在文物和文献材料中均不见明廷准许藏僧承袭西天佛子名号的相关记载，而获得西天佛子名号的藏僧基本都是通过直接受封或等级升迁来实现的。例如，明英宗正统十一年春正月，"大慈恩寺僧吒失把为其师灌顶国师锁南释剌求袭为师祖西天佛子大国师并剌麻桑加巴等各求授都纲等职，不允"；②又如正德十一年明武宗给八世噶玛巴的致书中提到"议仍升高弟锁南坚参巴藏卜为佛子"（图1-25）。可见，明朝对西天佛子名号的管理比较严格，与留京法王封号一样不允许

---

① 《明史》卷三三一《西域三》，第8577页。
② 《明英宗实录》卷一三七，正统十一年正月辛卯，第2727—2728页。

直接承袭。

2. 大国师与国师

明廷对大国师名号承袭的管理在永乐时期就已经开始。西藏博物馆保存有一件永乐十二年的诏敕（图1-27），汉、藏文书写，其中汉文内容如下：

  奉天承运，皇帝制曰：朕惟佛氏之教，以寂静为宗，以慈悲为用，上足以阴翊皇度，下足以化导群迷。自昔有国家者，莫不崇奖维持，兴隆其教。兹者万行圆融、妙法最胜、真如慧智、弘慈广济、护国宣教、正觉大乘法王、西天上善金刚、普应大光明佛昆泽思巴，智慧圆融，慈悲广大，具真如之体相，绍累世之宗风，利济显幽，恢弘治化。尔妥巴阿摩葛之子哲尊巴，凤承其教，侍奉惟勤，造真如之阃奥，领上乘之玄微，广慧智以转轮，严毗尼而作范，化诱善类，普劝友情，眷兹纯诚，已封其为灌顶圆通慈济大国师。方期精进圆修，超登觉道，何期一旦倏然示寂，朕之悼惜，曷可胜言。惟尔衍庆蕃茂，笃生贤子，隆恩推锡，显及其亲。今特封尔为灌顶圆通慈济大国师。尔尚奉扬德教，丕阐宗风，永笃忠贞，祗承宠命。钦哉。永乐十二年二月十一日。①

这件诏敕反映的承袭方式比较特别，与常见的师徒、叔侄、子承父等晚辈承袭长辈的方式不同，由父承子的大国师封号，这可能与萨迦派的教义及其承袭传统有关。

西藏现有多件明廷准允国师名号承袭的诏书。第一件为弘治九年的袭职诰书，其内提到"尔锁南坚参巴藏卜乃净修圆妙国师完

---

① 宿白：《拉萨布达拉宫主要殿堂和库藏的部分明代文书——西藏寺院调查记之七》，《文物》1993年第8期。西藏博物馆编，何晓东著：《历史的见证——西藏博物馆藏历代中央政府治藏文物集萃》，第68—69页。

卜迭列葛剌失坚粲巴藏卜之侄，凤承梵教……尔叔云殁，特命尔袭国师之职，封号如故"（图1-43）。① 第二件为嘉靖三十四年明廷颁给管着坚昝的袭职敕谕，其中有"今特命袭尔师叔灌顶净修广慧国师之职"的内容（图1-45）。② 四川省甘孜藏族自治州博物馆藏有一件宣德元年明廷准允噶玛噶举派领占班竹儿承袭其叔辍藏净觉通悟国师封号的诰书。③ 上述三件诏敕显示的承袭方式均为叔侄承袭。另外，西藏博物馆还藏有一件正德四年的承袭诰书，汉、藏文墨书，其内有"尔畜吉短竹乃已故庄严通悟国师俄岁儿坚剉亲徒，凤承梵教，恪守毗尼，化诱善类，良足嘉尚。特命袭尔国师之职，封号如故"的内容（图1-44）。④ 这件诏书提到的承袭方式为师徒承袭。

3. 禅师、都纲及"剌麻"

《西番馆来文》收录有两份藏僧向明廷上的奏表，其中涉及禅师的承袭管理。第一份为成化二年永安寺禅师领占坚参的奏表，内容为"永安寺禅师臣领占坚参奏：比先赴京袭职进贡，蒙天皇帝给与敕书并勘合，赏赐回还……"⑤ 该奏表中提到禅师领占坚参曾"赴京袭职进贡"，并"蒙天皇帝给与敕书并勘合"。另一份为长河西鱼通宁远宣慰司的奏表，具体年代不详，表中提到"又有广慧禅师领占端竹徒弟星吉、慈善禅师桑儿结徒弟扎巴，俱袭替职事。望朝廷可怜见，乞准袭便益"。⑥ 这表明藏僧禅师封号的承袭也可

---

① 甲央、王明星主编：《宝藏——中国西藏历史文物》（3），第168—173页，图57。
② Peter Schwieger, "A Document of Chinese Diplomatic Relations with East Tibet during the Ming Dynasty," in: *Tibetstudien. Festschrift für Dieter Schuh zum 65. Geburtstag.* Hrsg. von Petra Maurer und Peter Schwieger. Bonn: Bier'sche Verlagsanstalt, 2007, pp. 209 – 226.
③ 文物实物见于该馆展览。另见丹珠昂奔等主编《藏族大辞典》，"明宣宗给噶玛巴之侄诰书"条，第528—529页。
④ 该诏敕现藏西藏博物馆。另见王永强等主编《中国少数民族文化史图典·西南卷》（上），广西教育出版社1999年版，第183页。
⑤ 任小波：《明代西番馆与西番馆来文》，第40页。
⑥ 任小波：《明代西番馆与西番馆来文》，第29页。

能需要经过明廷批准。明代藏族地区都纲的承袭应该也需要得到明朝的准允。《洮州厅志》中收录有一件正德十二年明廷准允班南尖卒承袭其师职名的敕书，内有"今特命袭尔故师日灭刬巳都纲之职"的内容，① 明确提到班南尖卒的都纲名号承袭自其师。

"剌麻"（喇嘛）虽然是明朝给予藏僧等级最低的名号，但该名号的承袭可能也受到明廷的管理。中国国家博物馆收藏有两件与藏僧承袭剌麻（喇嘛）职名有关的明代敕谕。第一件为正统十三年明英宗封授羊卷寺喇嘛刬失竹袭其叔喇嘛职事的敕谕，内有"尔刬失竹乃故剌麻奔牙失里之侄，夙承其教，祗勤善行，远来朝贡，诚意可嘉，今特命尔袭叔剌麻职事"的内容。② 第二件为正德十年明廷颁给岷州崇隆寺喇嘛短竹班丹袭其叔僧职的敕谕，内有"尔短竹班丹夙修善行，悟守毗尼，今特命尔袭尔叔南渴宁卜剌麻之职"的内容。③ 这两件敕谕是明廷对喇嘛袭职进行管理的证明。

明朝构建的这套藏僧等级体系是明代治藏宗教政策的核心，也是明朝治藏政策的新创举，对明代西藏社会和明朝治藏方式都产生了重要影响。第一，这套体系实现了明廷和西藏各主要教派之间政治关系的建立，成功地将西藏不同教派、寺院、地域、身份和势力背景的藏僧纳入同一个等级体系之中，实现了藏僧身份的定位与相互之间等级关系的对应和连接，符合明廷"多封众建"的治藏策略。第二，这套体系具有很强的包容性和开放性，能够有效调节西藏内部不同教派和人员之间的等级关系，平衡他们的地位和利益，为明代西藏地方教派的多样性发展与宗教繁荣局面的出现创造了制度条件。第三，这套等级制度有助于明廷在一个统一的标准下实现

---

① 张彦笃修，包永昌等纂：《洮州厅志》卷一六《番族》，成文出版社1970年版，第917页。

② 张羽新、张双志：《明朝封赠大崇教寺下寺和西纳寺大喇嘛袭职圣旨释读》，《中国历史文物》2007年第2期。

③ 张羽新、张双志：《明朝封赠大崇教寺下寺和西纳寺大喇嘛袭职圣旨释读》，《中国历史文物》2007年第2期。

众多教派与藏僧的统一管理,并通过等级名号的授予等手段来直观地传达其对某些教派或僧人的优待,从而实现吸引各教派和藏僧主动与朝廷接触并建立关系的目的。第四,藏僧等级体系在形成之后就逐渐成为明廷经略西藏的制度基础,明廷基于这套制度又进一步完善了包括赐贡制度在内的其他治藏制度。① 第五,这套藏僧等级体系还有助于提高明朝中央政府在西藏的地位与影响,将明朝社会所遵循的等级制度和西藏社会的宗教权力结构进行有效的对接,有利于促进西藏社会对明廷的认同。第六,这套藏僧等级体系使明朝不再像元朝那样只选择某一教派作为其治藏代理,而是将各主要教派都纳入其中,根据需要各尽其用。最后要特别指出的是,这套藏僧等级体系只是安排了藏僧和明廷交往过程中的等级秩序与地位高低,并没有对这些藏僧在西藏实际身份和地位的高低、权力的大小进行具体安排,因此对西藏内部的权力结构和宗教体系影响有限。

为了维系这套藏僧等级体系,明朝采取了在边疆地区普遍推行的"承袭"模式,这种模式既保持了中央政府的权威,又有效地制约和管理了藏僧,同时有利于西藏地方各宗派和明朝中央政府政治关系的延续,维护了各教派的利益以及各教派内部宗教权力与法脉的有序传承。在具体的承袭方式上,明廷充分考虑了西藏各教派的习惯和传统,除普遍准许叔侄相承、师徒相承外,还允许萨迦派父子相承、噶举派转世相承,充分体现了明朝治藏政策的灵活性。

---

① 《明宪宗实录》卷七八,成化六年四月乙丑,第 1516 页。

第 二 章
赐贡体系下明廷与西藏之间的物品流通

朝贡制度是中国古代王朝经略边疆以及处理与周边藩国关系的重要策略，既是对内的民族政策，又是对外的外交政策，美国学者费正清先生认为古代中国正是基于这一制度在东亚世界建立起了所谓的"中国的世界秩序"。① 虽然上述理论受到越来越多的挑战，② 但其有关中国疆域发展和中国治边思想、政策及制度方面的认识仍有值得借鉴之处。③ 赐贡制度是朝贡制度的重要组成部分，而赐贡体系又是基于赐贡制度而发展起来的以"赏赐"和"进贡"为主要表现形式，以具体物品流通为支撑的一套思想、制度、人员与行为体系。正如有学者指出的那样，明代汉藏之间的赐贡体系是"维系和加强西藏地方和中央政府政治隶属关系的特定形式"，④ "可以说是明朝全部西藏政策的核心"，⑤ 甚至有学者认为"它几乎

---

① 费正清：《中国的世界秩序：一种初步的构想》，陶文钊编选，林海、符致兴译：《费正清集》，天津人民出版社1992年版，第3—26页。
② 张锋：《解构朝贡体系》，《国际政治科学》2010年第2期。
③ 许建英：《"中国世界秩序"观之影响及其与中国古代边疆研究——费正清〈中国世界秩序：中国传统的对外关系〉读后》，《中国边疆史地研究》2006年第1期。
④ 黄玉生、车明怀、祝启源等编著：《西藏地方与中央政府关系史》，第96页。
⑤ 石硕：《西藏文明东向发展史》，第261页。

成了（明代）汉藏关系的唯一内容"。①

赐贡体系的内涵与外延虽然复杂，但其依赖的媒介和最终的承载明确而具体，那便是各种物品。正如余英时先生在《汉代贸易与扩张》一书中指出的那样，胡汉之间的贡纳体系具有政治与经济的双重利益，"除了走私贸易这个唯一的例外，几乎所有类型的汉胡经济关系都直接或间接地受到这一体系的牵制"。② 可见，对内地和边疆之间人员交流与物品流通的管控历来是中央（中原）政权经略边疆地区的重要策略之一，这样的互动绝不只是单纯的经济贸易活动。在明代汉藏赐贡体系之下流通的各种物品不仅承载着双方社会的文化、技术与思想等信息，而且还被赋予了一定的政治意涵，是汉藏政治、经济和文化互动的凭证与物质载体。因此，本章将就明朝内地和西藏之间的物品流通情况进行考察，尤其是对内地输入西藏物品的类型、阶段变化和特征进行考察，对这些物品体现出的明朝治藏策略进行分析。

第一节　西藏向明廷进贡的物品

明代西藏各教派、地方势力与寺院要和明廷建立稳定的贡赐关系，通常需要满足以下两个条件：第一，要得到明廷的准允而拥有进贡的名义与资格；第二，西藏人员一般要向明廷进贡。③ 上述两个条件中，前者的主动权在明廷，后者的主动权则在西藏一方。关

---

① 沈卫荣：《"怀柔远夷"话语中的明代汉藏文化交流》，《想象西藏：跨文化视野中的和尚、活佛、喇嘛和密教》，北京师范大学出版社2015年版，第122页。

② 余英时：《汉代贸易与扩张》，邬文玲译，上海古籍出版社2005年版，第155页。

③ 当然，明初为"招徕远人"和建立明廷对西藏的统治，曾主动派人赴藏召请西藏人员入贡，这种情况发生在赐贡体系建立之前或初期，不属于赐贡关系稳定后的情况。

于西藏向明廷进贡的物品情况，有学者根据文献材料做过简单归纳，但基本不出《明会典》的记载，包含的种类有铜佛、画佛、铜塔、舍利、各色足力麻、各色氆氇、各色铁力麻、珊瑚、犀角、毛缨、左髻、酥油、明甲、明盔、刀和剑等。① 上述记载基本涵盖了西藏向明廷进贡物品的主要类型，但实际情况则更加丰富多样。由于目前可确认的西藏向明廷进贡的物品实物甚少，因此笔者还将结合汉、藏文文献材料中保存的相关书信和奏表等来对西藏进贡明廷的物品内容进行考察。

一 文物材料中的西藏进贡物品

现存的诏敕文书中有部分涉及西藏向明廷进贡物品的信息，但多数都以"方物"代之，无详细的物品介绍。如成化七年（图1-46）、成化二十二年明宪宗为回赐大宝法王而颁发的诏书中均提到后者"复遣使以方物来进"（图1-17）；② 又正德十一年明武宗给八世噶玛巴的致书中也提到"承法王遣高弟灌顶大国师锁南坚参巴藏卜，远赍方物赴京进贡"（图1-25）。仅少数档案文物中有提到西藏人员进贡的具体物品，如永乐五年正月明成祖致尚师哈立麻书中提到"尚师又以马进"（图1-40）；又永乐五年四月明成祖致大宝法王得银协巴书内提到噶玛巴让其弟子"以佛舍利及阿罗汉骨进"。③ 西藏自治区档案馆藏有一件正统十年明英宗给尚师哈立麻的敕谕，里面提到贡使锁南泥麻"以佛像并马匹、方物来贡"（图1-42）。上述文物材料显示西藏向明朝进贡的物品至少有马匹、佛像、舍利和阿罗汉骨等"方物"。

西藏进贡的物品通常由明廷统一管理和处置，故存在与分布范

---

① 《明会典》卷一〇八《朝贡四》，第2322—2323页。
② 文竹：《西藏地方明封八王的有关文物》，《文物》1985年第9期，图版捌-3。
③ 中国藏学研究中心等合编：《元以来西藏地方与中央政府关系档案史料汇编》（1），第98—99页。

围可能比较有限,加之明代后期官方曾多次限制和打压内地藏传佛教,可能使得大部分西藏进贡的舍利、佛像、法器和工艺品等遭到了毁灭。① 加之几百年来不断的毁坏和散失,剩余的已经甚少且很难确定为明代西藏的贡物。因此,目前学术界对内地保存的明代西藏贡物的情况关注不多,相关材料也比较稀少,但还是有一些踪迹可循。

佛像是西藏向明廷进贡的基本物品之一,北京现存不少由明代西藏地方制作的佛像,如首都博物馆收藏的胜乐金刚像②、龙尊王佛像③、六臂文殊菩萨像④、摩利支佛母像(图2-1)⑤、佛母像⑥等,以及故宫博物院收藏的黄铜释迦牟尼佛坐像⑦、黄铜药师佛坐像⑧、红铜释迦牟尼佛坐像⑨、黄铜不空成就佛坐像(图2-2)⑩、黄铜观音菩萨立像⑪等。在故宫博物院保存的众多西藏造像中有一尊15世纪的大黑天立像,其座沿刻有藏文款识,意为"金刚空形

---

① 如文献记载明代后期一次烧掉舍利一万多斤,毁坏宫内所藏的佛像;这些舍利和佛像多由藏区进贡而来。参见邓锐龄《元明两代中央与西藏地方的关系》,第80页。
② 《北京文物精粹大系》编委会、北京市文物局编:《北京文物精粹大系·佛造像卷》(上),第145页,图107,附录第14页。
③ 《北京文物精粹大系》编委会、北京市文物局编:《北京文物精粹大系·佛造像卷》(上),第160页,图123,附录第16页。
④ 《北京文物精粹大系》编委会、北京市文物局编:《北京文物精粹大系·佛造像卷》(上),第172页,图137,附录第18页。
⑤ 《北京文物精粹大系》编委会、北京市文物局编:《北京文物精粹大系·佛造像卷》(上),第161页,图125,附录第16页。
⑥ 《北京文物精粹大系》编委会、北京市文物局编:《北京文物精粹大系·佛造像卷》(上),第163—164页,图127、128、129,附录第17页。
⑦ 杨新、王家鹏编:《中国藏传佛教雕塑全集》(2),第105页,图一二一。
⑧ 杨新、王家鹏编:《中国藏传佛教雕塑全集》(2),第107页,图一二四。
⑨ 杨新、王家鹏编:《中国藏传佛教雕塑全集》(2),第107页,图一二三。
⑩ 杨新、王家鹏编:《中国藏传佛教雕塑全集》(2),第110页,图一二七。
⑪ 王家鹏主编:《故宫博物院藏文物珍品大系·藏传佛教造像》,第236页,图225。

变化身,具备五智胜者之体黑如迦吉祥大黑天帐护王,我敬礼"。①上述这些保存于北京故宫、博物馆及寺院等处明代西藏地方制作的造像除部分可据器物上的标签确知是由清代西藏人员如达赖、班禅等进贡之外,其他大部分的来源途径与时间都不明确。笔者认为,这些来源途径和时间不明的明代西藏造像中可能有一些是明代西藏向朝廷进贡的物品,原本藏于宫廷中并一直流传下来;也有部分被明廷分赐给内地相关寺院进行供奉,②后因各种原因流散出寺院,最终被博物馆等单位收藏。除此之外,北京还保存有许多由明朝内地制造,但具有明显藏传佛教风格的宗教物品,如唐卡、造像和法器等。③这些物品中部分可能是内地对西藏进贡物品的仿造,可以从侧面帮助我们了解西藏向明廷进贡物品的类型和特点。

二 书信与奏表中的西藏进贡物品

西藏人员向明廷上的奏表和书信中通常会有进贡物品的详细记载,虽然目前不见这类奏表和书信的实物,但在汉、藏文文献中有部分被保存下来,有助于我们了解西藏向明廷进贡物品的具体内容。

明成祖与格鲁派创始人宗喀巴(1357—1419)之间曾有过多次书信往来,这些书信在藏文文献中被保存了下来。其中一封宗喀巴回复明成祖的书信,时间为永乐六年,原收录于西藏地方政府的

---

① 杨新、王家鹏编:《中国藏传佛教雕塑全集》(2),第157页,图一八一。
② 《明实录》记载,明太祖曾多次将西藏等进贡的物品如佛像、佛书、舍利等"诏置佛寺"或"送佛寺"。参见《明太祖实录》卷七八,洪武六年正月己巳,第1433页;《明太祖实录》卷八七,洪武七年正月戊戌,第1551页;《明太祖实录》卷八九,洪武七年五月庚辰,第1576页。又据《珠里小志》,明世宗曾给松江府青浦县珠里慈门寺"赐乌斯藏大士一尊,经十二部",参见周郁滨纂《珠里小志》,戴扬本整理,上海社会科学院出版社2005年版,第68页。
③ 谢继胜、贾维维:《元明清北京藏传佛教艺术的形成与发展》,《中国藏学》2011年第1期。

书册档案中,① 其中有宗喀巴向明成祖进献物品的记载:

> 自和阗国请来之观自在像一尊,释迦牟尼佛金像一尊,文殊师利如来金像一尊,如来自增舍利三颗相连者一件,如来舍利一颗,于振兴印度西藏两地佛法最有功德之印度大师大主殿下之骨舍利一颗。②

据上述内容,宗喀巴向明成祖进献的物品均为宗教物品,包佛像和舍利两类。三世达赖喇嘛索南嘉措曾于万历六年给明朝官员张居正写过一封书信,收在《张文忠公全集》中,其内记录的物品有"四臂观世音一尊,毡毯二段,金刚结子一方"。③

《西番馆来文》中收录了多份明代汉藏合璧的文书档案,④ 这些文书多为藏族地区朝贡人员向明廷上的奏表,其中涉及西藏进贡物品的相关材料。下面将《西番馆来文》及相关史籍中有关西藏向明廷进贡物品的情况梳理如下(表2-1)。

表2-1 《西番馆来文》及相关史籍中有关西藏进贡物品的情况

奏表名称	时间	具体物品	资料来源
朵甘都指挥使司内西番贡物奏表	明代	玛瑙、水晶、珍珠、琥珀等	任小波:《明代西番馆与西番馆来文》,第28页
朵甘卫西番贡物奏表	弘治年间(疑)	马	任小波:《明代西番馆与西番馆来文》,第28页

---

① 法王周加巷:《至尊宗喀巴大师传》,郭和卿译,青海人民出版社2004年版,第200页。
② 于道泉:《译注明成祖遣使召宗喀巴纪事及宗喀巴复成祖书》,《庆祝蔡元培先生六十五岁论文集》,第947页。该书信译文又见于邓锐龄、陈庆英等《元以来西藏地方与中央政府关系研究》(上),第252—254页。
③ 张居正:《张文忠公全集·奏疏八·番夷求贡疏》,转引自北京大学历史系等编著《西藏地方历史资料选辑》,第85—86页。
④ 任小波:《明清〈西番译语〉传本寻踪》,《中国藏学》2009年第3期。

续表

奏表名称	时间	具体物品	资料来源
乌思藏朵甘寺奏表	明代	红氆氇五十副、白氆氇五十副、盔甲等	任小波:《明代西番馆与西番馆来文》,第30页
如来大宝法王哈哩麻巴使者奏表	明代	红氆氇一百副、紫氆氇五十副、黄氆氇五十副、红铁哩麻五十副、白铁哩麻五十副	吴均:《从〈西番馆来文〉看明朝对藏区的管理》,第118页
赞善王下灌顶慈利翊善大国师奏表	可能正统年间	金钟玉磬一副、银香炉花瓶一副	任小波:《明代西番馆与西番馆来文》,第32页
赞善王远丹藏卜奏表	明代	舍利十颗、顶骨数珠一串、氆氇、铁哩麻、刀剑、盔甲、西马等	任小波:《明代西番馆与西番馆来文》,第33页
大乘法王南渴扎失坚参巴藏卜奏表	明代	铸像、画像、舍利、驼、马、盔甲、氆氇、铁哩麻、酥油等	任小波:《明代西番馆与西番馆来文》,第34页
乌思藏阐化王坚参巴藏卜奏表	成化年间	马十匹、盔十顶、甲十副	任小波:《明代西番馆与西番馆来文》,第37页
西番大国师臣扎失坚参奏表	明代	珊瑚、水晶、碧玉、琥珀、氆氇等	任小波:《明代西番馆与西番馆来文》,第38页
乌思藏灌顶大国师领占端竹也舍奏表	明代	驼十只、马十匹、盔十顶、甲十副、毛衣十件、红氆氇十副、白氆氇十副、红铁哩麻十副、白铁哩麻十副	任小波:《明代西番馆与西番馆来文》,第38页
乌思藏永安寺禅师臣星吉等奏表	明代	佛像、骨塔、舍利、氆氇等	任小波:《明代西番馆与西番馆来文》,第40页
乌思藏应袭大乘法王昆葛锁南扎叭坚参巴藏卜差使臣昆葛班鸠儿等拜奏表	嘉靖十年	铜佛、铜塔、舍利、珊瑚、犀牛角、紫红白足力麻、左髻、海螺、黑香、硼砂、茜草、葫芦连、毛缨、红白黑铁力麻、氆氇等件,又厢嵌甸子无量镀金佛一尊、画像释迦佛一幅、舍利十颗、金五钱	任小波:《明代西番馆与西番馆来文》,第45页

除上述贡物外，《明实录》中还提到有佛书等物。① 可见西藏向明廷进贡的实际物品远比《明会典》记载的丰富得多。

明代西藏向朝廷进贡的"方物"按照性质整体可分为两类，第一类是宗教性物品，如铜佛、铜塔、画佛、佛书、舍利和法器等；第二类是资源性物产，包括马、铁力麻、足力麻、氆氇、犀角、珊瑚、左髻、毛缨、盔甲、刀、剑和酥油等。其中，以宗教物品作为固定进贡物品是明代汉藏赐贡体系的特点，在明朝的朝贡体系中比较特殊。《明会典》记载，除乌思藏、长河西鱼通宁远等处和洮岷等藏族地区进贡的物品中固定有藏传佛教的宗教物品外，② 其他边疆地区与外藩的固定性进贡物品中基本不见宗教类物品，主要是各地区的资源性物产。值得注意的是，在西藏向明廷进贡的物品中，有些并非原产自西藏，而是从域外如印度等地获得，如犀牛角、海螺、珊瑚和珍珠等。③ 另外，如宗喀巴书信中提到的，其回赠明成祖的物品中有来自印度的舍利与新疆于阗的造像，这些物品对藏族地区的人员来说亦属珍贵之物，被转贡给明廷，体现了他们对明廷的尊崇。

西藏之所以将藏传佛教物品作为向明廷进贡的传统物品，至少有以下几方面的因素。第一，佛教在西藏地位崇高，势力和影响极大，与之相关的宗教物品被视为西藏层次最高、最优秀精深与最具代表性的"方物"，自然会被选作向明廷进贡的贡品。第二，受佛教观念与传统的影响，藏僧热衷于传播和弘扬佛法，以佛教物品作为贡物，在一定程度上能够达到这一目的。第三，藏族地区社会有以佛教物品作为珍贵礼物进行馈赠的社会传统。第四，明朝立国之

---

① 《明太祖实录》卷七八，洪武六年正月己巳，第1433页。
② 《明会典》卷一〇八《朝贡四》，第2322—2328页。
③ 英国人特纳于1783年出使扎什伦布寺后著有《西藏札什伦布寺访问记》一书，其内提到18世纪末期西藏与周边国家及地区的商品流通情况，虽然有些情况已与明代不同（如英国产品的输入），但部分信息仍可供借鉴和参考。塞缪尔·特纳：《西藏札什伦布寺访问记》，苏发祥、沈桂萍译，西藏人民出版社2004年版，第274—276页。

初便定下"惟因其俗尚,用僧徒化导为善"的治藏策略,① 在这样的背景下,作为明廷主要交往对象的藏僧自然会以佛教物品作为贡物,此一做法容易得到明廷的理解和接受。第五,明朝早期诸位皇帝都对藏传佛教有一定程度的信仰,明成祖还曾主动派人赴西藏召请藏僧并获取佛教物品,这些行为向西藏社会传达了非常重要的信息,即以佛教物品进贡符合和满足明朝统治者的信仰与需要。

西藏向明廷进贡的宗教物品有助于藏传佛教及其文化向内地传播,是藏文化输出和对外传播的表现,有利于从文化和心理上提升藏僧在汉藏交往中的优越性,突出西藏在藏传佛教文化圈中的核心与主导地位。西藏用宗教物品来进贡虽然能够促进汉藏文化的交流和双方关系的发展,但同时面临一些问题。第一,西藏向明廷进贡的这些宗教物品如佛画、佛像和舍利等都带有浓厚的藏传佛教气息,是西藏民族、文化和信仰的重要标识,这对遵行儒家观念和"怀柔远夷"、"严夷夏之辨"的明朝统治阶层来说毕竟是"异文化"或"他文化"。② 因此,当藏传佛教在向内地渗透和传播的过程中出现不良影响,或者和最高统治者的政治意图与信仰出现矛盾时,其很容易受到抵制和破坏。第二,相较于明廷赐给西藏的物品,西藏进贡的物品对明朝经济与社会的作用和影响甚小,并不是明朝的主要财物来源和社会的必需资源。因此,对明朝而言,这些物品及其进贡形式在政治上的象征意义远大于经济和宗教上的实用性,这是明廷和西藏赐贡关系不"对等"的体现,也是古代中国朝贡制度的特点之一。

整体来看,明朝统治者对藏传佛教的态度可以明武宗为界分前、后两个时期,武宗及之前整体为支持态度,武宗以后明廷对藏传佛教的主体政策是限制。武宗以后明朝政治与宗教政策的转

---

① 《明史》卷三三一《西域三》,第 8572 页。
② 沈卫荣:《"怀柔远夷"话语中的明代汉藏文化交流》,《想象西藏:跨文化视野中的和尚、活佛、喇嘛和密教》,第 122、154 页。

变影响到了西藏向明廷进贡物品的选择与安排，原本作为西藏传统贡品的宗教物品因明朝统治者信仰与态度的变化而不再受欢迎，这自然会降低西藏人员的进贡热情和意愿，影响到汉藏之间的物品流通，对明代汉藏赐贡体系造成破坏，最终危及明廷和西藏的政治关系。

第二节　明朝内地输入西藏的物品

学界以往主要依据文献材料就明朝内地输入西藏的物品类型做考察，但并未结合文物材料对这些物品的具体内容进行系统梳理。总体来看，明代内地向西藏输入物品的方式和途径应该比较多样，包括赏赐、贸易、供奉布施甚至走私等。上述行为既有官方形式，也有民间途径，既有直接输入，亦有间接传入。从现存文物材料来看，明朝内地输入西藏的物品远较文献记载的丰富得多，不仅可以补文献记载之不足，而且还可为深入认识明代汉藏关系提供具体而翔实的实物资料。下面就以文物材料为主，同时结合汉、藏文文献中若干重要材料就明朝内地输入西藏的物品特别是明朝官方赏赐西藏物品的内容进行系统梳理。①

根据物品的性质，笔者将这些文物分为政治类物品、生活类物品、宗教类物品以及其他四大类。

一　政治类物品

政治类物品主要指明廷颁给西藏的印章和诏敕，这类物品是受赐者权力的凭证和地位的象征，在当时具有重要的现实意义。

---

① 虽然西藏发现的明代内地物品丰富多样，但很多已经失去原生背景，直接来源和输入方式等信息已无法了解，这也是"活态"文物研究的难点之一。因此，本节将在赐贡体系的大背景下对明朝内地输入西藏的物品做整体考察，而不只限于明廷直接赏赐的物品。

1. 印章

西藏保存有不少由明廷直接颁赐的印章以及这些印章的复制印（附录表1），其中明朝所颁印章从质地来看有玉印、鎏金银印、银印、铜印和象牙印等，不同质地的印章代表了受赐者不同的等级地位。根据性质的不同，可将这些印章分为宗教名号印、封爵印、官印和图章四类。其中宗教名号印有如来大宝法王之印（图1-22）、正觉大乘法王之印（图1-23）、弘慈妙觉灌顶大国师印（图1-28）、灌顶净慈通慧国师印（图1-31）、灌顶国师之印（图1-29）、戒定善悟灌顶国师印（图1-33）等。封爵印是明朝颁给西藏人员的一类比较特殊的印章，从印文和颁赐对象来看，既不同于宗教名号印，又与官印有所区别，包括司徒之印（图1-10）、赏巴国公之印（图1-12）和阐教王印（图1-16）。

官印可以分为官司印和官职印两类，其中官司印包括必力公万户府印（图1-3）、乌思藏宣慰司分司印（图1-4）、朵甘卫都指挥使司印（图1-5）、果累千户所印（图1-9）和多笼僧纲司印（图2-3）[1]等；官职印有都纲之印（图2-4）[2]。另外，还有兼具宗教名号印和封爵印双重特点的印章，即灌顶国师阐化王印（图1-13），这是明朝专门针对西藏政教合一的政治体制而设计的印章类型，与阐化王兼作政教首领的身份有关。图章主要是明廷颁给低等级藏僧的印章，如"妙缘清净"图章、"妙智崇善"图章、"圆修般若"图章（图2-5）[3]、"净修觉道"图章等。此外，明朝颁给三世达赖的一枚象牙质"朵儿只唱"图记（图2-6）[4]，亦为

---

[1] 欧朝贵、其美编著：《西藏历代藏印》，第45页。

[2] 西藏博物馆编，何晓东著：《历史的见证——西藏博物馆藏历代中央政府治藏文物集萃》，第96页。欧朝贵、其美编著：《西藏历代藏印》，第43页。

[3] 欧朝贵、其美编著：《西藏历代藏印》，第42页。

[4] 西藏博物馆编，何晓东著：《历史的见证——西藏博物馆藏历代中央政府治藏文物集萃》，第88页。欧朝贵、其美编著：《西藏历代藏印》，第48页。

封号印，但与上述印章有所不同。

2. 诏敕

诏敕是明廷赏赐西藏人员的一类重要政治物品，是授予对象地位和身份合法性的象征。西藏发现有不少明廷颁给西藏人员的诏敕实物（附录表2），如明太祖封搠思公失监为俄力思军民元帅府元帅的圣旨（图1-1）、永乐敕封挫失吉承袭其父冷真监藏职名诏书（图1-6）、英宗封朵儿只领占为辅善翊教国师诰命、弘治九年敕封锁南坚参巴藏卜袭净修圆妙国师的敕谕（图1-43）以及嘉靖四十一年封剳思巴剳失坚参承袭其父阐化王之职的诰书（图1-21）等。上述诏敕涉及明廷对西藏宗教和世俗人员的封授以及职名承袭的准允，是明朝经略西藏行为的直接物证。

二 生活类物品

生活类物品主要与西藏社会生活相关，从现存文物材料来看，明廷输入西藏的此类物品主要有以下一些品类。

1. 茶叶

茶叶是藏族人民生活的必需品，是内地输入西藏的大宗物品，《明会典》记载明廷赏赐藏族地区朝贡人员的物品中固定有食茶一项。① 在现存档案资料中经常可见明廷赏赐西藏人员茶叶的记载，如永乐五年三月明廷颁给乌思地面促儿卜丹萨瓦国师端古禄丹竹斡薛的诏书中提到赏赐"茶五十斤"（图2-7）；② 永乐六年明成祖遣使赏赐西归途中的大宝法王"巴茶九十斤"。③ 明成祖曾于永乐八年和十一年两次赏赐大宝法王弟子大国师果栾罗葛罗坚藏巴里藏

---

① 《明会典》卷一一二《给赐三》，第 2380—2384 页。
② 该诏敕现藏西藏博物馆。
③ 中国藏学研究中心等合编：《元以来西藏地方与中央政府关系档案史料汇编》(1)，第 107 页。

卜"巴茶一百斤"（图2-8），①而后又于永乐二十一年派人赴藏赏赐哈立麻"茶三百斤"。②除赏赐途径之外，茶叶亦通过贸易方式输入西藏。《直贡法嗣》记载，明代卫藏地区有专门从事茶叶贸易的"茶商"，他们曾赴打箭炉等地购买内地茶叶。③四川甘孜藏族自治州泸定县沈村曾发现一份万历年间有关边茶贸易的合约，由沈边土官余景冬和商家代表、当地"耆宿"、"把式"（明廷的地方武官）及"明镇官"（打箭炉地方长官）的管家等共同签订，并盖有双方官印。④此合约不仅表明茶叶是汉藏贸易的重要内容，而且也从侧面说明即使是作为正常商业行为的汉藏茶马贸易，亦会受到明朝官方的管控，明朝地方机构和官员在边茶贸易中扮演着重要的角色。

2. 织物

现存诏敕、书信和礼单等材料显示，织物是明廷赏赐西藏人员的主要物品之一，基本涉及每次赏赐活动（附录表3）。例如，永乐五年八月，明成祖申谢大宝法王为皇后逝世举办五台道场而赐给其纻丝三十六匹、细花六匹、素二十二匹和彩绢三十六匹。⑤永乐六年正月，明成祖再次赏赐大宝法王，其中织物有：

> 绒锦三段：牡丹花大红一段、如意葵花柏枝绿一段、纹

---

① 邓锐龄、陈庆英等：《元以来西藏地方与中央政府关系研究》（上），图版"明成祖永乐八年（1411年）颁赐大国师果栾罗葛啰监藏巴里藏卜礼单"。中国藏学研究中心等合编：《元以来西藏地方与中央政府关系档案史料汇编》（1），第149—150页。

② 中国藏学研究中心等合编：《元以来西藏地方与中央政府关系档案史料汇编》（1），第156页。

③ 直贡·丹增白玛坚参：《直贡法嗣》，第169、183页。

④ 龚伯勋、董祖信：《一份藏于民间近四百年的"乡规民约"》，《四川文物》2007年第6期。龚伯勋：《〈万历合约〉与古长河地方的茶马贸易——解读泸定沈村明代〈万历合约〉》，《康定民族师范高等专科学校学报》2008年第3期。

⑤ 宋伯胤：《明朝中央政权致西藏地方诰敕》，中央民族学院藏族研究所编：《藏学研究文集》，第90页。

深青一段。纻丝一十五匹：织金细花三匹（四宝四季花大红一匹、八宝云翠蓝一匹、宝相牡丹花柏枝绿一匹），暗细花六匹（大红一匹、深桃红一匹、翠蓝一匹、官绿一匹、柳青一匹、福青一匹），素六匹（大红一匹、黑绿一匹、深桃红一匹、肉红一匹、福青一匹、翠蓝一匹）。彩绢一十八匹。①

西藏日喀则那塘寺原藏有永乐年间明廷颁给该寺堪布竹巴失剌的两件诰敕，均提及织物的赏赐，第一次赏赐的织物有"绒锦：如意球纹丹矾红一段，如意葵花青一段；纻丝：暗细花丹矾红一匹，素丹矾红一匹，素浅桃红一匹，素深青一匹，素黄绿一匹；彩绢：浅桃红二匹，木红一匹，蓝青一匹"。② 第二次赏赐的织物包括"绒锦：连胜宝相花丹矾红一段；纻丝：深青一匹，黑绿一匹，丹矾红一匹；彩绢：蓝青一匹，木红一匹，明绿一匹"。③

正统七年九月，明英宗为遣使来贡而回赐给尚师哈立麻许多物品，其中也包含了大量的织物。

> 颁赐纻丝：浑织金牡丹花嵌八宝深桃红二匹，暗骨朵云大红二匹，暗细花金黄二匹，素柳黄二匹，素浅桃红一匹；纱：浑织金宝相牡丹花嵌八宝大红二匹，暗骨朵云大红二匹，暗细花柳黄二匹，素深桃红一匹，素柳黄二匹；罗：浑织金宝相牡丹花柳黄二匹，素大红二匹，素柳黄二匹，素深桃红三匹；熟彩绢：印大莲花三匹，印八宝珊瑚三匹，印白地五色花三匹，素浅桃红三匹，素明绿三匹，素蓝青三匹；生彩绢：大红五

---

① 中国藏学研究中心等合编：《元以来西藏地方与中央政府关系档案史料汇编》（1），第105—106页。
② 宿白：《西藏日喀则那塘寺调查记》，《藏传佛教寺院考古》，第129—130页。
③ 宿白：《西藏日喀则那塘寺调查记》，《藏传佛教寺院考古》，第129—130页。

匹，柏枝绿四匹；白熟御罗吉祥花手帕一条。

回赐纻丝：暗四季宝相花金黄一匹，暗四季宝相花红一匹，暗八宝天花绿一匹，暗嵌八宝蓝一匹，暗骨朵云青一匹，素红一匹，素青一匹，素绿一匹；熟彩绢：红四匹，绿四匹。①

目前在西藏各主要寺院中基本都能见到不少明代织物，如大昭寺内的云龙纹锦缎（图2-9）、梵字龙纹锦缎以及云鹤花草纹绸缎和"喜"字团龙纹锦缎等。②哲蚌寺措勤大殿的顶部有用明代龙纹织绣制作的顶幔（图2-10）③，另在该寺郭芒扎仓内还有一匹带有巨龙盘卧图案的顶幔④。扎什伦布寺也保存有不少明代内地生产的织物，如甲纳拉康（意为汉佛堂）的藻井上装饰有一件明代二龙戏珠纹锦⑤，该佛堂内的高僧活佛宝座上方有用明代双龙金丝织锦缎制作的顶幔华盖（图2-11）⑥。该寺吉康扎仓内的藻井上也装饰有晚明内地织造的四合如意云龙纹过肩妆花缎⑦，另在兜率殿（噶丹拉康）的天花板上还有一件明代鸾凤牡丹纹缂丝装饰（图2-12）⑧。除此之外，西藏西部的阿里古格故城中也发现有明代内地生产的织物，包括蓝地福灵芝纹妆花缎和红地天华

---

① 中国藏学研究中心等合编：《元以来西藏地方与中央政府关系档案史料汇编》（1），第165页。
② 拉萨大昭寺民管会编：《大昭寺》，第99页，图版。
③ 熊文彬、陈楠主编：《西藏通史·明代卷》，彩图"哲蚌寺措勤大殿明代织绣"。
④ 哲蚌寺、余言主编：《哲蚌寺》，第76页。
⑤ 西藏自治区文物局、日喀则扎什伦布寺民管会编：《扎什伦布寺》，第42页。
⑥ 甲央、王明星主编：《宝藏——中国西藏历史文物》（3），第176—177页，图59。西藏自治区文物局、日喀则扎什伦布寺民管会编：《扎什伦布寺》，第53页。
⑦ 西藏自治区文物局、日喀则扎什伦布寺民管会编：《扎什伦布寺》，第140页。
⑧ 甲央、王明星主编：《宝藏——中国西藏历史文物》（3），第174—175页，图58。

纹锦残片等。①

3. 服饰和服饰用品

明廷除了赏赐可以制作服饰的织物外，还直接赏赐西藏人员服饰（附录表3），主要有僧服和俗服两种，其中僧服包括帽、禅衣、袈裟、氆哈剌、赏古麻、禅裙、贴里（衣）、靴和袜等；俗服有官服补子等。前述明廷颁给促儿卜丹萨瓦国师端古禄丹竹斡薛的诏书中提到的服饰有"纻丝袈裟禅衣一套：计四件；高顶帽一顶；……经衹二□；手帕三个；鸾带一条，□□（靴袜？）各一双"（图2-7）。永乐六年正月，明成祖赏赐了许多物品给留居内地的大宝法王，其中包括不少服饰和服饰用品，具体如下：

> 寿字八吉祥御罗手帕一条……吉祥手帕一条……纻丝袈裟并衣服一套，计七件：大红织金缠枝宝相花龟纹嵌优彩罗花二十五条相边栏夹袈裟一领，大红素袈裟一领，大红织金缠枝宝相花夹禅衣一件，大红暗花缠枝牡丹花绵赏古麻一件（□□□□□），大红织金龟纹花夹氆哈利一件，深桃红暗花八宝云夹贴里一件，大红天花云嵌八宝夹禅裙一件（□□□□□）。红麂皮靴一双，袜全。②

西藏自治区档案馆保存有一件永乐十一年二月明成祖回赐大国师果栾罗葛罗坚藏巴里藏卜的敕谕，其内提到明廷赏赐了如下服饰：

> 纻红油细竹丝高顶僧帽一顶；各色素纻丝袈裟僧衣一套，计

---

① 西藏自治区文物管理委员会编：《古格故城》（上），附录八：张宏源《采集纺织品鉴定报告》，第446—447页；第六章：结语，第319页；《古格故城》（下），彩版九六。

② 中国藏学研究中心等合编：《元以来西藏地方与中央政府关系档案史料汇编》（1），第105—106页。

五领件：大红纻丝二十五条绣优钵罗花天王袈裟一领，大红禅衣一件，丹矾红赏古麻一件，肉红氆哈剌一件，丹矾红贴里一件……皂麂皮铜线夹缝靴一双；青素纻丝抹口白绵羊毛毡袜一双。①

除上述档案中提到的服饰外，我们还可以从相关文物中间接了解明廷赏赐服饰的相关情况。西藏罗布林卡收藏有一幅大慈法王像缂丝唐卡，是释迦也失徒弟出资，由明廷设在江南的织造厂于1434—1443年之间制作的，② 图中的人物形象应该具有较高的写实性。该唐卡上的大慈法王身披大氅，从其上的祥云和五爪龙纹图案推测，该氅可能是明廷赏赐给他的服饰（图1-32）。

西藏自治区档案馆收藏有一件成化五年正月明宪宗著公哈领占着即坚参巴藏卜承袭阐教王的敕谕，其内提到的赏赐物有"青织金胸背麒麟一匹"，③ 此物即明朝官服胸背处用作装饰的"补子"，以不同图案代表不同的官阶。《明史》记载，正德以前可以使用麒麟补子的人通常等级较高，或者与皇室关系密切，如洪武二十四年规定"公、侯、驸马、伯服，绣麒麟、白泽"。④ 可见，明宪宗赏赐阐教王麒麟补子，应该是对其等级地位的排定和认同。美国波士顿美术博物馆收藏有一件来自西藏的明代赐服补子，其上图案为龙形头、爪，带鱼翅、鱼尾，这是明代补子上的飞鱼形象，俗称飞鱼补子（图2-13）。⑤ 据明代舆服制度，飞鱼补子的使用有比较严格的规定，除锦衣卫堂上官等内官可用外，其余多用作赐服，使用对

---

① 中国藏学研究中心等合编：《元以来西藏地方与中央政府关系档案史料汇编》(1)，第50页。
② 熊文彬：《西藏罗布林卡藏明代大慈法王像缂丝唐卡再探》，《中国藏学》2014年第3期。
③ 中国藏学研究中心等合编：《元以来西藏地方与中央政府关系档案史料汇编》(1)，第137页。
④ 《明史》卷六七《舆服三》，第1638页。
⑤ 波士顿美术博物馆官网，http://www.mfa.org/collections/object/court-insignia-badge-buzi-334448，最后访问日期：2016年9月10日。

136　以文治边：文物考古视瞰下明朝对西藏的经略

象的地位一般较高，① 所以此件可能是明廷特赐给某位西藏人员的物品。

明廷还给西藏人员赏赐相关的服饰用品，如手帕、鸾带等。手帕如永乐六年五月明成祖赏赐回藏途中的大宝法王一条吉祥御罗手帕。② 鸾带即腰带，如永乐五年明廷赏赐促儿卜丹萨瓦国师端古禄丹竹斡薛的物品中就有"鸾带一条"（图2-7），另外，《宗喀巴复明成祖书》中也提到明成祖曾赐给宗喀巴一条"腰带"。③ 西藏博物馆收藏有两件明代玉器，一件为龙纹青白玉銙，呈方形片状，长7厘米、宽6.2厘米、厚1厘米；器物正面浮雕一龙，张口露齿，四爪锋利（图2-14）。④ 另一件为龙纹青白玉铊尾，呈扁长方形，长9.4厘米、宽4厘米、高0.6厘米，在边框内镂空的云纹锦地上雕有一龙（图2-15）。⑤ 上述两件玉器可能是明廷赏赐给西藏重要人员的玉带上的组件，因为明制规定，玉带原则上只有一品官和特赐对象才能够佩戴。⑥

4. 瓷器

瓷器是明廷赏赐西藏人员的重要物品类型之一，⑦《明会典》规定，明廷赏赐西藏番王的物品中固定有"白瓷茶钟二个"。⑧ 文献记载，永乐六年明成祖第一次邀请宗喀巴时，所赠的物品中就有"磁碗一对"。⑨ 明成祖第二次邀请宗喀巴时也赠送了瓷器，包括

---

① 《明史》卷六七《舆服三》，第1638—1639页。
② 中国藏学研究中心等合编：《元以来西藏地方与中央政府关系档案史料汇编》（1），第106页。
③ 邓锐龄、陈庆英等：《元以来西藏地方与中央政府关系研究》（上），第253页。
④ 西藏博物馆编：《西藏博物馆藏元明清玉器精品》，第38页。
⑤ 西藏博物馆编：《西藏博物馆藏元明清玉器精品》，第39页。
⑥ 王晶：《明代出土玉带相关问题研究》，《故宫博物院院刊》2019年第3期。
⑦ 明代内地输入西藏的不少瓷器应该也用于宗教活动，但考虑到瓷器的核心功能应该是作为生活用具，故本书暂且合在一起介绍。这些瓷器原本主要保存在西藏各寺院，现在有些已经移到了西藏博物馆、布达拉宫等处。
⑧ 《明会典》卷一一二《给赐三》，第2380页。
⑨ 邓锐龄、陈庆英等：《元以来西藏地方与中央政府关系研究》（上），第253页。

"无花白瓷茶瓶两个，白瓷碗七个"。① 西藏自治区档案馆收藏的永乐六年正月明成祖给得银协巴的礼单中也提到了瓷器，具体有：

> 白磁八吉祥茶瓶三个，银索全。白磁茶钟九个，红油斜皮骰手全：五龙五个，双龙四个。②

西藏地区保存有许多明朝内地生产的瓷器，目前已公布的相关瓷器主要为官窑产品，也有少量的民窑产品。这些瓷器的时代从洪武时期一直延续到明代晚期，器型包括圈足碗、高足碗、高足杯、僧帽壶、执壶、盘、圈足杯、瓶、盒、罐等（附录表4）。根据目前已公布的西藏明代瓷器材料并结合明代瓷器的整体状况，可以发现明代内地输入西藏的瓷器存在一定的阶段变化。

明初洪武时期内地输入西藏的瓷器在器型及装饰纹样方面基本都是内地已有的风格和因素，如釉里红牡丹纹执壶（图2－16）③、黄釉暗缠枝莲纹高足碗④等，数量较少。永乐时期内地输藏瓷器的数量明显增多，器型不仅有执壶、高足碗等，还有元代已有但洪武时期不见的僧帽壶（图2－17）⑤。永乐时期的瓷器在纹样方面也有一定的创新和发展，一些具有藏文化特点的纹样开始较多地出现在瓷器上，如藏文、藏人歌舞⑥、梵文和八吉祥图案等，这是藏传佛教及其文化在永乐时期重新在内地得到发展的表现。

---

① 扎西旺都编：《西藏历史档案公文选·水晶明鉴》，第303页。
② 中国藏学研究中心等合编：《元以来西藏地方与中央政府关系档案史料汇编》（1），第106页。
③ 上海博物馆编：《雪域藏珍——西藏文物精华》，第175页，图86。
④ 布达拉宫管理处编：《布达拉宫珍宝馆图录》，第38—39页。
⑤ 中国历史博物馆、西藏博物馆编：《金色宝藏——西藏历史文物选萃》，第242页。
⑥ 耿宝昌：《明清瓷器鉴定》，紫禁城出版社1993年版，第32页。

目前西藏已公布的明代瓷器中以宣德瓷器最多，该阶段的瓷器除了仿哥釉高足碗①、蓝釉盘（图2-18）②和青花海水龙纹高足碗（图2-19）③等，还新出现了不少带"昼吉祥，夜吉祥，正午吉祥，昼夜吉祥，三宝吉祥"之藏文宗教祝词的瓷器，如青花藏文莲托八吉祥纹僧帽壶（图2-21）④、青花八宝纹藏文高足碗（图2-20）⑤和青花藏文五彩莲池鸳鸯纹圈足碗⑥等。有学者认为这类带藏文咒语的瓷器是明朝为西藏诸法王举行法会而专门烧制的宗教法器。⑦景德镇的官窑瓷器生产在正统、景泰及天顺三朝陷入低潮，"一向被称作明代陶瓷史上的'空白期'"⑧，因此西藏目前还没有发现明确属于这一阶段的瓷器，侧面反映了这一时期通过官方途径输入西藏的官窑瓷器可能也比较少。

景德镇御窑在成化时期恢复烧造，⑨加之成化、弘治与正德三朝的统治者都比较崇信藏传佛教，这为内地官窑瓷器输入西藏提供了便利。西藏现存成化时期的瓷器有斗彩莲托八宝纹杯⑩、暗八仙霁红釉瓷杯⑪、青花夔龙纹高足碗（图2-23）⑫和青花缠枝花卉纹碗（图2-22）⑬等；弘治时期的瓷器有黄釉碗（图2-24）⑭、

---

① 西藏博物馆编：《西藏博物馆藏明清瓷器精品》，第36—37页。
② 西藏博物馆编：《西藏博物馆藏明清瓷器精品》，第40—41页。
③ 周炜、索文清主编：《吉祥宝藏：西藏珍藏的中原及皇家瑰宝》下册，第156—159页。西藏博物馆编：《西藏博物馆藏明清瓷器精品》，第32—33页。
④ 甲央、王明星主编：《宝藏——中国西藏历史文物》（3），第304—305页，图117。
⑤ 上海博物馆编：《雪域藏珍——西藏文物精华》，第184—185页。
⑥ 郑堆、德吉卓玛编著：《萨迦寺》，第149页。
⑦ 耿宝昌：《明清瓷器鉴定》，第43页。
⑧ 耿宝昌：《明清瓷器鉴定》，第69页。
⑨ 耿宝昌：《明清瓷器鉴定》，第87页。
⑩ 王望生：《拉萨哲蚌寺藏两件明清瓷器》，《文物》1985年第11期。
⑪ 索朗旺堆主编：《亚东、康马、岗巴、定结县文物志》，第85页。
⑫ 中国历史博物馆、西藏博物馆编：《金色宝藏——西藏历史文物选萃》，第248—249页。
⑬ 西藏博物馆编：《西藏博物馆藏明清瓷器精品》，第42—43页。
⑭ 西藏博物馆编：《西藏博物馆藏明清瓷器精品》，第46页。

青花花鸟纹高足碗①；正德时期的瓷器有黄地青花云龙纹碗（图2-25）②等。上述三朝时期内地输入西藏的官窑瓷器之规模已经较永、宣时期明显下降，同时也罕见僧帽壶等具有藏地因素的瓷器。

　　武宗之后的嘉靖皇帝因崇信道教，"益黜浮屠"③，但这并未阻断内地瓷器输入西藏。西藏目前发现有不少嘉靖、万历时期的瓷器，其中嘉靖时期有青花圆盖盒④、青花穿花龙纹高足碗⑤、青花云龙纹执壶（图2-26）⑥和黄地绿彩松竹梅纹碗（图2-27）⑦等。万历时期的瓷器有青花庭院仕女纹高足碗、青花缠枝莲纹罐及五彩龙凤纹盘⑧、青花云鹤纹盖盒、青花折枝花卉纹八棱瓶⑨和青花婴戏纹碗（图2-28）⑩等。其中万历时期的青花庭院仕女纹高足碗内出现了藏文和梵文（图2-29）⑪，应该是仿宣德时期的藏文瓷器⑫。目前西藏还不见明确为万历以后的官窑瓷器，这可能与明末国势衰颓下官窑生产停废的大背景有关。但这并不表示内地瓷器已经停止输入西藏，此时输入西藏的瓷器可能以民窑瓷器为主。

　　除了上文提及的瓷器外，西藏还发现不少未带明确年代款识的

---

①　该碗现藏西藏博物馆。
②　西藏博物馆编：《西藏博物馆藏明清瓷器精品》，第48页。
③　《明史》卷三三一《西域三》，第8579页。
④　西藏自治区文物管理委员会编：《扎囊县文物志》，第227页。
⑤　西藏博物馆编：《西藏博物馆藏明清瓷器精品》，第47页。
⑥　张柏主编：《中国出土瓷器全集16·甘肃　青海　宁夏　新疆　云南　贵州　西藏》，第228页。
⑦　布达拉宫管理处编：《布达拉宫珍宝馆图录》，第46页。
⑧　西藏博物馆编：《西藏博物馆藏明清瓷器精品》，第60—63页。
⑨　西藏博物馆编：《西藏博物馆藏明清瓷器精品》，第56—57页。
⑩　郑堆、德吉卓玛编著：《萨迦寺》，第152—153页。
⑪　西藏博物馆编：《西藏博物馆藏明清瓷器精品》，第58—59页。
⑫　西藏博物馆编：《西藏博物馆藏明清瓷器精品》，第58—59页。

瓷器，如白瓷印双龙纹盘①、高足白瓷碗②、对鱼白瓷碗③、景泰蓝番莲纹僧帽壶（图2-30）④、青花藏文高足碗⑤、青瓷八宝纹莲花碗（图2-31）⑥和青花麒麟纹瓷盘⑦等。除内地瓷器外，西藏还发现了少量来自域外的陶瓷器，如萨迦北寺出土的15—16世纪由叙利亚、伊朗地区烧造的青花缠枝花陶盘、碗，⑧这些青花陶器传入西藏除了通过中亚、南亚和新疆等路线外，还有一种可能就是通过内地间接传入。瓷器属易碎品，为了保证其能够长途运输，明廷赐给西藏的瓷器通常配有护套，如永乐六年明成祖赏赐大宝法王的"白磁茶钟"就配有"红油斜皮骰手全"⑨，这里的"红油斜皮骰手"应即髹漆皮套。除此之外，目前西藏发现的瓷器护套还有木质盒套⑩、皮革碗套（图2-32）⑪、麻编碗套⑫和鎏金铜碗套⑬等类型。

西藏目前已经公布的明代瓷器应该只是西藏保存的明代瓷器中很少的一部分，且多数为时代明确且珍贵的官窑瓷器，大量民窑瓷器尚未系统公布，所以很多信息仍无法全面把握。但根据已公布的

---

① 耿宝昌：《明清瓷器鉴定（明代部分）》，中华书局（香港）有限公司1984年版，第162页。《西藏自治区志·文物志》编纂委员会编撰：《西藏自治区志·文物志》，第1015页。
② 西藏自治区文物管理委员会编：《琼结县文物志》，第129页。
③ 西藏自治区文物管理委员会编：《扎囊县文物志》，第228页。
④ 上海博物馆编：《雪域藏珍——西藏文物精华》，第179页，图90。
⑤ 郑堆、德吉卓玛编著：《萨迦寺》，第144页。
⑥ 郑堆、德吉卓玛编著：《萨迦寺》，第145页。
⑦ 吴明娣：《汉藏工艺美术交流史》，第111页。
⑧ 王光尧：《明代宫廷陶瓷史》，紫禁城出版社2010年版，第65—66页。
⑨ 中国藏学研究中心等合编：《元以来西藏地方与中央政府关系档案史料汇编》（1），第106页。
⑩ 上海博物馆编：《雪域藏珍——西藏文物精华》，第179页，图90。
⑪ 西藏博物馆编：《西藏博物馆藏明清瓷器精品》，第28—29页。
⑫ 上海博物馆编：《雪域藏珍——西藏文物精华》，第184—185页。
⑬ 西藏博物馆编：《西藏博物馆藏明清瓷器精品》，第28—29页。耕生：《流传于西藏的明清景德镇瓷器》，《收藏》2010年第1期。

材料，我们仍可以得到以下一些认识。

第一，内地输入西藏的瓷器既有官窑瓷器，也有民窑瓷器，时代从明初一直延续到明晚期。其中官窑瓷器可能主要通过赏赐途径进入西藏，而民窑瓷器可能主要通过贸易方式输入西藏。

第二，内地输入西藏的官窑瓷器在器型和纹饰方面存在阶段性变化，其中洪武时期输入西藏的瓷器主要有壶、碗和盘等，纹样有花卉、缠枝莲纹等。到永乐、宣德时期情况发生了变化，输入西藏的瓷器不仅在器型上较洪武时期新增了僧帽壶，而且在装饰纹样方面也更加丰富，八吉祥纹逐渐兴盛，同时还新出现了装饰藏文宗教祝词、梵文和五彩纹饰的瓷器。正统、景泰、天顺时期是景德镇官窑生产的低潮期，故西藏还未发现属于这一时期的官窑瓷器。成化至正德时期明朝官窑瓷器再次较多地输入西藏，但已罕见僧帽壶。瓷器装饰仍有藏文、梵文和八吉祥等纹样，但已基本不见永、宣时期的藏文宗教祝词；成化年间新出现的斗彩瓷器也在此时传入西藏。官窑瓷器在嘉靖至万历时期继续输入西藏，器型与纹饰方面均为典型的内地风格。虽然万历朝瓷器有仿宣德瓷器而使用藏文、梵文的情况，但已不成风气，主体装饰如庭院仕女纹、婴戏纹等更具内地世俗风俗画的特点。万历以后内地输入西藏的瓷器已罕有官窑产品，可能以民窑瓷器为主。

第三，内地瓷器输藏是明朝笼络和经略西藏的经济与物质手段，其中通过赏赐方式进入西藏的官窑瓷器不仅是生活物品，而且是政治物品，既承载着明朝统治者的治藏策略与思想，又深受明朝自身政治格局的影响。

对不同时期内地输藏瓷器变化的考察，有助于我们认识明朝经略西藏策略的变化。洪武时期的输藏官窑瓷器基本不见藏文化因素，说明明廷当时还没有专门针对西藏制作相应的赏赐瓷器。这种情况到永乐时期发生了变化，并一直延续到宣德时期：永、宣时期的输藏瓷器在器型与纹样方面都可以见到藏传佛教的相关因素，如僧帽壶等器型以及藏文、梵文和八吉祥等纹样，这说明明廷可能已经专门烧造带有藏文化因素的瓷器用来赏赐西藏人员，体现了其对西藏事务的重视。宣德之后的官窑瓷器虽然仍有藏文化因素，但在输藏瓷器中已不多见，因此笔者认为这些带藏文化因素的瓷器可能主要供内地宗教活动使用，并不特意用来赏赐西藏。同时，宣德之后的输藏官窑瓷器多数为内地常见的样式，说明此时明朝可能已经较少采取专门性的文化措施来经略西藏。

5. 金银玉石器具

明廷赏赐西藏人员的物品中有不少金银玉石器具，① 如明成祖赐给刚到内地的得银协巴"金瓶两个、银瓶五个、金银碗盘"，② 之后又于永乐六年正月赐给得银协巴"金厢宝石碗儿五个"。③ 西藏另一位入京的宗教领袖大乘法王也获得了明廷赏赐的金银器皿。④

除金银器具外，明廷还赏赐西藏人员一些玉石器具，如碗、杯、卮、壶、鼎、簋、洗、瓶、钵与托盘等（附录表5）。这些玉石器具可能部分作为观赏陈设用具或宗教供具，部分也可能作为尊贵人员的生活用具。

西藏现存的明朝内地制玉石器具中玉石杯数量较多，如鹰熊纹青白玉合卺杯、双螭耳青白玉八棱杯、莲口螭耳碧玉杯、凤鸟纹青白玉杯、双螭耳青白玉杯、万寿纹双花耳青白玉杯、双灵芝耳玛瑙杯、双云纹耳活环碧玉杯和花卉纹双花耳青白玉杯等。其中鹰熊纹青白玉合卺杯呈圆筒状，圈足，正面两筒间透雕一展翅立鹰，足下

---

① 与瓷器一样，金银玉石器皿既可以作为生活物品，也可以被用于宗教活动而归入宗教用品，本书暂且统一归入生活类物品进行介绍。
② 巴卧·祖拉陈瓦：《〈贤者喜宴——噶玛噶仓〉译注（六）》，周润年、张屹译，《西藏民族学院学报》2012年第1期。
③ 中国藏学研究中心等合编：《元以来西藏地方与中央政府关系档案史料汇编》(1)，第105页。
④ 阿旺贡噶索南：《萨迦世系史》，陈庆英等译，西藏人民出版社2002年版，第226页。《明太宗实录》卷一四七，永乐十二年正月壬子，第1726页。

踏一伏熊，因此也名"英雄杯"，始创于明代，原为酒器。① 万寿纹双花耳青白玉杯为垂腹圈足，两侧透雕花蕾形耳，腹部雕有汉字"寿"和卍字纹（图2-33）。② 玉石托盘常与玉石杯配套使用，目前西藏发现的明代托盘包括仙鹤纹青白玉圆形托盘、双龙捧寿纹青白玉长方形托盘、双龙捧寿纹青白玉椭圆形托盘和万寿长春青白玉八角托盘等，其中万寿长春青白玉八角托盘内雕汉文"万寿长春"四字，四周雕卷叶纹饰（图2-38）。③

玉石碗有山水人物纹青白玉碗、玉高足碗和四仙寿字纹碧玉碗。山水人物纹青白玉碗为圆形，侈口圈足，碗外阴刻山水人物图。④ 玉高足碗为侈口，斜壁高足，配有鎏金铜碗套，应是仿瓷器高足碗（图2-34）。⑤ 四仙寿字纹碧玉碗为敞口圈足，外壁阴刻四仙及寿字纹，每个人物间阳刻汉文"寿"字（图2-35）。⑥ 另外，罗布林卡还藏有一件明代痕都斯坦错金玉碗，刻花矮足，底缘刻有通环形草叶圆饰，腹部有两对金丝草叶纹，与汉地风格不同。⑦ 此碗应产自今克什米尔或阿拉伯一带，可能是西藏直接获得的，也可能是通过明朝赏赐间接获得的。

玉石壶有灵芝纹青玉执壶、莲花纹双螭耳青白玉扁壶、螭龙捧寿纹螭纽执壶、龙纹青白玉方执壶和万寿纹龙纽盖执壶等。其中万寿纹龙纽盖执壶通体呈深碧色，盖呈覆莲瓣形，莲瓣式壶身，腹部雕有八瓣莲花，莲瓣上雕有多种花卉及汉字"万寿无疆"（图2-36）。⑧ 另一件龙纹青白玉方执壶具有晚明时期的风格，包括壶身

---

① 西藏博物馆编：《西藏博物馆藏元明清玉器精品》，第48—49页。
② 西藏博物馆编：《西藏博物馆藏元明清玉器精品》，第58页。
③ 西藏博物馆编：《西藏博物馆藏元明清玉器精品》，第71页。
④ 西藏博物馆编：《西藏博物馆藏元明清玉器精品》，第73页。
⑤ 上海博物馆编：《雪域藏珍——西藏文物精华》，第188页，图98。
⑥ 西藏博物馆编：《西藏博物馆藏元明清玉器精品》，第74页。
⑦ 西藏自治区文物管理委员会编：《西藏文物精粹》，第142页。
⑧ 周炜、索文清主编：《吉祥宝藏：西藏珍藏的中原及皇家瑰宝》下册，第180—181页。

和壶盖，盖上浮雕螭纽，盖身饰夔龙纹，壶身饰有"卍"字、"寿"字及四爪龙纹（图2-37）。① 玉石洗有木座螭纹青白玉洗、桃形白玉洗和玉雕龟叶洗等，② 其中桃形白玉洗呈半桃形，器外镂雕缠绕的枝叶与花朵，并缀以展翅飞鸟。③ 此外还有少量玉石钵，如玉雕夔龙钵，鼓腹，腹上雕二夔龙，下有四熊足，配有木座。④

西藏现存的明代玉石器皿中有不少仿古器型，如卮、鼎、簋、爵、瓶等。玉石卮如龙凤纹青白玉卮，圆形直口，环状柄，三人形足，卮身雕刻龙凤纹和乳丁纹，器底有"伯作宝尊彝"篆字款。⑤ 兽面纹双螭耳青白玉簋仿青铜器造型，侈口束颈，鼓腹圈足，两耳作螭形，腹部浅浮雕兽面纹。⑥ 青白玉夔龙乳钉寿字纹簋亦为仿古造型，两侧颈腹之间雕兽口吞夔式耳，颈部与足部线刻头部相向的两夔龙纹，腹部雕乳钉围寿字纹（图2-39）。⑦ 乳钉纹青白玉三足鼎为直口立耳，下承兽形扁足，口外饰有一周回纹，腹饰一周浅浮雕乳丁纹。⑧ 云凤八卦纹竹节足爵为青白玉质，仿三代青铜爵造型，器身饰云凤八卦纹和松鹤纹等图案，原应为明代宫廷的陈设物品。⑨ 木座双龙耳活环青玉瓶呈扁圆形，长颈深腹，矮圈足；颈部两侧有对称的龙首耳，耳下衔环；器身饰有回纹、蝉纹、龙纹、兽面纹等，腹底雕莲瓣纹一周，底下承有莲台状木座（图2-40）。⑩ 从器型、工艺及风格来看，上述这些玉石器皿应该均为内地制作的

---

① 西藏博物馆编：《西藏博物馆藏元明清玉器精品》，第46—47页。
② 西藏自治区文物管理委员会编：《西藏文物精粹》，第142—143页。
③ 西藏博物馆编：《西藏博物馆藏元明清玉器精品》，第75页。
④ 西藏自治区文物管理委员会编：《西藏文物精粹》，第142—143页。
⑤ 西藏博物馆编：《西藏博物馆藏元明清玉器精品》，第40页。
⑥ 西藏博物馆编：《西藏博物馆藏元明清玉器精品》，第41页。
⑦ 布达拉宫官网，http://www.potalapalace.cn/home2/zbgDetail15.html? parentPhotoId=756，最后访问日期：2017年12月12日。
⑧ 西藏博物馆编：《西藏博物馆藏元明清玉器精品》，第42页。
⑨ 周炜、索文清主编：《吉祥宝藏：西藏珍藏的中原及皇家瑰宝》下册，第176页。
⑩ 西藏博物馆编：《西藏博物馆藏元明清玉器精品》，第43页。

仿古作品，它们可能主要通过赏赐途径输入西藏。

6. 金银宝石饰件

明廷赏赐西藏的物品中还有不少金银宝石饰件，如永乐六年正月明成祖致如来大宝法王的赏单中就记录有此类物品，具体如下：

> 宝石珠翠金牌宝相花一朵：用青鸦鹘石一块，重二分；红马斯肯的石一块，重二分；黄鸦鹘石一块，重一分；大样窠嵌珠一颗，重五分；二样珠一百颗，重四钱五分；三样珠二百颗，重六钱一分八厘。金垒丝六字真言花牌一个，用金二钱五分。金厢宝石碗儿五个，用金三钱。金脚一根，用金四钱。①

同年五月，明成祖遣使赏赐大宝法王的物品中有"珠翠宝相花一朵"；② 又正德十一年九月，明武宗馈赠给八世噶玛巴的物品中包括"珍珠"一项（图1-25）。目前西藏发现的这类物品实物较少，西藏博物馆藏有一件龙纹青白玉嵌饰，作扁椭圆形，周边为连珠纹，中间镂雕一龙穿行于宝相花之间（图2-41）。③ 这件玉器应该是镶嵌于某物品上的饰件。

7. 鞍马仪仗

明朝曾赏赐入京的大宝法王、大乘法王等人鞍马仪仗，以供他们出行使用，这些物品之后很可能被带回了西藏。前述永乐六年正月明成祖赐给如来大宝法王的物品中就有鞍马一项，具体如下：

---

① 中国藏学研究中心等合编：《元以来西藏地方与中央政府关系档案史料汇编》(1)，第105页。

② 中国藏学研究中心等合编：《元以来西藏地方与中央政府关系档案史料汇编》(1)，第106页。

③ 西藏博物馆编：《西藏博物馆藏元明清玉器精品》，第81页。

马九匹。鞍一副：垒漆鞒，大红暗花纻丝座，蓝斜皮辔辔，红缨花大红线条缰，□金银八吉祥事件（饰件），朱红揭金麒麟□，大红素纻丝护衣蓝斜皮如意云边盖红毡鞍笼，青纻丝白线刺菱草心，西番莲花边青纻丝白线刺香草边汗□，大红纻丝包把鞭子。①

除鞍马外，此次赏赐的仪仗用具还有：

牙仗二、瓜二、骨朵二、幡幢二十四对、香合儿、拂子二、手炉三、对红纱灯笼二、鮀灯二、伞一、银交椅一、银脚踏一、银水罐一、银盆一、诞马四、鞍马二、银杌一、青圆扇一、红圆扇一、帐房一、红纻丝拜褥一。②

文献记载大乘法王回藏时也获赐"仪仗、鞍马",③ 此外，明宪宗曾赏赐七世噶玛巴帐幕、华盖等仪仗物品。④ 上述这些物品应该都传入了西藏。

8. 文房用品

明代内地输入西藏的物品中还有文房用品一类，如纸、墨、笔架与印盒等。西藏自治区档案馆藏有一份永乐十一年明廷回赐灌顶弘智净戒大国师果栾罗葛罗坚藏巴里藏卜的礼单，其内提到的赐物包括"青纸四千张"。⑤ 罗布林卡保存有一枚长方形墨锭，长13.5厘米、宽4厘米；墨锭一面为"龙戏珠"图案，另一面上半部阴

---

① 中国藏学研究中心等合编：《元以来西藏地方与中央政府关系档案史料汇编》（1），第106页。
② 《明太宗实录》卷六三，永乐五年正月甲戌，第905页。
③ 《明太宗实录》卷一四七，永乐十二年正月壬子，第1725—1726页。
④ 巴卧·祖拉陈瓦：《〈贤者喜宴——噶玛噶仓〉译注（十一）》，周润年、塔娜译，《西藏民族学院学报》2012年第6期。
⑤ 中国藏学研究中心等合编：《元以来西藏地方与中央政府关系档案史料汇编》（1），第150页。

刻"龙香御墨"四字，下半部刻"大明成化年制"六字（图2-42）。① 据款识可知这枚墨锭当为宫廷御用之物，可能通过赏赐途径传到西藏。西藏博物馆藏有一件"寿山福海"人物纹水晶笔架（图2-43），② 从风格和造型来看应该是明朝内地制作的文房用品。另外，西藏博物馆还有一件碧玉方印盒，应该也是明朝内地制作的产品。印盒也叫印色池，是明清时期流行的一种文房用品，专放印泥（图2-44）。③

9. 钞、锭

钞、锭是明廷赏赐西藏物品中比较常见的一类物品，在诏敕、礼单等档案文物中经常可以见到。④ 这类物品可能主要在内地使用，很少被带回西藏使用与保存。相对于其他赏赐物而言，钞、锭比较特殊，是明廷赐给藏僧供其在内地相对自主地进行物资采购的货币，⑤ 因此其涵盖和对应的内地物品更加丰富多样，是对明廷赏赐物品的有效补充。

三 宗教类物品

鉴于西藏特殊的社会性质，元、明、清三代赏赐西藏的物品中都包含宗教类物品，这是三代中央政府治藏的共性。相较于元代，明廷赏赐西藏的宗教物品无论是规模还是种类都有极大发展，并对其后的清朝产生了重要影响，具有承上启下的作用。下面就分类对明朝内地传入西藏的宗教物品进行介绍。

---

① 西藏自治区文物管理委员会编：《西藏文物精粹》，第54—55页，图27。《西藏自治区志·文物志》编纂委员会编撰：《西藏自治区志·文物志》，第971页。
② 西藏博物馆编：《西藏博物馆藏元明清玉器精品》，第76—77页。
③ 西藏博物馆编：《西藏博物馆藏元明清玉器精品》，第80页。
④ 中国藏学研究中心等合编：《元以来西藏地方与中央政府关系档案史料汇编》（1），第105页。
⑤ 明廷规定进京朝贡的四夷使者、土官及藩国使臣等可以在规定的时间于会同馆内开展贸易活动，较为自主地购买自己所需的相关物资。参见王静《明朝会同馆论考》，《中国边疆史地研究》2002年第3期。

1. 造像

明朝内地传入西藏的造像数量甚多，类型丰富，质地有金、银、铜、玉石、木及陶等。材料显示，洪武时期已有内地王府制作汉式金铜造像，① 但明廷是否已经制作藏传佛教造像仍不明确。《西天佛子源流录》记载，明廷开始制作藏传佛教题材的造像可能始于永乐三年，有藏僧专门在南京"教令各工按经依法"制作造像。② 有学者指出，明廷和西藏僧团互赠佛像应该发生在永乐四年，③ 然而从现有文物及文献材料来看，永乐六年以前明廷赏赐西藏人员的佛教造像应该不是内地制作的藏式金铜佛像，而可能是木、陶等质地的造像。如藏文文献记载，永乐五年正月明成祖欢迎得银协巴时赏赐的佛像为"白檀木制作的高度有两肘之千手千眼观世音一尊"。④ 西藏自治区档案馆藏永乐五年至永乐六年明成祖给得银协巴及其徒属的五件致书、敕谕和礼单等文物材料中（附录表3），均不见赏赐金铜佛像的相关记录。《明太宗实录》记载，永乐六年四月"庚子，如来太宝法王哈立麻辞归，赐白金、彩币、佛像等物，仍遣中官护送"。⑤ 此处虽已明确提到明廷赏赐得银协巴佛像，但是否为藏式金铜佛像仍然不明。又据《西天佛子源流录》，永乐辛卯年（永乐九年）三月明成祖派班丹扎释赴藏赏赐大宝法王，赍带的赐物中也没有佛像。⑥

青海乐都瞿昙寺内永乐十六年的《御制金佛像碑》记载，明成祖"主宰天下，愍念苍生，弘体慈悲，发欢喜心，铸金为佛

---

① 金申：《妙像梵音（一）：5048尊洪武年鎏金佛像》，《收藏》2012年第11期。
② 张润平、苏航、罗炤编著：《西天佛子源流录——文献与初步研究》，第163页。
③ 海瑟·噶尔美：《早期汉藏艺术》，第148页。
④ 巴卧·祖拉陈瓦：《〈贤者喜宴——噶玛噶仓〉译注（六）》，周润年、张屹译，《西藏民族学院学报》2012年第1期。
⑤ 《明太宗实录》卷七八，永乐六年四月庚子，第1057页。
⑥ 张润平、苏航、罗炤编著：《西天佛子源流录——文献与初步研究》，第167页。

像，利益群品。初命工作范，久而不成"；后因"诸佛菩萨显应，示现神通，遂一铸而成"，"特以布施灌顶净觉弘济大国师班丹藏卜归于西土"。① 可知至晚到永乐十六年时明廷已经成功铸造出藏式金铜造像并用来赏赐藏僧，为此还专门"用纪其事，勒之于石"。

现存的明代档案显示，明廷早在永乐十一年就已经赏赐西藏人员金铜佛像。西藏博物馆保存有一件永乐十一年二月明成祖给大宝法王的致书，其内提到明成祖赐给大宝法王一尊黄金释迦佛像；② 该馆还藏有明成祖于同一时间给大国师果栾罗葛罗坚藏巴里藏卜的一件敕谕，其内提及的赐物包括"镀金铜佛像大宝法王一尊"。③ 西藏另一位宗教领袖大乘法王于永乐十一年应邀赴京，其间他多次获赐佛像，包括"银质喜金刚九尊，晶木制大威德，双身宝帐怙主，金刚橛诸尊等"；④ 稍后入京的格鲁派僧人释迦也失也获赐金质大威德金刚连带八瓣莲座等佛像。⑤ 基于上述分析，笔者认为明廷有计划地制作藏传佛教金铜造像可能始于永乐乙酉年（永乐三年），⑥ 最初的这些造像可能主要供宫廷宗教活动使用，并不用于赏赐西藏。明廷用金铜佛像赏赐西藏可能始于永乐六年，但当时的赏赐规模和范围应该都比较有限，这种情况可能到永乐十一年才发生改变，明廷开始比较多地用金铜造像来赏赐西藏。

西藏的一些寺院和文博单位收藏有不少明朝内地造藏式佛像，

---

① 吴景山：《瞿昙寺中的五方碑刻资料》，《中国藏学》2011年第1期。
② 西藏博物馆编，何晓东著：《历史的见证——西藏博物馆藏历代中央政府治藏文物集萃》，第60页。
③ 中国藏学研究中心等合编：《元以来西藏地方与中央政府关系档案史料汇编》(1)，第150页。
④ 阿旺贡噶索南：《萨迦世系史》，第226页。
⑤ 拉巴平措：《大慈法王释迦也失》，第146、155—157、160页。
⑥ 张润平、苏航、罗炤编著：《西天佛子源流录——文献与初步研究》，第163页。

有学者统计西藏仅刻有"大明永乐年施"款的造像就达56尊,保存在布达拉宫、萨迦寺、大昭寺、罗布林卡、白居寺、昌珠寺、尼玛寺和西藏博物馆等处。① 上述统计数据可能只是西藏所存明朝内地造金铜佛像的一部分,因为仅萨迦寺藏"大明永乐年施"铜佛就有数十尊。② 目前西藏公布的明朝内地造像以金铜佛像为主,另有少量的象牙和玉石佛像(附录表6),它们中的大多数应该是通过赏赐途径传入西藏的。

从西藏已公布的明朝内地造金铜佛像的题材来看,有祖师、佛陀、菩萨、密修本尊、护法、女尊(佛母等)等类型。

(1)祖师

明廷赏赐西藏人员的祖师像包括印度祖师像和西藏祖师像两类,前者如布达拉宫收藏的"大明永乐年施"毗瓦巴鎏金铜像(图2-45),③后者如永乐十一年明廷赏赐给大国师果栾罗葛罗坚藏巴里藏卜的"镀金铜佛像大宝法王一尊"。④ 其中毗瓦巴是萨迦派尊奉的重要上师,⑤而大宝法王作为噶玛噶举派的领袖,其造像可能主要为其所在教派奉祀。⑥

(2)佛陀

西藏保存的明朝内地造佛陀像主要有释迦牟尼佛、大日如来佛、无量寿佛、阿閦佛、药师佛、宝生佛、不空成就佛、大持金刚和弥勒等。这些佛陀造像的年代主要为永乐时期,少数为宣德时期。其中永乐时期的佛陀造像在类型和数量上都较多,如大昭寺保

---

① 黄春和:《藏传佛像艺术鉴赏》,第121—123页。
② 梅柴编:《萨迦寺》(中、英文版),五洲传播出版社1999年版,第71页。
③ Ulrich von Schroeder, *108 Buddhist Statues in Tibet: Evolution of Tibetan Sculptures*, Chicago: Serindia Publications, 2008, pp. 174 – 175, pl. 57.
④ 中国藏学研究中心等合编:《元以来西藏地方与中央政府关系档案史料汇编》(1),150页。
⑤ 黄春和:《明代永乐宣德宫廷藏式金铜佛像(下)》,《收藏家》2003年第5期。
⑥ 黄春和:《藏传佛教造像题材分类及其艺术特征》,《法音》2001年第8期。

存的释迦牟尼佛、宝冠无量寿佛（图2－46）① 和大持金刚（图2－47）②；布达拉宫收藏的释迦牟尼佛、大日如来佛、阿閦佛、药师佛与不空成就佛。宣德时期的佛陀造像已较永乐时期有所减少，可见宝生佛和宝冠无量寿佛。③ 另外，大昭寺还藏有一尊大持金刚像，是噶举派崇奉的本初佛，着菩萨装，④ 可能是明廷赏赐给噶举派的造像。由于大多数佛陀是藏传佛教各派都崇奉的神祇，故明廷施造的佛陀像比较多。

（3）菩萨

据初步统计，菩萨像是目前西藏已公布的明朝内地造像题材中所占比例最大的一类，包括观音、文殊、金刚持、金刚萨埵和普贤等，其中以文殊、观音及金刚萨埵（金刚手）造像为主，三者所占比例接近。西藏现存的明朝内地造菩萨像大多为永乐时期造像，其中文殊造像13尊，⑤ 收藏在大昭寺、布达拉宫、西藏博物馆和尼玛寺等处。观音像约10尊，包括四臂观音（图2－48）⑥、思维观音、观音菩萨、莲花手观音和自在观音⑦等，收藏在大昭寺、布达拉宫及罗布林卡等处。金刚萨埵（金刚手）9尊，主要收藏在布

---

① Ulrich von Schroeder, *Buddhist Sculptures in Tibet Vol. Two：Tibetan & Chinese*, pp. 1280 – 1281, pl. 358E. 本节所用西藏保存的造像资料均来自附录七，此处不再一一注释出处。

② Ulrich von Schroeder, *Buddhist Sculptures in Tibet Vol. Two：Tibetan & Chinese*, p. 1250, pl. 343B.

③ "The Jokhang Bronzes," in *Jokhang：Tibet's Most Sacred Buddhist Temple*, 2001, Part 4, 2009, pl. 10E.

④ 黄春和：《明代永乐宣德宫廷藏式金铜佛像（下）》，《收藏家》2003年第5期。

⑤ 罗文华先生认为冯·施罗德在《西藏的佛教造像》下卷中将布达拉宫收藏的两件永乐观音造像误定为文殊菩萨；如果他的认识正确，那么观音的数量就略多于文殊。参见罗文华《永宣造像考研究和收藏的焦点问题》，《紫禁城》2014年第5期。

⑥ Ulrich von Schroeder, *108 Buddhist Statues in Tibet：Evolution of Tibetan Sculptures*, Chicago：Serindia Publications, 2008, pp. 170 – 171, pl. 55A.

⑦ 王家鹏：《藏传佛教金铜佛像图典》，第342页，图326，第505—506页。

达拉宫和大昭寺。另外还有金刚持6尊，见于大昭寺、布达拉宫和罗布林卡等处。相比之下，宣德时期的菩萨造像已经明显减少，有莲花手观音、金刚手和金刚持菩萨（图2-49）① 等。

从西藏现存的永乐款菩萨像来看，文殊、观音和金刚萨埵（金刚手）三种题材的造像所占比例接近，合计占所有菩萨造像的绝大部分。明廷赏赐的菩萨像以这三类造像为主的原因在于它们是西藏各派和藏族人民普遍崇奉的对象，分别象征智慧（文殊）、慈悲（观音）和力量（金刚萨埵），三者合称为"三怙主"，在藏族地区非常流行。这说明明廷在选择赏赐造像的题材时充分考虑了西藏地方的宗教传统和信仰习惯，以求符合西藏的实际。

（4）密修本尊

密修本尊是藏传佛教密教修行的重要依托，西藏大多数教派都有本尊供奉与修习的传统。西藏目前可见带"大明永乐年施"款的密修本尊造像有大昭寺藏摧碎金刚（图2-50）②、西藏博物馆藏喜金刚（图2-51）③、萨迦寺藏大威德金刚、布达拉宫和白居寺藏上乐金刚等。上述造像都是藏传佛教中比较常见的本尊，其中喜金刚是萨迦派崇奉的本尊。④ 大威德金刚是藏传佛教密宗五大金刚之一，也是格鲁派密宗主修的本尊之一。⑤ 上乐金刚又称"胜乐金刚"，是藏传佛教密宗本尊之一，深受萨迦派、噶举派和格鲁派等重视。由此可见，明廷赏赐西藏的本尊造像既有各教派共同信奉的，又有各教派专门崇奉的。

---

① 中国历史博物馆、西藏博物馆编：《金色宝藏——西藏历史文物选萃》，第192—193页。

② Ulrich von Schroeder, *Buddhist Sculptures in Tibet Vol. Two: Tibetan & Chinese*, 2001, pp. 1280-1281, pl. 358D.

③ 甲央、王明星主编：《宝藏——中国西藏历史文物》（3），第212—215页，图78。

④ 黄春和：《藏传佛像艺术鉴赏》，第142页。

⑤ 任继愈主编：《宗教大辞典》，上海辞书出版社1998年版，第154—155页。

（5）护法

护法神是藏传佛教中比较复杂的一类神祇，目前西藏所见基本都是带永乐款的护法造像，包括大黑天（图2-52）①、吉祥天母（图2-53）②、马头金刚、地狱主（降阎魔尊）等，收藏在大昭寺、萨迦寺、布达拉宫、罗布林卡与西藏博物馆等处。上述这些造像亦是藏传佛教中比较常见的护法神像，其中二臂大黑天（宝帐护法）为萨迦派专门崇奉的护法神，四臂大黑天是噶举派崇拜的主要供奉神，而六臂黑色大黑天则是香巴噶举和格鲁派的主护法。③吉祥天母作为萨迦派的主要护法，后来又成了格鲁派崇奉的护法神，尤得达赖喇嘛的崇信，是达赖与班禅的保护神。④此外，马头金刚和地狱主（降阎魔尊）也是格鲁派等崇奉的重要护法神之一。与本尊一样，永乐时期赏赐给西藏的护法神造像既有专门属于某教派崇奉的，又有各教派都崇奉的。

（6）女尊（佛母等）

按照罗文华先生的定义，女尊包括女菩萨（佛母）、明妃和空行母这三类女性尊神。⑤目前西藏所见由明朝内地制作的女尊造像大部分为永乐时期的，少数为宣德时期的。永乐时期的女尊像有布达拉宫收藏的摩利支天（积光佛母）、绿度母和持世菩萨（财续佛母），西藏博物馆收藏的光明佛母⑥，萨迦寺收藏的金刚亥母（图2-54）⑦，定结县贡巴墙寺和昌珠寺收藏的绿度母（图2-55）⑧，

---

① 周炜、索文清主编：《吉祥宝藏：西藏珍藏的中原及皇家瑰宝》下册，第76—77页。
② 郑堆、德吉卓玛编著：《萨迦寺》，第172—173页。
③ 李翎：《大黑天图像样式考》，《敦煌学辑刊》2007年第1期。
④ 李翎：《藏传佛教护法神吉祥天母的图像样式》，《法音》2009年第12期。
⑤ 故宫博物院编：《藏传佛教造像》，第228页。
⑥ 甲央、王明星主编：《宝藏——中国西藏历史文物》（3），第272—273页，图101。
⑦ 郑堆、德吉卓玛编著：《萨迦寺》，第165页。
⑧ 索朗旺堆主编：《亚东、康马、岗巴、定结县文物志》，第121页，图版四十四。

等等。有两尊宣德时期的女尊收藏在布达拉宫,包括持世菩萨和绿度母。

绿度母在明廷赏赐西藏人员的女尊题材中所占比例最大,其原因除了绿度母本身是藏传佛教各派和藏族人民广为崇奉的神祇外,还可能与绿度母被藏族人民视为唐朝嫁入吐蕃的文成公主之化身有关。因此有学者认为,"藏族人对绿度母的崇奉和明朝宫廷大造绿度母造像赐予藏族高僧明显带有对汉藏传统友谊的纪念和对未来汉藏和睦一家的期盼",侧面反映了明朝帝王制作绿度母像背后的政治考量。① 同样,金刚亥母、持世菩萨(财续佛母)和摩利支天(积光佛母)是藏传佛教多个教派共同信仰的神祇,故赏赐对象也比较宽泛。

明朝内地输入西藏的金铜造像主要是明朝官方作坊制作的产品,内地民间造像罕见,这说明内地藏传佛教造像的铸造与相关技术应为明朝官方垄断,私人铸造藏传佛教造像可能受到严格限制;同时内地造像主要通过赏赐途径传入西藏。从现存造像的年代来看,永乐时期明代宫廷铸造的藏传佛教金铜造像占西藏所存明朝内地造像的绝大部分,宣德款造像次之,约占所有造像的十分之一。② 由此可见,永乐时期是明廷制作和赏赐西藏金铜造像的顶峰,宣德时期虽然继续铸造和赏赐西藏金铜造像,但规模已经大为缩小。③

《西天佛子源流录》记载,正统甲子年(正统九年)明英宗赏赐班丹扎释"镀金佛",④ 这说明宣德之后明廷仍在制作和赏赐藏僧金铜造像。西藏楚布寺原收藏有正德十一年大庆法王领占班丹给八世噶玛巴的一件致书,其内提到明廷赏赐的物品中仍有"金

---

① 黄春和:《明代永乐宣德宫廷藏式金铜佛像(下)》,《收藏家》2003年第5期。
② 黄春和:《藏传佛像艺术鉴赏》,第120页。
③ 黄春和:《藏传佛像艺术鉴赏》,第120页。
④ 张润平、苏航、罗炤编著:《西天佛子源流录——文献与初步研究》,第183页。

银佛像"(图1-25)。王树民先生的《陇游日记》记载,甘肃岷县法藏寺原供奉有多尊明朝宫廷施造的佛像,包括宣德时期的四尊小铜像和正德十六年布施的四尊佛像;此外还有一尊泰昌年间的造像,其上有铭文曰"泰昌元年八月上吉日钦奉当今圣主发心诚造赍请西域敕建护国万寿法藏寺永远供奉"。① 另外,甘肃岷县博物馆还藏有一件鎏金弥勒菩萨铜像,其莲座正面阴刻"大明万历年施"款,② 可知该造像应该是万历年间赏赐的。虽然上述材料显示正统、正德及万历等时期明廷仍在赏赐藏僧金铜造像,但已无法改变宣德以后明廷在金铜造像制作工艺与规模方面趋于衰落的事实。

西藏现存的明代宫廷造像以永乐时期最多,宣德时期明显减少,宣德之后已经比较少见。据上述变化我们可以得到以下两方面的认识。第一,明廷铸造藏传佛教金铜佛像的最初目的应该是满足明朝统治者自身的信仰和皇家宗教活动的需要,③ 然后才用于赏赐藏族地区。这也是明廷开始铸造金铜造像的时间与用金铜造像赏赐藏僧的时间之间存在明显间隔的原因之一。第二,藏式金铜造像并不是明廷赏赐西藏人员的固定内容,只是一类阶段性的赏赐品,故永、宣之后西藏已少见明确由明廷赏赐的金铜造像。

从目前西藏保存的明代宫廷藏传佛教造像的类型来看,以菩萨像最多,佛陀、密修本尊、女尊及护法像次之,祖师像最少。各类型下具体的造像题材大部分是藏传佛教各派和藏族人民共同信奉的

---

① 王树民:《陇游日记·陇岷日记》,《曙庵文史续录》,中华书局2004年版,第379页。

② 甘肃岷县博物馆官网,http://www.mxbwg.cn/zxxm/ShowArticle.asp? ArticleID = 459,最后访问日期:2016年10月12日。

③ 扎雅活佛在《西藏宗教艺术》一书中将永乐琍玛佛像分为"皇帝本尊像"(为皇帝个人观修而制作的佛像)和"事奉佛像"(召请僧众举行佛法仪式使用的佛像)两类。扎雅:《西藏宗教艺术》,谢继胜译,西藏人民出版社1989年版,第140—141页。

神祇，只有少部分造像带有某一宗派的个性特点，① 如大昭寺藏一尊金刚萨埵像便是按照噶举派的仪轨制作的。② 上述现象表明，明廷在选择赏赐造像的题材时既能从整体上把握藏传佛教各教派共同的信仰内容，又能注意各教派自身的信仰特点，这是明朝"多封众建"治藏策略在宗教方面的体现。同时，明廷赏赐西藏的造像题材绝大多数为菩萨、佛、绿度母等寂静形造像，忿怒形造像和双身造像甚少，除了铸造技术、宗派特性等因素外，③ 还有一个重要原因就是寂静像比较符合汉地的信仰理念与审美习惯。最后，明廷赏赐西藏的金铜造像虽然在题材及风格方面受到了梵、藏造像的深刻影响，但已经"大胆地吸收汉地审美观念、表现手法和制作工艺"，④ "即使是在藏传佛教中最为严格遵循的尊神图像也作了一定的汉化改造"，因此有学者认为这与永、宣时期汉民族意识的恢复有一定关系。⑤ 由此可见，明廷赏赐西藏的金铜造像已经加入了汉地因素，其背后有明廷利用这些造像来向西藏传播汉文化的目的。

除金铜造像之外，西藏还发现有少量具有明朝内地风格的木、玉石及象牙质造像。如扎什伦布寺保存的象牙质释迦牟尼立佛、妙音天女⑥与十一面观音像（图 2-56），⑦ 布达拉宫收藏的玉雕释迦牟尼佛⑧，等等。上述这些象牙与玉石造像均系内地制作，有可能通过赏赐等途径进入西藏。

---

① 黄春和：《明代永乐宣德宫廷藏式金铜佛像（下）》，《收藏家》2003 年第 5 期。
② 西藏文管会文物普查队：《大昭寺藏永乐年间文物》，《文物》1985 年第 11 期。
③ 黄春和：《明代永乐宣德宫廷藏式金铜佛像（下）》，《收藏家》2003 年第 5 期。
④ 黄春和：《藏传佛像艺术鉴赏》，第 125 页。
⑤ 罗文华：《永宣造像考研究和收藏的焦点问题》，《紫禁城》2014 年第 5 期。
⑥ 《西藏自治区志·文物志》编纂委员会编撰：《西藏自治区志·文物志》，第 1103 页。
⑦ 甲央、王明星主编：《宝藏——中国西藏历史文物》（3），第 276—277 页，图 104、图 105。
⑧ 马自树主编：《中国边疆民族地区文物集萃》，上海辞书出版社 1999 年版，第 329 页。

2. 法器

法器是明廷赏赐西藏宗教物品中非常重要的一类，包括钺、铃、海螺、钟、碰铃等称赞类法器，塔、曼陀罗等供养类法器，铃杵、数珠等持验类法器。《明会典》记载，明廷赐封西藏番王时给予的赏赐品中固定有法器一类，包括"水晶数珠一串，响钺二副，铃、杵二副"。① 西藏自治区档案馆藏有成化五年明宪宗著公哈领占着即坚参巴藏卜承袭阐教王的诏书，其内提到的赐物中就有"法器"一项。② 目前西藏保存有不少由明朝内地制作的法器实物，其中绝大部分当为赏赐品。这些法器的类型包括铃、杵、剑、钺、海螺、碰铃和佛塔等（附录表7），现具体介绍如下。

（1）铃杵

《西天佛子源流录》记载，永乐乙酉年（永乐三年），班丹扎释之师班丹坚错便"奉命按经依法，教令各工制造坛场诸法仪像、铃杵供器"。③ 藏文文献记载明成祖第一次邀请宗喀巴时便赠送了"金刚杵及铃两副"；④ 明成祖赐给五世噶玛巴得银协巴的物品中也有"嵌珠宝饰品的黄金铃杵"。⑤ 西藏博物馆藏永乐五年明成祖给促儿卜丹萨瓦国师端古禄丹竹斡薛的诏敕中也提到赏赐"铃、杵二副"（图2-7）；永乐六年正月明成祖给大宝法王的新年赐礼中包含了许多法器，具体有"镀金铜铃杵九副，每副四件，镀用金四钱，共三两六钱，计三十六钱，黑斜皮骰全"。⑥ 永乐

---

① 《明会典》卷一一二《给赐三》，第2380页。
② 中国藏学研究中心等合编：《元以来西藏地方与中央政府关系档案史料汇编》（1），第137页。
③ 张润平、苏航、罗炤编著：《西天佛子源流录——文献与初步研究》（上），第163页。
④ 邓锐龄、陈庆英等：《元以来西藏地方与中央政府关系研究》（上），第253页。
⑤ 巴卧·祖拉陈瓦：《〈贤者喜宴——噶玛噶仓〉译注（七）》，周润年、张屹译，《西藏民族学院学报》2012年第2期。
⑥ 中国藏学研究中心等合编：《元以来西藏地方与中央政府关系档案史料汇编》（1），第105页。

十一年明成祖回赐大国师果栾罗葛罗坚藏巴里藏卜的礼单中也记载有"镀金铜铃杵一副"。①《贤者喜宴》记载:"而此金刚铃杵除了在此皇帝(明成祖)期间(曾出现过),在昔日汉地、西夏、蒙古的任何一个朝代都未有出现过。所谓的'殊胜铃铛'要比称为'热洛坚'等其他铃铛都要好,此等铃铛是赐予三位上师之礼品。"② 据此可知,铃、杵通常被作为固定搭配的法器,其中明朝赏赐给西藏高等级藏僧的铃杵制作得尤为精美。

目前西藏发现有不少永乐时期内地制造的铜铃、杵实物,收藏在布达拉宫和西藏博物馆等处。另外,北京故宫博物院也藏有一对永乐时期的鎏金铜铃、杵,据所系白绫显示,其是乾隆四十五年(1780)班禅额尔德尼进献给乾隆皇帝的贺寿贡品,原存于西藏,最初应当是明廷赏赐给西藏的物品。③ 上述这些铃、杵均制作精美,带"大明永乐年施"款,装饰有仰莲、六字真言、佛首、宝杵和联珠等纹饰,其中布达拉宫所藏的铃、杵上还镶有宝石(图2-57)。④

西藏博物馆、罗布林卡及国家博物馆等处还藏有宣德时期由明廷制作并赏赐给西藏人员的铜铃、杵(图2-58)。⑤ 国家博物馆收藏的一副宣德铜铃、杵原藏故宫博物院,据所带标签可知其是达赖喇嘛进献给乾隆皇帝的贡品,原本应该也是明廷赏赐给西藏的物品。⑥ 宣德时期的铜铃、杵在造型与装饰方面基本都延续了永乐时

---

① 中国藏学研究中心等合编:《元以来西藏地方与中央政府关系档案史料汇编》(1),第150页。
② 巴卧·祖拉陈瓦:《〈贤者喜宴——噶玛噶仓〉译注(七)》,周润年、张屹译,《西藏民族学院学报》2012年第2期。
③ 朱家溍:《故宫所藏明清两代有关西藏的文物》,《文物参考资料》1959年第7期,图9、图12。
④ 周炜、索文清主编:《吉祥宝藏:西藏珍藏的中原及皇家瑰宝》下册,第126—127页。
⑤ 上海博物馆编:《雪域藏珍——西藏文物精华》,第130页,图50。
⑥ 朱家溍:《故宫所藏明清两代有关西藏的文物》,《文物参考资料》1959年第7期,图5、图11。

期的特征，只是款识改为了"大明宣德年施"。西藏山南市博物馆藏有一件铜法铃，柄已遗失，肩部有八瓣覆莲纹，每个莲瓣中有一个八思巴字，肩部下为两道联珠纹相夹的金刚杵纹，腹部为兽面衔璎珞纹八组，铃内壁一侧铸楷书"大明宣德年施"，一侧铸三个梵文合体字。① 这件铜铃应该是手持法器，与杵合用。目前西藏还没有发现明确为宣德以后内地宫廷制作的铃、杵，这表明宣德以后明廷对此类法器的制作可能已经逐渐停滞。

（2）铃

目前西藏保存的明朝内地造铃类法器有碰铃和挂铃。藏文文献记载，明成祖两次给予宗喀巴的物品中都有碰铃，第一次为"碰铃两对"②，第二次为"碰铃一套"③。目前西藏发现一副不带款识的明朝内地造铜碰铃（图2-59）；④ 还发现不少单独使用的铜铃，其中一些被用作建筑上的饰件，暂且称为挂铃。在大昭寺北面金顶下悬挂有两个带"大明永乐年施"款的铜铃，铃腹分别饰二方连续的理路纹和缠枝莲纹，其中一只铜铃的内壁还铸有梵文"陀罗尼"三字。⑤ 大昭寺金顶檐下还悬挂有两个铜铃，一个带"大明宣德年施"款，另一个带"大明正德年施"款。这两件铜铃的形制和纹饰与前述一件永乐铜铃基本相同，当是仿自永乐铜铃。⑥

（3）钟

西藏桑日县丹萨替寺保存有一件明朝内地制造的响铜钟，原悬挂于该寺经堂大门，其造型仿唐代钟的样式，通高16厘米、

---

① 《西藏自治区志·文物志》编纂委员会编撰：《西藏自治区志·文物志》，第1206页。
② 于道泉：《译注明成祖遣使召宗喀巴纪事及宗喀巴复成祖书》，《庆祝蔡元培先生六十五岁论文集》，第945页。
③ 扎西旺都编：《西藏历史档案公文选·水晶明鉴》，第303页。
④ 甲央、王明星主编：《宝藏——中国西藏历史文物》（3），第234页，图88。
⑤ 西藏文管会文物普查队：《大昭寺藏永乐年间文物》，《文物》1985年第11期。
⑥ 西藏文管会文物普查队：《大昭寺藏永乐年间文物》，《文物》1985年第11期。

纽高5厘米、口径20厘米，钟上铸阳文"六字真言"和藏文祷文。① 除铜钟外，在萨迦寺佛堂中还有一件明朝内地制作的玉钟，钟纽为透雕的蟠龙纹，钟体装饰有八卦、弦纹等纹饰（图2－60）。②

（4）钹

铜钹是明廷赏赐西藏法器中最常见的一种，至少在永乐时期就已经开始用来赏赐西藏。前述永乐五年明成祖赏赐促儿卜丹萨瓦国师端古禄丹竹斡薛的物品中就有"钹二副"（图2－7）；永乐十一年明成祖回赐大国师果桒罗葛罗坚藏巴里藏卜的物品中也有"响铜钹儿一副"。③ 目前西藏已刊布的永乐铜钹较少，其中扎什伦布寺保存的一副铜钹上刻有龙戏珠纹饰、藏文及汉文"大明永乐年造"和"普恩寺九"字样（图2－61）。④ 据铜钹上的"普恩寺"款推测，这副铜钹很可能原藏那塘寺。⑤

西藏现存的大部分明朝内地造铜钹属宣德时期，数量近二十副，多数收藏在山南及后藏等地的一些寺院中，少量收藏在西藏博物馆、山南市博物馆、布达拉宫和罗布林卡等处。大部分宣德铜钹上都线刻有龙戏珠图案，并带有汉文"寿"字。所带汉文款识有"大明宣德年造"、"大明宣德年内加金银制"、"大明宣德五年秋月内加金银造"和"大明宣德五年内加金银造"（图2－62）⑥ 等。如此多样的款识说明这批铜钹应该不是同一批次生产的，其中一批

---

① 《西藏自治区志·文物志》编纂委员会编撰：《西藏自治区志·文物志》，第1208—1209页。

② 西藏文物管理委员会编：《萨迦寺》，图94。

③ 中国藏学研究中心等合编：《元以来西藏地方与中央政府关系档案史料汇编》（1），第150页。

④ 西藏自治区文物局、日喀则扎什伦布寺民管会编：《扎什伦布寺》，第176页。

⑤ 清代雍正皇帝曾赐那塘寺"普恩寺"匾额，推测该铜钹上的"普恩寺九"可能系后期补刻。参见王毅《西藏文物见闻记（二）》，《文物》1960年第8、9合期。

⑥ 周炜、索文清主编：《吉祥宝藏：西藏珍藏的中原及皇家瑰宝》下册，第125页。

的生产时间可确定为宣德五年。此外，西藏还发现有不带年款的明朝内地造铜钹。① 综上所述，明廷制作铜钹赏赐西藏可能始于永乐时期，宣德时期达到高峰，之后趋于式微。

（5）剑

剑是藏传佛教中一种重要的法器，用于相关的法事活动。萨迦寺收藏有一把钢剑，为金刚杵柄，剑身束腰，剑刃两面有脊，刃上端有错金的汉、藏文字，汉文为隶书"大明永乐年施"，藏文同义（图2-63）。② 据款识可知，这件法器应由明廷制作并赏赐给萨迦寺。

（6）数珠（念珠）

数珠也是明廷赏赐藏僧的常见法器，在明廷赏赐西藏番王的物品中通常有"水晶数珠一串"。③ 藏文文献记载，明成祖两次召请宗喀巴所给的物品中都有此物，第一次为"水晶念珠一串"④，第二次为"象牙念珠一串"⑤。另外，在明成祖赏赐国师端古禄丹竹斡薛的物品中也有"□□数珠一串"（图2-7）。除了来自明廷的赏赐外，内地赴藏人员还有用数珠在西藏布施的情况，如宣德二年班丹扎释派弟子赴西藏请藏僧举办法事活动，其间布施了"降香数珠三百余串"。⑥ 由于数珠不便加刻款识，且年代难以判断，所以目前西藏还没有发现明确属于明廷赏赐的数珠。

（7）海螺

海螺是藏传佛教中一种非常重要的法器，忽必烈曾赠给八思巴

---

① 甲央、王明星主编：《宝藏——中国西藏历史文物》(3)，第233页，图87。
② 翟向东主编：《日喀则地区现存反映中国中央政府有效治理西藏历史文物目录》，第69页。
③ 《明会典》卷一一二《给赐三》，第2380页。
④ 于道泉：《译注明成祖遣使召宗喀巴纪事及宗喀巴复成祖书》，《庆祝蔡元培先生六十五岁论文集》，第945页。
⑤ 扎西旺都编：《西藏历史档案公文选·水晶明鉴》，第303页。
⑥ 张润平、苏航、罗炤编著：《西天佛子源流录——文献与初步研究》，第174页。

一枚海螺，被视为萨迦寺的镇寺之宝。① 明廷继续赏赐西藏人员海螺，西藏自治区档案馆藏永乐六年正月明成祖给大宝法王的新年礼物中就有"白海螺九个，大红线园条、五色线结子全"。② 西藏目前发现两件由明朝内地制作的海螺，一件为山南措美县某寺收藏的铜饰海螺，该法螺的铜饰上有浮雕的八宝图案和四爪龙纹，其中龙纹具有明显的内地特征。③ 西藏博物馆藏有一对镶银翅海螺法号，银翅正面铸出浮雕效果的祥云与八卦图案，银口装饰有莲瓣、梵文和云纹，头部均镶有铜嘴，一个铸篆字"嘉庆龙吟"，另一个铸篆字"发祥虎啸"。银翅背面刻有汉、藏两种文字，其中汉文为"崇祯十三年岁次庚辰闰正月廿五日中一山人敬造"；藏文大意为巴塘噶巴法王的儿子格列饶丹敬献（图2-64）。④ 这件法螺应为汉地制作，其上的藏文有可能是传入藏族地区后补刻的。

（8）佛塔

佛塔属于供养类法器。西藏博物馆收藏有多件铜质鎏金佛塔，包括聚莲塔（图2-65）⑤、神变塔⑥、和解塔⑦和涅槃塔⑧。萨迦寺也保存有此类鎏金铜佛塔，分别为吉祥多门塔、神变塔、菩提塔与殊胜塔。⑨ 上述佛塔属于"善逝八塔"，制作精美，均带有"大

---

① 甲央、王明星主编：《宝藏——中国西藏历史文物》（3），第10—11页，图4。
② 中国藏学研究中心等合编：《元以来西藏地方与中央政府关系档案史料汇编》（1），第105页。
③ 《西藏自治区志·文物志》编纂委员会编撰：《西藏自治区志·文物志》，第1208页。
④ 甲央、王明星主编：《宝藏——中国西藏历史文物》（3），第228—231页，图85。西藏自治区文物管理委员会编：《西藏文物精粹》，第120页。
⑤ 上海博物馆编：《雪域藏珍——西藏文物精华》，第126页，图47。
⑥ 周炜、索文清主编：《吉祥宝藏：西藏珍藏的中原及皇家瑰宝》下册，第122—123页。
⑦ 中国历史博物馆、西藏博物馆编：《金色宝藏——西藏历史文物选萃》，第188页。
⑧ 上海博物馆编：《雪域藏珍——西藏文物精华》，第125页，图46。
⑨ 西藏自治区文物管理委员会编：《萨迦寺》，图39。

明永乐年施"款,应该是明成祖时期赏赐给西藏的物品。

(9) 寺院模型

明朝赏赐西藏的宗教物品中有一组石、木质的菩提伽耶寺院模型,可被视为与佛塔性质一样的供养类法器。这组模型原存那塘寺,现有一部分构件收藏在山南扎囊县朗色林庄园。① 从制作工艺和石料来看,这组模型具有鲜明的印度风格,应该是印度(天竺)制作的。但从模型石质部分上的"大明永乐年施"细线题刻来看,其应该是通过明廷赏赐的途径传入西藏的(图2-66)。②

(10) 曼陀罗

曼陀罗亦是明廷赏赐西藏的一种供养类法器。《明会典》记载,明朝使者赴藏赐封番王所带的赏赐品中有"满答剌一个连带"③;明成祖赏赐五世噶玛巴的物品中也有"金银曼遮一对"④。另在西藏博物馆藏永乐五年明成祖颁给促儿卜丹萨瓦国师端古禄丹竹斡薛的诏敕中提到的赏赐品中有"满答剌带三个"(图2-7),此"满答剌"即曼陀罗的异称。

明代赏赐西藏的曼陀罗可能有多种造型,一种是八瓣莲花状的立体造型,另外还有一种扁平状的造型。扁平状的曼陀罗比较罕见,目前在西藏还没有发现此类实物,仅在甘肃岷县博物馆收藏有一件。该铜曼陀罗平面呈圆盘状,两面刻有曼陀罗图案,镶嵌细银丝、红铜丝。曼陀罗正面刻坛城平面图,正中为方形坛场,周围以宝瓶、璎珞、十六天女等纹饰环绕。四面之门以金刚杵头装饰,外周为火焰墙、八寒地狱、金刚墙和八大方神。曼陀罗背面正中刻金刚交杵纹,内刻"大

---

① 《西藏自治区志·文物志》编纂委员会编撰:《西藏自治区志·文物志》,第670页。
② 刘艺斯编:《西藏佛教艺术》,第5页目录,图版11。罗文华、格桑曲培编:《贡嘎曲德寺壁画——藏传佛教美术史的里程碑》,第20页,图08。宿白:《西藏日喀则那塘寺调查记》,《藏传佛教寺院考古》,第124—125页。
③ 《明会典》卷一一二《给赐三》,第2380页。
④ 巴卧·祖拉陈瓦:《〈贤者喜宴——噶玛噶仓〉译注(六)》,周润年、张屹译,《西藏民族学院学报》2012年第1期。

明永乐年施"款，中心四周刻两圈梵文咒语（图2－67）。①

目前西藏发现的曼陀罗（坛城）均为立体造型，包括萨迦寺收藏的八瓣莲花喜金刚曼陀罗、地狱主曼陀罗，②布达拉宫收藏的八瓣莲花曼陀罗③和铜鎏金八瓣莲花大威德金刚曼陀罗（图2－68）。④上述这些曼陀罗均为永乐时期的作品，整体造型接近，只是中央主尊题材不同。

除了上述这些法器外，明廷还赏赐西藏人员法轮、经幡和禅杖等物。例如昌都噶玛丹萨寺（又名噶玛寺）集会大殿三楼的藏式平顶正中有明廷赏赐的一件法轮和一对鎏金孔雀⑤，夏鲁寺有一件明廷赏赐的经幡⑥；明廷第二次召请宗喀巴时给予他的物品中有"鎏金禅杖一柄"⑦。

3. 供物与供具

供物和供具是指用于佛教供养活动的物品与用具，是宗教用品中非常重要的一类。目前文物所见明廷赏赐西藏人员的供物有蜡烛、香和花等，供具有灯盏、盘、炉、瓶、顶幔、佛罩与幡等。《明会典》记载，明使赴藏赐封番王所带的赐物中通常有"檀香一炷"。⑧西藏现存的明代诏敕中可以见到赏赐香和蜡烛的记载，如永乐五年明成祖赏赐国师端古禄丹竹斡薛的物品中有"檀香一炷"

---

① 甘肃省文物局编：《甘肃文物菁华》，第284—285页。
② 李冀诚撰文，顾绶康、康松摄影：《雪域名刹萨迦寺》，中国藏学出版社2006年版，第155页。黄春和：《藏传佛像艺术鉴赏》，第143页，黑白图97，附录254；第122页，续表一：24。
③ 周炜、索文清主编：《吉祥宝藏：西藏珍藏的中原及皇家瑰宝》下册，第64—72页。
④ 周炜、索文清主编：《吉祥宝藏：西藏珍藏的中原及皇家瑰宝》下册，第64—72页。
⑤ 丹扎：《噶玛寺》，《西藏研究》1988年第3期。
⑥ 《西藏自治区志·文物志》编纂委员会编撰：《西藏自治区志·文物志》，第452页。
⑦ 恰白·次旦平措等：《西藏通史——松石宝串》，第458页。
⑧ 《明会典》卷一一二《给赐三》，第2380页。

（图 2-7）；正德十一年明武宗给八世噶玛巴的邀请致书中也提到了"香"（图 1-25）。西藏自治区档案馆藏永乐六年五月明成祖给大宝法王的致书中提到的赐物包括"檀香一炷，优钵罗花蜡烛一对"。①

供具是明代内地输藏物品中非常重要的一类，如永乐六年明成祖派人邀请宗喀巴时赠给后者的礼品中有"佛像罩两件"。② 正德十一年明武宗给八世噶玛巴的邀请致书中也提到有"供具"一项（图 1-25）。除赏赐途径外，内地赴藏人员亦曾向西藏布施过供具，这在《西天佛子源流录》中有所记载。例如永乐辛卯年（永乐九年）三月，班丹扎释向葛萨寺（大昭寺）释迦佛布施"嵌七宝重三百两纯金灯盏一，大银曼吒辣一，滴珍珠袈裟一，织金顶氅一，供器全"。③ 宣德二年班丹扎释俾弟子赴西藏向哈萨寺布施了"银供器皿共重一百两，及镀金瓶、莲茎托供盘，内盛金、银、珍珠、沉香、造就，五供养全，及织金袈裟"；向哩乌结丹寺布施了"大银灯盏一，银曼吒辣一，通重银一百二十五两"。④

目前西藏公布的明朝内地造供具主要有香炉，如萨迦寺藏有一件非常精美的带链铜香炉，为永乐时期明朝宫廷作坊的产品（图 2-69）。⑤ 江孜白居寺有一件带双把手的银质香炉，莲花足，腹部堆饰有寿字纹。⑥ 西藏博物馆藏有一件铜象首足炉，以三象鼻立为足，炉身外壁装饰有莲花、缠枝等纹饰，并镶嵌有宝石

---

① 中国藏学研究中心等合编：《元以来西藏地方与中央政府关系档案史料汇编》（1），第 106 页。

② 于道泉：《译注明成祖遣使召宗喀巴纪事及宗喀巴复成祖书》，《庆祝蔡元培先生六十五岁论文集》，第 945 页。

③ 张润平、苏航、罗炤编著：《西天佛子源流录——文献与初步研究》，第 167 页。

④ 张润平、苏航、罗炤编著：《西天佛子源流录——文献与初步研究》，第 174 页。

⑤ 西藏自治区文物管理委员会编：《萨迦寺》，图 93。

⑥ 柴焕波：《江孜白居寺综述》，《南方民族考古》第 4 辑，第 248 页。《西藏自治志·文物志》编纂委员会编撰：《西藏自治区志·文物志》，第 1207 页。

（图 2-70）。① 上述这些铜炉应该作烧香供奉之用。此外，西藏还发现有一些特殊的供具，如山南桑日县丹萨替寺原藏有一对黄铜鎏金铜鹤，现仅剩一只。该铜鹤为明朝皇宫所赐，腿上原铸有文字，现已脱落。②

4. 经书

永乐初年，明成祖应智光等人奏请，"遣使西域，请取西番大字藏经，刊版施印，散于西土"。③ 在这样的背景下，明朝于永乐时期设立了番经厂。《张居正番经厂记》记载：（番经）厂在禁内东偏，与汉经并列。④ 可知番经厂设于皇宫之内，可能主要服务宫廷的宗教活动，同时印制藏文经书用来赏赐西藏。明朝番经厂所印的番经中以永乐版大藏经和万历版大藏经最为著名，前者在西藏仍有保存。

西藏布达拉宫和色拉寺各保存有一部永乐八年版朱砂《甘珠尔》，这是西藏第一部藏文印刷品。其中布达拉宫保存的永乐版《甘珠尔》来自萨迦寺，由明成祖赐给大乘法王昆泽思巴；色拉寺的永乐版《甘珠尔》据传为明成祖赐给释迦也失的。⑤ 另据相关学者的记述，西藏哲蚌寺和楚布寺原来也保存有永乐版朱砂《甘珠尔》，⑥ 其中哲蚌寺收藏的永乐版《甘珠尔》由五世达赖喇嘛从青海赛柯合新寺（即青海大通广惠寺）带来。⑦ 西藏现存的这两部永

---

① 甲央、王明星主编：《宝藏——中国西藏历史文物》(3)，第 238—239 页，图 90。
② 《西藏自治区志·文物志》编纂委员会编撰：《西藏自治区志·文物志》，第 1048 页。
③ 张润平、苏航、罗炤编著：《西天佛子源流录——文献与初步研究》，第 163 页。
④ 吴长元辑：《宸垣识略》卷三《皇城》，北京古籍出版社 1981 年版，第 49—50 页。
⑤ 嘉措、平措等：《拉萨现藏的两部永乐版〈甘珠尔〉》，《文物》1985 年第 9 期。
⑥ 宿白：《西藏拉萨地区佛寺调查记》，《藏传佛教寺院考古》，第 30、43 页。
⑦ 陈庆英、马林译注：《五世达赖喇嘛进京记（续完）》，《中国藏学》1993 年第 1 期。

乐版《甘珠尔》版式相同，经书纸叶均为内地生产的桑皮纸，极厚，两面印刷，每面横行印朱红色楷体藏文八行；纸右端竖印汉文经题、卷号和页码，左端横印藏文目录、编号和页码（图2-71）。① 每函中均有明成祖所著的《大明皇帝御制藏经赞》和《御制后序》，据赞文中"乃遣使往西土取藏经之文，刊梓印施"的内容可知，永乐版《甘珠尔》的底本是由明成祖派人从西藏取回的，② 这与《西天佛子源流录》的记载吻合。明神宗时期又以永乐版《甘珠尔》为底本进行了重刻，同时增刻了《丹珠尔》42函，此次刊印的藏文经书被称为万历版大藏经，目前已十分罕见。③

西藏博物馆保存有一部金汁手抄纸本的《吉祥无量寿佛好事经部》，由汉、藏文书写，汉文为藏文的音译。经书上下夹以象牙质压经板，夹经板周缘雕龟背纹、缠枝纹和梵文经咒；上板中部雕二臂大黑天与四大天王，下板中部雕五方佛。经墙左右两侧彩绘十六尊供养天女，前方绘八吉祥图案，同时用汉、藏文书写"吉祥无量寿佛好事经部"（图2-72）。④ 这种经书原本是供明朝宫廷中修习藏传佛教的汉族人员使用。⑤ 西藏还发现有一块明代朱漆经板，上有墨色汉、藏文和图案，从汉文来看应为《百拜忏悔经》第一卷的部分内容。⑥ 上述这种使用汉、藏文书写的经书应该是内地制作的，原本供内地信徒使用，之后可能通过某种途径传入西藏。

---

① 周炜、索文清主编：《吉祥宝藏：西藏珍藏的中原及皇家瑰宝》下册，第128—129页。

② 嘉措、平措等：《拉萨现藏的两部永乐版〈甘珠尔〉》，《文物》1985年第9期。

③ 周华：《藏文〈大藏经〉对勘出版工作概况》，《中国藏学》2000年第1期。

④ 中国历史博物馆、西藏博物馆编：《金色宝藏——西藏历史文物选萃》，第228—233页。

⑤ 周炜、索文清主编：《吉祥宝藏：西藏珍藏的中原及皇家瑰宝》下册，第130—135页。

⑥ 国务院新闻办公室编：《西藏民间艺术藏珍》，五洲传播出版社2002年版，第145页。

5. 唐卡

唐卡是藏文化特有的一种图像艺术与宗教物品，也是汉藏物品交流的常见内容，不仅西藏向明廷进贡此物，明廷也制作此物回赐西藏。《西天佛子源流录》记载，永乐乙酉年（永乐三年）三月，藏僧班丹扎释"仍奉命入乌斯国传宣圣化，赍持赐大宝法王西番字大藏经、镀金彩画刻丝织绒绣佛像"。① 又据《贤者喜宴》，"藏历羊年（1535）三月，法王略微观看一下黑仓库，即亲眼见到了大明皇帝所赐的金佛、二幅以十尊者为主的福田与施主之丝绸大唐卡以及珍贵的服装和坐垫等"。② 上述文献记载表明，唐卡经常被明廷用来赏赐西藏人员，包括彩画唐卡和织物唐卡两类。

目前西藏发现的明朝内地造唐卡主要为织物唐卡，它们中的多数应该是通过赏赐的方式进入西藏的（附录表8）。据不完全统计，西藏发现的由明朝内地制作的唐卡（佛画）有近30件，其中永乐时期10件，宣德时期2件，正德时期1件，万历时期1件，其他不纪年者15件。上述资料表明，明朝至少在永乐初年便已经使用唐卡（佛画）赏赐西藏，并且在永乐时期达到顶峰。明朝内地传入西藏的唐卡图像既有密教色彩浓厚的神祇，如喜金刚、大威德金刚（图2-73）③ 和胜乐金刚等，也有汉地风格的慈祥神祇，如释迦牟尼佛（图2-74）④、十六罗汉等。此外还有写实性质的高僧像，如刺绣大慈法王像唐卡（图1-24）。除上面提及的种类外，明朝内地输入西藏的宗教类物品中还有金箔、颜料等用于佛像或寺院装潢的材料。⑤

---

① 张润平、苏航、罗炤编著：《西天佛子源流录——文献与初步研究》，第167页。
② 巴卧·祖拉陈瓦：《〈贤者喜宴——噶玛噶仓〉译注（二十七）》，周润年、韩觉贤译，《西藏民族学院学报》2015年第4期。
③ 周炜、索文清主编：《吉祥宝藏：西藏珍藏的中原及皇家瑰宝》下册，第112—113页。刘鸿孝主编：《布达拉宫秘宝》，第228页。
④ 翟向东主编：《日喀则地区现存反映中国中央政府有效治理西藏历史文物目录》，第57—58页。西藏文管会文物普查队：《西藏康马县乃宁曲德寺的明代佛像绢画》，《南方民族考古》第4辑，第297—302页。
⑤ 任小波：《明代西番馆与西番馆来文》，第40页。

四 其他

明朝内地输入西藏的物品中还有一些比较特殊的类型，虽然数量少，但也是汉藏物品交流的体现。西藏布达拉宫保存有一幅明成祖朱棣的御容像，画像高3.6米、宽1.87米，四周裱镶红、蓝、黄色绫框三圈，下端有木轴，轴头为青玉，玉上刻有云龙纹。画面右上方有汉文书写的"大明永乐二年四十五岁三月初一日记"款识（图2-75）。① 这件永乐皇帝的御容画像装在饰有描金云龙纹的特制长盒中，可能是明成祖于永乐初年派人邀请五世噶玛巴时赠送给五世噶玛巴的礼物。西藏博物馆收藏有一幅《噶玛巴为明太祖荐福图》长卷，该画卷原为楚布寺所有，② 用彩绘的形式记录了五世噶玛巴在南京、五台山举行法事活动的情况，共49幅。大部分图像右侧有汉文、畏兀儿文、藏文和回鹘式蒙古文等五种文字说明（图2-76）。③ 这幅图卷应该是明成祖授意绘制的，之后赏赐给五世噶玛巴并由其带回西藏。

明朝曾赐寺名匾额给西藏寺院。《明太祖实录》记载，洪武五年明廷"诏章阳沙加仍灌顶国师之号，遣使赐玉印及彩段表里，俾居报恩寺，化导其民"。④ 这里的"报恩寺"可能是明太祖赐给帕竹政权第二任第悉章阳沙加曾主持过的泽当寺之寺名。⑤ 西藏楚布寺措康大殿的门上原悬挂有一块长方形斗匾，边缘有浮雕图案，

---

① 欧朝贵：《布达拉宫藏明成祖朱棣画像》，《文物》1985年第11期。王永强等主编：《中国少数民族文化史图典·西南卷》（上），第182页。

② 松筠撰，《西藏研究》编辑部编辑：《卫藏通志》卷一《考证》，第184页。

③ 甲央、王明星主编：《宝藏——中国西藏历史文物》（3），第94—137页，图48。关于文字属性，本书参考了哈斯额尔敦《〈普度明太祖长卷图〉第四段回鹘蒙古文考释》，《民族语文》2007年第1期。罗文华：《明大宝法王建普度大斋长卷》，《中国藏学》1995年第1期。

④ 《明太祖实录》卷七三，洪武五年四月丁酉，第1342页。

⑤ 才让：《明洪武朝对藏传佛教的政策及其相关史实考述》，《西藏研究》2004年第2期。

牌面有汉、藏文，其中汉文为牌面正中竖写的金字"大转法轮之寺"和匾额右上方的"大明永乐五年月日"款；藏文位于牌面下方，横写藏文寺名（图2-77）。① 这块匾额应该是明廷颁给楚布寺的物品。山南洛扎县的拉隆寺在明代为一座噶玛噶举派寺院，经常派僧人赴内地朝贡，在原寺院大门上也曾悬挂有明代皇帝颁赐的匾额。②

明朝还给西藏部分寺院赏赐了万岁牌。西藏昌都噶玛寺曾保存一件明成祖赏赐的木质"皇帝万岁"牌，呈"T"形，上部有镂雕装饰；文字书写于长条形木板上，内容为"皇帝万岁万万岁"（图2-78）。③ 类似的明代万岁牌在青海乐都瞿昙寺也有发现，其正面为梵、汉、藏文对照的"皇帝万万岁"，背面有"大明宣德二年二月初九御用监太监孟继、尚义、陈亨、袁琦建立"的款识。④

《西番馆来文》中收录的一则谢恩奏表显示，明廷还曾赏赐西藏地方历日。

> 西番国王臣巴藏卜奏：为谢恩事，臣于本年九月内，例进贡到京，已蒙收受，见在馆驿住候，幸遇十月初一日，颁赐历日。臣不胜感戴天恩之至，为此具本谢恩。⑤

这里的"西番国王"应即阐化王，其使者接受了明廷颁赐的历日。在中国古代，颁赐和接受历日的行为往往具有重要的政

---

① 宿白：《西藏拉萨地区佛寺调查记》，《藏传佛教寺院考古》，第44页，图1-52；附录图版5。宿白先生的速写显示为永乐五年，但同书公布的模糊照片显示，似为"大明永乐十年月日"，暂存疑。
② 《西藏自治区志·文物志》编纂委员会编撰：《西藏自治区志·文物志》，第467页。
③ 丹扎：《噶玛寺》，《西藏研究》1988年第3期。
④ 谢继胜、熊文彬、罗文华、廖旸等：《藏传佛教艺术发展史》，第426—427页。
⑤ 任小波：《明代西番馆与西番馆来文》，第37页。

治象征意义，是受赐者奉明朝"正朔"和认同明朝统治秩序的体现。

前文从文物材料出发，结合诏敕、礼单和文献材料对明朝内地输入西藏的物品特别是通过赏赐方式进入西藏的物品进行了梳理，基本明晰了明代汉藏之间物品流通的整体情况，由此可以得到以下一些认识。

第一，从西藏保存的明代内地文物的类型、性质及特点来看，其中大部分文物都带有一定的官方色彩，这说明它们可能主要是通过明廷赏赐的方式输入西藏的，因为单纯的经济贸易活动可能难以达到这种效果。因此，明代汉藏之间的物品流通本质上是在明廷主导的赐贡体系下展开的政治交往与文化互动，是一种引导西藏向明廷朝贡和内向的治藏手段，对于构建和维系明廷与西藏之间的政治关系起到了重要作用。

第二，从西藏人员的角度来看，物品的赏赐应该是他们重点关注的方面，这从藏文文献在记载明廷与西藏交往事迹时往往对明廷敕封和赏赐西藏人员的行为与物品的记载最为详细和频繁的现象可以看出。以《贤者喜宴》为例，该书在记叙五世噶玛巴留居内地期间的活动与经历时，不仅重点记录了明成祖赏赐和优待噶玛巴及其随员的情况，而且对明成祖给予赏赐物品的内容、数量甚至某些具体特征都做了非常细致的描述。① 又如宗喀巴给明成祖的回信中专门就他收到的赠品进行了详细说明，② 体现了他对这些物品的珍视。藏文文献中的这种现象其实反映了西藏人员在与明廷交往过程中关注的重心，以及他们对内地物质文化的向往和崇尚，也表明明朝内地的文化对西藏社会有着明显的优越性和强烈的吸引力。

---

① 巴卧·祖拉陈瓦：《〈贤者喜宴——噶玛噶仓〉译注（六）》，周润年、张屹译，《西藏民族学院学报》2012年第1期。
② 陈楠：《关于明成祖遣使召宗喀巴史事补证》，《中国藏学》2005年第1期。

第三，从明廷赏赐西藏物品的内容来看，明廷和西藏间的赐贡体系与明廷同周边藩国及其他边疆地区之间的赐贡体系有一定差异，颇具民族和区域特点，文化和宗教色彩更加浓厚。由于特殊的社会状况，西藏向明廷进贡的本地方物中造像、唐卡、法器和舍利等宗教物品占据了很大的比例，这种以宗教物品作为常规性贡物的情况在明廷与其他藩国及边疆地区之间的赐贡体系中比较少见。①更为特殊的是，明廷也专门制作造像、唐卡、法器等宗教物品来赏赐西藏，而且这些宗教物品基本都遵循了藏传佛教的传统。这种回赐与进贡相同类型物品的情况在明朝对内、对外的赐贡体系中比较罕见，亦是汉藏赐贡体系的特殊之处，丰富了我们对明代治边策略与朝贡体系的认识。

明代汉藏赐贡体系下的物品流通不是简单的物品交换和互补，而是两个社会之间的文化交流。西藏向明廷进贡代表本区域文化特点的宗教物品，目的之一便是向内地传播西藏的宗教文化。反过来，明廷通过对西藏输入物品的内地化仿造、改造与创作，并利用内地先进的工艺技术生产出更加精美的物品，然后再将这些具有汉、藏双重文化特点的物品回赐给西藏，一方面可以向西藏社会展示其向内地传播西藏宗教和文化的行为已经在汉地开花结果，并且得到了明朝统治者的接受和认同；另一方面也可借由这些物品向西藏显示内地先进的文化、技术，以此引导西藏对内地的慕向与认同。

第四，明廷赏赐西藏的绝大部分物品为内地生产，但也有小部分来自域外，如西藏那塘寺原藏的"大明永乐年施"菩提伽耶寺院模型最初就来自南亚。西藏自治区档案馆藏永乐六年正月明成祖给大宝法王的致书中提到的赏赐物有"宝石珠翠金牌宝相花一朵"，其上镶嵌有"青鸦鹘石"、"红马斯肯的石"和"黄鸦鹘石"

---

① 与西藏关系密切的尼八剌等南亚国家或民族也有用佛教物品进贡的，但这种关系并不稳定，且性质与西藏不同。

等宝石。① 这里的"青鸦鹘石"即蓝宝石,"红马斯肯的石"即红宝石,"黄鸦鹘石"即黄玉石。这些宝石在湖北梁庄王墓中也有出土,同样为明成祖赏赐,属于郑和下西洋时采买的"诸番宝物"。② 另外,西藏罗布林卡藏有一件明代痕都斯坦白玉错金碗③,萨迦北寺曾出土15—16世纪由叙利亚、伊朗地区烧造的青花缠枝花陶盘、碗。④ 这些来自南亚和西亚的物品有可能也是通过明朝内地间接传入西藏的。⑤

西藏地处祖国西南边疆,与南亚、中亚及中国新疆地区毗邻,处在不同文明交流的前沿地带,能够比较便利地获取域外之物。因此,西藏向明朝进贡的物品有一些来自明朝疆域之外,如宗喀巴回赠明成祖的物品中就有来自印度的舍利和新疆于阗的造像;另外,西藏曾向明廷进贡过犀牛角、珊瑚、海螺和珍珠等物品,这些物品不会是西藏本地出产的,应该来自南亚等地区。由此可见,明廷与西藏之间的赐贡体系不仅促进了汉藏之间的文化交流与物品流通,而且促进了域外文化和物品向彼此区域的输入与传播,丰富了汉藏双方的社会与文化内涵。

第五,明代汉藏之间流通的物品类型很大程度上是由西藏自身需要及其社会、文化与宗教特点决定的。西藏输入内地的物品基本都不是内地社会生活的必需品,影响的人群层面和范围非常狭窄。相比之下,内地输入西藏的物品如茶叶等则是西藏社会生活的必需品,内地输入西藏的丝绸等物品也直接影响到西藏的社会生活。因此,明代汉藏之间的物品流通不同于一般赐贡体系下的物品交换,而是直接维系着西藏最基本的生活需求和最平常的宗教需要,这正

---

① 中国藏学研究中心等合编:《元以来西藏地方与中央政府关系档案史料汇编》(1),第105页。
② 林梅村:《珠宝艺术与中外文化交流》,《考古与文物》2014年第1期。
③ 西藏自治区文物管理委员会编:《西藏文物精粹》,第142页。
④ 王光尧:《明代宫廷陶瓷史》,第65—66页。
⑤ 从地理位置来看,这两件域外物品也可能通过西藏周边地区直接传入西藏。

是西藏归向于明朝的社会与物质基础。

第六，宗教物品是汉藏赐贡体系中非常重要的一类物品，承载着赐贡双方的宗教信仰，体现了明朝从宗教层面来经略西藏的政治需要。西藏各教派向明廷进贡的宗教物品具有各自的特色，能够反映自身教派的教义与传承历史，便于明廷了解各教派的情况，从而有针对性地处理与各教派的关系。同时，明廷赏赐西藏的宗教物品通常由宫廷或官方作坊生产，在物品类型及受赐对象的选择上能够体现明朝统治者的意志和宗教信仰。例如，前文提到明廷赏赐西藏的造像题材绝大部分为佛、菩萨和绿度母等寂静形造像，而忿怒形造像与双身造像极少，这与明朝统治者自身的信仰和审美习惯应该有一定关系。

第七，明廷赏赐西藏的物品类型存在阶段性变化，这是明廷与西藏之间赐贡体系的变化以及明朝治藏策略调整的体现。据前文所述，使用造像、法器等宗教物品进行赏赐是汉藏之间赐贡体系的重要特点，但此类物品并未贯穿明廷赏赐西藏行为的始终，而是具有一定的阶段性，主要发生在明代早期，以永乐、宣德时期为顶峰。虽然正统、成化和正德等时期有过反复，但规模已经明显下降。结合现有材料来看，永、宣之后明廷赏赐西藏的物品已明显不如之前丰富多样，而是重新回到明朝赏赐制度所规定的常规性物品，如织物、服饰和茶叶等。这种转变除了与明朝统治者对藏传佛教的态度发生变化有关外，更主要的原因是明廷与西藏之间的赐贡关系已经走向成熟和稳定，更加制度化和规范化。

第八，明代内地输入西藏的物品具有一定的层次性，既有大众使用的茶叶，也有局限于宗教人员使用的宗教器物，这是汉藏之间物品流通多样性的体现。这种多样性的存在使得汉藏之间的物品流通不只是满足统治阶层的需要，也惠及普通大众。但是，作为最能代表明朝统治者观念和意识、承载内地文化的赏赐品毕竟无法像茶叶那样进入普通大众的生活，故其使用范围和对象比较有限，在一定程度上限制了内地文化在西藏社会的下渗。

第三节　明廷赏赐西藏物品的文化因素分析

明廷赏赐西藏的物品丰富多样，这些物品不仅承载着内地的文化与技术，而且寄托了明朝治藏的思想和策略。对明廷赏赐西藏物品实物作考古学观察，有助于我们从物质层面去认识明朝经略西藏的文化手段。

一　因俗制宜——明廷赏赐西藏物品中的藏文化因素

物品是维系汉藏间赐贡体系的重要基础，赏赐物品是明朝经略西藏的重要手段。明朝赏赐西藏的部分物品在制作之初便已经考虑到西藏的文化特点、社会传统以及受赐对象的宗教信仰等，有意借鉴和加入了一些与西藏文化和宗教相关的因素，使这些物品更符合西藏的社会习俗与宗教传统，如此便容易得到西藏社会的接受和认同。下面从各类赏赐物品出发，就其中的藏文化因素进行分析和认识。

作为政治类物品的印章和诏敕是明廷对西藏人员进行敕封时颁发的凭证，其上可以见到明廷有意调整或加入的相关藏文化因素。明廷颁给西藏的印章大致可以分为宗教印和世俗官印两类，其中世俗官印在纽形、质地、尺寸和印文等方面都较好地遵循了明朝的官印制度，而宗教印则在许多方面进行了调整和改变。首先从纽形来看，明廷颁给藏僧的印章多采用具有佛教色彩的纽形，如狮纽（图1-9、图2-6）[1]、如意纽（图1-31）、佛光纽（图2-5）[2]、宝焰纽[3]和佛轮纽[4]等。从质地来看，明廷赏赐西藏的印

---

[1] 西藏博物馆编，何晓东著：《历史的见证——西藏博物馆藏历代中央政府治藏文物集萃》，第88、94—95页。
[2] 欧朝贵、其美编著：《西藏历代藏印》，第42、45页。
[3] 欧朝贵、其美编著：《西藏历代藏印》，第44页。
[4] 欧朝贵、其美编著：《西藏历代藏印》，第41页。

章基本遵循了明朝官印制度下玉、金、银、铜的等级序列，不同身份和等级的人员所获印章的质地有所不同，其中作为宗教领袖的大宝法王、大乘法王和作为西藏地方政权首领的阐化王获赐玉印，① 比其他政教首领如阐教王（图1-16）、护教王、辅教王和赞善王等所获金印（实为鎏金银印）的等级要高，表明明廷给予西藏宗教首领的礼遇要高于大部分世俗势力的首领。上述情况是明廷鉴于西藏是神权社会而做出的决策，是明朝"因俗治藏"策略在印章上的体现。不仅如此，明朝还专门新创制了一类"图章"，主要用来赏赐以"剌麻"为主的低级藏僧，② 这类印章在印文内容和印纽方面都带有鲜明的佛教特色，符合西藏社会的宗教情结。

在印文方面，明廷颁给西藏僧人的印章绝大多数为汉文叠篆，但也有少数例外。西藏昌都市委统战部保存有一枚象牙印，印文为八思巴字"德来钻竹扎西若印"，印背左、右两侧分别刻"赐剌麻钻竹罗古鲁"和"宣德二年月日"汉文款识。③ 这枚由明廷赏赐的象牙印属于前文提到的"图章"一类，只是这枚图章的印文文字和内容比较特殊，使用的是元代西藏高僧八思巴创制的八思巴字，印文内容不为宗教赞词而是名字。明廷赏赐藏僧的这枚印章使用了八思巴字，应该是有意迎合受赐者的文化和心理需要。西藏博物馆藏有一枚象牙质狮纽印章，印文为梵文"朵儿只唱"，印背左、右两侧分别有汉文款识"钦赐朵儿只唱图记"和"大明万历戊子年制"（图2-6）。这枚印章是明神宗于万历十六年应蒙古土默特部顺义王扯力克祈请，赐给三世达赖喇嘛索南嘉措的印章。这枚印章的印文亦未使用汉字，而是采用的梵文，具有一定的特殊性。综上

---

① 甲央、王明星主编：《宝藏——中国西藏历史文物》（3），第138—139页，图49；第144—145页，图52。
② 李帅：《明朝颁赐藏僧象牙图章研究》，《西藏大学学报》2015年第3期。
③ 《西藏自治区志·文物志》编纂委员会编撰：《西藏自治区志·文物志》，第963页。

所述，明廷颁给西藏僧人的印章与颁给俗官的印章存在明显不同，前者在纽形、质地和印文等方面进行了相关的调整和创新，加入了不少佛教和西藏的因素，这应该是明廷根据藏僧心理和宗教文化背景所做的"因俗"之举。

西藏和内地在语言与文字方面的不同，是明朝经略西藏所必须克服的障碍之一，也是考察明朝治藏是否做到了"因俗制宜"的重要标准。从目前西藏发现的明代诏敕来看，其书写所用的文字前后有过变化。洪武时期颁给西藏的诏敕基本都只有汉文而无藏文。这种现象到永乐时期发生了改变，从此明廷颁给西藏的诏敕基本同时使用汉、藏文进行书写，通常汉文竖写在前，藏文横书在后（图1-6、图1-27、图1-34）。使用汉、藏文来书写诏敕的做法在永乐时期成为定制，被明朝官方遵循和延续下来。[①] 藏文的存在使明廷颁发的诏敕更容易被西藏社会了解和认识，不仅有利于消息的流通，而且有助于扩大明廷的权威和影响。明廷诏敕上的藏文起到了很好的效果，在藏文文献中保存有不少明廷所颁诏敕的详细内容，如《贤者喜宴》中收录有多件明成祖给五世噶玛巴的致书，[②]《至尊宗喀巴大师传》中收录了明成祖邀请宗喀巴的致书，[③]《大慈法王传》中也记录了永乐、宣德时期给释迦也失的众多诏敕。[④] 上述藏文文献中记录的诏敕内容非常具体，与汉文所表达的内容整体一致，应该是对诏敕上藏文内容的抄录，对于弥补文物和汉文文献记载的阙如具有重要意义。综上所述，明廷颁给西藏的诏敕使用汉、藏文书写

---

① 西藏自治区档案馆编：《西藏历史档案荟粹》，图27。西藏博物馆编，何晓东著：《历史的见证——西藏博物馆藏历代中央政府治藏文物集萃》，第64—67页。甲央、王明星主编：《宝藏——中国西藏历史文物》（3），第168—173页，图57。

② 巴卧·祖拉陈瓦：《〈贤者喜宴——噶玛噶仓〉译注（六）》，周润年、张屹译，《西藏民族学院学报》2012年第1期。

③ 恰白·次旦平措等：《西藏通史——松石宝串》，第457—458页。

④ 拉巴平措：《大慈法王释迦也失》，第99—117页。

的行为并不是一开始就有，而是经过了一段时期的发展。采用汉、藏文来书写诏敕是明朝在经略西藏过程中借鉴和使用藏文化因素的一种重要形式，也是明朝治藏政策逐渐走向成熟的表现，取得了良好的效果，有利于促进明廷与西藏关系的发展以及汉藏之间的交流和了解。

明廷赏赐西藏的生活类物品包括茶叶、服饰、织物、瓷器和金银宝石物品等，这些物品多数为内地产品，在其中一些物品上发现有藏文化因素存在，应该是内地制作时有意加入的。织物和服饰是明廷赏赐西藏的主要物品，其中织物包括锦缎、纻丝、绫、绢、罗、纱等，服饰则多为僧帽、禅衣、禅裙、袈裟、氁哈剌等僧人使用的宗教服饰。这些织物与服饰除了有花卉、龙纹和云纹等汉地传统的纹样外，还有八宝纹（八吉祥纹）这种具有藏传佛教色彩的纹样。如永乐六年正月明成祖赏赐给大宝法王寿字八吉祥御罗手帕一条、织金八宝云翠蓝纻丝一匹、深桃红暗花八宝云夹贴里和大红天花云嵌八宝夹禅裙各一件；① 明成祖也曾赏赐大慈法王释迦也失带八宝纹的衣服。② 又如正统七年九月明英宗回赐给尚师哈立麻的织物中有浑织金宝相牡丹花嵌八宝大红纱二匹、浑织金牡丹花嵌八宝深桃红纻丝二匹、印八宝珊瑚熟彩绢三匹和暗八宝天花绿纻丝一匹。③ 八宝纹（八吉祥纹）是藏传佛教中一种具有代表性的宗教图案，明廷用装饰有这种纹样的服饰和织物赏赐西藏人员，应该与这种纹样在藏传佛教中的地位和影响有关。

明廷给西藏赏赐了不少的瓷器，这些瓷器的造型和装饰纹样大部分为内地所常见，但仍有部分瓷器比较特别，带有藏文化的相关因素。在明廷赏赐西藏的瓷器中，僧帽壶是一种造型比较特别的器

---

① 中国藏学研究中心等合编：《元以来西藏地方与中央政府关系档案史料汇编》(1)，第105—106页。
② 拉巴平措：《大慈法王释迦也失》，第104页。
③ 中国藏学研究中心等合编：《元以来西藏地方与中央政府关系档案史料汇编》(1)，第164—165页。

物，目前可见永乐时期的白釉锥刻缠枝莲花纹僧帽壶（图2-17）、宣德时期的青花藏文莲托八吉祥纹僧帽壶（图2-21）以及明代早期的景泰蓝番莲纹僧帽壶等（图2-30）。这种瓷质僧帽壶早在元代就已经出现，是藏传佛教使用的一种宗教器皿，其造型来源可能和西藏有关。[①] 明朝永乐时期恢复了僧帽壶的烧造，应该是为了服务宫廷的藏传佛教活动以及赏赐西藏的需要。

除造型外，明廷赏赐西藏的部分瓷器在装饰纹样方面也吸纳了藏文化因素，使用藏文、梵文和八吉祥纹等作为瓷器的纹样。目前西藏发现有不少用藏文和梵文装饰的明代瓷器，其中绝大部分为宣德时期的产品。西藏博物馆藏有三件带藏文的高足碗，其中一件为青花八宝纹藏文高足碗，碗内有藏文祝祷词，内容为"昼吉祥，夜吉祥，正午吉祥，昼夜吉祥"（图2-20）。另一件青花缠枝莲托八宝纹高足碗的内壁有一周藏文，碗底心的双圈内饰梵文六字真言。[②] 西藏布达拉宫保存有两件带藏文的宣德瓷器，其中一件为青花藏文高足碗，在器壁外有青花藏文吉祥祝词一周，意为"昼吉祥，夜吉祥，正午吉祥，昼夜吉祥，三宝吉祥"。[③] 萨迦寺也藏有两件带藏文的宣德瓷器，其中一件为青花五彩莲池鸳鸯纹高足碗，碗内壁口沿处装饰青花藏文一周，意为"昼吉祥，夜吉祥，正午吉祥，昼夜吉祥，三宝吉祥"（图2-79）。[④] 目前西藏发现的宣德以后的带藏文瓷器仅有万历时期的青花庭院仕女纹高足碗，该碗内壁有一圈藏文，内底有一带圈梵字（图2-29）。上述这些带藏文或梵文咒语的瓷器很可能是明廷专为西藏诸法王举行法会而烧制的宗教法器，[⑤] 是明廷根据西藏宗教习俗和宗教需要而制备物品的行

[①] 何鸿：《从僧帽壶瓷器看汉藏文化交流》，《荣宝斋》2011年第5期。赵宏：《故宫博物院藏明清时期藏、蒙俗瓷器》，《故宫博物院院刊》1994年第1期。
[②] 西藏博物馆编：《西藏博物馆藏明清瓷器精品》，第34—35页。
[③] 布达拉宫管理处编：《布达拉宫珍宝馆图录》，第42页。
[④] 郑堆、德吉卓玛编著：《萨迦寺》，第148页。
[⑤] 耿宝昌：《明清瓷器鉴定》，第43页。

为体现。

西藏现存较多装饰有八吉祥纹（八宝纹）的明朝内地瓷器，如萨迦寺收藏的明代青瓷八宝莲花碗①、拉萨哲蚌寺收藏的明成化年制斗彩莲托八宝纹杯②等。上文提到带藏文的宣德瓷器中也有不少同时使用八吉祥纹做装饰，这些瓷器之所以将藏文与八吉祥纹搭配使用，应该与二者共同的西藏属性有关。另据西藏自治区档案馆藏永乐六年正月明成祖给如来大宝法王的致书，明成祖曾赏赐大宝法王"白磁八吉祥茶瓶三个"。③ 上面提到的这些瓷器或在造型上或在装饰要素上受到藏文化的影响，有意加入了相关藏文化要素，以便能够更好地符合西藏社会的文化传统、审美习惯和宗教心理。

明廷赏赐西藏的宗教物品包括金铜造像、法器、唐卡和经书等类型，这些物品是明朝有意针对藏族地区制作和安排的。除了内容安排上的因俗制宜外，这些宗教物品在制作时也借鉴和融入了一定的西藏因素。明廷赏赐西藏金铜造像的题材有祖师、佛陀、菩萨、密修本尊、护法与女尊（佛母等）等类型，其中祖师像有明成祖赏赐给大国师果栾罗葛罗坚藏巴里藏卜的"镀金铜佛像大宝法王"；④菩萨像有四臂观音、金刚萨埵与文殊等类型；密修本尊有大威德金刚、上乐金刚和喜金刚（图 2-51）等；护法有大黑天（图 2-52）、吉祥天母（图 2-53）、地狱主（降阎魔尊）、马头金刚和地狱主曼陀罗等；女尊则有摩利支天（积光佛母）、金刚亥母、持世菩萨（财续佛母）、白度母和绿度母等。上面列举的这些金铜造像本身就是藏传佛教的常见题材，同时在风格与样式上遵循了一定的藏地传统，显然是明廷专门针对藏传佛教人员及其信仰者

---

① 郑堆、德吉卓玛编著：《萨迦寺》，第 145 页。
② 王望生：《拉萨哲蚌寺藏两件明清瓷器》，《文物》1985 年第 11 期。
③ 中国藏学研究中心等合编：《元以来西藏地方与中央政府关系档案史料汇编》（1），第 106 页。
④ 中国藏学研究中心等合编：《元以来西藏地方与中央政府关系档案史料汇编》（1），第 150 页。

而有意制作的。此外,还有学者指出,明廷在赏赐西藏人员造像时已经考虑到了不同教派在教义和信仰上的差异,注意因教施像。①

西藏保存有多件永乐时期的铜鎏金莲花曼陀罗,如萨迦寺的铜鎏金八瓣莲花喜金刚曼陀罗②、布达拉宫的铜鎏金八瓣莲花大威德金刚曼陀罗(图2-68)等。上述这种莲花状造型的曼陀罗在明代以前的内地并未发现,但在宋元时期的西藏已经存在,③说明永乐时期制作的这种莲花状曼陀罗之原型应该来自西藏。《西天佛子源流录》记载,永乐乙酉年(永乐三年),藏僧班丹扎释之师班丹坚错便"奉命按经依法,教令各工制造坛场诸法仪像、铃杵供器"。④上述记载表明,明廷在制作金铜造像时不仅安排了藏僧进行指导,而且还"按经依法",即遵照藏传佛教造像的规范和样式。由此可见,明廷赏赐给西藏的金铜造像在题材、风格和样式的选择上充分考虑了西藏的宗教传统和信仰习惯,甚至直接模仿西藏的造像内容。

明廷赏赐西藏的宗教物品中还有法器、绢画唐卡和经书等,这些物品的制作亦因循了藏传佛教的某些习俗和规范。明廷赏赐西藏的法器中有铃杵、钹、曼陀罗、佛塔和寺院模型等,其中有的铜铃上有八思巴字和梵、汉文,⑤有的铜钹上有藏文(图2-61);⑥佛塔为藏传佛教样式的"善逝八塔"(图2-65),⑦寺院模型则为明朝从南亚获得的菩提伽耶寺院模型(图2-66)。《西天

---

① 黄春和:《明代永乐宣德宫廷藏式金铜佛像(下)》,《收藏家》2003年第5期。
② 李冀诚撰文,顾绶康、康松摄影:《雪域名刹萨迦寺》,第155页。黄春和:《藏传佛像艺术鉴赏》,第143页,黑白图97,附录254。
③ 《西藏自治区志·文物志》编纂委员会编撰:《西藏自治区志·文物志》,第1064—1065页。
④ 张润平、苏航、罗炤编著:《西天佛子源流录——文献与初步研究》,第163页。
⑤ 《西藏自治区志·文物志》编纂委员会编撰:《西藏自治区志·文物志》,第1206页。
⑥ 西藏自治区文物局、日喀则扎什伦布寺民管会编:《扎什伦布寺》,第176页。
⑦ 上海博物馆编:《雪域藏珍——西藏文物精华》,第125—126页,图46、图47。

佛子源流录》记载，明廷用于赏赐西藏的法器也是"按经依法"并有藏僧参与制作。① 菩提伽耶寺院作为佛教圣迹，备受佛教人员的尊崇，其模型被用来赏赐藏僧，自然也容易得到他们的欢迎和接受。

  西藏还保存有不少由明廷赏赐的唐卡及绢、纸类佛画，它们的质地虽然与西藏本地制作的唐卡有所不同，但明显是对藏地唐卡的模仿，其中不少作品可能还是根据藏地粉本制作的。这些唐卡的主题也多为藏传佛教的内容，如阎摩敌②、胜乐金刚③、大威德金刚（图2-73）、喜金刚④、吉祥时轮金刚⑤和救度佛母⑥等。康马县乃宁曲德寺保存有一幅释迦佛立像绢画，据其上"大明皇帝御制旃檀佛像赞"和"永乐十年四月十七日"的题记可知，这幅绢画是明成祖赏赐给西藏的。该绢画及其上的释迦佛虽然完全是汉地的风格与样式，但仍然可见藏文化因素存在，如绢画上的藏文以及释迦佛上部左、右两侧的喇嘛形象（图2-74）。⑦ 为了使西藏人员更好地了解和认识这些唐卡的信息，明廷会在唐卡上织出藏文款识，如大慈法王像唐卡上有"至善大慈法王大圆通佛"的藏文款识；⑧ 又如布达拉宫藏有一幅大庆法王领占班丹绣施的普贤菩萨像唐卡，其

---

  ① 张润平、苏航、罗炤编著：《西天佛子源流录——文献与初步研究》，第163页。

  ② 周炜、索文清主编：《吉祥宝藏：西藏珍藏的中原及皇家瑰宝》下册，第114—115页。黄能馥、陈娟娟：《中国丝绸科技艺术七千年：历代织绣珍品研究》，中国纺织出版社2002年版，图8-154，第298页。

  ③ 西藏文管会文物普查队：《大昭寺藏永乐年间文物》，《文物》1985年第11期。周炜、索文清主编：《吉祥宝藏：西藏珍藏的中原及皇家瑰宝》下册，第110—111、120—121页。

  ④ 西藏自治区文物管理委员会编：《西藏文物精粹》，第99—100页，图72。

  ⑤ 刘鸿孝主编：《布达拉宫秘宝》，第227页。

  ⑥ 宿白：《西藏江孜白居寺调查记》，《藏传佛教寺院考古》，第138页。

  ⑦ 西藏文管会文物普查队：《西藏康马县乃宁曲德寺的明代佛像绢画》，《南方民族考古》第4辑，第297—302页。

  ⑧ 西藏博物馆编，何晓东著：《历史的见证——西藏博物馆藏历代中央政府治藏文物集萃》，第63页。

最下方用金线绣有相同内容的汉、藏文题款（图 2-80）。①

西藏至少保存有两部永乐版朱砂《甘珠尔》（图 2-71），这是目前公认西藏最早的木刻版藏文刊印本。该版《甘珠尔》是永乐八年明成祖为追荐去世的徐妃而下令在南京刊刻的，在印本扉页附有明成祖御书的《大明皇帝御制藏经赞》和《御制后序》两赞文的汉文原文及藏文译文。据《大明皇帝御制藏经赞》中"遣使往西土取藏经之文，刊梓印施，以资为荐扬之典"的内容可知，这版《甘珠尔》虽然由内地印制，但所依母本来自"西土"，具体为西藏蔡巴版《甘珠尔》。② 由此可见，明廷制作并用来赏赐西藏的法器、唐卡和经书等，无论是物品类型还是物品的特征与要素都和藏传佛教关系密切，有意模仿或者直接加入藏文化因素，这是明朝基于西藏宗教和社会传统而"因俗"安排赏赐物品的策略体现。

从前文的论述来看，明廷赏赐西藏的一些政治类、生活类及宗教类物品在许多方面都不同程度地根据西藏文化的特点和传统做了调整。首先是选择的赏赐物品尽量符合西藏社会和宗教的习惯与需要，其次在赏赐物品的设计和制作上有意加入与西藏文化及藏传佛教相关的要素。明廷对赏赐西藏物品的上述安排是其面对西藏社会和宗教现实而从物质文化角度出发采取"因俗制宜"的治藏策略之体现，有利于西藏人员从文化与心理上接受和认同明朝及其赏赐的物品。

明朝上述"因俗"治藏的策略促进了汉藏文化的交流和相互影响。为了制作出符合西藏社会习俗和宗教传统的赏赐物品，明廷会借鉴和吸收西藏的相关因素，这使得西藏文化能够比较顺畅地传播和影响到内地。而当明廷制作的带有汉、藏双重因素的内地物品被赏赐到西藏后，会对西藏产生影响，如此又促进了内地文化向西

---

① 欧朝贵：《介绍两幅明清唐卡》，《文物》1985 年第 11 期，图一。欧朝贵：《大庆法王领占班丹绣施普贤菩萨像考释》，《西藏研究》1987 年第 2 期。

② 嘉措、平措等：《拉萨现藏的两部永乐版〈甘珠尔〉》，《文物》1985 年第 9 期。

藏的传播。这种相互借鉴与相互影响，不断地推进汉藏文化的交流与融合。

二 寓文于物——明廷赏赐西藏物品中的象征性汉地因素

明廷不仅在赏赐西藏的部分物品上有意加入藏文化因素以迎合西藏的社会传统和宗教需要，而且会在某些赏赐西藏的物品上加入一些象征性的汉地因素，以便向西藏传达和表现明廷的意志和动机，彰显内地文化的优越性。现有文物材料显示，在明廷赏赐西藏的部分物品上存在一些具有特殊意涵的汉地因素，这些因素往往具有政治和宗教上的象征意义。

龙纹是汉地一种具有悠久历史的传统图案，在元、明时代已经成为皇权的象征，具有特殊的政治与等级意义，其使用方式和使用对象都有比较严格的制度规范。在明廷赏赐西藏的许多物品上都可见龙纹或龙的形象，如印章、丝绸、瓷器、法器、唐卡、玉器与墨锭等。印章作为政治物品，本身就是明廷权威和地位的象征。从目前西藏保存的明廷赐印来看，仅大宝、大乘二位法王获赐的玉印使用了四爪双龙纽（图1-22、图1-23），其他人员的印章均未使用龙纽，这明显是为了突出大宝法王与大乘法王的地位以及明廷对他们的优待。

带龙纹的丝绸见于扎什伦布寺甲纳拉康（意为汉佛堂）中的双龙金丝织锦缎顶幔华盖（图2-11）以及藻井上的二龙戏珠纹锦（图2-81）。① 西藏自治区档案馆藏永乐六年正月明成祖给大宝法王的致书显示，大宝法王获赐的物品中有"白磁茶钟九个，红油斜皮骰手全：五龙五个，双龙四个"。② 这里的五龙和双龙应该是指瓷器上的龙纹数量。目前西藏保存有不少明代龙纹瓷器，如宣德

---

① 西藏自治区文物局、日喀则扎什伦布寺民管会编：《扎什伦布寺》，第42页。
② 中国藏学研究中心等合编：《元以来西藏地方与中央政府关系档案史料汇编》(1)，第106页。

青花海水龙纹高足碗（图 2-19）、正德黄地青花云龙纹碗（图 2-25）、嘉靖青花云龙纹执壶（图 2-26）和青花穿花龙纹高足碗①以及万历五彩龙凤纹盘②等。上述这些瓷器上的龙纹多数为五爪龙纹，少数为四爪龙纹。

明廷赏赐给西藏人员明朝内地的部分法器上也存在龙纹图案，其中以铜钹上最常见。日喀则扎什伦布寺藏有一副永乐款铜钹，其上有双龙戏珠图案（图 2-61）。宣德款铜钹目前在西藏发现较多，见于萨迦寺（图 2-82）③、尼木杰吉寺④、吉隆曲德寺⑤、昂仁维桑林寺⑥、昂仁扎桑寺⑦、色拉寺⑧和亚东东嘎寺等处⑨。宣德铜钹的特征整体接近，均饰有双龙戏珠图案，双龙之间为火焰宝珠，宝珠上常刻有汉文"寿"字。明廷颁赐的唐卡同样有使用龙纹的情况，如西藏博物馆收藏的刺绣大慈法王像唐卡之下部有一对戏珠的五爪龙纹（图 1-24），这件唐卡可能是明廷赏赐给释迦也失或其弟子的物品。

西藏保存有不少明朝内地制作的玉器，其中部分玉器上也有龙纹图案。西藏博物馆有两件服饰用玉，一件为龙纹青白玉銙，在其正面减地浮雕一龙（图 2-14）；另一件为龙纹青白玉铊尾，其上也雕有龙的图像（图 2-15）。西藏博物馆还藏有带龙纹的青白玉

---

① 周炜、索文清主编：《吉祥宝藏：西藏珍藏的中原及皇家瑰宝》下册，第 166—167 页。

② 西藏博物馆：《西藏博物馆藏明清瓷器精品》，第 60—63 页。

③ 翟向东主编：《日喀则地区现存反映中国中央政府有效治理西藏历史文物目录》，第 71 页。

④ 《西藏自治区志·文物志》编纂委员会编撰：《西藏自治区志·文物志》，第 477 页。

⑤ 索朗旺堆主编：《吉隆县文物志》，第 159 页。

⑥ 索朗旺堆主编：《昂仁县文物志》，第 171 页，图 6—10。

⑦ 索朗旺堆主编：《昂仁县文物志》，第 169 页，图 6—9。

⑧ 西藏在线官网，http://www.tibetol.cn/html/2013/sm_0617/1107.html，最后访问日期：2018 年 4 月 20 日。

⑨ 索朗旺堆主编：《亚东、康马、岗巴、定结县文物志》，第 51 页。

托盘和青白玉方执壶，其中青白玉托盘上的龙纹较为抽象，采用减地浮雕表现；① 青白玉方执壶则在腹部浮雕一正面龙纹。② 此外，西藏还保存有一件带"龙香御墨"和"大明成化年制"款识的墨锭，其上装饰有龙戏珠图案（图2-42）。

通过前文的论述可知，西藏发现的明朝内地造龙纹器物非常多样，这些器物制作精美，多数是明朝官方作坊的产品。作为一种象征等级和地位的汉地纹样，龙纹通常与皇权相关，其中五爪和四爪龙纹的使用更是有严格的等级规范。明廷使用带龙纹物品赏赐西藏人员的背后应有一定的目的和动机，那便是宣示明廷对受赐者的优待，同时依托龙纹这种具有象征性的汉地因素来向西藏传播内地的等级观念和政治文化。

除龙纹这种具有政治象征意义的纹样外，明廷赏赐西藏的部分物品上还出现了汉地特有的一种宗教纹饰——八卦纹。在拉萨哲蚌寺郭芒扎仓的顶部有一个丝绸天棚，所用丝绸的主体部分以黄色为底色，其上除了云纹和众多的五爪龙纹外，在方框内部的四角及四方中部还有八个特殊的图案（图2-83），③ 是为八卦的八种卦形，分别名乾、坤、震、巽、坎、离、艮、兑，象征天、地、雷、风、水、火、山、泽八种自然现象。④ 这匹丝绸上的龙纹具有典型的明代特征，其上的五爪龙纹表明其应该是明朝特赐的物品。萨迦寺的佛堂中有一件明朝内地制作的雕龙玉钟，为透雕的蟠龙纹钟纽，在钟体上部有一周浅浮雕的八卦纹（图2-60）。西藏布达拉宫保存的一件青白玉云凤八卦纹竹节足爵上也发现有八卦图案，这件玉器可能原为明朝宫廷的陈设物品（图2-84）。⑤ 上述这些带有八卦

---

① 西藏博物馆编：《西藏博物馆藏元明清玉器精品》，第69页。
② 西藏博物馆编：《西藏博物馆藏元明清玉器精品》，第46—47页。
③ 哲蚌寺、余言主编：《哲蚌寺》，第76页。
④ 任继愈主编：《宗教大辞典》，第45页。
⑤ 周炜、索文清主编：《吉祥宝藏：西藏珍藏的中原及皇家瑰宝》下册，第176页。

纹的物品都十分贵重，可能是明廷给西藏人员的赐物。此外，西藏博物馆还藏有一对镶银翅海螺法号，在银翅正面铸出浮雕效果的八卦图案，据法号上面的汉文款识可知，其是由明代汉地制作的（图2-64）。上述这些器物上的八卦纹原本是汉地道教中的一种标志性图案，蕴含着汉地传统朴素的哲学和宗教思想。明廷之所以会赏赐西藏一些加入了八卦纹的物品，可能与其借此向西藏传播汉地思想和文化的动机有关。

汉字是内地文化最基本和最具代表性的要素之一，是明廷与边疆地区和周边藩国交往时使用的首要文字，也是体现明朝在政治与文化上具有优越性、正统性及主导性的重要标志。为此，明廷不仅在赏赐西藏的物品上有意使用汉字，而且将部分汉字作为一种装饰要素放到相关器物上。明廷赏赐西藏的印章与诏敕等政治类物品都优先使用汉字，如明廷颁给西藏人员的绝大多数印章仅使用汉字（附录表1），即使少数使用非汉字（八思巴字或梵文）的印章通常也会带有汉文款识。① 洪武时期颁给西藏的诏敕仅有汉文，但到永乐时期已经同时使用汉、藏两种文字，通常汉文在藏文之前。由于明代能够阅读汉文的西藏人员毕竟很少，因此明廷所颁印章和诏敕上的汉文在信息传递方面的作用应该非常有限。

明廷赏赐西藏的经书、绢画和唐卡上也常有汉字。西藏色拉寺和布达拉宫保存的永乐八年版朱砂《甘珠尔》之木夹板上均刻图案边框，内用汉、藏文字刻写本函目录；同时在每函中均放有永乐皇帝书写的《大明皇帝御制藏经赞》和《御制后序》两赞文的汉文原文与藏文译文，一式两份（图2-71）。② 康马县乃宁曲德寺藏有一幅永乐十年的释迦牟尼卷轴绢画，在画面的左、右两侧分别有汉、藏文书写的"大明皇帝御制旃檀佛像赞"，内容相同，其中仅

---

① 西藏博物馆编，何晓东著：《历史的见证——西藏博物馆藏历代中央政府治藏文物集萃》，第88页。《西藏自治区志·文物志》编纂委员会编撰：《西藏自治区志·文物志》，第963页。

② 嘉措、平措等：《拉萨现藏的两部永乐版〈甘珠尔〉》，《文物》1985年第9期。

汉文赞词就有千余字（图 2 - 74）。① 江孜白居寺保存有一幅带"大明永乐十四年四月十七日施"款的钳青纸地泥金《御制救度佛母像》，应即文献记载的"镀金彩画"一类，其上有用汉文书写的《御制救母赞》。②

西藏博物馆藏有一幅《噶玛巴为明太祖荐福图》长卷，是明成祖赏赐给大宝法王的物品，该画卷上有用汉文、畏兀儿文、傣文、藏文和回鹘式蒙古文这五种文字书写的说明，其中汉字排在第一位（图 2 - 76）。③ 类似这种同时使用多种文字的现象在元代就已经出现，有学者认为这"标示着新时代多民族宗教观念与正统思想的趋同，并以禳灾延寿的吉祥寓意象征着一个和谐相处的多民族国家新纪元的开始"。④ 因此笔者推测《噶玛巴为明太祖荐福图》长卷的绘制或许也包含这样的期盼。西藏现有两幅大慈法王像刺绣唐卡，其上均有汉、藏文的大慈法王名号（图 1 - 24、图 1 - 32）。上面这些由明廷赏赐的物品都同时使用汉、藏文，其中藏文的存在是为了方便西藏人员更好地了解和认识这些物品，而汉字作为内地使用的文字，其在西藏的识读对象非常有限，但明廷仍然坚持使用汉字并有意安排在藏文之前，显然与汉字是明朝中央政权和汉地文化的象征有关。

明廷赏赐西藏的很多物品都带有汉字年号款，这些铭款的性质、格式和内容通常比较一致。明廷赏赐西藏的金铜造像和佛塔、铃杵、铜钹、钢剑等法器上一般都带有汉字年款，如明成祖时期的"大明永乐年施"款，明宣宗时期的"大明宣德年施"、"大明宣德

---

① 西藏文管会文物普查队：《西藏康马县乃宁曲德寺的明代佛像绢画》，《南方民族考古》第 4 辑，第 297—302 页。
② 宿白：《西藏江孜白居寺调查记》，《藏传佛教寺院考古》，第 138 页。
③ 哈斯额尔敦：《〈普度明太祖长卷图〉第四段回鹘蒙古文考释》，《民族语文》2007 年第 1 期。
④ 谢继胜：《居庸关过街塔造像义蕴考——11 至 14 世纪中国佛教艺术图像配置的重构》，《故宫博物院院刊》2014 年第 5 期。

年造"、"大明宣德年内加金银制"、"大明宣德五年内加金银造"和"大明宣德五年秋月内加金银造"等（附录表6、表7）。明廷赏赐西藏的官窑瓷器基本都带有相应的汉字年款，如"永乐年制"、"大明宣德年制"、"宣德年制"、"大明成化年制"、"大明嘉靖年制"和"大明万历年制"等（附录表4）。除此之外，明廷赏赐西藏的唐卡和墨锭等物品上也常见汉字年款（附录表8），如大昭寺保存的胜乐金刚刺绣唐卡和大威德金刚缂丝唐卡上带有"大明永乐年施"汉字年款，[1] 罗布林卡收藏的一块墨锭上有"大明成化年制"款。[2]

使用年号款的做法本是内地官作手工业传统的习惯和规范，但当这些标有统治者年号款识的物品被用来服务于明朝经略西藏的需要时，便具有了政治和文化上的象征意义。汉字年款是西藏判定和认识内地物品的一个重要标志，具有鲜明的地域和文化属性。明代藏文文献记载，西藏早已知晓明廷所赐物品上汉字年款的意思，明确指出这是"皇帝之汉文年号"。[3] 在中国古代，统治者的年号具有政治意义，是体现统治者及其政权合法性与正统性的重要依据。在与周边藩国和边疆地区交往的过程中，边疆地区与藩属国对明朝统治者年号的接受和认同是其奉明朝"正朔"与"顺天道"的表现，是明朝在政治上处于主导地位的重要标志。在这样的背景下，明廷赏赐西藏物品上的汉字年号款自然也就成了一种具有政治象征意义的文化因素。

在明廷赏赐西藏的物品中还有一些直接象征明朝统治者的特殊物品，如万岁牌、皇帝画像等。西藏昌都噶玛寺原有一件明代万岁牌，上书汉字"皇帝万岁万万岁"（图2-78）。相关材料显示，明

---

[1] 周炜、索文清主编：《吉祥宝藏：西藏珍藏的中原及皇家瑰宝》下册，第110—113页。
[2] 西藏自治区文物管理委员会编：《西藏文物精粹》，第54—55页。
[3] 巴卧·祖拉陈瓦：《〈贤者喜宴——噶玛噶仓〉译注（七）》，周润年、张屹译，《西藏民族学院学报》2012年第2期。

代藏族地区有不少寺院都曾供奉过万岁牌，如乐都瞿昙寺、永登县妙因寺①和康乐县西蜂窝寺②等。其中瞿昙寺的万岁牌至今保存完好，为宣德二年御用监太监们所立，正面为梵、汉、藏三种文字对照的"皇帝万万岁"。③西藏布达拉宫藏有一件永乐二年绘制的明成祖朱棣御容像，装在特制的长盒中（图2-75）。④上述物品具有特殊的政治意义，是明朝统治者的直接象征，它们被用来赏赐西藏的目的可能是向西藏社会介绍和宣扬明朝统治者，以促进西藏对明朝统治者的尊崇和认同。

综上所述，明廷赏赐西藏的部分物品上存在不少具有象征意义的汉地因素，如龙纹、八卦纹、汉字与年号款，并有一些象征明朝统治者的万岁牌和御容像等。这些因素不仅是明代汉地文化的典型代表，而且蕴含着一定的政治意义。明廷有意使用带有一定象征性汉地因素的物品来赏赐西藏，其目的和动机应该比较明确，一是以这些因素为媒介来向西藏传播汉地的文化和思想观念，二是利用这些因素及其承载的理念向西藏宣扬内地文化的优越性与先进性，以及明朝在汉藏政治关系中的主导和正统的地位，以促进西藏对明朝的认同。

对明廷赏赐西藏物品的文化因素分析，使我们不仅对明廷赏赐西藏的物品及其负载的汉藏文化因素有了一定的认识，而且还对这些因素的内涵及其反映出的明朝治藏策略与动机有了相应的了解。首先，明廷赏赐西藏的物品会有意使用符合西藏社会习俗、文化传统和宗教观念的相关因素，以便得到西藏社会的接受和认同。其

---

① 夏春峰：《甘肃连城妙因寺及其相关寺院探研》，《西北民族大学学报》2003年第6期。

② 何子君：《汉藏佛教文化交融的历史丰碑——以陇上千年古刹西蜂窝寺为例》，《宗教学研究》2011年第3期。

③ 谢继胜、熊文彬、罗文华、廖旸等：《藏传佛教艺术发展史》，第426—427页。

④ 欧朝贵：《布达拉宫藏明成祖朱棣画像》，《文物》1985年第11期。

次，明廷还有意使用一些带有象征性汉地因素的物品来赏赐西藏的人员和寺院，以便向西藏传达和表现明朝的意志与动机。总之，明廷对赏赐西藏物品的安排和设计充分考虑了西藏文化的特点，又兼顾自身的政治需要。正是在明廷这种"因俗制宜"和"寓文于物"的文化策略下，西藏与内地都出现了许多兼容汉藏的文化因素，为汉藏文化的相互了解与进一步融合创造了条件。

第三章
明朝内地输藏物品在西藏的使用与影响

物质是文化的载体，明朝内地输藏物品践行着汉地文化影响西藏的使命，承担着落实明朝以文治藏策略的责任。作为没有生命的物体，明朝输入西藏的物品只有通过使用才能实现和完成上述使命与责任。因此，本章将主要从文物材料出发，同时结合文献、民族志材料对内地物品在明代西藏社会的使用情况进行考察，以便了解明朝内地物品如何在西藏社会发生作用，进而探讨这些物品及其承载的内地文化对西藏社会和文化产生的影响，由此加深对明朝通过物质文化来经略西藏之策略的内涵和成效的认识。

第一节 明朝内地输藏物品在西藏的使用对象

明朝内地输入西藏的物品类型与性质比较多样，这些物品在西藏社会的使用对象也比较广泛。从现有材料来看，明代内地输藏物品（主要是明廷赏赐物品）在西藏的使用对象至少可以分为两种类型，一是以寺院为对象的集体，二是以人为对象的个体。这两类使用对象并非完全分离，而是相互交织，特别是个体中的僧人与作为集体的寺院本身就处在一种合二为一的状态。但为了研究方便，本书将分别对两种类型的使用对象进行考察。

一 寺院

寺院是西藏财富最主要的汇集地，本书涉及的明代文物最初也主要保存于各寺院之中。明代西藏寺院获取内地物品的途径比较多样，主要有以下四种：一是寺院派出的使团通过赴内地朝贡等方式直接从内地获得，二是通过寺院、人员之间的交往互动而间接获得，三是明廷派往西藏人员的馈赠和布施，四是通过民间商贸的途径获得。现有材料显示，至少有以下寺院在明代获得了内地物品。

1. 大昭寺

大昭寺是西藏一座古老的寺院，在西藏具有特殊的地位。大昭寺收藏有许多明朝内地物品，如金铜造像（附录表6）、织物（图2-9）、唐卡（附录表8）和法器等，① 其中不少物品为明廷赏赐。寺内的杨瑛碑显示，大昭寺在明代已为内地人员所了解，入藏的明廷使者曾到该寺拜访并立碑纪事（图3-1）。② 又据《西天佛子源流录》，藏僧班丹扎释曾亲自以及派其弟子到大昭寺布施从内地带来的物品，包括金灯盏、数珠、珍珠袈裟和"织金顶髻"等。③

2. 楚布寺

楚布寺是噶玛噶举派的主寺，很早就和明廷建立了联系，现存洪武八年明太祖给四世噶玛巴的诏敕中就已经提到了该寺，称为卒尔普寺（图1-36）④。永乐初年，明成祖召请五世噶玛巴赴京并封其为大宝法王后，该寺地位得到了极大提升，明廷历次赏赐的大量

---

① 西藏文管会文物普查队：《大昭寺藏永乐年间文物》，《文物》1985年第11期。
② 西藏文管会文物普查队：《大昭寺藏永乐年间文物》，《文物》1985年第11期。
③ 张润平、苏航、罗炤编著：《西天佛子源流录——文献与初步研究》，第167页。
④ 西藏自治区文物管理委员会：《明朝皇帝赐给西藏楚布寺噶玛活佛的两件诏书》，《文物》1981年第11期。

物品进入该寺，包括匾额（图 2 – 77）、经书①、法器、唐卡、诏敕与画卷（图 2 – 76）等。由于历史原因，该寺原藏的很多文物现在已经散失。

3. 萨迦寺

萨迦寺是萨迦派的主寺，保存有元、明、清历代的大量文物，是西藏文化的宝库。明代萨迦派的势力虽不及噶举派和格鲁派，但亦与明廷建立了密切联系。该寺保存有大量的明朝内地文物，包括瓷器、金铜造像、法器、唐卡和经书等。瓷器如青花折腹碗及宣德青花五彩莲池鸳鸯纹圈足碗和高足碗（图 2 – 79）②等。金铜造像如永乐年款吉祥天母鎏金铜像（图 2 – 53）和金刚亥母像（图 2 – 54）等。法器如"大明永乐年施"钢剑（图 2 – 63）与宣德年铜钹（图 2 – 82）等。③ 唐卡有药师佛唐卡（图 3 – 2）④ 等。经书原有永乐八年版朱砂《甘珠尔》，现收藏在布达拉宫（图 2 – 71）。

4. 那塘寺

那塘寺在明代汉文中被称为那哩当寺，位于日喀则市扎什伦布寺东南约 15 公里处，是后藏著名的古寺院。该寺原存两件永乐时期明廷颁给该寺堪布的诏敕，从中可以看到明廷使者多次得到那塘寺的礼待，明廷因此"赐以彩币"作为奖励。⑤ 那塘寺曾保存有一组由木、石雕刻组合成的印度菩提伽耶寺院模型，据模型上的"大明永乐年施"题款可知，其应该由明廷赏赐（图 2 – 66）。另外，该寺还保存有一副大明宣德五年款铜钹，应该也是明廷赏赐的。⑥

---

① 宿白：《西藏拉萨地区佛寺调查记》，《藏传佛教寺院考古》，第 43 页。
② 郑堆、德吉卓玛编著：《萨迦寺》，第 148—149 页。
③ 黄春和：《藏传佛像艺术鉴赏》，第 122 页，续表一：26；第 143 页，黑白图 97；附录 254。
④ 郑堆、德吉卓玛编著：《萨迦寺》，第 209 页。
⑤ 宋伯胤：《明朝中央政权致西藏地方诰敕》，中央民族学院藏族研究所编：《藏学研究文集》，第 85—99 页。
⑥ 宿白：《拉萨布达拉宫主要殿堂和库藏的部分明代文书》，《藏传佛教寺院考古》，第 122 页。

5. 色拉寺

色拉寺是大慈法王释迦也失第一次赴京返藏后主持修建的一座寺院，其内也收藏有不少明朝内地文物。在色拉寺措钦大殿右室内有十六罗汉泥塑彩绘像，据言其内装藏有明朝皇帝赐给释迦也失的十八尊檀香木雕罗汉像。① 该寺强巴佛殿内还保存有一套永乐八年版朱砂《甘珠尔》，共105函，可能是明成祖赐给释迦也失的物品（图2-71）②。另外在罗布林卡收藏有一幅大慈法王像缂丝唐卡（图1-32），据底部的藏文款识可知，其是由释迦也失弟子出资在内地制作的，③ 原藏于色拉寺。④

6. 甘丹寺

甘丹寺位于拉萨达孜区，是格鲁派创始人宗喀巴于15世纪初创建并亲任第一任法台的寺院。藏文文献记载，明成祖曾两次派人邀请宗喀巴赴内地，每次都赠送了许多物品，包括瓷器、绸缎、法器和供器等，⑤ 其中部分物品很可能被存放在其驻锡的甘丹寺中。此外，甘丹寺内还保存有一组由十六罗汉等构成的丝织唐卡（"甘丹绣唐"），可能是释迦也失或其弟子返藏后奉献给甘丹寺的礼物（图3-3）。⑥

7. 哲蚌寺

哲蚌寺位于拉萨市郊，曾经是藏传佛教最大的寺院，创建于明代永乐年间，《明实录》记载该寺僧人曾于正统年间赴京朝贡。⑦ 该

---

① 《西藏自治区志·文物志》编纂委员会编撰：《西藏自治区志·文物志》，第540页。
② 嘉措、平措等：《拉萨现藏的两部永乐版〈甘珠尔〉》，《文物》1985年第9期。
③ 熊文彬：《西藏罗布林卡藏明代大慈法王像缂丝唐卡再探》，《中国藏学》2014年第3期。
④ 宿白：《西藏拉萨地区佛寺调查记》，《藏传佛教寺院考古》，第34页。
⑤ 恰白·次旦平措等：《西藏通史——松石宝串》，第458页。
⑥ 拉巴平措：《大慈法王释迦也失》，第77—80页。另有意见认为这些唐卡可能由大慈法王弟子阿木葛和索南喜饶带回（或献给）甘丹寺。参见王瑞雷《西藏甘丹寺藏明初十六罗汉刺绣唐卡相关问题初探》，《故宫博物院院刊》2018年第3期。
⑦ 《明英宗实录》卷一七七，正统十四年四月己未，第3414页。

寺收藏有许多来自明朝内地的物品，如成化年款的斗彩莲托八宝纹杯①及措勤大殿和郭芒扎仓内的织绣顶幔（图2-83）②等。

8. 扎什伦布寺

扎什伦布寺位于日喀则市区，由宗喀巴弟子根敦朱巴（他被追封为第一世达赖喇嘛）于正统十二年创建，③该寺在成化年间已经派人赴京朝贡。④该寺收藏有许多来自明朝内地的物品，如瓷器、唐卡、造像和绸缎等。其中瓷器有藏文高足碗⑤，唐卡有万历年间的缂丝《罗汉像》（图3-4）⑥，造像有象牙质十一面观音立像（图2-56）与释迦牟尼佛立像⑦等，绸缎有作为藻井装饰的二龙戏珠纹锦（图2-81）及双龙金丝织锦缎顶幔华盖（图2-11）等。

9. 丹萨替寺

丹萨替寺位于山南市桑日县境内，是明代西藏帕木竹巴地方政权所属帕竹噶举派的祖寺。该寺在明代也曾派使者入贡，⑧其内原藏有不少明朝内地制作的物品，如仿造唐代样式的响铜钟⑨以及由明朝宫廷赏赐的铜鹤⑩。

10. 泽当寺

泽当寺亦称乃东寺，位于山南市乃东区泽当镇宗山南麓，是明

---

① 王望生：《拉萨哲蚌寺藏两件明清瓷器》，《文物》1985年第11期。
② 熊文彬、陈楠主编：《西藏通史·明代卷》，彩图"哲蚌寺措勤大殿明代织绣"。哲蚌寺、余言主编：《哲蚌寺》，第76页。
③ 西藏自治区文物管理委员会：《扎什伦布寺》，《文物》1981年第11期。
④ 《明宪宗实录》卷二〇三，成化十六年五月丙申，第3555页。
⑤ 西藏自治区文物局、日喀则扎什伦布寺民管会编：《扎什伦布寺》，第174页。
⑥ 西藏自治区文物管理委员会编：《西藏唐卡》，第46页，图版说明第185页。
⑦ 甲央、王明星主编：《宝藏——中国西藏历史文物》(3)，第276页，图103。
⑧ 《明太宗实录》卷八六，永乐六年十二月辛丑，第1148页。
⑨ 《西藏自治区志·文物志》编纂委员会编撰：《西藏自治区志·文物志》，第1208—1209页。
⑩ 《西藏自治区志·文物志》编纂委员会编撰：《西藏自治区志·文物志》，第1048页。

代西藏帕木竹巴地方政权开创者绛曲坚赞创建的寺院。该寺后来成为帕竹噶举派的主寺，寺内原保存有不少明朝内地文物，如缂丝释迦佛像唐卡①、缂丝观音像唐卡与"大明宣德年造"铜钹②等。

11. 白居寺

白居寺位于日喀则市江孜县，创建于 15 世纪中叶，③ 是后藏一座非常重要的寺院。该寺保存有不少明朝内地制作的物品，如金铜造像、瓷器和唐卡等。金铜造像如永乐时期的上乐金刚像④，瓷器如绿釉高足杯⑤。白居寺还藏有一件带"大明永乐十四年四月十七日施"题记的钳青纸地泥金《御制救度佛母像》唐卡，宿白先生认为这件唐卡可能是明廷赏赐给江孜法王热丹贡桑帕巴的礼物。⑥

12. 噶玛寺

噶玛寺亦称噶玛丹萨寺，位于西藏昌都市嘎玛乡，是噶玛噶举派的祖寺，曾在全藏特别是康区有较大影响力。该寺位于藏东，与明廷关系密切，明廷使者曾带给该寺许多内地物品，如旌旗缎带、万岁牌和瓷器等。⑦ 其中万岁牌为木质，上书汉字"皇帝万岁万万岁"（图 2-78）。另外，该寺集会大殿三楼顶端的藏式平顶正中还有明廷赏赐的法轮和一对鎏金孔雀。⑧

13. 昌珠寺

昌珠寺位于山南市乃东区，是山南一座古老的寺院，现在还保

---

① 西藏自治区文物管理委员会编：《乃东县文物志》，第 135 页。王毅：《西藏文物见闻记（五）——山南之行》，《文物》1961 年第 3 期。
② 宿白：《西藏山南地区佛寺调查记》，《藏传佛教寺院考古》，第 79 页。
③ 熊文彬：《中世纪藏传佛教艺术：白居寺壁画艺术研究》，第 1 页。
④ 黄春和：《藏传佛像艺术鉴赏》，第 121 页，表一：18。
⑤ 柴焕波：《江孜白居寺综述》，《南方民族考古》第 4 辑，第 248 页。
⑥ 宿白：《西藏江孜白居寺调查记》，《藏传佛教寺院考古》，第 138、148 页。
⑦ 土呷、荣少华：《昌都地区旅游资源情况调查报告》，《拉萨藏学讨论会文选》，西藏人民出版社 1987 年版，第 368 页。
⑧ 丹扎：《噶玛寺》，《西藏研究》1988 年第 3 期。

存有一件唐代内地和尚主持铸造的铜钟。① 该寺处在帕木竹巴地方政权的政治中心，原藏有不少明朝内地物品，如永乐年款绿度母鎏金铜像②和"大明宣德年造"铜钹③等。

14. 乃宁曲德寺

乃宁曲德寺位于康马县，是一座历史悠久的寺院。该寺原保存有丰富的文物，近代英人侵藏时劫掠甚多，现仅存少数，其中一件为带"永乐十年四月十七日"款的释迦牟尼立像绢画，在画面左上方还有"大明皇帝御制栴檀佛像赞"（图2-74）;④ 另外该寺还保存有一件"大明成化年制"款的暗八仙霁红釉瓷杯。⑤ 乃宁曲德寺处在西藏通往南亚的一条交通线路上，文献记载该寺在明成祖时期曾派使者随阐化王入贡,⑥ 推测该寺所藏明廷赐物的来源可能与此有关。

15. 达隆寺

达隆寺位于拉萨市林周县境，是达隆噶举派之主寺，该寺在明初就已经和明廷建立联系。西藏博物馆现存一枚铜包铁印，为复制印，印文为汉文九叠篆"净修通悟国师印"（图3-5）。⑦ 藏文史籍《达隆教史》记载，"净修通悟国师"是明成祖赐给达隆寺第九任法座扎西贝孜的封号，同时还赏赐了金铸佛像、珠宝、绸缎和茶叶等物品。⑧

---

① 王尧编著：《吐蕃金石录》，文物出版社1982年版，第16页，图21。
② 黄春和：《藏传佛像艺术鉴赏》，第122页，续表一：44。
③ 《西藏自治区志·文物志》编纂委员会编撰：《西藏自治区志·文物志》，第1206页。
④ 西藏文管会文物普查队：《西藏康马县乃宁曲德寺的明代佛像绢画》，《南方民族考古》第4辑，第297—302页。
⑤ 西藏文物管理委员会编：《亚东、康马、岗巴、定结县文物志》，第85页。
⑥ 《明太宗实录》卷八六，永乐六年十二月辛丑，第1148页。
⑦ 欧朝贵、其美编著：《西藏历代藏印》，第39页。
⑧ 达隆巴·阿旺南杰：《达隆教史》（藏文版），西藏藏文古籍出版社1992年版，第387页。朱德涛：《两枚明清中央政府颁赐西藏地方官员印章考释》，《藏学学刊》第15辑，第172—174页。

除上述寺院外，西藏还有不少寺院也保存有来自明朝内地的物品。如昂仁县扎桑寺和维桑林寺、吉隆县曲德寺、亚东县东嘎寺以及曲松县甲日贡寺和朗真寺等寺院中都保存有大明宣德年款的铜钹（附录表7）。岗巴县的尼玛寺有永乐时期的文殊菩萨金铜造像，[①] 山南洛扎县的拉隆寺有明代皇帝所赐的匾额，[②] 日喀则的夏鲁寺有明廷赏赐的经幡。[③] 此外，西藏博物馆、布达拉宫和罗布林卡等处收藏的明朝内地文物可能也主要来自西藏各地的寺庙，但具体情况现在多已不明。

西藏的寺院不仅是僧人生活和活动的地方，而且是一方民众的精神支点，是财富与文化的汇集地。某些重要寺院甚至是所在区域的政教中心，在明朝经略西藏的过程中扮演着非常重要的角色。西藏寺院之所以成为保藏和使用明朝内地输藏物品的主要场所和对象，应该与西藏的社会状况和明朝的治藏策略有关。

第一，从前文所举藏有明朝内地物品的寺院之教派来看，有噶玛噶举派、萨迦派、格鲁派、帕竹噶举派、达隆噶举派和宁玛派等，基本囊括了明代西藏的主要教派。上述这些寺院的空间分布也比较广，涵盖了西藏的主要区域。这些寺院基本都可以相对自主地与明廷建立和维持贡纳关系，也可以相对自主地支配和使用各自从内地获得的各种物品。这说明明廷在"多封众建"的治藏策略下，广泛地与西藏各地寺院建立联系，从而保障其与西藏沟通渠道和途径的多元化。

第二，作为政教合一的社会，西藏的宗教势力在很大程度上影响着西藏社会的财富分配。在这样的背景下，明朝内地输藏物品特别是明廷赏赐西藏的物品大部分进入寺院，成为西藏寺院财富的重

---

① 黄春和：《藏传佛像艺术鉴赏》，第121页，表一：27。
② 《西藏自治区志·文物志》编纂委员会编撰：《西藏自治区志·文物志》，第467页。
③ 《西藏自治区志·文物志》编纂委员会编撰：《西藏自治区志·文物志》，第452页。

要来源。那些由明廷赏赐的物品不仅是西藏寺院重要的物资和财富，更是一种威信的象征，有助于提升受赐寺院在西藏的地位与影响。也正因如此，那些由历代中央政府赏赐的物品在西藏社会历史发展过程中逐渐向主政教派所属的若干大寺院汇集。

第三，西藏各寺院从明廷获得赏赐物品的类型和规模应不完全相同，出现这种状况可能与各寺院本身及其所属教派在西藏地位的高低和影响的大小、背后世俗势力的强弱、与明廷关系的密切程度以及寺院所处的交通与地理位置等因素都有一定关系。例如，大昭寺在西藏地位独特，故受到明廷和内地入藏人员的重视，获得了大量的内地物品。噶玛噶举派黑帽系活佛最先被明廷封为大宝法王，该派的两大寺院楚布寺和噶玛寺都得到了明廷的支持并获得了许多赏赐物品。另外，如萨迦派的主寺萨迦寺，格鲁派的色拉寺、甘丹寺等也获得了明廷较多的赏赐，至今仍保存有许多来自明朝内地的物品。

第四，除宗教因素外，政治因素也是影响明朝内地物品在西藏分布位置与保藏环境的一个重要因素。由元、明中央政府赏赐的一些物品被西藏视作政治威信品，备受西藏统治阶层的重视，它们通常被西藏地方的统治者视作彰显自己在西藏统治权力与地位合法性的标志，因此这些物品在西藏的保藏环境和使用对象经常随统治权力的更替而发生转移。例如元世祖忽必烈赐给八思巴的造像、法器等物品先后由掌握西藏统治权的萨迦巴、帕木竹巴、任蚌巴、固始汗及五世达赖喇嘛获得；[1] 又如明廷赐给帕竹地方政权首领阐化王的玉印在明末时被主政的甘丹颇章政权之第悉获得。[2] 拉萨大昭寺保存有不少原属噶玛噶举派黑帽系活佛的物品，有学者认为这些物品很可能是格鲁派击败噶玛噶举派后收取的；[3] 同理，收藏在布达

---

[1] 恰白·次旦平措等：《西藏通史——松石宝串》，第 603—604 页。
[2] 邓锐龄：《清初阐化王入贡请封始末及其意义》，《中国藏学》1998 年第 1 期。
[3] 宿白：《拉萨布达拉宫主要殿堂和库藏的部分明代文书》，《藏传佛教寺院考古》，第 221 页。

拉宫和罗布林卡等处的部分明代文物之来源可能也与此相关。由此可见，明廷赏赐物品在西藏的保藏环境、使用对象或所有者并非一成不变，而是深受西藏宗教与政治权力变革的影响。

二 个体

因物品性质与类型的不同，明朝内地输藏物品所面对的使用人群存在差异，其中如茶叶等生活必需品的使用对象就比丝绸、瓷器等物品的使用对象广泛，至于造像、宗教法器等物品的使用对象和范围就更加有限。下面就明朝内地输藏物品在西藏的个体使用对象进行考察。

1. 僧人

明廷赏赐西藏的大部分物品保藏在寺院之中，这说明寺院应该是内地输藏物品主要的使用场所，作为寺院主体的僧人应该是这些物品的直接使用对象。然而，真正拥有这些物品支配和使用权的应当主要是寺院的上层僧侣，包括教派领袖、寺院堪布或掌寺僧首，以及获得过明廷敕封的具有一定等级的藏僧，这从明廷赏赐西藏人员的类型可以得到印证。

教派领袖通常处在明廷赏赐西藏僧人体系中的最高层次，获得的赏赐物品也最丰富。西藏自治区档案馆有永乐、正统、成化和弘治时期明廷颁给大宝法王的多件诏敕，这些诏敕基本都提到了明廷对噶玛巴的赏赐。例如，永乐五年八月明成祖为申谢大宝法王及其徒属为皇后逝世举办五台道场事而给予他们赏赐，其中大宝法王获赐物品的类型和数量最多[①]，三位大国师次之[②]。西藏自治区档案馆藏有成化二十二年七月明宪宗为遣使来贡并回赐事给如来大宝法王等人的敕谕，从中也可以看到作为宗教领袖的大宝法王获赐

[①] 中国藏学研究中心等合编：《元以来西藏地方与中央政府关系档案史料汇编》(1)，第101—102页。

[②] 中国藏学研究中心等合编：《元以来西藏地方与中央政府关系档案史料汇编》(1)，第102页。

的物品最多（图1-17）。当然，不同教派的宗教领袖因其所属教派在西藏的地位高低与势力大小不同，获得明廷赏赐物品的规模也肯定存在差异。但总体看来，教派的宗教领袖通常可以获得更多的赏赐，这使得他们成为西藏拥有和使用明廷赏赐物品的首要对象。

那塘寺曾保存有两件永乐时期的敕谕，授予对象都是"那哩当堪卜妙悟普济国师竹巴失剌"，即那塘寺第十五任堪布堪钦·素朗却珠，他两次获赐织物。① 西藏博物馆藏有一件永乐五年明成祖赏赐促儿卜丹萨瓦国师端古禄丹竹斡薛的诏书，里面提到明廷赏赐给端古禄丹竹斡薛法器、彩缎、衣物和茶叶等物品（图2-7）。促儿卜即楚布寺的异译，端古禄丹竹斡薛即《明太宗实录》中提到的"簇尔卜掌寺端竹斡薛儿巴里藏卜"。② 作为寺院堪布、掌寺的竹巴失剌与端古禄丹竹斡薛可以直接获得明廷的赏赐，自然也应该是这些物品的使用者。

除上述人员外，西藏僧人中还有一类人员也可以获得和使用明廷赏赐的物品，即西天佛子、大国师、国师等级别的藏僧。明朝朝贡制度规定，藏僧入贡须得到明廷的允准，须有一定的地位和身份，原则上"国师以下不许贡"③，这就决定了能够直接获得明廷赏赐的藏僧必须有一定级别并且得到过明廷的敕封。西藏自治区档案馆藏有一件永乐十一年的礼单，其内提到明成祖回赐给大国师果栾罗葛罗坚藏巴里藏卜许多物品，因其"遣使朝贡"。④ 西藏博物馆有一件成化七年明宪宗给大宝法王的诏书，其内提到的赏赐对象有"国师班着端竹"，获得了"纻丝：青一匹，绿一匹；彩绢

---

① 宿白：《西藏日喀则那塘寺调查记》，《藏传佛教寺院考古》，第129—130页。
② 《明太宗实录》卷一三七，永乐十一年二月己未，第1665页。
③ 《明宪宗实录》卷七八，成化六年四月乙丑，第1516页。
④ 中国藏学研究中心等合编：《元以来西藏地方与中央政府关系档案史料汇编》（1），第150页。

蓝二匹"（图1-46）。① 这表明获得明廷敕封并具有一定等级的藏僧是西藏可以直接使用明廷赐物的人员之一。此外，低等级藏僧也可以作为随贡人员而获得一定的赏赐，成为明廷赐物的优先使用者。

明代朝贡制度规定，获得赏赐物品的多寡很大程度上与藏僧的等级高低挂钩，藏僧的等级和地位越高，获得明廷赏赐物品的类型就越多、规模就越大、质量也越高，这是明廷将赐贡体系与藏僧等级体系进行连接的结果。因此，宗教领袖、寺院堪布以及获得明廷敕封的西藏上层僧侣应该是明廷赏赐物品在西藏的主要使用者。

2. 政教首领

明朝在藏族地区封授有阐化王、辅教王、阐教王、护教王和赞善王，这五王都是所在地方政教势力的头领，备受明廷重视，获得过明廷大量的赏赐。《明会典》记载，明廷使者赴藏封授番王时随赐的物品包括"内府各衙门关造锦二段、纻丝十表里、袈裟僧衣一套、高顶僧帽一顶、水晶数珠一串、响钹二副、铃杵二副、白瓷茶钟二个、满答剌一个连带、鸾带一条、靴袜各一双、食茶一百斤、檀香一炷"。② 西藏自治区档案馆保存有一件成化五年明宪宗颁给公哈领占着即坚参巴藏卜袭封阐教王的敕谕，里面提到明廷给新任阐教王赏赐了"锦段表里、僧帽、袈裟、法器"以及"绒锦三段、纻丝、青织金胸背麒麟一匹"。③ 可见，作为西藏地方政教首领的五王也是明廷赏赐物品的直接使用者之一。

3. 贵族与地方头领

明朝曾在西藏设卫建官并封授了一批贵族和地方势力的头领，使得这些人员有了从明廷获得赏赐物品的资格与途径，成为西藏可

---

① 文竹：《西藏地方明封八王的有关文物》，《文物》1985年第9期，图版捌-3。
② 《明会典》卷一一二《给赐三》，第2380页。
③ 中国藏学研究中心等合编：《元以来西藏地方与中央政府关系档案史料汇编》(1)，第137页。

以获得和使用明廷赐物的直接对象。西藏博物馆藏有宣德元年明廷封公哥儿寨官忍昝巴和刢葛尔卜寨官领占巴为昭勇将军、乌思藏都指挥佥事的两件诰命，里面提到的忍昝巴和领占巴都是帕木竹巴地方政权的贵族。按明制规定，上述贵族在受封和续封时都可以获得明廷的赏赐。

西藏自治区档案馆保存有一件成化二十二年明宪宗为回赐事给如来大宝法王等人的敕谕，其内有"回赐……都指挥头目班觉儿言千：纻丝素红一匹，彩绢蓝一匹"的内容（图1-17）。都指挥头目班觉儿言千应该是一位地方头领，其本人或使者随大宝法王使者一同入贡，故获得了明廷赏赐的织物。拉萨楚布寺原藏有明武宗邀请八世噶玛巴的一封致书，其内提到明廷"遣差司设监太监刘允，同率领京官，参随头目、国师、禅师、觉义、都纲等，远赍香币，虔恭礼请"（图1-25）。这里的"头目"应即随锁南坚参巴藏卜朝贡的西藏地方头领，按规定可获得明廷回赐的茶叶与绸缎等物品。西藏自治区档案馆还藏有一件永乐十一年明廷敕封西藏地方锁巴头目刺昝肖为司徒的诏书（图1-11）①，文献记载刺昝肖在受封的同时还获赐"锦币"。② 刺昝肖来自定日县拉堆洛家族，是后藏一个重要地方势力的头领。此外，明代藏文文献中还经常有西藏地方的头领向宗教人物进献丝绸、茶叶等来自内地物品的记载，③ 表明西藏地方的世俗头领也是明朝内地物品通常的使用者。最后需要补充的是，明朝内地物品进入西藏后并非静止不动，而是随着人们的活动发生交换、转移和扩散，所以它们的使用者也并非固定不变，不限于上面提到的人物。像茶叶这样的生活必需品，它的使用对象就非常广泛，包括平民、商人、贵族与僧侣等各个阶层和类型的人群，只是限于材料还无

---

① 西藏自治区档案馆编：《西藏历史档案荟粹》，图25。
② 《明太宗实录》卷一三七，永乐十一年二月己未，第1666页。
③ 巴卧·祖拉陈瓦：《〈贤者喜宴——噶玛噶仓〉译注（十）》，周润年、塔娜译，《西藏民族学院学报》2012年第5期。

法完全呈现。

　　明朝内地输藏物品中的多数类型特别是明廷赏赐的物品，它们的使用对象应该是比较明确和稳定的，具有一定的阶级性，主要是西藏上层僧俗人员，如宗教领袖、寺院堪布、获得明廷敕封的高等级藏僧、政教首领、贵族以及地方世俗头领等，这其中又以作为宗教人物的僧侣为主体。上述人员在很大程度上掌控了西藏获取内地物品的途径以及内地物品在西藏分配与使用的权力，他们是明代西藏与内地交流的主力。

　　由于交通条件的限制，除了茶叶这种基本生活物资可能已经实现商业化流通外，明代汉、藏两地之间稳定与大规模的物品流通可能还很难实现，因此大部分输入西藏的内地物品对西藏社会而言应该还是奢侈品，印章、法器、造像、唐卡和绸缎等由明廷赏赐的物品甚至可被视为政治上的威信品。从明朝内地物品特别是明廷赏赐物品在西藏的使用对象来看，笔者认为决定和影响内地物品在西藏分配与使用的首要因素当是宗教，而明朝的治藏策略又从源头上影响到了内地物品在西藏的使用对象，二者相互影响，又相辅相成。

　　基于明代西藏的社会形态与权力结构，西藏和绝大多数依靠世俗政治权力来进行资源分配的社会不同，没有一个严格和绝对的政治实体来统一安排和分配其从明朝官方获得的各种物品。各教派、寺院以及贵族和头领都可以相对自主地与明廷进行朝贡互动，"自通名号于天子"，从而获得和使用明廷赏赐的物品。从明朝内地物品进入西藏的方式与特点以及内地物品在西藏的分配方式和使用对象来看，西藏与朝鲜、安南、琉球等明朝周边的藩属国有明显不同，不具有一个独立政治实体的特点，而是明廷采取羁縻手段维护下的一个族群、文化和地域共同体。从影响资源分配的因素来看，宗教是主导西藏资源分配的主要力量，而宗教对资源的占有和掌控反过来又能促进宗教与寺院权力和地位的稳固。

第二节　明朝内地输藏物品在西藏的使用方式

明朝内地输藏物品作为具体的物质实物，只有通过使用才能在西藏发挥相应的作用与影响，对不同类型、性质的物品在西藏的使用方式之考察，有助于我们了解明代西藏对内地物品的认识和态度，以及这些物品在西藏使用过程中发生的变化，为进一步认识明朝内地物品对西藏社会的影响提供了线索。

一　政治类物品的使用

作为政治类物品的印章和诏敕是明廷与西藏人员建立政治关系的凭证，这类物品在西藏的使用情况能够反映明朝政治文化在西藏所达到的效果，以及西藏人员对明廷的政治态度。由于印章比诏敕更易在社会活动中展现，故容易被考察和研究。总体来看，西藏使用明廷颁发印章的具体形式主要有两种，第一种是直接使用明廷颁发的原印，第二种是使用复制印。

明廷颁给西藏人员的印章类型较多，这些印章既是他们与明朝关系的凭证，也是彰显他们在西藏地位和身份的重要标识。相关文物材料显示，明廷颁发的印章备受西藏人员重视，被他们用来处理相关事务。西藏博物馆藏有一件明代西藏地方的藏文档案——文告，写于黄色丝绸上，内容是呼吁全藏族地区特别是多康地区的活佛、头人、达官与普通百姓要敬重、爱戴和供养红帽尊者曲吉旺秋（第六辈红帽噶玛巴，1584—1635），同时要求上师本人要继承和弘扬教证二法（图3-6）。在该文告顶部和末尾各有一处朱色印痕，其中末尾的印痕较大，印文为汉字"灌顶国师之印"；顶部印痕略小，印文为藏文ཞྭ་དམར་ཅོད་པན་འཛིན་པ，译为"红帽系持冠者（之印）"。布达拉宫保存有一枚木质宝珠纽印，印文和上述档案顶部的藏文印痕内容一致，均是红帽系噶玛巴的印章

（图3-7）。①

上述文告中汉文印痕的内容为叠篆的"灌顶国师之印"，这与西藏现存的几枚明代"灌顶国师之印"印文相同（图1-29），应都是明廷颁发的印章。《卫藏通志》一书收录有一份清廷负责查抄噶玛噶举派红帽系活佛的主寺羊八井寺之主事官员向清廷所上的奏折，其内提到的查抄之物中"有灌顶国师镀金铜印一颗，系属元明封赐"。② 从质地和印文来看，这枚从羊八井寺中查抄到的"灌顶国师之印"应该是明廷颁给噶玛噶举派某位红帽系活佛的印章，很可能与上述文告中的"灌顶国师之印"为同一印章。由此可见，明廷颁给藏僧的印章会被西藏人员用在相关文告中。

甘肃岷县近来发现两件以班丹扎释名义从北京大隆善寺发往岷州大崇教寺的法旨，第一件法旨的年代为宣德六年，涉及大崇教法脉传承之事，在该法旨下部有一大一小两处朱色印痕，其中小印痕的内容已不可考，大印痕尺寸为10厘米×10厘米，印文为汉文九叠篆"净觉慈济大国师之印"。③ 第二件法旨是班丹扎释于正统十四年为寺院财产分配事而颁发的，其上有三处方形朱色印痕，其中顶部与左下角的印痕尺寸不同，但印文均为汉文叠篆的"金刚三昧"；下部中间的印痕边长为7厘米，印文为汉文九叠篆"净觉西天佛子大国师"（图3-8）。④ 这两件法旨上均盖有班丹扎释的汉字封号印，这是藏僧在处理藏族地区相关事务时使用明廷所颁印章（或其复制印）的证明。

西藏自治区档案馆藏有不少明代西藏地方的藏文档案，其中有两件与帕木竹巴地方政权首领阐化王有关。第一件档案保

---

① 欧朝贵、其美编著：《西藏历代藏印》，第50页。
② 松筠撰，《西藏研究》编辑部编辑：《卫藏通志》卷一《考证》，第416页。
③ 李志明、洲塔：《新发现的两件班丹扎释法旨及相关史实考述》，《中国藏学》2016年第3期，附图1。
④ 李志明、洲塔：《新发现的两件班丹扎释法旨及相关史实考述》，《中国藏学》2016年第3期，附图2。

存较好，呈竖条状，用藏文墨书，其上共有五处朱色方形印痕，其中首、尾各有两处，中间有一处。这五处印痕中有四处应系同一印章所盖，印文为汉文九叠篆"灌顶国师阐化王印"；末尾的一处印痕较小，印文为汉字"大阐佛宗"（图 3-9）。① 这是一件和税收条款相关的文书，由灌顶国师阐化王旺秋扎巴坚赞（དཔལ་དབང་ཕྱུག་བཀྲ་ཤིས་རྒྱལ་མཚན་དཔལ་བཟང་པོ་ཀོན་ཏིང་གུ་ཤྲི་ཆེན་ཏུ་པར）于土龙年（1568）从乃东大殿发出。该文书上的"灌顶国师阐化王印"之印文十分规整，印痕边长约 10 厘米，应该是用明廷颁给阐化王的封爵印之原印所盖，这表明明代西藏地方政权的首领阐化王在实际使用明廷颁给他的灌顶国师阐化王印。

西藏自治区档案馆还保存有一份阐化王给德吉康萨娃的执照（图 3-10），其藏文汉译如下：

颁与吾等之僧俗执事、大小谿卡管家、庶民们：
　　已故强佐（管家）对达顿寺的宗教事业做了很多工作，对彼之侄德吉康萨娃聂拉布家，盖有两尊长印信的证件仍然有效。碾场、水渠用水等按强佐在世时颁给的执照一样，这里也颁与了照前规办理之有效执照。上述差类不得无辜借口征派。而德吉康萨娃灌溉用水时，每年按季度给一次酒或银价。强佐关于上述支免差问题，在水牛年的官契夹注中已明示。火蛇年六月四日。②

这件执照上的藏历火蛇年即明英宗正统二年，此时是第二任阐

---

① 参见德国波恩大学数字化西藏档案材料（Digitized Tibetan Archives Material at Bonn University），Document 0122 - 1/#/1/1（until/1d）/3, http：//www. dtab. uni - bonn. de/php/sct_ show. php? groupid = 101, http：//www. dtab. uni - bonn. de/php/p_ show. php? dokid = 989&pageid = 4, http：//www. dtab. uni - bonn. de/php/m_ show. php? dokid = 989, 最后访问日期：2016 年 9 月 20 日。

② 陆莲蒂、王玉平等译：《西藏社会历史藏文档案资料译文集》，第 59 页。

化王扎巴迥乃（1414—1445）在位时期，他是帕竹地方政权的第六任第悉。① 该执照末尾有两处印痕，一为较小的圆形印痕，一为略大的方形印痕，其中方形印痕的印文为汉文篆字"国师阐化王之印"。从印文及印痕尺寸来看，盖这枚印痕的印章当不是明廷颁发的原印，而是一枚复制印。目前所见阐化王的复制印不止一枚，还有一枚二台如意纽铁印，印文为"灌顶国师阐化"（图 1-14）。盖于这件执照上的印章虽然不是明廷颁发的原印，但印文内容和文字格式都模仿原印，对西藏而言，其所代表的权威应该和原印相同。这件执照中提到的事件完全是西藏地方的普通事务，在使用西藏传统印章的同时，又加盖了明廷所颁印章的复制印，这是西藏政教首领在处理地方事务时使用明廷所颁印章的又一例证。②

西藏目前发现有不少明代复制印的实物，如铜包铁质的"乌思藏卫俺不罗行都指挥使司印"（图 1-7）③、木纽铁质的"赏巴国公之印"（图 3-11）④、木纽铜质的"司徒之印"⑤、铜包铁镂花系纽的"净修通悟国师印"（图 3-5）、如意纽木铁质的"都纲之印"⑥ 等。西藏博物馆保存有一枚象牙质龙纽的"灌顶国师阐化王印"（图 1-13）⑦，学界一般认为这是明世宗于嘉靖四十一年续封帕木竹巴第悉劄思巴劄失坚参为阐化王时颁发的印章。⑧ 但台北中

---

① 孟庆芬：《阐化王给德吉康萨娃的执照》，《中国西藏》2000 年第 4 期。
② 西藏自治区档案馆所藏档案材料显示，还有几件明代文书档案上有汉字印章所盖的印痕，说明西藏地方使用内地所颁印章的现象比较常见。具体参见德国波恩大学数字化西藏档案材料，http://www.dtab.uni-bonn.de/tibdoc/index1.htm，最后访问日期：2016 年 9 月 20 日。
③ 欧朝贵、其美编著：《西藏历代藏印》，第 20 页。
④ 欧朝贵、其美编著：《西藏历代藏印》，第 26 页。
⑤ 欧朝贵、其美编著：《西藏历代藏印》，第 24 页。
⑥ 欧朝贵、其美编著：《西藏历代藏印》，第 43 页。
⑦ 甲央、王明星主编：《宝藏——中国西藏历史文物》（3），第 92—93 页，图 47。欧朝贵、其美编著：《西藏历代藏印》，第 29 页。
⑧ 西藏博物馆编，何晓东著：《历史的见证——西藏博物馆藏历代中央政府治藏文物集萃》，第 80 页。

研院历史语言研究所收藏的顺治十三年（1656）揭报阐化王使臣进贡发给车马赴京的一件档案记载，"先祖藏王劄思巴劄失坚参在明季嘉靖四十一年九月十五日领授敕一道，并玉印一颗"，① 可知嘉靖四十一年明廷的赐印应该是玉印。结合该象牙印的尺寸和印文来看，这枚印章可能是一枚复制印。

明廷颁给西藏人员的汉字印章在明朝灭亡后仍在继续使用。西藏自治区档案馆藏有一件康熙十一年（1672）的藏文档案，内容与税收有关，在该档案末尾和右下角各有一墨色印痕，其中较大的印痕之印文为汉文叠篆"赏巴国公之印"（图 3-12）。② 西藏现有一枚银质和一枚铁质的"赏巴国公之印"，前者是明成祖颁给西藏地方贵族公哥列思监藏巴藏卜的原印（图 1-12）③，后者为一枚复制印④。藏文文献记载，明廷颁赐的这枚"赏巴国公之印"到清初时归入第巴罗桑图都之手并被继续使用，⑤ 现存这份清代藏文档案上的"赏巴国公之印"很可能就与之相关。明廷颁赐的印章在清代被继续使用，反映了西藏人员对明廷所颁印章的认同。

从上文的论述来看，明代西藏地方针对明廷所颁印章而制作复制印的情况并非个例，显然已经形成了一种传统和风气。相较于西藏自身的用印传统而言，明廷颁发的印章体量较大，不便于随身携带，因此西藏人员才专门制作轻便小巧的复制印，以方便随身携带

---

① 中研院历史语言研究所藏明代档案，《明清档案》卷册：A029-106，档案登录号：035998-001。台北《数字典藏与数字学习联合目录》，http://catalog.digitalarchives.tw/item/00/26/da/3d.html，最后访问日期：2016 年 9 月 10 日。
② 参见德国波恩大学数字化西藏档案材料，http://www.dtab.uni-bonn.de/php/m_show.php?dokid=1582，最后访问日期：2016 年 9 月 20 日。
③ 甲央、王明星主编：《宝藏——中国西藏历史文物》（3），第 146—147 页，图 53。
④ 欧朝贵、其美编著：《西藏历代藏印》，第 26 页。
⑤ 陈金钟：《元以来中央政权颁授西藏地方首领印章举要》，《中央民族学院学报》1988 年第 3 期。

处理事务。① 目前西藏发现的明代复制官印之尺寸大部分在5厘米以下，且多为木质印，如此改变可能正是为了便于携带。这说明明代西藏流行的复制印本身就是为了使明廷颁发的印章更方便地在西藏社会中使用。同时，上述这些复制印在印纽、质地、尺寸和装饰等方面均可以与原印不同，但在印面形态、印文文字与内容等方面则基本遵从原印而少有改变，这说明印文文字和内容应该是西藏人员对明廷所颁印章最关注和最在意的地方，最能表现明廷所颁印章的特性和权威。从原印和复制印之间变与不变的要素来看，西藏社会对明廷所颁印章的特性及其负载的象征意义有很好的理解和认识，是明廷所颁印章在西藏社会合理与有效使用的体现。

西藏人员对明廷所颁印章非常重视，将它们视作获得明廷认可和授予权力的凭证。《贤者喜宴》记载："大明皇帝授予得银协巴永久性的官印，因此便不需要再次确认了。由于不清楚上述的原因，出现了用朱砂制成的印章和官印。因此，法王心生恐惧，历代法王均为元、明中央朝廷做了有关事情并盖有印章等，此只为满足皇帝之心愿，其他小官员们见如此，便也心生畏惧。"② 这段材料表明，明廷颁给噶玛巴的印章是维护其在西藏地位和权力的重要凭证。作为西藏帕竹地方政权首领的阐化王是明代大部分时期西藏实际和名义上的统治者，明廷颁给阐化王的印章自然也就成了西藏地方最高统治权的象征，被五世达赖喇嘛称为"大明皇帝赐给的在吐蕃称为珍宝的水晶印"。③ 这枚玉印（水晶印）现已不存，仅在台北中研院历史语言研究所藏明清内阁大库档案中一件顺治五年的

---

① 例如五世达赖喇嘛"为在划界官契上钤用，特将朝廷赐给的金印上的汉文印文择录制成新印一方"。参见五世达赖喇嘛《五世达赖喇嘛传》，陈庆英、马连龙、马林译，中国藏学出版社2006年版，第324页。

② 巴卧·祖拉陈瓦：《〈贤者喜宴——噶玛噶仓〉译注（二十六）》，周润年、韩觉贤译，《西藏民族学院学报》2015年第3期。

③ 五世达赖喇嘛：《五世达赖喇嘛传》，第326页。

档案上有其印痕，印文为汉文篆字"灌顶国师阐化王印"，其旁有"灌顶国师阐化王玉印篆文"题名（图3-13）。①

上述这件与阐化王有关的清代档案中提到了西藏阐化王一方向清廷请求"换新敕、玉印回藏，弹压地方"。② 这段材料说明，明廷颁给阐化王的印章具有极高的权威性，是阐化王在西藏行使统治权力合法性的重要凭证，对维持帕木竹巴势力在西藏的统治具有重要作用。从西藏人员向清廷上缴明代阐化王旧印并请求换取新印的事件来看，明廷颁给西藏人员的印章在清朝建立后不仅被西藏人员作为向清朝表示归附与忠诚的信物，而且还被他们当作向清朝求取继续享有明代已获权力和地位的凭证。据邓锐龄先生研究，清初西藏的第巴势力曾试图以阐化王的名义向清廷请求换取新的敕书和玉印，以期利用阐化王的名义获得西藏的统治权，但此图谋被清廷识破，故不再续封阐化王。③ 由此可见，明廷颁给西藏的印章具有权威性，备受西藏人员重视，不仅是维系他们在西藏政治权力和地位的重要凭证，而且还被受赐者用来处理西藏地方的具体社会事务，甚至在中央政权发生更替时被用来作为从新朝继续获得政治资本的凭据。

官印是权威的象征，是政府与官员行使统治权力的凭证，历朝对于官印的使用都有严格的制度规定。明代法律对"伪造印信""描摹印信"等和官印相关的违法行为有严厉的惩罚规定，其中"伪造印信"是指"用铜私铸，形质、篆文俱全者"；"描摹印信"

---

① 台北中研院历史语言研究所藏明代档案，档案登记号：166471-001；台北《数字典藏与数字学习联合目录》，http：//catalog. digitalarchives. tw/item/00/28/d7/f1. html，最后访问日期：2016年9月10日。

② 台北中研院历史语言研究所藏明代档案，《明清档案》卷册：A029-106，档案登记号：035998-001。台北《数字典藏与数字学习联合目录》，http：//catalog. digitalarchives. tw/item/00/26/da/3d. html，http：//catalog. digitalarchives. tw/item/00/26/da/3d. html，最后访问日期：2016年9月10日。

③ 邓锐龄：《清初阐化王入贡请封始末及其意义》，《中国藏学》1998年第1期。

是指"用木、石、泥、蜡等项，描刻篆文"。① 若按照上述标准，西藏地方制作的这些复制印明显违反了明朝官印制度的规定。但实际上这些复制印在西藏一直存在，数量众多，且被西藏地方实际使用。这说明明朝的官印制度在西藏并未被严格遵行，而是根据西藏自身的文化传统与用印习惯进行了相应的调整，以更好地适应西藏地方的实际需要。②

从西藏现存的印章来看，元朝颁给西藏人员印章的印文多使用由藏僧八思巴创制的八思巴字，清朝颁给西藏人员的印章则一般包含满、汉、藏三种文字，③ 这说明元、清两代颁给西藏的印章都容易被西藏人员识读和理解。然而，明廷颁给西藏人员的印章绝大部分仅使用汉字，④ 且为不易识读的叠篆，这可能会限制明廷所颁印章在西藏的识读与进一步使用，影响西藏社会对这些印章的理解和认识，这从以下两点可以得到印证。第一，西藏制作的这些复制印上常出现错字和漏字现象，描摹的汉字也不甚规整；第二，在盖有明廷所颁印章或其复制印的西藏地方文书上，一般同时还盖有西藏自身的传统印章，前面提到阐化王颁发的执照、红帽噶玛巴相关的文书均是如此（图3-10、图3-6）。这说明明廷颁发的印章在西藏的象征意义可能要大于实际作用，明廷对这些印章的印文设计以及它们在西藏社会的适应性方面还考虑不足。

二 生活类物品的使用

生活类物品是明朝内地输藏物品中的主要部分，在西藏社会的使用范围与使用方式比较广泛和多样。下面就从文物材料出发，对茶叶、瓷器和服饰织物等主要的几类生活物品在西藏的使用情况进行简要论述。

---

① 雷梦麟：《读律琐言》，怀效锋、李俊点校，法律出版社2000年版，第437页。
② 李帅：《论西藏地方的明代复制官印》，《西藏大学学报》2019年第3期。
③ 也有不少印章还包含蒙文。
④ 仅极少数印章使用了梵文或八思巴字。

1. 茶叶

茶叶是藏族地区人民生活的必需品，其最基本的使用方式便是熬作饮料供日常饮用，明代早期的藏文文献《汉藏史集》中曾专门对茶的类型与饮用方式进行过详细论述。① 据言在西藏琼结县日乌德钦寺内还保存有二世达赖喇嘛所写的《茶经》，供僧人喝茶前吟诵，② 说明茶叶的使用在明代西藏已经十分盛行。因社会与自然环境的不同，西藏使用茶叶的方式和内地存在差异。在饮茶方式上，内地通常为泡茶或沏茶，然后直接饮用清茶，而西藏则流行熬茶或煮茶，除清茶外，还有酥油茶、奶茶、面茶与油茶等具有本区域特色的茶饮类型。③ 这显然是藏族人民根据自身习俗和环境特点对茶叶的使用方式进行了相应的改变和创造，形成了具有区域和民族特点的茶饮文化。

对西藏而言，茶叶是一种必不可少的外来物品，其使用方式也不限于日常饮用，而是渗透和影响到了西藏的宗教生活，被赋予了特殊的人文理念与宗教意涵。④ 茶叶可以作为社会和宗教活动中用于供养与布施的礼品。《贤者喜宴》记载，在达拉绒钦之珠托地方的法座平坝之上，（大宝法王）接受了以大喇嘛达瓦多杰与地方显贵苏意扎巴坚赞叔侄为代表的木雅热冈之所有僧俗部众的迎请呈文、茶、衣服、绸缎等财物。⑤ 又如多康噶苏前来迎请大宝法王，向其敬献了一百多驮大砖茶。⑥ 茶叶也被用于布施僧众，如大宝法

---

① 达仓宗巴·班觉桑布：《汉藏史集——贤者喜乐赡部洲明鉴》，陈庆英译，西藏人民出版社 1986 年版，第 144—145 页。
② 《西藏自治区志·文物志》编纂委员会编撰：《西藏自治区志·文物志》，第 526 页。
③ 杨嘉铭、琪梅旺姆：《藏族茶文化概论》，《中国藏学》1995 年第 4 期。
④ 赵燕：《茶在藏传佛教中的地位》，《农业考古》1995 年第 2 期。
⑤ 巴卧·祖拉陈瓦：《〈贤者喜宴——噶玛噶仓〉译注（十）》，周润年、塔娜译，《西藏民族学院学报》2012 年第 5 期。
⑥ 巴卧·祖拉陈瓦：《〈贤者喜宴——噶玛噶仓〉译注（十四）》，周润年译，《西藏民族学院学报》2013 年第 3 期。

王将他人供养的衣物换成茶叶，为僧人熬茶。① 此外，西藏社会还将茶叶作为敬献神佛的供品以及佛塔、佛像内的装藏。② 西藏山南错那县扎同乡嘎布登丹白塔可能修建于元末明初，当地手抄本史籍记载，白塔奠基之时，在塔身四面八方藏有八尊宝塔，在各层内装藏有兵器、茶叶、粮食和各色绸缎等物，以求"和平和免除灾难"。③

2. 瓷器

明朝内地瓷器在西藏的使用方式主要有两种：一是作为日常生活用具，二是作为宗教生活用具。瓷器可以用作日常生活的饮食器具。西藏自治区档案馆保存有永乐六年正月明成祖给大宝法王的致书和赏单，其内将明廷赏赐的瓷器称作"白磁八吉祥茶瓶"和"白磁茶钟"，④ 直接表明这些瓷器是作饮茶之器具。民族志材料显示，西藏一些寺院的高僧法座前通常放置有专供其饮茶的瓷器，这些瓷器之下还有根据西藏本地习惯加装的金属托座，例如萨迦寺保存的明宣德青花五彩鸳鸯纹圈足碗就配有专门的金属托座（图 3-14）。⑤ 这种带托座的瓷器在西藏康马县乃宁曲德寺也有发现，为一件带"大明成化年制"款的暗八仙霁红釉瓷杯，其下配有雕花银托座，据言此器是专供达赖喇嘛留驻该寺时使用的茶具。⑥ 西藏布达拉宫保存有一件明宣德时期的青花藏文高足碗，其下也配有银錾花纹碗座（图 3-15）⑦，可能亦是供达赖喇嘛等高等级人员使用的饮器。⑧

---

① 巴卧·祖拉陈瓦：《〈贤者喜宴——噶玛噶仓〉译注（十九）》，周润年、张屹译，《西藏民族学院学报》2014 年第 2 期。
② 央倩：《论藏族茶文化》，硕士学位论文，中央民族大学，2005 年，第 34 页。
③ 《西藏自治区志·文物志》编纂委员会编撰：《西藏自治区志·文物志》，第 651 页。
④ 中国藏学研究中心等合编：《元以来西藏地方与中央政府关系档案史料汇编》（1），第 105—106 页。
⑤ 西藏自治区文物管理委员会编：《萨迦寺》，图 95。
⑥ 索朗旺堆主编：《亚东、康马、岗巴、定结县文物志》，第 85 页。
⑦ 上海博物馆编：《雪域藏珍——西藏文物精华》，第 187 页，图 97。
⑧ 这种习俗直到现在仍然存在，参见萨迦·班典顿玉主编《吉祥萨迦》，中西书局 2011 年版，第 80 页。

《西藏王臣记》记载，明代西藏高僧绛巴达钦所在的达孜寺曾发生过火灾，其"宗教衣物等未遭焚毁，乃至茶具瓷碗亦丝毫无损"。①这说明西藏僧人使用瓷碗作为茶具的现象应该较为普遍。

噶玛噶举派黑帽系十世活佛却英多吉生活在明末清初，他避居云南丽江期间创作了一系列具有汉式风格的唐卡，其中一些唐卡中的器物很可能为瓷器。云南丽江市博物馆保存有却英多吉于1660年创作的释迦牟尼佛和十六罗汉唐卡组画，其中一幅《三罗汉与孔雀》唐卡中有不少绘成纯色的用斋器具，②包括壶、罐、杯、瓶等（图3－16），③这些器物可能表现的是瓷器。这组唐卡中还有一幅唐卡表现的是龙王向尊者献物，图中尊者身旁的箱箧上有一把提壶，从造型来看应该也是瓷器。④十世噶玛巴却英多吉所绘唐卡中出现的这些器物形象应该来自其现实生活中所见与所用的瓷器。明代藏文文献《汉藏史集》中有专门内容涉及碗的鉴别，其中提到不同类型的碗会给使用者带来不同的影响，不同特征的碗由不同身份的人使用等信息，⑤说明内地瓷器在明代西藏已经有较多的使用者，形成了相应的习俗和使用观念。

明朝内地瓷器还被普遍用于西藏的宗教生活，放于寺院佛堂内及佛像、灵塔等前作为供器或法事用器。⑥西藏昌都噶玛寺保存有不少明代壁画，其中一幅为噶玛噶举派创始人都松钦巴（1110—1193）的图像。在图中都松钦巴像前的供桌上绘有两件插着花枝的白色瓶状物，为小口、细长颈、椭圆形腹、高圈足，肩部和圈足

---

① 五世达赖喇嘛：《西藏王臣记》，第111页。
② 熊文彬：《西藏著名艺术家十世噶玛巴活佛却英多吉笔下的汉式风格作品》，《中国藏学》2016年第1期。
③ 康·格桑益希主编：《噶玛嘎孜画派唐卡》，第49页。
④ 康·格桑益希主编：《噶玛嘎孜画派唐卡》，第53页。
⑤ 达仓宗巴·班觉桑布：《汉藏史集——贤者喜乐赡部洲明鉴》，第92—94页。
⑥ 廖旸：《南京弘觉寺塔地宫出土金铜尊胜塔像新考》，《故宫博物院院刊》2011年第6期。

上装饰有花瓣纹（图3-17）。① 该寺有一幅表现郭氏·巴觉邓珠形象的壁画，绘制于16世纪中期，图中的供桌上也有一件白色瓶状物，为细长颈、椭圆形腹、高足（图3-18）。② 上述这两幅壁画中的白色瓶状物应该都是佛教用具中的净瓶，只是具体造型略有差异，采用白色绘制的目的可能是表现其为瓷器。

贡嘎曲德寺位于西藏贡嘎县，该寺保存有明代西藏钦则画派创作的珍贵壁画，③ 其中在主殿集会大殿一层赤增康门外壁的南铺与北铺绘有萨迦派祖师像，在部分祖师像前的供桌上绘有成对插花的瓶状物（图3-19），④ 其造型与明朝内地的梅瓶比较相似。⑤ 从西藏寺院中佛像前常供有成对插花瓷器的现象来看，⑥ 上述萨迦派祖师像壁画中出现的瓶状物表现的应该也是瓷器。从这些器物在图像中所处的环境来看，它们应该是作为佛教供器在使用。

从造型和装饰纹样来看，明朝内地输藏的部分瓷器本身就是作为宗教用具使用的，如僧帽壶。西藏昌都噶玛寺一幅16世纪中叶绘制的司徒·扎西巴觉像壁画中有一件白色器物（图3-20），⑦ 造型和目前西藏保存的明代瓷质僧帽壶基本一致（图2-17、图2-21），应该是对后者的模仿。该壁画中的僧帽壶插有树枝，与其他类型的供物一起放于供桌上，说明这件僧帽壶应该是一件佛教供器。此外，西藏还发现有不少明代的高足瓷碗，这类器物也被称为靶碗，清宫原状陈设显示，这类靶碗和靶杯多配以木、漆底

---

① 康·格桑益希主编：《噶玛嘎孜画派唐卡》，第21页。
② 康·格桑益希主编：《噶玛嘎孜画派唐卡》，第28页。
③ 罗文华：《从西藏贡嘎曲德寺壁画看钦则画派的特点》，《故宫博物院院刊》2015年第5期。
④ 罗文华、格桑曲培编：《贡嘎曲德寺壁画——藏传佛教美术史的里程碑》，第95页，图009；第110页，图022。
⑤ 炎黄艺术馆编：《景德镇出土元明官窑瓷器》，文物出版社1999年版，第98—99页，图40。
⑥ 哲蚌寺、余言主编：《哲蚌寺》，第70页。西藏自治区文物管理委员会编：《布达拉宫》，图31。
⑦ 康·格桑益希主编：《噶玛嘎孜画派唐卡》，第29页。

座,被用作佛前供器。①

西藏保存有多件带藏文和梵文咒语的明朝内地造瓷器,包括僧帽壶(图2-21)、高足碗(图2-20、图2-23、图2-79)和圈足碗②三类,年代主要属于宣德时期。这些瓷器上的藏文咒语基本一致,汉译为"昼吉祥,夜吉祥,正午吉祥,昼夜吉祥,三宝吉祥"。这些带藏文咒语的瓷器被认为是供西藏诸法王举行法会而特意烧制的宗教法器。③《贤者喜宴》记载,大宝法王在举行一次宗教活动时"供奉无量佛有珠宝阿利眼、各种颜色的水晶器皿、红紫黄三种颜色之金饰、银饰器皿、景泰蓝制成的各种供器"。④ 这里的"景泰蓝制成的各种供器"应该是指内地输入西藏的景泰蓝瓷器。这条材料应当可信。在西藏博物馆就保存有一件景泰蓝番莲纹僧帽壶,配髹红漆的木质壶套,饰有描金折枝莲纹(图2-30)。这件景泰蓝僧帽壶应该来自明廷的赏赐,可能曾作为宗教供器使用。

3. 服饰织物

与瓷器一样,丝绸锦缎等织物也是藏民族非常喜爱的内地物品,它们在西藏的使用范围与方式非常广泛和多样。丝绸锦缎可以用来制作服饰,其实在明廷赏赐西藏的物品中直接就有丝绸制作的服饰,如永乐五年明廷遣使赏赐促儿卜萨瓦国师端古禄丹竹斡薛的物品中有"纻丝袈裟禅衣一套"和靴袜等(图2-7)。又如永乐十一年明成祖回赐大国师果栾罗葛罗坚藏巴里藏卜的物品中有"各色素纻丝袈裟僧衣"和"青素纻丝抹口白绵羊毛毡袜"等。⑤

---

① 王光尧:《明代宫廷陶瓷史》,第86—87页。王光尧:《靶碗小考》,《文物春秋》1998年第4期。
② 郑堆、德吉卓玛编著:《萨迦寺》,第149页。
③ 耿宝昌:《明清瓷器鉴定》,第43页。
④ 巴卧·祖拉陈瓦:《〈贤者喜宴——噶玛噶仓〉译注(十三)》,周润年译,《西藏民族学院学报》2013年第2期。
⑤ 中国藏学研究中心等合编:《元以来西藏地方与中央政府关系档案史料汇编》(1),第150页。

西藏罗布林卡藏有一幅大慈法王像唐卡，图中的大慈法王内着用缠枝花卉纹、番莲纹和方格纹等装饰的禅衣，外披黄地云龙纹大氅（图1-32）。从纹饰来看，这些服饰应该是内地制作的，供藏僧穿戴使用。在西藏阿里地区札达县的古格故城中曾采集到若干来自明朝内地的织物，包括红地缠枝勾莲纹妆花缎、红地天华纹锦与蓝地福字灵芝纹妆花缎等，它们被用作铠甲的内衬料子（图3-21）。①

西藏明代壁画中经常可以见到穿着丝绸服饰的神佛与僧人形象，例如西藏昌都噶玛寺明代壁画中的早期噶玛巴和尊者像都穿戴有橘红色披风，其上用金色的卷草纹、花卉纹和云纹等进行装饰，显得柔顺轻薄，很可能表现的是织金纹饰类绸缎或服饰，因为这类丝绸和服饰曾出现在明廷赏赐西藏的物品之中。② 西藏山南贡嘎曲德寺的明代壁画中存在不少的祖师像和高僧像，他们身上穿戴的服饰很可能也表现的是丝绸。例如，该寺集会大殿一层赤增康门外壁北铺绘有萨迦白衣三祖之第一祖萨钦·贡嘎宁波（1092—1158）像，其身上披着一件有密集花卉纹图案的灰白色披风（图3-22）；③ 在赤增康门外壁南铺绘有萨迦二祖师的图像，两者均披戴绛红色袈裟，袈裟上分别装饰具有内地特点的花卉纹和云纹。④ 此外，在阿里托林寺壁画、江孜白居寺明代造像和壁画中可见到佛、菩萨等图像身上装饰有内地丝绸的纹样，⑤ 这应该也和表现丝绸服饰有关。

西藏保存有不少本地制作的明代金铜造像，从中也能反映丝绸

---

① 西藏自治区文物管理委员会编：《古格故城》（上），第319页，附录八：张宏源《采集纺织品鉴定报告》，第446—447页；《古格故城》（下），彩版九六。
② 中国藏学研究中心等合编：《元以来西藏地方与中央政府关系档案史料汇编》（1），第105—106、164—165页。
③ 罗文华、格桑曲培编：《贡嘎曲德寺壁画——藏传佛教美术史的里程碑》，第90页，图004。
④ 罗文华、格桑曲培编：《贡嘎曲德寺壁画——藏传佛教美术史的里程碑》，第109页，图021。
⑤ 吴明娣：《汉藏工艺美术交流史》，第102—103页。

服饰在西藏的使用情况。西藏博物馆藏有一尊带有藏文款识的八世噶玛巴米居多吉的鎏金铜像,为明代噶玛噶举派塑像的代表之作。该像身上的袈裟以内地丝绸上常见的卷草纹和花卉纹作装饰(图3-23)。① 西藏博物馆还保存有一组来自山南敏珠林寺的明代鎏金铜萨迦高僧像,在这些铜像所披的飘带上錾刻有四合如意纹、回纹、卷草纹和钱纹等具有内地特点的纹样。② 从纹样和织物特点来看,上述祖师像与高僧像所穿戴的袈裟和飘带应该都是对丝绸服饰的模仿,这说明明代西藏造像与壁画中的服饰用丝绸来表现可能已经成为一种范式。

《贤者喜宴》记载,大宝法王从昂雪的雅、温二地方获得了"各种颜色的绸缎衣服"等财物供养;③ 藏历猴年(1548)大宝法王又收到了仲巴司徒活佛献上的大供养,包括"一百件绸缎僧服、一百个丝绸罗幔"。④ 又如宗喀巴的大弟子贾曹杰曾赴乃宁曲德寺,向该寺堪布等人赠送了绸缎等物品。⑤ 由此可见,丝绸以及用丝绸制作的僧服在明代西藏应该比较常见,常被用作布施、供养和礼赠。

明朝内地输入西藏的织物可能大部分用于寺院之中,多与宗教相关。由于内地绸缎比西藏本地的毛织品轻薄紧密,所以更适宜作寺院内的装饰用料,如顶饰、壁饰、柱饰和座饰等,其中用作顶饰的情况比较常见。例如后藏扎什伦布寺兜率殿(噶丹拉康)的天花板上有用明朝内地造的鸾凤牡丹纹缂丝锦缎作装饰(图2-12),吉康扎仓内的藻井上也有用明朝末年内地织造的四合如意云龙纹过

---

① 甲央、王明星主编:《宝藏——中国西藏历史文物》(3),第194—196页,图69。
② 甲央、王明星主编:《宝藏——中国西藏历史文物》(3),第267—271页,图100。
③ 巴卧·祖拉陈瓦:《〈贤者喜宴——噶玛噶仓〉译注(二十七)》,周润年、韩觉贤译,《西藏民族大学学报》2015年第4期。
④ 巴卧·祖拉陈瓦:《〈贤者喜宴——噶玛噶仓〉译注(二十八)》,周润年、韩觉贤译,《西藏民族大学学报》2015年第5期。
⑤ 恰白·次旦平措等:《西藏通史——松石宝串》,第499页。

肩妆花缎进行装饰。① 前藏也有不少寺院使用明朝内地织物作室内顶部的装饰，如哲蚌寺措勤大殿顶部的龙纹织绣顶幔（图2-10），郭芒扎仓顶上带八卦、寿字、巨龙等图案的绸缎天棚（图2-83），等等。上述材料显示，西藏寺院在选择室内顶部装饰织物的标准方面有一定共性，更倾向于使用那些带有特殊图案且能够彰显等级地位的内地绸缎，这其中以龙纹绸缎最为常见。按照明朝制度规定，龙纹的使用有一定的规制，上述寺院天花板上所用的龙纹绸缎很可能是明朝皇帝特赐或特许定制的。这表明西藏在使用明朝内地输入的织物时十分注重这些织物本身的价值及其代表的等级意义，会根据不同的使用环境来选择相应的织物。

西藏寺院内的法衣、佛衣、伞盖、挂幔与仪仗等宗教供器和法器的制作也需要使用绸缎。西藏寺院中的造像身上常穿有用绸缎等织物制作的佛衣，如萨迦寺内供奉的萨迦五祖之白衣三祖像身上均穿戴和披挂有绸缎制作的佛衣。② 藏文文献记载，阐化王曾"用东方美女巧手所织各色库缎，庄严佛像"；③ 宗喀巴大师在主持拉萨祈愿大法会时亦亲自为大昭寺和小昭寺的"两尊释迦牟尼佛及图巴岗金措为主的一切雕塑的化身佛像上，供献最好的绸缎缝制的七衣和祖衣，在十六尊男菩萨和女菩萨及忿怒明王等诸尊像上，供献以上品绸缎制成的肩帔和下裙"。④

在西藏寺院中，佛像及高僧、活佛的座位上部一般有用绸缎制作的华盖。《西天佛子源流录》记载，班丹扎释曾向曷萨寺（大昭寺）的释迦佛奉施了他从内地带来的"织金顶鬘"。⑤ 扎什伦布寺内有一顶双龙金丝织锦缎顶幔华盖，为高僧活佛座上的顶盖物，所

---

① 西藏自治区文物局、日喀则扎什伦布寺民管会编：《扎什伦布寺》，第140页。
② 西藏文物管理委员会编：《萨迦寺》，图26。
③ 五世达赖喇嘛：《西藏王臣记》，第101页。
④ 法王周加巷：《至尊宗喀巴大师传》，郭和卿译，青海人民出版社2004年版，第205页。
⑤ 张润平、苏航、罗炤编著：《西天佛子源流录——文献与初步研究》，第167页。

用织物可能来自明廷的赏赐（图2-11）。民族志材料显示，西藏寺院在举行相关宗教活动时供僧人穿戴的法衣以及使用的华盖、仪仗等也通常用绸缎制作。①

西藏唐卡的制作亦要使用内地的丝绸锦缎。② 萨迦寺新近发现一幅唐卡，据背面款识可知这是明代西藏勉塘画派著名画师勉拉顿珠亲自创作的真迹。这幅唐卡的画心为绢质，其上绘有释迦牟尼和两位大弟子；画心四周用两种不同的锦缎装裱。在这幅唐卡的背面有用墨汁书写的藏文题记，其中有这样一段内容："天界宝物丝绸底料也丰富，精心绘制佛像唐卡整九幅，有如帝释天弓优美绫罗上，绘画无量寿佛文殊观自在，白度母护法五幅绢丝唐卡，释尊十六罗汉度母毗沙门，是三幅布料绘制佛像唐卡。"③ 该题记表明，勉拉顿珠大师在绘制这幅唐卡之外还绘制了十余幅不同主题的唐卡，使用了绫罗、绢丝等丝绸作为唐卡原料。

西藏唐卡对内地丝绸的使用还体现在画心四周的丝绸镶边、覆盖于画心表面的画帘和飘带等方面。④ 布达拉宫藏有一幅由明代西藏钦则画派创作的大威德金刚唐卡，在画心四周使用了来自内地的杂宝纹绸缎进行镶边。⑤ 萨迦寺保存有一组明代西藏创作的彩绘《八思巴画传》唐卡，现存25幅，这组唐卡的画心周围使用了带有明代流行的西番莲、缠枝牡丹、五子夺梅与寿字等纹饰的锦缎进行镶边。⑥ 西藏博物馆藏有一幅由明代西藏勉塘画派创作的玛吉拉准像彩绘布画唐卡，其上使用了来自内地的花卉万字纹丝绸

---

① 萨迦·班典顿玉主编：《吉祥萨迦》，第6—8、106—109页。
② 扎雅：《西藏宗教艺术》，第106—108页。
③ 娘吉加：《勉拉顿珠真迹唐卡》，《西藏人文地理》2016年第6期。吉如·巴桑罗布：《勉拉顿珠真迹释迦牟尼佛师徒三尊唐卡》，《西藏人文地理》2017年第5期。
④ 吴明娣：《汉藏工艺美术交流史》，第100页。
⑤ 上海博物馆编：《雪域藏珍——西藏文物精华》，图10。
⑥ 中央民族学院少数民族文学艺术研究所主编，杨树文、张加吉、安旭、罗丹编著：《西藏佛教唐嘎艺术·八思巴画传》，第16页。

进行镶边（图3-24）。① 另外，萨迦寺还有一幅西藏本地制作的彩绘强巴佛唐卡，画心四周使用了多种丝绸进行镶边，画心下部还用一块云龙纹图案的丝绸作装饰（图3-25），② 该龙纹为典型的明代样式。

藏文文献中也可以见到西藏使用内地丝绸制作唐卡的记载，如《贤者喜宴》记载噶玛巴曾要求随从"将丝绸画挂在门上"，向迎接他的人"展示大幅缎制佛像"。③《直贡法嗣》记载，止贡派第二十二任住持贡觉仁钦曾于达纳寺"修造了至尊觉巴仁波且绢像"。④ 又《后藏志》记载，白居寺曾用金丝库缎等内地产绸缎制作唐卡和神幡，⑤ 这些物品到现在仍在进行展示。⑥ 除此之外，丝绸还被用于佛经装潢⑦和佛像内部装藏⑧，甚至被用于支付劳工工资⑨以及商业活动⑩。如此多样的使用方式反映了藏族地区对内地绸缎的喜好。

4. 其他

除了上述主要的几类物品外，明朝内地输藏的生活类物品还有金银玉石器皿、金银宝石饰件、鞍马仪仗和文房用品等，它们的使用方式可能比较明确和稳定。金银玉石器皿和瓷器一样，可以作为生活用具与宗教用品使用，其中作为宗教用品的金银玉石

---

① 西藏博物馆编：《西藏博物馆》，第64—65页，图2。
② 郑堆、德吉卓玛编著：《萨迦寺》，第208页。
③ 巴卧·祖拉陈瓦：《〈贤者喜宴——噶玛噶仓〉译注（十四）》，周润年译，《西藏民族学院学报》2013年第3期。
④ 直贡·丹增白玛坚参：《直贡法嗣》，第197—198页。
⑤ 觉囊达热那他：《后藏志》，佘万治译，阿旺校订，西藏人民出版社2002年第2版，第28页。
⑥ 于小冬：《藏传佛教绘画史》，江苏美术出版社2006年版，第157页，图E61。
⑦ 吴明娣：《汉藏工艺美术交流史》，第101页。
⑧ 五世达赖喇嘛阿旺洛桑嘉措等：《一世—四世达赖喇嘛传》，陈庆英、马连龙译，中国藏学出版社2006年版，第43页。
⑨ 五世达赖喇嘛阿旺洛桑嘉措等：《一世—四世达赖喇嘛传》，第41页。
⑩ 熊文彬、陈楠主编：《西藏通史·明代卷》，第272页。

器皿可能主要用作佛前供器；① 当其作为生活用具使用时可能与内地一样，主要为室内的陈设观赏用品。金银宝石饰件的性质与特点决定了其可能主要用作装饰，如佛塔、佛像、法器、建筑、器具和服饰等上的装饰品；另外宝石还可能用作佛前的供物，如佛家七宝就包括宝石。②

民族志材料显示，西藏寺院中的佛像经常使用宝石进行装饰，例如色拉寺的主供鎏金铜弥勒佛制作于明代，其上就镶嵌有红宝石、绿松石和珍珠等宝石作为装饰（图3-26）。③ 中国文物流通协调中心保存有一尊15世纪西藏地方制作的鎏金铜绿度母像，其上镶嵌有绿松石和水晶等宝石。④ 西藏还发现有明代本地制作的头颅骨鼗鼓和鎏金紫铜舍利塔，其上使用绿松石、红宝石、水晶和珍珠等宝石进行装饰。⑤ 不仅如此，藏僧穿戴的冠帽等服饰也有使用宝石进行装饰的情况，罗布林卡保存的明代大慈法王像缂丝唐卡显示，法王所戴的佛冠上装饰有不少宝石（图1-32）。《贤者喜宴》记载，七世噶玛巴在拉萨等地支起用汉地帆布制成的大帐，其"顶上镶嵌着大明皇帝赐予的大如拇指、小如豌豆一般的白红黄蓝各种颜色的珍珠，在十三层华盖的第七层环绕有一庹半之珍珠。（法王）头顶上有珍珠华盖，其身后放置有幔珍珠靠垫和软座垫"。⑥ 这里明确提到

---

① 《贤者喜宴》记载："（大宝法王）做有二十支仪轨，于佛教四大节日、尤其是藏历一月的大神变月的一日至十五日期间，供奉无量佛有珠宝阿利眼、各种颜色的水晶器皿，红紫黄三种颜色之金饰、银饰器皿，景泰蓝制成的各种供器，此等藏区是前所未有的。"这里的水晶器皿应即玉质器皿或玻璃器，与金饰、银饰器皿一起作为藏僧举行宗教法事活动的供器。巴卧·祖拉陈瓦：《〈贤者喜宴——噶玛噶仓〉译注（十三）》，周润年译，《西藏民族学院学报》2013年第2期。

② 林梅村：《珠宝艺术与中外文化交流》，《考古与文物》2014年第1期。

③ 甲央、王明星主编：《宝藏——中国西藏历史文物》（3），第190—191页，图66。

④ 陈庆英、孙国璋主编：《中国藏传佛教金铜造像艺术》，第360页，图164。

⑤ 甲央、王明星主编：《宝藏——中国西藏历史文物》（3），第222—223页，图82；第235—237页，图89。

⑥ 巴卧·祖拉陈瓦：《〈贤者喜宴——噶玛噶仓〉译注（十三）》，周润年译，《西藏民族学院学报》2013年第2期。

明廷赏赐西藏人员的珍珠被用来装饰帐篷和华盖。

　　文献记载，明廷曾赏赐赴京的大宝大王、大乘法王等西藏宗教首领鞍马仪仗类用具供他们使用，这些鞍马仪仗可能被带回西藏继续使用。拉萨楚布寺措康大殿的经堂壁画中有一幅表现的是噶玛巴宣扬佛法的事迹，其中出现的仪仗类似内地制度，或许反映了明廷赏赐噶玛巴的仪仗在西藏的使用情况。由于措康大殿经堂的年代不晚于16世纪，因此这处壁画可能也是明代的作品。① 文物材料显示，明廷还曾赏赐西藏人员纸张、墨及墨盒等文房用品，这些物品可能也在西藏被实际使用。《青史》记载，元代西藏赴内地的藏僧就曾"给其师寄去一箱中原墨水而使之欢喜无比"，② 可见西藏很早就已经使用内地墨水。

三　宗教类物品的使用

　　明朝内地输入西藏的宗教类物品包括造像、经书、唐卡、法器和供器等，这些物品的性质与功能决定了它们的使用方式应和宗教密切相关，主要用于寺院的陈设、供奉以及相关的宗教活动。这些物品都是各寺院十分珍视的财富与贵重物品，甚至收藏于专门的仓库之中，秘不示人。③ 其中明廷赏赐的佛像可能主要供奉于佛堂内的佛龛或神坛上，也有供于灵塔的塔身周围，以及作为佛像、佛塔内的装藏。拉萨色拉寺阿巴扎仓集会殿内有十六罗汉、居士、和尚

---

①　宿白：《西藏拉萨地区佛寺调查记》，《藏传佛教寺院考古》，第42—43页。

②　管·宣奴贝：《青史（足本）》，王启龙、还克加译，王启龙校注，中国社会科学出版社2012年版，第306页。

③　例如噶玛巴的"佛像及丰富的供品主要以汉地雕刻的十尊佛像为上品，藏于黑仓库中。若看营寨中的佛像及供品，就更不必说行旅之仓库中的那些（佛像及供品）了。营寨中的所有礼物，当然是历代法王所存放"，参见巴卧·祖拉陈瓦《〈贤者喜宴——噶玛噶仓〉译注（十三）》，周润年译，《西藏民族学院学报》2013年第2期。又"藏历羊年（1535）三月，法王略微观看一下黑仓库，即亲眼见到了大明皇帝所赐的金佛、二幅以十尊者为主的福田与施主之丝绸大唐卡以及珍贵的服装和坐垫等，并引进不少财富"，参见巴卧·祖拉陈瓦《〈贤者喜宴——噶玛噶仓〉译注（二十七）》，周润年、韩觉贤译，《西藏民族大学学报》2015年第4期。

及四大天王等泥塑像，据说其中一些泥塑像内胎藏有永乐皇帝赏赐给大慈法王释迦也失的白檀香木十八罗汉像。① 经书可能主要存放于寺院的经堂之中，例如明成祖赏赐释迦也失的朱砂大藏经《甘珠尔》就被安放在色拉寺的大经堂中进行供养（图2-71），② 至今如此。

唐卡是西藏寺院中非常常见的宗教物品，多悬挂于佛堂、居室等处。在拉萨甘丹寺大经堂中悬挂有一组包括释迦牟尼佛、十六罗汉、达摩多罗、哈香四大天王在内的丝织唐卡，共23幅，③ 可能是明宣宗赏赐给释迦也失或其弟子的物品。康马县乃宁曲德寺经堂中的佛龛内悬挂有一幅永乐十年的绢质释迦牟尼佛立像（图2-74），④ 有学者认为这件物品可能是阐化王家族布施给乃宁曲德寺的物品。⑤ 这说明明朝内地传入西藏的唐卡不仅可以用作供养和展示，还可以作为相互馈赠的礼品。

法器是永乐、宣德时期明廷赏赐西藏人员的常见物品，主要用于供养、修行及相关的宗教活动。佛塔和钟等法器可能主要用于寺内陈设和供养。萨迦寺内的场景显示，该寺收藏的永乐鎏金铜佛塔和明朝内地造玉钟均供奉于佛堂中。⑥ 西藏保存有较多的明代铜钹，其中萨迦寺南寺大经堂中的明代铜钹至今仍被作为打击乐器在使用。⑦ 铃、杵是最常见的持拿法器，在藏传佛教修习中被广泛使用。西藏博物馆和罗布林卡均藏有一幅明代大慈法王像唐卡

---

① 拉巴平措：《大慈法王释迦也失》，第86—87页。
② 恰白·次旦平措等：《西藏通史——松石宝串》，第513页。
③ 王瑞雷：《西藏甘丹寺藏明初十六罗汉刺绣唐卡相关问题初探》，《故宫博物院院刊》2018年第3期。
④ 翟向东主编：《日喀则地区现存反映中国中央政府有效治理西藏历史文物目录》，第57—58页。西藏文管会文物普查队：《西藏康马县乃宁曲德寺的明代佛像绢画》，《南方民族考古》第4辑，第297—302页。
⑤ 宿白：《西藏日喀则地区寺庙调查记》，《藏传佛教寺院考古》，第113页。
⑥ 西藏文物管理委员会编：《萨迦寺》，图28、图39。
⑦ 西藏文物管理委员会编：《萨迦寺》，图100。

（图1-24、图1-32），在两件唐卡上的大慈法王像之两侧肩部均绘有铃、杵的图像，可能代表其日常修行时持拿的法器。西藏昌都噶玛寺有一幅绘有五世噶玛巴得银协巴形象的壁画，绘制于16世纪中叶，壁画中的得银协巴一手持金刚铃，一手持金刚杵（图3-27）。[1] 上述唐卡与壁画中的铃、杵和永乐、宣德时期内地制作的鎏金铜铃、杵特征非常接近（图2-57），应该是铃、杵实际使用方式的真实写照，反映了这类法器在西藏的使用情况。数珠（念珠）也属于持拿法器，在昌都噶玛寺一幅16世纪中叶绘制的人物壁画中可见藏僧持拿念珠的形象（图3-28）。[2]

值得注意的是，明朝内地法器不仅在西藏地区流传，而且还被后世西藏僧人作为贡物敬献给清朝皇帝。北京故宫博物院藏有一副永乐款鎏金铜铃、杵，所贴白绫显示，其是乾隆四十五年班禅额尔德尼进献给乾隆皇帝的贡物。[3] 这说明明廷制作的铃、杵被用来作为进贡的礼品。拉萨大昭寺金顶下悬挂有包括"大明永乐年施"、"大明宣德年施"和"大明正德年施"款的多件铜铃，[4] 这是内地制作的法器被西藏用作建筑装饰的证明。

明朝内地输入西藏的宗教类物品中还有一类供具，其中以香炉最为常见，其使用方式在西藏的明代壁画中有所反映。江孜白居寺创建于15世纪中叶，[5] 该寺的吉祥多门塔中保存有丰富的明代壁画，其中一幅表现供器的壁画中可见一件饰有龙纹的方耳三足香炉，[6] 其应该参考了内地香炉的造型。山南贡嘎曲德寺集会大殿一层赤增康门外壁南铺绘有萨迦二祖师的图像，其中居于上部的祖师

---

[1] 康·格桑益希主编：《噶玛嘎孜画派唐卡》，第27页。
[2] 康·格桑益希主编：《噶玛嘎孜画派唐卡》，第25页。
[3] 朱家溍：《故宫所藏明清两代有关西藏的文物》，《文物参考资料》1959年第7期，图9、图12。
[4] 西藏文管会文物普查队：《大昭寺藏永乐年间文物》，《文物》1985年第11期。
[5] 熊文彬：《中世纪藏传佛教艺术：白居寺壁画艺术研究》，第1页。
[6] 于小冬：《藏传佛教绘画史》，第1555页，图E56。

像之身前有一件三足器物，应该也是一件作为供器使用的香炉（图3-29）。① 上述材料表明，内地输藏的供器香炉可以作为佛像、僧人座前烧香之器具使用。

综上所述，明朝内地输藏物品在西藏的使用方式比较多样，使用范围也非常广泛，涉及西藏社会与宗教的许多方面，其中大部分物品在西藏的使用方式和使用途径与宗教密切相关。同时，某些明朝内地物品在西藏的使用方式和内地有所差别，例如在西藏流行复制印，茶叶被用作佛塔的装藏，瓷碗加金属托座，丝绸被大量用来制作唐卡，等等。上述这些内地物品在进入西藏后出现了一些具有西藏特点的新的使用方式，应该是西藏根据自身社会习俗、宗教习惯与文化传统进行改变和调整的结果，说明西藏在面对内地物品及其承载的文化时并非被动接受和全盘效仿，而是根据自身社会需要进行了相应的调整。

第三节　明朝内地物品与文化对西藏的影响

明朝内地物品的输入及其在西藏的使用促进了汉地文化向西藏的传播，丰富了西藏文化的内涵，对西藏社会产生了深远的影响。下面就从文物材料出发，就明朝内地输藏物品及其承载的文化对西藏制度、宗教、物质文化和习俗观念等方面的影响进行简要分析。

一　对西藏制度文化的影响

印章是明廷颁给西藏人员的政治威信品，其承载的制度文化对西藏社会产生了一定的影响。西藏保存有三枚明代本地制作的螭纽

---

① 罗文华、格桑曲培编：《贡嘎曲德寺壁画——藏传佛教美术史的里程碑》，第109页，图021。

玉印，第一枚高 5 厘米、边长 7 厘米、宽 5.8 厘米。印文由图像和文字组成，文字为藏文ཀརྨ་པ（噶玛巴），文字周围为莲花、光芒和宝珠图案（图 3-30）。① 另两枚尺寸略小，均呈方形，印文整体与第一枚接近，仅图案有所差别（图 3-31）。② 这三枚印章当为噶玛巴所有，它们在印文、尺寸等方面和明廷颁给西藏人员的印章均有不同，应当是西藏人员自制的印章。但这三枚印章采用玉质及螭纽又和元、明政府颁给西藏人员的玉印相似，特别是螭纽的造型虽然有所改变，但明显是对后者的模仿，是元、明印章制度影响西藏的体现。

玉印作为一种特殊的政治物品被明廷用来赏赐非常重要的人物，是一种重要的政治策略。帕竹地方政权首领阐化王扎巴坚赞曾赐给其下属官员格尔·南喀坚赞一方玉印，作为其家族世代担任仁蚌宗宗本的信物。③ 十世噶玛巴却英多吉曾赠给第悉藏巴彭措南杰一枚红色玉印，以此认定他为前后藏的主宰。④ 上述现象说明，明廷以玉印赏赐西藏重要人物的行为已经被西藏地方的统治者和宗教首领借鉴与效仿，是内地官印制度及其文化影响西藏的体现。

西藏博物馆保存有一件明代西藏地方的藏文档案，写于黄色丝绸之上，内容是呼吁全藏族地区特别是多康地区僧俗官民要敬重、爱戴和供养第六辈红帽噶玛巴尊者·曲吉旺秋（图 3-6）。这件文告选择丝绸作为书写材料可能与明廷用丝绸作为诏敕书写材料的传统有关。同时，该文告所用的丝绸为黄色，应该受到了明朝以黄色代表权威和皇权观念的影响，以此彰显文告的权威性。

礼仪制度是制度文化的重要组成部分，作为礼仪制度具体表

---

① 甲央、王明星主编：《宝藏——中国西藏历史文物》（3），第 197—199 页，图 70。欧朝贵、其美编著：《西藏历代藏印》，第 49 页，"噶玛巴印（一）"。
② 欧朝贵、其美编著：《西藏历代藏印》，第 49—50 页，"噶玛巴印（一）、（二）"。
③ 恰白·次旦平措等：《西藏通史——松石宝串》，第 584 页。
④ 恰白·次旦平措等：《西藏通史——松石宝串》，第 594 页。

现形式之一的仪仗曾被明廷赐给大宝法王、大乘法王等西藏人员，并对西藏社会产生了一定影响。山南贡嘎曲德寺集会大殿中保存有明代西藏钦则画派创作的壁画，其中在一层无名间东壁上绘有《如意藤》本生故事第9品"火生本生"中坚影王赶往坟场仪仗的图像，图中出现的仪仗用具包括肩舆，斧、矛、戟、钺和骨朵等仪卫兵器，锣、鼓等乐器（图3-32）。① 该壁画中的斧、矛、钺及骨朵等仪仗用具在明代编撰的《三才图会》中可以找到造型基本一致的同类器物，② 同时在内地明墓出土仪仗俑所持的器物中也可以见到造型相同的器具。③ 这幅壁画的内容虽然为带有神话色彩的宗教题材，但其中的仪仗器具应该参考了现实仪仗的样式，具有鲜明的内地特征，是明朝内地仪仗制度影响西藏的表现。

拉萨楚布寺措康大殿的经堂内原有明代绘制的表现噶玛巴宣扬佛法事迹的壁画，其中噶玛巴的仪仗颇似内地制度，④ 可能受到了明廷所赐仪仗的影响。藏文文献记载，十世噶玛巴却英多吉曾认定第悉藏巴彭措南杰为前后藏的统治者，并赠给其旗幡、唢呐等贵人用的仪仗。⑤ 可见噶玛巴不仅自己使用具有内地特点的仪仗，而且还效仿明廷做法，给西藏的头领人物赏赐仪仗。此外，还有学者指出，明朝的官制与舆服制度影响到了帕竹地方政权，使其对下属官员的职位与薪俸有了严格的分配，对各级官员的服饰穿戴有了更明确的规定。⑥ 由此可见，明廷颁赐西藏的相关政治物品及其承载的

---

① 罗文华、格桑曲培编：《贡嘎曲德寺壁画——藏传佛教美术史的里程碑》，第179页，图版066。
② 王圻、王思义编集：《三才图会》，上海古籍出版社1988年版，第1178、1182—1183、1888页。
③ 铜梁县文管所：《四川铜梁明张文锦夫妇合葬墓清理简报》，《文物》1986年第9期。成都市文物考古研究所：《成都明代蜀僖王陵发掘简报》，《文物》2002年第4期。
④ 宿白：《西藏拉萨地区佛寺调查记》，《藏传佛教寺院考古》，第42—43页。
⑤ 恰白·次旦平措等：《西藏通史——松石宝串》，第594页。
⑥ 杜齐：《西藏中世纪史》，第46页。

政治观念与制度文化已经影响到了西藏社会，丰富了西藏制度文化的内涵。

二 对西藏宗教的影响

明朝内地物品与文化向西藏的输入和传播不仅丰富了西藏宗教的内涵，而且为西藏宗教及其艺术发展提供了可供使用与借鉴的内容，这些内容以物质、图形、观念等形式进入和存在于西藏的宗教生活之中，对西藏宗教文化的发展和转型产生了重要影响。

（一）对西藏宗教艺术的影响

1. 对造像艺术的影响

明廷曾赏赐给西藏大量的金铜造像，这些造像引起西藏人员极大的关注和细致的观察，① "一股模仿永宣造像的艺术风气在雪域高原兴起"，② 对西藏造像艺术产生了深远的影响，已有不少艺术史学者对此进行过论述。③

在对内地永、宣宫廷造像进行模仿的西藏人员中，以来乌群巴最为著名，他被认为是开启这一风气的领军人物。④ 故宫博物院保存有一尊明代铜鎏金四臂观音菩萨坐像，像上系有黄条，条上有汉字"大利益流崇干琍玛四臂观音菩萨，乾隆四十六年十一月二十九日，收噶尔丹西勒图罗藏丹巴……"（图3-33）。⑤ 据条上文字可知，该造像是清乾隆时期由藏僧进贡的，签中的"流崇干"是藏文音译，意为"来乌群的"，表明这尊造像是15世纪中期西藏拉萨地区著名的工匠来乌群巴创作的。这尊造像和永、宣金铜造像

---

① 海瑟·噶尔美：《早期汉藏艺术》，第168—169页。
② 黄春和：《藏传佛像艺术鉴赏》，第131页。
③ 如黄春和《藏传佛教造像题材分类及其艺术特征》，《法音》2001年第8期；金申《藏传佛教造像的流派与样式（中）》，《收藏家》2002年第5期；王家鹏主编《故宫博物院藏文物珍品大系·藏传佛教造像》，"导言"，第25、27页；黄春和《藏传佛像艺术鉴赏》，第131—132页；等等。
④ 黄春和：《藏传佛像艺术鉴赏》，第131页。
⑤ 杨新、王家鹏编：《中国藏传佛教雕塑全集》（2），第136页，图一五七。

的风格与特点非常近似,具有明显的汉地风格。除此之外,故宫博物院还保存有多件由明代西藏地方制作的金铜造像,如不空成就佛坐像①、药师佛坐像(图3-34)②、弥勒佛坐像③和金刚菩萨坐像④等。这些造像的整体形象完全仿照内地永、宣时期宫廷造像的风格,是内地造像影响西藏造像艺术的体现。

西藏也发现不少由本地制作的具有汉地风格的明代金铜造像,如西藏博物馆收藏的一尊四臂度母鎏金铜像,一面四臂,头戴宝冠,裸上身,丰乳细腰,镶嵌宝石装饰。⑤ 该馆还藏有一尊镀金铜手持金刚像,为明代西藏地方的作品,也镶嵌宝石进行装饰(图3-35)。⑥ 这两尊由西藏本地制作的造像虽然具有鲜明的藏式风格,但从整体造型与莲座样式等方面可以看出其深受明朝宫廷造像的影响。西藏大昭寺也藏有明代西藏本地制作的铜像,如鎏金绿度母⑦、西方广目天王⑧和东方持国天王(图3-36)⑨等,这些造像同样可以见到汉地造像艺术的影响。此外,西藏的明代塑像也受到了内地造像的影响,如拉萨色拉寺罗汉殿内有16尊泥塑罗汉像,是以释迦也失从内地带回的木雕罗汉像为蓝本塑造的,基本保持了内地罗汉的风格。⑩ 那塘寺有一组15世纪晚期的十六尊者塑像,均作

---

① 杨新、王家鹏编:《中国藏传佛教雕塑全集》(2),第110页,图一二七。
② 杨新、王家鹏编:《中国藏传佛教雕塑全集》(2),第107页,图一二四。
③ 杨新、王家鹏编:《中国藏传佛教雕塑全集》(2),第126页,图一四五。
④ 杨新、王家鹏编:《中国藏传佛教雕塑全集》(2),第150页,图一七三。
⑤ 上海博物馆编:《雪域藏珍——西藏文物精华》,第93页,图26。
⑥ 西藏博物馆编:《西藏博物馆》,第172—173页,图4。
⑦ Ulrich von Schroeder, *Buddhist Sculptures in Tibet Vol. Two: Tibetan & Chinese*, Hong Kong: Visual Dharma Publications Ltd., 2001, pp. 1286 - 1287, pl. 361A - C.
⑧ Ulrich von Schroeder, *Buddhist Sculptures in Tibet Vol. Two: Tibetan & Chinese*, Hong Kong: Visual Dharma Publications Ltd., 2001, pp. 1076 - 1077, pl. 278E - F.
⑨ Ulrich von Schroeder, *Buddhist Sculptures in Tibet Vol. Two: Tibetan & Chinese*, Hong Kong: Visual Dharma Publications Ltd., 2001, pp. 1076 - 1077, pl. 278D.
⑩ 《西藏自治区志·文物志》编纂委员会编撰:《西藏自治区志·文物志》,第540页。

内地装束，应该受到了内地的影响。①

西藏本土制作佛像应该始于吐蕃时期，根据造像风格与造型的变化，学界对西藏古代本土造像的历史进行了分期，目前主要有四期说和五期说。② 虽然各家对分期和各期对应年代有不同的看法，但基本都同意明代以前西藏的造像艺术主要受南亚印度、尼泊尔等地的影响，汉地造像艺术的影响非常有限，同时西藏也没有形成自身的造像风格。③ 上述情况在明代发生了根本性变化，一是汉地取代南亚成为影响西藏造像艺术的首要区域，西藏造像开始大量吸收与借鉴内地的造像艺术；二是具有西藏本土特色的造像艺术逐渐成熟并且定型，造像形式也逐渐模式化。④ 上述变化的最终结果是兼容汉、藏两地风格的造像艺术成为西藏造像艺术风格的主流，约在15世纪达到鼎盛。⑤

西藏造像艺术风格在明代发生转变的原因除了西藏文化自身的因素外，明朝内地造像艺术的影响也是一个不可忽视的重要因素。随着明朝内地造像的大量输入，内地造像艺术也随之进入西藏，不仅为西藏提供了一种可供参考的艺术新样式，而且冲击了西藏原有的艺术风格，促使西藏去探索符合本民族审美习惯和宗教理念的造像艺术，最终使西藏的造像艺术走向成熟。明朝内地造像之所以能够对西藏古代造像艺术的发展和变化产生如此重要的影响，除了内

---

① 宿白：《西藏日喀则那塘寺调查记》，《藏传佛教寺院考古》，第123页。

② 其中王家鹏先生所分四期的年代分别为吐蕃时期（7—9世纪）、佛教后弘期前期（10—13世纪）、佛教后弘期中期（14—16世纪）及佛教后弘期后期（17—19世纪），该分期见王家鹏主编《故宫博物院藏文物珍品大系·藏传佛教造像》，"前言"，第23—24页。黄春和先生所分的四期分别对应相应的朝代，第一期为吐蕃时期，第二期为吐蕃分治时期，第三期为元代，第四期为明代，第五期为清代，该分期见黄春和《藏传佛像艺术鉴赏》，第131页。

③ 王家鹏主编：《故宫博物院藏文物珍品大系·藏传佛教造像》，"前言"，第23—24页。黄春和：《藏传佛像艺术鉴赏》，第50页。

④ 黄春和：《藏传佛像艺术鉴赏》，第99—100页。

⑤ 王家鹏主编：《故宫博物院藏文物珍品大系·藏传佛教造像》，"前言"，第23—24页。黄春和：《藏传佛像艺术鉴赏》，第24页。

地造像在艺术和技术方面所具有的先进性外，还有两方面的原因。第一，内地输入西藏的很多造像为明朝宫廷或官方作坊的产品，并且主要通过赏赐途径进入西藏，因此这些造像本身就是珍贵品和权威品，具有政治象征意义，更容易引起西藏社会的重视和效仿。第二，明代早期宫廷造像的制作曾得到过藏僧的指导，① 这些造像不仅遵循了藏传佛教的仪轨和范式，而且融入了藏民族自身的审美习惯和宗教理念，在审美旨趣、民族心理和宗教观念等方面与藏族的传统和文化更加契合，自然容易得到西藏社会的认同、接受和模仿。

2. 对宗教绘画艺术的影响

明代西藏的宗教绘画艺术亦受到内地的影响，这从西藏所存的明代唐卡、壁画中可以看出，主要表现在两个方面：一是绘画的艺术风格受汉地影响，二是绘画内容中出现了来自汉地的素材。

（1）对艺术风格的影响

明代皇家制作的织画唐卡流入藏族地区后成了当地画师了解和模仿汉地样式的粉本，如释迦也失带回西藏的十六罗汉唐卡就为14—15世纪开始在卫藏传播的罗汉图像提供了粉本。② 西藏札达县托林寺珍藏有一幅布绘唐卡《佛陀像》，③ 有学者认为该唐卡可能受到乃宁曲德寺收藏的永乐十年《释迦立像》绢画的影响（图2-74）。④ 国外收藏有一幅16世纪西藏制作的《北天王》唐卡，该天王像为国字脸，倒八字眉、八字胡须，宝冠、服饰等都显示其借鉴

---

① 《西天佛子源流录》记录，班丹扎释之师曾指导明廷铸造藏传佛教造像、法器等物。参见张润平、苏航、罗炤编著《西天佛子源流录——文献与初步研究》，第163页。

② 谢继胜、贾维维：《元明清北京藏传佛教艺术的形成与发展》，《中国藏学》2011年第1期。

③ 王永强等编：《中国少数民族文化史图典·西南卷》，第324页。

④ 童赛玲：《明代宫廷美术与西藏本土佛教美术风格的相互影响》，《新美术》2013年第5期。

了明代宫廷绘画、寺院壁画中的天王形象。① 上述材料表明，明朝内地传入西藏的绘画作品对西藏的宗教绘画产生了重要影响。

西藏不少寺院保存有明代壁画，其中以白居寺和贡嘎曲德寺的材料被公布得较多、研究得最深。江孜县的白居寺是后藏一座著名的寺院，创建于 15 世纪中叶，根据壁画题记和《江孜法王传》记载，该寺吉祥多门塔一层多闻天殿的多闻天壁画和二层作明佛母殿中的汉式度母壁画都是根据内地艺术风格绘制的，②其中四大天王形象完全采用的是内地造型。③ 白居寺收藏有一幅带"大明永乐十四年四月十七日施"款识的钳青纸地泥金《御制救度佛母像》，画像中的救度佛母像的风格和该寺吉祥多门塔二层作明佛母殿中所绘的汉式救度佛母像之间有着密切的关系，④后者显然受到前者的影响。此外，明代永、宣宫廷造像的造型与装饰风格还对白居寺壁画中的佛像产生了影响。⑤

山南贡嘎曲德寺是萨迦派密教支派贡嘎派的一座寺院，其内保存有珍贵的明代壁画，⑥其中主殿集会大殿一楼的外墙内壁，即现存南北配殿外墙内壁上有一组明代绘制的《如意藤》壁画。这组壁画在艺术风格与图像内容等方面都可以见到来自汉地的深刻影响，如其采用了山石、云气、流水、楼阁、树木等汉地青绿山水画中最惯用的艺术元素来表现图像场景的错落有致以及景深（图

---

① 童赛玲：《明代宫廷美术与西藏本土佛教美术风格的相互影响》，《新美术》2013 年第 5 期。

② 熊文彬：《中世纪藏传佛教艺术：白居寺壁画艺术研究》，第 156 页。

③ 金维诺主编：《中国壁画全集 34：藏传寺院 4》，图版一〇三、图版一〇六、图版一〇八、图版一一〇：多闻天王；图版一〇四、图版一一二：增长天王；图版一〇五：广目天王；图版一一一：持国天王。

④ 熊文彬：《白居寺壁画风格的渊源与形成》，《中国藏学》1995 年第 1 期。熊文彬：《中世纪藏传佛教艺术：白居寺壁画艺术研究》，第 160 页。

⑤ 熊文彬：《中世纪藏传佛教艺术：白居寺壁画艺术研究》，第 160 页。

⑥ 罗文华：《从西藏贡嘎曲德寺壁画看钦则画派的特点》，《故宫博物院院刊》2015 年第 5 期。

3-32、图 3-37)。① 罗文华先生认为，贡嘎曲德寺的这组明代壁画"堪称藏传佛教艺术史上里程碑式的作品"，"第一次大规模地采用汉地元素，颠覆性地打破了此前西藏艺术以印度—尼泊尔风格为主导的风气，结果导致 17 世纪西藏艺术最终由喜马拉雅艺术风格转向以汉风为主导"②，而"改变贡嘎曲德寺绘画面貌的主要元素来自汉地绘画"③。贡嘎曲德寺这些具有汉地风格的明代壁画之创作者是明代西藏本土著名的钦则画派之创始人贡嘎岗堆·钦则钦莫及其弟子。④ 该画派创立于 15 世纪中叶，是对西藏绘画有很大影响的本土画派之一，其背后的支持者主要为萨迦派。⑤ 该画派流传下来的壁画作品显示，其明显受到了明代内地绘画艺术的影响。

西藏昌都噶玛寺是噶玛噶举派的祖寺，该寺保存有一组明代绘制的祖师像壁画，采用的是青绿色的图像背景，有学者认为这组壁画为南喀扎西的作品（图 3-17、图 3-18）。⑥ 南喀扎西是明代西藏三大本土绘画流派之一的噶玛噶孜画派的创始人，他曾模仿永乐皇帝赏赐的卷轴画、汉族画师的作品等。⑦ 该画派创立于 16 世纪中叶，兴盛于藏东地区，吸收了汉地青绿山水技艺，主要得到了噶玛噶举派的扶持。⑧ 国外有一幅由 17 世纪噶玛噶孜画派画家创作

---

① 罗文华、格桑曲培编：《贡嘎曲德寺壁画——藏传佛教美术史的里程碑》，第 179、76 页。
② 罗文华：《从西藏贡嘎曲德寺壁画看钦则画派的特点》，《故宫博物院院刊》2015 年第 5 期。
③ 罗文华、格桑曲培编：《贡嘎曲德寺壁画——藏传佛教美术史的里程碑》，第 73 页。
④ 熊文彬、哈比布、夏格旺堆：《西藏山南贡嘎寺主殿集会大殿〈如意藤〉壁画初探》，《中国藏学》2012 年第 2 期。罗文华、格桑曲培编：《贡嘎曲德寺壁画——藏传佛教美术史的里程碑》，第 81 页。
⑤ 于小冬：《藏传佛教绘画史》，第 222 页。
⑥ 康·格桑益希主编：《噶玛噶孜画派唐卡》，第 21—29 页。
⑦ 于小冬：《藏传佛教绘画史》，第 239 页。
⑧ 康·格桑益希：《藏传噶玛噶孜画派唐卡对汉地青绿山水技艺的吸纳》，《西藏大学学报》2010 年第 1 期。

的罗汉像唐卡，画的背景为青绿山水风景，这是模仿明代永乐宫廷的一件绘画作品创作而成的。① 十世噶玛巴却英多吉不仅是噶玛噶举派的宗教领袖，而且是一位著名的艺术家，他创作了一系列唐卡，如《玛尔巴授教米拉日巴》、《释迦牟尼佛与十六罗汉唐卡》组画、《摩利支》和《噶玛巴活佛传承图》等。上述这些唐卡均绘制于丝绸之上，具有鲜明的汉地风格，如群山远树风景、水墨式画法、细致的描金和灰绿色主调等，② 明显受到了汉地绘画艺术的影响。

明代西藏三大本土画派中还有一个勉塘画派，主要得到格鲁派的推助。③ 该画派是 15 世纪中期以后卫藏地区影响最大的画派，也受到了汉地绘画艺术的影响。勉塘画派很大程度上吸收了汉地青绿山水画的表现手法，④ 其作品如萨迦寺收藏的《八思巴画传》唐卡就以青绿色为主调，以青绿色的天空、地面、树木和山石等作为画面的基本背景（图 3-38）。⑤ 西藏博物馆藏有一件布画彩绘的玛吉拉准像唐卡，亦是明代勉塘画派的作品，画面中的流水、山石、草木和地面等内容也用青绿色表现（图 3-24）。西藏流传着一个与勉塘画派创始人勉拉顿珠有关的传说，据言他在观看一幅来自汉地的丝织唐卡时突然想起自己曾是一位汉地画师，之后便创造出一种更接近汉地风格的绘画风格。⑥ 该传说似乎暗示勉塘画派的

---

① 童赛玲：《明代宫廷美术与西藏本土佛教美术风格的相互影响》，《新美术》2013 年第 5 期，图 41。

② Karl Debreczeny（杜凯鹤）：《绛域佛法：十世噶玛巴汉风唐卡绘画在丽江的发展》，《美成在久》2015 年第 3 期，图一。

③ 于小冬：《藏传佛教绘画史》，第 222 页。刘冬梅：《勉唐派唐卡在拉萨的传承历史》，《西藏艺术研究》2017 年第 4 期。

④ 扎雅：《西藏宗教艺术》，第 91 页。

⑤ 凡建秋：《公元 15—16 世纪西藏勉塘画派研究》，《艺术探索》2009 年第 4 期。中央民族学院少数民族文学艺术研究所主编，杨树文、张加吉、安旭、罗丹编著：《西藏佛教唐嘎艺术·八思巴画传》，第 16 页。

⑥ 转引自罗文华、格桑曲培编《贡嘎曲德寺壁画——藏传佛教美术史的里程碑》，第 74 页。

画师可能接触过来自明代内地的绘画作品并受其影响。由此看来，兴起于明代的西藏本土三大画派都不同程度地受到了汉地绘画艺术的影响。

（2）对绘画内容的影响

明朝内地输藏物品为西藏的艺术创作提供了一些可供参考、使用与模仿的素材，丰富了西藏绘画艺术的内涵。作为西藏绘画主要形式的壁画和唐卡是负载、保存与展现文化的重要载体，来自内地的一些事物和现象可以通过绘画的形式在西藏出现，一定程度上延展了内地文化进入和存在于西藏的形式与途径，扩大了内地文化在西藏的影响。

山南贡嘎曲德寺的《如意藤》壁画绘制于明代，内容为佛传故事和佛本生故事。《如意藤本生经》原是由印度诗人善自在王用诗体写成，13世纪时由萨迦派僧人雄顿·多吉坚赞和印度学者合作翻译成藏文，之后便成为西藏寺院壁画和唐卡创作的重要题材之一。[①] 从作者和内容来看，《如意藤本生经》原本的文化背景应该是南亚文明，涉及的事物与现象也应该和南亚相关。然而，贡嘎曲德寺这组明代《如意藤》壁画中出现的许多事物和现象却具有明显的汉地特征，如汉式城门、楼阁等建筑（图3-39）[②]，斧、戟、钺等仪仗器具（图3-32），着汉式服饰、铠甲的人物（图3-40）[③]，盘龙形象[④]，等等。这表明西藏在绘制这组壁画时，虽然是以来自南亚文明的故事为依据，但表现故事内容的各种要素已经和故事原本的南亚文化背景发生了分离，而主要用西藏自身的和来自

[①] 熊文彬、哈比布、夏格旺堆：《西藏山南贡嘎寺主殿集会大殿〈如意藤〉壁画初探》，《中国藏学》2012年第2期。

[②] 罗文华、格桑曲培编：《贡嘎曲德寺壁画——藏传佛教美术史的里程碑》，第129页。

[③] 罗文华、格桑曲培编：《贡嘎曲德寺壁画——藏传佛教美术史的里程碑》，第260页。

[④] 罗文华、格桑曲培编：《贡嘎曲德寺壁画——藏传佛教美术史的里程碑》，第90—94页。

汉地的要素表现。这说明来自汉地的事物和现象不仅为西藏绘画提供了新素材，而且逐渐替代南亚文明在西藏的地位和影响。

前一节在讨论明朝内地物品在西藏的使用时曾对西藏明代壁画、唐卡等图像中出现的内地器物进行过梳理，包括贡嘎曲德寺明代壁画中的一对插花瓶（图3-19）、三足香炉（图3-29），昌都噶玛寺明代壁画中的白色花瓣纹瓶（图3-17）、白色长颈瓶（图3-18）和僧帽壶（图3-20），以及十世噶玛巴却英多吉创作的唐卡中的壶、罐、瓶、杯等（图3-16）。上述这些壁画、唐卡中出现的器物，虽然在具体造型上可能与内地同类器物有所差别，但整体上应该是对内地瓷器、铜器的模仿。这些具有汉、藏融合特征的器物图像的存在说明，西藏宗教艺术在接受和吸收内地文化因素时进行了相应的选择，表现出既对汉地文化向往又要保持自身文化特点的心理状态，这是文化互动中的正常现象。

综上所述，西藏的佛教造像艺术与宗教绘画艺术均在明代发生了重大变化，二者的变化不仅在时间上整体一致，而且在变化的趋势、方向及表现方面也基本相同。根据罗文华先生的观点，15世纪初到17世纪上半叶是西藏艺术的本土化时期或变革时期，包括宗教绘画、佛教造像等在内的藏传佛教艺术在这一时期都发生了重大转变，西藏的艺术风气从过去遵循喜马拉雅山地区的艺术模式转向东方汉地艺术风格，使藏传佛教艺术从印度—尼泊尔传统中解放出来，汉地艺术成为影响西藏佛教艺术的主流。[①] 从时间上来看，以造像和绘画艺术为代表的西藏宗教艺术在明代发生了转变，具体可能始于15世纪初，此时正好是汉藏交流互动最为频繁的永、宣时期，也是明朝经略西藏力度最大的时期。这种时间上的一致性表明，西藏宗教艺术的转变应该和明廷对西藏的经略以及大量内地物品及其文化进入西藏后产生的影响有关。如果放到藏传佛教艺术发

---

① 罗文华、格桑曲培编：《贡嘎曲德寺壁画——藏传佛教美术史的里程碑》，第83—84页。

展史的大背景下进行考察就会发现，上述转变不仅改变了西藏宗教艺术的整体面貌，而且还奠定了之后藏传佛教艺术发展的基础和方向，① 最终影响到西藏历史与文化的发展进程。

（二）对西藏宗教发展的影响

明朝内地输入西藏的大部分物品的使用可能与宗教相关，对西藏寺院建设、教派发展以及宗教权力与地位的维系等都产生了重要影响。内地输藏物品是西藏社会财富的重要来源，为西藏部分寺院的建设和发展提供了物质支持。拉萨色拉寺由大慈法王释迦也失于永乐十六年主持修建，② 有学者指出释迦也失从明廷获得的大量赏赐物品是其修建该寺重要的资金来源之一。③ 文献记载，释迦也失代其师宗喀巴于永乐十二年抵京朝觐明成祖，其留居内地期间曾多次获得明廷赏赐，而后于永乐十四年辞归返藏。④ 色拉寺修建的时间正好是释迦也失从内地返回西藏后不久，这表明色拉寺的修建应该得到释迦也失从内地获得的物品和财富的支持。

《西番馆来文》收录有不少明代藏族地区人员所上的奏表，其中多件奏表与藏族地区人员向明廷求取或准允购买相关物资用于寺院建设有关。例如一件乌思藏广德寺求请货物过关勘合的奏表，内容如下：

> 乌斯藏广德寺番僧班卓儿奏：臣等为报圣恩事。比先年间，敕建本寺，年久损坏。各出自己货财，照例修理，货买各色颜料，供器等物。望朝廷可怜见，乞赐过潼关勘合一道。⑤

---

① 罗文华、格桑曲培编：《贡嘎曲德寺壁画——藏传佛教美术史的里程碑》，第83—84页。
② 宋赞良：《色拉寺调查》，《中国藏学》1991年第2期。
③ 熊文彬、陈楠主编：《西藏通史·明代卷》，第463—464页。
④ 《明太宗实录》卷一七六，永乐十四年五月辛丑，第1924页。
⑤ 吴均：《从〈西番馆来文〉看明朝对藏区的管理》，《吴均藏学文集》，第76页。

奏表内容显示，乌思藏广德寺藏僧特意从内地购买颜料、供器等物品带回藏族地区以供本寺院的维修使用。另一件奏表与乌思藏永安寺有关，内容如下：

> 乌思藏永安寺禅师臣星吉等奏：臣等本寺系成化二年敕建，至今年久损坏，臣等修理缺少颜料，因此前来进贡佛像、骨塔、舍利、氆氇等物。望朝廷可怜见，乞与金箔、颜料、供器，回还便益。①

从这件奏表的内容来看，永安寺甚至不打算自己出资购买颜料、金箔和供器等用于寺院维修的物品，而是希望明廷直接赏赐上述物资。由此可见，西藏从内地获取寺院建设和维修物品的行为应该比较普遍，内地物品对西藏寺院的建设与维修具有重要的作用和影响。

西藏各教派存在和发展的背后都有相应世俗势力的支持，这些势力提供的物质资料是各教派得以发展的重要基础。明廷根据自身的政治需要以及西藏社会的实际状况，对西藏众多的教派与寺院都给予了相应的支持，不仅通过与各教派上层人物之间的赐贡关系给予他们大量的赏赐物品，而且为他们购买内地物品提供便利的条件，是支持藏传佛教一股非常重要的特殊"势力"，从物质上影响到了藏传佛教各教派的发展。

在明代西藏，噶玛噶举派、萨迦派与格鲁派是宗教势力和影响最大的三个教派，也是从明廷获得赏赐最多的三个教派，他们通过各种途径和方式从内地获取了大量物品和财富，以此来维护和提升各自教派在西藏的地位及影响。以上述三大教派中形成时间最晚的格鲁派为例，其创始人宗喀巴在创教初期除了得到西藏部分贵族和地方势力的支持外，也得到了明廷的物质支持。藏文文献中保存有

---

① 任小波：《明代西番馆与西番馆来文》，第40页。

明成祖给宗喀巴的致书以及宗喀巴的回信,里面提到明廷曾赠送给宗喀巴众多物品,包括法器、服饰与各种丝绸等,① 这些物品必然会对宗喀巴的相关宗教活动产生积极影响。

拉萨祈愿大法会是藏传佛教界著名的传统法会,最初由宗喀巴于永乐七年在拉萨亲自主持召开,对传播格鲁派教法、扩大格鲁派影响具有重要作用。该法会仿照印度神变月的施受传统,需要消耗大量的财物与物资。② 藏文文献记载,在由宗喀巴主持的第一届拉萨祈愿大法会期间,第一天由宗喀巴及其弟子作施主,向佛像涂金,供奉佛冠、法器和法衣等,涉及的物品有"绣花上缎四匹,缎料四匹,大绸十二匹,中等绸六十二匹,绫四匹"等来自内地的织物;同时他们还为僧伽大会公众筵席供奉绸、缎和茶叶等来自内地的物品。③ 值得注意的是,明廷赏赐宗喀巴及其弟子的物品中就有不少法器、服饰与织物,④ 这些物品很可能被用于这类宗教活动之中。

财富与资源的分配直接影响到宗教在西藏社会中的地位,因此为保持藏传佛教在西藏社会中的优越地位和绝对影响,宗教势力必须通过各种手段获取大量的财物和物资,以便为宗教活动的开展以及寺院的发展与运作提供基本保障。从这一角度来看,藏传佛教具有鲜明的世俗性,对资源和财富之于宗教的作用有着深刻的理解,故非常重视财富的获取与积累。因此,西藏宗教势力除了从本土获取和积累财富与资源外,还积极地与明廷建立和保持贡赐关系,以便从内地获得大量的物资和财富来壮大寺院经济,巩固自身的势力和地位。

对西藏而言,明代内地输藏物品中的不少物品属于奢侈品和威信品,是权力与地位的象征。这些物品中的大部分被用于宗教事

---

① 拉巴平措:《大慈法王释迦也失》,第140—145页。
② 熊文彬、陈楠主编:《西藏通史·明代卷》,第232页。
③ 法王周加巷:《至尊宗喀巴大师传》,第210页。
④ 拉巴平措:《大慈法王释迦也失》,第140—145页。

业，僧人特别是上层僧人是这些物品在西藏的主要使用者，这样的资源与财富分配及使用格局直接影响着西藏社会的权力结构，使宗教权力（神权）超越了世俗权力而在西藏社会中处于主导地位。由此可见，明廷赏赐藏僧的物品以及在藏僧主导下输入西藏的内地物品对西藏宗教的发展产生了重要影响，壮大了西藏的寺院经济，扩大了西藏的宗教势力与寺院权力，使西藏政教合一的社会制度继续稳定发展。

三 对西藏物质文化的影响

明朝内地物品及其承载的工艺技术随着汉藏间的人员交往与物品流通传播到西藏，对西藏的物质文化如建筑、制瓷、印刷和装饰等方面都产生了一定影响，丰富了西藏的物质文化。

1. 建筑

内地建筑工艺在元代就已经影响到了西藏，这一时期兴建的夏鲁寺便是汉藏建筑合璧的典范。① 内地建筑工艺在明代继续影响西藏，这一时期新建或修复的很多寺院建筑都采用了内地的建筑工艺。拉萨大昭寺的大屋顶在明代曾进行过维修，② 维修时将斗拱等完全改为汉式的架构方式（图 3-41）③。江孜白居寺创建于 15 世纪中叶，该寺大殿内的梁托为藏式，上部的斗拱则采用汉式（图 3-42）；④ 另外该寺大殿南侧人人解脱城门的门楼屋顶采用的亦是汉式屋脊宝瓶结构。⑤ 山南洛扎县拉隆寺经堂大殿在明代进行过大规模的维修和扩建，其中也吸收和借鉴了汉地建筑的工艺技术，该

---

① 陈耀东：《夏鲁寺——元官式建筑在西藏地区的珍遗》，《文物》1994 年第 5 期。
② 拉萨市政协文史资料组编，恰白·次旦平措执笔：《大昭寺史事述略》，《西藏研究》1981 年创刊号。《西藏自治区志·文物志》编纂委员会编撰：《西藏自治区志·文物志》，第 1044 页。
③ 甲央、王明星主编：《宝藏——中国西藏历史文物》（3），第 256 页，图 95。
④ 甲央、王明星主编：《宝藏——中国西藏历史文物》（3），第 257 页，图 96。
⑤ 熊文彬：《中世纪藏传佛教艺术：白居寺壁画艺术研究》，第 37 页。

殿的柱子与斗拱比例符合汉式建筑的营造方式，带有明代内地建筑的特征。① 楚布寺位于拉萨市堆龙德庆区，是噶玛噶举派的主寺，寺内原有明代修建的赛东清波（汉金塔殿）和银青清波（银塔殿）等建筑，这些建筑中的斗拱亦为内地形制。②

2. 制瓷

藏族对瓷器十分珍视，不少藏文文献都提到了西藏本地制瓷的事迹，甚至将年代一直推定到了吐蕃时期。③ 但从现有的文物考古资料来看，西藏本土制瓷的年代当不早于元代，④ 且受到了内地制瓷工艺的影响。

山南扎囊县有一处被称为普布的制瓷作坊遗址，该地制作的瓷器均为白底蓝花瓷器，胎薄质轻，主要有高足碗、大喇叭口碗和杯等器型，器上多无款识，个别有制作者的家族名或世号。该作坊生产的瓷器不仅在西藏流通，而且还远销尼泊尔、印度等地。普布瓷窑大约创建于明代，兴盛于明代晚期和清代早、中期，清代晚期开始衰败直至废弃。⑤ 从该窑生产的白底蓝花瓷器来看，其产品应该是对内地青花瓷器的模仿。目前西藏发现少量明代本地制作的瓷器，如"扎嘎"藏瓷酒罐（图3-43）⑥、"扎嘎"藏瓷酒壶⑦等。这类被称为"扎嘎"的瓷器就是明清时期西藏仿汉地工艺生产的一种土白色碎花瓷器，既具有西藏自身的特点，又可见汉地制瓷工艺技术的影响。

---

① 《西藏自治区志·文物志》编纂委员会编撰：《西藏自治区志·文物志》，第466—467页。

② 宿白：《西藏拉萨地区佛寺调查记》，《藏传佛教寺院考古》，第45—46页。

③ 达仓宗巴·班觉桑布：《汉藏史集——贤者喜乐赡部洲明鉴》，第134页。

④ 据说元代萨迦地方政权在日喀则曾有过帕戈窑，该窑烧造的瓷器胎厚，釉色以黄、酱紫色为主。参见石柱、冷健《介绍西藏文管会库藏的一件青花藏文高足碗》，《文物》1981年第11期。

⑤ 《西藏自治区志·文物志》编纂委员会编撰：《西藏自治区志·文物志》，第159页。西藏自治区文物管理委员会编：《扎囊县文物志》，第16—18页。

⑥ 国务院新闻办公室编：《西藏民间艺术藏珍》，第128页。

⑦ 国务院新闻办公室编：《西藏民间艺术藏珍》，第128页。

3. 印刷

西藏布达拉宫和色拉寺各保存有一部永乐八年版朱砂《甘珠尔》（图2-71），这是目前公认西藏最早的木刻版藏文刊印本。① 该版大藏经由明代内地刊刻，被明廷作为礼品赐给大宝法王、大乘法王与大慈法王等人。《大慈法王传》记载，当宗喀巴看到释迦也失带回的这版大藏经时，便让释迦也失再将其木刻出来，从此西藏也开始了木刻版印刷，而宗喀巴也因此被认为是西藏木刻经文印刷制度的创立者。② 正是内地印刷工艺技术的影响，才使得明代西藏出现了许多印刷的佛经和文集，如《宗喀巴大师文集》《萨迦五祖文集》等。③

4. 装饰

随着明朝内地装饰工艺对西藏影响的深入，内地的装饰纹样和工艺也被运用到西藏的相关物品上。西藏日喀则市白朗县旺丹乡雪村发现一件明代西藏本地制作的木雕宝柜，柜子的三面皆为动物主题的木雕图案，具有明朝内地木雕玲珑剔透的风格。④ 西藏博物馆保存有一件明代铁质错金银的糌粑盒，制作精美，纹样繁复，纹样中以变体的汉字"寿"居三方，与藏族信奉的佛法三宝相对应（图3-44）。⑤ 此盒上的"寿"字纹饰为汉地常见的装饰纹样，在内地输入西藏的丝绸等物品上也有存在。⑥ 原北京市文物工作队曾从外地运京的废铜中拣选抢救出一批西藏文物，其中一件为红铜鎏金花六方宝瓶，瓶口有鎏金凸方棱一周，瓶颈及腹有鎏金卷草纹、变形云形纹及寿桃、宝带、琵琶和宝瓶等吉祥图案（图3-45）。⑦

---

① 嘉措、平措等：《拉萨现藏的两部永乐版〈甘珠尔〉》，《文物》1985年第9期。
② 拉巴平措：《大慈法王释迦也失》，第82页。
③ 熊文彬、陈楠主编：《西藏通史·明代卷》，第396页。
④ 《西藏自治区志·文物志》编纂委员会编撰：《西藏自治区志·文物志》，第1047页。
⑤ 甲央、王明星主编：《宝藏——中国西藏历史文物》（3），第300—301页，图115。
⑥ 康·格桑益希：《藏族美术史》，四川民族出版社2005年版，第338页。
⑦ 程长新、张先得：《记北京市拣选的几件西藏文物》，《文物》1985年第11期，图一〇、图一二。

该瓶可能为宗教供器，似为明代藏族工匠制作，其中部分装饰图案吸收了汉地的元素。

龙纹是内地一种具有等级标识的纹样，在明廷赏赐西藏的丝绸、瓷器、法器和唐卡等物品上均可以见到，这使得龙纹在西藏也备受重视，被用作相关物品的装饰。某私人藏有一幅来自俄尔寺（又称艾旺却丹寺）的布画唐卡，创作于1426—1450年，内容为萨迦初祖贡嘎宁波像，在图中须弥座中间的宝帕上装饰有对龙图案。① 西藏发现有一件明代的头颅骨鼓（嘎巴拉鼓），其鼓面装饰有龙纹图案（图3-46），② 与汉地龙纹相似。

西藏保存的明代礼单与部分诏敕通常对明廷赏赐的物品特别是丝绸类物品的记载和描述极为细致，其中一个重要目的可能就是方便西藏人员了解和认识这些物品在汉地的称呼及相关信息，如此才能有助于汉地物品及其工艺技术在西藏的展示和传播，才能对西藏社会产生更深刻的影响。从现有材料来看，明朝内地对西藏影响最大的装饰纹样正是来自丝绸，如缠枝纹、花卉纹、回纹、龙纹等。山南扎囊县敏珠林寺原保存有几尊明代萨迦高僧鎏金铜像，它们服饰上錾刻的龟背纹、连钱纹、四合如意纹、回纹和卷草纹等应该与内地的影响有关。③ 江孜白居寺吉祥多门塔上有许多佛像壁画，其中有些佛像的佛衣使用了缠枝花卉纹等进行装饰。④ 山南贡嘎曲德寺和昌都噶玛寺明代壁画中的祖师像所着服饰上也用花卉纹、卷草纹和云纹等图案进行装饰。⑤ 由此可见，明朝内地的装饰工艺已经深刻地影响到了西藏的佛像装饰工艺。

---

① 廖旸：《夏鲁寺护法殿门廊御榻图补论》，《世界宗教文化》2015年第4期，封三彩图9。
② 甲央、王明星主编：《宝藏——中国西藏历史文物》（3），第235—237页，图89。
③ 吴明娣：《汉藏工艺美术交流史》，第101页。
④ 于小冬：《藏传佛教绘画史》，第156页，图E57。
⑤ 罗文华、格桑曲培编：《贡嘎曲德寺壁画——藏传佛教美术史的里程碑》，第90页，图004。

四　对西藏习俗观念的影响

随着明朝内地输藏物品在西藏的存在与使用，这些物品及其承载的文化与观念也逐渐被西藏社会了解和认识，进而影响到西藏相关习俗和观念的形成。拉萨甘丹寺大经堂中悬挂有一组包括释迦牟尼佛、十六罗汉和四大天王等内容的丝织唐卡，共23幅，① 被称为"甘丹绣唐"（图3-3）。这组唐卡可能是明宣宗赐给释迦也失或其弟子的物品，后被奉献给甘丹寺。这组唐卡每年藏历六月十五日要公开展示21天，逐渐形成了著名的"甘丹舍唐节"。② 由此可见，明朝内地传入的相关宗教物品被西藏寺院用作供奉和展示，不仅丰富了西藏的宗教生活，而且促成西藏相关节日和习俗的产生。

西藏一些大寺院在选择室内顶部的装饰织物时有一定的共性，即比较倾向于使用那些带龙纹的绸缎，如扎什伦布寺吉康扎仓内藻井使用的是四合如意云龙纹过肩妆花缎，③ 哲蚌寺措勤大殿与郭芒扎仓的顶部天棚也是带龙纹的内地绸缎（图2-83）。④ 山南贡嘎曲德寺的明代壁画中有一组萨迦派祖师像，在各祖师像的旁边均绘有可能起地位衬托作用的盘柱翔龙图案（图3-22）。⑤ 上述材料表明，明代西藏社会已经认识到龙纹所代表的象征意义，故非常重视和注意龙纹的使用，这是明代汉地观念影响西藏的一个缩影。

---

① 王瑞雷：《西藏甘丹寺藏明初十六罗汉刺绣唐卡相关问题初探》，《故宫博物院院刊》2018年第3期。
② 熊文彬、陈楠主编：《西藏通史·明代卷》，第237页。
③ 西藏自治区文物局、日喀则扎什伦布寺民管会编：《扎什伦布寺》，第140页。
④ 熊文彬、陈楠主编：《西藏通史·明代卷》，彩图"哲蚌寺措勤大殿明代织绣"。哲蚌寺、余言主编：《哲蚌寺》，第76页。
⑤ 罗文华、格桑曲培编：《贡嘎曲德寺壁画——藏传佛教美术史的里程碑》，第90—95页，图004—008。

五　对西藏人员权力和地位的影响

明廷赐予的名号与物品对受赐者而言不仅是一种荣誉，而且是身份和地位的象征，对他们在西藏拥有的权力和所处的地位有着重要影响。在明廷所颁的物品中，印章与诏敕可能是最能体现受赐者权力和地位的。《贤者喜宴》记载，八世噶玛巴曾向其弟子讲述了"水晶印"（玉印）与行使权力的关系，特别强调大明皇帝曾授予得银协巴永久性的官印，以供法王在西藏为中央朝廷做相关事情时使用。① 西藏保存有一枚镂花系纽的铜包铁印，印文为"净修通悟国师印"（图3-5）。藏文文献《达隆教史》记载，这枚印章可能与达隆寺第九任法座扎西贝孜有关，他在讲述自己获得明廷赐封时说道："我有灌顶国师的封号，也得到银印、诰命封赏。'净修通悟国师'（ཟབ་སྦྱོང་ཀུན་རིག་）名号，意为遍知一切的大禅师，也是帝师。"② 从扎西贝孜的话语中可以看出，明廷敕封的名号和颁发的印章有助于提升他在西藏的地位与影响。

《西藏王臣记》记载，当明成祖敕封帕竹地方政权首领扎巴坚赞为阐化王后，"故王扎巴坚赞之美名天鼓，响彻天界"。③ 与这次敕封一同颁赐的阐化王玉印被五世达赖称为"在吐蕃称为珍宝的水晶印"，④ 是阐化王势力在西藏"弹压地方"和行使权力的凭证。藏文文献《协噶尔教法史》中记载了拉堆洛家族的拉赞加玛"从皇帝那里得到了治理从素尔措以南至曲堆一带地方的诏书，被封为大司徒，并获赐水晶印"一事。⑤ 这位拉赞加玛即汉文文献中的锁

---

① 巴卧·祖拉陈瓦：《〈贤者喜宴——噶玛噶仓〉译注（二十六）》，周润年、韩觉贤译，《西藏民族学院学报》2015年第3期。
② 朱德涛：《两枚明清中央政府颁赐西藏地方官员印章考释》，《藏学学刊》第15辑，第174—184页。
③ 五世达赖喇嘛：《西藏王臣记》，第96页。
④ 五世达赖喇嘛：《五世达赖喇嘛传》，第326页。
⑤ 转引自熊文彬、陈楠主编《西藏通史·明代卷》，第183页。

巴头目刺昝肖，明成祖敕封他为司徒的诏书现在仍然保存在西藏（图1-11）。① 上述材料说明，明廷敕封的名号、赏赐的印章及诏敕等政治物品有助于维护和提升受赐者在西藏的权力与地位。

明成祖曾敕封亲自赴京的噶玛噶举派首领噶玛巴为大宝法王，萨迦派宗教领袖昆泽思巴为大乘法王，格鲁派宗喀巴之代表释迦也失为西天佛子大国师，文物和文献材料显示，他们在内地及返回西藏时都曾获得大量的赏赐物品。上述三人返藏后都开展了相似的宗教活动，即大量而广泛地进行布施和供养。例如，大宝法王得银协巴返藏后即"前往具吉祥楚布和逻娑之地，为佛祖释迦牟尼奉上无价珍珠之祖衣；为卫藏不同教派所有五人以上的寺院奉赐斋僧茶；并为所有佛殿敬献有大量供品"。② 大乘法王返藏后，先"来到雪域法轮拉萨大昭寺，在以释迦牟尼佛像为主的殊胜三所依前，供奉许多用金液、敬神哈达各种珍宝等制作的奇异的三十七曼陀罗供等"，返回萨迦寺后又对"海聚一般的无量僧伽和无量众生给予大财施，又对寺内的所有三所依供奉无量殊胜之佛灯、敬神哈达、各种珍宝制作的供器"。③ 西天佛子释迦也失返藏后，首先向其师宗喀巴奉献了皇帝赐予的十六罗汉等丝织唐卡（图3-3）以及镶满珠宝的金银曼陀罗和大批丝绸等，然后也向大昭寺的"释迦牟尼敬献了（涂）黄金、项链和其他供养。向以甘丹寺为主的各寺院发放布施、熬茶等"。④ 上述三位高僧返藏后之所以都要进行类似的宗教供养与布施，一个重要的原因便是利用返藏事件和一系列宗教活动来向西藏社会宣扬自己及所属教派，提升和扩大自己及所属教派的宗教地位与影响，这背后显然是以他们从内地带回的大量财物作为支撑。

---

① 西藏自治区档案馆编：《西藏历史档案荟粹》，图25。
② 巴卧·祖拉陈瓦：《〈贤者喜宴——噶玛噶仓〉译注（七）》，周润年、张屹译，《西藏民族学院学报》2012年第2期。
③ 阿旺贡噶索南：《萨迦世系史》，第226页。
④ 拉巴平措：《大慈法王释迦也失》，第105—106页。

明朝内地物品对受赐者地位与身份的彰显和维系还可以从大宝法王的一个事例中得到反映。《贤者喜宴》记载，七世噶玛巴曾在拉萨和喀如顶等地方支起一种用汉地帆布制成的大帐，这种大帐的窗户与门边上绣有金鸟和金龙，顶上还镶嵌有大明皇帝赐予的白红黄蓝等颜色的大颗珍珠。其本人的头顶上设有珍珠华盖，身后放置有幔珍珠靠垫与软座垫，另外四周还放置有珍珠大幡等珍贵供物。七世噶玛巴所用的上述珍贵物品中有许多来自明朝皇帝的赏赐。噶玛噶举派僧人巴卧·祖拉陈瓦写道，当面对七世噶玛巴所拥有的如此丰富和珍贵的物品时，不仅蒙塘绛漾巴等地方大族势力感到惊叹，以为是梦境或幻术，就连"卫藏四如的主宰者王顿月多杰等人也感到十分惊讶，犹如人到达天界，虽十分稀奇，但丝毫也未有询问之勇气"。① 上述材料说明，七世噶玛巴通过展示他拥有的财富和珍贵物品来彰显自己的身份与地位，显然其目的已经达到，引起了包括当时西藏主导者仁蚌巴顿月多杰（1462—1512）等在内的西藏僧俗人员的惊讶和羡慕。从现存的诏敕等文物来看，黑帽系噶玛巴之所以拥有如此丰富的珍贵物品，应与明廷对其长期的支持密切相关，明廷历次赏赐的财富及物品成为其维系和提升自身权力与地位的重要条件。

六　对西藏政治认同的影响

明朝内地物品输藏是在明廷主导的赐贡体系下开展和运作的，带有一定的政治目的，即通过向西藏输入内地物品与文化来引导西藏向内地靠拢，促使西藏形成对明朝的政治认同。《西天佛子源流录》记载，藏僧班丹扎释曾派其弟子携带大量物资从内地赴西藏哈萨寺、哩乌结丹寺等十一寺进行布施，其目的是请西藏"各大

---

①　巴卧·祖拉陈瓦：《〈贤者喜宴——噶玛噶仓〉译注（十三）》，周润年译，《西藏民族学院学报》2013 年第 2 期。

宗师、僧众回向祝愿'皇图永固，佛教兴隆'"。① 班丹扎释及其徒属的上述布施行为遵照了藏传佛教的宗教传统与习惯，利用内地物品来宣扬明朝，促进西藏僧人对明朝的政治认同。

《西番馆来文》中收录了一件由乌思藏辅教王使臣沙加星吉等所上的奏表，里面提到"我乌思藏僧俗人等，时常祝延圣寿万万岁。今赴京进贡，望朝廷可怜见，给与全赏赐"。② 这件奏表的内容显示，明廷通过以物品为基础的赐贡制度来引导西藏内向的做法取得了良好的效果，使西藏僧俗人员不仅"时常祝延圣寿万万岁"，而且主动"赴京进贡"，以便获得明廷的物质"赏赐"与名号敕封。如此看来，内地物品在维系明廷和西藏之间的赐贡关系上起到了积极作用，极大地影响着西藏对明朝的内向与政治认同。

西藏对明朝的政治认同还表现在西藏人员对明廷所赐物品及所授名号的接受和承认上。北京民族文化宫藏有一枚藏族风格的镂花银印，重 397 克，边长 5.5 厘米、高 10 厘米。印文为藏文，位于印面中间，内容为འབྲི་གུང་རྒྱལ་སྲས་པོའི་རྒྱལ་དབང་མཐོང་བ་རྒྱལ་གནོན་，译成汉文大意为"止贡凝氏王府印，见者威慑"（图 3-47）。③ 从印文和印章特征来看，这枚印章不是明廷颁赐的，而是由西藏本地制作的。据印文可知，这枚印章当属于止贡派人员所有，印文中出现的"王府"称谓应该与止贡派首领被明廷封为阐教王有关。这枚印章的存在说明止贡派势力认同明廷给予他们的教王封号，是其承认明廷政治地位的体现。

由于距离遥远，西藏人员的职名承袭通常由袭职人员主动向明廷汇报和请求，在得到准允后才由明廷颁发承袭诏敕予以确认。目前西藏保存有不少明廷颁发给西藏僧俗人员的承袭诏敕，如永乐十

---

① 张润平、苏航、罗炤编著：《西天佛子源流录——文献与初步研究》，第 174—175 页。
② 任小波：《明代西番馆与西番馆来文》，第 35 页。
③ 中华人民共和国国家民族事务委员会官网，http：//www.seac.gov.cn/gjmw/zt/2010-09-02/1283235896050991.htm，最后访问日期：2016 年 12 月 20 日。

一年续封挫失吉为乌思藏卫都指挥使司指挥佥事诰书（图 1－6）①、宣德元年续封领思奔寨行都指挥使司都指挥佥事诰书（图 1－19）、弘治九年敕封锁南坚参巴藏卜袭净修圆妙国师敕谕（图 1－43）、嘉靖四十一年敕封劄思巴劄失坚参承袭阐化王诰书（图 1－21）等。上述这些承袭诏敕的存在本身就表明西藏僧俗人员非常重视和认同明廷封授的官职与名号，主动向明廷请求袭职。这些行为其实是以明廷的权威和政治地位为根据，以西藏尊崇和认同明廷的权威及政治地位为前提。

昌都噶玛寺原有一件"皇帝万岁"牌，上书"皇帝万岁万万岁"（图 2－78）。萨迦寺原来也可能供奉有明代万岁牌，这从该寺所存明代《八思巴画传》唐卡组画中第三轴"密宗神佛图"唐卡左下角的"皇帝万岁万万岁"和"大明成化十四年七月吉日制"碑志可以推知②（图 3－38－2）。从文字内容和形制来看，唐卡中的这两块碑志很可能表现的是万岁牌的正、反两面。让西藏寺院供奉万岁牌是明廷在西藏构建政治认同的策略之一，有利于促进西藏对明朝及其统治者的政治认同。通过对上述物品的考察，笔者认为明朝内地物品及其承载的政治文化对西藏的政治认同产生了重要影响，明朝内地输藏物品是引导西藏向明廷靠拢和内向的重要因素，维系着西藏对明廷的政治认同及双方的文化与经济互动。

在上述研究的基础上，最后就明朝内地物品与文化对西藏社会和文化产生的总体影响及其意义进行简略分析。

1. 促进了汉地文化向西藏的传播

内地物品在明代汉藏间的赐贡体系下进入西藏社会，潜移默化

---

① 中国历史博物馆、西藏博物馆编：《金色宝藏——西藏历史文物选萃》，第 36—37 页。

② 中央民族学院少数民族文学艺术研究所主编，杨树文、张加吉、安旭、罗丹编著：《西藏佛教唐嘎艺术·八思巴画传》，第 16、25、30—31 页。原书将一块碑志上的文字释读为"大明成化十四年七月十五日帝辰"，可能有误，除了字形不同外，明宪宗的寿辰也不是七月十五日。

地促进了内地文化向西藏的传播。从西藏现存的明朝内地物品来看，许多物品是由宫廷或官方作坊制作的，在工艺技术、质量和精美程度上超过了很多同时期西藏及南亚地区的同类物品，是内地当时最先进生产技术的结晶，代表了内地文化的发展高度。正因如此，这些内地物品才备受西藏社会的夸赞与珍视，成为西藏人员争相获取和模仿的对象，进而从文化和心理上引导西藏社会形成对内地文化的认同与向往。这种通过文化吸引所产生的观念认同对汉藏关系的进一步强化产生了深远影响，在某一时期达到的效果并不比武力征服达到的效果差。由此可见，内地先进的技术和文化是确保内地物品向西藏传播的重要条件，也是内地文化能够对西藏政治文化、宗教文化、物质文化及精神文化产生影响的前提。

2. 丰富了西藏文化的内涵

明朝内地的物品与文化输入西藏不仅丰富了西藏的文化内涵，而且促进了西藏文化的创新，使西藏出现了许多兼具西藏与汉地特点的新因素。例如，受内地印章文化的影响，西藏出现了很多复制印，这些复制印虽然保留了汉地印章的某些因素，但同时又遵循了西藏的某些传统。内地瓷器是明代西藏社会十分珍爱的物品，其不仅影响到西藏本土瓷器的制作，而且还被吸纳为西藏宗教艺术创作的因素。这些被纳入西藏宗教艺术的器物在具体造型上和内地的同类器物有所不同，已经具有了西藏文化的一些特征。上述这些现象表明，西藏在借鉴、吸纳和利用内地文化与物品时并非完全依照汉地习惯，而是根据自身的社会习俗、宗教理念和文化传统进行了相应的改变，这种改变所带来的新因素不仅具有汉藏文化的双重特点，而且是一种新的文化要素，更容易得到西藏社会的接受和认同。在汉藏物品和文化的交流互动中，西藏正是通过这种"吸收—改造—融合—本土化"的文化互动模式来保持与内地的交往，促进了自身文化的丰富与发展。

3. 对西藏文化转向的牵引和促进

因独特的自然环境与地理区位，西藏很早就形成了独具特色的地域文化，同时又在与周边地区和族群互动过程中不断吸收周边多样的文化因素。这些来源不同的文化因素在不同时期对西藏的影响程度也不同，深刻地影响着西藏文化的走向。总体来看，西藏文化在相当长的早期阶段主要受到欧亚草原游牧文化和黄河上游文化的影响；当佛教传入西藏后，西藏和南亚基于宗教方面的联系就变得十分活跃，以佛教及其艺术为代表的南亚文明对西藏文化产生了重要影响。进入元代，虽然西藏已经在政治上转向内地，成为元朝统辖的一个区域，但此时西藏的宗教艺术仍然保持了较多的南亚特征。

得益于明朝的治藏策略，内地的物品和文化才能持续不断地传播和影响到西藏，牵引并促进了西藏文化的发展，让以宗教为基本特质的西藏文化在明代发生了重大变革，不仅将影响西藏宗教艺术的主要区域从南亚变为汉地，而且使具有汉藏融合特点的西藏本土宗教艺术风格走向成熟。虽然明朝在军事和政治上的治藏手段较元朝有所弱化，但其对西藏文化和宗教的影响可能远胜于元朝。通过"以文治边"策略的推进，明朝真正实现了汉地文化对西藏文化的强烈影响，从文化层面促使西藏更加向内地靠拢，继续推进了西藏文化的东向发展，最终使西藏文化向中原文化进一步靠近，成为中华文明多元一体格局下重要的组成部分。

4. 对西藏宗教格局的维系及历史进程的推进

明朝对西藏采取了"多封众建"的经营策略，来自噶玛噶举派、萨迦派、格鲁派、帕竹噶举派、止贡噶举派等众多教派的僧人都获得过明廷的敕封和赏赐，明廷给予的政治与物质支持不仅促进了这些教派的发展，而且为西藏多元宗教格局的维系和发展创造了条件。同时，明廷还通过对藏僧的敕封和物质赏赐来提升僧人在西藏的社会地位与影响，扩大西藏的宗教权力及寺院势力，对西藏政教合一的政治制度以及社会权力结构的稳定起到了一定作用。

在多元的宗教格局下，西藏各教派为了发展必须相互竞争，积极积累财富并寻找支持自己的世俗政治势力。在这样的背景下，西藏内部的地方势力已经无法满足众多教派的发展需要，向周边区域寻找财富与政治支持便成了一些主要教派及其领袖的重要选择。结合明代西藏所处的环境来看，明廷在历史与文化关系、宗教信仰、文化发展程度以及所采取的对藏政策等方面对西藏有着极强的吸引力，这促使西藏各教派主动去搭建和维持与明廷的政治关系，保持对明朝的政治认同，由此确保了西藏历史发展的进程继续"向东"靠拢，为清代治藏的进一步深入奠定了历史基础。

第 四 章
汉藏文化之间的差异与调和

由于自然地理环境、历史传统和民族文化等方面的差异，西藏与内地在长期历史发展过程中形成了不同的社会模式和思想观念，这些差异深刻地影响和制约着汉藏双方的行为活动以及对彼此的看法和态度，并最终影响到明朝对西藏的经略以及汉藏之间的关系发展。本章将就汉藏之间因社会、观念和文化不同造成的认知差异进行探讨，对如何调和这一差异进行考察，最后以藏传佛教为代表的西藏文化对内地文化的影响与融合进行分析。

第一节 "神权"与"皇权"
——两种社会与观念的差异

明代汉藏双方基于彼此社会、观念不同所产生的差异集中表现在对宗教与皇权关系的认知方面。作为以藏传佛教为核心的政教合一社会，西藏经常从自身的社会传统和宗教观念出发去看待和理解明朝及其治藏措施，所得的认知自然就带有浓厚的宗教色彩和西藏意识。而明代汉地社会虽然也有丰富的宗教信仰，但从来都是在"皇权"至上的儒家思想和世俗观念下发展的，宗教利益要服从于政治利益，这种思想观念贯穿了明朝经略西藏的全过程。有鉴于此，本节将首先就明代西藏人员在"神权"观念下对明朝皇帝及其治藏措施的认知进行考察，然后对明朝治藏政策中所遵循的皇权思想与天下观念进行分析，以此认识汉藏之间因社会与观念不同而形成的认知差异。

一 西藏"神权"观下的明朝皇帝及其治藏措施

明代西藏是一个以佛教为核心的"神权"社会，藏传佛教在整个社会中处于主导地位，藏传佛教的观念就是整个社会遵循的主体观念，藏传佛教的利益就是整个社会追求和维系的最高利益。在这样的社会环境和思想观念下，宗教利益和宗教目的不仅是西藏与内地交往的重要出发点，而且是西藏看待和理解明朝及其治藏措施的重要依据。

在"神权"至上的社会与宗教观念之下，西藏对明朝最高统治者的认知便带有明显的宗教色彩，能够很好地体现西藏与内地在社会与宗教观念等方面的差异。文献和文物材料显示，西藏对明朝最高统治者的称呼除了"皇帝"和"大明皇帝"等普通称谓外，还有一些特别的称谓（表4-1）。

表4-1 西藏对明朝最高统治者的称谓

序号	称谓	资料出处
1	大地上的帝释天汉地大明皇帝（ས་ཆེན་པོ་བརྒྱ་བྱིན་རྒྱ་ནག་གོང་མ་ཏའི་མིང་།）	达隆巴·阿旺南杰：《达隆教史》（བསྟན་པ་ཡོངས་རྫོགས་ཀྱི་བྱུང་བ་གསལ་བར་བྱེད་པའི་ལེགས་བཤད་མཁས་པའི་རྣ་རྒྱན་ཅེས་བྱ་བ་བཞུགས་སོ།）（藏文版），西藏藏文古籍出版社1992年版，第387页
2	住在北方大国转动大力法轮的国王大明皇帝（བྱང་ཕྱོགས་ཀྱི་རྒྱལ་ཁབ་ཆེན་པོར་བཞུགས་པའི་གོང་མ་ཏའི་མིང་ཆེན།）	阿旺贡噶索南：《萨迦世系史》，陈庆英等译，西藏人民出版社2002年版，第225页；阿旺贡噶索南：《萨迦世系史》（藏文版），民族出版社1986年版，第344页

续表

序号	称谓	资料出处
3	化身的大明皇帝（སྤྲུལ་པའི་རྒྱལ་པོ་ཏཱ་མིང་ཆེན་པོ）	达仓宗巴·班觉桑布：《汉藏史集——贤者喜乐赡部洲明鉴》，陈庆英译，西藏人民出版社 1986 年版，第 136 页；达仓宗巴·班觉桑布：《汉藏史集》（藏文版），四川民族出版社 1985 年版，第 253 页
4	明成祖皇帝是文殊菩萨之化身（རྒྱལ་པོ་འཇམ་དབྱངས་ཀྱི་སྤྲུལ་པ），皇后是度母之化身	巴卧·祖拉陈瓦：《贤者喜宴·噶玛岗仓史》，周润年译注，青海人民出版社 2017 年版，第 208 页；巴卧·祖拉陈瓦：《贤者喜宴》（藏文版），民族出版社 2006 年版，第 514 页
5	文殊皇帝景泰（འཇམ་དབྱངས་གོང་མ་ཆིང་ཐའི）、文殊皇帝成化	五世达赖喇嘛：《西藏王臣记》，刘立千译注，民族出版社 2000 年版，第 98 页；五世达赖喇嘛：《西藏王臣记》（藏文版），民族出版社 1988 年版，第 149 页
6	文殊菩萨装扮成人间帝王（འཇམ་དབྱངས་ཀྱི་རྒྱལ་པོ）的大明洪武皇帝（ཧུང་བུ[་]རྒྱལ་པོ）	拉巴平措：《大慈法王释迦也失》，中国藏学出版社 2012 年版，第 98 页
7	大菩萨永乐皇帝（བྱང་ཆུབ་སེམས་དཔའ་ཡུང་ལོ་རྒྱལ་པོ）	拉巴平措：《大慈法王释迦也失》，第 98 页
8	依伟大福德之力，如法抚治四海之内的大地之人主（皇帝）（བསོད་ནམས་ཆེན་པོའི་མཐུས་ཆོས་བཞིན་དུ་སྐྱོང་བར་བྱེད་པའི་རྒྱ་མཚོའི་ཁྱོན་ནང་གི་ས་ཆེན་པོའི་བདག་པོ），大法王、大皇帝、大地之大主宰	邓锐龄、陈庆英等：《元以来西藏地方与中央政府关系研究》（上），中国藏学出版社 2005 年版，第 253 页
9	东方之大梵天王大明皇帝	法王周加巷：《至尊宗喀巴大师传》，郭和卿译，青海人民出版社 2004 年版，第 198 页
10	曼珠室利（文殊菩萨）化身中国皇帝	乌云毕力格、道帏·才让：《〈铁龙年顾实汗颁给达普寺的铁券文书〉考释》，《藏学学刊》第 10 辑，中国藏学出版社 2014 年版，第 181—182 页

表 4-1 中第 1—5 条的称谓均来自明代西藏的藏文文献；第 7—9 条的称谓涉及的藏文文献成书年代虽然略晚，但其依据的材

料和提到的称谓可能也是源自明代。第 10 条的称谓来自一件西藏自治区档案馆藏明代末期档案,名为《铁龙年顾实汗颁给达普寺的铁券文书》,是蒙古和硕特部顾实汗于铁龙年(崇祯十三年,1641)十二月初三日颁给达普寺的铁券文书,为藏文和蒙古文对照书写。① 上述材料中出现的西藏对明朝皇帝的称谓均具有明显的宗教色彩,除了"大法王"和"化身"外,多数是将明朝皇帝与佛教中的某位具体尊神对应起来,包括"文殊菩萨"、"帝释天"、"大梵天"和"转轮王",其中"文殊菩萨"的称谓占据主流。除了予以宗教性的称呼外,藏文文献中还出现了明朝皇帝为西藏高僧转世的记载,如《直贡法嗣》提到止贡派第二十任住持曲杰平措扎西之前世曾转生为永乐皇帝,②《贤者喜宴》记载明武宗为第七世噶玛巴却札嘉措的转世,等等。③ 上述这些记载都是西藏宗教观念下的产物。

从佛教传统和这些尊神的身份与属性来看,西藏将明朝皇帝与上述尊神联系起来有其渊源和依据。首先,元朝皇帝已经被西藏视为文殊菩萨化身,④ 因此明朝皇帝被视为文殊菩萨化身就有了历史依据。又据《青史》,"汉地为文殊菩萨教化之地,而西藏则是观音菩萨的教化之地"。⑤ 这说明西藏将明朝皇帝视为文殊菩萨化身可能与汉地为文殊菩萨教化之地的宗教观念有关。"帝释天"又称"天帝释"或"帝释",意为"天帝",是密教中的东方守护神。⑥

---

① 乌云毕力格、道帏·才让加:《〈铁龙年顾实汗颁给达普寺的铁券文书〉考释》,《藏学学刊》第 10 辑,第 180—182 页。
② 直贡·丹增白玛坚参:《直贡法嗣》,第 178 页。
③ 巴卧·祖拉陈瓦:《〈贤者喜宴——噶玛噶仓〉译注(第二十六)》,周润年、韩觉贤译,《西藏民族学院学报》2015 年第 3 期。
④ 孙鹏浩:《薛禅可汗与文殊菩萨:见于〈邬坚巴传〉中的某一种联系》,沈卫荣主编:《汉藏佛学研究:文本、人物、图像和历史》,中国藏学出版社 2013 年版,第 591—594 页。
⑤ 管·宣奴贝:《青史(足本)》,第 801 页。
⑥ 任继愈主编:《佛教大辞典》,第 950 页。

"大梵天"原是印度教中创造宇宙的最高神,后被佛教吸收为护法神,是护持佛法与镇国利民的天神之一。① 大梵天和帝释天都是佛教非常重要的护法神,常共同出现,进入中国后又多以帝王形象存在。"转轮王"概念是佛教王权观的核心内容,被认为是佛教理解世俗王权的主要理论,中国古代很早就有将君主视为转轮王的传统。② 由此看来,明代西藏对明朝皇帝的宗教称谓虽然多样,但均从宗教观念出发,并逐渐形成了以文殊菩萨化身为主的主流认识。同时,西藏在将明朝皇帝与佛教中的神祇进行对应时,充分考虑了佛教自身的宗教理念和汉地的情况,并将两者做了很好的结合,由此形成了具有西藏特色和宗教色彩的明朝皇帝称谓,这些称谓与汉地将皇帝视为"天子"的观念明显不同。

西藏基于自身传统与宗教观念而形成的对明朝皇帝的认知在文物材料中有所体现。萨迦寺保存有一组由明代西藏地方创作的彩绘《八思巴画传》唐卡,可能是供萨迦寺为明朝皇帝禳灾、辟邪、祈福和祝寿时使用。这组唐卡现存 25 幅,其中第三轴"密宗神佛图"唐卡的左下角有两块碑志,碑志上分别用汉字写着"皇帝万岁万万岁"和"大明成化十四年七月吉日制"。在碑志上方绘有一个由九座汉式宫殿组成的坛城,既象征统治四面八方的明廷(图3-38-2),也暗喻内地皇帝是文殊菩萨的化身。③ 这幅西藏唐卡中出现的宫殿坛城和万岁牌具有政治与宗教上的双重象征意义,是明代西藏从自身传统和宗教观念出发来理解和看待明朝及其统治者的直接体现。

明代西藏文献中有不少记叙汉藏交往的内容,从中可以了解西藏对明朝治藏措施与行为的态度和看法。例如,《新红史》将明成祖赏赐大宝法王、大乘法王和西天佛子释迦也失的行为称为"向

---

① 任继愈主编:《宗教大辞典》,第 229 页。
② 孙英刚:《转轮王与皇帝:佛教对中古君主概念的影响》,《社会科学战线》2013 年第 11 期。
③ 凡建秋:《公元 15—16 世纪西藏勉塘画派研究》,《艺术探索》2009 年第 4 期。

尊者佛像献了衣服供物等"；① 《青史》将明成祖赏赐大宝法王的行为称为"皇帝对他（得银协巴）的供养"；② 《汉藏史集》则称"景泰皇帝也是上师（大乘法王）的弟子，精通喜金刚、大威德等密宗教法"。③ 又《贤者喜宴》记载，明成祖在接待五世噶玛巴时"请法王等走中门"而自己走"左侧之门"，并将自己给噶玛巴的大量物品按照宗教习惯称为"胜境欢喜天之供奉"。④

西藏文献还将明廷给藏僧的等级名号理解为宗教上的礼仪行为，以此来突出藏僧的地位。例如《汉藏史集》记载明成祖邀请和敕封大乘法王的目的是让其"担任皇帝的喇嘛帝师"；⑤《大慈法王传》和《格鲁派教法史·黄琉璃宝鉴》均将大慈法王留居内地的二位弟子称为皇帝的帝师。⑥ 前述西藏有一枚铜包铁质的"净修通悟国师印"（图3-5），该印上名号的首任主人为达隆寺第九任法座扎西贝孜。他在记叙明朝给予他的这个封号时说道："'净修通悟国师'名号，意为遍知一切的大禅师，也是帝师。"⑦ 可见扎西贝孜将明廷敕封他的国师名号理解为帝师，这与明朝政策以及当时的实际情况不符。关于帝师与皇帝之间的地位高低问题，藏文文献中记载了一段明成祖对五世噶玛巴所说的话，大意为"以往，

---

① 班钦索南查巴：《新红史》，黄颢译，西藏人民出版社2002年第2版，第34—35页。
② 管·宣奴贝：《青史（足本）》，第448页。
③ 达仓宗巴·班觉桑布：《汉藏史集——贤者喜乐赡部洲明鉴》，第64页。
④ 巴卧·祖拉陈瓦：《〈贤者喜宴——噶玛噶仓〉译注（六）》，周润年、张屹译，《西藏民族学院学报》2012年第1期。
⑤ 达仓宗巴·班觉桑布：《汉藏史集——贤者喜乐赡部洲明鉴》，第190、193页。
⑥ 拉巴平措：《大慈法王释迦也失》，第123、126、132、137页。第悉·桑结嘉措：《格鲁派教法史·黄琉璃宝鉴》，许德存译，西藏人民出版社2009年版，第107页。
⑦ 朱德涛：《两枚明清中央政府颁赐西藏地方官员印章考释》，《藏学学刊》第15辑，第174—184页。

一帝王之权大于师,然汝为朕佛师,其权大于朕"。① 若据这条藏文材料来看,五世噶玛巴的"权"要大于明成祖,这显然是西藏宗教观念下神权与皇权的关系,是汉藏之间观念差异与认知差异的体现。

不仅如此,明代西藏人员还往往从宗教角度来看待和渲染藏僧与明廷的交往行为,有意将他们的行为赋予一定的宗教色彩。《萨迦世系史》在记叙大乘法王昆泽思巴赴内地的缘由时,声称其"先世即与此皇帝(明成祖)有誓愿,如去该地,对佛教和众生皆有大利益";②《贤者喜宴》记载五世噶玛巴因"文殊菩萨和佛之旨意"而赴内地;③《昆·顿巴传》称释迦也失为"将第二佛陀的教法传播到所有汉地"而代师入京;④ 八世噶玛巴拒绝明武宗邀请的理由中也有宗教因素;⑤ 另外班丹扎释将明成祖派他入藏公干之动机解释为"奉天子命及佛教故"。⑥ 由此看来,在以佛教观念为主导意识的西藏"神权"社会,西藏对明朝的治藏措施以及双方行为的认知深受宗教观念的影响,而记载这些历史的西藏文献也基本按照佛教的观念和逻辑进行书写,带有浓厚的佛教色彩。

佛教"史观"主导下的西藏历史书写已经基本佛教化,使得西藏文献关于明廷和西藏关系的表述也具有佛教特点。例如《汉藏史集》称明成祖与大乘法王"结为施主与福田的关系";⑦《贤

---

① 房建昌:《西藏如来大宝法王考》,《中央民族学院学报》1991年第5期。
② 阿旺贡噶索南:《萨迦世系史》,第225页。
③ 巴卧·祖拉陈瓦:《〈贤者喜宴——噶玛噶仓〉译注(七)》,周润年、张屹译,《西藏民族学院学报》2012年第2期。
④ 拉巴平措:《大慈法王释迦也失》,第124页。
⑤ 巴卧·祖拉陈瓦:《〈贤者喜宴——噶玛噶仓〉译注(二十四)》,周润年、韩觉贤译,《西藏民族学院学报》2015年第1期。
⑥ 张润平、苏航、罗炤编著:《西天佛子源流录——文献与初步研究》,第172页。
⑦ 达仓宗巴·班觉桑布:《汉藏史集——贤者喜乐赡部洲明鉴》,第64页。

者喜宴》将五世噶玛巴受邀赴京见明成祖的事件称为"福田与施主相见"。①《萨迦世系史》中提到明成祖把大乘法王"奉为所有福田中最尊胜者";②《大慈法王传》中使用了"施主皇帝和尚师喇嘛二人"的表述。③ 因此,若研究者单方面依靠藏文文献来认识明代汉藏关系或以此立论,其得出的观点和结论自然带有宗教色彩,如"供施关系""檀越关系"④ 等。这是目前一些学者特别是西方学者对明廷与西藏关系认识片面和局限的症结所在。

上述藏文文献对明廷与西藏关系的表述是片面而理想的,是佛教"史观"的产物,⑤ 忽视了这种关系背后具体而现实的目的和动机。虽然佛教"史观"已经渗透到绝大部分藏文文献中,但也有少数关于明代汉藏关系的真知灼见。《贤者喜宴》记载,八世噶玛巴曾告诉其弟子,"萨迦教派的前辈和我们的前辈们为元、明中央朝廷所办的一些事情是为利养恭敬之故,其实不然,实则是为了藏地免受兵役(战争)之苦和利乐广大众生"。⑥ 这一认识符合历史事实。多种汉、藏文文献记载,明成祖曾考虑过用兵西藏,引起了西藏社会的恐惧,最后因各方藏僧的努力而作罢。⑦ 由此看来,明

---

① 巴卧·祖拉陈瓦:《〈贤者喜宴——噶玛噶仓〉译注(五)》,周润年、张屹译,《西藏民族学院学报》2011年第6期。
② 阿旺贡噶索南:《萨迦世系史》,第225页。
③ 拉巴平措:《大慈法王释迦也失》,第119页。
④ 本刊记者:《西藏自古是中国的一部分(下)——访中国藏学研究中心当代研究所副研究员王小彬》,《统一论坛》2013年第2期。夏格巴:《藏区政治史》,第181页。海瑟·噶尔美:《早期汉藏艺术》,第141页。
⑤ 吴均:《从〈西番馆来文〉看明朝对藏区的管理》,《吴均藏学文集》,第80页。
⑥ 巴卧·祖拉陈瓦:《〈贤者喜宴——噶玛噶仓〉译注(二十六)》,周润年、韩觉贤译,《西藏民族学院学报》2015年第3期。
⑦ 巴卧·祖拉陈瓦:《〈贤者喜宴——噶玛噶仓〉译注(六)》,周润年、张屹译,《西藏民族学院学报》2012年第1期。达隆巴·阿旺南杰:《达隆教史》(藏文版),第377页。智观巴·贡却乎丹巴绕吉:《安多政教史》,吴均等译,甘肃民族出版社1989年版,第641页。张润平、苏航、罗炤编著:《西天佛子源流录——文献与初步研究》,第165—166页。

朝对西藏采取的措施以及汉藏之间的交往绝不是宗教观念下单纯的宗教行为，而是有更复杂的政治目的。

二 明朝治藏政策中的皇权思想与天下观念

明代汉地是一个以"皇权"为核心和最高准则的世俗社会，最高君主为皇帝。在这样的社会中，"皇权观"以及与之密切相关的"天下观"和"天命观"贯穿了明朝对内和对外的全部政策与行为，其中亦包括对西藏的经略。

西藏有许多明廷颁赐的诏敕文物，这些诏敕无论授予对象是世俗职官还是佛教僧人，都有反映明朝内地皇权思想和天下观念的内容。例如，在明廷颁给西藏世俗职官的诏敕中，除了"奉天承运"这句外，还有"朕君天下"（图1-1）[1]、"朕惟帝王，以天下为家"（图1-19）[2]、"代天理物"、"以六合而为家，视万方犹一体"（图1-15）、"主宰天下"[3]、"益顺天心"[4]及"敬顺天道"（图1-11）[5]等能够直观体现汉地皇权观、天下观和天命观的词句。相同性质的词句也出现在明廷颁给藏僧的诏敕中，如"翊赞皇度"（图1-21）、"阴翊皇度"（图1-27、图1-34）等。另外，在正统七年、正统十年、成化七年、成化二十二年以及弘治九年明朝颁给大宝法王的诏敕中，均出现了"敬顺天道，尊事朝廷"（图1-17、图1-42）、"恭顺天道"[6]等内容。上述这些词句本是明代诏敕中

---

[1] 西藏自治区档案馆编：《西藏历史档案荟粹》，图23。西藏博物馆编，何晓东著：《历史的见证——西藏博物馆藏历代中央政府治藏文物集萃》，第70—72页。

[2] 西藏博物馆编，何晓东著：《历史的见证——西藏博物馆藏历代中央政府治藏文物集萃》，第76—77页。

[3] 中国藏学研究中心等合编：《元以来西藏地方与中央政府关系档案史料汇编》(1)，第137页。

[4] 中国历史博物馆、西藏博物馆编：《金色宝藏——西藏历史文物选萃》，第36—37页。

[5] 西藏自治区档案馆编：《西藏历史档案荟粹》，图25。

[6] 中国藏学研究中心等合编：《元以来西藏地方与中央政府关系档案史料汇编》(1)，第164—165页。

比较固定的内容，与象征皇权的诏敕本体一样，承担着向西藏传播汉地观念和思想的责任，是明朝在经略西藏过程中践行皇权思想和天下观念的体现。

构建藏僧等级体系是明朝经略西藏的重要政策，该政策的制定和实施充分体现了明朝的皇权思想。明朝统治者在这套藏僧等级体系的制定和实施过程中处于主导地位。相关材料显示，明成祖曾计划邀请噶玛噶举派、萨迦派和格鲁派这三个主要教派的宗教首领赴京，其中前两个教派之首领接受了邀请并亲赴内地，先后获封大宝法王和大乘法王（图1-22、图1-23）。然而格鲁派的宗教首领宗喀巴未接受邀请，而是派弟子释迦也失代其入京，虽然其弟子获封为西天佛子，但其本人未获任何封号，甚至在现存汉文文献中也罕见有关明廷迎请他的相关记载。这种现象说明，明廷对藏僧等级名号的安排和封授有自己的原则与动机，坚持了皇权及其尊严至上的理念，如果西藏人员不遵从上述原则，即使地位和名望再高，也不会获得封授。

明廷通过敕封的方式将藏僧纳入其构建的藏僧等级体系中，实现了藏僧与明廷之间等级和政治关系的对接。处于这套等级体系中的藏僧无论地位与身份高低，都会获得明朝皇帝封授的等级名号，如此才有政治上的合法性。明朝皇帝对各级藏僧的封授行为本身就具有政治上的象征意义，其中给予名号的明朝皇帝一方处于主导地位，而接受名号的藏僧一方自然属于从属地位，前述"大宝法王"名号在六世噶玛巴时期出现"停封"的事例便是最好的证明。由此可见，藏僧等级体系的存在明确了作为明朝最高统治者的"皇帝"与包括西藏各教派领袖在内的藏僧之间的等级关系，使"皇权"高于"神权"的认识从制度上被固定下来。例如，在前述正统至成化时期明廷颁给大宝法王的诏敕中，已全然不见明成祖时期的谦虚态度，均直接使用"皇帝敕谕"的表达方式（图1-17、图1-42），[1]

---

[1] 中国藏学研究中心等合编：《元以来西藏地方与中央政府关系档案史料汇编》(1)，第164—165、196页。

这说明明朝已经完全从皇权角度出发来对待西藏的大宝法王。

明廷对西藏的赏赐是其经略西藏的核心政策之一，其中某些物品能够直观反映明朝的皇权思想。西藏昌都噶玛寺原有一件明代木质的"皇帝万岁"牌，其上用汉文书写"皇帝万岁万万岁"（图2-78）。萨迦寺藏有明代西藏创制的《八思巴画传》唐卡组画，其中亦出现用汉字书写的"皇帝万岁万万岁"之碑志图案（图3-38-2），很可能是对万岁牌的模仿。万岁牌早在宋元时期的内地寺院中已有供奉，① 是皇权渗透并影响佛教的体现。西藏布达拉宫有一件永乐二年绘制的明成祖朱棣御容像（图2-75），这件御容像与万岁牌一样，都是皇帝的象征，其作用就是向西藏传播和宣扬皇权。

龙纹是明代汉地社会中一种具有皇权象征意义和等级标识的纹样，通过对明廷赏赐西藏物品上龙纹类型的考察可以看出，明廷与西藏的赐贡关系中贯穿着皇权思想。西藏现存不少来自明朝内地的龙纹器物，如瓷器、唐卡、丝绸、法器、印章、玉石器及文房用品等，这些器物上的龙纹主要有五爪龙纹和四爪龙纹两种。其中带五爪龙纹的器物数量整体较少，且大部分原本就是皇家御用之物，为了表示优待才用来特赐。例如罗布林卡收藏的一枚墨锭上有五爪的"龙戏珠"图案，据墨上的"龙香御墨"四字可知，其应当是皇帝的御用之物（图2-42），可能被作为特殊物品"御赐"给西藏。

明廷用五爪龙纹器物进行赏赐毕竟是少数，大量用于赏赐西藏的龙纹器物使用的是四爪龙纹。西藏博物馆保存有明成祖颁给大宝法王和大乘法王的印章（图1-22、图1-23），这两枚印章均为玉质，按明朝印制规定属于最高等级，与皇帝玺印质地相同。这两枚印章均为龙钮，其中大宝法王玉印上的龙钮在龙爪的设计上做了相

---

① 廖旸：《夏鲁寺护法殿门廊御榻图补论》，《世界宗教文化》2015年第4期。

应调整，两前足为四爪，两后足分别为五爪和三爪，① 这与象征皇帝的五爪龙有所区别。鉴于印章是权力和地位的象征，而两位法王又是明廷在西藏敕封的等级最高的人员，因此明廷颁给他们的印章应该特别谨慎和严格，在某些地方稍作改变以示区别，显然有特殊的考虑。《明史》记载："西域僧大宝法王来朝，帝（明成祖）将刻玉印赐之，以璞示淮。淮曰：'……今此玉较大，非所以示远人、尊朝廷'。帝嘉纳。"② 由此看来，明朝赏赐西藏大宝、大乘二位法王的玉印在玉质、龙爪数量以及尺寸方面是经过选择和限定的，以达到"尊朝廷"的目的。

明代永乐、宣德时期曾专门制作了一批铜钹用来赏赐西藏（附录表7），③ 这些铜钹上基本都装饰有"双龙戏珠"图案。从已公布的图片和文字介绍来看，这些铜钹上的龙纹基本都为四爪龙（图2-61）④。西藏保存的明代丝绸和玉器上的龙纹图案也以四爪龙纹为主。其中带四爪龙纹的丝绸如扎什伦布寺吉康扎仓藻井上的明末四合如意云龙纹过肩妆花缎（图4-1）⑤，甲纳拉康（汉佛堂）中的双龙金丝织锦缎顶幔华盖（图2-11）；哲蚌寺措勤大殿顶部的明代龙纹织绣顶幔（图2-10）；大昭寺内的梵字龙纹绸缎（图4-2）⑥；等等。西藏还有不少明朝内地制作的玉器，这些器物上的龙纹也基本都为四爪龙，如西藏博物馆收藏的龙纹青白玉銙

---

① 文竹：《西藏地方明封八王的有关文物》，《文物》1985年第9期。需要指出的是，明廷颁给大乘法王玉印上的龙纽似为五爪，因此表面上看明廷似乎更优待大乘法王，其实明廷待大乘法王"礼之亚于大宝法王"，因为在玉质的选择上大宝法王之白玉明显优于大乘法王之青墨玉。

② 《明史》卷一四七《黄淮传》，第4124页。

③ 宣德年款铜钹在西藏分布的范围非常广，前后藏的很多寺院都保存有此类物品，因此本书推测这批铜钹应该是明廷为对藏区寺院进行普遍性赏赐而专门制作的。

④ 《西藏自治区志·文物志》编纂委员会编撰：《西藏自治区志·文物志》，第477、1207页。熊文彬、曲珍主编：《雪域瑰宝在北京：2013年西藏文物联展》，图版82。

⑤ 西藏自治区文物局、日喀则扎什伦布寺民管会编：《扎什伦布寺》，第140页。

⑥ 拉萨大昭寺民管会编：《大昭寺》，第99页，图版。

(图2-14)、龙纹青白玉方执壶（图2-37）、双龙捧寿纹青白玉托盘（图4-3）① 等。由此可见，明廷在赏赐西藏时非常注意龙纹器物的使用，整体上遵循了相应的规范和原则，除了少数"御赐"物品带有象征皇帝的五爪龙纹外，大部分龙纹器物都为四爪龙纹，符合明朝礼仪制度下龙纹的使用规范。这表明明朝在经略西藏时不仅注意皇权观念的宣扬和传播，而且注意皇权尊严和等级秩序的维护。

通过前文论述可知，明代汉、藏双方因社会与观念不同而存在多方面的认知差异。第一，在对明朝统治者的认知方面，西藏人员从自身的宗教观念出发，将明朝皇帝视作文殊菩萨、大梵天、转轮王等佛教神祇的化身，这就与明朝皇帝从汉地儒家思想出发，强调自己为帝王、天子的观念存在差异。第二，西藏与明廷在汉藏关系的认知方面存在差异，西藏将明廷对藏僧的召请和敕封视作皇帝与僧人之间建立起诸如福田与施主般的宗教关系，甚至认为藏僧由此成为皇帝的上师。然而在明朝统治者看来，明廷对藏僧的召请和敕封是明朝权威和地位的体现，是西藏人员认同和归属明朝的表现。第三，西藏人员从宗教角度出发来看待自身与明廷的贡赐，认为这是获取财富和利益佛教的宗教行为。然而明廷却将这些行为视作西藏"尊事朝廷"的表现，以及其维持经略西藏的政策。第四，汉藏之间的文化差异不仅存在于明廷与西藏之间，而且在汉、藏双方的社会内部同时存在，并形成了这种看似矛盾的局面：在西藏社会，处于统治地位的僧俗上层一面标榜和坚持着宗教的权威以及神权至上的理念，一面又向明朝皇权表示政治上的臣服，接受其敕封的名号和给予的物质赏赐。明代汉地社会对西藏、藏传佛教及藏僧同样存在两种相互对立但又彼此协调的态度：一方面是部分汉人特别是深受传统儒家观念影响的文人士大夫阶层将藏传佛教及藏僧视为"异教"和"番族"，持排斥和

---

① 西藏博物馆编：《西藏博物馆藏元明清玉器精品》，第39、46—47、69页。

贬损态度;① 另一方面则是从天下观念、国家政治、个人信仰以及维护边疆稳定的需要出发，支持和优待藏传佛教及藏僧。

汉藏双方对明廷赏赐西藏的物品存在认知差异。西藏人员通常将明廷赏赐的物品视作重要的财富和资源，以此来维护他们在西藏的政治与宗教权益，彰显他们的身份与地位。但对明朝而言，赏赐这些物品是经略西藏的重要手段，是传播汉地观念与文化、展现汉地文化优势以及引导西藏内向的重要依托。明代汉藏之间因社会与观念不同所产生的上述认知差异其实就是汉藏文化之间的差异，对这些差异的考察，有助于我们客观理解和全面看待明代汉藏关系的本质以及明朝经略西藏策略的得失。

第二节　改变与适应
——汉藏文化之间的差异与调和

明代汉藏之间因社会和观念不同而存在认知差异，这些差异会影响双方的关系。在明廷与西藏交往互动的过程中，双方都采取了相应的策略来调和彼此之间存在的差异，保证了明代汉藏关系的和谐与稳定。

一　明廷调和差异的举措

汉藏文化之间的不同是由双方社会与观念等方面的差异造成的，因此要进行差异调和首先就必须面对不同，并针对这些不同采取相应的措施。汉地与西藏在社会制度上存在差异，为此明廷在治藏制度方面采取了相应的举措来调和双方的差异。由于西藏是政教合一的神权社会，宗教势力占据社会主导地位，所以明廷在永乐时

---

① 沈卫荣:《"怀柔远夷"话语中的明代汉藏文化交流》,《想象西藏：跨文化视野中的和尚、活佛、喇嘛和密教》,第118—154页。

期就将治藏重心从早期的军政体系建设转到宗教体系的建设上，构建了一套藏僧等级体系来加强与西藏宗教势力的关系，以便获得他们的支持。因此，明廷对西藏宗教领袖的待遇明显优于世俗首领，这从明廷颁给大宝、大乘二位法王的印章为玉印（图1-22、图1-23），而颁给除阐化王之外的其他西藏诸教王以金印的情况就可以看出（图1-16）。

明廷在藏族地区封授了五王，分别是阐化王、阐教王、护教王、赞善王、辅教王，他们既是所在地方的政教首领，同时也都是僧人，这与明廷在内地及藩国所封的王明显不同。《贤者喜宴》记载，这五王的名号在藏语中都有相应的意涵，其中阐化王意为"幻化之王子"，阐教王意为"兴佛之王子"，赞善王意为"依善之王子"，辅教王和护教王意为"护教之王子"，[①] 均具有浓厚的佛教色彩。不仅如此，明廷给阐化王的名号还带有更明确的身份信息，即在阐化王之前加上"灌顶国师"之号，由此构成了"灌顶国师阐化王"这个颇具特色的封号（图1-13）。[②] 由此可见，明廷对这五个名号的设计显然考虑了这五王的僧人身份，顾及西藏社会的宗教氛围，真正做到了因俗制宜。

明朝在管理西藏藏僧等级名号的承袭时采取了包容态度，根据西藏实际对叔侄承袭、师徒承袭、父子承袭及转世承袭等多种承袭方式都予以支持。其中对大宝法王名号承袭的态度经历了前后的变化，从最初的停封到最后任其自相承袭，这样的态度变化本身就是明廷尊重西藏习俗和传统而进行策略调整的体现。综上所述，明廷在治藏政策的设计、安排和执行过程中都考虑到了西藏宗教神权社会的现实，这有助于调和汉藏之间因社会制度与思想观念不同而可能出现的差异。

[①] 巴卧·祖拉陈瓦：《〈贤者喜宴——噶玛噶仓〉译注（六）》，周润年、张屹译，《西藏民族学院学报》2012年第1期。

[②] 甲央、王明星主编：《宝藏——中国西藏历史文物》（3），第92—93页，图47。

明廷还从物质文化层面采取相应措施来调和汉藏之间可能出现的文化差异。例如前文提到明廷有意根据西藏的社会情况而专门制作造像、唐卡、法器等具有藏传佛教特征的宗教物品来进行赏赐，同时还会在某些器物上有意加上一些西藏文化因素，以便符合西藏的宗教传统和文化习惯。明朝的这些措施在一定程度上能够促进西藏对其的理解和认同，有助于调和与消除和西藏之间的某些差异与隔阂。

作为明朝最高统治者的皇帝在汉藏关系中处于主导地位，他对藏传佛教的态度对汉藏社会之间的差异调和起着至关重要的作用。相关材料显示，明代早、中期的大多数皇帝都对藏传佛教持支持甚至信仰的态度。例如，洪武八年明太祖曾颁给四世噶玛巴一张护敕，告知所在地方官民不要打扰其修行（图1-36），以此向噶玛巴及西藏社会传达保护和支持佛教的态度。之后的明成祖更是通过许多事件和行为来向西藏表明自己对佛教的信仰与支持，例如铸造藏传佛教造像供宫廷法事活动使用，给佛画和经书撰写御制赞词（图2-71、图2-74）。[①] 在一件给五世噶玛巴的致书中，明成祖讲述了他派人到南亚求取佛牙以及亲见月中佛像等事。[②] 明成祖的上述行为并不是简单表明自己的宗教信仰，而是皇帝本人为调和汉藏在社会与宗教观念等方面的差异而做的努力，即通过自己的言行来向西藏宣扬明朝统治者对藏传佛教的信仰和支持，表现自己与佛教的关系，以此从心理、宗教和文化上拉近与西藏宗教人员之间的距离，引导西藏对明朝统治者的认同和尊崇。

明成祖与西藏宗教首领交往时非常注意从宗教礼仪和习惯入

---

① 嘉措、平措等：《拉萨现藏的两部永乐版〈甘珠尔〉》，《文物》1985年第9期。西藏文管会文物普查队：《西藏康马县乃宁曲德寺的明代佛像绢画》，《南方民族考古》第4辑，第297—302页。

② 西藏博物馆编，何晓东著：《历史的见证——西藏博物馆藏历代中央政府治藏文物集萃》，第60页。

手，给予非常的礼待和尊重，这从其与五世噶玛巴、宗喀巴等人的交往行为中可以看出。藏文文献中保存有明成祖邀请五世噶玛巴的致书，其部分内容如下：

> 兹悉上师汝精通如来之深奥佛法，且利益西方众生之事，使众生皆皈依和敬奉佛法，此乃犹如佛祖降临人间。汝若未获殊胜智慧功德事业之成就，岂能如此广利众生。昔日朕居北方之时，闻知汝之美名，欲得一见。今朕即位，国家普度安乐，朕久思之，须开创犹如消除黑暗之共同业绩。昔日，释迦牟尼佛以慈悲之心利益众生。今汝弘扬深奥之佛法，此举与佛祖同心无二。故迎请汝至中原，弘扬教法，利益国家，此乃朕昔日之所思也，请上师务必前来。先王开创中华乐土，亦已皈依佛法。朕之皇父洪武太祖及信奉者皇太后久逝，欲报其恩，然未得其法。上师汝以智慧之业绩获得殊胜之成就，惟此乃佛教之本性也。故务请汝速来，完成对诸善逝者之荐福仪轨。现遣司礼少监侯显等人赍书迎请，敬请上师慈悲体念，速来为荷……永乐年二月十八日写于皇宫。①

从言语及内容来看，这封召请致书基本是从宗教角度来写作的，具有浓厚的宗教色彩，与通常的诏敕内容完全不同。明成祖首先对噶玛巴的宗教地位和业绩进行了褒扬，将他宣传佛法的行为比作佛祖；接着讲述了自己邀请噶玛巴的目的，一是"弘扬教法，利益国家"，二是为同样信仰佛教的皇父明太祖和皇太后举行"荐福仪轨"，以完成自己的报恩心愿。致书最后还使用了"慈悲体念"这个非常谦卑的表述，充分表现了邀请噶玛巴的诚意。

---

① 巴卧·祖拉陈瓦：《〈贤者喜宴——噶玛噶仓〉译注（六）》，周润年、张屹译，《西藏民族学院学报》2012年第1期。

明成祖曾两次邀请格鲁派领袖宗喀巴，其写作的邀请致书及宗喀巴的回信在藏文文献中都有保存。从邀请致书的内容来看，明成祖是从宗教角度来措辞和寻找邀请理由的，如称赞宗喀巴"功德极为高深"，希望他能够"为佛教弘传着想，前来中原"。① 同时，该致书还明确提到明成祖是"以政教二规前来迎请"宗喀巴，② 表明在邀请宗喀巴的礼仪方面遵循了西藏社会的宗教习惯。由此看来，明成祖邀请西藏宗教首领基本都从宗教角度来寻找依据和理由，极力表现自己对佛教的信仰和支持；同时在用词表述方面尽量体现对西藏宗教首领及西藏宗教习惯的尊重，较少使用凸显皇权与神权等级差异的词语。

西藏还保存有不少明成祖给五世噶玛巴的文书实物，其中的相关表述和用词能够充分体现明成祖对西藏宗教首领噶玛巴的尊重与优待。明成祖给五世噶玛巴的一系列文书中使用的是"致意"和"致书"（表4-2），而同时期颁给其他藏僧的文书中使用的则是"颁赐""敕谕""敕"等词语，③ 两者的意义明显不同。其中"致书"与"致意"是中性词，不具有表现等级高低的意涵，而"颁赐""敕谕""敕"等词语则属于政治用语，具有表现等级高低的意涵。此外，在明成祖给五世噶玛巴的文书中还出现了"尚师其亮之"（图1-40）④、"顾朕德薄，岂足以当赞扬"⑤ 及"朕德凉

---

① 拉巴平措：《大慈法王释迦也失》，第144—145页。
② 拉巴平措：《大慈法王释迦也失》，第144—145页。
③ "大明皇帝赏赐字隆逋瓦桑儿加领真等国师礼单"使用的是"敕谕"；"大明皇帝颁赐大国师果栾罗葛罗坚藏巴里藏卜礼单"使用的是"颁赐"；"永乐皇帝回赐大国师果栾罗葛罗坚藏巴里藏卜敕谕"使用的是"敕谕"；"永乐皇帝颁给那哩当堪卜妙悟普济国师竹巴失剌之敕谕"使用的是"敕谕"；"永乐皇帝申谢举办仁孝皇后超度道场事致字隆逋瓦桑儿加领真等敕书"使用的是"敕"；等等。上述材料参见附录表2。
④ 中国藏学研究中心等合编：《元以来西藏地方与中央政府关系档案史料汇编》（1），第98—99、101—107页。
⑤ 中国藏学研究中心等合编：《元以来西藏地方与中央政府关系档案史料汇编》（1），第96页。

薄,何以当之"① 等谦虚用语。由此看来,明成祖对五世噶玛巴十分尊重,给予了非常高的礼遇和优待,注意从言语和礼仪上弱化两者之间的等级差异,从而在心理上减少与西藏宗教首领之间可能存在的观念差异。结合《贤者喜宴》中有关五世噶玛巴在内地活动的记载来看,② 明成祖的上述优待行为得到了噶玛巴等人的认同,二者关系实现了和谐发展。

表 4 - 2　明成祖致五世噶玛巴书中的首句内容

文书名称	首句内容	藏处	资料来源
永乐五年正月十五日永乐皇帝谢新年致颂事致尚师哈立麻敕书	大明皇帝致意法尊大乘尚师哈立麻巴	西藏自治区档案馆	《元以来西藏地方与中央政府关系档案史料汇编》(1),第 96 页
永乐五年正月十八日永乐皇帝谢尚师哈立麻来京并进贡马匹事敕书	大明皇帝致意法尊大乘尚师哈立麻	西藏博物馆	《雪域宝鉴》,第 20—21 页
明永乐五年二月初二日永乐皇帝请于灵谷寺举办道场事致哈立麻书	大明皇帝致书法尊大乘尚师哈立麻巴	西藏自治区档案馆	《元以来西藏地方与中央政府关系档案史料汇编》(1),第 97 页
永乐五年四月二十六日永乐皇帝答谢遣国师进佛舍利祝贺诞辰事致大宝法王书	大明皇帝致书如来大宝法王西天大善自在佛	西藏自治区档案馆	《元以来西藏地方与中央政府关系档案史料汇编》(1),第 98—99 页
永乐五年五月十八日永乐皇帝祝如来大宝法王寿辰颂词之敕书	大明皇帝致书如来大宝法王西天大善自在佛	西藏自治区档案馆	《元以来西藏地方与中央政府关系档案史料汇编》(1),第 99—101 页

---

① 中国藏学研究中心等合编:《元以来西藏地方与中央政府关系档案史料汇编》(1),第 98—99 页。
② 巴卧·祖拉陈瓦:《〈贤者喜宴——噶玛噶仓〉译注(六)》,周润年、张屹译,《西藏民族学院学报》2012 年第 1 期。

续表

文书名称	称呼	藏处	资料来源
永乐五年八月十七日永乐皇帝申谢为皇后逝世举办五台道场事致如来大宝法王书	大明皇帝致书如来大宝法王西天大善自在佛	西藏自治区档案馆	《明朝中央政权致西藏地方诰敕》,第89—90页
永乐五年十月十七日永乐皇帝申谢举办仁孝皇后超度道场事致大宝法王书	大明皇帝致书如来大宝法王西天大善自在佛	西藏自治区档案馆	《元以来西藏地方与中央政府关系档案史料汇编》(1),第103页
永乐五年十一月二十四日永乐皇帝请于灵谷寺宣扬法教事致大宝法王书	大明皇帝致书如来大宝法王西天大善自在佛	西藏自治区档案馆	《明朝中央政权致西藏地方诰敕》,第91页
永乐六年正月初一日永乐皇帝致如来大宝法王书及赏单	大明皇帝致书如来大宝法王西天大善自在佛	西藏自治区档案馆	《元以来西藏地方与中央政府关系档案史料汇编》(1),第105—106页
永乐六年五月十八日永乐皇帝遣使赐礼事致大宝法王书	大明皇帝致书如来大宝法王西天大善自在佛	西藏自治区档案馆	《元以来西藏地方与中央政府关系档案史料汇编》(1),第106—107页
永乐十一年二月初十日明成祖遣使致得银协巴书	大明皇帝致书万行具足十方最胜圆觉妙智慈善普应佑国演教如来大宝法王西天大善自在佛	西藏博物馆	《历史的见证——西藏博物馆藏历代中央政府治藏文物集萃》,第60页

英国人黎吉生于 20 世纪中叶在西藏楚布寺拍摄到一件明代文书,该文书的照片和内容后发表在 1958 年和 1959 年的《英国皇家亚洲学会期刊》(*The Journal of the Royal Asiatic Society of Great Britain and Ireland*, 简称 JRAS)上。[①] 然而遗憾的是,这件文书的

---

① H. E. Richardson, "The Karma-Pa Sect. A Historical Note: Part Ⅰ with Plates Ⅶ – Ⅺ," *The Journal of the Royal Asiatic Society of Great Britain and Ireland*, No. 3/4, October 1958, pp. 139 – 164, Plate Ⅸ – Ⅺ.

原件之后再未见于国内外的报道，黎吉生的这篇文章以及该文书的汉文内容长期以来并未引起国内学界的关注。① 这件文书具有较高的学术价值，能够解决大庆法王领占班丹身份等争议。现依据黎吉生所拍照片将该文书的汉文内容抄录如下：

> 大庆法王领占班丹谨薰沐顶礼奉书西天再来应世大宝法王猊座下：恭惟法王性天先觉，道果夙成，证真如于累劫，应法会于诸天，利益无边，慈悲广大，随方阐教，应世现身。惟我祖宗之朝，瞻彼秘密之（奥？），传灯东来，驻锡南都，顾予眇躬，素乐兹教，仰真风于岁久，慕大法之渊深。去岁之冬，承法王遣高弟灌顶大国师锁南坚参巴藏卜，远赍方物赴京进贡，恭知法王悲心应感，法体再生。予惟此生感应之机，诚为幸遇，谨备金银佛像、供具、珍珠、袈裟等。议仍升高弟锁南坚参巴藏卜为佛子，遣差司设监太监刘允，同率领京官，参随头目、国师、禅师、觉义、都纲等，远赍香币，虔恭礼请，伏望法王发大慈悲，乘大□（洞？）远（鹜？）云来，勿辞。跂（浮？）降临都下，慰予□□之□。岁彼广大之化，幸毋见拒早还，怀思临书，不应（推？）□，亮之。大明正德十一年九月十五日。

从致书内容及所盖皇帝印章来看，此中的大庆法王领占班丹即明武宗。他给八世噶玛巴的这封邀请致书在表述上十分虔诚和谦虚，亦具有浓厚的宗教色彩。但在格式和内容方面已与永乐时期的邀请致书不同，与目前所见明廷颁给西藏的诏敕文书也不一致，有其特殊的背景。这件致书的实际发出者虽然是作为皇帝的明武宗，

---

① 罗文华先生所译美国学者魏盟夏的文章中提到了这件文书，但无详细信息。参见魏盟夏《西方收藏明朝成化与正德时期汉藏风格的唐卡》，罗文华译，《故宫博物院院刊》2007 年第 5 期。

但致书并非以皇帝名义发出,而使用的是具有藏传佛教色彩的大庆法王领占班丹这样一个名号。① 其显示出的等级观念和交流方式依据的也不是汉地传统的天子或皇权观念,而是立足于藏传佛教的宗教观念。《贤者喜宴》记载:"于是当明正德皇帝显现身之庄严之时,第八世法王降生后即坐于皇帝之狮椅上,此位皇帝也戴上黑帽,并曰:'吾是噶玛巴啊!'"② 同书还提到"正德皇帝与您(噶玛巴)同祖,正德皇帝为回、蒙、纳西等族颁赐圣谕",③ 这表明部分西藏僧人已经认同了明武宗是七世噶玛巴的转世。明武宗自封大庆法王虽然是他的个人行为,却迎合了西藏的宗教观念,是其从宗教角度来调和汉藏之间关于明朝统治者身份认知差异的一次尝试。

综上所述,明朝统治者对藏传佛教的支持和信仰为藏传佛教在内地的传播和发展提供了一个良好的政治环境,有助于缓解藏传佛教在内地可能面对的文化阻力和观念差异。同时,明朝统治者的行为和态度也向西藏传递了一种积极的信号,即明朝统治者及其治下的汉地是支持和信仰佛教的区域,使得西藏人员从心理上认同和支持明朝皇帝及其统治的汉地,减弱了西藏面对汉地文化时可能出现的排斥心理,从而达到了调和汉藏文化差异的目的。

二 西藏方面调和差异的举措

在明朝统治者的观念中,外藩和边族的朝贡行为被视为尊崇明朝甚至是臣服和归属的象征,因此西藏对明廷的朝贡行为有利于调和汉藏之间社会制度与政治观念不同造成的差异。西藏自治区档案

---

① 李帅、朱德涛:《大庆法王领占班丹考实——从大庆法王给大宝法王的一封致书谈起》,《藏学学刊》第17辑,第172—180页。
② 巴卧·祖拉陈瓦:《〈贤者喜宴——噶玛噶仓〉译注(第二十五)》,周润年、韩觉贤译,《西藏民族学院学报》2015年第2期。
③ 巴卧·祖拉陈瓦:《〈贤者喜宴——噶玛噶仓〉译注(第二十六)》,周润年、韩觉贤译,《西藏民族学院学报》2015年第3期。

馆藏有一件永乐五年正月明成祖给大乘尚师哈立麻的致书，其中提到"尚师又以马进"（图 1 - 40）；之后大宝法王得银协巴还向明成祖进献过"佛舍利及阿罗汉骨"。① 西藏自治区档案馆还藏有一件正统十年明英宗颁给尚师哈立麻的敕谕，其内提到六世噶玛巴派出的贡使锁南泥麻"以佛像并马匹、方物来贡"（图 1 - 42）。马和佛像是西藏向明廷进贡的主要物品之一，它们对明朝的实际功用随着时间的推移而不断减弱，逐渐成为西藏与明廷保持朝贡关系和行为的象征。因此，在正统、成化以及弘治三朝颁给大宝法王噶玛巴的诏敕中，均将"恪修职贡"与"敬顺天道，尊事朝廷"联系起来。② 又据明代文献《五杂组》："我朝四夷表章皆颁有定式，不敢逾越，其间有悖慢之语者，不受也。"③ 由此可见，西藏在与明廷交往过程中不仅承认和接受明廷主导的朝贡关系以及相应的制度，而且还主动和持续地向明廷进贡方物以表示对明廷的认同，这是西藏一方为调和汉藏之间在社会制度方面的差异而做的努力。

明代汉藏之间存在皇权与神权等级关系的认知差异，这是西藏人员与明廷交往时必须面对的。相关材料显示，西藏宗教领袖与明朝皇帝互动时非常注意礼节，以表现对明朝皇帝的尊重。例如，宗喀巴将回复明成祖的书信称"上书"，将自己谦称为"住于西方雪山国中部之释迦比丘罗桑扎巴"，同时夸耀明成祖功德卓著，政令严明。在讲述自己无法受邀的理由时，用语也非常谦卑，如"于陛下敕谕亦非敢不恭敬不顺从"等，最后还不忘"为陛下祈祷，愿陛下圣寿绵长，皇图永固"。④ 西藏自治区档案馆藏有一件永乐五年明成祖谢新年颂事给哈立麻的致书，其内提到哈立麻的新年颂

---

① 中国藏学研究中心等合编：《元以来西藏地方与中央政府关系档案史料汇编》（1），第 98—99 页。

② 西藏自治区档案馆编：《西藏历史档案荟粹》，图 30。中国藏学研究中心等合编：《元以来西藏地方与中央政府关系档案史料汇编》（1），第 164—165、196 页。

③ 谢肇淛：《五杂组》卷四《地部二》，上海书店出版社 2001 年版，第 86 页。

④ 陈楠：《关于明成祖遣使召宗喀巴史事补证》，《中国藏学》2005 年第 1 期。

语中对明成祖"称誉深至",连明成祖自己都谦称"顾朕德薄,岂足以当赞扬"。① 《贤者喜宴》中还提到大宝法王在西藏组织宗教活动"祝祷皇帝万寿无疆";② "为明代已逝世的皇帝诵经祈愿,为当今皇帝祈福","祝赞皇帝长寿"。③ 万历年间,三世达赖喇嘛索南嘉措曾给明朝官员张居正写过一封书信,信内提到他为"保佑皇上,昼夜念经……祝赞天下太平"。④ 或许是出于上述祝愿长寿活动的需要,明代西藏的一些寺院内还专门供奉有象征明朝皇帝的万岁牌,其上书"皇帝万岁万万岁"(图2-78)。以上材料说明,明代西藏各教派之宗教领袖都对明朝皇帝非常尊崇,有意降低自己的身份来突出皇权的地位,同时还专门为皇帝举行祝佑的宗教活动,这些举措在一定程度上有助于调和明朝皇权与西藏神权之间的差异。

《西番馆来文》中收录了多份明代藏族地区人员所上的奏表,其中对明朝皇帝的称呼包括"天皇帝""上位人皇帝主大法皇帝"等。⑤ "天皇帝"的称呼可能与汉地将皇帝视为"天子"的观念有关,而"上位人皇帝主大法皇帝"的称呼则应是汉、藏两地观念的融合。西藏与明廷交往过程中并未直接使用西藏宗教观念中的"文殊菩萨"或"大梵天"等来称呼明朝皇帝,而是采用"天皇帝"或"上位人皇帝主大法皇帝"等较符合汉地习惯的称呼,这反映出藏族地区人员在与明廷交往时会根据汉地习惯和观念来调整自身的行为,以调和汉藏之间有关明朝皇帝身份的认知差异,维护

---

① 中国藏学研究中心等合编:《元以来西藏地方与中央政府关系档案史料汇编》(1),第96页。

② 巴卧·祖拉陈瓦:《〈贤者喜宴——噶玛噶仓〉译注(十一)》,周润年、塔娜译,《西藏民族学院学报》2012年第6期。

③ 巴卧·祖拉陈瓦:《〈贤者喜宴——噶玛噶仓〉译注(十三)》,周润年译,《西藏民族学院学报》2013年第2期。

④ 张居正:《张文忠公全集·奏疏八·番夷求贡疏》,转引自北京大学历史系等编著《西藏地方历史资料选辑》,第85—86页。

⑤ 任小波:《明代西番馆与西番馆来文》,第32—33、35、37、40、45页。

汉藏关系的和谐与稳定。

明廷与西藏除了要努力调和相互之间的差异外，还要调和存在于各自社会内部的汉、藏文化差异。其中西藏是将这种差异从利益宗教的角度进行转化，即将自身与明廷的交往行为和传播发展藏传佛教的宗教行为联系起来，故积极主动地与明廷保持关系。而明廷则是从政治层面去化解这种差异，将自己对西藏及藏传佛教的支持和付出视为国家政策，以此来保持西藏对自己的归属以及西部边疆的稳定。

综上所述，明代汉、藏双方都采取了相应措施来调和彼此因社会与观念不同所形成的认知差异，但各自的措施所遵循的原则不同，其中明廷的措施的特点可归结为"改变"，而西藏的措施则更多的是"适应"。明廷为调和汉藏之间的文化差异而采取的手段和措施比较多样，涉及制度、物质、礼仪等多方面，这些措施都非常注意根据西藏社会与宗教实际来进行"因俗制宜"的改变。如治藏重心从早期的军政制度建设转变为宗教制度建设；注意将赏赐给西藏的物品改造成符合西藏文化习惯和宗教观念的类型；对待西藏宗教领袖的礼仪和态度更多是从宗教层面出发，有意弱化等级之差异。相对于明廷，西藏的措施更被动，自身的创造性较少，主要通过"适应"明廷的规则和制度来保持与明廷的和谐关系，如向明廷朝贡、接受召请和敕封等。正是由于明廷一方的主动"改变"，以及西藏一方的"适应"和配合，汉藏之间的文化差异才得以调和，明代汉藏关系的和谐发展也由此实现。

第三节　入乡随俗
——藏传佛教在内地的影响与融合

调和汉藏文化之间的差异不仅有利于明朝治藏，而且有利于藏传佛教在内地的传播与发展，有助于促进藏传佛教在内地的影响及其与内地文化的融合。文物考古材料显示，藏传佛教对明朝内地文化的影响和融合发生在许多方面，极大丰富了汉地文化的内涵。下面分别从装饰艺术、宗教及观念习俗三方面来探讨藏传佛教在内地的影响与融合。

一 装饰艺术方面

八吉祥纹是藏传佛教中一种具有代表性的宗教图案，在明朝内地被广泛使用，是藏传佛教中一种成功融入汉地文化的典型文化因素。明代瓷器上经常使用八吉祥纹进行装饰，这种纹样在明代初见于永乐时期，到宣德时期十分盛行，① 之后的瓷器上仍然可见。故宫博物院藏有许多明代官方制作的八吉祥纹瓷器，如宣德时期的青花缠枝莲托八吉祥纹碗（图4-4）②、成化时期的青花缠枝莲托八吉祥纹鼓钉三足炉③、景泰时期的青花八宝勾莲纹大罐（图4-5）④。台北"故宫博物院"藏有明宣德青花莲托八吉祥纹高圈足碗（图4-6）⑤。江西景德镇明代官窑遗址中出土了许多带八吉祥纹的瓷器，如斗彩莲托八吉祥纹碗（图4-7）⑥、斗彩缠枝莲托八吉祥纹天字盖罐⑦。除官窑瓷器外，民窑瓷器亦使用八吉祥纹作装饰，成都东大街遗址出土了一件明代撇口弧腹圈足碗，该碗外壁绘缠枝莲叶托八宝，口沿内侧饰一周梵文，内底两周弦纹内饰结带十字杵⑧；另云南保山

---

① 石婷婷：《明清瓷器八吉祥纹的发展演变》，《中国藏学》2015年第3期。
② 故宫博物院编：《明永乐宣德文物图典》，第65页，图33。
③ 故宫博物院编：《故宫陶瓷图典》，紫禁城出版社2010年版，第155页，图143。
④ 故宫博物院古陶瓷研究中心编：《故宫博物院藏古陶瓷资料选萃》卷一，第144页，图118。
⑤ 马希桂：《中国青花瓷》，上海古籍出版社1999年版，第111页，图一三九。
⑥ 炎黄艺术馆编：《景德镇出土元明官窑瓷器》，第310页，图333，图版说明第376页。
⑦ 炎黄艺术馆编：《景德镇出土元明官窑瓷器》，第307页，图327。
⑧ 成都文物考古研究所：《成都下东大街遗址明代早期遗存发掘简报》，《文物》2011年第7期，图一六，2。

也出土有明早期的青花缠枝莲托八吉祥纹碗（图4-8）①。据上可知，作为藏传佛教代表性文化因素的八吉祥纹在内地的使用已经比较深入，并与汉地流行的缠枝纹结合，形成了一种新的组合纹样——缠枝莲托八吉祥纹，②这是汉藏文化融合创新的体现。

明朝内地丝绸上也常见八吉祥纹饰，如北京艺术博物馆藏有一匹明代金地缂丝灯笼仕女袍料，其上绣有伞盖、盘长、宝瓶、莲花、双鱼等八吉祥图案以及可能为十相自在的图案（图4-9）。③湖南博物馆藏有一件明代佛相缎，纹饰为立佛、坐佛相间构成的二方连续图案，在佛像上方饰有八吉祥、宝珠等图案。④北京艺术博物馆还收藏有不少明代大藏经，这些大藏经的封面一般都用丝绸裱封，其中不少丝绸上有八吉祥图案，如明黄地杂宝牡丹八吉祥两色缎⑤、绛紫地缠枝莲花宝相花八吉祥两色缎、蓝色地缠枝莲托花八吉祥纹暗花缎、菱格卍字地八吉祥纹暗花纱、藏蓝地缠枝牡丹八吉祥两色缎、绿地牡丹永安瓶八宝潞绸等。⑥此外，考古发掘也出土了不少带八吉祥纹饰的明代织物，如北京慈因寺出土万历时期的绛色勾莲八吉祥纹妆花缎（图4-10）⑦；明神宗定陵出土了八吉祥纹缎绣四团龙圆领夹龙袍（图4-11）⑧和柘黄八宝松竹梅岁寒三

---

① 蒋开磊：《保山出土青花瓷花卉纹饰赏析》，《收藏界》2010年第10期，图24、图25。

② 杨鸿蛟：《明代藏传佛教八吉祥纹样在汉地的传播及其风格演变》，《西藏艺术研究》2008年第1期。

③ 《北京文物精粹大系》编委会、北京市文物局编：《北京文物精粹大系·织绣卷》，第146—149页，图109、图110、图111。

④ 黄能馥、陈娟娟编著：《中国服装史》，中国旅游出版社2001年版，第318、320页，图1-138。

⑤ 杨玲主编：《北京艺术博物馆藏明代大藏经丝绸裱封研究》，学苑出版社2013年版，第200页，图2.134。

⑥ 杨玲主编：《北京艺术博物馆藏明代大藏经丝绸裱封研究》，第195—220页。

⑦ 《北京文物精粹大系》编委会、北京市文物局编：《北京文物精粹大系·织绣卷》，第90页，图43。魏松卿：《北京慈因寺出土的明代锦缎》，《文物》1959年第2期。

⑧ 中国社会科学院考古研究所等：《定陵》，第87—88页，图一一六，图版八四。

友缎①；江西南昌明代宁靖王夫人吴氏墓中出土了八吉祥团凤纹缎地妆金凤纹云肩通袖纹夹袄、折枝暗花缎地织金妆花八宝璎珞纹云肩夹袄等。②

八吉祥纹还出现在明朝内地制作的铜器上，如北京故宫博物院有一件八吉祥纹长方铜熏炉，③ 南京博物院有一面八吉祥纹饰早生贵子铜镜。④ 明朝内地制作的漆木器上也有使用八吉祥纹的情况，如北京故宫博物院的永乐剔红八吉祥梵文荷叶式盘（图4－12）⑤、美国旧金山亚洲艺术博物馆的明代八吉祥纹填漆描彩双龙长方盒⑥，以及明万历时期的缠枝莲纹八吉祥纹描金紫漆衣箱等⑦。明朝内地的相关建筑也使用八吉祥图案进行装饰，如美国纳尔逊艺术博物馆有一架来自北京智化寺的明代藻井，该藻井的各斗上刻有法轮、宝瓶等八吉祥图案。⑧ 上述这些带八吉祥纹的器物少数为宗教物品，多数是世俗物品，这说明明朝内地的八吉祥纹逐渐失去宗教意涵，更加强调装饰性与形式感，不再单纯作为藏传佛教的宗教符号，而发展为一种具有民俗和文化意义的装饰图案。⑨

以藏文和兰札体梵字书写的真言和种子字是藏传佛教的一种典型文化因素，在藏族地区十分常见。随着藏传佛教在明朝内地的传播和发展，这类因素逐渐在内地盛行起来，被作为寺院建筑的彩画和器物装饰。明朝内地藏、汉寺院的建筑彩画中经常可见用藏文或

---

① 中国社会科学院考古研究所等：《定陵》，第87—88页，图一一六，图版八四。
② 江西省文物考古研究所：《南昌明代宁靖王夫人吴氏墓发掘简报》，《文物》2003年第2期。
③ 故宫博物院官网，http：//www.dpm.org.cn/shtml/117/@/5402.html，最后访问日期：2016年8月21日。
④ 南京市文化局、南京市文物局主编：《南京文物精华·器物编》，上海人民美术出版社2000年版，第215页。
⑤ 故宫博物院编：《明永乐宣德文物图典》，第83页。
⑥ 秦孝仪主编：《海外遗珍·漆器》，台北"故宫博物院"1998年版，第136页。
⑦ 王世襄：《明式家具研究》，香港三联书店1989年版，第171页，图戊19。
⑧ 梁玉泉：《流落到美国的智化寺藻井》，《紫禁城》1987年第5期。
⑨ 谢继胜、熊文彬、罗文华、廖旸等：《藏传佛教艺术发展史》，第657—658页。

兰札体梵字书写的真言和种子字，例如北京智化寺大智殿的天花板上有彩绘的种子字曼陀罗（图4-13）①，万佛阁内檐天花板上也有彩绘的缠枝莲托梵文六字真言。② 北京法海寺是一座由明代汉、藏僧人参与助缘修建的寺院，③ 该寺大雄宝殿内有保存较好的明代壁画以及包含五方佛和四佛母种子字等内容的天花板彩绘。④ 智化寺和法海寺都是以汉地禅宗为主的寺院，其建筑上的装饰纹样采用了具有藏传佛教特点的兰札体梵字纹饰，说明这种来自西藏和南亚的文化因素已经融入汉地的佛教艺术中。

明朝内地的很多器物上也使用藏文或兰札体梵字写成的真言和种子字进行装饰，如瓷器、铜器、漆木器及金银器等。北京故宫博物院有一件明宣德青花兰札体梵文出戟法轮盖罐，盖面饰四朵云纹，间以五个兰札体梵文，为佛教种子字；盖内顶面莲瓣纹环围，九个莲瓣内也各书一个兰札体梵文，中央双圈内有青花篆书"大德吉祥场"五字。此物应是景德镇专为明朝宫廷烧造的佛事用具（图4-14）。⑤ 台北"故宫博物院"藏有一件弘治时期的青花梵文瓷盘。⑥ 明朝内地的铜钟上也常见藏文或梵文的真言字和经咒，如河北正定临济寺天顺四年的铁钟上装饰有梵文六字真言。⑦ 另外，北京法海寺有一口正统十二年铸造的大钟，此钟上半部铸有二十余种梵文经咒（图4-15）。⑧ 漆木器带梵文真言字的情况见于北京故宫博物院收藏的两件漆器，一件为永乐剔红八吉祥梵文荷叶式盘

---

① 笔者在智化寺现场调查所见。
② 马瑞田：《中国古建彩画》，文物出版社1996年版，彩图50。
③ 黄颢：《在北京的藏族文物》，第31页。
④ 陈捷、张昕：《明清汉地佛寺彩画兰札体梵字纹饰考析》，《美术研究》2015年第3期。
⑤ 故宫博物院编：《明永乐宣德文物图典》，第56—57页。
⑥ 吴明娣：《汉藏工艺美术交流史》，第132页。
⑦ 孙机：《中国梵钟》，《考古与文物》1998年第5期。
⑧ 黄颢：《在北京的藏族文物》，第20、30—31页。《北京文物精粹大系》编委会、北京市文物事业管理局编：《北京文物精粹大系·古钟卷》，第56页，图25。

（图 4-12），盘内中部雕出六字真言；另一件为填彩漆缠枝莲梵文长方盒，梵文位于盒盖上。①

藏传佛教还对内地的建筑艺术产生了重要影响。北京石景山太监墓园保存有明朝宦官田义的墓，该墓修建于万历时期，其墓前有石构棂星门牌坊，在该建筑顶部有双狮火焰宝珠石雕。②北京十三陵神道上的棂星门上也有相似的双龙火焰宝珠石雕（图 4-16）。③这两处棂星门顶部中间石雕所采用的火焰宝珠样式在藏传佛教中十分常见，其与双狮或双龙搭配组成的造型与藏传佛教寺院建筑上常见的法轮双鹿塑像非常相似，或许受到后者的影响。北京房山万佛堂重修于大明万历己丑年（万历十七年），该殿券窗及券门上的浮雕有大鹏金翅鸟、龙女、仙人和瑞相等具有藏传佛教特点的图像（图 4-17）；④与之类似的图像在南京大报恩寺琉璃宝塔的拱门琉璃构件上也有发现（图 4-18），⑤这些建筑上的浮雕图案显然受到了藏传佛教的影响，是藏传佛教因素被内地借鉴和利用并融入汉地建筑装饰艺术的体现。

二 宗教方面
1. 造像艺术

明代永乐、宣德时期曾铸造过一批金铜造像供内地宗教活动和赏赐藏族地区使用，这批造像同时具有汉、藏两种风格，本身

---

① 夏更起主编：《故宫博物院藏文物珍品大系·元明漆器》，上海科学技术出版社 2006 年版，第 150 页，图 111。

② 《北京文物精粹大系》编委会、北京市文物事业管理局编：《北京文物精粹大系·石雕卷》，北京出版社 1999 年版，图 211。

③ 《北京文物精粹大系》编委会、北京市文物事业管理局编：《北京文物精粹大系·石雕卷》，第 208 页，图 187，图版说明第 17 页。

④ 《北京文物精粹大系》编委会、北京市文物事业管理局编：《北京文物精粹大系·石雕卷》，图 197。

⑤ 南京市文化局、南京市文物局主编：《南京文物精华·器物编》，第 95 页。李竹：《金轮耸日月　风铎鸣千里——明代大报恩寺塔文物拾遗》，《东南文化》1998 年第 3 期。

就是藏传佛教与内地造像艺术相互影响和融合的产物。这些带有藏传佛教艺术风格的造像不仅影响到了西藏的佛教造像，而且还对汉地的佛教造像产生了重要影响。明代汉地寺庙殿堂和普通百姓家中供奉的木雕、石雕及铜铸佛像很多都受到带有藏传佛教艺术风格的永、宣造像的影响，以佛和菩萨为主的汉式佛像都显示出藏式佛教造像的特点。① 例如首都博物馆有一尊铜鎏金药师佛像，其上的汉文款识为"大明景泰元年岁次庚午圆授广善戒坛传法宗师兼龙泉寺住持道观施金镀"（图4-19）。此中的道观是潭柘寺律宗三十六代传人。② 据款识可知，这尊药师佛铜像是汉僧道观出资施造的，延续了永、宣造像的风格，可见藏传佛教造像的特点。

北京故宫博物院藏有一尊无量寿佛铜像，头戴五叶冠，天衣自双肩而下绕大臂、小臂后飘落腿两侧，胸前项链垂至小腹，结跏趺坐于椭圆形莲座上，双手作禅定印。该像莲座沿上刻汉文题记，内容为"景泰五年九月吉日造信士藏福□另藏□□另藏泉"（图4-20）。③ 这尊佛像是内地汉人出资并由民间作坊制作的，故较粗糙，但这尊造像同样可见到藏传佛教造像的艺术风格。首都博物馆还有一尊明朝内地铸造的普贤菩萨像，该像亦可见永、宣造像的遗风。④ 此外，由明代山西"代藩睿主"代恭王朱廷埼出资在山西金阁寺内修建的铜观音像也具有"典型的藏式佛教造像的风格"。⑤

由永、宣造像开创，融合了藏汉风格的造像艺术对明朝内地的造像产生了深远影响，成为汉地造像艺术的主流，"已经完全改变

---

① 黄春和：《藏传佛像艺术鉴赏》，第137页。
② 《北京文物精粹大系》编委会、北京市文物局编：《北京文物精粹大系·佛造像卷》（上），第153—154页，图115、图116、图117，附录第15页。
③ 故宫博物院编：《图像与风格：故宫藏传佛教造像》，第78、79页，图17。
④ 《北京文物精粹大系》编委会、北京市文物局编：《北京文物精粹大系·佛造像卷》，第84页，图44，附录第6页。
⑤ 王一菁：《漫谈山西省千手观音的造像》，《文物世界》2008年第2期。

了中原地区传统的造像面貌,而使中原佛教造像呈现出一种带有藏式造像特点的新风格,这种新艺术风格的出现标志着我国传统佛像艺术已经走到尽头"。① 又如前文提到,西藏的造像艺术也在明代发生了变革,与内地变化的时间基本同步,二者背后的动因也应该一致,那便是汉、藏佛教造像艺术融合后出现的新潮流。从主导力量和地点来看,这股兼容汉藏风格的佛教造像新潮流最先是在明朝主导下于内地形成的,由汉藏人员共同参与,推进了汉藏文化的融合。

2. 佛塔艺术

随着藏传佛教在内地的传播和发展,西藏某些宗教性的建筑风格也影响并融入内地,极大丰富了内地的宗教建筑艺术。藏式喇嘛塔是一种具有西藏特色的宗教建筑,在元代已经影响到内地,到明代影响范围更加扩大。明朝内地很多寺院中都修建有藏式佛塔,如北京潭柘寺有一座金刚延寿塔,为藏式喇嘛塔,该塔是正统年间越靖王朱瞻墡为其母亲祈福而出资建造的(图4-21)。② 中国国家画院中有一座白塔,可能建于1482年,为典型的藏式覆钵塔,坐北朝南,由台基、塔座、金刚圈、塔瓶、塔刹等部分组成(图4-22)。③ 河南林州惠明寺天王殿东侧有一座喇嘛塔,又称惠明寺塔,由塔基、塔身、塔刹三部分组成。塔基为六边形须弥座,有垂幔、覆莲、托塔力士和梵文等浮雕;塔身与北京北海白塔相似,在南面壁门、西北壁上有弘治十七年修造佛像的题记;上部塔刹采用了汉地楼阁式样。总体来看,该塔是一座融合了汉藏艺术风格的佛塔。④

---

① 黄春和:《藏传佛像艺术鉴赏》,第137页。
② 谢继胜、贾维维:《元明清北京藏传佛教艺术的形成与发展》,《中国藏学》2011年第1期。
③ 谢继胜、熊文彬、罗文华、廖旸等:《藏传佛教艺术发展史》,第574、591—592页。
④ 杨焕成:《豫北石塔纪略》,《文物》1983年第6期,图版五、6。

藏式喇嘛塔不仅作为一般的宗教性建筑出现在内地汉、藏寺院之中，而且逐渐成为汉地佛教僧人所普遍采用的一种墓塔样式。据学者研究，汉地使用藏式喇嘛塔作为僧人墓塔的风气兴起于明代中期，并很快在内地流行开来，之后进一步影响到了卫藏地区。① 目前，内地有许多明代汉僧的墓塔，这些墓塔的形制大部分为藏式喇嘛塔，如河北正定隆兴寺原有一座覆钵式喇嘛塔，平面呈八角形，下为高大的须弥座，中为覆钵形塔身，上置十三天（图4-23）。覆钵形塔身正面镶嵌有一石质塔铭，上书"示寂净土佛子惺公号梦堂大和尚垂行塔铭。钦差僧录司右觉义、提督五台兼管番汉僧孝徒惠寿并管家孝徒孙镇玉等同立。正德丙子岁（正德十一年）春三月十三日建，石匠赵□春刊"。② 据塔铭可知，该塔为汉僧梦堂和尚的墓塔。此外，北京房山云居寺③以及门头沟戒台寺、潭柘寺④等处塔林中的明代墓塔也多为砖砌的覆钵式喇嘛塔。由此可见，藏传佛教中的佛塔样式在汉地非常流行，不仅对明代汉地的佛塔造型产生了重要影响，而且还被吸收为内地僧人的墓塔造型并逐渐流传开来，成为汉地佛教建筑的常见内容。

3. 人员关系

藏传佛教在内地的影响与融合还表现在藏僧和内地人员的关系方面。明朝内地藏僧的民族成分和来源比较多元，既有来自藏族地区的藏族，也有来自内地的汉族，他们都是支持藏传佛教在内地传播和发展的重要力量，对促进藏传佛教在内地的影响与融合具有重要作用。明朝内地一些寺院同时居住有修习汉传佛教的

---

① 谢继胜、贾维维：《元明清北京藏传佛教艺术的形成与发展》，《中国藏学》2011年第1期。

② 梁小丽、马国利：《正定发现明代隆兴寺高僧梦堂和尚舍利塔铭》，《文物春秋》2005年第5期。

③ 索南才让：《走出雪域的藏式佛塔》，《西藏艺术研究》2006年第1期。

④ 北京市门头沟区文化文物局编：《门头沟文物志》，北京燕山出版社2001年版，第49页。

僧人和修习藏传佛教的僧人，这必然会促进汉、藏佛教的交流与融合。北京法海寺有一通正统八年的《法海禅寺记》碑，该碑碑阴所记人员名单中包括了"开山第一代住持福寿。同开山剌麻领占巴、扎失乳奴、扎失远丹。本山僧众：西序前堂首座宝峰、慧灯，后堂首座智明、福诚、智宝……"（图1-39）。从上述开山僧人的名字来看，法海寺从建寺伊始就应该是一座汉、藏僧人共驻的寺院。山西五台山广宗寺内有一通正德十年所立的《广宗寺碑》，碑文显示该寺于正德二年修建，至正德十年修建完毕并请寺额，明武宗赐名"广宗寺"并下令"将原住持慧寿、都纲领监端竹，戒行端谨，俱升僧录司右觉义，兼住本寺，领众修祝"（图4-24），① 可知五台山广宗寺也是一座汉、藏僧人共驻的寺院。

　　明朝内地汉、藏僧人之间存在密切的交流和联系，促进了汉、藏佛教的相互影响和融合。应明成祖要求绘制的《噶玛巴为明太祖荐福图》展现了五世噶玛巴在南京进行法事活动时出现的各种祥瑞现象，其中在描绘十八日斋事活动的场景中出现了汉、藏僧人共同参与佛事活动的场面（图2-76）。天宁寺位于北京广安门外，明初复建，宣德十年改称天宁寺，② 为一座汉传佛教寺院，其内所设的广善戒坛是明代北京律宗两大戒坛之一。《明故大隆善护国寺西天佛子大国师张公墓塔记》碑显示，作为藏僧的张公曾被请于"天宁寺讲习观法"（图4-25），③ 这是汉、藏僧人进行佛法交流的证明。四川安岳县发现一块明成化十八年所立的《班丹扎释偈挽碑》，碑文内容是"大隆善寺弘通妙戒普慧善应慈济辅国阐教灌顶净觉西天佛子大国师班丹扎释"为纪念蜀地临济宗高僧无际禅师而于正统十一年所撰写的"偈挽"，这是汉藏高僧之间

---

① 张正明、科大卫主编：《明清山西碑刻资料选》，第298页。
② 史为乐编：《中国历史地名大辞典》，第298页。
③ 照片为笔者调查时拍摄。黄颢：《在北京的藏族文物》，第13页。

联系和交流的又一证明。①

正是由于明朝内地汉、藏僧人之间存在密切的关系，所以内地的汉僧亦受到了藏传佛教的影响。北京房山云居寺现存明正统时期的藏文佛经，其中汉藏对译的《圣胜慧到彼岸功德宝集偈》是大智法王班丹扎释根据西夏译藏汉合璧本校对而成（图 4 - 26）。②该刊本的第二、三页为明代汉僧道深于正统十二年四月八日所写的"序文"，部分内容如下：

> 今伏蒙我皇明制授"弘通妙戒普慧善应慈济辅国阐教灌顶净觉西天佛子大国师"班丹剳释巴藏卜，夙承愿力，绍继一代上师之位，羽翊治化。禅余之暇，重将梵夹校证。其完卜"清心戒行国师"班卓巴藏卜之徒、剌麻也释巴思叨严训，昊天罔极，而无补报，遂命工绣梓，以广流通……大明正统十二年四月八日，承旨讲经兼赐宝藏圆融显密宗师播阳道深撰（文末盖一意为"妙善"的藏文印章）。③

该序文的作者道深是一位与西藏喇嘛交往颇深的汉族僧人，曾跟随大国师智光学习"西天梵书字义"，④他还撰写了《小西天东峪观音寺重开山碑铭》等碑铭。⑤从道深获赐"宝藏圆融显密宗师"的名号以及文末的藏文印章推测，他可能兼修密宗，受到了

---

① 董华锋：《新发现的〈班丹扎释偈挽碑〉及相关问题研究》，《藏学学刊》第 18 辑，第 17—24 页。
② 史金波等编著：《西夏文物》，文物出版社 1988 年版，图版 403。黄颢：《在北京的藏族文物》，第 38—39 页。
③ 罗炤：《藏汉合璧〈圣胜慧到彼岸功德宝集偈〉考略》，《世界宗教研究》1983 年第 4 期。
④ 北京图书馆金石组编：《北京图书馆藏中国历代石刻拓本汇编（明一）》第 51 册，第 93 页。
⑤ 罗炤：《藏汉合璧〈圣胜慧到彼岸功德宝集偈〉考略》，《世界宗教研究》1983 年第 4 期。

藏传佛教的影响。

除了汉僧受到藏传佛教的影响外，进入内地的藏族僧人亦主动接受和学习汉文化。广东韶关曲江区的南华寺被奉为禅宗南宗祖庭，该寺保存有两件元代圣旨，其中一件为延祐四年（1317）帝师公哥罗竹坚参巴藏卜奉皇帝命令颁发的藏文法旨，在法旨原文之后有藏文引书抄文和汉字译文（图 4-27）。① 该汉字译文中有"大明天顺八年伍月拾伍日大隆善寺净觉慈济大国师锁南领占巴藏卜译"的内容，可知藏僧锁南领占兼通汉藏文，这件法旨上的藏文抄文和汉文可能都是他书写的。《明英宗实录》记载，天顺六年十二月明英宗"召净觉慈济大国师锁南领占至京师馆之大隆善寺"，② 锁南领占于成化七年圆寂，明宪宗"遣官谕祭净觉慈济灌顶大国师锁南领占命工部建塔葬之"。③ 此外，长期留居内地的大智法王班丹扎释也是一位可能掌握了汉文的藏族僧人，他曾将自己的论著及相关藏文经典翻译成汉文。④

三 观念习俗方面

1. 思想观念

明朝内地的一些金银器如首饰等物品上经常可见梵文真言字，例如北京右安门外明万贵墓中出土的金镶宝珠梵文金簪⑤，江苏常州王家村和钟楼区霍家村出土的梵文金簪（图 4-28）⑥，武进横

---

① 杨鹤书：《广东南华寺发现八思巴字、藏文重要文物》，《中山大学学报》1982年第2期。
② 《明英宗实录》卷三四七，天顺六年十二月戊寅，第6998页。
③ 《明宪宗实录》卷九〇，成化七年四月甲辰，第1746页。
④ 智观巴·贡却乎丹巴绕吉：《安多政教史》，第642页。张润平、苏航、罗炤编著：《西天佛子源流录——文献与初步研究》，第74、184页。
⑤ 《北京文物精粹大系》编委会、北京市文物局编：《北京文物精粹大系·金银器卷》，第105页，图95。北京市文物研究所编：《北京考古四十年》，北京燕山出版社1990年版，第204页，图版四二：3。
⑥ 常州博物馆编：《常州博物馆五十周年典藏丛书：漆木·金银器》，文物出版社2008年版，第56、70页。

山群丰队出土的银鎏金梵文挑心①，北京明定陵出土的梵文真言字镶宝玉佛鎏金银簪（图4-29）②，等等。这类带梵文的簪钗在明代绘画中也有发现，如《明宪宗元宵行乐图》中部分妇女的头上插有这种梵文挑心③，北京法海寺明代壁画中的文殊菩萨头部也有这种梵文簪钗④。此外，北京还出土过饰有六字真言的银镀金嵌宝石帽饰（图4-30）⑤。这些簪、钗等首饰类金银器主要为死者生前所用的饰品，其上出现的梵文真言字应该与藏传佛教的影响有关，使用藏传佛教的相关因素似乎已经成为明代汉地社会的一种潮流和风气，藏传佛教融入了内地人群的日常生活和思想观念之中。

江苏南京沐斌夫人梅氏墓以及常州和平新村明墓中各出土了一件带链方盒，前者为金质，后者为银质，两者的结构和造型非常相似，性质也应该相同。其中南京明墓出土的这件金质方盒被称为金带链香盒，从出土位置来看应该系挂在墓主颈部并悬于胸前，⑥可能为生前佩戴之物。该盒体呈正方形，为抽屉形结构，盒盖表面锤揲出花纹，四角各有一云纹，中间为圆圈，圈内錾刻一朵带花心的六瓣莲花，各莲瓣中镶嵌宝石。盒底的纹样与盒盖相同，只是莲瓣、花心部分为梵文，共七字（图4-31）。⑦江苏常州和平新村明墓出土的银盒近正方形，亦为抽屉形结构，原报告称之为"福寿"纹银盒。盒体一侧表面的四角有云纹，中间为

---

① 南京博物院编：《金色江南——江苏古代金器》，江苏美术出版社2008年版，第123页。
② 中国社会科学院考古研究所等：《定陵》，第198页，彩版一〇六。
③ 扬之水：《移植与嬗变——明代金银饰品中的藏传佛教艺术》，《中国文化》2009年第1期。
④ 北京市法海寺文物保管所等编：《法海寺壁画》，图26。
⑤ 《北京文物精粹大系》编委会、北京市文物局编：《北京文物精粹大系·金银器卷》，第186页，图215，图版说明第25页。
⑥ 南京市博物馆、南京市江宁区博物馆：《南京江宁将军山明代沐斌夫人梅氏墓发掘简报》，《文物》2014年第5期，图九。
⑦ 南京市博物馆、南京市江宁区博物馆：《南京江宁将军山明代沐斌夫人梅氏墓发掘简报》，《文物》2014年第5期，第50页，图二四、二五。

圆圈，圈内錾刻一朵带花心的六瓣莲花，花瓣及花心内各有一个梵文，亦为七字；盒的另一侧呈九宫格的布局，中间一格为汉文寿字，四周八格内则为八吉祥图案（图4-32）。①

这两件盒应该是藏式嘎乌（ག་འུ་）盒在内地的变体，其上文字为梵文，其中花瓣上的梵文为六字真言，汉文音译为"唵嘛呢叭咪吽"。花心的梵文有学者认为是"hri"，意指"观音菩萨"，②但也有学者认为是金刚界曼陀罗中的阿弥陀佛种子字，汉文音译为"纥哩"，意指"阿弥陀佛"，为密教中的一字咒。③《密咒圆因往生集》记载："若人持此一字真言，能除灾祸疾病。命终已后当生安乐国土，得上品上生。此一通修观自在心真言者，亦能助余部修瑜伽人也。"④这表明上述两件盒上的梵文咒语既有保佑佩戴者身前平安，也有助死后往生西方极乐世界的功能，是梵文真言字影响汉地习俗和信仰观念的体现。

2. 丧葬礼俗

明朝内地墓葬中还有许多与藏传佛教相关的因素。例如明定陵出土了一些带藏文和梵文咒语的随葬品，包括朱书藏文咒语的吉祥如意钱（图4-33）和金枕顶（图4-34）⑤、带金色梵文咒语的纱带等⑥。这些随葬品上的藏文和梵文咒语很可能由参与明神宗丧葬仪式活动的藏僧书写。湖南望城蚂蚁山发掘出了一座大型明代砖室墓，据墓志可知，墓主为明代谷王乳母张妙寿，下葬于永乐十一

---

① 常州博物馆编：《常州博物馆五十周年典藏丛书：漆木·金银器》，第74—75页。
② 黄颢：《北京密云番字牌村藏文石刻初探》，《中国藏学》1988年第3期。
③ 扬之水：《奢华之色：宋元明金银器研究》卷二，中华书局2011年版，第210—211页。
④ 高楠顺次郎、渡边海旭主编：《大正新修大藏经》第46册《诸宗部三·密咒圆因往生集（一九五六部）》，大藏出版株式会社1924—1934年版，第1012页。
⑤ 中国社会科学院考古研究所等：《定陵》，第164—166页，图二六七，图版八〇；第161—163页，图二六四，图版一六〇。
⑥ 中国社会科学院考古研究所等：《定陵》，第202页，图三〇三。

年。该墓墓道内发现了两组特殊的建筑，一为伞顶圆柱形石砌建筑，其内有一件石质喇嘛塔（图4-35），塔的覆钵内放置有经箱，内装佛经和道经。① 该墓内还有一组由方形砖石拼砌的建筑，位于墓道底部的南部正中，上、下层均为青石板砌的十字形结构，在十字形结构的四角又用青砖砌成平面结构成"卐"的墩台。此组建筑的中部槽中出土了一面铜镜，南部放置有铜碗；此外该墓的西侧室还出土了一件金刚杵。②

从出土的铜碗和铜镜来看，不排除此中含有道教因素的可能，但从这组建筑的整体结构以及四角"卐"形的砖墩来看，笔者认为其可能也与佛教有关。这组建筑中心与四角的结构布局与南京牛首山弘觉寺塔地宫出土、由李福善奉施的一组宗教文物中的红砂石底座有一定的相似性，应该表达了相似的宗教意涵。这个石底座的后部中央放置有一座尊胜塔，四角各放一个青花瓷罐，整组文物最终组合成一座象征意义的"金刚宝座塔"。③ 望城蚂蚁山明墓中存在的两组特殊建筑遗迹可能都与藏传佛教有一定关系，应该是下葬后封闭墓室过程中修建的，或与下葬时举行的某种宗教仪式有关。同时，从喇嘛塔内兼放佛经与道经以及方形砖石组合建筑中出现铜镜等情况来看，该墓表现出的宗教信仰比较复杂，由此也说明藏传佛教可能已经与内地其他宗教发生了关系。

明朝内地墓葬中还有使用藏传佛教图案来装饰墓室的现象。四川成都明蜀僖王墓的墓室宝顶正中有一巨大的圆形图案，由外、中、内三个同心圆环构成，其中外环与中环之间有八个等分的格

---

① 长沙市文物考古研究所、望城县文物管理局：《湖南望城蚂蚁山明墓发掘简报》，《文物》2007年第12期，第46页，图七。

② 长沙市文物考古研究所、望城县文物管理局：《湖南望城蚂蚁山明墓发掘简报》，《文物》2007年第12期。

③ 蔡述传：《南京牛首山弘觉寺塔内发现文物》，《文物参考资料》1956年第11期。南京博物院藏宝录编辑委员会编：《南京博物院藏宝录》，"鎏金喇嘛塔"条，上海文艺出版社1992年版，第177—179页。廖旸：《南京弘觉寺塔地宫出土金铜尊胜塔像新考》，《故宫博物院院刊》2011年第6期，图一、图七。

子，每格刻一莲瓣，瓣中分别刻宝伞、金鱼、宝瓶、妙莲、右旋海螺、吉祥结、胜幢和金轮八吉祥图案。中环与内环之间亦分为八扇，每扇刻一莲瓣，瓣中有塔形组合的三朵莲花。在内环中央有一梵文装饰体图案，其左旁有日、月、明点三个小图形（图4-36）。① 有学者认为内环中央的梵文图案为"星祥"，是藏族丧葬中特有的"灵牌"。②

藏传佛教对内地丧葬习俗的影响还表现在随葬品方面。湖北钟祥明梁庄王墓出土了多件与藏传佛教相关的文物，包括内装无量光佛的鎏金铜嘎乌③、金质大黑天造像（图4-37）、大鹏金翅鸟像（图4-38）、金质梵文种子字和时轮金刚咒牌件等④。湖北广济义宰张懋夫妇合葬墓中出土有带汉、藏、梵文经咒的《法被图》以及彩印佛塔、佛像等与藏传佛教关系密切的文物（图4-39）⑤。

藏传佛教对明朝内地丧葬礼俗的影响在相关传世文物和文献材料中也有体现。西藏博物馆藏有一幅《噶玛巴为明太祖荐福图》，是明成祖专门让人绘制的，表现的是五世噶玛巴在南京灵谷寺为逝世的明太祖及其皇后举行超度法事（图2-76）。西藏自治区档案馆藏有永乐五年十一月明成祖再次为申谢举办仁孝皇后超度道场事致字隆逋瓦桑儿加领真等敕书，其内提到大宝法王等"以仁孝皇后崩逝适临百日之期，特为举荐扬之典"。⑥ 上述材料表明，明朝统治者会专门邀请藏僧举行一些与丧葬有关的宗教活动。

---

① 照片由笔者拍摄，类似的图像在其他明代藩王、太监墓中也常有发现。任建新：《明蜀僖王陵藏式石刻考释》，《四川文物》1995年第3期，图一、图二。成都市文物考古研究所：《成都明代蜀僖王陵发掘简报》，《文物》2002年第4期。

② 任建新：《明蜀僖王陵藏式石刻考释》，《四川文物》1995年第3期，图一、图二。

③ 湖北省博物馆编：《梁庄王墓——郑和时代的瑰宝》，第90页。

④ 湖北省文物考古研究所、钟祥市博物馆编著：《梁庄王墓》，第185—188页，彩版一九一。

⑤ 王善才主编，湖北省文物考古研究所编著：《张懋夫妇合葬墓》，彩版四。

⑥ 宋伯胤：《明朝中央政权致西藏地方诰敕》，中央民族学院藏族研究所编：《藏学研究文集》，第85—99页。

不仅宫廷，民间的丧葬活动也有藏传佛教僧人参与的情况。明代世俗小说《金瓶梅词话》中就专门描述了民间丧礼邀请喇嘛举行法事活动的情况。

> 十月初八日是四七，请西门外宝庆寺赵喇嘛，亦十六众，来念番经，结坛跳沙，洒花米行香，口诵真言，斋供都用牛乳茶酪之类。悬挂都是九丑天魔变相，身披缨络琉璃，项挂骷髅，口咬婴儿，坐跨妖魅，腰缠蛇螭。或四头八臂，或手执戈戟，朱发蓝面，丑恶莫比。午斋已后，就动荤酒。西门庆那日不在家，同阴阳徐先生往外坟上破土开圹去了，后晌方回，晚夕打发喇嘛散了。①

从上述内容来看，西门庆邀请喇嘛举行的法事活动具有明显的密教色彩，这些活动都发生在李瓶儿出殡下葬之前，显然是丧葬仪式的一部分，是藏传佛教影响并融入汉地民间丧葬活动的写照。

总体来看，藏传佛教在内地的影响与融合是明朝经略西藏背景下汉藏交流互动的必然结果，是明朝内地文化对西藏宗教和文化采取包容和认同态度的体现，有助于从文化和心理上拉近西藏与内地的距离。藏传佛教在内地影响的人群包括皇帝、藩王、官员、宦官、汉僧及普通民众，其中对统治阶层的影响占主流，影响的顺序整体也是自上而下，这与明朝经略西藏在根本上是国家层面的政治策略有关。从藏传佛教影响内地的表现来看，既有物质文化层面的影响，也有宗教信仰方面的影响。随着时间的推移，藏传佛教的许多因素被内地吸收和改造，逐渐与内地社会和文化融合，最终成为具有西藏文化特点的汉地因素。

汉藏文化的交流与融合在明朝内地和西藏同时进行，但内地与西藏之间的相互影响在内容和结果方面有所不同，其中明朝内地对

---

① 兰陵笑笑生：《金瓶梅词话》第六五回，人民文学出版社1985年版，第890页。

西藏的影响以物质文化为主，而西藏对内地的影响则主要通过宗教来实现。在影响结果方面，明朝内地因素进入西藏后逐渐呈现出西藏化和宗教化的倾向，而西藏文化因素进入汉地后则逐渐呈现出汉地化、世俗化和民俗化的变化特点。之所以会出现上述不同，与汉、藏两地的社会性质以及各自文化的特点与优势有关。

第五章
明朝经略西藏中的内引与外联策略

"事不孤起,必有其邻",明朝经略西藏并非只着眼于西藏本身,而是做到了内外兼顾,不仅通过对内地藏传佛教的经营来引导西藏向内地靠拢,而且借鉴和利用了一些南亚因素来促进西藏对其的认同。因此,若要尽可能全面地认识明朝的治藏策略,必须将明朝在更大区域内的相关措施与活动结合起来考虑,如此才能从更宽广的历史背景下去理解明朝治藏策略的灵活性与多样性。

第一节 明朝经营内地藏传佛教的举措及其与治藏的关系

明朝对内地藏传佛教的经营是明朝治藏政策与行为的扩展和延伸,整体服务于明朝治藏的大局需要,直接影响着明朝经略西藏的效果。对明朝经营内地藏传佛教的举措及其和明朝治藏的关系进行考察,[1] 有利于全面了解和认识明朝的治藏策略。

---

[1] 本书的内地主要是指明朝中央政府直接控制和管理的区域,主要为汉民族聚居区,也包括部分藏区。

一 明朝对留居内地藏僧的封授

明朝对留居内地藏僧的封授主要表现在两个方面，一是按照藏僧等级制度给予相应的等级名号，二是按照明代的僧官制度授予相应的职名。留居内地的明代藏僧亦属于藏僧等级制度的适用对象，可以获得从"剌麻"至法王的各级名号。北京护国寺内保存有一通宣德十年所立的《西天佛子大国师班丹扎释寿像记》碑，碑文中提到班丹扎释赴京后被"馆留京寺"，到明宣宗时获封为"西天佛子大国师"，驻锡于北京大隆善寺（图5-1）①，之后又于景泰三年获封大智法王名号。②北京海淀区管家岭出土过《敕建大护国保安寺圆寂大善法王墓志铭》（图1-38），里面提到明武宗曾敕封留居大护国保安寺的藏僧星吉班丹为"大善法王"。明廷至少在内地封授了20多位法王③，包括弘慈大善法王沙加④、大应法王札实巴⑤、大敏法王端竹领占⑥、大敬法王锁南坚参、大悟法王札巴坚参、清修大慈法王那卜坚参⑦、大慧法王坚参⑧和大济法王领占竹⑨等。

北京法海寺保存的正统八年《法海禅寺记》碑上提到的助缘

---

① 北京图书馆金石组编：《北京图书馆藏中国历代石刻拓本汇编（明一）》第51册，第79页。谢继胜、熊文彬、罗文华、廖旸等：《藏传佛教艺术发展史》，第563页。

② 《明英宗实录》卷二二二，景泰三年十月壬子，第4811页。

③ 杜常顺：《明代留住京师的藏传佛教僧人》，《中国藏学》2005年第2期。陈楠：《论明代留京藏僧的社会功用》，《中央民族大学学报》2008年第5期。

④ 《明英宗实录》卷二七五，天顺元年二月癸卯，第5840页。

⑤ 刘永文、齐玲玲、王令梅：《大应法王札实巴考论》，《西藏大学学报》2017年第2期。

⑥ 何子君：《汉藏佛教文化交融的历史丰碑——以陇上千年古刹西蜂窝寺为例》，《宗教学研究》2011年第3期。

⑦ 杜常顺：《明代临洮宝塔寺及其法王史实考述——明代〈宝塔寺报恩传流碑〉笺释》，《青海师范大学学报》2015年第3期。

⑧ 张正明、科大卫主编：《明清山西碑刻资料选》，第309—310页。

⑨ 《明宪宗实录》卷二二二，成化十七年十二月壬戌，第3829页。

藏僧中有"弘通妙戒普惠善应辅国阐教灌顶净觉西天佛子大国师班丹扎释"和"妙法清修净慈普应辅国阐教灌顶弘善西天佛子大国师哑蒙葛"（图1-39），① 此二人都是留京的藏僧。北京石刻艺术博物馆内有一通正德七年的《明故大隆善护国寺西天佛子大国师张公墓塔记》碑，碑文中提到张公"讳桑节朵而只，其先世山后人……成化六年奉宪宗皇帝命差往乌思藏，封阐化国王……壬子（1492）加升西天佛子……加封清觉广智妙修慈应翊国衍教灌顶赞善西天佛子大国师"（图4-25）。② 青海省海东市乐都区瞿昙寺原有一枚成化二十二年的鎏金铜印，印文为"广慧悟法净觉妙善翊国衍教灌顶戒定西天佛子大国师印"（图1-26），该印主人即成化十七年奉命赴藏敕封阐化王的瞿昙寺藏僧班卓尔藏布。③

广东韶关市曲江区南华寺曾保存有一件元延祐四年帝师公哥罗竹坚参巴藏卜奉皇帝命令颁发的法旨，法旨的藏文内容后有汉文译文，内容包括"大明天顺八年伍月拾伍日大隆善寺净觉慈济大国师锁南领占巴藏卜译"（图4-27）。④ 这里的净觉慈济大国师锁南领占巴藏卜于天顺六年十二月被明英宗召"至京师馆之大隆善寺"，⑤ 而后一直居住在大隆善寺直至成化年间圆寂。⑥ 西藏罗布林卡保存有一幅大慈法王像缂丝唐卡，其底部的藏文中提到了"灌顶国师阿木葛和国师索南西饶二人"（图1-32）⑦，他们均是大慈

---

① 照片由笔者拍摄。北京图书馆金石组编：《北京图书馆藏中国历代石刻拓本汇编（明一）》第51册，第114—115页。
② 黄颢：《在北京的藏族文物》，第13页，附录第115页。
③ 蒲天彪：《〈耕余琐录〉与瞿昙寺史料补遗》，《西藏民族学院学报》2011年第5期。亦写作"班卓儿藏卜"，参见《明宪宗实录》卷二八三，成化二十二年十月庚寅，第4795页。
④ 杨鹤书：《广东南华寺发现八思巴字、藏文重要文物》，《中山大学学报》1982年第2期。
⑤ 《明英宗实录》卷三四七，天顺六年十二月戊寅，第6998页。
⑥ 《明宪宗实录》卷九〇，成化七年四月甲辰，第1746页。
⑦ 拉巴平措：《大慈法王释迦也失》，第90页。

法王释迦也失的弟子,随师入京后便留居于北京大慈恩寺。①

留居内地的明代藏僧中还有不少人被封为禅师、都纲和喇嘛。北京海淀区普照寺内的《班丹托思巴(净戒禅师)塔铭》碑记载了藏僧净戒禅师班丹托思巴的相关事迹,他于正统年间为大能仁寺的"国师、禅师、僧官、都纲、刺麻、僧众、中贵官、大臣、宰辅官"等授戒。②此中提到的禅师、都纲与刺麻应该都是明廷封授的相应等级的藏僧。北京法海寺的《法海禅寺记》碑上提到的助缘人员中有戒行禅师班卓儿、妙胜禅师锁南藏卜及开山刺麻领占巴、扎失乳奴与扎失远丹等(图1-39),他们应该都是明廷在内地封授的藏僧。

留居内地的藏僧亦有被明廷任命为僧官者。《西天佛子大国师班丹扎释寿像记》碑记载,藏僧班丹扎释曾被明成祖"授以僧录阐教"(图5-1)。该事件在《西天佛子源流录》中也有记载,具体为"擢僧录司右阐教"。③西藏自治区档案馆藏有明宪宗著公哈领占着即坚参巴藏卜承袭阐教王的敕谕,其内有"正使右觉义藏卜坚参"的内容,④这是藏僧担任僧官右觉义的证明。甘肃炳灵寺有一通正德十二年的《重修古刹灵岩寺碑记》,其中提到了"钦差大能仁寺右觉仪远丹星吉"(图5-2)。⑤大能仁寺是明代北京三大藏传佛教寺院之一,该寺藏僧远丹星吉担任了"右觉仪"(即右觉义)这一官职。除此之外,还有明代藏僧在地方担任僧官的情况。西安小雁塔院内成化八年的《敕赐荐福禅寺重修记》碑记载,

---

① 佐藤长:《明代西藏八大教王考(中)》,邓锐龄译,《西藏民族学院学报》1987年第4期。
② 北京图书馆金石组编:《北京图书馆藏中国历代石刻拓本汇编(明二)》第52册,第123页。
③ 张润平、苏航、罗炤编著:《西天佛子源流录——文献与初步研究》,第171页。
④ 中国藏学研究中心等合编:《元以来西藏地方与中央政府关系档案史料汇编》(1),第137页。
⑤ 吴景山、石劲松:《〈重修古刹灵岩寺碑记〉校读记》,《敦煌学辑刊》2010年第3期。

西安荐福寺住持番僧勺思吉监参曾于景泰五年出任西安府都纲司都纲。① 上述这些获得明朝优待与封授的藏僧中，有一部分人还曾担任过明廷的使者，如班丹扎释和张桑节朵而只等，他们曾经受命赴西藏执行过召请藏僧或敕封西藏人员袭职等任务，是明朝经略西藏行为的主要参与者和执行者。

二 明朝对内地涉藏寺院的建设和支持

寺院是僧人赖以生存的基础，因此明朝在经营内地藏传佛教时非常重视涉藏寺院的建设，以便为留居内地的藏僧提供生存与活动的场所。整体来看，明朝内地的涉藏寺院主要分布在作为明朝政治中心的两京（南京、北京）地区、五台山地区，以及靠近藏族地区的西北边地等地带。

（一）两京地区

明朝首先定都南京，永乐时迁都北京，所以两地都曾有过不少涉藏寺院。

1. 南京地区

从洪武元年到永乐十九年明成祖正式迁都北京之前，南京一直是明朝的政治中心。在此期间，明朝做出经略藏族地区的决策以及藏族地区人员入贡朝觐都在南京进行，有一批与明廷关系密切的藏僧在此活动，出现了若干供藏僧驻锡的佛教寺院。

甘肃临洮明代《宝塔寺报恩传流碑》记载："先祖圆妙大敏法王端上师立为焚修香火之处，洪武庚午朝觐太祖高皇帝，诏居南京鸡鸣寺，屡奉命差往天下各处公干，宣传圣道，抚化番夷来归，多效勤劳。"② 南京鸡鸣寺早已被毁，仅存一通明代弘治年间的碑刻（图5-3），碑额题曰"重修鸡鸣寺记"，碑文内容如下：

---

① 王乐庆：《荐福寺明代〈圣旨〉碑考略》，《五台山研究》2011年第4期。
② 杜常顺：《明代临洮宝塔寺及其法王史实考述——明代〈宝塔寺报恩传流碑〉笺释》，《青海师范大学学报》2015年第3期。

> 太祖高皇帝命崇山侯督工创造，尽撤故宇而开拓之，由是殿堂门庑，举秩旧观，建大浮图，尤出新制，自远望之，俨然一祇园鹫岭，凡都城诸刹，鲜有与之伍者。其所谓秘密关、观由所、出尘径、西番殿诸额，又皆出自上命。①

又据《西天佛子源流录》，班丹扎释"二十八岁，随法尊师到于南京，住鸡鸣寺"。② 由此看来，南京鸡鸣寺应该是洪武时期赴京藏僧的主要驻锡之所，其内有明廷专为藏僧修建的"西番殿"等建筑。

南京灵谷寺也是明代一座与藏传佛教关系密切的寺院，西藏赴京的许多高等级藏僧都曾在此驻锡或举行法事活动，其中以五世噶玛巴得银协巴为代表。西藏自治区档案馆保存有一封永乐五年二月明成祖给哈立麻的致书，里面提到"今特迎请法尊大乘尚师哈立麻巴，领天下僧众，以永乐五年二月初五日为始，于灵谷寺修建普度大斋二七昼夜"。③ 五世噶玛巴在灵谷寺举行的这次法事活动被明成祖命画工用图像的形式记录下来，即《噶玛巴为明太祖荐福图》。该画卷显示，灵谷寺内设置有"如来大宝法王西天大善自在佛宝楼"和"如来大宝法王西天大善自在佛建好事坛场"（图2-76）。

上述南京地区的寺院虽然和藏传佛教存在联系，但都不是严格意义上的藏传佛教寺院，这可能与明太祖时期对藏传佛教的政策有关。从时间来看，南京地区的寺院和藏传佛教发生联系可能主要在明代早期，即洪武时期和永乐前期，这与南京在这一阶段是明朝的国都有很大关系。当永乐迁都北京以后，南京的政治地位下降，该

---

① 杨晓春：《南京鸡鸣寺现存明碑〈重修鸡鸣禅寺记〉探析》，《东南文化》2013年第5期。
② 张润平、苏航、罗炤编著：《西天佛子源流录——文献与初步研究》，第164页。
③ 中国藏学研究中心等合编：《元以来西藏地方与中央政府关系档案史料汇编》（1），第97页。

地区的藏僧也随之减少。

2. 北京地区

藏传佛教在内地较大规模的传播和影响应始于元代，作为元代首都的北京（时称大都）是当时藏传佛教在内地的分布中心。明成祖迁都北京以后，北京又成了明王朝的政治与文化中心，藏族地区朝贡人员或受邀入京的藏僧云集北京，使北京再次成为藏传佛教在内地的分布中心。据言，明初北京的藏传佛教寺院已有近二十座，① 下面结合文物考古材料就所见明代北京地区的主要涉藏寺院进行梳理。

（1）大隆善护国寺

大隆善寺位于北京市西城区护国寺街路北，即今之护国寺，元代称大都崇国寺，宣德二年改为大隆善寺，② 成化八年又称大隆善护国寺，是元、明时期北京最大的藏传佛教寺院。③ 北京护国寺内的《西天佛子大国师班丹扎释寿像记》碑记载，班丹扎释于永乐年间被征召赴京并"馆留京寺"，于"宣宗皇帝践祚之初……敕修大隆善寺"并新建丈室供其居住（图5-1）。④ 这在《西天佛子源流录》中有近似的记载，内容为"宣德元年正月初八日……及命中官冯盛、阮至随奉佛子出入，俾居大隆善寺"。⑤ 又同书载，宣德二年明宣宗"命广崇国寺以居之，改寺额曰'大隆善寺'"，⑥ 可知宣德元年班丹扎释入居时该寺仍称崇国寺。大隆善寺原有一尊班丹扎释塑像，现保存在北京法源寺（图5-4）。⑦ 上述材料表

---

① 陈楠：《明代大慈法王释迦也失在北京活动考述》，《中央民族大学学报》2004年第4期。
② 张润平、苏航、罗炤编著：《西天佛子源流录——文献与初步研究》，第174页。
③ 黄颢：《在北京的藏族文物》，第10页。
④ 谢继胜、熊文彬、罗文华、廖旸等：《藏传佛教艺术发展史》，第564页。
⑤ 张润平、苏航、罗炤编著：《西天佛子源流录——文献与初步研究》，第173页。
⑥ 张润平、苏航、罗炤编著：《西天佛子源流录——文献与初步研究》，第174页。
⑦ 张润平、苏航、罗炤编著：《西天佛子源流录——文献与初步研究》，图版。步连生：《明宣德十年雕造的班丹札释像——非传说之姚广孝像》，《文物》1979年第7期。

明，大隆善寺是一座得到了明朝官方支持的藏传佛教寺院，其内长期留居有大量藏僧。

北京海淀区出土的《敕建大护国保安寺圆寂大善法王墓志铭》记载，藏僧星吉班丹于"弘治十四年八月内升右觉义兼大隆善护国寺住持"（图1-38）。北京石刻艺术博物馆藏有一通正德七年的《明故大隆善护国寺西天佛子大国师张公墓塔记》碑，里面提到西天佛子张公生前亦曾驻锡于大隆善寺（图4-25）。①同立于正德七年的《护国寺僧众职名碑》记叙了生活在大隆善护国寺内各藏僧的职名，包括法王著肖藏卜、乳奴领占、那卜坚参、舍剌扎、绰吉我些儿、领占班丹、星吉班丹，以及西天佛子、国师、禅师等众多人物。②《敕建大隆善护国寺藏卜坚参承继祖传住持碑》立于嘉靖三十二年，碑文提到大隆善寺内居住的藏僧人名达四十一个，包括住持藏卜监参及剌麻三竹藏卜、扎巴远丹、领占扎巴和班麻藏卜等，③可见直到嘉靖时期大隆善寺仍有大量藏僧存在。大隆善寺可能在明末遭到了破坏，但整体结构应该仍然存在，该寺于清初进行了修缮，现在护国寺内还保存有顺治九年所立的藏文《敕建大隆善护国寺寺史碑》④，说明该寺在清初时仍然为藏传佛教寺院。

（2）大能仁寺

大能仁寺位于北京西城区兵马司胡同北，始建于元代，初名能仁寺。明仁宗时期对故元能仁寺进行了修整，并赐给新名大能仁寺，⑤这也是北京一座受到明朝官方支持的藏传佛教寺院。甘肃炳灵寺保存有一通《重修古刹灵岩寺碑记》，其内提到藏僧"钦差大

---

① 黄颢：《在北京的藏族文物》，第13页。
② 北京图书馆金石组编：《北京图书馆藏中国历代石刻拓本汇编（明三）》第53册，第179页。
③ 黄颢：《在北京的藏族文物》，第12页。
④ 黄颢：《在北京的藏族文物》，第12页。
⑤ 黄颢：《在北京的藏族文物》，第15页。

能仁寺右觉仪远丹星吉"（图5-2）；① 宁夏固原圆光寺有一块成化四年的"敕命之宝"碑，其中也提到大能仁寺有藏僧"觉义端竹巴"。② 北京海淀区普照寺内有一通成化十一年的《班丹托思巴（净戒禅师）塔铭》碑，碑中提到藏僧班丹托思巴"于宣德壬子到京，朝参皇上……于大能仁寺住坐修功课，深有德行，道高感动。于正统年间，本寺国师、禅师、僧官、都纲、刺麻、僧众、中贵官、大臣、宰辅官，悉授戒千余员"。③ 上述碑刻表明，北京大能仁寺在明代曾生活有大量的藏僧。

（3）大慈恩寺

大慈恩寺和大隆善寺、大能仁寺并称为明代北京三大藏传佛教寺院，与明朝官方关系密切。大慈恩寺之名始于宣德四年重修之后，之前名为海印寺，班丹扎释在永乐年间曾"寓居京师海印寺"。④ 大慈恩寺驻锡过的最著名藏僧当属释迦也失，其大慈法王封号的来源可能就与此寺有关。⑤《明会典》记载："敕令大慈恩寺推刺麻二人为正副使，带领刺麻十名，同原来请封刺麻赍奉前去番地授封。"⑥ 可见大慈恩寺在明代的地位较为特殊，其内之藏僧负有前往乌思藏册封承袭人员的使命。文献记载，嘉靖十年，"先是右春坊右中允廖道南请改大慈恩寺兴辟雍，以行养老之礼"，相关的"鬼淫像可便毁之"。⑦ 同书又载，"初，禁苑北墙下故有大慈恩寺一区，为西域群僧所居，至是，上以为邪秽，不宜迩禁地，诏所

---

① 吴景山、石劲松：《〈重修古刹灵岩寺碑记〉校读记》，《敦煌学辑刊》2010年第3期。

② 谢继胜：《宁夏固原须弥山圆光寺及相关番僧考》，《西夏研究》2013年第1期。

③ 北京图书馆金石组编：《北京图书馆藏中国历代石刻拓本汇编（明二）》第52册，第123页。

④ 张润平、苏航、罗炤编著：《西天佛子源流录——文献与初步研究》，第170页。

⑤ 陈楠：《明代大慈法王释迦也失在北京活动考述》，《中央民族大学学报》2004年第4期。

⑥ 《明会典》卷一一二《给赐三》，第2380页。

⑦ 《明世宗实录》卷一二一，嘉靖十年正月丁酉，第2895—2896页。

司毁之，驱置番僧于他所"。① 这说明大慈恩寺在嘉靖年间可能已被拆毁。

（4）大护国保安寺

大护国保安寺是明武宗时期一座非常重要的藏传佛教寺院，以前认为该寺位于北京南城骡马市大街，即今保安寺街，② 但最新的考古发现确认其位置应该在北京海淀区管家岭村。③ 正德十年《敕建大护国保安寺圆寂大善法王墓志铭》记载，"正德改元，今上光临大宝，知公经文谙晓，秘教洪通，升禅师。本年六月内复升国师，优典异常。七月内升佛子，特命住持敕建大护国保安寺及赐佛子冠，屡建坛场，累著灵异"（图1-38）。可知大护国保安寺是由明廷"敕建"的一座藏传佛教寺院，大善法王星吉班丹曾驻锡并主持该寺。甘肃炳灵寺有一通《重修古刹灵岩寺碑记》，其中提到了藏僧"钦差大护国保安寺都纲锁南领占"（图5-2），④ 此外，大护国保安寺还驻锡过大德法王绰吉我些儿等藏僧。⑤ 与大护国保安寺有关的最著名人物当属大庆法王领占班丹，即明武宗本人。目前国内外发现多件与之相关的唐卡，⑥ 其中布达拉宫保存的一幅普贤菩萨像唐卡上有汉、藏文题款，汉文内容为"大明正德十四年九月二十四日大护国保安寺秉秘密教掌西方坛大庆法王领占班丹发心绣施"。⑦ 上述材料说明大护国保安寺在明武宗时期的北京藏传佛教寺院中占有特殊地位。

---

① 《明世宗实录》卷二七二，嘉靖二十二年三月癸酉，第5357页。
② 黄颢：《在北京的藏族文物》，第8页。
③ 张文大：《大善法王墓志铭揭开大墙圈之谜底》，北京海淀区党史地方志办公室官网，http://hdszb.bjhd.gov.cn/gzdt/dqgz/201704/t20170428_1366989.htm，最后访问日期：2020年1月23日。
④ 吴景山、石劲松：《〈重修古刹灵岩寺碑记〉校读记》，《敦煌学辑刊》2010年第3期。
⑤ 《明武宗实录》卷一二一，正德十年二月戊辰，第2434页。
⑥ 魏盟夏（Marsha Weidner）：《西方收藏明朝成化与正德时期汉藏风格的唐卡》，罗文华译，《故宫博物院院刊》2007年第5期。
⑦ 欧朝贵：《大庆法王领占班丹绣施普贤菩萨像考释》，《西藏研究》1987年第2期。

(5) 其他

法海寺是明代北京一座兼有汉、藏僧人的佛教寺院，始建于正统四年二月，正统八年修建完成。①《法海禅寺记》碑记载，该寺创寺僧人中包括"开山剌麻领占巴、扎失乳奴、扎失远丹"等藏僧（图1-39）。北京广济寺也是一座由藏僧主持的寺院，成化十六年《敕赐广济寺碑》显示，该寺为大应法王的下院，由尚膳监太监刘公祥和（大应）法王弟子扎失列等助缘修建。②除上述寺院外，文献中提到明代北京地区与藏传佛教有关的寺院还有兴教寺③、宏化寺④、宝庆寺⑤、大兴隆寺⑥、双林寺⑦、西山功德寺⑧与云居寺⑨等。

（二）五台山地区

汉地佛教圣地以四大佛教名山为代表，其中山西五台山和藏传佛教的关系最为密切。藏族僧人对五台山的崇敬至少可追溯到吐蕃时期，文献记载吐蕃曾派使者赴唐求取五台山图。⑩藏文文献和藏族传说故事中常见西藏历史上的著名人物如松赞干布、宗喀巴、诺尔桑王子等朝拜五台山的记载，⑪可见五台山在藏族文化和宗教中

---

① 张淑霞主编：《北京法海寺》，北京市石景山区文物管理所2001年版，第45—46页。

② 刘永文、齐玲玲、王令梅：《大应法王札实巴考论》，《西藏大学学报》2017年第2期。

③ 于敏中等编纂：《日下旧闻考》卷九七《郊坰西七》，北京古籍出版社1985年版，第1622页。

④ 沈德符：《万历野获编》卷二七《释道》，中华书局1959年版，第694页。

⑤ 赵改萍：《元明时期藏传佛教在内地的发展及影响》，第245—246页。

⑥ "在京大兴隆寺等处国师剌麻番僧逐日光禄寺酒肉供给，所费颇繁。"见《明英宗实录》卷一八六，正统十四年十二月己未，第3737页。

⑦ 刘侗、于奕正：《帝京景物略》卷五《西城外·西域双林寺》，北京古籍出版社1963年版，第205—206页。黄颢：《在北京的藏族文物》，第30页。

⑧ 谢继胜、熊文彬、罗文华、廖旸等：《藏传佛教艺术发展史》，第409页。

⑨ 云居寺在明代称东峪观音寺，寺内有藏式喇嘛塔及梵僧。参见《小西天东峪观音寺重开山碑铭》，溥儒辑：《白带山志》，杨璐校点，中国书店1989年版，第98—99页。

⑩ 扎洛：《吐蕃求"五台山图"史事杂考》，《民族研究》1998年第1期。

⑪ 王璐：《五台山与西藏》，《五台山研究》1995年第4期。

的地位与影响。五台山广宗寺内正德十年的《广宗寺碑》记载，"五台山僧寺，系我圣朝供奉道场，俾番汉僧徒居住，以为祈祝之所"（图4-24）。① 这表明五台山僧寺得到了明朝皇室的支持，存在不少与藏传佛教相关的寺院。

1. 大吉祥显通寺

大吉祥显通寺位于五台山台怀镇中心、灵鹫峰之前，始建于北魏孝文帝时期，历代多有修整。② 五台山塔院寺内嘉靖十七年的《五台山大塔院寺重修阿育王所建释迦文佛真身舍利宝塔记并铭》碑记载：

> 闻西域有道上师葛哩麻巴希，即命高僧智光赍敕远迎，三祀来京……寻升大宝法王，诰封大自在佛，不乐京居，欲来清凉，与其大圣谈道利生。帝知其意，永乐五年即敕内官监太监杨升、杨忠及诸藩省官员、匠役、人夫二万，预来五台，建大吉祥显通寺，以待法王居之。③

上述碑文显示，大显通寺由明成祖专门派人赴五台山修建（实为维修），以供大宝法王得银协巴在五台山驻锡及举行法会时使用。西藏自治区档案馆藏永乐五年八月明成祖给大宝法王的致书显示，明成祖曾邀请五世噶玛巴"就五台道场为举荐扬"。④ 另一件永乐五年十一月二十四日明成祖致大宝法王书中也提到了得银协巴"就五台道场广慈悲之力，大举荐扬之典"之事。⑤

---

① 照片由笔者拍摄。张正明、科大卫主编：《明清山西碑刻资料选》，第298页。
② 黄钟：《著名古刹显通寺》，《五台山研究》1985年第1期。
③ 张正明、科大卫主编：《明清山西碑刻资料选》，第309页。
④ 宿白：《拉萨布达拉宫主要殿堂和库藏的部分明代文书——西藏寺院调查记之七》，《文物》1993年第8期。
⑤ 中国藏学研究中心等合编：《元以来西藏地方与中央政府关系档案史料汇编》（1），第104页。

2. 塔院寺

塔院寺位于五台山台怀镇显通寺之南，原为大显通寺的塔院，后因大宝法王请旨修复了阿育王塔，于是明成祖特意将塔院从显通寺独立出来，命名为塔院寺。① 上文提到的《五台山大塔院寺重修阿育王所建释迦文佛真身舍利宝塔记并铭》碑记载，大宝法王修复的这座塔在嘉靖十七年时又进行了重修，"缘本山钦差提督法王、觉义都纲并余登塔，不忍场残，觉义大师畅然兴心而欲重建"，② 这次重修得到了包括西天佛子大慧法王坚参等藏、汉僧人的支持。大白塔现在仍屹立于五台山塔院寺内，又名"释迦舍利宝塔"，为覆钵式喇嘛塔（图5-5）。③ 由于塔院寺及其内的大白塔和藏传佛教关系密切，所以信奉藏传佛教的僧俗人员都将其视为重要圣迹进行朝拜。④

3. 圆照寺

圆照寺是明代一座与藏传佛教关系非常密切的寺院，位于五台山灵鹫中峰，古名普宁寺。⑤《清凉山志》记载，印度高僧室利沙板的达曾巡礼五台山，后于宣德元年圆寂，明宣宗命钦差太监造塔于五台山普宁寺收藏其部分舍利，并建寺曰"圆照"。⑥ 文物材料显示，明代圆照寺内长期有藏僧留驻。五台山殊像寺保存有一件"大明弘治九年岁次丙辰闰三月二十八日造"铜钟，钟铭中提到有"钦依提督五台山兼住敕建大圆照寺清修禅师端竹班丹"（图5-6），⑦ 从名字看他应为一位藏僧。该藏僧之名还见于五台山玉华池万寿禅寺内弘治八年的《重修玉华池敕赐万寿禅寺记》碑，其中

---

① 萧宇：《塔院寺佛教简史》，《五台山研究》1996年第4期。
② 张正明、科大卫主编：《明清山西碑刻资料选》，第309—310页。
③ 照片由笔者拍摄。张驭寰：《中国佛塔史》，科学出版社2006年版，第234页。
④ 张正明、科大卫主编：《明清山西碑刻资料选》，第328—330页。
⑤ 郑林：《圆照寺佛教简史》，《五台山研究》1997年第1期。
⑥ 释镇澄：《清凉山志》卷二《五峰灵迹 伽蓝盛概》，宁夏回族自治区佛教协会1998年版，第54页。
⑦ 资料及照片由笔者查找和拍摄。

称其为"钦差提督五台山云领番汉兼住建大圆照寺清修禅师端竹班丹"。①《明故大隆善护国寺西天佛子大国师张公墓塔记》碑显示,西天佛子张公桑节朵而只也曾"隐际于五台山圆照寺,修习本佛哑曼答葛□课,加持六字真言"(图4-25)。②另外嘉靖十七年的《五台山大塔院寺重修阿育王所建释迦文佛真身舍利宝塔记并铭》碑中还提到圆照寺内曾居住有"钦差提督五台钤制番汉一带寺宇弘慈翊教国师兼大圆照寺住山坚参诰封西天佛子大慧法王"。③综上所述,五台山圆照寺从宣德年间开始一直到嘉靖时期应该都有藏僧留居。除此之外,五台山广宗寺④、文殊寺⑤等寺庙在明代也有藏僧存在。

(三)靠近藏族地区的西北边地

靠近藏族地区的内地沿边重点地带也是藏传佛教在明朝内地的主要分布和影响区域,其中以西北边地最为显著。明朝在西北地区直接统治的藏族地区主要在河、湟、岷、洮一带,这些地区往往是"羌戎杂处,番汉同居""仪风不一",⑥域内存在众多的藏传佛教寺院,其中很多寺院得到过明朝官方的直接支持。

1. 瞿昙寺

青海海东市乐都区瞿昙寺是明朝直接统治的西北地区内一座著名的藏传佛教寺院,不仅规模宏大,而且布局为汉地宫廷样式。⑦瞿昙寺保存有《瞿昙寺永乐六年皇帝敕谕碑》及《御制瞿

---

① 张正明、科大卫主编:《明清山西碑刻资料选》,第288页。
② 黄颢:《在北京的藏族文物》,第13页,附录第115页。
③ 张正明、科大卫主编:《明清山西碑刻资料选》,第310页。
④ 张正明、科大卫主编:《明清山西碑刻资料选》,第298页。
⑤ 释镇澄:《清凉山志》卷三《高僧懿行·释迦也失传》,第205页。
⑥ 朱元璋:《劳西河卫指挥敕二篇》,《洪武御制全书》卷七,黄山书社1995年版,第138页。
⑦ 谢继胜:《瞿昙寺与永宣艺术明初宫廷趣味影响下的汉藏佛教艺术》,《紫禁城》2014年第5期。

昙寺碑》（图5-7）等五方明代碑刻，① 这些碑刻的碑文显示，瞿昙寺由剌麻三罗创建，得到了明太祖的大力支持，明廷专门派官选址并参与建造，又赐予"瞿昙寺"匾额（图5-8）。② 明成祖继续支持瞿昙寺的建设，宣德二年所立的《御制瞿昙寺后殿碑》碑文显示，"皇祖太宗文皇帝圣神文武……又命即寺重作佛殿。其中规制闳丽，用极崇奉，严敬信而广利济焉"。③ 不仅如此，他还专门派钦差孟太监、指挥使田选等到瞿昙寺负责建成规模宏大的宝光殿、金刚殿、两廊、前山门及禅房等，并立碑一块。④ 顺治八年瞿昙寺向清廷呈报的《瞿昙寺国师亲供册》记载，明廷还曾于宣德二年专门下旨调派西宁卫百户通事旗军参与后殿的修建及寺院的维护和巡视，⑤ 反映了明廷对瞿昙寺的重视。

正是因为得到了明朝皇家的直接支持，所以瞿昙寺的主体建筑群是按照汉地佛教寺院布置的，采用了中轴对称的格局，形成了三进院落，⑥ 其中隆国殿的建筑特征还可能与明代京城的官式建筑有密切关系。⑦ 瞿昙寺原存不少由明朝官方制作与赏赐的物品，如印章（图1-26）、铜菩萨立像、铜鎏金观音造像、宣德年大钟、鎏金铜灯与花瓶等，此外还有一块立于宣德二年的楠木牌，牌面正中有汉文"皇帝万万岁"，两侧有梵文和藏文（图5-9）。⑧ 该寺还保存有众多的明代壁画和塑像，内容包括佛传故事、上师像、佛

---

① 吴景山：《瞿昙寺中的五方碑刻资料》，《中国藏学》2011年第1期。
② 青海省文化厅编著，格桑本主编：《瞿昙寺》，四川科学技术出版社、新疆科技卫生出版社2000年版，第80页。
③ 吴景山：《瞿昙寺中的五方碑刻资料》，《中国藏学》2011年第1期。
④ 谢佐：《青海乐都瞿昙寺考略》，《青海民族学院学报》1979年第Z1期。
⑤ 蒲天彪：《〈耕余琐录〉与瞿昙寺史料补遗》，《西藏民族学院学报》2011年第5期。
⑥ 谢继胜、熊文彬、罗文华、廖旸等：《藏传佛教艺术发展史》，第426页。
⑦ 李越、刘畅等：《青海乐都瞿昙寺隆国殿大木结构研究补遗》，《故宫博物院院刊》2010年第4期。
⑧ 青海省文化厅编著，格桑本主编：《瞿昙寺》，第195页。

像、菩萨像与护法神像等,① 这些壁画和造像虽然受到了汉地的影响,但在主题与风格上仍具有鲜明的藏传佛教特色。瞿昙寺直到清初仍有一定影响,乾隆时期还在该寺设有一位都纲。②

2. 大崇教寺

大崇教寺位于甘肃岷县,是明代河陇地区的著名寺院。《西天佛子源流录》记载:"宣德己酉(宣德四年)八月初九日,上遣内臣赍敕重广其寺,改赐寺额曰'大崇教寺',及赐碑记。"③ 此次所赐的碑记现在仍然保存在大崇教寺遗址中,名为"御制大崇教寺之碑",有二通,一通为藏文,一通为汉文,④ 均立于宣德四年,内容一致。其中汉文碑中云:"岷州其地,距佛之境甚迩,其人习佛之教甚稔,顾寺宇弗称久矣。"故"特命有司,于岷州因其故刹,撤而新之,拓而广之,殿堂崇邃,廊庑周回;金相端严,天龙俨恪;供养有资,苾蒭有处。足以祗奉觉圣,足以导迎景贶,特名曰:大崇教寺"。⑤ 岷县博物馆等处还藏有不少由明廷赏赐给大崇教寺的物品,如永乐款铜曼陀罗(图 2-67)、宣德铜鎏金旃檀佛、万历鎏金弥勒菩萨铜像和"灌顶净觉佑善国师西天佛子"象牙印章等。⑥ 上述材料表明大崇教寺也是一座得到明廷大力支持的藏传佛教寺院。

---

① 谢继胜、熊文彬、罗文华、廖旸等:《藏传佛教艺术发展史》,第 421—465 页。
② 谢继胜、熊文彬、罗文华、廖旸等:《藏传佛教艺术发展史》,第 429 页。
③ 张润平、苏航、罗炤编著:《西天佛子源流录——文献与初步研究》,第 121、175 页。
④ 王家鹏:《大崇教寺与永乐宣德佛造像》,《紫禁城》2014 年第 5 期。二碑拓片见张润平、苏航、罗炤编著《西天佛子源流录——文献与初步研究》,后文"叁"部分。
⑤ 张润平、苏航、罗炤编著:《西天佛子源流录——文献与初步研究》,附录有两碑文的拓片和内容。
⑥ 王家鹏:《大崇教寺与永乐宣德佛造像》,《紫禁城》2014 年第 5 期。甘肃岷县博物馆藏,岷县博物馆官网,http://www.mxbwg.cn/zxxm/ShowArticle.asp?ArticleID=459,最后访问日期:2016 年 10 月 12 日。

3. 其他

青海弘化寺位于青海省民和县，明代属河州卫，其修建与大慈法王释迦也失有关。① 该寺也是明朝一手扶持起来的藏传佛教寺院，在明代甘青地区的藏传佛教寺院中占有特殊地位。《明英宗实录》记载，明英宗曾专门颁给敕谕，将西宁黑城子厂房地赐给大慈法王释迦也失盖造佛寺，然后赐予寺名并颁敕护持。② 又《明宪宗实录》记载，成化九年七月大应法王札实（巴）复奏："陕西弘化寺乃至善大慈法王塔院，岁久损坏，乞敕镇守等官修建城堡，如瞿昙寺制'，又言：天顺间寺僧五十五人，月给廪米人六斗、军民夫六十人守护，今乞申严如例'，复允之。"③ 据此可知，明廷对弘化寺亦"如瞿昙寺制"，由明朝官方给予直接支持。此外，明朝在西北沿边地带还"御修敕建"有张掖的宝觉寺、凉州的大云寺院④等。除直接支持修建寺院外，明朝还通过颁赐寺名、护敕，允许藏僧从内地获取相关物资等方式间接地扶持西北边地的寺院建设，其中仅岷州卫受朝廷扶持的藏传佛教寺院就有六十余座。⑤

综上所述，明朝在内地经营藏传佛教时非常注意内地涉藏寺院的建设和支持，这些经由明朝建设或得到支持的内地涉藏寺院在空间分布上有一定规律，主要集中于作为政治中心的两京、作为宗教圣地的五台山以及作为汉藏交流前沿地带的西北沿边区域。这种分布规律体现了明朝经营内地藏传佛教时的政治考量，不同区域的寺院建设有着不同的目的与背景。其中，在两京及五台山地区进行涉藏寺院建设的主要目的是为那些进入和留居内地的藏僧提供生活与

---

① 秦永章：《弘化寺历史概述》，《青海民族研究》1990年第2期。
② 《明英宗实录》卷九五，正统七年八月辛亥，第1917页。
③ 《明宪宗实录》卷一一八，成化九年七月癸巳，第2272页。
④ 《明增修大云寺碑记》，武威通志编委会编：《武威通志·艺文卷》，甘肃人民出版社2007年版，第25—26页。
⑤ 桑杰：《简述明朝对岷州藏区的治理》，《甘肃民族研究》1992年第2、3期。

宗教活动的场所，方便他们为统治者的信仰及明朝的治藏活动服务。

明朝支持西北边地等汉藏交界区域藏传佛教寺院建设的目的与上述情况略有不同。瞿昙寺内洪熙元年（1425）的《御制瞿昙寺碑》记载："西宁接壤天竺，乃佛所从入中国者也，而独寥寥希阔焉，岂称崇奖之意……自是中国之人往使西域，及西域之人入朝中国者，至此而欲摅诚徼福，有归依之地焉。"（图5-7）① 上述碑文显示，明廷支持修建瞿昙寺的目的，一是向藏族地区表明朝廷对佛教的"崇奖之意"，二是为前往西域之明使和入贡的西域使者提供归依停歇之地。② 其实明朝支持西北边地佛寺建设还有更深层的目的，这从《明增修大云寺碑记》中的记载可以看出：

> 邈矣西胡，天之外区，不率华礼，莫有典属，若非神道，何恤何拘。所以边境禅刹，独胜于直省内地，且皆御修敕建，若西宁之瞿昙，张掖之宝觉，与吾凉之大云等寺，穷极土木之妍，崇闳壮丽，务耸观望而启敬信焉：盖亦因性牖民，笼摄异族，而固其志，其崇设诚有为也。③

上述碑文清楚地指出明朝在西北沿边地带支持建造"瞿昙""宝觉""大云"等"胜于直省内地"的"边境禅刹"，其目的就是"笼摄异族，而固其志"，简单而言就是向包括西藏在内的边疆地区展示明朝文化之先进、国力之强盛，从而引导其倾心内向，尊崇和认同明朝的统治。

从前文的论述可知，明朝采取了多种措施来经营内地的藏传佛

---

① 吴景山：《瞿昙寺中的五方碑刻资料》，《中国藏学》2011年第1期。
② 这里的西域包括甚至主要指西藏。
③ 《明增修大云寺碑记》，武威通志编委会编：《武威通志·艺文卷》，第26页。

教，包括对留居内地的藏僧进行敕封，支持内地及汉藏交界地带的涉藏寺院建设，等等。这些措施从表面上看只是对内地藏传佛教的支持，但实际上与明朝经略西藏的大局密切相关。第一，明朝通过对内地藏传佛教的经营，培植了一批联系和沟通西藏与内地的藏僧，如班丹扎释、藏卜坚参、张桑节朵而只、领占藏卜等，① 他们都是明朝治藏政策的重要执行者。第二，明朝对内地藏传佛教的经营可以对西藏的内向起到示范和引导作用。例如，明朝对内地藏僧的封授与优待及对内地涉藏寺院的支持和建设等行为可以向西藏社会展示明朝统治者对藏传佛教的支持，以及汉地社会对藏传佛教的接纳，从而有助于引导西藏对明朝的内向，使其从宗教与心理上认同明朝和内地，以此为明朝经略西藏创造条件。第三，明朝对西北沿边地带寺院建设的支持有利于维护汉藏交界地带的稳定，保持西藏和内地交往道路的畅通，为明朝经略西藏提供良好的前沿格局。

第二节　明朝经略西藏中的南亚因素及其对治藏的影响

西藏的地理位置使其拥有多样的周边文化环境，南边与南亚尼泊尔、印度等国家为邻，西可与巴基斯坦、阿富汗等国家发生联系，北与新疆相连，广阔的东部则与内地互通，这些周边地区对西藏历史的发展都曾产生过重要影响。随着在元代被正式纳入中央政府的管辖范围，西藏与周边国家或地区的关系已不只是西藏地方的对外关系，还牵涉到中央政府与周边国家或地区的关系，以及中央政府与西藏地方的关系。因此，如何处理与西藏周边国家和地区的

---

① 中国藏学研究中心等合编：《元以来西藏地方与中央政府关系档案史料汇编》(1)，第137页。

关系就成了元朝以来历届中央政府经营西藏所必须关注的问题。现有资料显示，明朝在经营西藏过程中并非只关注西藏本身，而是将周边相关区域也纳入考虑范围，其中明朝与南亚之间的联系就与其经略西藏有关，是明朝经营西藏策略的重要组成部分。

一　明朝经略西藏中的南亚因素

南亚与西藏紧邻，虽然两地自然环境和人文历史差异极大，但很早就存在文化联系。作为佛教的发源地，南亚长期被视为佛教圣地，对域外佛教徒有着强烈的吸引力。西藏在吐蕃时期已经接受了佛教的影响，甚至在几经波折之后成为佛教最为发达和兴盛的区域。明朝在经略西藏过程中已然注意到西藏的社会状况以及南亚在西藏宗教中的地位和影响，因此在治藏措施中有意使用一些南亚因素。经梳理，南亚因素在明朝经略西藏过程中的表现至少包括以下五个方面。

（一）主动与南亚相关国家建立联系

文献材料显示，明廷派往西藏之部分使者的活动不止于西藏，而是继续向西向南，一直到达与西藏相邻的南亚地区。在南亚诸国中，明朝和与西藏接壤的尼八剌在明代早期曾存在密切的联系和交往，不仅明朝多次派使者出使尼八剌并赏赐和封授其国王，而且尼八剌也经常派人到明朝朝贡。明初太祖时期派往尼八剌的使者中有很大一部分是僧人，其中以宗泐、智光为代表。宗泐是元末明初的名僧，因罪于洪武十一年出使西域，到过尼八剌等地，洪武十四年返回。① 文献记载，随宗泐入朝的人员中有俄力思军民元帅府、巴者万户府的使者。② 其中俄力思军民元帅府位于西藏西部，可知宗泐从南亚返回内地时应经过西藏。从宗泐召来元朝西藏旧官的情况来看，他出使西域的任务当有宣示明朝"威德"之政治目的。宗

---

① 麻天祥：《季潭宗泐——西行求法的殿军》，《宗教学研究》2017年第1期。
② 《明太祖实录》卷一四〇，洪武十四年十二月乙卯，第2209页。

泐此次出使南亚可能只是明朝通过陆路与南亚进行联系的一次初步尝试，随后明太祖正式派僧人智光前往西藏和尼八剌等地。《明太祖实录》记载，洪武十七年"遣僧智光等使西天尼八剌国"。① 洪武二十一年、建文四年（1402）智光又先后前往西藏及尼八剌国。② 明成祖即位后，继续加强对西藏的经营，亦多次派使者出使尼八剌等国。永乐十一年，明成祖"遣太监侯显赍敕赐尼八剌国王沙的新葛、地涌塔王可般锦绮"；③ 永乐十六年又派邓诚等人经西藏出使尼八剌。④ 而后明宣宗又于宣德二年"遣太监侯显赍敕往乌思藏等处谕怕木竹巴灌顶国师阐化王、吉剌思巴监藏巴理藏卜、必力工瓦阐教王领真巴吉监藏、灵藏赞善王喃葛监藏、尼八剌国王沙的新葛、地涌塔王子可般、辅教王喃葛列思巴、罗葛罗监藏巴藏卜等，各赐之绒绵纻丝有差"。⑤ 由此可见，明代早期明廷曾主动与南亚尼八剌等国建立官方联系，这种联系的建立与维系都与西藏密切相关。

明朝对尼八剌等国的联系得到了对方的积极回应，后者亦派使者赴明朝朝贡。洪武二十年，"西天尼八剌国王马达纳啰摩、乌思藏朵甘二都指挥使司都指挥捌幹尔监藏等各遣使阿迦耶等来朝，上表贡方物、马匹、镔铁剑及金塔、佛经之属"。⑥ 洪武三十年，"乌思藏都指挥司灌顶国师及尼八剌国各遣使贡方物"。⑦ 上述资料显示，不仅明廷与尼八剌的交往和对其的赏赐与西藏一同进行，而且尼八剌也与西藏人员一起赴明廷朝贡。西藏日喀则那塘寺原藏有两件明成祖颁给该寺堪布的诏敕，第一件时间为永乐十七年，里面提

---

① 《明太祖实录》卷一五九，洪武十七年二月己巳，第2462页。
② 邓锐龄：《明西天佛子大国师智光事迹考》，《中国藏学》1994年第3期。
③ 《明太宗实录》卷一三七，永乐十一年二月己未，第1665页。
④ 《明史》卷三三一《西域三》，第8586页。
⑤ 《明宣宗实录》卷二七，宣德二年四月辛酉，第702页。
⑥ 《明太祖实录》卷一八七，洪武二十年十二月庚午，第2807页。
⑦ 《明太祖实录》卷二四九，洪武三十年正月辛未，第3609页。

到"备言尔恭顺朝廷,始终不替,使臣往来,礼待有加";第二件时间为永乐二十一年,其内亦有"尊事朝廷,礼待使臣,益加敬谨"的内容。① 那塘寺处在西藏去往南亚尼八剌等地的交通线上,这两件诏敕颁发的时间正好与智光两次前往西藏及尼八剌的时间吻合,因此有学者认为明廷颁给该寺这两封诏敕的原因可能与该寺能够礼待明廷出使南亚尼八剌等国的使者有关。②

明朝早期之所以积极与西藏紧邻的南亚尼八剌等国建立联系,应当和后者与西藏的地缘关系和宗教影响有关。随着伊斯兰教和印度教在南亚地区崛起,佛教受到压制,其中不少佛教徒逃往尼泊尔,到元明之时其地的佛教已经比较兴盛,逐渐成为南亚的佛教中心之一,对西藏有着重要影响。③ 明初洪武、永乐时期积极派佛教徒和内官作为使者通过西藏出使南亚尼八剌等国,沟通了两国之间的联系,并通过赐贡形式建立起相互间的外交关系。明廷此举不仅可以扩大其在南亚及西藏的政治影响,而且还有助于引导西藏统治阶层对其的认同和归附。

(二)优待和任用"西天僧"参与治藏事务

明朝内地有一个修习和传承印度密教的密教教团,《敕建西竺寺重修记》碑中将他们称为"西天宗派"。④ 该派僧人来源多样,包括来自南亚的"梵僧"和修习该派教法的中国僧人等,他们都被统称为"西天僧"。⑤ "西天僧"与南亚及藏传佛教之间有着天然的联系,这使得他们在明朝经营西藏的过程中扮演了非常重要的角色。

---

① 宿白:《西藏日喀则那塘寺调查记》,《藏传佛教寺院考古》,第 129—131 页。
② 黄盛璋:《关于古代中国与尼泊尔的文化交流》,《历史研究》1962 年第 1 期。
③ 夏恩克·塔帕:《古代和中世纪的尼泊尔佛教》,王孺童译,《法音》2011 年第 4 期。
④ 北京图书馆金石组编:《北京图书馆藏中国历代石刻拓本汇编(明三)》第 53 册,第 20—21 页。
⑤ 杜常顺:《明代"西天僧"考略》,《世界宗教研究》2006 年第 1 期。

随着佛教的东传，很早就有南亚梵僧进入中国，至明代亦未中断。在明代入华梵僧中，室利沙和桑渴巴辣两人最具代表性。室利沙为实哩沙哩卜得啰的简称，是明初来华的一位南亚高僧。五台山圆照寺现存一通明隆庆三年（1568）的《重修圆照寺记》，其中有室利沙的相关记载：

> 太祖高皇帝，遣侍臣往葛里麻斡之乌思藏国，迎板的达国师，东归不赴。永乐十二年春至，诏上奉天殿，朕叹曰："西来圣贤，大开方便，普度群迷，以翊卫于邦，以安利于民。历代有国莫不将尊，兴隆其教。"仁宗称尔板的达安心寂净，保顺于朝廷……命符尔慈悲辅国弘教国师……宣宗诏上殿，翻译诸佛坛仪，颁行于世。本年正月内，师将所赐衣钵付大国师短竹及僧众苗裔。俾其具奏，往五台山立塔……①

该碑文中提到的"板的达国师"即梵僧室利沙，② 现存圆照寺内的金刚宝座塔即明宣宗为其建造的舍利塔（图 5-11），③ 另外北京真觉寺内的金刚宝座塔也与他有关（图 5-12）。④ 碑文显示，明太祖曾派人赴藏迎请室利沙，但未成功；成祖时其进入内地并得皇帝接见；仁宗时赐其金印、物品并授予"慈悲辅国弘教国师"的封号；宣宗时其再次被皇帝召见。该碑文提到室利沙在进入中原前曾寓居西藏，这在藏文文献中也有记载，他曾在拉堆绛、江孜等

---

① 张正明、科大卫主编：《明清山西碑刻资料选》，第 319—321 页。
② 廖旸：《藏文文献中的西天高僧室利沙事迹辑考》，《中国藏学》2011 年第 1 期。
③ 竺颖：《室利沙是明代五台山著名的密宗高僧》，《五台山研究》1997 年第 1 期。
④ 黄春和：《五塔寺金刚宝座塔始建时间新探》，《中国文物报》1993 年 6 月 6 日，第 22 期。何孝荣：《印僧实哩沙哩卜得啰与真觉寺修建考》，《北京社会科学》2008 年第 4 期。

地活动，得到了当地僧俗人物的优待，有较高的地位和影响。①

北京石刻艺术博物馆有一通明天顺二年的《敕赐崇恩寺西天大剌麻桑渴巴剌行实碑》，原立于护国寺，其部分碑文如下：

> 西天大剌麻，梵名桑渴巴剌，乃中天竺国之人……以抵西番乌思藏国，遇我皇明册封圆融妙慧净觉弘济辅国光范衍教灌顶广善西天佛子大国师光无隐上师宣传圣化，在彼藏中迎葛哩麻大宝法王，则于彼时礼无隐上师为师，倾心归服，执事左右。已而同葛哩麻统诸番邦，进贡方物，来我中原，不啻数万千里，梯山航海，远到南京朝觐太宗皇帝，获蒙见喜，赏赐劳来之甚。命居西天寺，恒给光禄饮撰及任随方演教、自在修行……其后驾幸北京，越十一年被召而来，居崇恩寺。寻奉圣旨内府番经厂教授内臣千余员，习学梵语……其累受赏赐金帛尤多……②

据碑文可知，桑渴巴剌为南亚中天竺国人，亦为梵僧，其到内地后颇受明廷重视，"赏赐劳来之甚。命居西天寺，恒给光禄饮撰及任随方演教、自在修行"，后又奉圣旨到内府番经厂教授梵语，"累受赏赐金帛尤多"。与室利沙一样，桑渴巴剌入华前也曾在乌思藏活动，后遇"宣传圣化"的明廷使者智光并拜其为师，随后"同葛哩麻统诸番邦，进贡方物"，来到内地。上述两位明代入华梵僧都曾在西藏活动，进入内地后均受到了明廷优待，其中缘由除了他们的高僧身份外，还应与明廷利用这些与西藏有联系之梵僧为其经略西藏服务的目的有关。

---

① 廖旸：《藏文文献中的西天高僧室利沙事迹辑考》，《中国藏学》2011年第1期。
② 黄颢：《在北京的藏族文物》，第11—12页。北京图书馆金石组编：《北京图书馆藏中国历代石刻拓本汇编（明二）》第52册，第10页。

明代西天宗派虽由梵僧开创，但由汉人出身的智光发扬光大。① 北京西竺寺塔下有宣德十年的《智光塔铭》碑，其部分内容如下：

> 大国师名智光，字无隐，姓王氏，山东武定州庆云人也。父讳全，母董氏。生元至正戊子十二月十六日……年十五，至心向善，辞父母出家，为北京吉祥法云寺僧，礼西天迦湿弥罗国板的达萨诃咱释哩国师，传天竺声明记论，遂授心印玄旨……甲子春，与徒惠便等奉使西域，至尼巴辣、梵天竺国，宣传圣化，众皆感慕。已而，谒麻曷菩提上师，传《金刚鬘坛场四十二会礼》，地涌宝塔，其国起敬，以为非常人，遂并西番、乌思藏诸国相随入贡。比还再往，复率其众来朝……乙酉，擢僧录司右阐教，明年俾迎大宝法王葛哩麻，及还，敷对多所毗赞，赐图书、舆服、法供之具，诏居西天寺，升右善世。丁酉，召至北京，与论经称旨，恩遇甚至，俾居崇国寺，赐国师冠、金织袈裟、禅衣诸物。仁宗昭皇帝嗣位……今特封尔为圆融妙慧净觉弘济辅国光范衍教灌顶广善大国师…洎事宣宗章皇帝，宠眷益隆。今上皇帝即位之初，加封西天佛子……加封为圆融妙慧净觉弘济辅国光范衍教灌顶广善西天佛子大国师……②

碑文显示，智光本为汉人，元末从梵僧萨诃咱释哩国师（即萨哈捴释哩）修习印度密教，属于"西天僧"。明朝建立后，明太祖先后两次派智光前往西藏和尼八剌等地"宣传圣化"，"并西番、乌思藏诸国相随入贡"；明成祖时又派其"俾迎大宝法王葛哩麻"，

---

① 何孝荣：《印僧撒哈咱失里与元明时期印度密教在中国的传播》，《西南大学学报》2016年第2期。
② 北京图书馆金石组编：《北京图书馆藏中国历代石刻拓本汇编（明一）》第51册，第77—78页。

均完成使命。正因他"使车万里,有绩有劳",明廷先后封其为国师、大国师及西天佛子,至明英宗天顺四年又追封其为大通法王。① 从智光的经历来看,他作为一个"西天僧"有明显的宗教和语言优势,这使其在明朝经营西藏的过程中扮演了非常重要的角色。智光圆寂以后西天宗派仍然备受重视,该派人员在北京影响甚大,徒众甚多,② 与明廷及宦官关系密切,③ 仍服务于明朝的治藏事业。

拉萨大昭寺神殿中央立有一块石碑,碑阳的文字已不能了解,碑阴上部横排阴镌楷体"微的纳牙尼"五字,可能为梵文的音译。在五字之下竖排阴刻一百三十四个人名,为首是"太监杨瑛"。学界认为这块碑应是永乐年间太监杨瑛一行朝拜大昭寺释迦牟尼佛时所立(图3-1)。④ 在一百三十四个人名中,有一个名字为"勃塔安哩哩",⑤ 这个名字与藏族和汉族人名差异很大,而与《智光塔铭》⑥ 及《敕建西竺寺重修记》⑦ 等碑刻中西天宗派的僧人名字相似,应该是一位西天宗派僧人的名字。由此可见,在明朝经营西藏的活动中也有一般的西天宗派僧人参与。

明朝之所以重视西天宗派在经略西藏中的作用,可能出于以下考虑。第一,明代西天宗派修习和传承的教法来自佛教发源地南亚,同属佛教密宗,在宗教心理与修行仪轨等方面更容易获得藏传

---

① 北京图书馆金石组编:《北京图书馆藏中国历代石刻拓本汇编(明二)》第52册,第31页。

② 北京图书馆金石组编:《北京图书馆藏中国历代石刻拓本汇编(明三)》第53册,第20—21、108页。

③ 杜常顺:《明代"西天僧"考略》,《世界宗教研究》2006年第1期。

④ 西藏文管会文物普查队:《大昭寺藏永乐年间文物》,《文物》1985年第11期。

⑤ 西藏自治区文物管理委员会编:《拉萨文物志》,第114—115页。

⑥ 北京图书馆金石组编:《北京图书馆藏中国历代石刻拓本汇编(明一)》第51册,第77—78页。

⑦ 北京图书馆金石组编:《北京图书馆藏中国历代石刻拓本汇编(明三)》第53册,第20—21页。

佛教徒的认同和理解。① 第二，"西天僧"与藏僧之间关系密切，②甚至部分梵僧曾在西藏留居，如室利沙与桑渴巴辣等，他们不仅了解西藏的相关情况，而且在西藏有一定的地位和影响，有助于明朝的治藏事业。第三，在语言交流方面，"西天僧"懂得梵文，甚至部分高僧可能还掌握藏文。③ 西藏保存有大量的梵文典籍，很多藏族高僧亦懂得梵文，这使得"西天僧"与藏僧的交流更加顺畅，在参与西藏事务时更加方便。第四，明廷还可能通过对"西天僧"的优待来向西藏社会传达其对佛教的重视，从宗教和心理层面引导西藏社会特别是宗教人员对内地的认同和向往。

（三）郑和下西洋活动中的治藏动机

除陆路外，明朝还通过海路与南亚发生联系，这以郑和下西洋活动为代表。过去学界关于郑和下西洋的研究成果已有不少，④ 特别是对下西洋目的的探讨甚为热烈，⑤ 迄今已提出"踪迹建文""发展海外贸易""耀兵异域""建立回教同盟""恢复东西方交通""镇慑倭寇""加强国防安全""政治经济双重目的""朝贡贸

---

① 西天宗与藏传佛教在宗教仪轨等方面比较接近，以至于汉人常将两者混为一谈。例如弘治初期有人上疏明宪宗，称"法王领占竹、扎巴坚赞等，佛子释迦哑儿答、国师舍剌星吉等，俱以西番腥膻之徒，污我中华礼仪之教"（《明孝宗实录》卷二，成化二十三年九月丁未，第26页）。此中的领占竹和扎巴坚赞为藏僧，而释迦哑儿答（塔）为"西天僧"，但他们都被汉人称为"西番"。此外，明朝对两者的政策也有相同之处，如西天宗派的僧人也可以被授予法王、西天佛子、大国师、国师等名号。

② 杜常顺：《明代"西天僧"考略》，《世界宗教研究》2006年第1期。

③ 《西藏通史·明代卷》认为智光"兼通梵汉"的"梵实则指藏语"。参见熊文彬、陈楠主编《西藏通史·明代卷》，第16页。

④ 郑鹤声、郑一钧编：《郑和下西洋资料汇编（增编本）》，海洋出版社2005年版。王健：《郑和研究百年状况述论》，《南京社会科学》2005年第2期。黄慧珍、薛金度：《郑和下西洋史迹文物综述》，《上海大学学报》1985年第2期。

⑤ 张晓旭：《郑和下西洋之动机考略》，《南方文物》2005年第3期；钱志乾：《试论郑和下西洋的主要目的》，《江西社会科学》2005年第2期；谈谭：《郑和下西洋动因新探》，《世界宗教研究》2005年第2期；等等。

易""睦邻外交""拓展海权"等十余种观点。① 郑和下西洋是明朝的官方行为,得到了统治者的大力支持,从这个层面来看,郑和下西洋应该是综合性的国家战略,服务于明朝统治一定是该行为最根本和最深层次的目的,即"抚治海外,巩固皇权",②"欲建立大明盛世的'大一统'局面"。③

目前学界虽然都认同郑和下西洋的目的与维护明朝的统治相关,但均没有将该活动与明朝经略西藏的动机联系起来考虑。从相关线索来看,笔者认为明成祖支持郑和下西洋的部分动机或结果可能与明朝治藏有关,他试图通过与南亚联系并加强了解来为明朝经略西藏服务。西藏博物馆有一件永乐十一年明成祖给大宝法王得银协巴的致书(图5-10),由内官侯显赴藏送达。这件致书用汉、藏文墨书于黄麻纸上,汉文在前,藏文在后,兹将汉文内容抄录于下。

> 大明皇帝致书:万行具足、十方最胜、圆觉妙智、慈善普应、佑国演教、如来大宝法王、西天大善自在佛。朕尝静夜端坐宫庭,见圆光数枚,如虚空月,如大明镜,朗然洞彻,内一大圆光,现菩提宝树,种种妙花,枝柯交映,中见释迦牟尼佛像,具三十二相,八十种好,瞪视逾时,愈加显耀,心生欢喜。自惟德之凉薄,弗足以致此。惟佛法兴隆,阴翊皇度,贶兹灵异,亦如来摄受功至,有是嘉征。乃命工用黄金范为所见之像,命灌顶大国师班丹藏卜等颂祝庆赞。朕曩闻僧伽罗国,古之师子国,又曰无忧国,即南印度。其地多奇宝,又名曰宝渚,今之锡兰山是也。其地有佛牙,累世敬祀不衰。前遣中使

---

① 时平:《从明初"大一统"观看郑和下西洋的动机》,"睦邻友好"郑和学术研讨会会议论文,南京,2002年10月,第312页。
② 张晓旭:《郑和下西洋之动机考略》,《南方文物》2005年第3期。
③ 时平:《从明初"大一统"观看郑和下西洋的动机》,"睦邻友好"郑和学术研讨会会议论文,第320页。

太监郑和奉香花往诣彼国供养。其国王阿烈苦奈儿，锁里人也，崇礼外道，不敬佛法，暴虐凶悖，靡恤国人，亵慢佛牙。太监郑和劝其敬崇佛教，远离外道。王怒，即欲谋害使臣。郑和知其谋，遂去。后复遣郑和往赐诸番，并赐锡兰山王。王益慢不恭，欲图害使者，以兵五万人刊木塞道，分兵以劫海舟。会其下泄其机，和等觉，亟回舟，路已厄绝，潜遣人出舟师拒之。和以兵三千，夜由间道攻入王城，守之。其劫海舟番兵，乃与其国内番兵，四面来攻，合围数重。攻战六日，和等执其王，凌晨开门，伐木取道，且战且行，凡二十余里，抵暮始达舟。当就礼请佛牙至舟，灵异非常，宝光遥烛，如星粲空，如月炫宵，如太阳丽昼，旬霆震惊，远见隐避，历涉巨海，凡数十万里，风涛不惊，如履平地。狞龙恶鱼纷出乎前，恬不为害，舟中之人皆安稳快乐。永乐九年七月九日至京。考求礼请佛牙之日，正朕所见圆光佛像之日也。遂命工庄严旃檀金刚宝座，以贮佛牙于皇城内，式修供养，利益有情，祈福民庶，作无量功德。今特遣内官侯显等致所铸黄金佛像于如来。以此无量之因，用作众生之果。吉祥如意，如来其亮之。永乐十一年二月初十日。①

这件致书的信息非常丰富，首先讲述了明成祖于宫廷中所见与释迦牟尼相关的祥瑞现象，用了大量佛教术语对此现象进行描述。受中国古代传统天命观的影响，明成祖自然将所见的祥瑞视作对自己政德的反应，虽然他也谦虚地表示"自惟德之凉薄，弗足以致此"。但不同的是，明成祖并未将这些祥瑞现象按照中国传统观念理解为"上天"的行为，而是将其归因于"惟佛法兴隆，阴翊皇度，贶兹灵异，亦如来摄受功至"。随后明成祖开始讲述派郑和下

---

① 西藏博物馆编，何晓东著：《历史的见证——西藏博物馆藏历代中央政府治藏文物集萃》，第 60—61 页。

西洋到南印度之事,其中提到他遣中使太监郑和下西洋到锡兰山的目的及活动内容包括"奉香花诣彼国供养"。接着明成祖讲述了郑和在锡兰山迎取"佛牙"所经历的战事和遇到的困难,并最终成功将"佛牙"礼请至舟并带回中国。成祖"遂命工庄严旃檀金刚宝座,以贮佛牙于皇城内,式修供养,利益有情,祈福民庶,作无量功德"。为了表明郑和所请佛牙为佛祖之真身舍利,致书中对获得佛牙后出现的祥瑞现象以及航海中佛牙的佑护法力进行了描述。《贤者喜宴》记载,得银协巴应收到了这件致书,知晓了成祖铸金佛像之原因及郑和下西洋获取佛牙的故事。①

宿白先生曾指出致书中关于此次郑和在西洋的经历似乎盛传于当时,在永乐八年开始刊刻的《北藏》所收《大唐西域记》卷一〇"僧伽罗国佛牙精舍"条后附有一段文字,内容与致书中"僧伽罗国,古之师子国"之后的内容相似,②说明关于这件事的描述在当时可能已经有相对固定的版本。其实,无论是致书还是《北藏》内《大唐西域记》后的附记,关于郑和此次经历的描述格式均与印、藏佛教经典中一些佛教故事的范式较为相似,特别是其中的入海采宝主题类故事。③这类佛教故事一般通过表现某些人物为了求取佛法或利益众生而寻宝,在经历各种艰险后取得成功,以此来颂扬他们对佛法的虔诚和尊崇。

将佛教经典中的景象或事件附会到现实中的情况在明成祖身上并不少见。《金陵梵刹志》收录的《御制灵谷寺塔影记》中记录了大宝法王在南京灵谷寺举行法事活动期间出现的各种祥瑞现象,这些现象大多属于西天极乐世界的圣景,与汉文版《佛说陀经》和《圣极乐世界庄严大乘经》以及《噶玛巴为明太祖荐福图》长卷中

---

① 巴卧·祖拉陈瓦:《贤者喜宴·噶玛岗仓史》,第209页。
② 宿白:《拉萨布达拉宫主要殿堂和库藏的部分明代文书》,《藏传佛教寺院考古》,第213—214页。
③ 王红:《汉译佛经叙事研究》,博士学位论文,西北大学,2012,第91—92页。

描绘的祥瑞现象能一一对应（图 2 - 76）。① 又如瞿昙寺的《御制金佛像碑》讲述了明成祖"发欢喜心，铸金为佛像"的事迹，在谈到像范形成过程时带有明显的宗教神话色彩；同时还将他"用金铸像"之事比作佛教故事中的"优填王作旃檀佛像"，认为"感应复若此，所以利益者亦复如是"。② 上述这种神异化的故事表述方式在西藏的教法史和高僧传记中司空见惯。③

基于上述认识，笔者认为明成祖给大宝法王致书中对郑和在锡兰山经历的描述很可能是在结合郑和等人获取佛牙真实经历的基础上，参照佛教故事的叙事模式而有意加工创造出的一个为求取佛牙而历经艰险并最终成功的宗教故事。明成祖此举可能是模仿西藏的宗教叙事模式来向西藏方面讲述自己派郑和下西洋礼佛和求取佛牙的事迹，其背后可能暗含以下动机。第一，试图通过讲述所见祥瑞及派郑和去南亚礼佛和求佛牙之事向大宝法王宣示自己与佛教的因缘，以及自己追求、支持和信仰佛法的态度。明成祖的上述目的达到了效果，这从藏文文献中关于明成祖尊崇佛教的记述可以得到印证。④ 第二，通过这些故事的讲述来向西藏表明明朝治下的汉地是佛法兴盛之地，自己是支持佛教兴盛之君。为此，明成祖首先引用佛典的记载对郑和所至之锡兰山在佛教中的地位和背景进行介绍："朕曩闻僧伽罗国，古之狮子国，又曰无忧国，即南印度。其地多奇宝，又名曰宝渚，今之锡兰山是也。其地有佛牙，累世敬祀不衰。"但之后笔锋突转，指出佛教经典中记载佛法盛行、国富人乐的锡兰山国之现实状况并非如此，实际是"国王……崇礼外道，不敬佛法，暴虐凶悖，麋恤国人，亵慢佛牙"，甚至因"太监郑和劝其敬崇佛教，远离外道"而"欲谋害使臣"。通过佛典记载与现

---

① 赵改萍：《元明时期藏传佛教在内地的发展及影响》，第 209—210 页。
② 吴景山：《瞿昙寺中的五方碑刻资料》，《中国藏学》2011 年第 1 期。
③ 沈卫荣：《"怀柔远夷"话语中的明代汉藏文化交流》，《想象西藏：跨文化视野中的和尚、活佛、喇嘛和密教》，第 146 页。
④ 巴卧·祖拉陈瓦：《贤者喜宴·噶玛岗仓史》，第 201—214 页。

实情况的对比，明成祖之目的很可能是向大宝法王说明佛教发源地以及佛典中所载那个佛法兴旺发达的南亚佛教世界已经不复存在，变成了外道横行暴虐之地，所以他要将佛教圣物"佛牙"迎入中土，暗示弘扬佛法的使命将由明朝统治者承担，中土已是佛法兴盛之地。

将郑和下西洋与西藏进行联系其实早在明代就已经存在，出现在明人的杂剧、小说中。冯汉镛先生在《〈西洋记〉发微》一文中指出明人罗懋登所著《三宝太监下西洋通俗演义》（又名《三宝太监西洋记》，简称《西洋记》）中金碧峰和尚影射的是大宝法王哈立麻。① 之后冯先生在另一篇文章《哈立麻来京的影响》中又对其上述观点进行了论证，他认为"郑和下西洋之事，本与哈无关"，民众之所以将哈立麻附会为郑和下西洋的保护人（神），与"哈是从旱西洋来的""迎哈的侯显曾下西洋"等因素有关。② 笔者同意冯汉镛先生关于《西洋记》中金碧峰实为影射大宝法王哈立麻的认识，但他认为哈立麻与郑和下西洋本无关系，则有待商榷。大宝法王得银协巴在内地时可能与郑和存在交集，二人或许有过直接接触。文献记载大宝法王得银协巴于永乐四年十二月到达南京，永乐六年四月辞归，③ 留居内地一年多，其间除赴五台山外，主要在南京活动。郑和第一次下西洋的时间为永乐三年六月至五年九月，第二次为永乐六年九月至九年六月。④ 可知郑和第一次下西洋返回南京时大宝法王得银协巴仍在内地，二者交集时间长达半年多，结合郑和信仰藏传佛教并多次为航海平安而拜佛求神等事迹来看，他们很可能有过直接交往，甚至不排除得银协巴在此期间曾为郑和下西洋活动举行过相关法事活动的可能。因此笔者认为，《西洋记》中将金碧峰（即哈立麻的影射）与郑和下西洋联系起来可能并非空

---

① 冯汉镛：《〈西洋记〉发微》，《明清小说研究》1988年第1期。
② 冯汉镛：《哈立麻来京的影响》，《中国藏学》1991年第1期。
③ 《明史》卷三三一《西域三》，第8572—8573页。
④ 《明史》卷三〇四《宦官一》，第7766—7767页。

穴来风，而有一定原因：一是在明人的观念中，西藏和西洋均属于西域的地理范畴；二是当时人们对郑和下西洋和明朝经略西藏之间的关系或许有一点模糊认识。

明朝派郑和等下西洋沟通南亚的行为与明朝经略西藏的关系或许还可以从领导和参与下西洋活动的主要人物如郑和、侯显等人的宗教信仰得到佐证。郑和来自云南，入宫后受藏传佛教影响较深。明初刻本《优婆塞戒经》卷七《题记》记载："大明国奉佛信官内官监太监郑和，法名速南吒释，即福吉祥……托赖佛天护持，往回有庆。"陈楠先生指出郑和所用法名速南吒释为一个藏族名字，可译为"索南扎西"，表明郑和皈依了藏传佛教，是藏传佛教之受在家菩萨戒的弟子。① 据此我们有理由相信，作为藏传佛教信徒的郑和等人，在下西洋活动中应该会"留心天竺佛迹，并时通消息于西藏"。② 这里的"消息"应该就包括南亚地区佛教衰落的现状。

明成祖之所以将郑和下西洋中的相关事迹以及南亚的社会与宗教现状告知西藏人员，其目的应该是以此来改变和弱化西藏社会对南亚的旧识与宗教情结，从宗教层面来引导西藏宗教人员对明朝及汉地的倾向和认同，拉近双方的心理和文化距离。至于明成祖详述锡兰山战役的背后是否有向大宝法王展示明朝强大军事实力的目的，则不得而知。③ 郑和在南亚的经历以及明成祖致书中所提到的情况基本符合南亚当时的宗教格局和社会实际，8世纪以后佛教在南亚地区开始衰落，伊斯兰教和印度教逐渐兴起，最终导致佛教在以印度为主的南亚地区式微。也正是由于南亚宗教形势的上述变

---

① 陈楠：《三宝太监郑和奉佛事迹考》，《传统文化与现代化》1997年第6期。
② 宿白：《西藏日喀则那塘寺调查记》，《藏传佛教寺院考古》，第132页，注释23。
③ 不排除明成祖有这种动机，因为据汉、藏文文献记载，明成祖曾有过对西藏用兵的计划，但被大宝法王等人劝解。参见巴卧·祖拉陈瓦《贤者喜宴·噶玛岗仓史》，第209页；达隆巴·阿旺南杰《达隆教史》（藏文版），第377页；智观巴·贡却乎丹巴绕吉《安多政教史》，第641页；张润平、苏航、罗炤编著《西天佛子源流录——文献与初步研究》，第165—166页。

化,促使西藏进一步向内地靠拢。

(四) 侯显、洪保等赴藏人员的南亚经历

中国人很早就知晓从海、陆两线可以到达南亚印度,因此明朝曾派出使者经海、陆两线出使南亚,其中由陆路出行的使者主要经由西藏前往,他们同时还肩负着经营西藏的使命。值得注意的是,在明廷派往西藏公干的人员中,有人同时拥有从海路出使南亚的经历,其中以侯显和洪保为代表。这些使藏人员的南亚经历不仅与明朝的外交活动相关,而且在明朝经营西藏过程中具有积极意义。

《明史》记载:"成祖时,锐意通四夷,奉使多用中贵。西洋则和、景弘,西域则李达,迤北则海童,而西番则率使侯显。"① 这里提到侯显在明成祖开通四夷的战略规划中主要承担经略藏族地区的任务,其之所以能够主导明廷对西番的经略,当与他的身份有一定关系。据研究,侯显不仅信仰藏传佛教,而且本身就是藏族,出生于甘肃洮州藏区。② 他在明成祖即位后不久即被派往西藏迎请哈立麻,直到永乐四年才返回内地,之后又于永乐十一年、宣德二年前往西藏和尼八剌等地。③ 在此期间,侯显还先后四次从海路出使南亚:其中两次与郑和一起,另两次则亲自率队出使榜葛剌国和沼纳朴儿国。④ 这些材料表明,侯显虽然主导对西番的经营,但其活动范围不限于西藏,而是多次参与明朝对南亚的外交活动。正因他在经营西番和出使西洋中的功劳,文献称其"劳绩与郑和亚"。⑤

除侯显外,参与明朝官方出使西洋的人员中还有一个重要的人物——洪保——曾参与过明廷在西藏的活动。据发现于福建长乐县城的宣德六年《天妃灵应之记碑》,洪保曾担任郑和下西洋船队的

---

① 《明史》卷三〇四《宦官一》,第 7768 页。
② 杨士钰:《侯显生平研究》,《中国藏学》2009 年第 3 期。
③ 《明史》卷三〇四《宦官一》,第 7768—7769 页。
④ 杨士钰:《侯显生平研究》,《中国藏学》2009 年第 3 期。
⑤ 《明史》卷三〇四《宦官一》,第 7768—7769 页。

副使。① 2010 年考古人员在南京市江宁区祖堂山南麓发掘了一座明代砖室墓，其内出土一方墓志，题为"大明都知监太监洪公寿藏铭"，内容如下：

> 寿藏铭者，太监洪公存日而作也。公名保，字志道⋯永乐纪元，授内承运库副使，蒙赐前名。充副使，统领军士，乘大福等号五千料巨舶，赍捧诏敕使西洋各番国，抚谕远人。永乐丙戌，复统领官军铁骑，陆行使西域临藏、管觉、必力工瓦、拉撒、乌斯藏等国。至宣德庚戌，升本监太监。充正使，使海外。航海七度西洋，由占城，至爪哇，过满剌加、苏门答剌、锡兰山，及柯枝、古里，直抵西域之忽鲁谟斯、阿丹等国。及闻海外有国曰天方，在数万余里，中国之人古未尝到⋯⋯宣德九年岁次甲寅孟冬六日立，四明胡彦誾镌。②

该墓志显示，其主人为太监洪保，云南大理人，入宫后跟随明成祖朱棣。他曾"充副使，统领军士，乘大福等号五千料巨舶，赍捧诏敕使西洋各番国，抚谕远人"。返回之后又于永乐丙戌（永乐四年）"复统领官军铁骑，陆行使西域临藏、管觉、必力工瓦、拉撒、乌斯藏等国"。据文献记载，大宝法王得银协巴于永乐四年十二月到达南京，笔者推测洪保这次进藏很可能与迎接五世噶玛巴赴京有关。前文提到侯显、智光亦参加了永乐四年这次迎请哈立麻的活动，笔者推测洪保与侯显、智光等人一起执行了这次公务。

关于明成祖派负责经营西番的侯显多次下西洋并参与南亚外交活动，可能是为了让他进一步了解与西藏相邻且因作为佛教发源地

---

① 上海大学郑和研究小组：《郑和史迹文物辑录——介绍几块碑刻》，《上海大学学报》1985 年第 2 期。

② 南京市博物馆、江宁区博物馆：《南京市祖堂山明代洪保墓》，《考古》2012 年第 5 期。胡正宁、范金民：《郑和下西洋研究二题——基于洪保〈寿藏铭〉的考察》，《江苏社会科学》2015 年第 5 期。

而对西藏有重要影响的南亚地区的情况，以便为其经略西番服务。前述永乐十一年明成祖给大宝法王的致书和黄金佛像由侯显亲自入藏送达，宿白先生认为派侯显传送的目的在于"或即以其亲历锡兰之役，可备大宝法王之咨询"。① 或许明成祖不只是想让侯显向大宝法王讲述锡兰山之役，可能更主要还想让他以实际经历向大宝法王更全面地讲述佛教经典中的南亚如今已是佛法衰落、外道盛行之地，以此使大宝法王等西藏人员放弃对南亚世界的理想认知。综上所述，笔者认为明成祖派出使过西洋的洪保赴西藏，以及派主导经营西番的侯显下西洋，其部分目的或在于让他们以自己亲身经历向西藏人员介绍南亚的宗教格局和社会现状，以便从心理和宗教上引导西藏对内地的认同与向往。

（五）明廷赏赐西藏物品中的南亚因素

明朝治藏中的南亚因素还表现在明廷赏赐西藏的物品部分来自南亚或带有南亚因素。印度人罗睺罗于 20 世纪 30 年代在日喀则那塘寺调查时曾见到过石质和木质的印度菩提伽耶寺院模型各一套，但到 1959 年王毅、宿白等先生调查该寺时仅见一套，且木质和石质构件已混在一起。② 这组菩提伽耶寺院模型由寺门、塔、殿堂等二十一个构件及一周附有角楼的方形围墙组成，在石质寺门模型上有"大明永乐年施"的细线刻文（图 2-66）。③ 山南扎囊县朗色林庄园内也有一件石雕建筑模型，与那塘寺藏"大明永乐年施"建筑模型完全一样，应该是那组模型中的一件。④ 关于这组模型的来源，罗睺罗因未注意到石质模型上的汉文铭刻，仅根据那塘寺一本僧人游记以及石质构件所用石料的来源认为其应为 12 世纪本寺

---

① 宿白：《拉萨布达拉宫主要殿堂和库藏的部分明代文书》，《藏传佛教寺院考古》，第 214 页。
② 宿白：《西藏日喀则那塘寺调查记》，《藏传佛教寺院考古》，第 124—125 页。
③ 宿白：《西藏日喀则那塘寺调查记》，《藏传佛教寺院考古》，第 125 页。
④ 《西藏自治区志·文物志》编纂委员会编撰：《西藏自治区志·文物志》，第 670 页。

的一位西藏译师从印度带来。① 诚然，这组菩提伽耶寺院模型的"形制、工艺纯属印度风格"，② 但因其上有"与那些镌刻在青铜塑像上的题记相同"的"大明永乐年施"汉文款识，③ 所以这组模型最初应是从天竺传入汉地，被镌刻上永乐施款后再通过明廷赏赐的方式进入西藏。

菩提伽耶在明初时应位于榜葛剌之西的沼纳朴儿境内。据费信所著的《星槎胜览》："自苏门答剌顺风二十昼夜可至其国，即西印度之地。西通金刚宝座国，曰诏纳福儿，乃释迦得道之所。"④ 又《明太宗实录》记载，永乐十八年九月乙亥，"遣中官侯显等使沼纳朴儿国，时榜葛剌国王言，沼纳朴儿国王亦不剌金数以兵梗其境，故遣显等赍敕谕之，俾相辑睦，各保境土，因赐之彩币。并赐所过金刚宝座之地酋长彩币"。⑤ 据此可知，菩提伽耶在沼纳朴儿境内，明朝使者侯显曾亲至其地。因此笔者推测，此菩提伽耶寺院模型可能由沼纳朴儿或其邻榜葛剌等南亚国家进贡而来，或如锡兰山的佛牙那样，由明廷使者从海外带回。宿白先生指出，永乐皇帝常以天竺联络西藏寺院，这组菩提伽耶寺院模型很可能就是在这种背景下通过入藏内官施给那塘寺的。⑥ 此外，西藏保存的永乐诏敕显示，明廷曾用装饰有鸦鹘石、红马斯肯的石等宝石的物品赏赐大宝法王，⑦ 这些宝石多属郑和下西洋所带回的"诸番宝货"。⑧

除直接赏赐西藏来自南亚的物品外，明廷还在内地制造的赏赐

---

① 罗睺罗：《再到西藏寻访梵文贝叶写经》，子农（王森）译，《现代佛学》第2卷第4期，1951年。
② 宿白：《西藏日喀则那塘寺调查记》，《藏传佛教寺院考古》，第125页。
③ 海瑟·噶尔美：《早期汉藏艺术》，第157页。
④ 费信：《星槎胜览》，中华书局1991年版，第19页。
⑤ 《明太宗实录》卷二二九，永乐十八年九月乙亥，第2226页。
⑥ 宿白：《西藏日喀则那塘寺调查记》，《藏传佛教寺院考古》，第125、132页，注释23。
⑦ 中国藏学研究中心等合编：《元以来西藏地方与中央政府关系档案史料汇编》(1)，第105页。
⑧ 林梅村：《珠宝艺术与中外文化交流》，《考古与文物》2014年第1期。

物品上有意加入一些南亚的文化要素。西藏博物馆有一件铜鎏金金刚持菩萨坐像，高35厘米，用失蜡法浇铸而成，头戴五叶宝冠，上身袒露腹，下着僧裙，双足结跏趺坐于莲台上，莲台前阴刻楷书"大明宣德年施"款（图2-49）。① 据款识可知，这尊造像是明朝宫廷或官方作坊的作品，不仅有汉、藏佛像的特点，而且还具有尼泊尔造像的特点。西藏博物馆还有一件铜鎏金无量寿佛，其面部特征为东北印度的造像风格，但宝冠及其他部位的装饰则为内地造像的风格，很可能是内地仿造东北印度风格制作的造像。② 这些带有南亚风格的汉地造像在制作之初应该参考了南亚造像，而这些南亚造像的来源很可能就与明朝和南亚、西藏的交往有关。明朝专门制作这些兼容汉、藏及南亚风格的造像来赏赐西藏，也是其借鉴和利用南亚因素来经略西藏的策略体现。

二 明朝治藏措施中南亚因素的背景与影响

由于所处地理位置与信仰佛教，西藏很早就与南亚尼泊尔、印度等地保持文化与宗教上的联系。受佛教史观的影响，不仅西藏的一些宗教人物、历史古籍毫无根据地将西藏历史上很多事物和家族的来源归于印度，③ 而且汉地也常将西藏与南亚联系起来看待。古代中国经常将西藏与包括整个南亚次大陆在内的广大地域泛称为"西天"，④ 甚至还将一些藏僧误认为天竺僧。例如《清凉山志》误认为大慈法王释迦也失来自"天竺迦毗罗国，世尊之裔"；⑤《殊

---

① 中国历史博物馆、西藏博物馆编：《金色宝藏——西藏历史文物选萃》，第192—193页。
② 中国历史博物馆、西藏博物馆编：《金色宝藏——西藏历史文物选萃》，第196—197页。
③ 达仓宗巴·班觉桑布：《汉藏史集——贤者喜乐赡部洲明鉴》，第134页。五世达赖喇嘛：《五世达赖喇嘛传》，第20页。
④ 杜常顺：《明代"西天僧"考略》，《世界宗教研究》2006年第1期。
⑤ 释镇澄：《清凉山志》卷三《高僧懿行·释迦也失传》，第127页。

域周咨录》误将大宝法王认为是天竺异僧。[①] 明朝在与南亚诸国的交往中尤以尼八剌为重点，除因该地直接与西藏接壤外，另一个原因是13世纪以后中天竺佛教学者多遁入尼八剌，使该地成为南亚重要的佛教中心，许多藏人都到尼八剌求法深造。[②] 上述现象表明，西藏与南亚因地缘和佛教原因而存在实际与观念上的联系，使得明朝在经略西藏时必须考虑南亚的影响，因此明廷才采取了上述诸多直接和间接的措施来保持自身对西藏的影响力与吸引力，以便从心理和宗教层面引导西藏对明朝的了解、认同及"慕向"。

从时间来看，明廷主动与南亚的交往集中发生在明代早期（即洪武、永乐及宣德时期，永乐时期为高峰），此时也正是明朝着力经略西藏的时期。随着明廷与西藏政、教势力之间关系的确立和稳定，其与南亚交往的目的已经达到，因此明廷在南亚地区的活动也随之减少。明朝官方在南亚的活动与明朝经略西藏之间的这种同步效应再次证明明朝在南亚的活动与其对西藏的经略有一定关系，是明朝经略西藏过程中有意借鉴和使用南亚因素的体现。总之，明朝与南亚地区的交往不仅是明朝外交活动的一部分，而且是一种由外及内的治藏手段，其目的是为明朝的统治及安定创造一个更广阔的国际和周边环境。

[①] 严从简：《殊域周咨录》卷一一《榜葛剌》，余思黎点校，中华书局2000年版，第386页。

[②] 邓锐龄：《明西天佛子大国师智光事迹考》，《中国藏学》1994年第3期。

结　　语

一　关于明朝以文治藏策略的阐释

明朝以文治藏策略是基于明朝治藏举措的特征而总结出的，具体指明朝通过制度、物质和思想观念等"柔性"政策来影响、引导西藏社会的发展和文明进程，并由此实现汉藏之和平以及西藏认同和归属明朝的政策与战略。总体来看，明朝经略西藏所采取的"以文治边"策略并不是一种具体或单一的政策，而是一种宏观层面的综合性策略，归属于明朝治边策略的大框架之下。该策略注重文化（主要包括制度文化、物质文化和精神文化等层面）在明朝与西藏关系构建和维系中的作用，强调文化在明朝经略西藏中的作用，主要利用先进文化天然所具有的吸引力来促使西藏从文化和心理上对内地的文化产生向往与效仿，由此进一步引导西藏对明朝形成政治上的认同和归属。该策略和政治或军事主导下的治藏策略明显不同，明朝很少对西藏的地方事务进行直接干预，故具体举措更具柔性特点。

明代以文治藏策略的出现并非由于明朝的"软弱"，而是基于历史与现实多重因素的考虑。第一，元朝通过政治和军事手段构建的西藏对内地政权的政治关系和认同已经稳固，这种关系并未因元、明政权的更替而阻断，反而被明朝继承和延续下来。因此，元朝经略西藏所创建和留下的历史遗产使得明朝比较顺利地获得了西藏的认同与归属，为明朝采取以文治藏的策略奠定了历史基础。

第二，明朝作为以汉民族为主体建立的政权，其治国经世之理念深受传统儒家思想的影响，最高统治者的民族和疆域观念已不如元朝统治者开阔，更加"强调复归汉族政权'以农立国'的传统财政立场"，坚持"内政优先"的政治立场，对边疆区域的经营采取的是"有节制的扩张"或"有限扩张主义"。① 在这样的时代背景与统治者的"天下观念"之下，"以文治边"策略就成了明朝经略西藏的最佳选择，先期通过召请和招抚等和平手段建立起双方的友善关系，然后利用封授、赐贡等手段来维系这一关系。

第三，汉地的文化优势以及明朝统治者的文化和政治自信是明朝采取以文治藏策略的重要原因。汉地文化较同时期的西藏文化在很多方面更具优势，这使得明朝内地文化能够对西藏文化产生很强的吸引力，让西藏能够从文化和心理上接受明朝的以文治藏策略。除此之外，西藏本身的社会情况与文化特点也是明朝能够对其采取该策略的重要因素。由于明代西藏是以宗教势力为主导的政教合一社会，对宗教权力和利益的维护与追求往往决定着西藏社会的走向，同时影响着西藏与周边地区交往互动的态度和行为。相较于军事行动而言，明朝以文治藏策略显得十分和平与友善，不仅不会破坏西藏社会的安定以及宗教的地位和利益，而且还能促进西藏宗教事业的发展，自然可以得到西藏社会的认同和接受，而这反过来又会促使明朝对以文治藏策略的坚持。此外，当时西藏的内部格局与周边外部环境也有利于明朝采取相对温和的政策来经营西藏。

"以文治边"策略是对明代治藏政策的一种整体性概括，是一种不同于政治或军事压服的统治策略，更强调"文化"在边疆经略与治理中的作用。从本书的研究来看，明朝经略西藏所遵循的以文治藏策略主要表现在三个方面。

---

① 赵现海：《世界近代史的起点与明代中国的历史分流》，《中国史研究动态》2016年第5期。

一是制度文化方面。明朝通过相关制度建设成功地将西藏纳入其构建的统治体系中，这些制度既包括针对世俗势力的军政体系，亦包括针对宗教势力的藏僧等级体系，以及用以维系上述制度的赐贡体系。明朝上述治藏制度的构建与实施都没有依赖强制性的军事手段，而是由明廷与西藏双方在和平的形式下共同完成，其中早期阶段以明廷一方占主动，后期则以西藏方面占主动。虽然这套制度的不同方面在西藏的运行情况和效果存在差异，甚至某些制度随着时间的推移而出现了问题，但明朝始终未通过战争等强力手段来进行干涉与扶持，依然保持了明代汉藏关系的稳定。

二是物质文化方面。明代汉藏之间的赐贡体系是明朝永乐、宣德以后全部西藏政策的核心，该体系之所以在明朝经略西藏的政策中具有如此重要的地位和作用，与其赖以存在的物质基础密切相关。从前文论述来看，明廷在赐贡体系之下通过赏赐和贸易等方式向西藏输入大量物品。第一类是政治物品，如印章、诏敕等，这类物品是明代汉藏政治关系的直接体现，也是明廷用来向西藏宣传和展示自身政治地位的物质凭证，承载着汉藏双方的政治诉求。第二类是茶叶、丝绸、瓷器等生活物品，这类物品是西藏社会发展和人民生活需要的物质支撑，明廷正是通过这些物品来引导西藏与内地保持政治和经济关系。第三类是宗教物品，如造像、唐卡、经书和法器等，这类物品是明廷从西藏社会的特点出发，专门制作用来赏赐西藏等藏族地区的特色物品，是明朝经略西藏之宗教策略的物质体现。上述这些物品已经深入西藏的社会和宗教生活之中，不仅成为影响西藏社会与宗教发展的重要因素，而且还对西藏产生了强烈的吸引力，促使西藏人员为获得这些物品而主动向明廷进贡并保持交往，从而保持了明廷与西藏政治关系的延续。

三是精神文化方面，主要着眼于汉藏之间思想观念的认同构建以及双方在思想观念方面的差异调和。例如，明朝统治者通过邀请藏僧入京、礼待藏僧、支持和信仰藏传佛教、支持内地涉藏寺院建设、在治藏行为中有意使用南亚因素等方式来引导西藏人员从思想观念上形成对明廷及其统治者的好感和认同。与此同时，明廷又根据西藏实际，从制度、物质与礼仪等方面入手来调和汉、藏社会和文化之间因不同而存在的认知与观念差异，由此促进汉、藏双方的认同和理解。总之，明朝经略西藏采取的具体措施虽然多样，但都是和平的，其力主通过"文化"的作用和功能来实现治藏目标，没有依靠强力的军事手段。

明朝以文治藏策略取得了良好的效果，对汉、藏社会与文化都产生了重要影响。第一，该策略是一种和平的策略，不仅有利于减轻明朝经略边疆的负担和压力，而且不会破坏西藏社会的安定与繁荣，对汉地和西藏都有积极作用。第二，该策略基本实现了明朝的政治目标，让明朝可以不通过军事手段就保持汉藏之间的和平稳定以及西藏对其的认同与归属，为汉藏关系的友好发展创造了条件。第三，该策略促进了内地文化向西藏的传播，扩大了汉地文化在西藏的影响，有助于推进西藏对内地文化的认同，使汉藏文化交流的纽带更加牢固。第四，该策略丰富了西藏文化的内涵，引发了西藏文化的变化，使西藏的宗教艺术从以南亚风格为主转变为以汉藏融合的风格为主，并最终使西藏本土宗教艺术风格趋于成熟。第五，该策略同时促进了西藏文化在内地的存在和传播，丰富了汉地文化的内涵，促进了汉藏文化在内地的互动与交融。

不同时代有不同的历史境遇和现实诉求，如何因时顺势制定策略去实现当时"最优"的现实局面，同时产生"有益"的历史结果，是"探讨"历史意义的一个重要标准。从这个标准来看，明朝以文治藏策略至少具有以下几方面重要的价值和意义。第一，该政策不仅使明代汉藏关系从始至终保持了和平发展，而且成功地使元朝和西藏之间的政治统属关系得到延续，并为清代治藏奠定了历史基础。第二，相较于元朝而言，明朝以文治藏的策略真正实现了内地文化对西藏的强烈影响，体现了文化在明朝边疆与内地关系构建和维系中的重要价值，突出了文化在维系国家团结和统一方面的重要作用，促进了西藏与内地之间的文化和心理认同。第三，如果说元朝是以政治和军事为主导来引导西藏内向，那么明朝则主要靠文化和物质来延续和推进西藏的内向，方式虽有不同，但各有其历史背景与责任，都推动了西藏向内地靠拢的历史进程，丰富了中国古代边疆治理的历史经验。

虽然明朝的治藏策略取得了较好的历史结果，但也存在不少缺陷与不足。第一，明朝的治藏政策缺乏稳定性和持续性，治藏思想和目标不坚定、不明确，极易受明朝政局变迁以及统治者兴趣和信仰的影响，导致很多政策延续性不强，前后变动大，最终不利于明朝治藏成效的达成以及汉藏关系的深入发展。第二，以文治藏策略过度强调文化在治藏中的作用和力量，缺乏刚性力量和措施的配合与因时制宜的调整，随着时间的推移，明朝经略西藏的举措逐渐趋于保守和式微。第三，明朝统治阶层深受传统儒家思想的影响，他们所秉持的民族观和夷夏观还是比较狭隘的，这使得他们对包括西藏在内的部分边疆区域重视不够、关注不足，缺乏治藏的决心和魄力。第四，明朝的治藏政策未能真正触及西藏社会内部的权力结构、核心利益和政教秩序，因此在西藏内部产生的深层次影响比较有限，这也使得明朝的许多治藏举措最后都流于空转，缺乏效力。因此，若从明朝的视角去看待明廷的治藏政策，虽有可称之处，但亦有不少缺憾。如若放到历代中央王朝治藏的历史长河中去做整体比较和考察，其不足之处是值得后世反思和警醒的。

二 明朝与西藏关系的定位

相对于元、清两代而言，明朝经略西藏的方式、手段都显得十分的"柔软"，这使得目前学界对明朝和西藏的关系有着不同认识。整体来看，有关明朝和西藏关系的认知分歧主要存在于中外学者之间，[1] 其中中国学界的主流观点认为西藏是明朝的一部分，明朝与西藏的关系是中央与地方之间的关系。相比之下部分学者特别

---

[1] Elliot Sperling, "The Tibet-China Conflict: History and Polemics," *Policy Studies*, 2004, Issue 7, pp. 1–43, 45–48.

是国外学者对明朝和西藏关系的认知就有不同意见,概括起来主要有两种。第一种观点认为明朝与西藏的关系只是宗教上的檀越关系或供施关系,①两者是各自独立的政治实体,②"明朝皇帝把西藏看成是一个西方独立的王国"。③第二种观点认为明朝和西藏之间存在政治上的统属关系,明朝采取了相应的政策来经略西藏。④由此可见,明朝与西藏的政治关系不仅是一个目前藏学界存在很大分歧的学术问题,而且是一个基于历史而事关现实的热点问题。鉴于此,笔者在前文研究的基础上对这个问题进行初步的探讨,提出见解。中外学者关于明朝与西藏关系的认知之所以会出现差异甚至矛盾,主要受以下几方面因素的影响。第一,研究者的政治立场和研究取向,这是造成目前国内外学界有关明朝与西藏关系认知差异中一个不可忽视的现实因素。第二,研究史料的选择与解读的差异。在涉及跨文化、跨族群等研究时,材料的选择与所得的认识之间有着密切的关系。例如,明朝与西藏关系研究所依据的史料来自汉、藏两种不同的文化,两种史料背后的史观存在差异,这就容易造成研究者因史料选择的不同而得到不同的认识。如前所述,汉文史料一般都受到传统儒家思想下的皇权观念和汉民族"夷夏"观念的影响,而藏文史料则带有浓厚的佛教史观色彩,若仅依靠某一方的史料来进行立论,很容易造成认知差异。不仅如此,汉文和藏文史料自身内部也经常存在"异见"甚至相互抵牾之处,这与传统文献史料更易受书写者身份、地位、境遇、见识、观念和所处时代形

---

① 迈可尔·C. 范沃尔特·范普拉赫:《西藏的地位:从国际法的角度对西藏历史、权利与前景的分析》,跋热·达瓦才仁译,雪域出版社 2011 年版。Sam Van Schaik, *Tibet: A History*, New Haven and London: Yale University Press, 2011, pp. 91 - 92.

② Hon-Shiang Lau, "The Political Status of Tibet During the Ming Dynasty: An Analysis of Some Historical Evidence," *China Report*, Vol. 55, 2 (2019), pp. 154 - 171.

③ 夏格巴:《藏区政治史》,第 75 页。罗润苍:《评夏格巴的〈藏区政治史〉》,《中国藏学》1992 年第 3 期。

④ 如佐藤长《明代西藏八大教王考(下)》,邓锐龄译,《西藏民族学院学报》1988 年第 4 期。

势等因素的影响有关，故在使用时应有整体考量，注意与文物等其他材料相互参考，不要被部分史料误导。第三，研究者的身份及其所秉持的天然的历史情感与责任感，使得国外研究者从"他者"出发和国人从"自我"出发所进行的历史研究会有不同，所得认识亦会存在差异。这种现象是客观存在的，不只发生在本书这一主题的研究中，在有关中国边疆民族等主题的研究中普遍存在。第四，与中外研究者对中国古代国家和文明的内涵、特点及其理论的认知差异有关。中国历史在长期发展进程中逐渐形成了具有东方文明特征的边疆民族关系以及与之相适应的边疆民族治理制度，如朝贡制度、土司制度、册封制度等，这些制度在中国古代多样而复杂的民族和边疆形势下，对多民族统一国家的形成和维系起到了重要作用。这种关系和这些制度既是西方文明中没有过的历史经验，也不能完全用现代意义上的国家和主权概念来解读，自然很难被大部分西方学者所理解。同时，中国古代王朝对边疆地带的经略经常处于动态状态，这种动态在时间、空间、形式、策略和理念上都是如此，无法用同一标准、理论或仅依据某一阶段来进行简单的考评，需要从中华文明共同体这个历史大背景和长期的历史传统出发来进行综合性分析。因此，对于明朝经略西藏所采取的相关措施及其体现的明朝与西藏关系，许多国外学者无法从中国古代文明的角度进行审视，无法从中华文明发展的长期历史传统去予以考察，而是根据他们自身文明的历史经验、现代国家和主权的理论与标准，或者阶段性、单方面的历史片段来进行评判，自然容易使所得到的认识与中国学者的认识出现分歧。这其中当然有正常的学术分歧，但也有别有用心的政治考量，因此有必要结合本书的研究就明朝与西藏的关系做进一步分析。

从前文的研究来看，明朝早期阶段曾尝试借助元代治藏的历史影响和政策遗风来建立对西藏的统辖与管理，这一阶段的明朝治藏策略主要是通过设立军政机构、封授职官的方式进行。此时明朝在西藏设立的机构与封授的职官都是比较成体系的，这一现象表明明朝并未将西藏作为独立的政治实体看待，而是将其视作自己统辖的一个特殊区域来进行治理。因为明朝对藩属国的敕封一般只针对其国王或首领，并不会广泛涉及其下属的众多职官，也不会直接去设置各级机构。由此可以确定，明朝早期在西藏系统地设置机构并任命当地人员为官的做法就是为了将西藏纳入其统治体系。

从明廷颁发给西藏的印章、诏敕等政治类物品在西藏的使用情况以及西藏人员对待这些物品的态度来看，西藏方面认同和接受了明朝的上述政策，将明廷颁发的印章与诏敕视作彰显其权力与地位正统性和合法性的重要标志。例如，明代西藏的帕竹地方政权之首领在被明廷封为阐化王后，其历任继承者都会向明廷请求颁给承袭诏敕，以作为其权力和地位合法的凭证。同时，明朝在西藏构建军政体系的模式和明朝在广大边疆地区普遍遵循的策略整体一致，即一方面按照明朝自身的制度来安排机构和职官，另一方面以本地人员来担任职官并负责这些机构的运作。虽然上述政策最能直观体现明朝对西藏的统辖，但其推行和运作的时间可能比较有限，在宣德之后就逐渐走向了衰落。

明朝在西藏构建军政体系的同时，开始针对西藏作为政教合一社会的情况而制定相应的宗教政策，即构建藏僧等级体系。该体系是明朝专门为管理藏僧（亦包括部分梵僧）而制定的，具有很强的针对性，不属于外交政策。该政策由明朝主导，其敕封对象不限于各教派之领袖，包括了不同身份和地位的藏僧，是一套成体系的藏僧管理制度。从前文研究来看，藏僧对明朝封授他们的名号及颁给他们的印章与诏敕非常重视，在现实活动中实际使用，而藏僧在承袭名号时也会主动向明廷请求，以便获得承袭诏敕。同时，明廷还专门在内地留居一批藏僧为自己服务，同样给他们授予和藏族地区藏僧相同的等级名号，这也是明朝经略藏族地区的重要举措之一。上述现象表明，明朝的藏僧等级体系是一种治藏策略，由明朝主导，西藏参与，体现了双方的意愿，并得到了西藏社会的广泛认同与接受。

除制度外，明朝与西藏在赐贡体系下的物品流通也能体现明朝和西藏之间的关系。西藏遵从明朝的朝贡制度持续向明朝进贡，所贡物品的类型比较单一，主要是西藏地方的物产，这些物品对明朝的实际功用非常有限，象征意义更加明显。相比之下明朝输入西藏的物品则更为丰富多样，既有体现政治关系的政治类物品与满足日常需要的生活类物品，也有用于宗教活动的宗教类物品，其中很多物品还是明朝专门为经略藏族地区制作的，是明朝给予西藏特殊优待的体现。明朝之所以采用不对称的物质手段来经略西藏，目的就是通过物质与文化手段来引导西藏对其的认同与归属，以此来维持汉藏之间的政治秩序。

汉、藏双方的态度与认同也是判断明朝和西藏关系的重要依据。虽然西藏传统史料在涉及明代汉藏关系时有意抬高僧人地位，并且从宗教角度来理解双方的行为与关系，但同时可以看出西藏人员对明朝统治者的尊崇以及对明朝统治地位的认同。此外，西藏对明朝地位的认同还可以从其对元、明、清三代统治者的宗教称呼之传承关系中看出。如前所述，明代西藏社会将明朝皇帝视作文殊菩萨的化身，这种称呼其实早在元代就已经出现，元代皇帝也被看作文殊菩萨的化身；[①]而后的清代皇帝同样被西藏社会认为是文殊菩萨的化身。[②] 虽然元、明、清三代对西藏的统治策略和手段各不相同，但西藏社会将三个朝代的皇帝都视作文殊菩萨的化身，说明在西藏的历史观念中，这三代政权的前后更替是合法的，具有前后相继的关系，这也从侧面说明元、明、清三代和西藏的关系在根本上是一致的。

[①] 孙鹏浩：《薛禅可汗与文殊菩萨：见于〈邬坚巴传〉中的某一种联系》，沈卫荣主编：《汉藏佛学研究：文本、人物、图像和历史》，第591—594页。

[②] David M. Farquhar, "Emperor as Bodhisattva in The Governance of The Ching Empire,"（皇帝菩萨）*Harvard Journal of Asiatic Studies*, Vol. 38, No. 1 (Jun., 1978), p.175. 王俊中：《"满洲"与"文殊"的渊源及西藏政教思想中的领袖与佛菩萨》，《中央研究院近代史研究所集刊》第28期，1997年12月，第89—132页。孙逊：《包容神圣：清朝皇帝的文殊形象与藏传佛教的臣服——正统性传承中主导性虚构的凝聚力作用》，《西藏研究》2013年第3期。

没有现代国家、主权和民族观念的古代中国，对于边疆及边疆族群的认知深受儒家思想中的天下观、族群观、夷夏之防等观念的影响，这使得汉地文人对边疆及边疆族群的认知常常存在很大的局限。因此，在明代汉文文献和碑刻材料中零星出现过称西藏为"吐蕃国"①"乌思藏国"②的情况，但大部分都只称西藏为"乌思藏"，不见"国"字，这说明明代汉地社会的主流观点并未将西藏作为一个独立政权看待。上述证据表明，明朝是将西藏作为一个特殊的区域而不是一个独立的政治实体看待。至于明朝官方对西藏的定位，我们可以引用其自身使用的一个名称，那就是"属番"。③

"属番"是具有中国传统文化特征的一种族群和疆域关系，主要是对那些归属于自身疆域内但又保持一定特殊"政治地位"的族群的泛称，它是中国古代国家民族结构和疆域形态中特殊而重要的组成部分，对现代中国边疆格局的构建和形成具有重要的历史意义。"属番"的内涵和表现形式比较多样，且随着时代变迁而不断发生变化，从表面理解即从属或归属之"番族"或"番地"，是产生于中国古代民族和天下观念之下的一种族群和疆域理念，根源于中国古代的畿服思想，但其复杂的意涵仍有待深入而系统的研究。作为"属番"之族群或地域，相对于中央政权而言处于一种"不内不外"的状态，④ 其自身不是一个独立且完整的政治实体，虽然基本保持了内部事务的自主性，但同时又认同并从属于中央政权。结合上述认识，笔者赞同明朝关于西藏"属番"的定位，原因如下。第一，明代西藏本身不是一个独立的政治实体，其内部的各宗

---

① 徐弘祖：《徐霞客游记》卷一〇下《附编·法王缘起》，褚绍唐、吴应寿整理，上海古籍出版社1980年版，第1137页。

② 黄颢：《在北京的藏族文物》，第11—12页。张正明、科大卫主编：《明清山西碑刻资料选》，第319页。何乔远：《名山藏》卷二一《典谟记》，江苏广陵古籍刻印社1993年版，第1227页。

③ 《明会典》卷一二五《兵部八》，第2586—2587页。

④ 永瑢等：《四库全书总目》卷四六《明史提要》，中华书局1965年版，第416页。

教和世俗势力可以比较自主地处理自己的事务并发展与明朝的关系，如接受敕封、派人朝贡等，所以明朝也未将西藏作为一个独立政权来看待。第二，明朝对西藏内部具体事务的影响非常有限，既未向西藏派驻官员和军队进行直接管理，也未直接干涉西藏社会发生的权力变动。第三，明朝从建立伊始就积极地经略西藏，包括设卫建官、封敕藏僧等，形成了一套虚实结合的治藏策略。第四，从结果来看，明朝保持了汉藏关系的稳定以及西藏对其的归属和地位认同，达到了既定目标，未出现西藏分离的情况。

明朝对西藏"属番"的定位与当时的历史环境以及明朝统治者的民族属性和天下观念密切相关，也与明朝的国家战略有一定关系。在这样的定位之下，明朝经略西藏的目标就是保持汉藏间的和平以及西部边疆的稳定，确保西藏对明朝政权的认同和归属，并不谋求疆域扩张以及经济利益。为了实现上述目标，明朝最终采取了和平的"以文治边"策略来经略西藏，这是明朝在当时时代背景下做出的正确选择。

基于上述分析，笔者将明朝与西藏的关系定位为中央政权与"属番"的关系，在此观点之下，笔者将对目前国内外学界关于明代汉藏关系的几种观点进行辨析。首先是中国学界普遍认为的中央政府与地方关系说，这种观点在本质上是成立的，但在具体认识和表述上存在简单化和表面化的问题，未能将明朝治藏策略与明朝本身的认知和目标结合起来，缺乏对明朝治藏政策进行历时性的动态考察，对明朝治藏策略中的"文化性"及其达到的效果关注不够，忽视了西藏在这种关系下所保持的自主性和相对"独立性"的历史事实。

"檀越关系"或"供施关系"是基于佛教观念下的宗教关系，即施主和受施人的关系。这种观点虽然突出了明代汉藏关系的宗教色彩与物品流通在汉藏关系中的重要地位，却忽视了明代汉藏关系中存在的等级差异，以及汉、藏双方深层次的观念和态度。明朝统治者对西藏的宗教政策绝不是出自单纯的宗教信仰，而是有明确的政治目的；明朝对西藏的物品输入也不是主要出于宗教目的，而是为政治服务，这不是简单的"檀越关系"或"供施关系"所能概括的。

至于明代西藏是独立国家的观点，前文已明确反驳。此外，还有观点认为明朝和西藏的关系是宗主国与附属国或殖民地的关系，其中宗主国和殖民地都是来自西方的概念，中国古代社会并没有这一说法。该观点同样与明代汉藏关系的实际不符。第一，明代西藏并没有形成一个独立且完整的政治实体，与同时期的朝鲜、安南及琉球等不同，很难称其为"国"，这也是明朝将其纳入"属番"之列的原因之一。第二，明朝并不是出于经济与领土目的来经略西藏的，同时亦未采用强力手段来进行干涉和控制，甚至在相当长的时期内西藏对这种关系的维系占据了主动，西藏获取的实际利益更大。第三，双方关系更多的是基于文化和认同来进行维系，都有各自内部的动因，如明朝出于国家战略及天下观念的考虑，而西藏则因自身文化和社会发展的需要。

作为"属番"的西藏在明朝国家和民族结构中具有特殊地位，本质上可视为明朝中央政权经略下的边疆地区。但同时也必须看到，"属番"的地位及其与中央政权的关系可能随着自身和外部环境的变化而不断发生改变，在不同阶段可能有不同的表现形式。当中央政权强盛或经营得力时，"属番"和中央政权的关系可能更加紧密，受汉地文化影响而逐渐成为"化内之地"。但如果中央政权经营不力或受外部因素干扰时，其可能会与中央政权逐渐疏远，甚至出现与中央政府抗衡或分裂的局面。基于上述标准，再次证明明朝经略西藏策略的成功。

三 中国古代边疆治理中的"西藏模式"

西藏和中史政权的关系在元代发生了巨大转变，西藏正式归属于元朝，成为中央政府统辖下的一个区域。元、明、清三代前后相继，都采取了相应措施来经略西藏，前代对后代与西藏的关系及其治藏策略都会产生一定影响。因此有必要将元、明、清三代的治藏策略结合起来考察，以便从整体上对这三代的治藏策略进行分析。

元、明、清三代统治者的民族属性和各自所处时代环境的不同，使得三代经略西藏的策略及形式有所不同。元朝对西藏统治的确立很大程度上与蒙古统治者奉行的疆土观念有关，其早在元朝建立之前就以军事手段为引导，利用西藏内部的宗教力量实现了西藏的归属。之后为维系对西藏的统治，元朝开展了一系列的制度建设，如在中央设立管理西藏事务的宣政院，在西藏设立乌思藏宣慰司、十三万户等机构；封授西藏的僧俗头领担任职官，派蒙古官员及军队留驻西藏进行统治维护。与此同时，元朝还利用宗教手段来巩固对西藏的统治，如扶持萨迦派，封授该派宗教领袖为帝师。元朝对西藏的经略虽然以制度和军事为主导，但也注意物质手段的利用，赏赐了西藏众多物品，但由于赏赐物品并不是元朝治藏的主要凭借，所以规模和数量都不及明、清两代。

清代早期虽然通过召请和封授达赖、班禅等和平手段实现了西藏的认同和归属，但由于西藏内外形势的变化，清朝最终还是使用了军事手段来确保对西藏的直接管控。随着清朝治藏的深入，中央政府不仅在西藏留驻军队，而且还制定了完整的治藏制度，如驻藏大臣制度、金瓶掣签制度等。同时，清朝非常注意从心理和物质层面来经略西藏，专门制作了许多物品来赏赐西藏，其中一些物品明显借鉴了明朝的经验。总体来看，清朝经略西藏的力度较元、明两代都有明显增强，在治藏策略方面吸收和融合了元、明两代的一些历史经验，形成了以制度和军事手段为主、以物质手段为辅的治藏方略。

在简要梳理了元、清两代的治藏策略后，下面就明朝与元、清两代治藏策略之间的差异进行分析。第一，元、清两代经略西藏均采取过军事手段，不仅直接对西藏用兵，而且在西藏驻军管控，这不见于明朝的治藏历史。第二，元、清两代都曾在西藏留驻官员并直接参与西藏地方事务的经理，而明朝虽然在西藏设有军政机构，但都由当地人员出任职官，明朝没有派官留居来管理西藏。第三，西藏与明朝中央政权的关系维系很大程度上依靠基于物质的赐贡体系，这与元、清两代依靠硬性的制度规定来保持关系的情况有所不同。第四，明朝建立的藏僧等级体系将西藏各教派僧人按照统一的标准纳入同一系统中进行管理，实现了不同教派僧人等级地位的连接对应，这与元、清两代有针对性地优待和扶持某一教派的政策不同。第五，元、清两代在西藏扶持的教派都取得了政治上的统治地位，如元朝扶持的萨迦派获得了西藏地方的统治权；清代支持的格鲁派也成了西藏势力最大的宗派，其领袖之一的达赖喇嘛是西藏甘丹颇章地方政权的最高首领。明朝则采取"多封众建"的策略，广泛敕封各派宗教首领，并不给予某一教派政治上的特殊地位。整体看来，元、清两代对西藏的经略更注重政治和军事手段，而明朝更注重柔性的文化手段，这就使得元、清两代对西藏的政治影响更为直接，而明朝对西藏的文化影响则更为悠远。

虽然元、明、清三代的治藏策略与具体措施各有不同，但仍然存在一些共性。第一，三代的治藏政策中都有对西藏宗教首领的召请和敕封，其中元代以忽必烈对萨迦派八思巴的召请和敕封为代表，明代以明成祖对噶玛噶举派五世噶玛巴得银协巴、萨迦派昆泽思巴及格鲁派释迦也失的召请和敕封为代表，清代则以顺治皇帝对五世达赖喇嘛的召请和敕封为代表。上述召请和敕封均发生在各自朝代的早期阶段，且对中央政府与西藏关系的发展都产生了重要影响。第二，三代的最高统治者都非常注意对藏传佛教的经营，尊重藏传佛教的习俗和观念，从心理上引导藏传佛教对中央政府及皇帝本人的尊崇和认同。第三，三代中央政府都注意支持西藏的佛教事业，包括支持西藏佛教寺院的建设、给予寺院和僧人物质赏赐、保护寺院的地位和财产等。第四，元、明、清三代在经略西藏时都非常重视藏传佛教僧人的作用，在经略西藏的各种活动中都有藏僧参与。第五，三代中央政府都注意对内地藏传佛教的建设，包括修建寺院，任用藏僧担任宗教官员，在内地留居或培养一些有重要影响力的藏僧。例如元代敕封的帝师要留居京师，明朝对留居北京的部分藏僧给予高级别的敕封，清代也在北京留居了以章嘉国师为代表的高等级藏僧。这些留驻京师的高级别藏僧是为中央政府经理藏族地区及内地的藏传佛教事务服务的，地位和作用非常重要。综上所述，元、明、清三代中央政府在经略西藏时都非常注意藏传佛教的作用，三者治藏策略的最大共性也表现在宗教政策方面。

上述共性既是元、明、清三代经略西藏过程中的经验积累与智慧延续，也是历代中央政权经略西藏时都遵循的一些基本原则。这些基本原则是历代中央政权经略西藏的长期实践中，基于西藏的文化特点和历史传统所形成的一些规律性认知，具有西藏特色。若将元、明、清三代对西藏的经略放到各自所处时代的整个边疆经略视野中进行考察，就会发现历代中央政权对西藏的经营策略与对其他边疆区域的经营策略明显不同，也具有西藏特色。第一，政策方面，元、明、清三代经略西藏的政策都是围绕宗教展开的，宗教占有非常重要的地位，这种情况不见于三代对其他边疆地区或外藩的经营策略中。第二，元、明、清三代在经略边疆地区和外藩时都非常注重物品的赏赐，其中对包括西藏在内的广大藏族地区的物品赏赐与其他边疆地区或外藩有一定的差别，主要表现在赏赐物品的类型方面，其中，中央政府赏赐藏族地区的物品中常见造像、唐卡、法器、经书等宗教物品，而这类物品很少出现在对其他边疆地区的赏赐之列。① 第三，元、明、清三代中央政权在经略西藏时都需要注意处理宗教神权与皇权的关系、统治者的宗教信仰与现实政治之间的关系，这也是三代经略西藏与经略其他边疆地区的不同之处。基于元、明、清三代中央政权在经略西藏策略方面所表现出的历时上的共性以及各时代空间上的个性，笔者将古代中央政权经略西藏的实践概括为"西藏模式"。这种模式最核心和关键的特征就是"宗教（藏传佛教）"在古代中央政权经略西藏的策略和实践中作为最基本和主要的因素存在，最能代表和体现西藏文化的特征，是

---

① 随着藏传佛教在蒙古地区的传播，明清中央政府在赏赐蒙古时亦使用宗教物品，但这本身就是受西藏经验的影响。

历史经验的概括。

西藏地理区位特殊，对内地而言是边疆，对整个国家而言则是与周边国家和文明直接相连的前沿地带，影响着内地和整个国家的团结稳定及国家战略的实现。元、明、清三代的治藏措施虽然有所不同，但都实现了西藏对内地的认同和归属。目前的时代环境虽然已经与古代不同，但相关历史经验仍值得借鉴和参考。第一，我们应该明确现代中国作为一个多民族国家发展的方向，那便是保持"政治一统"，追求"经济一体"，坚持"文化多元"。只有明确了上述目标和原则，我们才能制定出具有长效性、科学性和符合时代特征的治藏策略。第二，我们还应充分认识西藏在现代中国及世界中的定位，以及我们治理西藏所要达到的目标，在此基础上来制定和调整经略西藏的政策。第三，充分认识与把握现代西藏社会和文化的特征，注意西藏传统观念及宗教对西藏社会与政治的作用和影响，正确处理好政治与宗教的关系。第四，注意从文化和心理上引导西藏对国家与内地的认同，加强汉藏文化和民族间的交流互动。第五，合理使用物质手段，充分发挥其在治藏中的作用。第六，注意制度建设，既要审时度势、与时俱进地进行调整和革新，又要有坚定的治藏决心和持续、明晰的治藏思路。第七，合理支持和引导内地藏传佛教的发展，发挥好内地汉、藏佛教及其僧人在治理西藏中的作用。第八，注意西藏周边区域的经营，创造稳定和良好的内外政治与国际环境。

附 录

表 1 西藏已刊布的明朝赐印

印名	质地	时代	授予对象	特征	藏处	资料出处
如来大宝法王之印	白玉	永乐五年	大宝法王	双龙纽,方形,印文为汉文九叠篆"如来大宝法王之印"	西藏博物馆	《宝藏——中国西藏历史文物》(3),第138—139页,图49
正觉大乘法王之印	墨玉	永乐十一年	大乘法王	双龙纽,方形,印文为汉文九叠篆"正觉大乘法王之印"	西藏博物馆	《宝藏——中国西藏历史文物》(3),第144—145页,图52
灌顶国师之印	青玉	明初	藏僧	螭纽,方形,印文为汉文九叠篆"灌顶国师之印"	西藏博物馆	《宝藏——中国西藏历史文物》(3),第88—89页,图45

续表

印名	质地	时代	授予对象	特征	藏处	资料出处
灌顶净慈通慧国师印	镀金银	永乐九年	楚布寺掌寺僧人竹斡薛儿巴里藏卜	二台如意纽,方形,印文为汉文九叠篆"灌顶净慈通慧国师印"。印背右侧款识"灌顶净慈通慧国师造永乐九年二月 日",左侧"礼部造永乐九年二月 日",边沿"智字九十四号"	西藏博物馆	《历史的见证——西藏博物馆历代藏文物集萃》,第84页
赏巴国公之印	银	永乐十二年	赏司巴公哥列思监藏巴藏卜	二台直纽,方形,印文九叠篆"赏巴国公之印"。印背右侧款识"赏巴国公之印",左侧"礼部造永乐十二年正月 日",边沿"礼字一百七十四号"	西藏博物馆	《宝藏——中国西藏历史文物》(3),第146—147页,图53
灌顶广善慈济国师印	镀金银	景泰七年	葛藏	如意纽,方形,印文为汉文九叠篆"灌顶广善慈济国师印","灌顶广善慈济国师印",左侧右侧款识"礼部为礼部造景泰七年六月 日",边沿为"秦字九百四十二号"	西藏博物馆	《西藏历代藏印》,35页

续表

印名	质地	时代	授予对象	特征	藏处	资料出处
戒定善悟灌顶国师印	镀金银	成化二十一年	藏僧	如意纽,方形,印文汉文九叠篆"戒定善悟灌顶国师印"。印背右侧款识"戒定善悟灌顶国师印",左侧"礼部造成化二十一年九月　日"	西藏博物馆	《历史的见证——西藏博物馆历代中央政府治藏文物集萃》,第85页
弘慈妙觉灌顶大国师印	银	正德十年	藏僧	二台如意纽,方形,印文为汉文九叠篆"弘慈妙觉灌顶大国师"款识"弘慈妙觉灌顶大国师",左侧"正德十年十一月　日礼部造 天字五百九十四号"	罗布林卡	《西藏历代藏印》,第38页
阐教王印	镀金银	明代	阐教王	驼纽,方形,印文为汉文叠篆"阐教王印"	西藏博物馆	《历史的见证——西藏博物馆历代中央政府治藏文物集萃》,第82页
灌顶净觉广慧国师印	镀金银	明代	藏僧	如意纽,方形,印文汉文九叠篆"灌顶净觉广慧国师印"	罗布林卡	《西藏历代藏印》,第37页

续表

印名	质地	时代	授予对象	特征	藏处	资料出处
朵甘卫都指挥使司印	银	永乐五年	灵藏地方头目南葛监藏（赞善王）	二台直纽，方形，印文为汉文九叠篆"朵甘卫都指挥使司印"。印背右侧款识"朵甘卫都指挥使司印"赐南葛监藏，左侧"礼部造永乐五年二月 日"，侧边"智字三十七号"	西藏博物馆	《宝藏——中国西藏历史文物》（3），第140—141页，图50
司徒之印	银	永乐十年		二台直纽，方形，印文为汉文九叠篆"司徒之印"。印背右侧款识"司徒之印"，左侧"礼部造永乐十年二月 日"，边沿"智字一百六十一号"	西藏博物馆	《宝藏——中国西藏历史文物》（3），第142—143页，图51
必力公万户府印	铜	洪武十八年		直纽，方形，印文为汉文九叠篆"必力公万户府印"。印背款识"必力公万户府印"及"礼部造洪武十八年正月 日"，侧边"兰字七十号"	西藏博物馆	《宝藏——中国西藏历史文物》（3），第90—91页，图46

附　录　357

续表

印名	质地	时代	授予对象	特征	藏处	资料出处
乌思藏宣慰司分司印	铜	明代早期		如意纽，印文为汉文九叠篆"乌思藏宣慰司分司印"。印边有款识"大字一十三号"	布达拉宫	《西藏历代藏印》，第21页
多笼僧纲司印	铜	永乐十二年		直纽，印文为汉文九叠篆"多笼僧纲司印"。印背右侧款识"多笼僧纲司印"，左侧"永乐十二年正月　日礼部造"，侧边"礼字一百七十八号"	西藏博物馆	《西藏历代藏印》，第45页
都纲之印	铜	景泰四年		直纽，印文为汉文九叠篆"都纲之印"。印背右侧款识"都纲之印"，左侧"礼部造景泰四年三月　日"，印边"泰字六百七十三号"	西藏博物馆	《历史的见证——西藏博物馆历代中央政府治藏文物集萃》，第96页
灌顶国师阐化王印	象牙	明代		龙纽，印文为汉文九叠篆"灌顶国师阐化王印"	西藏博物馆	《宝藏——中国西藏历史文物》(3)，第92—93页

续表

印名	质地	时代	授予对象	特征	藏处	资料出处
夹实坚藏印	象牙	永乐十三年	思祺般领葛剌	宝焰纽，方形，印文为汉文九叠篆"夹实坚藏"。印背右侧款识"永乐十三年五月 日"，左侧"赐思祺般领葛剌"	西藏博物馆	《西藏历代藏印》，第44页
妙缘清净（图书）	象牙	永乐十四年	也失藏卜	佛光纽，方形，印文为汉文九叠篆"妙缘清净"，印背款识"永乐十四年三月 日"和"赐也失藏卜"	布达拉宫	《西藏博物馆》，第140页，图2
妙智崇善（图书）	象牙	永乐十四年	汪束陡答	佛轮纽，方形，印文为汉文九叠篆"妙智崇善"，印背款识"赐汪束陡答"和"永乐十四年五月 日"	布达拉宫	《西藏历代藏印》，第41页
德来钻竹扎西若印	象牙	宣德二年	刺麻钻竹罗古鲁	印文为八思巴字"德来钻竹扎西若印"，铜法轮形纽，左面阴刻汉文款识"宣德二年 月 日"，右上刻"赐剌麻钻竹罗古鲁"	西藏昌都	《西藏自治区志·文物志》，第963页

续表

印名	质地	时代	授予对象	特征	藏处	资料出处
圆修般若（图书）	象牙	宣德二年	剌嘛桑哩结藏卜	佛光钮，方形，印文为汉文九叠篆"圆修般若"。印背款识"宣德二年月日"和"赐剌嘛桑哩结藏卜"	罗布林卡	《西藏历代藏印》，第42页
如如自在（图记）	象牙	正统二年	剌嘛舍罗藏卜	佛光钮，方形，印文为汉文九叠篆"如如自在"。印背款识"赐剌嘛舍罗藏卜"和"正统二年九月日"	罗布林卡	《西藏历代藏印》，第45页
净修觉道（图记）	象牙	正统十三年	副都纲绿竹聪密	佛轮钮，方形，印文为汉文九叠篆"净修觉道"。印背款识"赐副都纲绿竹聪密"和"正统十三年月日"	布达拉宫	《西藏历代藏印》，第41页
果累千户所印	象牙	万历七年	大觉禅师扎什藏卜（阐化王之子）	狮钮，印文为汉文九叠篆"果累千户所印"。印背款识"钦赐大觉禅师图记"和"大明万历己卯年制"	西藏博物馆	《历史的见证——西藏博物馆藏历代中央政府治藏文物集萃》，第94—95页

续表

印名	质地	时代	授予对象	特征	藏处	资料出处
"朵儿只唱"图记	象牙	万历十六年	三世达赖喇嘛	狮纽,方形,印文为梵文"朵儿只唱"。印背面有汉文"钦赐朵儿只唱图记"和"大明万历戊子年制"	西藏博物馆	《历史的见证——西藏博物馆历代中央政府治藏文物集萃》,第88页
普应禅师(图记)	木	明代		印文为汉文汉九叠篆"普应禅师"	布达拉宫	《西藏历代藏印》,第39页
弘善禅师图书	木,外包银皮	明代		狮纽,印文为汉文汉九叠篆"弘善禅师图书"	原藏敏珠林寺,后藏罗布林卡	《西藏历代藏印》,第40页

表2 已刊布与西藏相关的明代诰文书

名称	时代	藏处	资料出处
洪武敕封撒思公失监为俄力思军民元帅府元帅圣旨	洪武六年	西藏自治区档案馆	《西藏历史档案荟萃》，图23
洪武八年允准乌思藏哈尔麻（哈立麻）剌麻在本尔普寺修行护敕	洪武八年	西藏博物馆	《历史的见证——西藏博物馆藏历代中央政府治藏文物集萃》，第56页
洪武十二年敕封端竹监藏为信武将军，加麻万户府万户诏书	洪武十二年	西藏博物馆	《历史的见证——西藏博物馆藏历代中央政府治藏文物集萃》，第70—72页
永乐元年晋王为赠物致噶玛巴喇嘛书	永乐元年三月	西藏自治区档案馆	《藏传佛教寺院考古》，第212页
永乐皇帝谢新年致颂事尚师哈立麻书	永乐五年正月十五	西藏自治区档案馆	《元以来西藏地方与中央政府关系档案史料汇编》(1)，第96页
谢尚师哈立麻来京并进贡马匹事敕书	永乐五年正月十八日	西藏博物馆	《西藏历史档案荟萃》，图24
明成祖请于灵谷寺举办道场事致立麻书	永乐五年二月初二	西藏自治区档案馆	《元以来西藏地方与中央政府关系档案史料汇编》(1)，第97页
永乐皇帝遣使赏赐朵儿卜丹萨瓦国师端古禄丹竹斡薛诏书	永乐五年三月	西藏博物馆	西藏博物馆藏
永乐皇帝答谢道国师舍利贺诞辰事致大宝法王书	永乐五年四月二十六日	西藏自治区档案馆	《元以来西藏地方与中央政府关系档案史料汇编》(1)，第98—99页

续表

名称	时代	藏处	资料出处
永乐皇帝祝如来大宝法王寿辰颂词致书	永乐五年五月十八日	西藏自治区档案馆	《元以来西藏地方与中央政府关系档案史料汇编》(1)，第99—101页
永乐皇帝命哈立麻于五台山资荐大行皇后诏	永乐五年七月	原藏布达拉宫	《藏传佛教寺院考古》，第213页
永乐皇帝申谢为皇后逝世举办五台道场事致如来大宝法王书	永乐五年八月十七日	西藏自治区档案馆	《明朝中央政权致西藏地方诰敕》，第89—90页
大明皇帝赏赐隆通瓦桑儿加领真国师礼单	永乐五年八月十七日	西藏自治区档案馆	《元以来西藏地方与中央政府关系档案史料汇编》(1)，第102页
永乐皇帝申谢举办仁孝皇后超度道场事致如来大宝法王书	永乐五年十月十七日	西藏自治区档案馆	《元以来西藏地方与中央政府关系档案史料汇编》(1)，第103页
永乐皇帝申谢举办仁孝皇后超度道场事致大孚隆通瓦桑儿加领真敕书	永乐五年十一月初六	西藏自治区档案馆	《元以来西藏地方与中央政府关系档案史料汇编》(1)，第103—104页
永乐皇帝请于灵谷寺宣扬法教事敕书	永乐五年十一月二十四日	西藏自治区档案馆	《明朝中央政权致西藏地方诰敕》，第91页
永乐皇帝致如来大宝法王书及赏单	永乐六年正月初一	西藏自治区档案馆	《元以来西藏地方与中央政府关系档案史料汇编》(1)，第105—106页
永乐皇帝遣使赐赏礼事致大宝法王书	永乐六年五月十八日	西藏自治区档案馆	《元以来西藏地方与中央政府关系档案史料汇编》(1)，第106—107页

续表

名称	时代	藏处	资料出处
大明皇帝颁赐大国师果栾罗葛罗坚藏巴里藏卜礼单	永乐八年二月初一	西藏自治区档案馆	《元以来西藏地方与中央政府关系研究》（上），图版"明成祖永乐八年（1411年）颁赐大国师果栾罗葛罗监藏巴里藏卜礼单"
明成祖给失家聂喇嘛敕谕	永乐八年九月十六日	中国第一历史档案馆	《故宫所藏明清两代有关西藏的文物》，第14页
永乐皇帝回赐大国师果栾罗葛罗坚藏巴里藏卜敕谕	永乐十一年二月初一	西藏自治区档案馆	《元以来西藏地方与中央政府关系档案史料汇编》(1)，第150页
永乐皇帝敕封锁巴头目剌昝肖为司徒诏书	永乐十一年二月初九	西藏自治区档案馆	《西藏历史档案荟粹》，图25
明成祖敕封灌顶圆通妙济国师诰命	永乐十一年二月初九	四川省甘孜藏族自治州博物馆	《藏族大辞典》，第108页
明成祖封致藏使冷监藏职名诏书	永乐十一年二月初十	西藏博物馆	《历史的见证——西藏博物馆藏历代中央政府治藏文物集萃》，第60页
明成祖敕封挫失吉承袭其父冷监藏职名诏书	永乐十一年五月初十	西藏博物馆	《金色宝藏——西藏历史文物选萃》，第36—37页
永乐十一年封辇喝喝烈思巴为思达辅教王的诏书	永乐十一年五月二十三日	西藏博物馆	《西藏地方明封八王有关文物》，第93—94页
永乐十二年敕封安巴阿摩承袭其子哲尊巴灌顶圆通慈济大国师诰书	永乐十二年二月十一日	西藏博物馆	《历史的见证——西藏博物馆藏历代中央政府治藏文物集萃》，第68—69页

续表

名称	时代	藏处	资料出处
永乐十三年敕封日斡锁南观卜为慧善禅师之敕谕	永乐十三年二月十一日	西藏博物馆	《宝藏——中国西藏历史文物》（3），第148—149页，图54
永乐十四年敕封喃葛加儿卜为昭勇将军、领思奔寨行都指挥使司都指挥佥事诰书	永乐十四年十月二十六日	西藏博物馆	西藏博物馆藏
永乐皇帝颁给那哩当堪卜妙悟普济国师竹巴失剌之敕谕	永乐十七年十月十二日	原藏日喀则那塘寺	《藏传佛教寺院考古》，第129—130页
永乐十八年颁赐洮州喇嘛锁南巴藏卜的敕谕	永乐十八年闰正月二十日	西藏博物馆	西藏博物馆藏
永乐皇帝赏赐尚哈立麻巴敕谕	永乐二十一年四月十七日	西藏自治区档案馆	《元以来西藏地方与中央政府关系档案史料汇编》（1），第156页
永乐皇帝颁给那哩当堪卜妙悟普济国师竹巴失剌之敕谕	永乐二十一年四月十七日	原藏日喀则那塘寺	《藏传佛教寺院考古》，第129—130页
宣德元年续封那儿卜藏卜为领思奔寨行都指挥使司都指挥佥事诰书	宣德元年五月十七日	西藏博物馆	《历史的见证——西藏博物馆藏历代中央政府治藏文物集萃》，第76—77页
宣德元年敕封简葛尔卜赏官领占巴为昭勇将军、乌思藏都指挥佥事诰书	宣德元年十一月初一	西藏博物馆	《历史的见证——西藏博物馆藏历代中央政府治藏文物集萃》，第215—216页
宣德元年册封公司儿寨官忽瘩巴为昭勇将军、乌思藏都指挥佥事诰命	宣德元年十一月初二	西藏博物馆	《历史的见证——西藏博物馆藏历代中央政府治藏文物集萃》，第74—75页

续表

名称	时代	藏处	资料出处
明宣宗敕封领占班竹儿承袭净觉通悟国师诰书	宣德元年	四川省甘孜藏族自治州博物馆	《藏族大辞典》，第528—529页
宣德二年敕封六世葛里麻通哇敦丹为慧慈禅师诏书	宣德二年三月二十二日	西藏自治区档案馆	《西藏历史档案荟粹》，图27
明英宗为遣事给尚哈立麻的敕谕	正统七年九月十五日	西藏自治区档案馆	《元以来西藏地方与中央政府关系档案史料汇编》（1），第164—165页
明英宗回赐事绘尚哈立麻的敕谕	正统十年六月初四	西藏自治区档案馆	《西藏历史档案荟粹》，图28
明英宗敕封朵儿只领占为辅善阐教国师诰命	天顺四年十二月初四	原藏西藏，现藏北京民族文化宫	Tibetan Painted Scrolls（《西藏画卷》），p. 775, fig. 134
明宪宗著公哈领占着即参巴藏卜袭封阐教王敕谕	成化五年正月辛巳	西藏自治区档案馆	《元以来西藏地方与中央政府关系档案史料汇编》（1），第137页
明宪宗回赐乌思藏大宝法王葛哩麻等品诏书	成化七年正月二十九日	西藏博物馆	《藏传佛教寺院考古》，第216页
明宪宗为遣事回赐绘如来大宝法王等敕谕	成化二十二年七月十三日	西藏自治区档案馆	《西藏历史档案荟粹》，图30
弘治九年敕封锁南坚参巴藏卜袭净修圆妙国师的敕谕	弘治九年二月二十四日	西藏博物馆	《宝藏——中国西藏历史文物》（3），第168—173页，图57

续表

名称	时代	藏处	资料出处
弘治九年孝宗为遣使来贡并回赐如来大宝法王的敕谕	弘治九年三月初六	西藏自治区档案馆	《元以来西藏地方与中央政府关系档案史料汇编》(1),第196页
正德二年敕封敕教言千银师绰尔哲萧灌顶国师之职诰书	正德二年闰正月二十一日	西藏博物馆	《中国西藏社会历史资料》(葡萄牙语版),第22页
正德四年著吉短竹袭庄严通悟国师敕谕	正德四年正月二十三日	西藏博物馆	《中国少数民族文化史图典·西南卷》(上),第183页
明武宗给八世噶玛巴的诏敕	正德十一年九月十五日	原藏楚布寺	"The Karma-Pa Sect. A Historical Note: Part I with Plates VII – XI," *The Journal of the Royal Asiatic Society of Great Britain and Ireland*, No. 3/4 (Oct. 1958), pp. 139 – 164, Plate X – XI
嘉靖皇帝给管著管坚参袭职敕谕	嘉靖三十四年	私人收藏	Peter Schwieger, "A Document of Chinese Diplomatic Relations with East Tibet during the Ming Dynasty," in: *Tibetstudien. Festschrift für Dieter Schuh zum 65. Geburtstag*. Hrsg. von Petra Maurer und Peter Schwieger. Bonn: Bier'sche Verlagsanstalt, 2007, pp. 209 – 226
嘉靖四十一年封授简思巴简失坚参承袭其父阐化王之职诰书	嘉靖四十一年五月二十日	西藏博物馆	《金色宝藏——西藏历史文物选萃》,第38—41页

表3　明代涉藏档案文物中的赏赐物品

名称	时代	赏赐物品 生活类物品								赏赐物品 宗教类物品			其他
		茶叶	匹料	服饰及服饰用品	金银宝石饰件	瓷器	鞍马仪仗	金银玉石器皿	钞锭	造像	法器	供具	
晋王为赠玛巴喇嘛书	永乐元年			皂纻丝金铃杵五彩边帽一顶,大红纻丝青条相裴装一件,大红纻丝禅衣一件,金红纻丝敝昵剌一件,红斜皮四缝靴一对,袜									
永乐皇帝遣使赏赐必儿丹萨瓦禄古祿丹端竹翰薛诏书	永乐五年三月	茶五十斤	纻丝五匹;暗青条□,□一匹,红一匹;素三匹;绿一匹;……彩绢五匹	纻丝裴装禅衣一套:计四件;高顶帽一顶;……经纸二□;手帕三个;鸾带一条,□□(靴,袜?)各一双							□□数珠一串,铃杵二副;铰二副,满答剌带三个	檀香一柱	

续表

名称	时代	赏赐物品											
		生活类物品							宗教类物品				其他
		茶叶	匹料	服饰及服饰用品	金银宝石饰件	瓷器	鞍马仪仗	金银玉石器皿	钞锭	造像	法器	供具	
永乐皇帝申谢为皇后逝世举办五台道场致事如来大宝法王书	永乐五年八月	茶芽二十斤;巴茶九十斤	纻丝三十六匹:暗花①十四匹,青乐云八匹,绿四匹,红二匹,青二匹,红二十一匹,绿六匹,青四匹;彩绢三十六匹						银一十八锭,计五千钱,共重五百两;钞一万贯			檀香一炷,纯红蜡烛三枝	圆眼、荔枝、蜜浸荔枝、榛子、松子、核桃
永乐皇帝赏赐字隆通瓦桑儿加领黄等三位国师礼单	永乐五年八月		三位大国师每人:纻丝九匹(暗细花三匹;红一匹,青一匹,绿一匹;素二十一匹,红二十一匹,绿六匹,青四匹)三十六匹;						银两锭,计五百钱,共重五十两;钞一千贯				

① 据暗花、青乐云、细花和素四项数字,三十六匹似有误,应为五十匹。

续表

名称	时代	赏赐物品											其他
		生活类物品							宗教类物品				
		茶叶	匹料	服饰及服饰用品	金银宝石饰件	瓷器	鞍马仪仗	金银玉石器皿	钞锭	造像	法器	供具	
			素六匹;红二匹,青二匹,绿二匹										
永乐皇帝申谢皇后仁孝超度皇考事致隆瓦赛儿等加领真教书	永乐五年十一月		二位大国师每人:纻丝三匹;丹矾红一匹,柏枝绿一匹,深青一匹,彩绢三匹。正坛执事僧人三名及各坛掌坛僧人:每人纻丝一匹,彩绢一匹。百六十四名:每人彩绢二匹						二位大国师每人钞正五百贯;正坛执事僧人,各坛掌坛僧人共八人,每人钞三百贯;一百六十四名,钞五十贯				

名称	时代	赏赐物品								宗教类物品			其他
		茶叶	匹料	服饰及服饰用品	生活类物品								
					金银宝石饰件	瓷器	鞍马仪仗	金银玉石器皿	钞锭	造像	法器	供具	
永乐皇帝致如来大宝法王书及赏单	永乐六年正月		纻丝三段:牡丹花大红一段,如意菱花柏枝绿一段,纻丝深青纹深青一段。并衣服一袭,计七件:大红织金妆彩暗花缠枝金蟠花罗三匹;织金细花纻丝三匹(四样花);纻丝大红栏杆夹裰袭一领,大红素裰袭一领,大红织金蟠枝宝相夹禅衣一件,大红暗花缠枝牡丹花绢枝绿一匹,暗花细细花一匹(大红、深桃红一匹,翠蓝一匹,官绿一匹,柳青一匹,福青一匹,素六匹)	寿字八吉祥衲罗手帕一条,吉祥手帕一条。纻丝袈裟用金牌花一朵;用青鸦鹘石一块,计七分红马斯肯的石一十五块, 重二钱;大红织金云相边金龟花电纹嵌彩罗花二十五条相边纻丝四匹;织金蟠枝宝相牡丹花绢彩龟古麻一件(□□□□),大红织金夹彗哈利一件,深桃红暗花八宝云夹贴里一件,大红天花云嵌八宝夹禅裙一件	宝石珠翠金牌翠相花一朵;用青鸦鹘石一块,重二钱;黄鸦鹘石一块,重一分;大样嵌珠二样,重五分;二样嵌珠一颗,重一百颗;四钱五分;三样珠六钱,重一百颗;一分。金字真丝六匹	白磁八吉祥茶瓶三个,银索条一个,白磁茶钟九个,红油斜皮斗五个,五龙五个,双龙四个	马九匹。鞍一副:大红漆鞍,大红纻丝座,蓝斜皮辔辔鞦,红缨,红缨缨三条;二银八吉祥事件(饰件),朱红麒麟揭手敦斜皮护衣一口,大红纻丝护心,蓝斜皮边盖红缨鞍笼,青纻丝线剌菱草心,西番莲花边青纻	金厢宝石一个,碗儿五个,用金三钱,金脚一根,用金四钱	银九锭:每锭二十五两,计二百二十五两,计二十五两。钞五百贯		镀金铜铃杵九副;每副四件,金用三钱六分,共三钱,黑斜皮散计六钱,大红结子全	大红绿花篮一个,檀香一炷,乳香一斤	

续表

名称	时代	赏赐物品									宗教类物品			其他
		茶叶	匹料	服饰及服饰用品	生活类物品						造像	法器	供具	
					金银宝石饰件	瓷器	鞍马仪仗	金银玉石器皿	钞锭				
			(大红一匹,黑绿一匹,深桃红一匹,肉红一匹,福青一匹,翠蓝一匹),彩绢一十八匹	(□□□□□□)。红麂皮靴一双,袜一全	言花牌一个,用金二钱五分。金脚一根,用金四钱		丝白线刺香草边汗巾,大红红丝包把鞭子						

续表

名称	时代	赏赐物品											其他
		生活类物品								宗教类物品		
		茶叶	匹料	服饰及服饰用品	金银宝石饰件	瓷器	鞍马仪仗	金银玉石器皿	钞锭	造像	法器	供具	
永乐皇帝遣使赐大宝法王致大宝法王书事	永乐六年五月	巴茶九十斤	纻丝九匹(暗细花四匹,柳青一匹,深桃红一匹,素五匹;大红一匹,翠蓝一匹);彩绢九匹(大红三匹,蓝青二匹,深桃红二匹,白二匹)	吉祥御罗手帕一条	珠翠宝相花一朵				钞一万贯			檀香一炷,优钵罗花蜡烛一对	酥油、胡桃、荔枝、圆眼、莲肉、红枣、柿饼、银杏、李煎、杏煎

续表

名称	时代	赏赐物品										其他
		生活类物品							宗教类物品			
		茶叶	匹料	服饰及服饰用品	金银宝石饰件	瓷器	鞍马仪仗	金银玉石器皿	钞锭	造像	法器	供具	
大明皇帝颁赐国师大乘法王罗葛啰坚藏卜巴里礼单	永乐八年二月	巴茶一百斤	纻丝五匹(暗红细花大红一匹,大红一匹,素四匹,水红一匹,深青一匹,柏枝绿一匹);彩绢五匹	纻丝袈裟衣服一套:大红素二十五条相绣优钵罗花大红暗花天王袈裟一件,大红素裈衣一件,深红桃红暗花赏古麻一件,肉红暗花鹭鹚贴里一件,哈剌一件,矾红素绵贴里一件,皂鹿皮铜线夹缝靴一双;青素纻丝抹口白绵羊毛毡袜一双									

续表

名称	时代	赏赐物品										
		茶叶	生活类物品						宗教类物品			其他
			匹料	服饰及服饰用品	金银宝石饰件	瓷器	鞍马仪仗	金银玉石器皿	钞锭	造像	法器	供具	
永乐皇帝回赐大国师葛罗棱藏卜里巴敕谕	永乐十一年二月	巴茶一百斤	各色纻丝七匹(暗红二匹、大红一匹、浅桃红一匹、素纻一匹；素五匹；大红纻丝二十五匹,深青一匹、深红一匹、深桃红一匹、黑绿一匹)；各色熟绢七匹；蓝一匹、明绿一匹、深青一匹、大红一匹、浅桃红一匹、丹矾红一匹、金黄一匹	红油细竹丝高顶僧帽一顶；素纻丝裹装僧衣一套,计五件；大红纻丝二十五条绣优钵罗花天王装一领,大红王装衣一件,丹矾红禅衣一件,赏古麻哈剌一件,肉红暗花磐哈剌一件,丹矾红贴里一件。皂鹿皮铜线夹缝靴一双；抹口白绵羊毛毡袜一双						镀金铜佛像大宝法王一尊	镀金铜铃杵一副；响铜铰儿一副		青纸四千张

续表

名称	时代	赏赐物品											其他
		生活类物品								宗教类物品			
		茶叶	匹料	服饰及服饰用品	金银宝石饰件	瓷器	鞍马仪仗	金银玉石器皿	钞锭	造像	法器	供具	
明成祖遣使致得银协巴书	永乐十一年二月									黄金释迦佛像			
永乐皇帝颁给那卜妙当堪普济国师悟竹巴失剌之敕谕	永乐十七年十月		绒锦:如意球纹丹矾红一段,如意葵花青一段;丝:暗细花丹矾红一匹,丹矾浅桃红一匹,素深青一匹,素黄绿一匹,彩绢:浅桃红二匹,木红一匹,蓝青一匹										

续表

名称	时代	赏赐物品							宗教类物品			其他
		生活类物品										
		茶叶	匹料	服饰及服饰用品	金银宝石饰件	瓷器	鞍马仪仗	金银玉石器皿	钞锭	造像	法器	供具
永乐皇帝颁给堪卜妙悟慈济国师竹巴失剌之敕谕	永乐二十一年四月		绒锦:连胜宝相花丹矾红一段;纻丝:深青一匹,黑绿一匹,丹矾红一匹,彩绢:蓝青一匹,木红一匹,明绿一匹									

续表

名称	时代	赏赐物品									其他
		茶叶	匹料	生活类物品				钞锭	宗教类物品			
				服饰及服饰用品	金银宝石饰件	瓷器	鞍马仪仗	金银玉石器皿		造像	法器	供具	
永乐皇帝赏赐尚师哈立麻巴敕谕	永乐二十一年四月	茶三百斤	绒锦:如意葵花大红一段,口纹宝相花深青一段,口纹花柏枝枝绿一段;妆丝:暗花灵芝八宝云金黄一匹,暗细花大红一匹,暗细花丹矾一匹,暗细花柳黄一匹,暗细花浅桃红一匹,暗细花柏枝枝绿一匹,金黄一匹,素青一匹,素木红一匹,素茶褐一匹;彩绢:大红二匹,深桃红五匹,木红三匹									

续表

名称	时代	赏赐物品								宗教类物品			其他
		茶叶	匹料	生活类物品					钞锭	造像	法器	供具	
				服饰及服饰用品	金银宝石饰件	瓷器	鞍马仪仗	金银玉石器皿					
明英宗为遣使来贡并回赏事给尚师哈立麻敕谕	正统七年九月		颁赐 纻丝：浑织金牡丹花嵌八宝桃红二匹，暗骨朵云大红二匹，暗细花金黄二匹，柳黄二匹，素柳红一匹；浅桃红一匹；纱：浑织金宝相牡丹花嵌八宝大红二匹，暗骨朵云大红二匹，暗细花柳红二匹，细花桃红一匹，素深桃红一匹，素柳黄二匹；罗：浑织金宝相丹花柳黄二匹，素大红二匹	白熟绢罗吉祥花手帕一条									

续表

名称	时代	赏赐物品								
		生活类物品						宗教类物品		其他
		茶叶	匹料	服饰及服饰用品	金银宝石饰件	瓷器	鞍马仪仗	金银玉石器皿	钞锭	造像	法器	供具	
			匹,素柳黄二匹,素深桃红三匹;熟彩绢;印大莲花三匹,印八宝珊瑚三匹,印白地五色花三匹,素浅桃红三匹,素明绿三匹,素蓝青三匹,素彩绢;大红五匹,柏枝绿四匹 回赐 纻丝:暗四季宝相花金黄一匹,暗花金黄四季宝相花红一匹,暗八宝天花绿一匹,暗嵌八								

续表

名称	时代	赏赐物品									
		茶叶	生活类物品				鞍马仪仗	金银玉石器皿	钞锭	宗教类物品	其他
			匹料	服饰及服饰用品	金银宝石饰件	瓷器				造像 / 法器 / 供具	
			宝蓝一匹，暗骨朵云青一匹，素红一匹，素青一匹，素绿一匹；熟彩彩绢红四匹，绿四匹								
明英宗为遣僧来贡事并赐回师哈立麻给尚敕谕	正统十年六月		纻丝：暗细花红一匹，暗花黄一匹，暗细花青一匹；素红一匹，彩绢：红二匹，蓝二匹								

续表

名称	时代	赏赐物品									宗教类物品			其他
		生活类物品												
		茶叶	匹料	服饰及服饰用品	金银宝石饰件	瓷器	鞍马仪仗	金银玉石器皿	钞锭		造像	法器	供具	
明宪宗著公哈领占参著卜藏巴即坚参袭封阐教王敕谕	成化五年正月		锦缎表里二段；纻丝三段，青织金胸背麒麟一匹	僧帽、袈裟										
明宪宗回赐乌思藏大宝法王班麻哩麻葛等物品诏书	成化七年正月		大宝法王给赐纻丝青一匹，红一匹，黑绢二匹；彩绢蓝四匹。回赐纻丝：青十匹，绿五匹，黑绿十匹。国师班著端竹给赐纻丝：青一匹，绿一匹，彩绢蓝二匹						钞九千锭			法器		

续表

名称	时代	赏赐物品											
		生活类物品								宗教类物品			其他
		茶叶	匹料	服饰及服饰用品	金银宝石饰件	瓷器	鞍马仪仗	金银玉石器皿	钞锭	造像	法器	供具	
明宪宗为遣使来贡事并回赐如来大宝法王敕谕	成化二十二年七月		回赐如来大宝法王丝：素青二匹；素红二匹；彩绢二匹，红二匹。国师班卓竹青丝一匹，蓝一匹；素红一匹；彩绢：一匹，蓝一匹。都指挥宽头目班宽儿言千户：素红丝一匹；彩绢：一匹，蓝一匹										

续表

名称	时代	赏赐物品									其他
		生活类物品							宗教类物品			
		茶叶	匹料	服饰及服饰用品	金银宝石饰件	瓷器	鞍马仪仗	金银玉石器皿	钞锭	造像	法器	供具	
弘治九年孝宗为遣使来贡事并回赐大宝法王敕谕	弘治九年三月		纻丝:素丹矾红一匹,素深青一匹,素柏枝绿一匹,素黑绿一匹;彩绢:红二匹,蓝二匹										
明武宗给八世噶玛巴的诏敕	正德十一年九月			袈裟	珍珠				币	金银佛像		供具,香	

表 4　西藏已刊布的明朝内地瓷器

名称	藏处	时代	相关信息	资料出处
黄釉暗缠枝莲纹高足碗	布达拉宫	明洪武	黄釉瓷是皇家尊严的体现，被宫廷垄断，严禁民间使用	《布达拉宫珍宝馆图录》，第38—39页
釉里红牡丹纹执壶	西藏博物馆	明洪武		《西藏博物馆藏明清瓷器精品》，第22—23页
龙泉窑青釉刻花卉纹高足碗	西藏博物馆	明初		《西藏博物馆藏明清瓷器精品》，第66—67页
龙泉窑青釉刻缠枝莲纹大碗	西藏博物馆	明初		《西藏博物馆藏明清瓷器精品》，第68—69页
龙泉窑青瓷刻连花纹菱花口盘	布达拉宫	明初		《布达拉宫珍宝馆图录》，第47页
甜白釉暗龙纹高足碗	布达拉宫	明永乐	该碗有两件，内壁饰暗龙纹，带永乐年款识	《布达拉宫珍宝馆图录》，第40—41页
白釉印花龙纹高足碗及碗套	西藏博物馆	明永乐	饰有龙纹，带永乐年款识	《西藏博物馆藏明清瓷器精品》，第28—29页
红釉高足碗	西藏博物馆	明永乐		《西藏博物馆藏明清瓷器精品》，第25页
冬青釉高足碗	西藏博物馆	明永乐		《西藏博物馆藏明清瓷器精品》，第26页
青花缠枝莲纹执壶	西藏博物馆	明永乐		《西藏博物馆藏明清瓷器精品》，第23页
白釉锥刻缠枝莲纹僧帽壶	西藏博物馆	明永乐		《西藏博物馆藏明清瓷器精品》，第27页

续表

名称	藏处	时代	相关信息	资料出处
青花海水龙纹高足碗	西藏博物馆	明宣德	饰有龙纹,带宣德年款识	《西藏博物馆藏明清瓷器精品》,第32—33页
青花缠枝莲托八宝藏文高足碗	西藏博物馆	明宣德	内壁书藏文一周,八吉祥纹饰,底心双圈内饰一个兰札体梵文"吽"字	《吉祥宝藏：西藏珍藏的中原及皇家瑰宝》下册,第154—155页
仿哥釉高足碗	西藏博物馆	明宣德		《西藏博物馆藏明清瓷器精品》,第36—37页
白釉高足碗	西藏博物馆	明宣德		《西藏博物馆藏明清瓷器精品》,第38页
青花藏文五彩莲池鸳鸯纹高足碗	萨迦寺	明宣德	该碗内壁口沿处装饰青花藏文一周,意为"昼吉祥,夜吉祥,昼夜吉祥,三宝吉祥"。外壁饰青花云龙纹一周,共绘行龙五条,各龙之间饰青花卍字云纹三朵	《雪域藏珍——西藏文物精华》,第183页
青花藏文五彩莲池鸳鸯纹圈足碗	萨迦寺	明宣德	该碗内壁口沿处装饰青花藏文一周,意为"昼吉祥,夜吉祥,昼夜吉祥,三宝吉祥"。外壁饰青花云龙纹一周,共绘行龙五条,各龙之间饰青花卍字云纹三朵	《萨迦寺》,第149页

续表

名称	藏处	时代	相关信息	资料出处
青花藏文八宝纹高足碗	西藏博物馆	明宣德	碗心由三个梵文字母组成纹样，三字是六字真言"唵、嘛、呢、叭、咪、吽"中唵、嘛、呢的缩写。碗内壁有一圈藏文，内容为"昼吉祥，夜吉祥，正午吉祥，昼夜吉祥，三宝吉祥"，为宗教祝词。碗外壁主体纹为八吉祥纹，碗底有"宣德年制"款	《中国文物精华大辞典（陶瓷卷）》，第379页，图710
青花藏文八宝纹高足碗及碗套	西藏博物馆	明宣德	瓷碗外壁绘有八吉祥图案，碗内书有藏文祝祷词："昼吉祥，夜吉祥，正午吉祥，昼夜吉祥，三宝吉祥。"碗底有"宣德年制"款。该碗带有麻编碗套	《宝藏——中国西藏历史文物》（3），第302—303页，图116
青花藏文高足碗及银鋬花纹碗座	布达拉宫	明宣德	该碗外壁书藏文吉祥祝词一周，意为"昼夜吉祥，正午吉祥，三宝吉祥"；器内书"宣德年制"款。附原配银鋬花纹碗座	《布达拉宫珍宝馆图录》，第42页

续表

名称	藏处	时代	相关信息	资料出处
青花藏文莲托八宝纹僧帽壶	西藏博物馆	明宣德	该壶颈部有番莲托八宝纹,腹部主纹为一周藏文,内容为"昼吉祥,夜吉祥,正午吉祥,昼夜吉祥,三宝吉祥"。足底青花双圈内楷书"大明宣德年制"款	《西藏博物馆》,第46—47页,图4
白釉僧帽壶	扎什伦布寺	明宣德	腹部主纹为一周文颂词,内容为"昼吉祥,夜吉祥,正午吉祥,昼夜吉祥,三宝吉祥"	《日喀则地区现存反映中国中央政府有效治理西藏历史文物目录》,第78页
甜白釉暗花缠枝莲纹藏文僧帽壶	布达拉宫	明宣德	该僧帽壶腹部有藏文吉祥祝词一周,意为"昼吉祥,夜吉祥,正午吉祥,昼夜吉祥"	《布达拉宫珍宝馆图录》,第45页
白釉高足杯	西藏博物馆	明宣德		《西藏博物馆藏明清瓷器精品》,第39页
蓝釉盘	西藏博物馆	明宣德		《西藏博物馆藏明清瓷器精品》,第40—41页
青花缠枝花卉纹碗	西藏博物馆	明成化		《西藏博物馆藏明清瓷器精品》,第42—43页
青花夔龙纹高足碗	西藏博物馆	明成化	高足碗的内底有如意云环绕的团龙,外壁绘有二龙	《西藏博物馆藏明清瓷器精品》,第44—45页

续表

名称	藏处	时代	相关信息	资料出处
明成化白瓷杯	哲蚌寺	明成化	腹部饰有八宝纹饰，碗底有"大明成化年制"款	《拉萨哲蚌寺藏两件明清瓷器》，《文物》1985年第11期
斗彩莲托八宝纹杯	哲蚌寺	明成化	装饰有八宝纹饰	《拉萨哲蚌寺藏两件明清瓷器》，《文物》1985年第11期
暗八仙霁红釉瓷杯	康马县乃宁曲德寺	明成化	外壁绘八仙，为道教题材的装饰；杯底有"大明成化年制"款。此杯配有雕花银花托座及盖，专供达赖在临曲德寺时用茶使用	《亚东、康马、岗巴、定结县文物志》，第85页
青花花鸟纹高足碗	西藏博物馆	明弘治		西藏博物馆展览文物
黄釉碗	西藏博物馆	明弘治		《西藏博物馆藏明清瓷器精品》，第46页
黄釉碗	西藏博物馆	明正德		《西藏博物馆藏明清瓷器精品》，第49页
黄地青花云龙纹碗	西藏博物馆	明嘉靖	装饰有龙纹	《西藏博物馆藏明清瓷器精品》，第48页
青花穿龙纹高足碗	西藏博物馆	明嘉靖	装饰有龙纹	《西藏博物馆藏明清瓷器精品》，第47页
青花云龙纹执壶	西藏博物馆	明嘉靖	外底有"大明嘉靖年制"款	《西藏博物馆藏明清瓷器精品》，第50—51页
黄地绿彩松竹梅纹碗	布达拉宫	明嘉靖	通体施黄釉为地，碗内心为团龙纹，外底书"大明嘉靖年制"款	《布达拉宫珍宝图录》，第46页

续表

名称	藏处	时代	相关信息	资料出处
青花圆盖盒	扎囊县	明嘉靖	青花白瓷，盒底有"大明嘉靖年制"款	《扎囊县文物志》，第 227 页
青花人物高足碗	山南市博物馆	明嘉靖	民窑产品，内壁近口沿处绘一周菱形十字花纹，腹底两周圆圈中绘一官吏，身着直领长袍，头戴双翅官帽，两手拱胸前，右手持一物。碗外壁为一周人物，分为两组：第一组四人，一人坐室内榻上，另三人在室前庭院内，均着直领长袍，头戴双翅幞头，一人坐榻上，一人坐凳上，两人作引见状	《西藏的景德镇青花瓷器》，第 59 页
青花庭院仕女纹高足碗	西藏博物馆	明万历	器内有一圈藏文，外壁装饰汉地世俗图案	《西藏博物馆藏明清瓷器精品》，第 58—59 页
仿哥釉青花葵口碗	西藏博物馆	明万历		《西藏博物馆藏明清瓷器精品》，第 64—65 页
青花婴戏纹碗	萨迦寺	明万历	底有"大明万历年制"款	《萨迦寺》，第 152—153 页
青花云鹤纹盖盒	西藏博物馆	明万历		《西藏博物馆藏明清瓷器精品》，第 54—55 页

续表

名称	藏处	时代	相关信息	资料出处
青花折枝花卉纹八棱瓶	西藏博物馆	明万历		《西藏博物馆藏明清瓷器精品》，第56—57页
青花缠枝莲纹罐	西藏博物馆	明万历		《西藏博物馆藏明清瓷器精品》，第60—61页
青花云龙纹罐	西藏博物馆	明万历	有两个，底有"万历丁亥年造黔府应用"款	《西藏博物馆藏明清瓷器精品》，第52—53页
五彩龙凤纹盘	西藏博物馆	明万历	一对，有龙凤纹饰	《西藏博物馆藏明清瓷器精品》，第62—63页
景泰蓝番莲纹僧帽壶	西藏博物馆	明早期	为掐丝珐琅器，颈、腹有如意云纹，肩部有莲瓣纹。与之配套的有木质壶奁，奁身髹红漆，饰满描金折枝莲纹	《雪域藏珍——西藏文物精华》，第179页，图90
白瓷僧帽壶	萨迦寺	明早期		《萨迦、谢通门县文物志》，第124—125页，图40
青花藏文高足碗	扎什伦布寺	明代	图案和藏文纹饰	《扎什伦布寺》，第174页
青花藏文高足碗	萨迦寺	明代	腹部饰一圈藏文，意为"吉祥如意"	《萨迦寺》，第144页
红石榴纹碗	日喀则市	明代		《西藏自治区志·文物志》，第1017页

续表

名称	藏处	时代	相关信息	资料出处
蓝八宝纹瓷碗	日喀则市	明代	绘有八宝纹饰	《西藏自治区志·文物志》，第1017页
青瓷八宝莲花碗	萨迦寺	明代	外腹饰八宝纹饰，口沿内治有摩尼宝，足壁上也饰有变形八宝纹饰	《萨迦寺》，第145页
青花折腹碗	萨迦寺	明代		《萨迦寺》，第150页
青花圈足碗	萨迦寺	明代	腹部饰变形双龙戏珠图	《萨迦寺》，第151页
高足白瓷碗	琼建建叶寺	明中期	民窑产品，器腹上部有一周由海生动物组成的图案	《西藏的景德镇青花瓷器》，第60页
对鱼白瓷碗	扎囊县	明晚期	碗内壁绘有八宝纹饰，民窑产品	《扎囊县文物志》，第228页
瓷壶	江孜白居寺	明代	两件，形制相同	《江孜白居寺综述》，《南方民族考古》第4辑，第248页
青花麒麟纹瓷盘	山南市博物馆	明代	民窑产品	《汉藏工艺美术交流》，第111页
白瓷印双龙纹盘	扎囊县扎期区公所	明代	民窑产品，碟心模印不清晰的龙纹，足内有"大明年制"手写体款识	《西藏自治区志·文物志》，第1015页
绿釉高足杯	江孜白居寺	明代		《江孜白居寺综述》，《南方民族考古》第4辑，第248页

表 5　西藏已刊布的明朝内地制玉石器具

名称	时代	藏处	特征	资料出处
玉雕龟叶洗	明代	罗布林卡	高 5.1 厘米，口径 16.3 厘米。整器为荷叶形，外壁雕荷花枝，并雕鸳鸯一对，洗心雕一龟	《西藏文物精粹》，第 142—143 页
玉雕夔龙钵	明代	罗布林卡	高 9.3 厘米，口径 14 厘米，底径 10 厘米。圈足，口外撇，鼓腹，腹下收敛。腹上雕有夔龙，熊上有环形四系，姿态不一，另有木座，雕刻精细	《西藏文物精粹》，第 142—143 页
龙纹青白玉筠	明代	西藏博物馆		《西藏博物馆藏元明清玉器精品》，第 38 页
龙纹青白玉铊尾	明代	西藏博物馆		《西藏博物馆藏元明清玉器精品》，第 39 页
龙凤纹青白玉卮	明代	西藏博物馆		《西藏博物馆藏元明清玉器精品》，第 40 页
兽面纹双螭耳青白玉簋	明代	西藏博物馆		《西藏博物馆藏元明清玉器精品》，第 41 页
双螭耳铺首纹玉簋	明代	布达拉宫	仿古造型，两侧颈腹之间雕兽口吞夔式耳，颈部足部线刻头部相向的两夔龙纹	《吉祥宝藏：西藏珍藏的中原及皇家瑰宝》下册，第 177 页
青白玉夔龙乳钉寿字纹簋	明代	布达拉宫		《吉祥宝藏：西藏珍藏的中原及皇家瑰宝》下册，第 182 页

续表

名称	时代	藏处	特征	资料出处
乳钉纹青白玉三足鼎	明代	西藏博物馆		《西藏博物馆藏元明清玉器精品》，第42页
木座双龙耳活环青玉瓶	明初	西藏博物馆		《西藏博物馆藏元明清玉器精品》，第43页
莲花纹螭耳双螭青白玉扁壶	明代	西藏博物馆	许多玉器有仿古的风格	《西藏博物馆藏元明清玉器精品》，第44页
灵芝纹青玉执壶	明代	西藏博物馆		《西藏博物馆藏元明清玉器精品》，第45页
万寿纹龙纽盖执壶	明代	布达拉宫		《吉祥宝藏：西藏珍藏的中原及皇家瑰宝》下册，第180—181页
螭龙捧寿纹青玉组执壶	明代	布达拉宫		《吉祥宝藏：西藏珍藏的中原及皇家瑰宝》下册，第183—184页
龙纹青白玉方执壶	明晚期	西藏博物馆		《西藏博物馆藏元明清玉器精品》，第46—47页
鹰熊纹青白玉合卺杯	明代	西藏博物馆		《西藏博物馆藏元明清玉器精品》，第48—49页
莲口螭耳碧玉杯	明代	西藏博物馆		《西藏博物馆藏元明清玉器精品》，第50页
双螭耳青白玉八棱杯	明代	西藏博物馆		《西藏博物馆藏元明清玉器精品》，第51页
双螭耳青白玉杯(1)	明代	西藏博物馆		《西藏博物馆藏元明清玉器精品》，第52页
双螭耳青白玉杯(2)	明代	西藏博物馆		《西藏博物馆藏元明清玉器精品》，第53页
双螭耳白玉杯	明代	西藏博物馆		《西藏博物馆藏元明清玉器精品》，第54页

续表

名称	时代	藏处	特征	资料出处
凤鸟纹青白玉杯	明代	西藏博物馆		《西藏博物馆藏元明清玉器精品》，第55页
花鸟纹双花耳青白玉六棱杯	明代	西藏博物馆		《西藏博物馆藏元明清玉器精品》，第56页
花卉纹双花耳青白玉杯	明代	西藏博物馆		《西藏博物馆藏元明清玉器精品》，第57页
万寿纹双耳青白玉杯	明代	西藏博物馆		《西藏博物馆藏元明清玉器精品》，第58页
桃形青白玉杯	明代	西藏博物馆		《西藏博物馆藏元明清玉器精品》，第59页
双云纹耳活环碧玉杯	明代	西藏博物馆		《西藏博物馆藏元明清玉器精品》，第60页
单螭耳玛瑙杯	明代	西藏博物馆		《西藏博物馆藏元明清玉器精品》，第61页
双螭耳玛瑙杯	明代	西藏博物馆		《西藏博物馆藏元明清玉器精品》，第62页
桃形单螭耳玛瑙杯（1）	明代	西藏博物馆		《西藏博物馆藏元明清玉器精品》，第63页
桃形单螭耳玛瑙杯（2）	明代	西藏博物馆		《西藏博物馆藏元明清玉器精品》，第64页
双灵芝耳玛瑙杯	明代	西藏博物馆		《西藏博物馆藏元明清玉器精品》，第65页
灵芝竹节耳玛瑙杯	明代	西藏博物馆		《西藏博物馆藏元明清玉器精品》，第66页
双竹节耳玛瑙杯	明代	西藏博物馆		《西藏博物馆藏元明清玉器精品》，第67页
莲口双花耳玛瑙杯	明代	西藏博物馆		《西藏博物馆藏元明清玉器精品》，第68页
玉高足碗	明代	西藏博物馆	木碗套，包有鎏金铜镂雕图案	《西藏博物馆》，第196页，图2
双龙捧寿纹青白玉长方形托盘	明代	西藏博物馆		《西藏博物馆藏元明清玉器精品》，第69页

续表

名称	时代	藏处	特征	资料出处
仙鹤纹青白玉圆形托盘	明代	西藏博物馆		《西藏博物馆藏元明清玉器精品》，第70页
万寿长春青白玉八角托盘	明代	西藏博物馆		《西藏博物馆藏元明清玉器精品》，第71页
双龙捧寿纹青白玉椭圆形托盘一对	明代	西藏博物馆		《西藏博物馆藏元明清玉器精品》，第72页
山水人物纹青玉碗	明代	西藏博物馆		《西藏博物馆藏元明清玉器精品》，第73页
四仙寿字纹碧玉碗	明代	西藏博物馆		《西藏博物馆藏元明清玉器精品》，第74页
桃形白玉洗	明代	西藏博物馆		《西藏博物馆藏元明清玉器精品》，第75页
"寿山福海"（人物纹）水晶笔架	明代	西藏博物馆		《西藏博物馆藏元明清玉器精品》，第76—77页
木座螭纹青白玉洗	明代	西藏博物馆		《西藏博物馆藏元明清玉器精品》，第78—79页
碧玉方印盒	明代	西藏博物馆	文房用具	《西藏博物馆藏元明清玉器精品》，第80页
龙纹青白玉嵌饰（饰件）	明代	西藏博物馆		《西藏博物馆藏元明清玉器精品》，第81页
青白玉云凤八卦纹竹节足爵	明代	布达拉宫		《吉祥宝藏：西藏珍藏的中原及皇家瑰宝》下册，第176页
桃形玛瑙杯	明代	布达拉宫		《吉祥宝藏：西藏珍藏的中原及皇家瑰宝》下册，第178—179页

表6 西藏已刊布的明朝内地造像

名称	题材①	时代	质地	藏处	特征	资料出处
毗瓦巴	祖师	明永乐	铜鎏金	布达拉宫	"大明永乐年施"款	108 Buddhist Statues in Tibet: Evolution of Tibetan Sculptures, pp. 174–175, pl. 57
释迦牟尼佛	佛	明永乐	铜鎏金	大昭寺	"大明永乐年施"款	《永宣造像考研究和收藏的焦点问题》,第41页
释迦牟尼佛	佛	明永乐	铜鎏金	布达拉宫		《藏传佛像艺术鉴赏》,第123页,续表一:47
无量寿佛	佛	明永乐	铜鎏金	大昭寺		《永宣造像考研究和收藏的焦点问题》,第33页
宝冠无量寿佛	佛	明永乐	铜鎏金	大昭寺		Buddhist Sculptures in Tibet Vol. Two: Tibetan & Chinese, pp. 1280–1281, pl. 358E
药师佛	佛	明永乐	铜鎏金	布达拉宫		《藏传佛像艺术鉴赏》,第121页,表一:8
药师佛	佛	明永乐	铜鎏金	布达拉宫		《藏传佛像艺术鉴赏》,第121页,表一:9
阿閦佛	佛	明永乐	铜鎏金	布达拉宫		《藏传佛像艺术鉴赏》,第121页,表一:10
阿閦佛	佛	明永乐	铜鎏金	布达拉宫		《藏传佛像艺术鉴赏》,第123页,续表一:58
大日如来佛	佛	明永乐	铜鎏金	布达拉宫		《藏传佛像艺术鉴赏》,第121页,表一:11
不空成就佛	佛	明永乐	铜鎏金	布达拉宫		《藏传佛像艺术鉴赏》,第121页,表一:12

① 本书造像题材分类参考了《图像与风格:故宫藏传佛教造像》与黄春和《藏传佛教造像题材分类及其艺术特征》。

续表

名称	题材	时代	质地	藏处	特征	资料出处
大持金刚	佛	明永乐	铜鎏金	大昭寺		*Buddhist Sculptures in Tibet Vol. Two: Tibetan & Chinese*, p. 1250, pl. 343B
弥勒	菩萨	明永乐	铜鎏金	大昭寺		*Buddhist Sculptures in Tibet Vol. Two: Tibetan & Chinese*, pp. 1250–1251, pl. 343F
观音菩萨	菩萨	明永乐	铜鎏金	原藏西藏文管会	"大明永乐年施"款	《藏传佛教金铜佛像图典》，第341页，图325，第505页
观音菩萨	菩萨	明永乐	铜鎏金	布达拉宫		《藏传佛像艺术鉴赏》，第122页，续表一:32
四臂观音	菩萨	明永乐	铜鎏金	大昭寺	"大明永乐年施"款	*108 Buddhist Statues in Tibet: Evolution of Tibetan Sculptures*, pp. 170–171, pl. 55A
四臂观音	菩萨	明永乐	铜鎏金	布达拉宫	"大明永乐年施"款	《藏传佛像艺术鉴赏》，第122页，续表一:40；黑白图94，附录图254页
四臂观音	菩萨	明永乐	铜鎏金	布达拉宫	"大明永乐年施"款	《藏传佛像艺术鉴赏》，第122页，续表一:41
自在观音	菩萨	明永乐	铜鎏金	罗布林卡	"大明永乐年施"款	《藏传佛教金铜佛像图典》，第342页，第505—506页
莲花手观音	菩萨	明永乐	铜鎏金		"大明永乐年施"款	《金色宝藏——西藏历史文物选萃》，第186—187页
莲花手观音	菩萨	明永乐	铜鎏金	罗布林卡		《藏传佛像艺术鉴赏》，第122页，续表一:34

续表

名称	题材	时代	质地	藏处	特征	资料出处
思维观音	菩萨	明永乐	铜鎏金	罗布林卡		《永宣造像考研究和收藏的焦点问题》，第52页
思维观音	菩萨	明永乐	铜鎏金	布达拉宫		《永宣造像考研究和收藏的焦点问题》，第52页
文殊菩萨	菩萨	明永乐	铜鎏金	尼玛寺		《藏传佛像艺术鉴赏》，第122页，续表一:27
文殊菩萨	菩萨	明永乐	铜鎏金	布达拉宫		《藏传佛像艺术鉴赏》，第122页，续表一:28
文殊菩萨	菩萨	明永乐	铜鎏金	大昭寺		Buddhist Sculptures in Tibet Vol. Two: Tibetan & Chinese, pp. 1268–1269, pl. 352C
文殊菩萨	菩萨	明永乐	铜鎏金	布达拉宫		《藏传佛像艺术鉴赏》，第122页，续表一:30
文殊菩萨	菩萨	明永乐	铜鎏金	布达拉宫		《藏传佛像艺术鉴赏》，第122页，续表一:31
文殊菩萨	菩萨	明永乐	铜鎏金	布达拉宫		《藏传佛像艺术鉴赏》，第123页，续表一:52
文殊菩萨	菩萨	明永乐	铜鎏金	布达拉宫		《藏传佛像艺术鉴赏》，第123页，续表一:53
四臂文殊	菩萨	明永乐	铜鎏金	西藏博物馆	"大明永乐年施"款	《西藏博物馆》，第86、89页，图4
四臂文殊	菩萨	明永乐	铜鎏金	大昭寺	"大明永乐年施"款	《大昭寺藏永乐年间文物》，《文物》1985年第11期，第69页，像六
四臂文殊	菩萨	明永乐	铜鎏金	大昭寺		《藏传佛像艺术鉴赏》，第123页，续表一:55
四臂文殊	菩萨	明永乐	铜鎏金	布达拉宫	"大明永乐年制"款	《布达拉宫秘宝》，第136—137页

续表

名称	题材	时代	质地	藏处	特征	资料出处
四臂文殊	菩萨	明永乐	铜鎏金	布达拉宫	"大明永乐年制"款	《藏传佛像艺术鉴赏》，第122页，续表一:37
狮子文殊	菩萨	明永乐	铜鎏金	布达拉宫	"大明永乐年制"款	《布达拉宫秘宝》，第137页
敏捷文殊	菩萨	明永乐	铜鎏金	大昭寺	"大明永乐年施"款	*108 Buddhist Statues in Tibet: Evolution of Tibetan Sculptures*, pp. 170-171, pl. 55B
敏捷文殊	菩萨	明永乐	铜鎏金	大昭寺		*Buddhist Sculptures in Tibet Vol. Two: Tibetan & Chinese*, pp. 1282-1283, pl. 359D-E
金刚持	菩萨	明永乐	铜鎏金	罗布林卡	"大明永乐年施"款	《罗布林卡珍藏文物辑选》，第25—27页
金刚持	菩萨	明永乐	铜鎏金	大昭寺		《藏传佛像艺术鉴赏》，第121页，表一:2
金刚持	菩萨	明永乐	铜鎏金	布达拉宫		《藏传佛像艺术鉴赏》，第142页，黑白图96，附录第254页
金刚持	菩萨	明永乐	铜鎏金	布达拉宫		《藏传佛像艺术鉴赏》，第121页，表一:3
金刚持	菩萨	明永乐	铜鎏金	布达拉宫		《藏传佛像艺术鉴赏》，第121页，表一:4
金刚手菩萨	菩萨	明永乐	铜鎏金	布达拉宫		《藏传佛像艺术鉴赏》，第121页，表一:13
金刚手菩萨	菩萨	明永乐	铜鎏金	布达拉宫		《藏传佛像艺术鉴赏》，第121页，表一:14
金刚萨埵	菩萨	明永乐	铜鎏金	大昭寺	"大明永乐年施"款	*Buddhist Sculptures in Tibet Vol. Two: Tibetan & Chinese*, p. 1252, pl. 344A-B
金刚萨埵	菩萨	明永乐	铜鎏金	大昭寺	"大明永乐年施"款	《藏传佛像艺术鉴赏》，第121页，表一:16

续表

名称	题材	时代	质地	藏处	特征	资料出处
金刚萨埵	菩萨	明永乐	铜鎏金	大昭寺	"大明永乐年施"款	《藏传佛像艺术鉴赏》，第123页，续表一:50
金刚萨埵	菩萨	明永乐	铜鎏金	布达拉宫	"大明永乐年施"款	《藏传佛像艺术鉴赏》，第121页，续表一:15
金刚萨埵	菩萨	明永乐	铜鎏金	布达拉宫	"大明永乐年施"款	《藏传佛像艺术鉴赏》，第123页，续表一:48
金刚萨埵	菩萨	明永乐	铜鎏金	大昭寺	"大明永乐年施"款	《藏传佛像艺术鉴赏》，第123页，续表一:49
菩萨	菩萨	明永乐	铜鎏金	大昭寺	"大明永乐年施"款	《大昭寺藏永乐年间文物》，《文物》1985年第11期，第69页，像二
菩萨	菩萨	明永乐	铜鎏金	大昭寺	"大明永乐年施"款	《大昭寺藏永乐年间文物》，《文物》1985年第11期，第69页，像五
摧碎金刚	本尊	明永乐	铜鎏金	大昭寺	"大明永乐年施"款	Buddhist Sculptures in Tibet Vol. Two: Tibetan & Chinese, pp. 1280–1281, pl. 358D
摧碎金刚	本尊	明永乐	铜鎏金	大昭寺	"大明永乐年施"款	Buddhist Sculptures in Tibet Vol. Two: Tibetan & Chinese, pp. 1256–1257, pl. 346E–F
喜金刚	本尊	明永乐	铜鎏金	西藏博物馆	"大明永乐年施"款	《宝藏——中国西藏历史文物》（3），第212—215页，图78
上乐金刚	本尊	明永乐	铜鎏金	白居寺		《藏传佛像艺术鉴赏》，第121页，表一:18
上乐金刚	本尊	明永乐	铜鎏金	布达拉宫		《藏传佛像艺术鉴赏》，第121页，表一:19
上乐金刚	本尊	明永乐	铜鎏金	布达拉宫		《藏传佛像艺术鉴赏》，第121页，表一:20
大威德金刚	本尊	明永乐	铜鎏金	萨迦寺		《藏传佛像艺术鉴赏》，第122页，续表一:25

续表

名称	题材	时代	质地	藏处	特征	资料出处
积光佛母（摩利支天）	女尊	明永乐	铜鎏金	西藏博物馆	"大明永乐年施"款	《吉祥宝藏：西藏珍藏的中原及皇家瑰宝》下册，第53—55页
持世菩萨（财续佛母）	女尊	明永乐	铜鎏金	布达拉宫		《藏传佛像艺术鉴赏》，第122页，续表一:42
金刚亥母	女尊	明永乐	铜鎏金	萨迦寺	"大明永乐年施"款	《萨迦寺》，第165页
光明佛母	女尊	明永乐	铜鎏金	西藏博物馆	"大明永乐年施"款	《宝藏——中国西藏历史文物》（3），第272—273页，图101
绿度母	女尊	明永乐	铜鎏金	定结县贡巴墙寺	"大明永乐年施"款	《亚东、康马、岗巴、定结县文物志》，第121页，图版四十四
绿度母	女尊	明永乐	铜鎏金	布达拉宫		《藏传佛像艺术鉴赏》，第122页，续表一:43
绿度母	女尊	明永乐	铜鎏金	昌珠寺		《藏传佛像艺术鉴赏》，第122页，续表一:44
马头金刚	护法	明永乐	铜鎏金	布达拉宫		《藏传佛像艺术鉴赏》，第144页，黑白图98，附录第254页
大黑天	护法	明永乐	铜鎏金	萨迦寺		《吉祥宝藏：西藏珍藏的中原及皇家瑰宝》下册，第76—77页
四臂大黑天	护法	明永乐	铜鎏金	大昭寺		108 *Buddhist Statues in Tibet: Evolution of Tibetan Sculptures*, pp. 172–173, pl. 56A
二臂大黑天（宝帐护法）	护法	明永乐	铜鎏金	布达拉宫		108 *Buddhist Statues in Tibet: Evolution of Tibetan Sculptures*, pp. 172–173, pl. 56B

续表

名称	题材	时代	质地	藏处	特征	资料出处
地狱主	护法	明永乐	铜鎏金	布达拉宫	"大明永乐年制"款	《藏传佛像艺术鉴赏》，图19，彩图54，附录第250页
吉祥天母（班丹拉姆）	护法	明永乐	铜鎏金	西藏博物馆	"大明永乐年施"款	《雪域藏珍——西藏文物精华》，第90页，图23；《西藏博物馆》，第86—87页，图2
吉祥天母	护法	明永乐	铜鎏金	萨迦寺	"大明永乐年施"款	《萨迦寺》，第172、173页
吉祥天母	护法	明永乐	铜鎏金	罗布林卡	"大明永乐年施"款	《中国历代纪年佛像图典》，第411、548页，图315
宝生佛	佛	明宣德	铜鎏金	布达拉宫	"大明宣德年施"款	《藏传佛像艺术鉴赏》，第123页，续表一：56
宝冠无量寿佛	佛	明宣德	铜鎏金	大昭寺		"The Jokhang Bronzes," in *Jokhang: Tibet's Most Sacred Buddhist Temple*, 2001, Part 4, 2009, pl. 10E
莲花手观音	菩萨	明宣德	铜鎏金	布达拉宫	"大明宣德年施"款	《藏传佛像艺术鉴赏》，第123页，续表一：54
莲花手观音	菩萨	明宣德	铜鎏金	西藏博物馆	"大明宣德年施"款	《西藏自治区志·文物志》，第1088—1089页
金刚手菩萨	菩萨	明宣德	铜鎏金	布达拉宫	"大明宣德年施"款	《藏传佛像艺术鉴赏》，图版18，彩图50，附录第250页
金刚持菩萨	菩萨	明宣德	铜鎏金	西藏博物馆	"大明宣德年施"款	《金色宝藏——西藏历史文物选萃》，第192—193页

续表

名称	题材	时代	质地	藏处	特征	资料出处
持世菩萨	女尊	明宣德	铜鎏金	布达拉宫	"大明宣德年施"款	《藏传佛像艺术鉴赏》，第123页，续表一:57
绿度母	女尊	明宣德	铜鎏金	布达拉宫		《藏传佛像艺术鉴赏》，第124页，黑白图82，附录第254页
不动佛	佛	15世纪	铜鎏金	大昭寺	内地制作	Buddhist Sculptures in Tibet Vol. Two: Tibetan & Chinese, p. 1254, pl. 345B
骑象普贤菩萨	菩萨	明代	铜鎏金	布达拉宫		《此物只应天上有，缘何遗落入凡尘——西藏文物收藏品赏析》，第22页
十八尊檀香木雕罗汉像	罗汉	明宣德	木	色拉寺	装藏在该寺措钦大殿后部罗汉殿的彩绘泥塑罗汉内	《西藏自治区志·文物志》，第540页
释迦牟尼佛	佛	明代	玉石	布达拉宫		《中国边疆民族地区文物集萃》，第329页
释迦牟尼佛	佛	明代	水晶	西藏博物馆		《宝藏——中国西藏历史文物》（3），第202—203页，图73—74
妙音天女	女尊	明代	象牙	扎什伦布寺		《西藏自治区志·文物志》，第1103页
释迦牟尼佛	佛	明代	象牙	扎什伦布寺		《西藏自治区志·文物志》，第1103页
释迦牟尼佛	佛	明代	象牙	扎什伦布寺		《宝藏——中国西藏历史文物》（3），第276页，图104
十一面观音	菩萨	明代	象牙	扎什伦布寺		《宝藏——中国西藏历史文物》（3），第277页，图105

表 7　西藏已刊布的明朝内地造法器、供器

名称	藏处	时代	相关信息	资料出处
永乐铜铃、杵	西藏博物馆	明永乐	"大明永乐年施"款;合金铸成,上有仰莲、佛首、六字真言、联珠、理路、宝杵纹饰	《宝藏——中国西藏历史文物》(3),第224—226页,图83
永乐铜铃、杵	布达拉宫	明永乐①	铜鎏金,器物上镶嵌宝石,壁内有"大明永乐年施"款	《雪域藏珍——西藏文物精华》,第129页,图49
永乐款铜铃、杵	故宫博物院	明永乐	乾隆四十五年十二月初六日班禅额尔德尼恭进大利益铜铃杵,"大明永乐年施",该是明代传人西藏的物品	《故宫所藏明清两代有关西藏的文物》,《文物参考资料》1959年第7期,图9,图12
宣德款铜铃、杵	中国国家博物馆	明宣德	清乾隆三十五年寿辰的珍贵礼品贡人清廷,帝六十达赖作为献给乾隆皇是明代传人西藏的物品	《故宫所藏明清两代有关西藏的文物》,《文物参考资料》1959年第7期,图5,图11
宣德铜铃、杵	西藏博物馆	明宣德		《雪域藏珍——西藏文物精华》,第130页,图50
宣德款铜铃、杵	罗布林卡	明宣德		《西藏文物精粹》,第154—155页
"大明永乐年施"铜铃	大昭寺	明永乐	大昭寺金顶下悬挂	《大昭寺年间文物》,《文物》1985年第11期

① 原书将该物年代记为明宣德时期,但正文描述中提到其上有"大明永乐施"款,本书采用描述中的年代。

续表

名称	藏处	时代	相关信息	资料出处
宣德铜法铃	山南市博物馆	明宣德	肩部有八瓣覆莲纹,每个连瓣中有一个思巴字,肩部下为两道联珠纹相夹的金刚杵纹,腹部有兽面衔璎珞纹八组,每组间夹有金刚、莲花纹等。铃内壁一侧铸楷书"大明宣德年施",另一侧铸三个梵文合体字,字和花纹均为阳文	《西藏自治区志·文物志》,第1206页
"大明宣德年施"铜铃	大昭寺	明宣德	两对,铃腹分别饰二方连续理路纹,缠枝莲纹,其中一只铜铃内壁还铸有梵文"陀罗尼"三字。悬于大昭寺铜铃顶下,这些铜铃的形制、纹饰均与永乐制品相同,当是以永乐铜铃为样本加以仿造的	《大昭寺藏永乐年间文物》,《文物》1985年第11期
"大明正德年施"铜铃	大昭寺	明正德		《大昭寺藏永乐年间文物》,《文物》1985年第11期
铜碰铃	西藏	明代	汉地铸造	《宝藏——中国西藏历史文物》(3),第234页,图88
铜铙	西藏	明代	汉地铸造	《宝藏——中国西藏历史文物》(3),第233页,图87
"大明永乐年施"菩提伽耶寺院模型	日喀则那塘寺	明永乐	由木、石雕刻组合成的印度菩提伽耶寺院模型,在石质部分上有"大明永乐年施"细线题刻	《西藏佛教艺术》,图11

续表

名称	藏处	时代	相关信息	资料出处
山南扎囊县朗色林庄园藏石雕模型	扎囊县朗色林庄园	明永乐	这件石雕与上一件"大明永乐年施"菩提伽耶寺院模型完全一样，很可能是那组模型中的一件	《西藏自治区志·文物志》，第670页
镶银翅海螺法号	罗布林卡	明崇祯	银翅正面铸出浮雕效果的祥云、八卦，有莲瓣，梵文及云纹。银翅背面铸有汉、藏两种文字，其中汉文为："崇祯十三年岁次庚辰闰正月廿五日中一山人敬造"。此法螺系四川藏区巴塘活佛活佛的儿子格列饶丹敬献的，头部镶有铜嘴，一个上铸"嘉庆龙吟"四个篆字，另一个上铸"发祥虎啸"四个篆字	《西藏文物精粹》，第120页
铜饰法螺	山南措美县某寺	明代	为寺传文物，铜饰中部为敲铜的浮雕龙纹，龙为四爪，具有一般明代龙纹的基本特征，铜饰四周有八宝图案	《西藏自治区志·文物志》，第1208页
永乐年制铜钹	扎什伦布寺	明永乐	上面双龙戏珠纹饰，藏文及"大明永乐年造"和"普恩寺九"的字样	《扎什伦布寺》，第176页
宣德五年铜钹	原藏那塘寺	明宣德	钹面线刻双龙戏珠图案，铜色近明黄，为明廷赏赐	《藏传佛教寺院考古》，第122页
宣德铜钹	山南洛扎县某寺	明宣德	其上阴刻二龙戏珠，珠子中刻"寿"字，龙为四爪龙，钹上阴刻"大明宣德年内加金银制"款	《西藏自治区志·文物志》，第1207页

续表

名称	藏处	时代	相关信息	资料出处
宣德铜钹	山南市博物馆	明宣德	该器原为泽当寺的藏物,带"大明宣德年造"款	《藏传佛教寺院考古》,第79页
宣德铜钹	曲松县朗真寺	明宣德	"大明宣德年造"款;朗真寺在明代为噶举派寺院,清初改宗格鲁派	《西藏自治区志·文物志》,第491页
宣德铜钹	曲松县甲日贡寺	明宣德	"大明宣德年造"款	《错那、隆子、加查、曲松县文物志》,第219页
宣德铜钹	洛扎县可久寺(卡久寺)	明宣德	"大明宣德年内加金银造"款	《西藏自治区志·文物志》,第497页
"大明宣德年"铜钹	萨迦寺	明宣德	该铜钹外形呈斗笠状,纽顶正中有圆形穿孔,以供系绳。腹鉴刻二龙戏珠,并鉴刻"大明宣德年"款	《日喀则地区现存反映中国中央政府有效治理西藏历史文物目录》,第71页
宣德铜钹	吉隆县曲德寺	明宣德	"大明宣德五年内加金银造"款,共两对。圆顶一侧双龙戏珠图案,珠中刻"寿"字;另一侧双线勾勒火焰宝珠,龙四足,两龙中有一"大明宣德五年内加金银造"。小的纹饰与大者完全相同,说明当时可能大、小配合使用	《吉隆县文物志》,第159页

续表

名称	藏处	时代	相关信息	资料出处
宣德铜钹	昂仁县扎桑寺	明宣德	三对,钹外形略似斗笠,钮顶正中有圆形穿孔,以供系绳。钮部外侧用阴线勾勒,双线银丝图案,铭文为楷书,左书"大明宣德五年秋月内加金银造",龙身修长,四足,双龙之间为一火焰宝珠,珠上刻一不甚规则的"寿"字	《昂仁县文物志》,第169页,图6-9
宣德铜钹	昂仁县维桑林寺	明宣德	铜钹外形略似斗笠,钮部外侧用阴线勾勒,与铭文一侧用阴线鉴刻有龙虎图案,铭文五行,左书"大明宣德五年内加金银造",字体为双勾楷书,一龙一虎之间夹一"寿"字火焰宝珠	《昂仁县文物志》,第171页,图6-10
宣德铜钹	日喀则昂仁县	明宣德	一对,式样为斗笠形状,钮顶正中有圆形穿孔,以供系绳。钮部外侧用阴线勾勒及图案,铭文五行,双线勾勒,左书"大明宣德五年秋月内加金银造"。图案为双龙戏珠,下有四足,足上有爪,双龙之间夹火焰宝珠,珠上刻"寿"字	《西藏自治区志·文物志》,第1208页
宣德铜钹	尼木县杰吉寺	明宣德	带"大明宣德五年"款,刻有四爪飞龙和汉字"寿",寿字周围饰有火焰纹	《西藏自治区志·文物志》,第477页

续表

名称	藏处	时代	相关信息	资料出处
宣德铜钹	色拉寺	明宣德	钹上錾刻二龙戏珠图案，并有"大明宣德五年内加金银造"款识	西藏在线官网，http://www.tibetol.cn/html/2013/sm_0617/1107.html，最后访问日期：2018年4月20日
"大明宣德年造"铜钹	山南市博物馆	明宣德	曲松县征集，原藏山南昌珠寺	《西藏自治区志·文物志》，第1206页
宣德铜钹	昌都丁青县紫珠寺	明宣德	带大明宣德年款识	《西藏自治区志·文物志》，第570页
宣德铜钹	亚东县东嘎寺	明宣德	"大明宣德年造"款，阴刻双龙戏珠纹	《亚东、康马、岗巴、定结县文物志》，第51页
铜鎏金八瓣莲花喜金刚曼陀罗	萨迦寺	明永乐	铜鎏金	《雪域名刹——萨迦寺》，第155页
地狱主曼陀罗	萨迦寺	明永乐	铜鎏金	《藏传佛像艺术鉴赏》，第122页，续表一：24
铜鎏金八瓣莲花喜金刚曼陀罗	布达拉宫	明永乐	铜鎏金，"大明永乐年施"款，与下一件不同	《布达拉宫秘宝》，第246页
铜鎏金八瓣莲花曼陀罗	布达拉宫	明永乐	铜鎏金，"大明永乐年施"款	《吉祥宝藏：西藏珍藏的中原及皇家瑰宝》下册，第64—67页

续表

名称	藏处	时代	相关信息	资料出处
铜鎏金八瓣莲花大威德金刚曼陀罗	西藏博物馆	明永乐	铜鎏金，"大明永乐年施"款	《西藏博物馆》，第110—111页
经幡	夏鲁寺	明代	明朝赐给夏鲁万户长之物	《西藏自治区志·文物志》，第452页
法轮	噶玛丹萨寺（噶玛寺）	明代	藏式平顶中饰法轮，两侧为一对鎏金孔雀，此三件为大明皇帝所赐	《噶玛寺》，《西藏研究》1988年第3期
钢剑	萨迦寺	明永乐	该钢剑剑柄为金刚杵柄，剑刃两面有脊，束腰，刃上端错金汉、藏文字，汉文为表书"大明永乐年施"，藏文意思相同	《日喀则地区现存反映中国中央政府有效治理西藏历史文物目录》，第69页
响铜钟	山南桑日县丹萨替寺	明代	仿造唐代样式，高16厘米，纽高5厘米，口径20厘米。原为丹萨替寺经堂大门的挂钟，为明朝内地产品，钟上铸阴文"六字真言"及藏文赞文	《西藏自治区志·文物志》，第1208—1209页
雕龙玉钟	萨迦寺	明代		《萨迦寺》，图94
银质香炉	江孜白居寺	明代	双把手，腹部堆饰有寿字纹，莲花足	《江孜白居寺综述》，《南方民族考古》第4辑，第248页
铜象首足炉	西藏	明代		《宝藏——中国西藏历史文物》（3），第238—239页，图90

续表

名称	藏处	时代	相关信息	资料出处
铜香炉	萨迦寺	明永乐		《萨迦寺》,图93
鎏金铜和解塔	西藏博物馆	明永乐	"大明永乐年施"款	《金色宝藏——西藏历史文物选萃》,第188页
鎏金铜涅槃塔	西藏博物馆	明永乐	"大明永乐年施"款	《雪域藏珍——西藏文物精华》,第125页,图46
鎏金铜聚莲塔	西藏博物馆	明永乐	"大明永乐年施"款	《雪域藏珍——西藏文物精华》,第126页,图47
铜鎏金神变塔	西藏博物馆	明永乐	"大明永乐年施"款	《南京弘觉寺塔地宫出土金铜尊胜塔像新考》,《故宫博物院院刊》2011年第6期,图四

表 8　西藏已刊布的明朝内地制唐卡、绢画

名称	藏处	时代	特点	资料出处
释迦牟尼佛立像绢画	乃宁曲德寺	明永乐	有汉、藏文赞词，"大明皇帝御制旃檀佛像赞"，永乐十年四月十七日"题款	《日喀则地区现存反映中国中央政府有效治理西藏历史文物目录》，第 57—58 页
钳青纸地泥金御制救度佛母像	白居寺	明永乐	"大明永乐十四年四月十七日施"图像后附有"御制救母赞"	《藏传佛教寺院考古》，第 138—158 页
胜乐金刚缂丝唐卡	山南市博物馆	明永乐	右上角有"大明永乐年施"款	《吉祥宝藏：西藏珍藏的中原及皇家瑰宝》下册，第 120—121 页
喜金刚刺绣唐卡	罗布林卡	明永乐		《西藏文物精粹》，第 99—100 页，图 72
胜乐金刚刺绣唐卡	大昭寺	明永乐	"大明永乐年施"款	《吉祥宝藏：西藏珍藏的中原及皇家瑰宝》下册，第 110—111 页
大威德金刚缂丝唐卡	大昭寺	明永乐	"大明永乐年施"款	《吉祥宝藏：西藏珍藏的中原及皇家瑰宝》下册，第 112—113 页
双身红阎摩敌刺绣唐卡	大昭寺	明永乐		《吉祥宝藏：西藏珍藏的中原及皇家瑰宝》下册，第 114—115 页
独雄大威德金刚绣丝唐卡	布达拉宫	明永乐		《布达拉宫秘宝》，第 228 页
"甘丹绣唐"	甘丹寺	明初	共 23 幅刺绣唐卡，包括十六罗汉、释迦牟尼佛、达摩多罗、哈香和四大天王像	《西藏甘丹寺明初十六罗汉双刺绣唐卡相关问题初探》，《故宫博物院刊》2018 年第 3 期

续表

名称	藏处	时代	特点	资料出处
红夜摩刺绣唐卡	美国私人收藏	明永乐	此唐卡是1940年由锡金元首赠予英国人的,右上有竖排的"大明永乐年施"款	《中国丝绸科技艺术七千年:历代织绣珍品研究》,第298页,图8-154
大慈法王像刺绣唐卡	罗布林卡	明宣德		《宝藏——中国西藏历史文物》(3),第150—151页,图55
大慈法王像刺绣唐卡	西藏博物馆	明宣德		《历史的见证——西藏博物馆藏历代中央政府治藏文物集萃》,第63页
普贤菩萨刺绣唐卡	布达拉宫	明正德	"大明正德十四年九月二十四日大护国保安寺掌秘密教掌西方坛大庆法王领占班丹发心绣施"	《介绍两幅明清唐卡》,《文物》1985年第11期,图一
罗汉像缂丝唐卡	扎什伦布寺	明万历		《西藏唐卡》,图46,图版说明第185页
药师佛刺绣唐卡	萨迦寺	明初		《萨迦寺》,第209页
释迦佛缂丝唐卡	山南市博物馆	明初	原存泽当寺,画面左上方有月中玉兔在桂树下捣药的形象,取自嫦娥奔月的传说	《西藏文物见闻记(五)——山南之行》,《文物》1961年第3期
喜金刚像织锦唐卡	布达拉宫	明代(15世纪)		布达拉宫官网,http://www.potalapalace.cn/home2/bdlgShowDetail23.html?parentPhotoId=769,最后访问日期:2018年5月21日

续表

名称	藏处	时代	特点	资料出处
释迦牟尼刺绣唐卡	布达拉宫	明代		《布达拉宫秘宝》,第216页
大威德怖畏金刚像刺绣唐卡	布达拉宫	明代	内地制作,周边以梵文为装饰,应是明代宫廷的物品	《西藏唐卡》,第88页,图版说明第189页
喜金刚织锦唐卡	布达拉宫	明代		《布达拉宫秘宝》,第231页
吉祥时轮金刚刺绣唐卡	布达拉宫	明代		《布达拉宫秘宝》,第227页
胜乐金刚缂丝唐卡	布达拉宫	明代		《雪域藏珍——西藏文物精华》,图9
观音像缂丝唐卡	山南市博物馆	明代	原存泽当寺	《藏传佛教寺院考古》,第79页
寿星老人刺绣唐卡	类乌齐县	明代	汉地风格,中间刺绣寿星老人为汉人装束	《西藏自治区志·文物志》,第1158页
无量光佛织锦唐卡	布达拉宫	明代		《布达拉宫》,图125
白度母像堆绣唐卡	西藏博物馆	明代		《西藏博物馆》,第62—63页,图2
大白伞盖佛母贴绫绣唐卡	布达拉宫	明代		《布达拉宫》,图109

图　　版

图 1-1-1

图 1-1-2

图 1-1-3

图 1-1-4

图 1-1 洪武敕封搠思公失监为俄力思军民元帅府元帅圣旨

图 1-1 采自西藏自治区档案馆编《西藏历史档案荟粹》,文物出版社 1995 年版,图 23。

图 1-2-1

图 1-2-2

图 1-2 洪武十二年敕封端竹监藏为信武将军、加麻万户府万户诏书

图 1-2 采自西藏博物馆编,何晓东著《历史的见证——西藏博物馆藏历代中央政府治藏文物集萃》,四川美术出版社 2015 年版,第 70—72 页。

图　版　417

图 1-3-1

图 1-3-2

图 1-3-3

图 1-3　必力公万户府印

图 1-3-1—2 采自甲央、王明星主编《宝藏——中国西藏历史文物》（3），朝华出版社 2000 年版，第 90—91 页，图 46；图 1-3-3 采自欧朝贵、其美编著《西藏历代藏印》，西藏人民出版社 1991 年版，第 19 页。

418　以文治边：文物考古视瞰下明朝对西藏的经略

图 1-4　乌思藏宣慰司分司印

图 1-4 采自欧朝贵、其美编著《西藏历代藏印》，第 21 页。

图 1-5-1　　　　　　　　　　　图 1-5-2

图　版　419

图 1-5-3

图 1-5　朵甘卫都指挥使司印

图 1-5-1—2 采自甲央、王明星主编《宝藏——中国西藏历史文物》（3），第 140—141 页，图 50；图 1-5-3 采自欧朝贵、其美编著《西藏历代藏印》，第 18 页。

图 1-6-1

420 以文治边：文物考古视瞰下明朝对西藏的经略

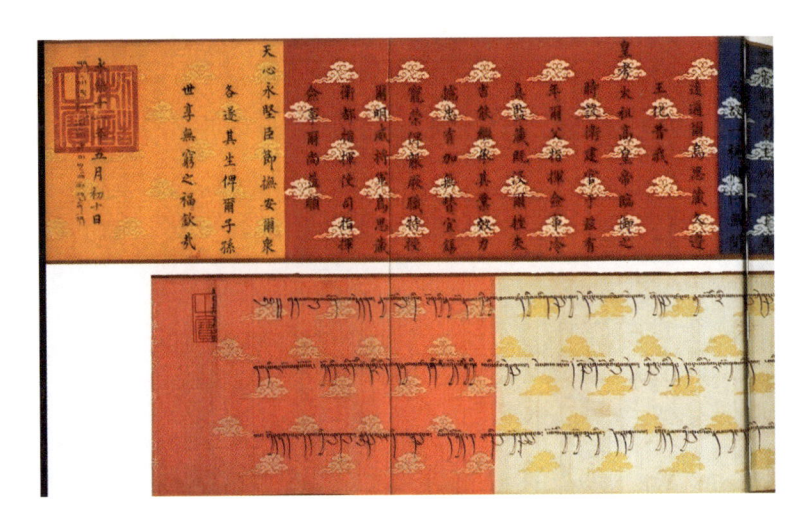

图 1-6-2

图 1-6 明成祖敕封挫失吉承袭其父冷真监藏职名诏书

图 1-6 采自中国历史博物馆、西藏博物馆编《金色宝藏——西藏历史文物选萃》，中国藏学出版社 2001 年版，第 36—37 页。

图 1-7 乌思藏卫俺不罗行都指挥使司印

图 1-7 采自欧朝贵、其美编著《西藏历代藏印》，第 20 页。

图 1-8-1

图 1-8-2

图 1-8-3

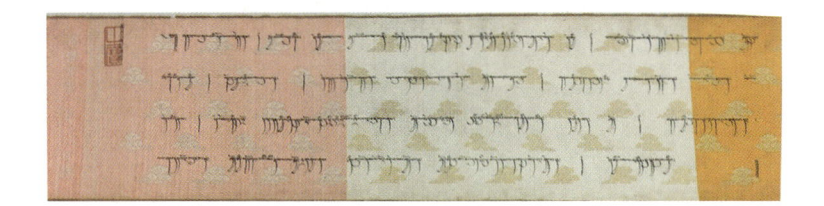

图 1-8-4

422　以文治边：文物考古视瞰下明朝对西藏的经略

图 1 - 8 - 5

图 1 - 8　永乐十四年敕封喃葛加儿卜为昭勇将军、领思奔寨行都指挥使司都指挥佥事诰书

图 1 - 8 西藏博物馆藏。

图 1 - 9 - 1

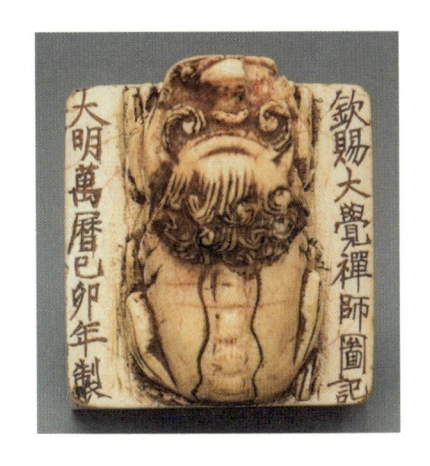

图　版　423

图 1-9-2 　　　　　　　　　图 1-9-3

图 1-9　果累千户所印

图 1-9-1—2 采自西藏博物馆编、何晓东著《历史的见证——西藏博物馆藏历代中央政府治藏文物集萃》，第 94—95 页；图 1-9-3 采自欧朝贵、其美编著《西藏历代藏印》，第 22 页。

图 1-10-1 　　　　　　　　　图 1-10-2

424　以文治边：文物考古视瞰下明朝对西藏的经略

图 1 - 10 - 3

图 1 - 10 - 4

图 1 - 10　司徒之印

　　图 1 - 10 - 1—3 采自甲央、王明星主编《宝藏——中国西藏历史文物》(3)，第 142—143 页，图 51；图 1 - 10 - 4 采自欧朝贵、其美编著《西藏历代藏印》，第 23 页。

图 1 - 11 - 1

图 1 - 11 - 2

图 1 - 11 - 3

图 1 - 11　永乐皇帝敕封锁巴头目剌昝肖为司徒诏书

　　图 1 - 11 采自西藏自治区档案馆编《西藏历史档案荟粹》，图 25。

图　版　425

图 1 – 12 – 1

图 1 – 12 – 2

图 1 – 12 – 3

图 1 – 12 – 4

图 1 – 12　赏巴国公之印

图 1 – 12 – 1—3 采自甲央、王明星主编《宝藏——中国西藏历史文物》(3)，第 146—147 页，图 53；图 1 – 12 – 4 采自欧朝贵、其美编著《西藏历代藏印》，第 25 页。

426 以文治边：文物考古视瞰下明朝对西藏的经略

图 1-13-1

图 1-13-2

图 1-13-3

图 1-13 灌顶国师阐化王印

图 1-13-1—2 采自甲央、王明星主编《宝藏——中国西藏历史文物》（3），第92—93页，图47；图 1-13-3 采自欧朝贵、其美编著《西藏历代藏印》，第29页。

图　版　427

图 1-14　"灌顶国师阐化"复制印

图 1-14 采自欧朝贵、其美编著《西藏历代藏印》,第 30 页。

图 1-15-1

图 1-15-2

图 1-15-3

图 1 – 15 – 4

图 1 – 15 – 5

图 1 – 15 – 6

图 1 – 15　永乐十一年封斡喃渴烈思巴为思达藏辅教王的诰书

图 1 – 15 西藏博物馆藏。

图 1 – 16 – 1

图　版　429

图 1 – 16 – 2　　　　　　　　　　　　　　图 1 – 16 – 3

图 1 – 16　阐教王印

图 1 – 16 – 1—2 采自西藏博物馆编，何晓东著《历史的见证——西藏博物馆藏历代中央政府治藏文物集萃》，第 82 页；图 1 – 16 – 3 采自西藏自治区文物管理委员会《明朝封授西藏地方官员的印章》，《文物》1981 年第 11 期，图六。

图 1 – 17　明宪宗为遣使来贡并回赐事给如来大宝法王等敕谕

图 1 – 17 采自西藏自治区档案馆编《西藏历史档案荟粹》，图 30。

图 1 – 18　宣德元年册封公哥儿寨官忍昝巴为昭勇将军、乌思藏都指挥佥事诰命

图 1 – 18 采自西藏博物馆编，何晓东著《历史的见证——西藏博物馆藏历代中央政府治藏文物集萃》，第 74—75 页。

图 1 - 19 - 1

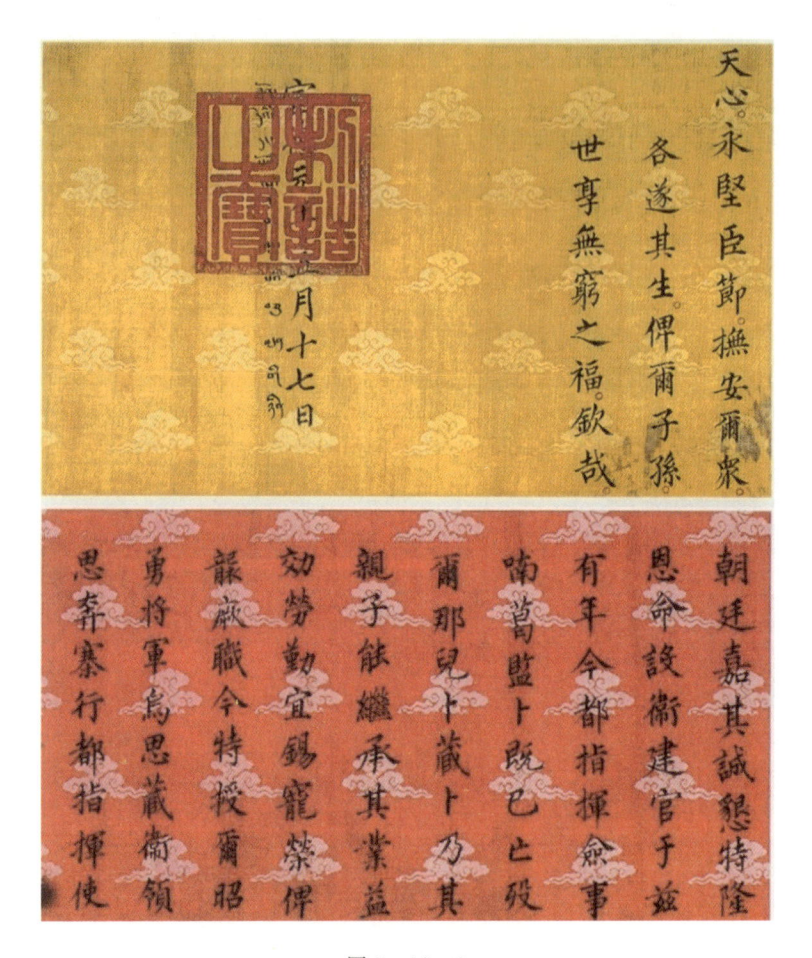

图 1 - 19 - 2

图 1-19 宣德元年续封那儿卜藏卜为领思奔寨行都指挥使司佥事诰书

图 1-19 采自西藏博物馆编,何晓东著《历史的见证——西藏博物馆藏历代中央政府治藏文物集萃》,第 76—77 页。

图　版　431

图 1-20-1

图 1-20-2

图 1-20-3

图 1 – 20 – 4

图 1 – 20　成化五年封南葛剳失坚参叭藏卜为辅教王的诏敕

图 1 – 20 采自西藏博物馆编，何晓东著《历史的见证——西藏博物馆藏历代中央政府治藏文物集萃》，第 64—67 页。

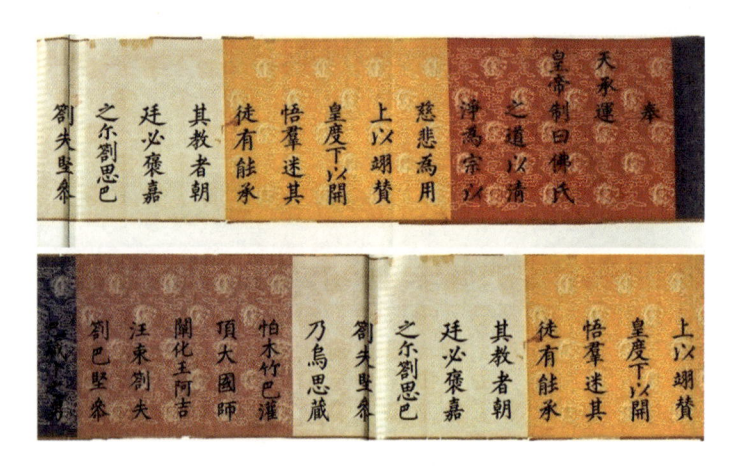

图 1 – 21 – 1

图　版　433

图 1-21-2

图 1-21-3

图 1-21-4

图 1-21　嘉靖四十一年封授刳思巴刳失坚参承袭其父阐化王之职诰书

图 1-21 采自中国历史博物馆、西藏博物馆编《金色宝藏——西藏历史文物选萃》，第38—41页。

434　以文治边：文物考古视阈下明朝对西藏的经略

图 1 - 22 - 1 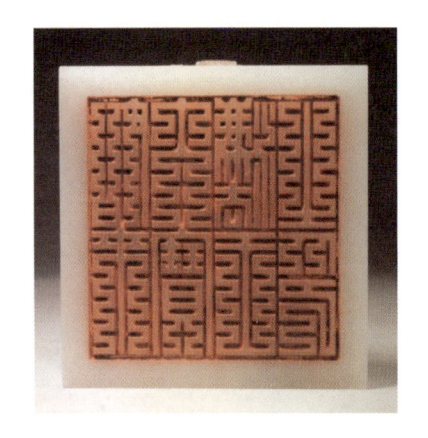　　　　　　　　　　图 1 - 22 - 2

图 1 - 22 - 3

图 1 - 22　如来大宝法王之印

图 1 - 22 - 1—2 采自甲央、王明星主编《宝藏——中国西藏历史文物》(3)，第 138—139 页，图 49；图 1 - 22 - 3 采自欧朝贵、其美编著《西藏历代藏印》，第 27 页。

图　版　435

图 1 - 23 - 1 　　　　　　　　　　　　图 1 - 23 - 2

图 1 - 23 - 3

图 1 - 23　正觉大乘法王之印

图 1 - 23 - 1—2 采自甲央、王明星主编《宝藏——中国西藏历史文物》(3)，第 144—145 页，图 52；图 1 - 23 - 3 采自欧朝贵、其美编著《西藏历代藏印》，第 28 页。

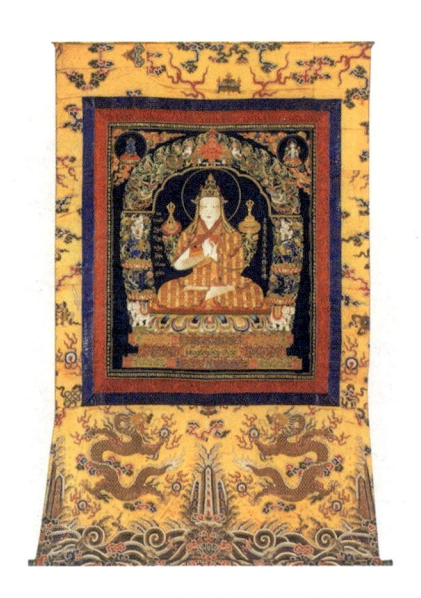

图 1 – 24　刺绣大慈法王像唐卡

图 1 – 24 采自西藏博物馆编，何晓东著《历史的见证——西藏博物馆藏历代中央政府治藏文物集萃》，第 63 页。

图 1 – 25 – 1

图 1-25-2

图 1-25-3

图 1-25 明武宗给八世噶玛巴的诏敕

图 1-25 采自 H. E. Richardson, "The Karma - Pa Sect. A Historical Note: Part I with Plates Ⅶ - Ⅺ," *The Journal of the Royal Asiatic Society of Great Britain and Ireland*, No. 3/4, October 1958, pp. 139 - 164, Plate Ⅸ - Ⅺ.

438　以文治边：文物考古视瞳下明朝对西藏的经略

图 1 - 26　广慧悟法净觉妙善翊国衍教灌顶戒定西天佛子大国师印

　　图 1 - 26 采自青海省博物馆、青海民族博物馆编著《河湟藏珍·历史文物卷》，文物出版社 2012 年版，第 236 页，图 219。

图 1 - 27 - 1

图 1 - 27 - 2

图 1 - 27　永乐十二年敕封妥巴阿摩葛承袭其子哲尊巴灌顶圆通慈济大国师诰书

　　图 1 - 27 采自西藏博物馆编，何晓东著《历史的见证——西藏博物馆藏历代中央政府治藏文物集萃》，第 68—69 页。

图　版　439

图 1 - 28　弘慈妙觉灌顶大国师印

图 1 - 28 采自欧朝贵、其美编著《西藏历代藏印》，第 38 页。

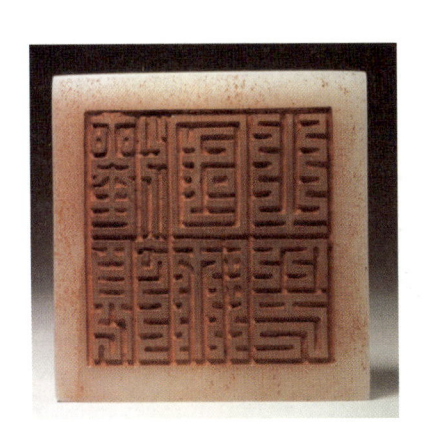

图 1 - 29 - 1

图 1 - 29 - 2

图 1 - 29 - 3

图 1 - 29　灌顶国师之印

图 1 - 29 - 1—2 采自甲央、王明星主编《宝藏——中国西藏历史文物》(3)，第 88—89 页，图 45；图 1 - 29 - 3 采自欧朝贵、其美编著《西藏历代藏印》，第 32 页。

图 1 - 30　元代灌顶国师之印

图 1 - 30 采自甲央、王明星主编《宝藏——中国西藏历史文物》(3)，第 38—39 页，图 15。

图 版　441

图 1-31-1

图 1-31-2 　　　　　　　　　图 1-31-3

图 1-31　灌顶净慈通慧国师印

图 1-31-1—2 采自西藏博物馆编，何晓东著《历史的见证——西藏博物馆藏历代中央政府治藏文物集萃》，第 84 页；图 1-31-3 采自欧朝贵、其美编著《西藏历代藏印》，第 31 页。

442　以文治边：文物考古视瞰下明朝对西藏的经略

图 1 - 32 - 1

图 1 - 32 - 2

图 1 - 32 - 3

图 1 - 32　大慈法王像缂丝唐卡

图 1 - 32 采自甲央、王明星主编《宝藏——中国西藏历史文物》（3），第 150—151 页，图 55。

图　版　443

图 1 - 33 - 1

图 1 - 33 - 2

图 1 - 33 - 3

图 1 - 33　戒定善悟灌顶国师印

　　图 1 - 33 - 1—2 采自西藏博物馆编，何晓东著《历史的见证——西藏博物馆藏历代中央政府治藏文物集萃》，第 85 页；图 1 - 33 - 3 采自欧朝贵、其美编著《西藏历代藏印》，第 36 页。

图 1-34-1

图 1-34-2

图 1-34 永乐十三年敕封高日斡锁南观为慧善禅师之敕谕

图 1-34 采自甲央、王明星主编《宝藏——中国西藏历史文物》(3)，第 148—149 页，图 54。

图 1-35 弘善禅师图书

图 1-35 采自欧朝贵、其美编著《西藏历代藏印》，第 40 页。

图　版　445

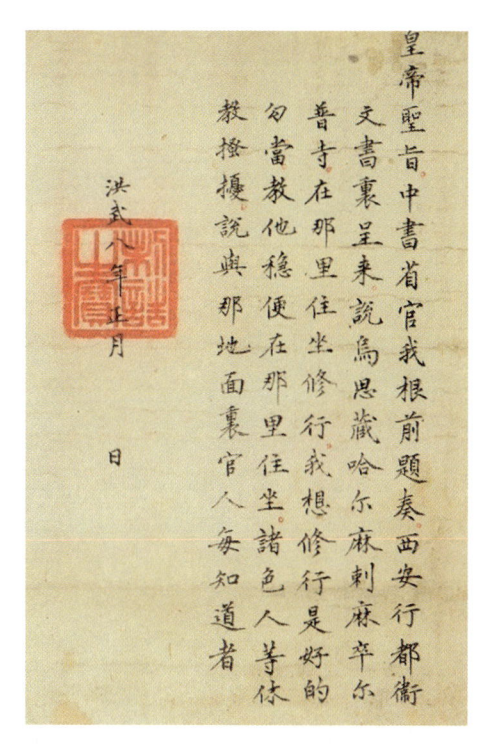

图 1-36　洪武八年允准乌思藏哈尔麻（哈立麻）剌麻在卒尔普寺修行护敕

图 1-36 采自西藏博物馆编，何晓东著《历史的见证——西藏博物馆藏历代中央政府治藏文物集萃》，第 56 页。

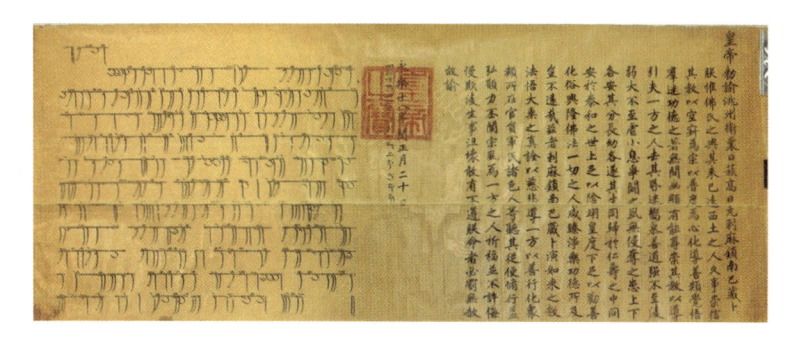

图 1-37　永乐十八年颁赐洮州喇嘛锁南巴藏卜的敕谕

图 1-37 西藏博物馆藏。

图 1 - 38　《敕建大护国保安寺圆寂大善法王墓志铭》

图 1 - 38 采自张文大《大善法王墓志铭揭开大墙圈之谜底》，北京市海淀区党史地方志办公室官网，http://hdszb.bjhd.gov.cn/gzdt/dqgz/201704/t20170428_1366989.htm，最后访问日期：2020 年 6 月 18 日。

图　版　447

图 1 - 39 - 1　　　　　　　　　　　图 1 - 39 - 2

图 1 - 39　《法海禅寺记》碑

图 1 - 39 - 1 为笔者拍摄；图 1 - 39 - 2 采自北京图书馆金石组编《北京图书馆藏中国历代石刻拓本汇编（明一）》第 51 册，中州古籍出版社 1989 年版，第 114 页。

448　以文治边：文物考古视瞰下明朝对西藏的经略

图 1-40　谢尚师哈立麻来京并进贡马匹事敕书

图1-40采自中国藏学研究中心、西藏文化博物馆编著《雪域宝鉴》，中国藏学出版社2010年版，第20—21页。

图 1-41-1

图 1-41-2

图 1-41-3

图 1-41　宣德二年敕封六世葛里麻通哇敦丹为慧慈禅师诏书

图1-41采自西藏自治区档案馆编《西藏历史档案荟粹》，图27。

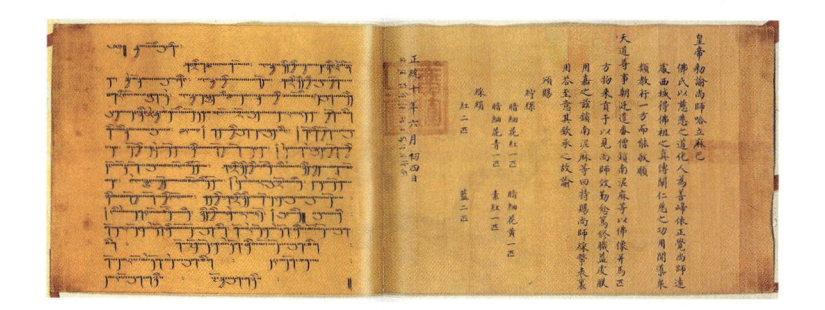

图 1-42 明英宗为遣僧来贡并回赐事给尚师哈立麻的敕谕

图 1-42 采自西藏自治区档案馆编《西藏历史档案荟粹》，图 28。

图 1-43 弘治九年敕封锁南坚参巴藏卜袭净修圆妙国师的敕谕

图 1-43 采自甲央、王明星主编《宝藏——中国西藏历史文物》(3)，第 168-173 页，图 57。

图 1-44-1

450　以文治边：文物考古视瞾下明朝对西藏的经略

图 1 - 44 - 2

图 1 - 44　正德四年畜吉短竹袭庄严通悟国师敕谕

图 1 - 44 西藏博物馆藏。

图 1 - 45 - 1　　　　　　　　　图 1 - 45 - 2

图 1 - 45 - 3

图　版　451

图 1 – 45 – 4

图 1 – 45　嘉靖皇帝给管着坚眷的袭职敕谕

图 1 – 45 采自 Peter Schwieger, "A Document of Chinese Diplomatic Relations with East Tibet during the Ming Dynasty," in: *Tibetstudien. Festschrift für Dieter Schuh zum 65. Geburtstag*. Hrsg. von Petra Maurer und Peter Schwieger. Bonn: Bier'sche Verlagsanstalt, 2007, pp. 209 – 226.

图 1 – 46　明宪宗回赐乌思藏大宝法王葛哩麻等物品诏书

图 1 – 46 西藏博物馆藏。

图 2-1 摩利支佛母鎏金铜像

图 2-1 采自《北京文物精粹大系》编委会、北京市文物局编《北京文物精粹大系·佛造像卷》(上),北京出版社 2001 年版,图 125,附录第 16 页。

图 2-2 黄铜不空成就佛坐像

图 2-2 采自杨新、王家鹏编《中国藏传佛教雕塑全集》(2),北京美术摄影出版社 2002 年版,第 110 页,图一二七。

图 版　453

图 2 - 3　多笼僧纲司印

图 2 - 3 采自欧朝贵、其美编著《西藏历代藏印》，第 45 页。

图 2 - 4 - 1

图 2 - 4 - 2

图 2-4-3

图 2-4 都纲之印

图 2-4-1—2 采自西藏博物馆编，何晓东著《历史的见证——西藏博物馆藏历代中央政府治藏文物集萃》，第 96 页；图 2-4-3 采自欧朝贵、其美编著《西藏历代藏印》，第 43 页。

图 2-5 "圆修般若"图章

图 2-5 采自欧朝贵、其美编著《西藏历代藏印》，第 42 页。

图　版　455

图 2 - 6 - 1

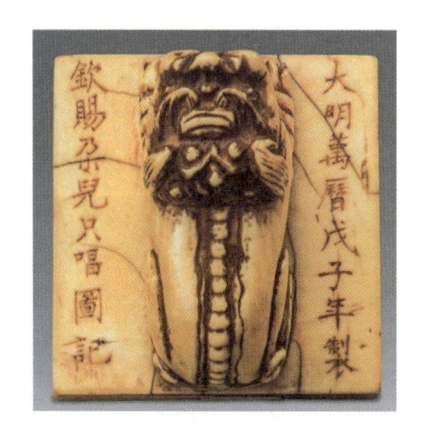

图 2 - 6 - 2

图 2 - 6 - 3

图 2 - 6 - 4

图 2-6　"朵儿只唱"图记

图 2-6-1—3 采自西藏博物馆编，何晓东著《历史的见证——西藏博物馆藏历代中央政府治藏文物集萃》，第 88 页；图 2-6-4 采自欧朝贵、其美编著《西藏历代藏印》，第 48 页。

图 2-7-1

图 2-7-2

图 2-7-3

图 2-7 永乐皇帝遣使赏赐促儿卜丹萨瓦国师端古禄丹竹斡薛诏书

图 2-7 西藏博物馆藏。

图 2-8 大明皇帝颁赐大国师果栾罗葛罗坚藏巴里藏卜礼单

图 2-8 采自邓锐龄、陈庆英等《元以来西藏地方与中央政府关系研究》（上），中国藏学出版社 2005 年版，图版"明成祖永乐八年（1411 年）颁赐大国师果栾罗葛啰监藏巴里藏卜礼单"。

图 2-9 云龙纹锦缎

图 2-9 采自拉萨大昭寺民管会编《大昭寺》，中国民族摄影艺术出版社 2000 年版，第 99 页，图版。

458　以文治边：文物考古视阈下明朝对西藏的经略

图 2 – 10　哲蚌寺措勤大殿明代龙纹织绣顶幔

图 2 – 10 采自熊文彬、陈楠主编《西藏通史·明代卷》，中国藏学出版社 2015 年版，彩图"哲蚌寺措勤大殿明代织绣"。

图 2 – 11 – 1

图 2 - 11 - 2

图 2 - 11 - 3

图 2 - 11　扎什伦布寺双龙金丝织锦缎顶幔华盖

　　图 2 - 11 - 1—2 采自甲央、王明星主编《宝藏——中国西藏历史文物》(3)，第 176—177 页，图 59；图 2 - 11 - 3 采自西藏自治区文物局、日喀则扎什伦布寺民管会编《扎什伦布寺》，中国大百科全书出版社 1998 年版，第 53 页。

图 2-12　扎什伦布寺鸾凤牡丹纹缂丝装饰

图 2-12 采自甲央、王明星主编《宝藏——中国西藏历史文物》(3)，第 174—175 页，图 58。

图 2-13　明代飞鱼补子

图 2-13 采自波士顿美术博物馆官网，http://www.mfa.org/collections/object/court-insignia-badge-buzi-334448，最后访问日期：2016 年 9 月 10 日。

图 2 – 14　龙纹青白玉銙

图 2 – 14 采自西藏博物馆编《西藏博物馆藏元明清玉器精品》，文物出版社 2005 年版，第 38 页，图 7。

图 2 – 15　龙纹青白玉铊尾

图 2 – 15 采自西藏博物馆编《西藏博物馆藏元明清玉器精品》，第 39 页，图 8。

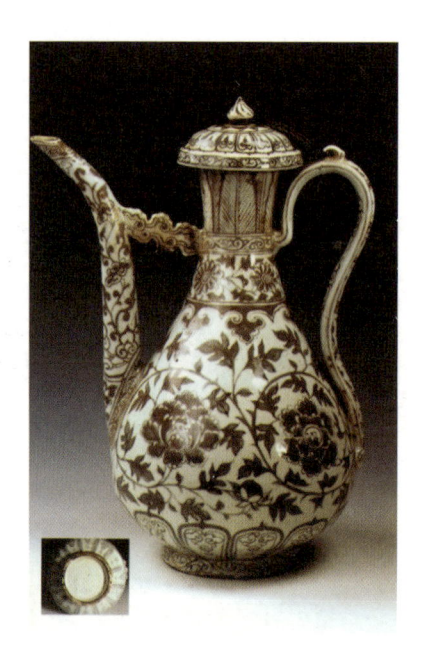

图 2-16　洪武釉里红牡丹纹执壶

图 2-16 采自上海博物馆编《雪域藏珍——西藏文物精华》,上海书画出版社 2001 年版,第 175 页,图 86。

图 2-17　永乐白釉锥花僧帽壶

图 2-17 采自中国历史博物馆、西藏博物馆编《金色宝藏——西藏历史文物选萃》,第 242 页。

图 2-18-1 　　　　　　　　　　　　图 2-18-2

图 2-18　宣德蓝釉盘

图 2-18 采自西藏博物馆编《西藏博物馆藏明清瓷器精品》，中国大百科全书出版社 2004 年版，第 40—41 页。

图 2-19-1 　　　　　　　　　　　　图 2-19-2

图 2 - 19 - 3

图 2 - 19　青花海水龙纹高足碗

图 2 - 19 采自周炜、索文清主编《吉祥宝藏：西藏珍藏的中原及皇家瑰宝》下册，中国藏学出版社 2015 年版，第 156—159 页。

图 2 - 20　宣德青花八宝纹藏文高足碗

图 2 - 20 采自上海博物馆编《雪域藏珍——西藏文物精华》，第 184—185 页。

图　版　465

图 2 - 21 - 1 　　　　　　　　　　　　　　图 2 - 21 - 2

图 2 - 21　宣德青花藏文莲托八吉祥纹僧帽壶

图 2 - 21 采自甲央、王明星主编《宝藏——中国西藏历史文物》(3)，第 304—305 页，图 117。

图 2 - 22 - 1 　　　　　　　　　　　　　　图 2 - 22 - 2

图 2 - 22　成化青花缠枝花卉纹碗

图 2 - 22 采自西藏博物馆编《西藏博物馆藏明清瓷器精品》，第 42—43 页。

图 2-23-1 　　　　　　　　　　　　　图 2-23-2

图 2-23　成化青花夔龙纹高足碗

图 2-23 采自中国历史博物馆、西藏博物馆编《金色宝藏——西藏历史文物选萃》，第 248—249 页。

图 2-24-1 　　　　　　　　　　　　　图 2-24-2

图 2-24　弘治黄釉碗

图 2-24 采自西藏博物馆编《西藏博物馆藏明清瓷器精品》，第 46 页。

图　版　467

图 2 – 25 – 1　　　　　　　　　　　　图 2 – 25 – 2

图 2 – 25　正德黄地青花云龙纹碗

图 2 – 25 采自西藏博物馆编《西藏博物馆藏明清瓷器精品》，第 48 页。

图 2 – 26 – 1　　　　　　　　　　　　图 2 – 26 – 2

图 2 – 26　嘉靖青花云龙纹执壶

图 2 – 26 采自张柏主编《中国出土瓷器全集 16·甘肃　青海　宁夏　新疆　云南　贵州　西藏》，科学出版社 2008 年版，第 228 页。

图 2-27-1　　　　　　　　　　　　　图 2-27-2

图 2-27　嘉靖黄地绿彩松竹梅纹碗

图 2-27 采自布达拉宫管理处编《布达拉宫珍宝馆图录》，中国藏学出版社 2013 年版，第 46 页。

图 2-28-1　　　　　　　　　　　　　图 2-28-2

图 2-28　万历青花婴戏纹碗

图 2-28 采自郑堆、德吉卓玛编著《萨迦寺》，中国大百科全书出版社 2008 年版，第 152—153 页。

图　版　469

图 2-29-1

图 2-29-2

图 2-29　万历青花庭院仕女纹高足碗

图 2-29 采自西藏博物馆编《西藏博物馆藏明清瓷器精品》，第 58—59 页。

图 2-30　景泰蓝番莲纹僧帽壶

图 2-30 采自上海博物馆编《雪域藏珍——西藏文物精华》，第 179 页，图 90。

图 2-31-1　　　　　　　　　　　图 2-31-2

图 2-31　八宝纹莲花碗

图 2-31 采自郑堆、德吉卓玛编著《萨迦寺》，第 145 页。

图 2-32　白釉刻花夔龙纹高足碗及皮革碗套

图 2-32 采自西藏博物馆编《西藏博物馆藏明清瓷器精品》，第 28—29 页。

图 2-33　万寿纹双花耳青白玉杯

图 2-33 采自西藏博物馆编《西藏博物馆藏元明清玉器精品》，第 58 页。

图 2-34　玉高足碗

图 2-34 采自上海博物馆编《雪域藏珍——西藏文物精华》,第 188 页,图 98。

图 2-35　四仙寿字纹碧玉碗

图 2-35 采自西藏博物馆编《西藏博物馆藏元明清玉器精品》,第 74 页。

图 2–36　万寿纹龙纽盖执壶

　　图 2–36 采自周炜、索文清主编《吉祥宝藏：西藏珍藏的中原及皇家瑰宝》下册，第 180—181 页。

图 2–37　龙纹青白玉方执壶

　　图 2–37 采自西藏博物馆编《西藏博物馆藏元明清玉器精品》，第 46—47 页。

474　以文治边：文物考古视瞳下明朝对西藏的经略

图 2-38　万寿长春青白玉八角托盘

图 2-38 采自西藏博物馆编《西藏博物馆藏元明清玉器精品》，第 71 页。

图 2-39　青白玉夔龙乳钉寿字纹簋

图 2-39 采自布达拉宫官网，http：//www.potalapalace.cn/home2/zbgDetail15.html？parentPhotoId=756，最后访问日期：2017 年 12 月 12 日。

图 2-40　龙纹双龙耳活环青玉瓶

图 2-40 采自西藏博物馆编《西藏博物馆藏元明清玉器精品》，第 43 页。

图 2-41　龙纹青白玉嵌饰

图 2-41 采自西藏博物馆编《西藏博物馆藏元明清玉器精品》，第 81 页。

476　以文治边：文物考古视瞰下明朝对西藏的经略

图 2 – 42　龙香御墨

图 2 – 42 采自西藏自治区文物管理委员会编《西藏文物精粹》，紫禁城出版社 1992 年版，第 54—55 页，图 27。

图 2 – 43　人物纹水晶笔架

图 2 – 43 采自西藏博物馆编《西藏博物馆藏元明清玉器精品》，第 76—77 页。

图 2 – 44　碧玉方印盒

图 2 – 44 采自西藏博物馆编《西藏博物馆藏元明清玉器精品》，第 80 页。

图　版　477

图 2-45　明永乐毗瓦巴鎏金铜像

图 2-45 采自 Ulrich von Schroeder, *108 Buddhist Statues in Tibet: Evolution of Tibetan Sculptures*, Chicago: Serindia Publications, 2008, pp. 174-175, pl. 57.

图 2-46　明永乐宝冠无量寿佛

图 2-46 采自 Ulrich von Schroeder, *Buddhist Sculptures in Tibet Vol. Two: Tibetan & Chinese*, Hong Kong: Visual Dharma Publications Ltd., 2001, pp. 1280-1281, pl. 358E.

图 2 – 47　明永乐持金刚鎏金铜像

图 2 – 47 采自 Ulrich von Schroeder, *Buddhist Sculptures in Tibet Vol. Two: Tibetan & Chinese*, p. 1250, pl. 343B.

图 2 – 48　明永乐四臂观音鎏金铜像

图 2 – 48 采自 Ulrich von Schroeder, *108 Buddhist Statues in Tibet: Evolution of Tibetan Sculptures*, Chicago: Serindia Publications, 2008, pp. 170 – 171, pl. 55A.

图 2-49-1    图 2-49-2

图 2-49　明宣德金刚持菩萨鎏金铜像

图 2-49 采自中国历史博物馆、西藏博物馆编《金色宝藏——西藏历史文物选萃》，第 192—193 页。

图 2-50　明永乐摧碎金刚鎏金铜像

图 2-50 采自 Ulrich von Schroeder, *Buddhist Sculptures in Tibet Vol. Two: Tibetan & Chinese*, pp. 1280-1281, pl. 358D.

480　以文治边：文物考古视野下明朝对西藏的经略

图 2 - 51 - 1

图 2 - 51 - 2

图 2 - 51　明永乐喜金刚鎏金铜像

图 2 - 51 采自甲央、王明星主编《宝藏——中国西藏历史文物》(3)，第 212—215 页，图 78。

图 2 - 52 - 1

图 2 - 52 - 2

图 2 - 52　明永乐大黑天鎏金铜像

图 2 - 52 采自周炜、索文清主编《吉祥宝藏：西藏珍藏的中原及皇家瑰宝》下册，第 76—77 页。

图 2-53-1

图 2-53-2

图 2-53-3

图 2-53 明永乐吉祥天母鎏金铜像

图 2-53 采自郑堆、德吉卓玛编著《萨迦寺》,第 172—173 页。

图 2-54 明永乐金刚亥母

图 2-54 采自郑堆、德吉卓玛编著《萨迦寺》,第 165 页。

图 2-55　明永乐绿度母鎏金铜像

图 2-55 采自索朗旺堆主编《亚东、康马、岗巴、定结县文物志》，西藏人民出版社 1993 年版，第 121 页，图版四十四。

图 2-56　象牙质十一面观音立像

图 2-56 采自甲央、王明星主编《宝藏——中国西藏历史文物》（3），第 277 页，图 105。

图　版　483

图 2-57-1　　　　　　　　　　　　图 2-57-2

图 2-57　明永乐鎏金铜铃、杵

图 2-57 采自周炜、索文清主编《吉祥宝藏：西藏珍藏的中原及皇家瑰宝》下册，第 126—127 页。

图 2-58　明宣德鎏金铜铃、杵

图 2-58 采自上海博物馆编《雪域藏珍——西藏文物精华》，第 130 页，图 50。

图 2 – 59　铜碰铃

图 2 – 59 采自甲央、王明星主编《宝藏——中国西藏历史文物》（3），第 234 页，图 88。

图 2 – 60　雕龙玉钟

图 2 – 60 采自西藏文物管理委员会编《萨迦寺》，文物出版社 1985 年版，图 28、图 94。

图 2-61 永乐年制铜钹

图 2-61 采自西藏自治区文物局、日喀则扎什伦布寺民管会编《扎什伦布寺》，第 176 页。

图 2-62 宣德年制铜钹

图 2-62 采自周炜、索文清主编《吉祥宝藏：西藏珍藏的中原及皇家瑰宝》下册，第 125 页。

图 2-63 "大明永乐年施"钢剑

图 2-63 采自翟向东主编《日喀则地区现存反映中国中央政府有效治理西藏历史文物目录》，刊印本，2004 年，第 69 页。

486　以文治边：文物考古视阈下明朝对西藏的经略

图 2-64-1

图 2-64-2

图 2-64-3

图 2-64　镶银翅海螺法号

　　图 2-64-1 采自西藏自治区文物管理委员会编《西藏文物精粹》，第 120 页，图 90；图 2-64-2—3 采自甲央、王明星主编《宝藏——中国西藏历史文物》（3），第 228—231 页，图 85。

图 2 - 65 - 1

图 2 - 65 - 2

图 2 - 65 明永乐铜鎏金聚莲塔

图 2 - 65 采自上海博物馆编《雪域藏珍——西藏文物精华》,第 126 页,图 47。

图 2 – 66 – 1

图 2 – 66 – 2

图 2 – 66　"大明永乐年施"菩提伽耶寺院模型

　　图 2 – 66 – 1 采自刘艺斯编《西藏佛教艺术》,文物出版社 1957 年版,第 5 页目录,图版 11;图 2 – 66 – 2 采自罗文华、格桑曲培编《贡嘎曲德寺壁画——藏传佛教美术史的里程碑》,紫禁城出版社 2015 年版,第 20 页,图 08。

图　版　489

图 2 – 67 – 1 　　　　　　　　　　　　　　图 2 – 67 – 2

图 2 – 67　"大明永乐年施"款铜曼陀罗

图 2 – 67 采自甘肃省文物局编《甘肃文物菁华》，文物出版社 2006 年版，第 284—285 页。

图 2 – 68 – 1 　　　　　　　　　　　　　　图 2 – 68 – 2

图 2 – 68　明永乐铜鎏金八瓣莲花大威德金刚曼陀罗

图 2 – 68 采自周炜、索文清主编《吉祥宝藏：西藏珍藏的中原及皇家瑰宝》下册，第 68—69 页。

图 2 - 69　明永乐带链铜香炉

图 2 - 69 采自西藏自治区文物管理委员会编《萨迦寺》，图 93。

图 2 - 70　铜象首足炉

图 2 - 70 采自甲央、王明星主编《宝藏——中国西藏历史文物》（3），第 238—239 页，图 90。

图 2 - 71 - 1

大明皇帝御製藏經讚

朕惟如來為一大事
出現演三藏十二部
之言所以指教義
義者尚其自其言詮
化導群類非上根道
而得其要者武能以
道心者佛身以成
燈然洞徹蒙實島妙
而無所遺也是故於
多聞必由於一心以
是情譚歸于圓明妙
住不動無歇之義也
夫詰心之律果遽斯
之明柢也朕路大
皇考
生育之恩緒之
德勛營之建是
住西土眾徒乃命
刊梓卵施以冀
播之與下界一切
霑沾浴無窮之福
其功德有不

图 2 - 71 - 2

图 2 - 71 - 3

492 以文治边:文物考古视瞳下明朝对西藏的经略

图 2-71-4

图 2-71 永乐八年版朱砂《甘珠尔》

图 2-71 采自周炜、索文清主编《吉祥宝藏:西藏珍藏的中原及皇家瑰宝》下册,第 128—129 页。

图 2-72-1

图 2 – 72 – 2

图 2 – 72 《吉祥无量寿佛好事经部》

图 2 – 72 采自中国历史博物馆、西藏博物馆编《金色宝藏——西藏历史文物选萃》，第 228—233 页。

图 2 – 73 "永乐年施"大威德金刚唐卡

图 2 – 73 采自周炜、索文清主编《吉祥宝藏：西藏珍藏的中原及皇家瑰宝》下册，第 112—113 页。

图 2-74　佛陀释迦牟尼卷轴绢画

图 2-74 采自翟向东主编《日喀则地区现存反映中国中央政府有效治理西藏历史文物目录》，第 57—58 页。

图 2-75　明成祖朱棣御容像

图 2-75 采自王永强等主编《中国少数民族文化史图典·西南卷》（上），广西教育出版社 1999 年版，第 182 页。

图 2 – 76 – 1

图 2 – 76 – 2

图 2-76-3

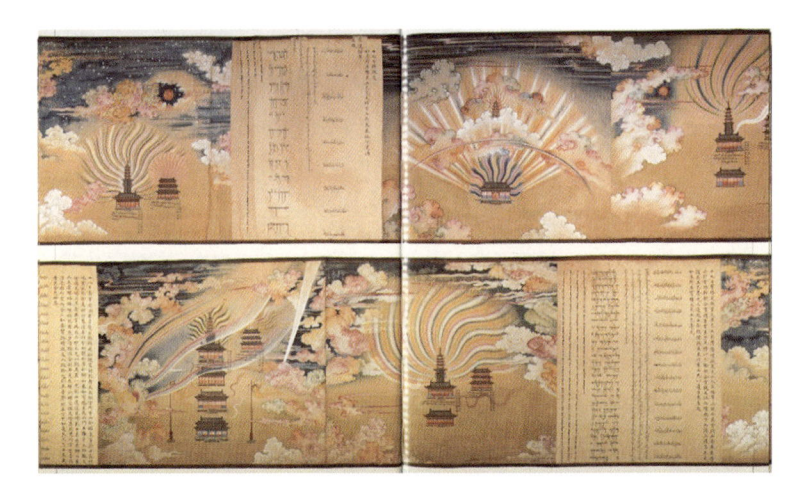

图 2-76-4

图　版　497

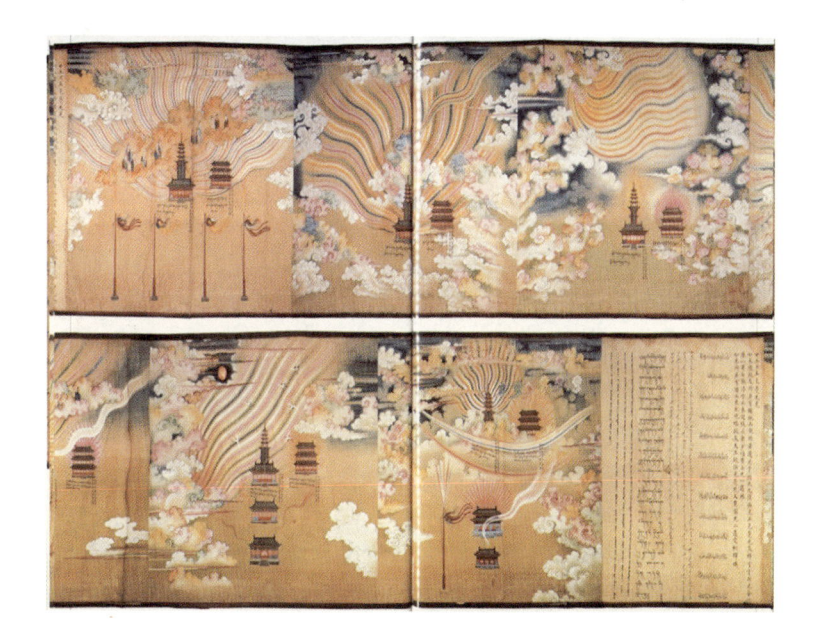

图 2 – 76 – 5

图 2 – 76 – 6

图 2 – 76 – 7

图 2 – 76　《噶玛巴为明太祖荐福图》长卷

图 2 – 76 采自甲央、王明星主编《宝藏——中国西藏历史文物》(3)，第 94—137 页，图 48。

图 2 – 77 – 1

图 2 - 77 - 2

图 2 - 77 楚布寺"大转法轮之寺"匾额

图 2 - 77 采自宿白《西藏拉萨地区佛寺调查记》,《藏传佛教寺院考古》,文物出版社 1996 年版,第 44 页,图 1 - 52,附录图版 5。

图 2 - 78 噶玛寺明代万岁牌

图 2 - 78 采自丹扎《噶玛寺》,《西藏研究》1988 年第 3 期。

图 2 - 79 - 1

图 2 - 79 - 2

图 2 - 79 宣德青花五彩鸳鸯纹高足碗

图 2 - 79 采自郑堆、德吉卓玛编著《萨迦寺》,第 148 页。

图 版 501

图 2-80　明大庆法王领占班丹绣施普贤菩萨像唐卡

图 2-80 采自欧朝贵《介绍两幅明清唐卡》，《文物》1985 年第 11 期，图一。

图 2-81　扎什伦布寺明代二龙戏珠纹锦

图 2-81 采自西藏自治区文物局、日喀则扎什伦布寺民管会编《扎什伦布寺》，第 42 页。

图 2-82　萨迦寺藏宣德年铜钹

图 2-82 采自翟向东主编《日喀则地区现存反映中国中央政府有效治理西藏历史文物目录》，第 71 页。

图 2-83　哲蚌寺明代八卦龙纹顶幔

图 2-83 采自哲蚌寺、余言主编《哲蚌寺》，中国民族摄影艺术出版社 1999 年版，第 76 页。

图 2-84　青白玉云凤八卦纹竹节足爵

图 2-84 采自周炜、索文清主编《吉祥宝藏：西藏珍藏的中原及皇家瑰宝》下册，第 176 页。

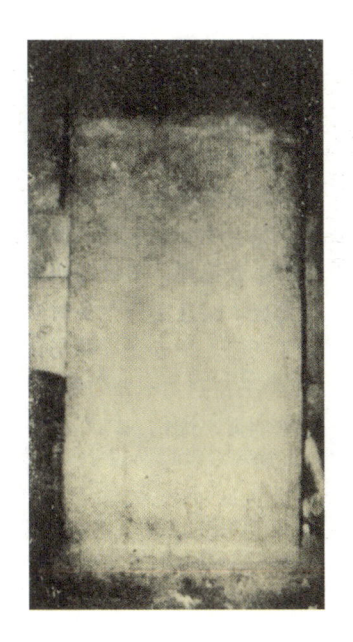

图 3 – 1　大昭寺太监杨瑛碑

图 3 – 1 采自西藏文管会文物普查队《大昭寺藏永乐年间文物》,《文物》1985 年第 11 期。

图 3 – 2　明代药师佛唐卡

图 3 – 2 采自郑堆、德吉卓玛编著《萨迦寺》,第 209 页。

图 3-3 甘丹寺供奉的"甘丹绣唐"

图 3-3 采自拉巴平措《大慈法王释迦也失》，中国藏学出版社 2012 年版，第 77—80 页。

图 3-4 明代缂丝《罗汉像》唐卡

图 3-4 采自西藏自治区文物管理委员会编《西藏唐卡》，文物出版社 1985 年版，第 46 页，图版说明第 185 页。

图 3-5　净修通悟国师印

图 3-5 采自欧朝贵、其美编著《西藏历代藏印》，第 39 页。

图 3-6　第六辈红帽噶玛巴相关的文告

图 3-6 西藏博物馆藏。

图 3-7 红帽噶玛巴印

图 3-7 采自欧朝贵、其美编著《西藏历代藏印》，第 50 页。

图 3-8 正统法旨上的"净觉西天佛子大国师"和"金刚三昧"印痕

图 3-8 采自李志明、洲塔《新发现的两件班丹扎释法旨及相关史实考述》，《中国藏学》2016 年第 3 期，附图 2。

图　版　507

图 3-9-1　　　　　　　　　　　　　　图 3-9-2

图 3-9　明代西藏地方盖"灌顶国师阐化王印"的文告

图 3-9 采自德国波恩大学数字化西藏档案材料，http：//www.dtab.uni-bonn.de/php/p_show.php? dokid=989&pageid=4，最后访问日期：2016 年 9 月 20 日。

图 3 - 10 阐化王给德吉康萨娃的执照

图 3 - 10 采自孟庆芬《阐化王给德吉康萨娃的执照》,《中国西藏》2000 年第 4 期。

图 3 - 11 木纽铁质的"赏巴国公之印"

图 3 - 11 采自欧朝贵、其美编著《西藏历代藏印》,第 26 页。

图 3 - 12 - 1

图　　版　509

图 3 – 12 – 2

图 3 – 12　康熙十一年藏文档案上的"赏巴国公之印"

图 3 – 12 采自德国波恩大学数字化西藏档案材料，http：//www. dtab. uni - bonn. de/php/p_ show. php? dokid =1582，最后访问日期：2016 年 9 月 20 日。

图 3 – 13　清顺治五年档案上的"灌顶国师阐化王印"印痕

图 3 – 13 采自台北中研院历史语言研究所藏明代档案，档案登录号：166471 - 001；台北《数字典藏与数字学习联合目录》，http：//catalog. digitalarchives. tw/item/00/28/d7/f1. html，最后访问日期：2016 年 9 月 10 日。

图 3–14　配有金属托座的宣德青花五彩鸳鸯纹圈足碗

图 3–14 采自西藏自治区文物管理委员会编《萨迦寺》，图 95。

图 3–15–1

图 3 – 15 – 2

图 3 – 15　明代高足碗及鎏金莲花纹银碗座

图 3 – 15 采自上海博物馆编《雪域藏珍——西藏文物精华》，第 187 页，图 97。

图 3 – 16　十世噶玛巴创作的《三罗汉与孔雀》唐卡

图 3 – 16 采自康·格桑益希主编《噶玛嘎孜画派唐卡》，文物出版社 2015 年版，第 49 页。

图 3-17-1

图 3-17-2

图 3-17 噶玛寺明代壁画中的器物图像（一）

图 3-17 采自康·格桑益希主编《噶玛嘎孜画派唐卡》，第 21 页。

图 3 – 18 – 1

图 3 – 18 – 2

图 3 – 18 噶玛寺明代壁画中的器物图像（二）

图 3 – 18 采自康·格桑益希主编《噶玛嘎孜画派唐卡》，第 28 页。

图 3 – 19 – 1

图 3 – 19 – 2

图 3 – 19　贡嘎曲德寺赤增康门外壁南铺萨迦祖师像中的器物图像

图 3 – 19 采自罗文华、格桑曲培编《贡嘎曲德寺壁画——藏传佛教美术史的里程碑》，第 110 页，图 022。

图 3 – 20 – 1

图 3 – 20 – 2

图 3 – 20 噶玛寺明代壁画中的僧帽壶图像

图 3 – 20 采自康・格桑益希主编《噶玛嘎孜画派唐卡》，第 29 页。

图 3 - 21　阿里古格故城出土铁铠甲上的蓝地福字灵芝纹妆花缎

　　图 3 - 21 采自西藏自治区文物管理委员会编《古格故城》（下），文物出版社 1991 年版，彩版九六。

图 3 - 22　贡嘎曲德寺赤增康门外壁北铺萨迦祖师贡嘎宁波像

　　图 3 - 22 采自罗文华、格桑曲培编《贡嘎曲德寺壁画——藏传佛教美术史的里程碑》，第 90 页，图 004。

图版 517

图 3 – 23 – 1

图 3 – 23 – 2

图 3 – 23　八世噶玛巴米居多吉的鎏金铜像

图 3 – 23 采自甲央、王明星主编《宝藏——中国西藏历史文物》(3)，第 194—196 页，图 69。

图 3-24 明代玛吉拉准像唐卡

图 3-24 采自西藏博物馆编《西藏博物馆》，中国大百科全书出版社 2001 年版，第 64—65 页，图 2。

图 3-25 明代彩绘强巴佛唐卡

图 3-25 采自郑堆、德吉卓玛编著《萨迦寺》，第 208 页。

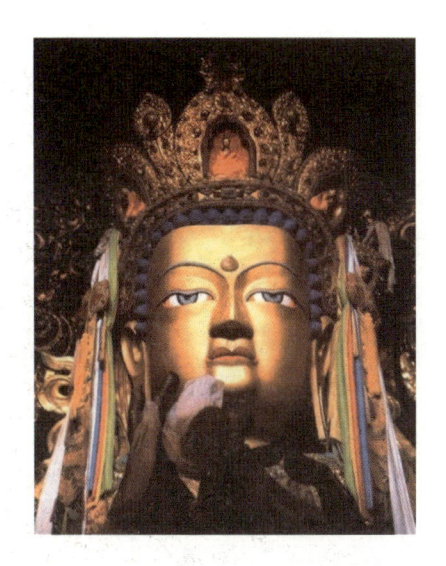

图 3-26　色拉寺的主供鎏金铜弥勒佛

图 3-26 采自甲央、王明星主编《宝藏——中国西藏历史文物》(3)，第 190—191 页，图 66。

图 3-27　噶玛寺明代壁画中五世噶玛巴使用铃、杵的形象

图 3-27 采自康·格桑益希主编《噶玛嘎孜画派唐卡》，第 27 页。

图 3-28　噶玛寺明代壁画中藏僧使用串珠的图像

图 3-28 采自康·格桑益希主编《噶玛嘎孜画派唐卡》，第 25 页。

图 3-29　贡嘎曲德寺明代壁画中的香炉图像

图 3-29 采自罗文华、格桑曲培编《贡嘎曲德寺壁画——藏传佛教美术史的里程碑》，第 109 页，图 021。

图　版　521

图 3 – 30 – 1　　　　　　　　　　　　图 3 – 30 – 2

图 3 – 30　噶玛巴玉印（一）

图 3 – 30 采自甲央、王明星主编《宝藏——中国西藏历史文物》(3)，第 197—199 页，图 70。

图 3 – 31 – 1　　　　　　　　　　　　图 3 – 31 – 2

图 3 – 31　噶玛巴玉印（二）

图 3 – 31 采自欧朝贵、其美编著《西藏历代藏印》，第 49—50 页，"噶玛巴印（一）、（二）"。

图 3 – 32　贡嘎曲德寺明代壁画中的仪仗出行图像

图 3 – 32 采自罗文华、格桑曲培编《贡嘎曲德寺壁画——藏传佛教美术史的里程碑》，第 179 页，图版 066。

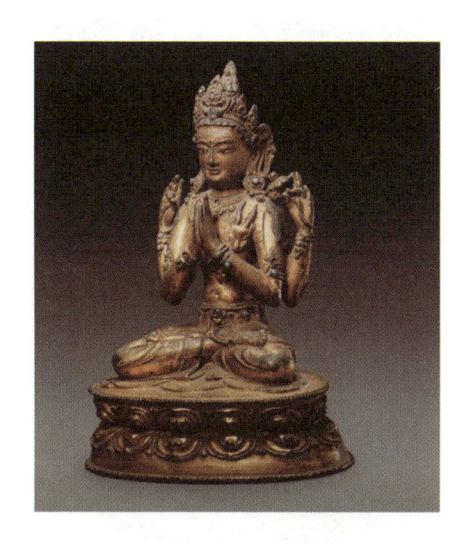

图 3-33 四臂观音菩萨坐像

图 3-33 采自杨新、王家鹏编《中国藏传佛教雕塑全集》(2)，第 136 页，图一五七。

图 3-34 药师佛坐像

图 3-34 采自杨新、王家鹏编《中国藏传佛教雕塑全集》(2)，第 107 页，图一二四。

图 3-35　镀金铜手持金刚像

图 3-35 采自西藏博物馆编《西藏博物馆》，第 172—173 页，图 4。

图 3-36　东方持国天王鎏金铜像

图 3-36 采自 Ulrich von Schroeder, *Buddhist Sculptures in Tibet Vol. Two: Tibetan & Chinese*, pp. 1076-1077, pl. 278D.

图 3-37 贡嘎曲德寺明代壁画

图 3-37 采自罗文华、格桑曲培编《贡嘎曲德寺壁画——藏传佛教美术史的里程碑》,第 76 页,图 98。

图 3-38-1　　　　　　　　图 3-38-2

图 3-38 《八思巴画传》唐卡第三轴"密宗神佛图(一)"

图 3-38 采自中央民族学院少数民族文学艺术研究所主编,杨树文、张加吉、安旭、罗丹编著《西藏佛教唐嘎艺术·八思巴画传》,西藏人民出版社、新世界出版社 1987 年版,第 16 页。

图 3-39 贡嘎曲德寺明代壁画之城门图像

图 3-39 采自罗文华、格桑曲培编《贡嘎曲德寺壁画——藏传佛教美术史的里程碑》,第 129 页。

图 3-40 贡嘎曲德寺明代壁画中的武士形象

图 3-40 采自罗文华、格桑曲培编《贡嘎曲德寺壁画——藏传佛教美术史的里程碑》,第 260 页。

图 3–41 大昭寺汉式斗拱

图 3–41 采自甲央、王明星主编《宝藏——中国西藏历史文物》(3),第 256 页,图 95。

图 3–42 白居寺之藏式木梁托和汉式斗拱

图 3–42 采自甲央、王明星主编《宝藏——中国西藏历史文物》(3),第 257 页,图 96。

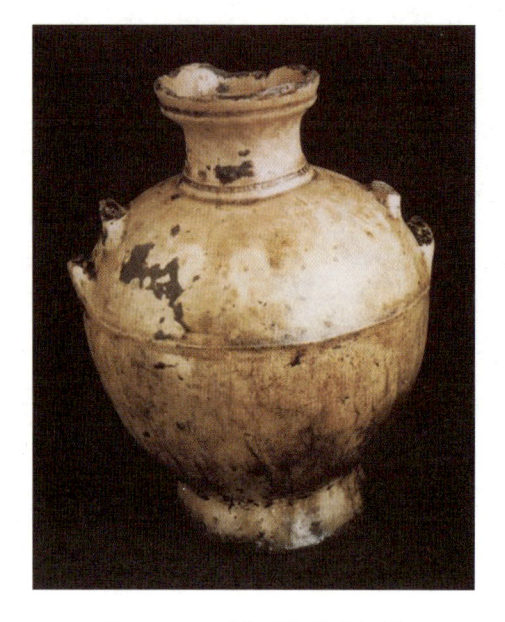

图 3-43 "扎嘎"藏瓷酒罐

图 3-43 采自国务院新闻办公室编《西藏民间艺术藏珍》，五洲传播出版社 2002 年版，第 128 页。

图 3-44 铁糌粑盒

图 3-44 采自甲央、王明星主编《宝藏——中国西藏历史文物》(3)，第 300—301 页，图 115。

图　版　529

图 3 – 45 – 1 　　　　　　　　　　　图 3 – 45 – 2

图 3 – 45　红铜鎏金花六方宝瓶

图 3 – 45 采自程长新、张先得《记北京市拣选的几件西藏文物》,《文物》1985 年第 11 期,图一〇、图一二。

图 3 – 46 – 1 　　　　　　　　　　　图 3 – 46 – 2

图 3 – 46　头颅骨鼓（嘎巴拉鼓）

图 3 – 46 采自甲央、王明星主编《宝藏——中国西藏历史文物》(3), 第 235—237 页, 图 89。

图 3-47-1　　　　　　　　　　　　　图 3-47-2

图 3-47　止贡凝氏王府印

图 3-47 采自中华人民共和国国家民族事务委员会官网，http://www.seac.gov.cn/gjmw/zt/2010-09-02/1283235896050991.htm，最后访问日期：2016 年 12 月 21 日。

图 4-1　明末四合如意云龙纹过肩妆花缎

图 4-1 采自西藏自治区文物局、日喀则扎什伦布寺民管会编《扎什伦布寺》，第 140 页。

图 4-2 大昭寺明代梵字龙纹绸缎

图 4-2 采自拉萨大昭寺民管会编《大昭寺》,第 99 页,图版。

图 4-3 双龙捧寿纹青白玉托盘

图 4-3 采自西藏博物馆编《西藏博物馆藏元明清玉器精品》,第 69 页。

图 4-4 明宣德青花缠枝莲托八吉祥纹碗

图 4-4 采自故宫博物院编《明永乐宣德文物图典》,故宫出版社 2012 年版,第 65 页,图 33。

图 4 - 5 - 1 　　　　　　　　　　　　图 4 - 5 - 2

图 4 - 5　明景泰青花八宝勾莲纹大罐

图 4 - 5 采自故宫博物院古陶瓷研究中心编《故宫博物院藏古陶瓷资料选萃》卷一，紫禁城出版社 2005 年版，第 144 页，图 118。

图 4 - 6　明宣德青花莲托八吉祥纹高圈足碗

图 4 - 6 采自马希桂《中国青花瓷》，上海古籍出版社 1999 年版，第 111 页，图一三九。

图 4-7-1　　　　　　　　　图 4-7-2

图 4-7　明成化斗彩莲托八吉祥纹碗

图 4-7 采自炎黄艺术馆编《景德镇出土元明官窑瓷器》，文物出版社 1999 年版，第 310 页，图 333，图版说明第 376 页。

图 4-8　青花缠枝莲托八吉祥纹碗

图 4-8 采自蒋开磊《保山出土青花瓷花卉纹饰赏析》，《收藏界》2010 年第 10 期，第 63—64 页，图 25。

图 4 - 9 - 1　　　　　　　　　　　　图 4 - 9 - 2

图 4 - 9　明代金地缂丝灯笼仕女袍料

图 4 - 9 采自《北京文物精粹大系》编委会、北京市文物局编《北京文物精粹大系·织绣卷》，北京出版社 2001 年版，第 146—147 页，图 109、图 110，图版说明第 17 页。

图 4 - 10　绛色勾莲八吉祥纹妆花缎

图 4 - 10 采自《北京文物精粹大系》编委会、北京市文物局编《北京文物精粹大系·织绣卷》，第 90 页，图 43，图版说明第 6 页。

图 4 - 11　八吉祥纹缎绣四团龙圆领夹龙袍地纹

图 4 - 11 采自中国社会科学院考古研究所等《定陵》,文物出版社 1990 年版,第 87—88 页,图一一六,图版八四。

图 4 - 12　明永乐剔红八吉祥梵文荷叶式盘

图 4 - 12 采自故宫博物院编《明永乐宣德文物图典》,第 83 页。

图 4 - 13 - 1

图 4 - 13 - 2

图 4 - 13 智化寺大智殿天花板上的彩绘梵文莲花卷草图案

图 4 - 13 为笔者于北京智化寺拍摄。

图 4 - 14 青花兰札体梵文出戟盖罐

图 4 - 14 采自故宫博物院编《明永乐宣德文物图典》，第 56—57 页。

图　版　537

图 4 – 15 – 1

图 4 – 15 – 2

图 4 – 15 – 3

图 4 – 15　法海寺明正统青铜梵钟

　　图 4 – 15 – 1—2 为笔者于法海寺拍摄；图 4 – 15 – 3 采自《北京文物精粹大系》编委会、北京市文物事业管理局编《北京文物精粹大系·古钟卷》，北京出版社 2000 年版，第 56 页，图 25。

图 4-16　十三陵神道棂星门

图 4-16 采自《北京文物精粹大系》编委会、北京市文物事业管理局编《北京文物精粹大系·石雕卷》，北京出版社 1999 年版，第 208 页，图 187，图版说明第 17 页。

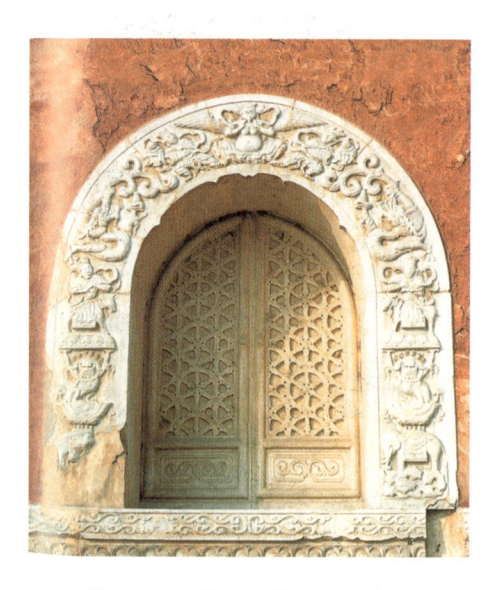

图 4-17　北京万佛堂石窗雕刻

图 4-17 采自《北京文物精粹大系》编委会、北京市文物事业管理是局编《北京文物精粹大系·石雕卷》，图 197。

图　版　539

图 4 - 18　南京大报恩寺塔拱门琉璃构件

图 4 - 18 采自南京市文化局、南京市文物局主编《南京文物精华·器物编》，上海人民美术出版社 2000 年版，第 95 页。

图 4 - 19 - 1　　　　　　　　　图 4 - 19 - 2

图 4 - 19　明景泰铜鎏金药师佛像

图 4 - 19 采自《北京文物精粹大系》编委会、北京市文物局编《北京文物精粹大系·佛造像卷》，第 153 页，图 115、图 116、图 117，附录第 15 页。

540　以文治边：文物考古视瞰下明朝对西藏的经略

图 4-20-1　　　　　　　　图 4-20-2

图 4-20　明景泰无量寿佛

图 4-20 采自故宫博物院编《图像与风格：故宫藏传佛教造像》，紫禁城出版社 2002 年版，第 78、79 页，图 17。

图 4-21　北京潭柘寺金刚延寿塔

图 4-21 为笔者于北京潭柘寺拍摄。

图　版　541

图 4 – 22 – 1　　　　　　　　　　　图 4 – 22 – 2

图 4 – 22　中国国家画院白塔庵塔

图 4 – 22 为笔者于北京中国国家画院拍摄。

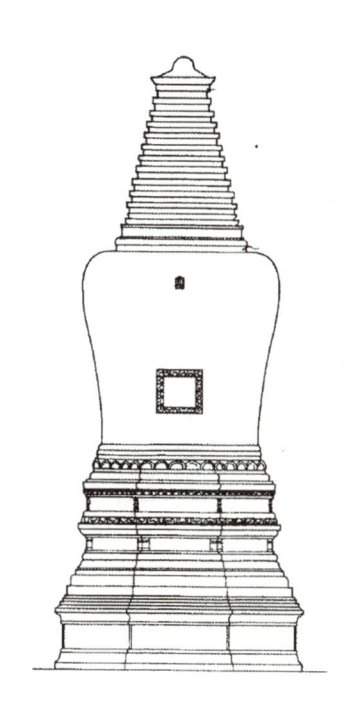

图 4 – 23　河北正定隆兴寺梦堂和尚舍利塔

图 4 – 23 采自梁小丽、马国利《正定发现明代隆兴寺高僧梦堂和尚舍利塔铭》,《文物春秋》2005 年第 5 期,第 65 页,图二。

图 4-24　五台山正德十年《广宗寺碑》

图 4-24 为笔者于五台山广宗寺拍摄。

图版 543

图 4 – 25 – 1

图 4 – 25 – 2

图 4 – 25 – 3

图 4 – 25　《明故大隆善护国寺西天佛子大国师张公墓塔记》碑

图 4 – 25 为笔者于北京石刻艺术博物馆拍摄。

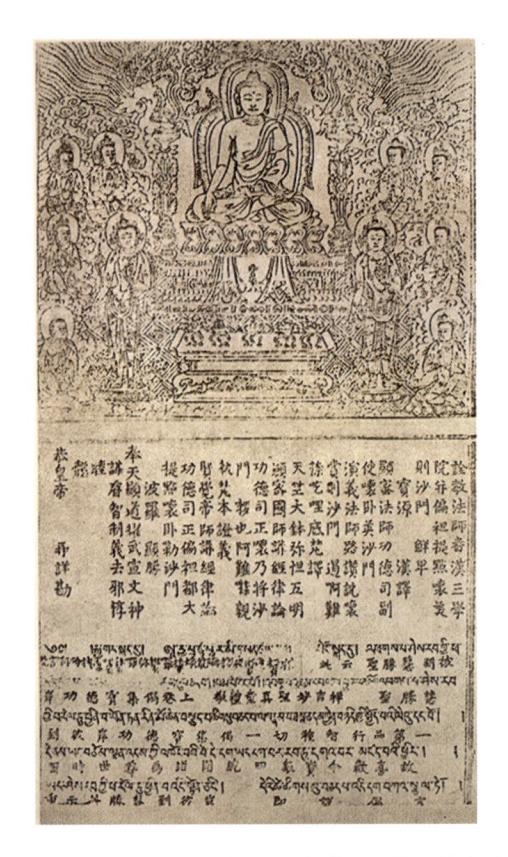

图 4-26　北京云居寺藏明重刊藏汉合璧《圣胜慧到彼岸功德宝集偈》

图 4-26 采自史金波等编著《西夏文物》，文物出版社 1988 年版，图版 403。

图 4-27　大隆善寺净觉慈济大国师锁南领占巴藏卜所译元代帝师法旨

图 4-27 采自杨鹤书《广东南华寺发现八思巴字、藏文重要文物》，《中山大学学报》1982 年第 2 期，第 41 页。

图　版　545

图 4-28　梵文金簪

图 4-28 采自常州博物馆编《常州博物馆五十周年典藏丛书：漆木·金银器》，文物出版社 2008 年版，第 70 页。

图 4-29　北京定陵出土梵文真言字镶宝玉佛鎏金银簪

图 4-29 采自中国社会科学院考古研究所等《定陵》，第 198 页，彩版一〇六。

图 4 – 30 – 1　　　　　　　　　图 4 – 30 – 2

图 4 – 30　六字真言银镀金嵌宝石帽饰

图 4 – 30 采自《北京文物精粹大系》编委会、北京市文物局编《北京文物精粹大系·金银器卷》，北京出版社 2004 年版，第 186 页，图 215，图版说明第 25 页。

图 4 – 31 – 1　　　　　　　　　图 4 – 31 – 2

图 4 – 31　南京明墓出土嘎乌式金盒

图 4 – 31 采自南京市博物馆、南京市江宁区博物馆《南京江宁将军山明代沐斌夫人梅氏墓发掘简报》，《文物》2014 年第 5 期，第 50 页，图二四、图二五。

图 4-32 江苏常州和平新村明墓出土银嘎乌

图 4-32 采自常州博物馆编《常州博物馆五十周年典藏丛书：漆木·金银器》，第 74—75 页。

图 4-33-1

图 4-33-2

图 4-33 定陵出土带藏文的吉祥如意钱

图 4-33 采自中国社会科学院考古研究所等《定陵》，第 164—166 页，图二六七，图版八〇。

图 4-34　定陵出土带朱书藏文的金枕顶

图 4-34 采自中国社会科学院考古研究所等《定陵》，第 161、163 页，图二六四，图版一六〇。

图 4-35　湖南蚂蚁山明墓内的石质喇嘛塔

图 4-35 采自长沙市文物考古研究所、望城县文物管理局《湖南望城蚂蚁山明墓发掘简报》，《文物》2007 年第 12 期，第 45 页，图六。

图 4-36　明蜀僖王墓内的藏式风格图像

图 4-36 为笔者于成都龙泉驿蜀僖王墓拍摄。

图 4-37　金质大黑天造像

图 4-37 采自湖北省文物考古研究所、钟祥市博物馆编著《梁庄王墓》，文物出版社 2007 年版，第 185—186 页，彩版一九一。

图 4-38 金质大鹏金翅鸟像

图 4-38 采自湖北省文物考古研究所、钟祥市博物馆编著《梁庄王墓》,第 185—186 页,彩版一九一。

图 4-39 湖北广济张懋夫妇合葬墓出土的《法被图》

图 4-39 采自王善才主编,湖北省文物考古研究所编著《张懋夫妇合葬墓》,科学出版社 2007 年版,彩版四。

图 版 551

图 5-1 《西天佛子大国师班丹扎释寿像记》残碑拓片

图 5-1 采自北京图书馆金石组编《北京图书馆藏中国历代石刻拓本汇编（明一）》第 51 册，第 79 页。

图 5-2 《重修古刹灵岩寺碑记》拓片

图 5-2 采自吴景山、石劲松《〈重修古刹灵岩寺碑记〉校读记》，《敦煌学辑刊》2010 年第 3 期，第 170 页。

图 5 - 3 - 1　　　　　　　　　　图 5 - 3 - 2

图 5 - 3　《重修鸡鸣禅寺记》碑

图 5 - 3 采自杨晓春《南京鸡鸣寺现存明碑〈重修鸡鸣禅寺记〉探析》,《东南文化》2013 年第 5 期,第 96—97 页,图一、图二。

图 5 - 4　班丹扎释寿像

图 5 - 4 采自张润平、苏航、罗炤编著《西天佛子源流录——文献与初步研究》,中国社会科学出版社 2012 年版,图版。

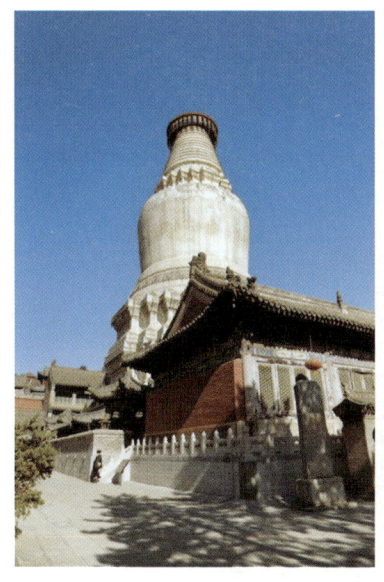

图　版　553

图 5 – 5 – 1 　　　　　　　　　　　图 5 – 5 – 2

图 5 – 5　五台山塔院寺大白塔

图 5 – 5 为笔者于五台山拍摄。

图 5 – 6 – 1 　　　　　　　　　　　图 5 – 6 – 2

图 5 – 6　五台山殊像寺藏"大明弘治九年岁次丙辰闰三月二十八日造"铜钟

图 5 – 6 为笔者于殊像寺拍摄。

图 5-7　《御制瞿昙寺碑》拓片

图 5-7 采自吴景山《瞿昙寺中的五方碑刻资料》,《中国藏学》2011 年第 1 期,第 117 页。

图 5-8　"瞿昙寺"匾额

图 5-8 采自青海省文化厅编著,格桑本主编《瞿昙寺》,四川科学技术出版社、新疆科技卫生出版社 2000 年版,第 80 页。

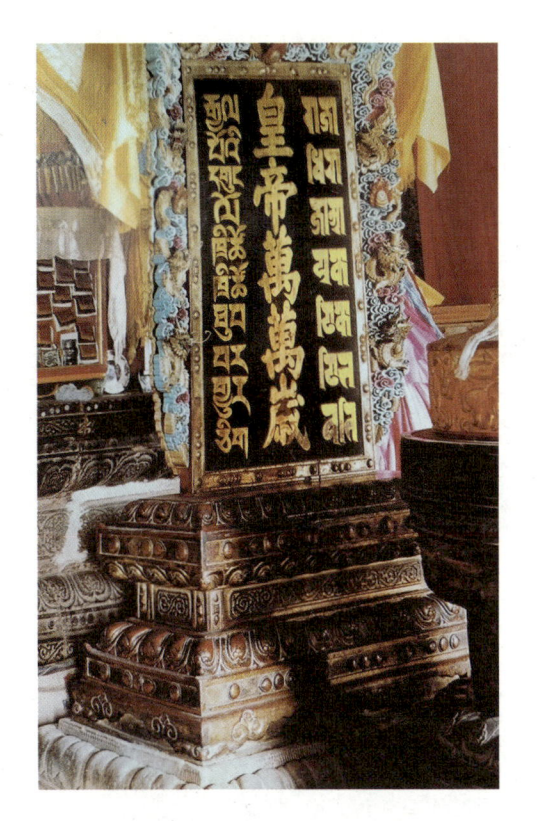

图 5-9 瞿昙寺"万岁牌"

图 5-9 采自青海省文化厅编著,格桑本主编《瞿昙寺》,第 195 页。

图 5-10 明成祖遣使致得银协巴书

图 5-10 采自西藏博物馆编,何晓东著《历史的见证——西藏博物馆藏历代中央政府治藏文物集萃》,第 60—61 页。

图 5 – 11 – 1

图 5 – 11 – 2

图 5 – 11　五台山圆照寺金刚宝座塔

图 5 – 11 为笔者于五台山拍摄。

图 5-12　真觉寺金刚宝座塔

图 5-12 为笔者于北京石刻艺术博物馆拍摄。

参考文献

一 古籍文献

《元史》，中华书局1976年版。

马端临：《文献通考》，中华书局1986年版。

大司徒·绛求坚赞：《朗氏家族史》，赞拉·阿旺、佘万治译，陈庆英校，西藏人民出版社1989年版。

申时行等重修：万历重修《明会典》，《万有文库》本，商务印书馆1936年版。

沈德符：《万历野获编》，中华书局1959年版。

《明实录》，中研院历史语言研究所1962年版。

刘侗、于奕正：《帝京景物略》，北京古籍出版社1963年版。

《明史》，中华书局1974年版。

徐弘祖：《徐霞客游记》，褚绍唐、吴应寿整理，上海古籍出版社1980年版。

兰陵笑笑生：《金瓶梅词话》，人民文学出版社1985年版。

陆容：《菽园杂记》，中华书局1985年版。

王圻、王思义编集：《三才图会》，上海古籍出版社1988年版。

何乔远：《名山藏》，江苏广陵古籍刻印社1993年版。

刘若愚：《酌中志》，北京古籍出版社1994年版。

张德信、毛佩琦主编：《洪武御制全书》，黄山书社 1995 年版。

袁宏道：《袁中郎全集》卷九《崇国寺游记》，齐鲁书社 1997 年版。

释镇澄：《清凉山志》，宁夏回族自治区佛教协会 1998 年版。

严从简：《殊域周咨录》，余思黎点校，中华书局 2000 年版。

雷梦麟：《读律琐言》，怀效锋、李俊点校，法律出版社 2000 年版。

谢肇淛：《五杂组》，上海书店出版社 2001 年版。

葛寅亮：《金陵梵刹志》，何孝荣点校，天津人民出版社 2007 年版。

达仓宗巴·班觉桑布：《汉藏史集——贤者喜乐赡部洲明鉴》，陈庆英译，西藏人民出版社 1986 年版。

达隆巴·阿旺南杰：《达隆教史》（藏文版），西藏藏文古籍出版社 1992 年版。

觉囊达热那他：《后藏志》，佘万治译，阿旺校订，西藏人民出版社 2002 年第 2 版。

班钦索南查巴：《新红史》，黄颢译，西藏人民出版社 2002 年第 2 版。

阿旺贡噶索南：《萨迦世系史》，陈庆英等译，西藏人民出版社 2002 年版。

管·宣奴贝：《青史（足本）》，王启龙、还克加译，王启龙校注，中国社会科学出版社 2012 年版。

巴卧·祖拉陈瓦：《〈贤者喜宴——噶玛噶仓〉译注（五、六、七、十、十一、十三、十四、十九、二十二、二十四、二十五、二十六、二十七、二十八）》，周润年等译，《西藏民族学院学报》2011 年第 6 期，2012 年第 1、2 期，2012 年第 5、6 期，2013 年第 2、3 期，2014 年第 2、4 期，2015 年第 1、2、3 期；《西藏民族大学学报》2015 年第 4、5 期。

巴卧·祖拉陈瓦：《贤者喜宴·噶玛岗仓史》，周润年译注，青海人民出版社2017年版。

固始噶居巴·洛桑泽培：《蒙古佛教史》，陈庆英、乌力吉译注，天津古籍出版社1990年版。

五世达赖喇嘛：《西藏王臣记》，刘立千译注，民族出版社2000年版。

五世达赖喇嘛阿旺洛桑嘉措等：《一世—四世达赖喇嘛传》，陈庆英、马连龙译，中国藏学出版社2006年版。

五世达赖喇嘛：《五世达赖喇嘛传》，陈庆英、马连龙、马林译，中国藏学出版社2006年版。

永瑢等：《四库全书总目》，中华书局1965年版。

张彦笃修，包永昌等纂：《洮州厅志》，成文出版社1970年版。

呼延华国纂修：《甘肃省狄道州志》，成文出版社1970年版。

查慎行：《敬业堂诗集》，周劭标点，上海古籍出版社1986年版。

松筠撰，《西藏研究》编辑部编辑：《卫藏通志》，西藏人民出版社1982年版。

吴长元辑：《宸垣识略》，北京古籍出版社1981年版。

于敏中等编纂：《日下旧闻考》，北京古籍出版社1985年版。

智观巴·贡却乎丹巴绕吉：《安多政教史》，吴均等译，甘肃民族出版社1989年版。

溥儒辑：《白带山志》，杨璐校点，中国书店1989年版。

直贡·丹增白玛坚参：《直贡法嗣》，克珠群佩译，西藏人民出版社1995年版。

法王周加巷：《至尊宗喀巴大师传》，郭和卿译，青海人民出版社2004年版。

周郁滨纂：《珠里小志》，戴扬本整理，上海社会科学院出版社2005年版。

第悉·桑结嘉措：《格鲁派教法史·黄琉璃宝鉴》，许德存译，西藏人民出版社2009年版。

二　资料性论著

（一）著作

中研院历史语言研究所编刊：《明清史料·丙编》，上海商务印书馆1936年版。

刘艺斯主编：《西藏佛教艺术》，文物出版社1957年版。

北京大学历史系等编著：《西藏地方历史资料选辑》，三联书店1963年版。

罗福颐主编：《故宫博物院藏古玺印选》，文物出版社1982年版。

《西藏研究》编辑部编辑：《明实录藏族史料》第一、二集，西藏人民出版社1982年版。

西藏工业建筑勘测设计院编：《大昭寺》，中国建筑工业出版社1985年版。

西藏自治区文物管理委员会编：《西藏唐卡》，文物出版社1985年版。

西藏自治区文物管理委员会编：《布达拉宫》，文物出版社1985年版。

西藏自治区文物管理委员会编：《拉萨文物志》，刊印本，1985年。

西藏自治区文物管理委员会编：《萨迦寺》，文物出版社1985年版。

西藏自治区文物管理委员会编：《乃东县文物志》，刊印本，1986年。

西藏自治区文物管理委员会编：《琼结县文物志》，刊印本，1986年。

西藏自治区文物管理委员会编：《扎囊县文物志》，刊印本，1986年。

西藏社会科学院等编：《西藏地方是中国不可分割的一部分（史料选集）》，西藏人民出版社1986年版。

贞兼绫子编：《西藏研究文献目录——日文、中文篇（1877—1977）》，钟美珠译，中州古籍出版社1986年版。

台北"故宫博物院"编辑委员会：《金铜佛造像特展图录》，台北"故宫博物院"1987年版。

中央民族学院少数民族文学艺术研究所主编，杨树文、张加吉、安旭、罗丹编著：《西藏佛教唐嘎艺术·八思巴画传》，西藏人民出版社、新世界出版社1987年版。

陈燮章、索文清、陈乃文辑：《藏族史料集》（三），四川民族出版社1987年版。

史金波等编著：《西夏文物》，文物出版社1988年版。

北京图书馆金石组编：《北京图书馆藏中国历代石刻拓本汇编（明一、二、三）》第51、52、53册，中州古籍出版社1989年版。

北京市文物研究所编：《北京考古四十年》，北京燕山出版社1990年版。

中国社会科学院考古研究所等：《定陵》，文物出版社1990年版。

欧朝贵、其美编著：《西藏历代藏印》，西藏人民出版社1991年版。

西藏自治区文物管理委员会编：《古格故城》，文物出版社1991年版。

西藏自治区文学艺术界联合会编：《西藏艺术·民间工艺卷》，上海人民美术出版社1991年版。

南京博物院藏宝录编辑委员会编：《南京博物院藏宝录》，上海文艺出版社1992年版。

索朗旺堆主编：《昂仁县文物志》，西藏人民出版社1992年版。

西藏自治区文物管理委员会编：《西藏文物精粹》，紫禁城出版社1992年版。

北京市法海寺文物保管所等编：《法海寺壁画》，中国旅游出版社1993年版。

金维诺主编：《中国壁画全集34：藏传寺院4》，天津人民美术出版社1993年版。

索朗旺堆主编：《错那、隆子、加查、曲松县文物志》，西藏人民出版社1993年版。

索朗旺堆主编：《吉隆县文物志》，西藏人民出版社1993年版。

索朗旺堆主编：《萨迦、谢通门县文物志》，西藏人民出版社1993年版。

索朗旺堆主编：《亚东、康马、岗巴、定结县文物志》，西藏人民出版社1993年版。

金晖等主编：《中国西藏社会历史资料》，五洲传播出版社1994年版。

金申：《中国历代纪年佛像图典》，文物出版社1994年版。

《中国藏学书目》编辑委员会编：《中国藏学书目（1949—1991）》，外文出版社1995年版。

国家文物局主编：《中国文物精华大辞典·陶瓷卷》，上海辞书出版社1995年版。

西藏自治区档案馆编：《西藏历史档案荟粹》，文物出版社1995年版。

香港艺术馆编制：《锦绣罗衣巧天工》，香港艺术馆1995年版。

陈慧霞：《历代金铜佛造像特展图录》，台北"故宫博物院"1996年版。

王家鹏：《藏传佛教金铜佛像图典》，文物出版社1996年版。

西藏布达拉宫管理处编：《雪域圣殿——布达拉宫》，中国旅游出版社1996年版。

《中国藏学书目》编辑委员会编：《中国藏学书目续编（1992—1995）》，外文出版社1997年版。

郑堆编：《哲蚌寺》，五洲传播出版社1997年版。

陆莲蒂、王玉平等译：《西藏社会历史藏文档案资料译文集》，中国藏学出版社1997年版。

南京市地方志编纂委员会等编：《南京文物志》，方志出版社1997年版。

熊文彬编：《色拉寺》，五洲传播出版社1997年版。

故宫博物院编：《清宫藏传佛教文物》，紫禁城出版社1998年版。

秦孝仪主编：《海外遗珍·漆器》，台北"故宫博物院"1998年版。

西藏自治区文物局、日喀则扎什伦布寺民管会编：《扎什伦布寺》，中国大百科全书出版社1998年版。

谢佐：《瞿昙寺》，青海人民出版社1998年版。

《北京文物精粹大系》编委会、北京市文物事业管理局编：《北京文物精粹大系·石雕卷》，北京出版社1999年版。

刘鸿孝主编：《布达拉宫秘宝》，中国民族摄影艺术出版社1999年版。

马希桂：《中国青花瓷》，上海古籍出版社1999年版。

马自树主编：《中国边疆民族地区文物集萃》，上海辞书出版社1999年版。

梅柴编：《萨迦寺》（中、英文版），五洲传播出版社1999年版。

台北"故宫博物院"编：《皇权与佛法——藏传佛教法器特展图录》，台北"故宫博物院"1999年版。

王永强等主编：《中国少数民族文化史图典·西南卷》（上），广西教育出版社1999年版。

薛雁、吴薇薇编绘：《中国丝绸图案集》，上海书店出版社1999年版。

炎黄艺术馆编：《景德镇出土元明官窑瓷器》，文物出版社1999年版。

哲蚌寺、余言主编：《哲蚌寺》，中国民族摄影艺术出版社

1999年版。

朱晓明、索文清主编:《珍宝——历代中央政府册封达赖班禅史料文物·历世达赖班禅敬献中央政府礼品精粹》,朝华出版社1999年版。

《北京文物精粹大系》编委会、北京市文物事业管理局编:《北京文物精粹大系·古钟卷》,北京出版社2000年版。

甲央、王明星主编:《宝藏——中国西藏历史文物》(3),朝华出版社2000年版。

拉萨大昭寺民管会编:《大昭寺》,中国民族摄影艺术出版社2000年版。

刘栋编著:《擦擦——藏传佛教模制泥佛像》,天津人民美术出版社2000年版。

南京市文化局、南京市文物局主编:《南京文物精华·器物编》,上海人民美术出版社2000年版。

青海省文化厅编著,格桑本主编:《瞿昙寺》,四川科学技术出版社、新疆科技卫生出版社2000年版。

《中国藏学书目》编辑委员会编:《中国藏学书目三编(1996—2000)》,外文出版社2001年版。

恰白·次旦平措主编:《西藏重要历史资料选编》(藏文),西藏藏文古籍出版社2001年版。

《北京文物精粹大系》编委会、北京市文物局编:《北京文物精粹大系·织绣卷》,北京出版社2001年版。

北京市门头沟区文化文物局编:《门头沟文物志》,北京燕山出版社2001年版。

曹自强、李书敏主编:《中国西藏文化大图集》,重庆出版社2001年版。

上海博物馆编:《雪域藏珍——西藏文物精华》,上海书画出版社2001年版。

石守谦、葛婉章主编:《大汗的世纪:蒙元时代的多元文化与艺术》，台北"故宫博物院"2001年版。

西藏博物馆编：《西藏博物馆》，中国大百科全书出版社2001年版。

杨立泉摄影，熊文彬著：《西藏江孜白居寺吉祥多门塔》，四川民族出版社、西藏人民出版社2001年版。

张淑霞主编：《北京法海寺》，北京市石景山区文物管理所2001年版。

中国历史博物馆、西藏博物馆编：《金色宝藏——西藏历史文物选萃》，中国藏学出版社2001年版。

故宫博物院编：《图像与风格：故宫藏传佛教造像》，紫禁城出版社2002年版。

国务院新闻办公室编：《西藏民间艺术藏珍》，五洲传播出版社2002年版。

杨新、王家鹏编：《中国藏传佛教雕塑全集》（2），北京美术摄影出版社2002年版。

侯文正主编：《五台山志》，山西人民出版社2003年版。

王家鹏主编：《故宫博物院藏文物珍品大系·藏传佛教造像》，上海科学技术出版社2003年版。

《北京文物精粹大系》编委会、北京市文物局编：《北京文物精粹大系·佛造像卷》，北京出版社2004年版。

《北京文物精粹大系》编委会、北京市文物局编：《北京文物精粹大系·金银器卷》，北京出版社2004年版。

西藏博物馆编：《西藏博物馆藏明清瓷器精品》，中国大百科全书出版社2004年版。

翟向东主编：《日喀则地区现存反映中国中央政府有效治理西藏历史文物目录》，刊印本，2004年。

故宫博物院古陶瓷研究中心编：《故宫博物院藏古陶瓷资料选萃》卷一，紫禁城出版社2005年版。

西藏博物馆编：《西藏博物馆藏元明清玉器精品》，文物出版社 2005 年版。

张正明、科大卫主编：《明清山西碑刻资料选》，山西人民出版社 2005 年版。

郑鹤声、郑一钧编：《郑和下西洋资料汇编（增编本）》，海洋出版社 2005 年版。

甘肃省文物局编：《甘肃文物菁华》，文物出版社 2006 年版。

李冀诚撰文，顾绶康、康松摄影：《雪域名刹萨迦寺》，中国藏学出版社 2006 年版。

夏更起主编：《故宫博物院藏文物珍品大系·元明漆器》，上海科学技术出版社 2006 年版。

扎西旺都编：《西藏历史档案公文选·水晶明鉴》，王玉平译，中国藏学出版社 2006 年版。

王善才主编，湖北省文物考古研究所编著：《张懋夫妇合葬墓》，科学出版社 2007 年版。

湖北省文物考古研究所、钟祥市博物馆编著：《梁庄王墓》，文物出版社 2007 年版。

湖北省博物馆主编：《梁庄王墓——郑和时代的瑰宝》，文物出版社 2007 年版。

武威通志编委会编：《武威通志·艺文卷》，甘肃人民出版社 2007 年版。

常州博物馆编：《常州博物馆五十周年典藏丛书：漆木·金银器》，文物出版社 2008 年版。

故宫博物院编：《明清帝后宝玺》，紫禁城出版社 2008 年版。

南京博物院编：《金色江南——江苏古代金器》，江苏美术出版社 2008 年版。

张柏主编：《中国出土瓷器全集 16·甘肃　青海　宁夏　新疆　云南　贵州　西藏》，科学出版社 2008 年版。

郑堆、德吉卓玛编著：《萨迦寺》，中国大百科全书出版社 2008 年版。

中国藏学研究中心、中国社会科学院民族学与人类学研究所编：《藏族文物》，中国藏学出版社 2008 年版。

故宫博物院编：《藏传佛教造像》，紫禁城出版社 2009 年版。

山南地区地方志编纂委员会编：《山南地区志》，中华书局 2009 年版。

王家鹏主编：《汉藏交融——金铜佛像集萃》，中华书局 2009 年版。

张羽新、张双志主编：《唐宋元明清藏事史料汇编》第 4 辑《明代藏事史料汇编》，学苑出版社 2009 年版。

故宫博物院编：《明永乐宣德文物特展——永宣文物萃珍》，紫禁城出版社 2010 年版。

国家文物局主编：《中国文物地图集·西藏自治区分册》，文物出版社 2010 年版。

张双智编著：《元代至民国治藏政策法规汇要》，学苑出版社 2010 年版。

中国藏学研究中心、西藏文化博物馆编著：《雪域宝鉴》，中国藏学出版社 2010 年版。

周晓陆主编：《二十世纪出土玺印集成》，中华书局 2010 年版。

故宫博物院编：《故宫陶瓷图典》，紫禁城出版社 2010 年版。

国家图书馆版本提供：《诸佛菩萨妙相名号经咒》，中国藏学出版社 2011 年版。

罗布林卡管委会编：《罗布林卡珍藏文物辑选》，中国藏学出版社 2011 年版。

宁夏博物馆、青海省博物馆编：《妙境梵音：青海藏传佛教艺术精品辑萃》，文物出版社 2011 年版。

萨迦·班典顿玉主编：《吉祥萨迦》，中西书局 2011 年版。

《西藏自治区志·文物志》编纂委员会编：《西藏自治区志·文物志》，中国藏学出版社 2012 年版。

故宫博物院编：《明永乐宣德文物图典》，故宫出版社 2012

年版。

青海省博物馆、青海民族博物馆编著：《河湟藏珍·藏传佛教文物卷》，文物出版社2012年版。

青海省博物馆、青海民族博物馆编著：《河湟藏珍·历史文物卷》，文物出版社2012年版。

布达拉宫管理处编：《布达拉宫珍宝馆图录》，中国藏学出版社2013年版。

熊文彬、曲珍主编：《雪域瑰宝在北京：2013年西藏文物联展》，中国藏学出版社2013年版。

西藏博物馆编，何晓东著：《历史的见证——西藏博物馆藏历代中央政府治藏文物集萃》，四川美术出版社2015年版。

周炜、索文清主编：《吉祥宝藏：西藏珍藏的中原及皇家瑰宝》下册，中国藏学出版社2015年版。

（二）论文

四川省文物管理委员会：《成都白马寺第六号明墓清理简报》，《文物参考资料》1956年第7期。

蔡述传：《南京牛首山弘觉寺塔内发现文物》，《文物参考资料》1956年第11期。

田文秀：《西藏佛教艺术图片展览》，《美术》1957年第3期。

刘艺斯：《西藏的佛教艺术》，《文物参考资料》1957年第4期。

魏松卿：《北京慈因寺出土的明代锦缎》，《文物》1959年第2期。

朱家溍：《故宫所藏明清两代有关西藏的文物》，《文物》1959年第7期。

王毅：《西藏文物见闻记（一）》，《文物》1960年第6期。

王毅：《西藏文物见闻记（二）》，《文物》1960年第8、9合期。

王毅：《西藏文物见闻记（四）》，《文物》1961年第1期。

王毅：《西藏文物见闻记（五）——山南之行》，《文物》1961年第3期。

文教处文物组：《大昭寺的文物古迹》，《西藏日报》1961年3月16日。

王毅：《西藏文物见闻记（续完）——山南之行》，《文物》1961年第6期。

欧阳世彬、黄云鹏：《介绍两座明景泰墓出土的青花、釉里红瓷器》，《文物》1981年第2期。

西藏自治区文物管理委员会：《扎什伦布寺》，《文物》1981年第11期。

石柱、冷健：《介绍西藏文管会库藏的一件青花藏文高足碗》，《文物》1981年第11期。

西藏自治区文物管理委员会：《明朝封授西藏地方官员的印章》，《文物》1981年第11期。

西藏自治区文物管理委员会：《明朝皇帝赐给西藏楚布寺噶玛活佛的两件诏书》，《文物》1981年第11期。

黄颢：《略述北京地区的西藏文物》，《西藏研究》1982年第1期。

南京文物保管委员会、南京市博物馆：《明徐达五世孙徐俌夫妇墓》，《文物》1982年第2期。

杨鹤书：《广东南华寺发现八思巴字、藏文重要文物》，《中山大学学报》1982年第2期。

杨焕成：《豫北石塔纪略》，《文物》1983年第6期。

陈庆英、仁庆扎西：《西宁弘觉寺与西安小雁塔〈正统圣旨碑〉》，《青海社会科学》1984年第3期。

白万荣：《明代敕赐乐都县瞿昙寺二印》，《文物》1984年第9期。

黄钟：《著名古刹显通寺》，《五台山研究》1985年第1期。

宋伯胤：《明朝中央政权致西藏地方诰敕》，中央民族学院藏族研究所编：《藏学研究文集》，民族出版社1985年版。

上海大学郑和研究小组：《郑和史迹文物辑录——介绍几块碑

刻》,《上海大学学报》1985 年第 2 期。

欧朝贵:《大兹法王释迦也失缂丝像》,《西藏研究》1985 年第 3 期。

温玉成:《辉县白云寺踏察记》,《中原文物》1985 年第 3 期。

周绍良:《明永乐年间内府刊本佛教经籍》,《文物》1985 年第 4 期。

嘉措、平措等:《拉萨现藏的两部永乐版〈甘珠尔〉》,《文物》1985 年第 9 期。

文竹:《西藏地方明封八王的有关文物》,《文物》1985 年第 9 期。

程长新、张先得:《记北京市拣选的几件西藏文物》,《文物》1985 年第 11 期。

胡昭静:《萨迦寺藏明宣德御窑青花五彩碗》,《文物》1985 年第 11 期。

王望生:《拉萨哲蚌寺藏两件明清瓷器》,《文物》1985 年第 11 期。

西藏文管会文物普查队:《大昭寺藏永乐年间文物》,《文物》1985 年第 11 期。

欧朝贵:《介绍两幅明清唐卡》,《文物》1985 年第 11 期。

欧朝贵:《布达拉宫藏明成祖朱棣画像》,《文物》1985 年第 11 期。

《大宝法王及有关文物》,《西藏日报》1986 年 3 月 28 日。

铜梁县文管所:《四川铜梁明张文锦夫妇合葬墓清理简报》,《文物》1986 年第 9 期。

杨益民:《甘肃岷县发现一方象牙印》,《考古与文物》1987 年第 1 期。

梁玉泉:《流落到美国的智化寺藻井》,《紫禁城》1987 年第 5 期。

土呷、荣少华:《昌都地区旅游资源情况调查报告》,《拉萨藏学讨论会文选》,西藏人民出版社 1987 年版。

葛婉章：《金铜佛造像特展精品介绍（七）西藏金铜佛》，《故宫文物月刊》第 65 期，1988 年。

丹扎：《噶玛寺》，《西藏研究》1988 年第 3 期。

张永海：《明洪武二十一年〈制诰〉评介》，《四川档案》1989 年第 6 期。

柴焕波：《江孜白居寺综述》，《南方民族考古》第 4 辑，四川科学技术出版社 1992 年版。

西藏文管会文物普查队：《西藏康马县乃宁曲德寺的明代佛像绢画》，《南方民族考古》第 4 辑，四川科学技术出版社 1992 年版。

欧朝贵：《如来大宝法王哈立麻为明太祖及高皇后建普度大斋长卷画》，《西藏艺术研究》1992 年第 3 期。

宿白：《西藏日喀则地区寺庙调查记（上）——西藏寺院调查记之三》，《文物》1992 年第 5 期。

宿白：《西藏日喀则地区寺庙调查记（下）——西藏寺院调查记之三》，《文物》1992 年第 6 期。

宿白：《拉萨布达拉宫主要殿堂和库藏的部分明代文书——西藏寺院调查记之七》，《文物》1993 年第 8 期。

霍巍、李永宪：《西藏吉隆县发现唐显庆三年〈大唐天竺使出铭〉》，《考古》1994 年第 7 期。

上海市文物管理委员会：《上海嘉定法华塔元明地宫清理简报》，《文物》1999 年第 2 期。

孟庆芬：《阐化王给德吉康萨娃的执照》，《中国西藏》2000 年第 4 期。

王家鹏：《布达拉宫金铜佛像集萃》，《中国西藏》2001 年第 2 期。

成都市文物考古研究所：《成都明代蜀僖王陵发掘简报》，《文物》2002 年第 4 期。

上海博物馆考古研究部：《上海松江区华阳明代墓群发掘简报》，《上海博物馆集刊》第 9 期，上海书画出版社 2002 年版。

江西省文物考古研究所等：《南昌明代宁靖王夫人吴氏墓发掘简报》，《文物》2003 年第 2 期。

罗文华：《故宫藏明内府金藏经》，《紫禁城》2003 年第 3 期。

杨根文：《浙江平湖报本塔及天宫出土文物》，《东方文博》第 17 辑，浙江大学出版社 2005 年版。

王晖：《承德外八庙藏明永乐款鎏金造像》，《文物春秋》2005 年第 4 期。

熊文彬：《明封佑善禅师诏书》，《中国藏学》2006 年第 2 期。

姚军、王小灵：《日喀则地区康马县乃宁曲德寺调查简报》，《西藏研究》2007 年第 1 期。

龚伯勋、董祖信：《一份藏于民间近四百年的"乡规民约"》，《四川文物》2007 年第 6 期。

长沙市文物考古研究所、望城县文物管理局：《湖南望城蚂蚁山明墓发掘简报》，《文物》2007 年第 12 期。

吴景山：《瞿昙寺中的五方碑刻资料》，《中国藏学》2011 年第 1 期。

成都文物考古研究所：《成都下东大街遗址明代早期遗存发掘简报》，《文物》2011 年第 7 期。

张润平整理，辛韬校订：《大崇教寺所存明清时期文书》，《中国藏学》2012 年第 S1 期。

符永利、刘文庆：《南京牛首山明代佛龛的调查与初步探讨》，《敦煌研究》2012 年第 4 期。

张纪平、丁燕、郭宏：《西藏江孜县白居寺调查报告》，《四川文物》2012 年第 4 期。

南京市博物馆、江宁区博物馆：《南京市祖堂山明代洪保墓》，《考古》2012 年第 5 期。

金申：《妙像梵音（一）：5048 尊洪武年鎏金佛像》，《收藏》2012 年第 11 期。

吉如·巴桑罗布：《西藏博物馆所藏佛教文物》，《收藏》2014

年第 1 期。

南京市博物馆、南京市江宁区博物馆：《南京江宁将军山明代沐斌夫人梅氏墓发掘简报》，《文物》2014 年第 5 期。

娘吉加：《勉拉顿珠真迹唐卡》，《西藏人文地理》2016 年第 6 期。

吉如·巴桑罗布：《勉拉顿珠真迹释迦牟尼佛师徒三尊唐卡》，《西藏人文地理》2017 年第 5 期。

三　研究性论著

（一）著作

洪涤尘编著：《西藏史地大纲》，正中书局 1936 年版。

王辅仁、索文清编著：《藏族史要》，四川民族出版社 1981 年版。

王尧：《吐蕃金石录》，文物出版社 1982 年版。

王辅仁编著：《西藏佛教史略》，青海人民出版社 1982 年版。

谭其骧主编：《中国历史地图集·元、明》，中国地图出版社 1982 年版。

刘义棠：《中国边疆民族史》（修订本），（台北）中华书局股份有限公司 1982 年第 3 版。

牙含章编著：《达赖喇嘛传》，人民出版社 1984 年版。

耿宝昌：《明清瓷器鉴定（明代部分）》，中华书局（香港）有限公司 1984 年版。

《藏族简史》编写组：《藏族简史》，西藏人民出版社 1985 年版。

吴淑生、田自秉：《中国染织史》，上海人民出版社 1986 年版。

《西藏概况》画集编委会编：《西藏概况》，西藏人民出版社 1987 年版。

邓锐龄：《元明两代中央与西藏地方的关系》，中国藏学出版社 1989 年版。

扎雅：《西藏宗教艺术》，谢继胜译，西藏人民出版社 1989 年版。

王世襄：《明式家具研究》，香港三联书店 1989 年版。

谢重光、白文固：《中国僧官制度史》，青海人民出版社 1990

年版。

邱树森主编：《中国历代职官辞典》，江西教育出版社 1991 年版。

法尊编：《西藏民族政教史》，全国图书馆文献微缩复制中心 1991 年版。

吴燕绍编著：《西藏史大纲》，全国图书馆文献缩微复制中心 1993 年版。

赵云田：《中国边疆民族管理机构沿革史》，中国社会科学出版社 1993 年版。

耿宝昌：《明清瓷器鉴定》，紫禁城出版社 1993 年版。

黄颢：《在北京的藏族文物》，民族出版社 1993 年版。

中国藏学研究中心等合编：《元以来西藏地方与中央政府关系档案史料汇编》（1），中国藏学出版社 1994 年版。

海瑟·噶尔美：《早期汉藏艺术》，熊文彬译，中国藏学出版社 1994 年版。

吕宗力主编：《中国历代官制大辞典》，北京出版社 1994 年版。

石硕：《西藏文明东向发展史》，四川人民出版社 1994 年版。

高文德主编：《中国少数民族史大辞典》，吉林教育出版社 1995 年版。

黄玉生、车明怀、祝启源等编著：《西藏地方与中央政府关系史》，西藏人民出版社 1995 年版。

恰白·次旦平措等：《西藏通史——松石宝串》，陈庆英等译，西藏社会科学院、中国西藏杂志社、西藏古籍出版社 1996 年版。

宿白：《藏传佛教寺院考古》，文物出版社 1996 年版。

熊文彬：《中世纪藏传佛教艺术：白居寺壁画艺术研究》，中国藏学出版社 1996 年版。

马瑞田：《中国古建彩画》，文物出版社 1996 年版。

任继愈主编：《宗教大辞典》，上海辞书出版社 1998 年版。

王尧、陈庆英主编：《西藏历史文化辞典》，西藏人民出版社、浙江人民出版社 1998 年版。

张云：《元代吐蕃地方行政体制研究》，中国社会科学出版社 1998 年版。

顾祖成编：《明清治藏史要》，西藏人民出版社、齐鲁书社 1999 年版。

刘洪记、孙雨志合编：《中国藏学论文资料索引》，中国藏学出版社 1999 年版。

尹伟先：《明代藏族史研究》，民族出版社 2000 年版。

郑天挺、吴泽、杨志玖主编：《中国历史大辞典》下卷，上海辞书出版社 2000 年版。

大卫·杰克逊：《西藏绘画史》，向红笳、谢继胜、熊文彬译，西藏人民出版社、明天出版社 2001 年版。

陈庆英、孙国璋主编：《中国藏传佛教金铜造像艺术》，人民美术出版社 2001 年版。

顾祖成、陈崇凯主编：《西藏地方与中央政府关系简明教程》，西藏人民出版社 2001 年版。

黄能馥、陈娟娟编著：《中国服装史》，中国旅游出版社 2001 年版。

任继愈主编：《佛教大辞典》，江苏古籍出版社 2002 年版。

黄能馥、陈娟娟：《中国丝绸科技艺术七千年：历代织绣珍品研究》，中国纺织出版社 2002 年版。

陈庆英、高淑芬主编：《西藏通史》，中州古籍出版社 2003 年版。

丹珠昂奔等主编：《藏族大辞典》，甘肃人民出版社 2003 年版。

王贵、唐家卫：《西藏历史地位辨》，民族出版社 2003 年版。

王家伟、尼玛坚赞：《中国西藏的历史地位》，五洲传播出版社 2003 年版。

G. 杜齐：《西藏考古》，向红笳译，西藏人民出版社 2004 年第 2 版。

陈庆英等：《西藏史话》，鹭江出版社 2004 年版。

次旦扎西主编:《西藏地方古代史》,西藏人民出版社2004年版。

黄春和:《藏传佛像艺术鉴赏》,华文出版社2004年版。

王树民:《陇游日记·陇岷日记》,《曙庵文史续录》,中华书局2004年版。

塞缪尔·特纳:《西藏札什伦布寺访问记》,苏发祥、沈桂萍译,西藏人民出版社2004年版。

陈楠:《明代大慈法王研究》,中央民族大学出版社2005年版。

邓锐龄、陈庆英等:《元以来西藏地方与中央政府关系研究》(上),中国藏学出版社2005年版。

康·格桑益希:《藏族美术史》,四川民族出版社2005年版。

蒲文成、王心岳:《汉藏民族关系史》,甘肃人民出版社2005年版。

史为乐主编:《中国历史地名大辞典》,中国社会科学出版社2005年版。

余英时:《汉代贸易与扩张》,邬文玲译,上海古籍出版社2005年版。

于小冬:《藏传佛教绘画史》,江苏美术出版社2006年版。

张驭寰:《中国佛塔史》,科学出版社2006年版。

金申:《西藏的寺庙和佛像》,文化艺术出版社2007年版。

吴明娣:《汉藏工艺美术交流史》,中国藏学出版社2007年版。

艾米·海勒:《西藏佛教艺术》,赵能、廖旸译,文化艺术出版社2008年版。

马丽华:《风化成典:西藏文史故事十五讲》,中国藏学出版社2009年版。

吴健礼:《古代汉藏文化联系》,西藏人民出版社2009年版。

赵改萍:《元明时期藏传佛教在内地的发展及影响》,中国社会科学出版社2009年版。

王森:《西藏佛教发展史略》,中国藏学出版社2009年第2版。

王光尧:《明代宫廷陶瓷史》,紫禁城出版社2010年版。

谢继胜、熊文彬、罗文华、廖旸等：《藏传佛教艺术发展史》，上海书画出版社 2010 年版。

扬之水：《奢华之色：宋元明金银器研究》卷二，中华书局 2011 年版。

邓前程：《一统与制宜：明朝藏区施政研究》，人民出版社 2011 年版。

刘忠：《汉藏文化交流史话》，社会科学文献出版社 2011 年版。

拉巴平措：《大慈法王释迦也失》，中国藏学出版社 2012 年版。

张润平、苏航、罗炤编著：《西天佛子源流录——文献与初步研究》，中国社会科学出版社 2012 年版。

杜常顺：《明朝宫廷与佛教关系研究》，中国社会科学出版社 2013 年版。

陈建华、范鹏主编：《历代中央政府治藏方略研究》，民族出版社 2013 年版。

王贵：《如何辨明西藏历史地位》，中国藏学出版社 2013 年版。

王尧、王启龙、邓小咏：《中国藏学史（1949 年前）》（修订本），中国社会科学出版社 2013 年版。

王启龙、阴海燕：《中国藏学史（1950—2005）》，中国社会科学出版社 2013 年版。

杨玲主编：《北京艺术博物馆藏明代大藏经丝绸裱封研究》，学苑出版社 2013 年版。

《中国藏学年鉴》编辑委员会编：《中国藏学年鉴（2009、2010、2011、2012、2013、2014）》，中国藏学出版社 2011 年、2012 年、2013 年、2014 年版。

沈卫荣：《想象西藏：跨文化视野中的和尚、活佛、喇嘛和密教》，北京师范大学出版社 2015 年版。

王建林、陈崇凯：《藏汉经济文化交流史》，社会科学文献出版社 2015 年版。

熊文彬、陈楠主编：《西藏通史·明代卷》，中国藏学出版社

2015年版。

康·格桑益希主编：《噶玛嘎孜画派唐卡》，文物出版社2015年版。

罗文华、格桑曲培编：《贡嘎曲德寺壁画——藏传佛教美术史的里程碑》，紫禁城出版社2015年版。

黄春和：《西藏丹萨梯寺历史研究》，文物出版社2016年版。

沈卫荣：《藏传佛教在西域和中原的传播：〈大乘要道密集〉研究初编》，北京师范大学出版社2017年版。

谢继胜、魏文、贾维维主编：《北京藏传佛教艺术（明）：北京藏传佛教文物遗存研究》，北京人民出版社2018年版。

安海燕：《明代汉译藏传密教文献研究》，中国藏学出版社2019年版。

（二）论文

平江兰香书屋抄：《西藏源流考》，《瀛寰琐记》第21卷，1874年6月。

爱第巴喀：《西藏民族源流考》，无名氏译，《外交报》第151期，1906年8月14日。

《西藏民族源流考》，《广益丛报》第128期，1907年1月28日。

李安陆：《西藏史略》，《西北杂志》第1、2、3、4期，1912年11、12月，1913年1、2月。

班禅额尔德尼：《西藏历史与五族联合》，《蒙藏旬刊》第40期，1933年2月10日。

于道泉：《译注明成祖遣使召宗喀巴纪事及宗喀巴复成祖书》，《庆祝蔡元培先生六十五岁论文集》，中研院历史语言研究所1933年版。

苏大成：《中藏关系之史的考察》，《新亚细亚》第7卷第3期，1934年3月。

班禅额尔德尼：《西藏政教之始末》，刘家驹译，《蒙藏旬刊》第83期，1934年5月20日。

苏大成：《元明清之中藏关系》，《蒙藏月报》第 1 卷第 5 期，1934 年 8 月 25 日。

《边疆宗教首领来京展觐班次》，《蒙藏月报》第 1 卷第 5 期，1934 年 8 月 25 日；《蒙藏旬刊》第 93 期，1934 年 9 月 30 日。

熊耀文：《西藏与中国过去之关系》，《蒙藏旬刊》第 94、95 期合刊，1934 年 10 月 30 日。

文武：《唐宋元明清历代与西藏之关系》，《开发西北》第 2 卷第 1 期，1934 年 7 月；第 3 卷第 3 期，1935 年 3 月。

喜饶嘉措：《从沟通汉藏文化说到民族融合汉藏民族》，《海潮音》第 19 卷第 10 期，1938 年 10 月。

玄默：《西藏与内地关系史略》，《蒙藏月报》第 11 卷第 6 期，1940 年 6 月。

王宜昌：《喇嘛教在中国》，《力行》第 4 卷第 5、6 期，1941 年 11、12 月。

王宜昌：《〈喇嘛教在中国〉补遗》，《力行》第 5 卷第 2 期，1942 年 2 月。

韩儒林：《明史乌斯藏大宝法王考》，《真理杂志》第 1 卷第 3 期，1944 年 6 月。

法尊：《元明间与中国有关之西藏佛教》，《文史杂志》第 4 卷第 9、10 期，1944 年 11、12 月。

谭英华：《明乌思藏初通中国考》，《史学杂志》第 1 期，1945 年 12 月。

郑鹤声：《历代对于西藏之抚援》，《中央日报》1946 年 4 月 10—11 日，第 3 版。

谭英华：《历代汉藏关系概述》，《康导月刊》第 6 卷第 9、10 期，1947 年 9 月。

罗睺罗：《再到西藏寻访梵文贝叶写经》，子农（王森）译，《现代佛学》第 2 卷第 4 期，1951 年。

李有义：《一千五百年来的藏汉民族关系》，《新建设》1952

年第 6 期。

李霖灿：《西藏史》，《边疆文化论集》第 3 卷，"中华文化出版事业委员会"1953 年版。

马伟：《明代时期汉藏两族的友好关系》，《历史教学问题》1958 年第 12 期。

子元：《西藏地方与祖国的历史关系》，《民族研究》1959 年第 4 期。

王忠：《中央政府管理西藏地方的制度的发展》，《历史研究》1959 年第 5 期。

周昆田：《汉藏两族的传统关系》，《西藏研究》，"中国边疆历史语文学会"1960 年版。

黄盛璋：《关于古代中国与尼泊尔的文化交流》，《历史研究》1962 年第 1 期。

王忠：《评理查逊〈西藏简史〉关于明代西藏地方历史的谬说》，《历史研究》1963 年第 5 期。

马金：《略论历史上汉藏民族间的茶马互市》，《中国民族》1963 年第 12 期。

董彦平：《唐宋元明清四朝对西藏的政策》，《国大宪政年刊》第 1 卷，1967 年 12 月。

《元明乌斯藏与清代西藏》，《反攻杂志》第 312、316、317 期，1968 年。

朱宝唐：《元明时期西藏政教之研究》，《中国边政》第 25、28、29、30 期，1969—1970 年。

杨启樵：《（评）左藤长"明代西藏史研究"》，《香港中文大学中国文化研究所学报》第 3 卷第 1 期，1970 年。

步连生：《明宣德十年雕造的班丹札释像——非传说之姚广孝像》，《文物》1979 年第 7 期。

谢佐：《青海乐都瞿昙寺考略》，《青海民族学院学报》1979 年第 Z1 期。

佐藤长：《元末明初的西藏的形势》，邓锐龄译，中国社会科学院民族所、历史研究室资料组编译：《民族史译文集》（9），刊印本，1981 年。

拉萨市政协文史资料组编，恰白·次旦平措执笔：《大昭寺史事述略》，《西藏研究》1981 年创刊号。

黄盛璋：《五台山大塔院寺白塔的来源与创建新考》，《晋阳学刊》1982 年第 1 期。

罗炤：《藏汉合璧〈圣胜慧到彼岸功德宝集偈〉考略》，《世界宗教研究》1983 年第 4 期。

汤池安：《评夏格巴〈西藏政治史〉中所谓"供施关系"的政治涵义》，《西藏研究》1985 年第 1 期。

周润年：《谈明代的"多封众建"及其它》，中央民族学院藏族研究所编：《藏学研究文集》，民族出版社 1985 年版。

黄慧珍、薛金度：《郑和下西洋史迹文物综述》，《上海大学学报》1985 年第 2 期。

周润年：《浅论明代大慈法王》，中央民族学院藏族研究所编：《藏学研究文集》第 4 辑，民族出版社 1986 年版。

王继光：《明代中央政府赴藏地使者事辑（上、下）》，《西藏研究》1986 年第 1、2 期。

欧朝贵：《大庆法王领占班丹绣施普贤菩萨像考释》，《西藏研究》1987 年第 2 期。

佐藤长：《明代西藏八大教王考（上）》，邓锐龄译，《西藏民族学院学报》1987 年第 3 期。

波米·强巴洛卓：《色拉寺及其创建者释迦益西》，敏学译，《西藏研究》1987 年第 3 期。

王继光：《明代中央政府赴藏地使者事辑补》，《西藏研究》1987 年第 3 期。

佐藤长：《明代西藏八大教王考（中）》，邓锐龄译，《西藏民族学院学报》1987 年第 4 期。

李延恺：《从文化交流看藏汉关系》，《青海民族学院学报》1987年第4期。

傅同钦：《西藏唐卡与明武宗》，《紫禁城》1987年第4期。

史伯岭：《五世噶玛巴以及西藏与明初的关系要略》，才让太译，王青山校，《国外藏学研究译文集》第2辑，西藏人民出版社1987年版。

冯汉镛：《〈西洋记〉发微》，《明清小说研究》1988年第1期。

沈卫荣：《元代乌思藏十三万户行政体制研究（一）》，《西藏研究》1988年第1期。

沈卫荣：《评美国藏学家魏里的〈明朝的喇嘛进贡〉——兼论元明时期的西藏政策》，《西北民族研究》1988年第2期。

沈卫荣：《元代乌思藏十三万户行政体制研究（二）》，《西藏研究》1988年第2期。

万揆一：《明代云南黔国公沐氏兴衰史》，《云南师范大学学报》1988年第2期。

陈一石：《明代茶马互市政策研究》，《中国藏学》1988年第3期。

黄万纶：《元明清以来西藏地方同祖国的经济关系纪略》，《西藏研究》1988年第3期。

陈金钟：《元以来中央政权颁授西藏地方首领印章举要》，《中央民族学院学报》1988年第3期。

黄颢：《北京密云番字牌村藏文石刻初探》，《中国藏学》1988年第3期。

王家鹏：《明成化藏汉文对音写经浅探》，《故宫博物院院刊》1988年第4期。

佐藤长：《明代西藏八大教王考（下）》，邓锐龄译，《西藏民族学院学报》1988年第4期。

林瑞宾（Rob Linrothe）：《西藏铜佛像艺术》，《故宫学术季刊》第5卷第3期，1988年春季号。

孟庆芬：《明宪宗敕西藏大宝法王噶玛巴书释》，《藏族史论文集》编辑组编：《藏族史论文集》，四川民族出版社1988年版。

冯汉镛：《明代西藏"贡道"研究》，《西藏研究》1989年第1期。

马文余：《明朝前中期中央政府对藏族地区的治理》，《西藏研究》1989年第1期。

牙含章：《明代中央和西藏地方帕竹政权的关系》，《中国藏学》1989年第1期。

任乃强、泽旺夺吉：《"朵甘思"考略》，《中国藏学》1989年第1期。

顾诚：《明帝国的疆土管理体制》，《历史研究》1989年第3期。

赵毅：《明代的汉藏茶马互市》，《中国藏学》1989年第3期。

陈耀东：《夏鲁寺——元官式建筑在西藏地区的珍遗》，《文物》1989年第5期。

韩保全：《从几通石碑看荐福寺、小雁塔的变迁和整修》，《考古》1989年第7期。

秦永章：《弘化寺历史概述》，《青海民族研究》1990年第2期。

杜长风：《明代乌思藏朝贡述略》，《西藏研究》1990年第3期。

王献军：《帕木竹巴政权与明王朝的关系——帕木竹巴政权研究之四》，《西藏民族学院学报》1990年第4期。

周润年：《略论明朝所封的三大法王及其历史作用》，《藏学研究论丛》编委会编：《藏学研究论丛》第2辑，西藏人民出版社1990年版。

冯汉镛：《哈立麻来京的影响》，《中国藏学》1991年第1期。

王献军：《帕木竹巴政权对乌斯藏的统治——帕木竹巴政权研究之二》，《西藏研究》1991年第1期。

宋赞良：《色拉寺调查》，《中国藏学》1991年第2期。

陈德富：《景德镇瓷器与西藏》，《景德镇陶瓷》1991年第4期。

房建昌：《西藏如来大宝法王考》，《中央民族学院学报》1991年第5期。

邓锐龄：《明初使藏僧人克新事迹考》，《中国藏学》1992年第 1 期。

赵毅:《明代内地与西藏的交通》,《中国藏学》1992 年第 2 期。

佐藤长:《明廷对喇嘛教的尊崇》,梁化奎译,《青海民族研究》1992 年第 3 期。

邓锐龄:《〈贤者喜宴〉明永乐时尚师哈立麻进京纪事笺证》,《中国藏学》1992 年第 3 期。

罗润苍:《评夏格巴的〈藏区政治史〉》,《中国藏学》1992 年第 3 期。

桑杰:《简述明朝对岷州藏区的治理》,《甘肃民族研究》1992 年第 2、3 期。

卓嘉:《哈立麻得银协巴与明廷关系综述》,《西藏研究》1992 年第 3 期。

杜常顺:《略论明朝对西藏的施政》,《青海社会科学》1992 年第 5 期。

费正清:《中国的世界秩序:一种初步的构想》,陶文钊编选,林海、符致兴译:《费正清集》,天津人民出版社 1992 年版。

陈庆英、马林摘译:《五世达赖喇嘛进京记(四续)》,《中国藏学》1993 年第 1 期。

石硕:《明朝西藏政策的内涵与西藏经济的东向性发展》,《西藏研究》1993 年第 2 期。

张莉红:《论明清川藏贸易》,《中国藏学》1993 年第 3 期。

祝启源:《明代藏区行政建置史迹钩沉》,《藏学研究论丛》第 5 辑,西藏人民出版社 1993 年版。后收入氏著《祝启源藏学研究文集》,中国藏学出版社 2002 年版。

黄春和:《五塔寺金刚宝座塔始建时间新探》,《中国文物报》1993 年 6 月 6 日。

陈德富:《西藏的景德镇青花瓷器》,《景德镇陶瓷》1993 年第 Z1 期。

赵宏:《故宫博物院藏明清时期藏、蒙俗瓷器》,《故宫博物院院刊》1994 年第 1 期。

张江华:《历代中央王朝治理西藏政策的演变和发展》,《西藏研究》1994 年第 2 期。

张云:《有关元代乌思藏宣慰司的几个问题》,《西北民族研究》1994 年第 2 期。

邓锐龄:《明西天佛子大国师智光事迹考》,《中国藏学》1994 年第 3 期。

刘忠:《论明朝西藏归属与领主制的演变》,《历史研究》1994 年第 5 期。

熊文彬:《白居寺壁画风格的渊源与形成》,《中国藏学》1995 年第 1 期。

罗文华:《明大宝法王建普度大斋长卷》,《中国藏学》1995 年第 1 期。

吴俊荣:《噶玛巴源流及其历史地位》,《西藏研究》1995 年第 2 期。

赵燕:《茶在藏传佛教中的地位》,《农业考古》1995 年第 2 期。

任建新:《明蜀僖王陵藏式石刻考释》,《四川文物》1995 年第 3 期。

王璐:《五台山与西藏》,《五台山研究》1995 年第 4 期。

杨嘉铭、琪梅旺姆:《藏族茶文化概论》,《中国藏学》1995 年第 4 期。

沈卫荣:《明乌斯藏大慈法王释迦也失事迹考述》,《两岸蒙古学藏学学术研讨会论文集》,"蒙藏委员会"1995 年版。

张东:《论明代景德镇官窑中的梵文和藏文瓷器》,《上海博物馆集刊》第 7 期,上海书画出版社 1996 年版。

陈庆英、冯智:《藏族地区行政区划简说》,《西藏民族学院学报》1996 年第 1 期。

陈立健:《明太祖对藏族地区的招抚与管理》,《西藏民族学院学报》1996 年第 2 期。

陈崇凯：《元明时期藏汉文化的交融及对中华文明的贡献》，《西藏大学学报》1996年第2期。

恰白·次旦平措：《明朝对西藏高僧的封授》，《中国西藏》1996年第3期。

陈楠：《大智法王考》，《中国藏学》1996年第4期。

萧宇：《塔院寺佛教简史》，《五台山研究》1996年第4期。

周润年：《简述五世噶玛巴第新谢巴的生平事迹》（藏文），中央民族学院藏学研究所：《藏学研究》第8辑，中央民族大学出版社1996年版。

郑林：《圆照寺佛教简史》，《五台山研究》1997年第1期。

竺颖：《室利沙是明代五台山著名的密宗高僧》，《五台山研究》1997年第1期。

陈崇凯、顾祖成：《元明中央对西藏经济的扶持政策及作用》，《西藏研究》1997年第2期。

陈崇凯、刘凯：《元明藏传佛教内传后对中原文化的贡献》，《贵州民族研究》1997年第4期。

陈楠：《三宝太监郑和奉佛事迹考》，《传统文化与现代化》1997年第6期。

王俊中：《"满洲"与"文殊"的渊源及西藏政教思想中的领袖与佛菩萨》，《中央研究院近代史研究所集刊》第28期，1997年12月。

邓锐龄：《清初阐化王入贡请封始末及其意义》，《中国藏学》1998年第1期。

扎洛：《吐蕃求"五台山图"史事杂考》，《民族研究》1998年第1期。

李竹：《金轮耸日月　风铎鸣千里——明代大报恩寺塔文物拾遗》，《东南文化》1998年第3期。

陈楠：《明代藏传佛教对内地的影响》，《中国藏学》1998年第4期。

彭陟焱、周毓华：《明代朝贡对藏区经济发展的影响》，《中国藏学》1998 年第 4 期。

王光尧：《靶碗小考》，《文物春秋》1998 年第 4 期。

孙机：《中国梵钟》，《考古与文物》1998 年第 5 期。

解晓燕、尹伟先：《明朝治理乌思藏政策的阶段性特点》，《西北民族研究》1999 年第 1 期。

沈卫荣：《明封司徒锁巴头目剌耷肖考——兼论元明时代乌思藏拉堆洛万户》，《故宫学术季刊》第 17 卷第 1 期，1999 年。后收入氏著《西藏历史和佛教的语文学研究》，上海古籍出版社 2010 年版。

周华：《藏文〈大藏经〉对勘出版工作概况》，《中国藏学》2000 年第 1 期。

陈庆英：《论明朝对藏传佛教的管理》，《中国藏学》2000 年第 3 期。

夏春峰：《明朝前期中央治藏措施述略》，《西藏研究》2000 年第 4 期。

李清凌：《藏传佛教与中国传统文化的关系》，《中国藏学》2001 年第 3 期。

房建昌：《明代西藏行政区划考》，《西藏民族学院学报》2001 年第 4 期。

黄春和：《藏传佛教造像题材分类及其艺术特征》，《法音》2001 年第 8 期。

罗杰尔·格来特里斯：《明代嘉绒地区苯教的朝贡使团》，陈楠译，《国外藏学研究译文集》第 15 辑，西藏人民出版社 2001 年版。

时平：《从明初"大一统"观看郑和下西洋的动机》，"睦邻友好"郑和学术研讨会会议论文，2002 年 10 月。

吴明娣：《明代瓷器与汉藏文化艺术交流》，《中国藏学》2002 年第 3 期。

王静：《明朝会同馆论考》，《中国边疆史地研究》2002 年第 3 期。

杭侃：《大黑天与十相自在——释读梁庄王墓中的藏传佛教文物》，《文物天地》2002年第4期。

金申：《藏传佛教造像的流派与样式（中）》，《收藏家》2002年第5期。

邓前程：《论明初中央政府治藏政策的调适与定型》，《思想战线》2002年第6期。

陈楠：《大慈法王与明朝廷封授关系研究》，《中国藏学》2003年第1期。

邓前程：《传承与现实之间：对明初治藏方略出炉之由的诠释》，《社会科学战线》2003年第2期。

邓前程：《元末明初藏区地方豪势变局与明王朝治藏》，《西南民族学院学报》2003年第2期。

黄春和：《明代永乐宣德宫廷藏式金铜佛像（下）》，《收藏家》2003年第5期。

夏春峰：《甘肃连城妙因寺及其相关寺院探研》，《西北民族大学学报》2003年第6期。

李亚：《明代中官使藏考》，王尧主编：《贤者新宴》第3期，河北教育出版社2003年版。

索文清：《多封众建，因俗以治——从历史文献文物看明代对西藏的治理》，《中国西藏》2004年第1期。

才让：《明洪武朝对藏传佛教的政策及其相关史实考述》，《西藏研究》2004年第2期。

周润年：《历史上藏汉民族文化交流综述》，《西藏民族学院学报》2004年第2期。

邓前程：《元明政权交替与中原统治民族换位形势下的治藏政策调塑空间》，《四川师范大学学报》2004年第3期。

陈楠：《明代大慈法王释迦也失在北京活动考述》，《中央民族大学学报》2004年第4期。

周润年：《噶玛巴德行协巴的晋京活动及其影响》，《西藏研究》2004 年第 4 期。

罗文华：《明人书内府金藏经考——兼论 14、15 世纪汉藏绘画风格的要素》，《藏学学刊》第 1 辑，四川人民出版社 2004 年版。后收入霍巍、李永宪主编《西藏考古与艺术：国际学术讨论会论文集》，四川人民出版社 2004 年版。

王尧：《明初与藏事有关的诏文及河西碑刻考异》，《西藏文史探微集》，中国藏学出版社 2005 年版。

陈崇凯：《汉藏经济文化交流史论纲》，《西藏大学学报》2005 年第 1 期。

陈楠：《关于明成祖遣使召宗喀巴史事补证》，《中国藏学》2005 年第 1 期。

杜常顺：《明代留住京师的藏传佛教僧人》，《中国藏学》2005 年第 2 期。

钱志乾：《试论郑和下西洋的主要目的》，《江西社会科学》2005 年第 2 期。

谈谭：《郑和下西洋动因新探》，《世界宗教研究》2005 年第 2 期。

王健：《郑和研究百年状况述论》，《南京社会科学》2005 年第 2 期。

张晓旭：《郑和下西洋之动机考略》，《南方文物》2005 年第 3 期。

才让：《信仰与扶持——明成祖与藏传佛教》，《西藏研究》2005 年第 4 期。

赵改萍：《简论明代藏传佛教在五台山的发展》，《西藏研究》2005 年第 4 期。

何孝荣：《明代皇帝崇奉藏传佛教浅析》，《中国史研究》2005 年第 4 期。

梁小丽、马国利：《正定发现明代隆兴寺高僧梦堂和尚舍利塔铭》，《文物春秋》2005 年第 5 期。

朱文莉、毛阳海：《论明代中央治藏的"贡市羁縻"政策》

《西藏民族学院学报》2005 年第 5 期。

陈楠:《明成祖朱棣与大慈法王释迦也失》,《故宫学刊》2005 年总第 2 辑。后收入《藏史新考》,中央民族大学出版社 2009 年版。

沈卫荣:《"怀柔远夷"话语中的明代汉藏文化交流》,《国际汉学》第 13 辑,大象出版社 2005 年版。

滕艳玲:《北京明成化真觉寺金刚宝座式塔保护实录》,《2005 年云冈国际学术研讨会论文集(保护卷)》,2005 年。

熊文彬:《明代汉文佛经中的藏式风格木刻版画初探》,薛永年、罗世平主编:《中国美术史论文集:金维诺教授八十华诞暨从教六十周年纪念文集》,紫禁城出版社 2006 年版。后收入谢继胜、沈卫荣、廖旸主编《汉藏佛教艺术研究:第二届西藏考古与艺术国际学术研讨会论文集》,中国藏学出版社 2006 年版。

陈柏萍:《明洪武、永乐年间治藏政策述略》,《青海民族学院学报》2006 年第 1 期。

杜常顺:《明代"西天僧"考略》,《世界宗教研究》2006 年第 1 期。

杜常顺:《明代宦官与藏传佛教》,《西北师大学报》2006 年第 1 期。

刘迎胜、骆爱丽:《噶玛巴为明太祖荐福图回回文初探》,《西北民族研究》2006 年第 1 期。

索南才让:《走出雪域的藏式佛塔》,《西藏艺术研究》2006 年第 1 期。

许建英:《"中国世界秩序"观之影响及其与中国古代边疆研究——费正清〈中国世界秩序:中国传统的对外关系〉读后》,《中国边疆史地研究》2006 年第 1 期。

陈楠:《法渊寺与明代番经厂杂考》,《中国藏学》2006 年第 2 期。

陈庆英、李少魁:《关于西藏通史研究的断代史思考——兼论元、明、清时期西藏地方与中央政府"政权同步、政治同声、经济同气"的史实特征》,《青海民族学院学报》2006年第2期。

沈卫荣:《元明两代朵甘思灵藏王族历史考证》,《中国藏学》2006年第2期。后收入氏著《西藏历史和佛教的语文学研究》,上海古籍出版社2010年版。

邓前程、徐学初:《务宜远人:明朝藏地僧俗贡使违规私茶处罚的立法与实践》,《西藏研究》2006年第3期。

洲塔、贾宵峰:《试析明代藏区土司的朝贡制度》,《西藏大学学报》2006年第3期。

樱井龙彦、李连荣:《百年日本藏学研究概况》,《中国藏学》2006年第4期。

陈楠:《明初"广行招谕"治藏方策探究》,《中央民族大学学报》2006年第4期。后收入氏著《藏史新考》,中央民族大学出版社2009年版。

李亚娟:《20世纪80年代后期以来明代藏族史研究综述》,《西藏民族学院学报》2006年第4期。

张亚莎编译:《1985—1998年日本的藏族史研究》,《中国藏学》2006年第4期。

吴明娣、杨鸿蛟:《元明时期西藏佛经在内地的流传及其对装帧艺术的影响》,《美术观察》2006年第11期。

哈斯额尔敦:《〈普度明太祖长卷图〉第四段回鹘蒙古文考释》,《民族语文》2007年第1期。

江晓乐:《格鲁派初兴阶段与中央政权的关系》,《西藏民族学院学报》2007年第1期。

李翎:《大黑天图像样式考》,《敦煌学辑刊》2007年第1期。

苏发祥、供邱泽仁:《当代美国藏学研究的主要内容、特点及其分析》,《西藏民族学院学报》2007年第1期。

吴明娣:《明代丝绸对藏区的输入及其影响》,《中国藏学》2007年第1期。

才让:《明武宗信奉藏传佛教史实考述》,《西藏研究》2007年第2期。

张羽新、张双志:《明朝封赠大崇教寺下寺和西纳寺大喇嘛袭职圣旨释读》,《中国历史文物》2007年第2期。

才让:《明宣宗与藏传佛教关系考述》,《中国藏学》2007年第3期。

张屹:《明朝治藏政策成因述要》,《西藏民族学院学报》2007年第3期。

郭凤霞:《明前期对入藏交通的经营与防护》,《青海社会科学》2007年第4期。

骆爱丽:《明成祖与大宝法王交流研究——以宗教画卷〈荐福图〉为例》,《新世纪宗教研究》第6卷第1期,2007年9月。

林冠群:《近五十年来台湾的藏族史研究》,《唐代吐蕃历史与文化论集》,中国藏学出版社2007年版。

吴均:《从〈西番馆来文〉看明朝对藏区的管理》,《吴均藏学文集》,中国藏学出版社2007年版。

王晓云:《〈西游记〉定身法素材源于西藏探析》,《明清小说研究》2008年第1期。

杨鸿蛟:《明代藏传佛教八吉祥纹样在汉地的传播及其风格演变》,《西藏艺术研究》2008年第1期。

魏文、谢继胜:《雪域梵华昭京城——北京的藏传佛教古迹》,《中国西藏》2008年第2期。

邓前程、邹建达:《从民族格局差异看明朝治藏政策的现实性——与元、清两朝相比较》,《云南师范大学学报》2008年第2期。

马啸:《明朝与蒙藏地区政治互动模式初探》,《西藏研究》2008年第2期。

索珍:《德国主要涉藏研究机构和研究人员现状分析》,《中国藏学》2008年第2期。

王一菁：《漫谈山西省千手观音的造像》，《文物世界》2008年第2期。

龚伯勋：《〈万历合约〉与古长河地方的茶马贸易——解读泸定沈村明代〈万历合约〉》，《康定民族师范高等专科学校学报》2008年第3期。

蒲文成：《从藏族历史看西藏与祖国内地的关系》，《青海社会科学》2008年第3期。

苏发祥：《英国藏学研究概述》，《中国藏学》2008年第3期。

邹芙都：《西南大学博物馆藏明清政府颁赐阿坝错尔基寺文书简释》，《民族研究》2008年第4期。

何孝荣：《印僧实哩沙哩卜得啰与真觉寺修建考》，《北京社会科学》2008年第4期。

李宏辑：《万世不朽的见证——文物见证西藏自古至今属于中国》，《西藏发展论坛》2008年第4期。

陈楠：《论明代留京藏僧的社会功用》，《中央民族大学学报》2008年第5期。

邓前程：《藏区僧俗首领朝贡与明朝对藏主权问题辨析》，《四川师范大学学报》2008年第5期。

白水：《西藏自古以来就是中国领土不可分割的一部分——国家档案局公布15件珍贵的藏事档案》，《中国档案》2008年第5期。

泽勇：《元明两朝治藏政策及其特点》，《西藏研究》2008年第6期。

冯智：《西藏文物见证汉藏文化交流》，《西藏大学学报》2009年第1期。

闫雪：《北京智化禅寺转轮藏初探——明代汉藏佛教交流一例》，《中国藏学》2009年第1期。后收入谢继胜主编《汉藏佛教美术研究2008》，首都师范大学出版社2010年版。

扬之水：《移植与嬗变——明代金银饰品中的藏传佛教艺术》，《中国文化》2009年第1期。

桑扎、琼措：《从宗喀巴弟子释迦益西两次应召进京受封看明代治藏政策和汉藏关系》，《西南民族大学学报》2009年第2期。

陈柏萍：《元明中央王朝治理藏族地区模式比较研究》，《青海民族学院学报》2009年第3期。

李晓婧：《对明初承袭元制的思考》，《文化学刊》2009年第3期。

任小波：《明清〈西番译语〉传本寻踪》，《中国藏学》2009年第3期。

王建敏：《明初藏区行都武卫设置述略》，《西藏民族学院学报》2009年第3期。

杨士钰：《侯显生平研究》，《中国藏学》2009年第3期。

凡建秋：《公元15—16世纪西藏勉塘画派研究》，《艺术探索》2009年第4期。

陈楠：《明代西藏地方政教体制及职官制度考述》，《中央民族大学学报》2009年第6期。

王建敏：《明初中央对藏族地区的治理》，《康定民族师范高等专科学校学报》2009年第6期。

李翎：《藏传佛教护法神吉祥天母的图像样式》，《法音》2009年第12期。

陈楠：《明〈大宝法王建普度大斋长卷〉译释》，《藏史新考》，中央民族大学出版社2009年版。

陈楠：《明代乌思藏驿站交通及汉藏经济交流》，《藏史新考》，中央民族大学出版社2009年版。

林姝：《略论明清唐卡绘画中的玻璃器皿》，谢继胜、罗文华、景安宁主编：《汉藏佛教美术研究：第三届西藏考古与艺术国际学术讨论会论文集》，上海古籍出版社2009年版。

熊文彬：《明代西藏仁蚌巴家族兴衰述略》，沈卫荣、谢继胜主编：《贤者新宴：王尧先生八秩华诞藏学论文集》，中国藏学出版社2010年版。

贾维维：《明季北京大隆善寺史实考述》，沈卫荣、谢继胜主编：《贤者新宴：王尧先生八秩华诞藏学论文集》，中国藏学出版社 2010 年版。

任小波：《从两件来文看明封大乘法王传嗣的转移》，沈卫荣、谢继胜主编：《贤者新宴：王尧先生八秩华诞藏学论文集》，中国藏学出版社 2010 年版。

陈楠：《明代乌思藏"五教王"考》，《民族史研究》第 9 辑，中央民族大学出版社 2010 年版。

恰嘎·旦正：《明朝时期藏文碑文探析》，《中国藏学》（藏文版）2010 年第 1 期。

康·格桑益希：《藏传噶玛噶孜画派唐卡对汉地青绿山水技艺的吸纳》，《西藏大学学报》2010 年第 1 期。

耕生：《流传于西藏的明清景德镇瓷器》，《收藏》2010 年第 1 期。

刘永文、韩殿栋、李军：《明代进藏人员论析》，《西藏大学学报》2010 年第 1 期。

沈卫荣：《汉藏交融与民族认同》，《读书》2010 年第 1 期。

张锋：《解构朝贡体系》，《国际政治科学》2010 年第 2 期。

安海燕、沈卫荣：《台湾"故宫博物院"藏汉译藏传密教仪轨〈吉祥喜金刚集轮甘露泉〉源流考述》，《文史》2010 年第 3 期。

吴景山、石劲松：《〈重修古刹灵岩寺碑记〉校读记》，《敦煌学辑刊》2010 年第 3 期。

李越、刘畅等：《青海乐都瞿昙寺隆国殿大木结构研究补遗》，《故宫博物院院刊》2010 年第 4 期。

牛绿花：《元明两朝对藏传佛教宗教事务的法律调整及其历史启示》，《青海社会科学》2010 年第 4 期。

喜富裕：《明中后期乌思藏朝贡使进京朝贡改道原因探析》，《西藏研究》2010 年第 4 期。

星全成：《元明清中央政府治藏失误及其对藏区社会的影响》，《青海民族研究》2010 年第 4 期。

邓锐龄：《中国古典小说中所见藏事的痕迹》，《西藏民族学院学报》2010年第5期。

赵晓星：《吐蕃统治时期传入敦煌的中土图像——以五台山图为例》，《文艺研究》2010年第5期。

蒋开磊：《保山出土青花瓷花卉纹饰赏析》，《收藏界》2010年第10期。

萧金松：《元明两朝与西藏的关系》，《故宫文物月刊》第329期，2010年7月。

熊文彬：《程式与新风：藏传佛教艺术的演进轨迹》，《中国藏学》2010年第S1期。

卓鸿泽：《正德的番、回倾向——大明皇帝对异族宗教的追求》，林富士主编：《中国史新论——宗教史分册》，联经出版事业股份有限公司2010年版。

郭丽平：《北京法海寺壁画中的藏传佛教艺术因素探析》，《中国藏学》2010年第S1期。

廖旸：《藏文文献中的西天高僧室利沙事迹辑考》，《中国藏学》2011年第1期。

谢继胜、贾维维：《元明清北京藏传佛教艺术的形成与发展》，《中国藏学》2011年第1期。

张治东：《明代藏区僧官制度探究》，《西藏民族学院学报》2011年第1期。

韩殿栋、刘永文：《明代笔记中的西藏》，《西北民族大学学报》2011年第2期。

刘宏：《明宪宗皇帝的一份敕命及其对西藏佛教的崇奉》，《内蒙古社会科学》（汉文版）2011年第2期。

敏政：《从明代汉藏间的茶马互市看明代的治藏政策》，《青海民族研究》2011年第2期。

沈卫荣、安海燕：《明代汉译藏传密教文献和西域僧团——兼谈汉藏佛教史研究的语文学方法》，《清华大学学报》2011年第2期。

何子君：《汉藏佛教文化交融的历史丰碑——以陇上千年古刹

西蜂窝寺为例》,《宗教学研究》2011年第3期。

罗焰:《明朝在西藏的主权地位》,《中国藏学》2011年第3期。

张向耀:《从朝贡看明朝汉藏交流》,《内江师范学院学报》2011年第3期。

王乐庆:《荐福寺明代〈圣旨〉碑考略》,《五台山研究》2011年第4期。

蒲天彪:《〈耕余琐录〉与瞿昙寺史料补遗》,《西藏民族学院学报》2011年第5期。

何鸿:《从僧帽壶瓷器看汉藏文化交流》,《荣宝斋》2011年第5期。

廖旸:《南京弘觉寺塔地宫出土金铜尊胜塔像新考》,《故宫博物院院刊》2011年第6期。

吴明娣:《明清藏传佛教法器铃杵与汉藏艺术交流》,《世界宗教研究》2011年第6期。

张向耀:《明代关于藏族地区朝贡定例的原因与过程》,《四川民族学院学报》2011年第6期。

何孝荣:《明武宗自号大宝法王、大庆法王及大护国保安寺考析》,南开大学历史学院、北京大学历史系、中国社科院历史所编:《中国古代社会高层论坛文集——纪念郑天挺先生诞辰一百一十周年》,中华书局2011年版。

周卫红:《加拿大主要藏学研究机构及人员现状》,《中国藏学》2012年第1期。

熊文彬、哈比布、夏格旺堆:《西藏山南贡嘎寺主殿集会大殿〈如意藤〉壁画初探》,《中国藏学》2012年第2期。

索文清:《罗布林卡的文物珍藏》,《中国西藏》2012年第2期。

任小波:《明代西藏萨迦派的传承与支系》,《青海民族研究》2012年第3期。

黄伟:《历代中央政府治藏方略的演变传承》,《国家行政学院学报》2012年第4期。

欧阳镇、陈金凤：《江西藏传佛教传播发展述论》，《江西社会科学》2012年第7期。

何欣、胡国强：《故宫博物院藏明永乐、宣德金铜佛造像——兼论明代早期宫廷造像分期》，故宫博物院编：《永宣时代及其影响——两岸故宫第二届学术研讨会论文集》，故宫出版社2012年版。

贾维维：《大智法王班丹扎释北京活动及相关史事再考——以〈西天佛子源流录〉为据》，沈卫荣主编：《文本中的历史：藏传佛教在西域和中原的传播》，中国藏学出版社2012年版。

王家鹏：《论明永乐、宣德佛像的艺术成就》，故宫博物院编：《永宣时代及其影响——两岸故宫第二届学术研讨会论文集》，故宫出版社2012年版。

谢继胜：《宁夏固原须弥山圆光寺及相关番僧考》，《西夏研究》2013年第1期。

Karl Debreczeny（杜凯鹤）：《佛陀之法在姜地：十世噶玛巴在丽江地区发展的"汉式风格唐卡画"》，邓云斐译，《西南边疆民族研究》2013年第1期。

蓝勇：《明茶马贸易〈四川省四路关驿图〉考》，《中国边疆史地研究》2013年第2期。

本刊记者：《西藏自古是中国的一部分（下）——访中国藏学研究中心当代研究所副研究员王小彬》，《统一论坛》2013年第2期。

林冠群：《当代美国藏学研究发展趋势》，《蒙藏季刊》第22卷第1期，2013年3月。

孙逊：《包容神圣：清朝皇帝的文殊形象与藏传佛教的臣服——正统性传承中主导性虚构的凝聚力作用》，《西藏研究》2013年第3期。

姚远、任羽中：《南京涉藏文物：中央政府和西藏地方关系的历史见证》，《西藏大学学报》2013年第3期。

武沐：《论明朝与藏区的朝贡贸易》，《青海民族研究》2013

年第 4 期。

童赛玲：《明代宫廷美术与西藏本土佛教美术风格的相互影响》，《新美术》2013 年第 5 期。

杨晓春：《南京鸡鸣寺现存明碑〈重修鸡鸣禅寺记〉探析》，《东南文化》2013 年第 5 期。

杨瑶、高辉：《明代辽东女真高僧塔铭〈圆公塔铭序〉考释》，《文物春秋》2013 年第 5 期。

喜富裕：《论明宪宗成化年间对西番朝贡政策的规范调整》《西藏研究》2013 年第 6 期。

孙鹏浩：《薛禅可汗与文殊菩萨：见于〈邬坚巴传〉中的某一种联系》，沈卫荣主编：《汉藏佛学研究：文本、人物、图像和历史》，中国藏学出版社 2013 年版。

杨鸿蛟：《明清汉藏器物交流刍议》，熊文彬、曲珍主编：《雪域瑰宝在北京：2013 年西藏文物联展》，中国藏学出版社 2013 年版。

朱丽霞：《明宪宗整饬"番僧"朝贡弊端的努力与实效》，《佛学研究》2013 年总第 22 期。

孙英刚：《转轮王与皇帝：佛教对中古君主概念的影响》，《社会科学战线》2013 年第 11 期。

童赛玲：《明代时期宫廷与西藏地方间之密切关系》，《佳木斯教育学院学报》2013 年第 11 期。

曹群勇：《厚赏与羁縻：论明代藏族地方与中央王朝的贡赐关系》，《西北民族大学学报》2014 年第 1 期。

金燕红、武沐：《明初茶马贸易衰败原因的再辨析》，《西藏研究》2014 年第 1 期。

林梅村：《珠宝艺术与中外文化交流》，《考古与文物》2014 年第 1 期。

扬之水：《"文""物"相映之二——明代首饰中的"万寿"、"摩利支天"、"毛女"》，《南方文物》2014 年第 1 期。

熊文彬:《西藏罗布林卡藏明代大慈法王像缂丝唐卡再探》,《中国藏学》2014年第3期。

廖旸:《明代〈金轮佛顶大威德炽盛光如来陀罗尼经〉探索——汉藏文化交流的一侧面》,《中国藏学》2014年第3期。

王家鹏:《大崇教寺与永乐宣德佛造像》,《紫禁城》2014年第5期。

谢继胜:《居庸关过街塔造像义蕴考——11至14世纪中国佛教艺术图像配置的重构》,《故宫博物院院刊》2014年第5期。

罗文华:《永宣造像考研究和收藏的焦点问题》,《紫禁城》2014年第5期。

谢继胜:《瞿昙寺与永宣艺术明初宫廷趣味影响下的汉藏佛教艺术》,《紫禁城》2014年第5期。

廖旸:《明智化寺本〈佛说金轮佛顶大威德炽盛光如来陀罗尼经〉图像研究》,《藏学学刊》第10辑,中国藏学出版社2014年版。

乌云毕力格、道帏·才让加:《〈铁龙年顾实汗颁给达普寺的铁券文书〉考释》,《藏学学刊》第10辑,中国藏学出版社2014年版。

熊文彬、郑堆:《〈诸佛菩萨妙相名号经咒〉木刻版画——明代内地汉藏与藏汉艺术交流的重要遗珍》,谢继胜、罗文华、石岩刚主编:《汉藏佛教美术研究:第四届西藏考古与艺术国际学术讨论会论文集》,上海古籍出版社2014年版。

李晓英、牛海桢:《明至清初青藏高原手工业发展研究——以朝贡物品为中心》,《西藏大学学报》2015年第1期。

陈时龙:《明代的敕和敕谕》,《故宫学刊》2015年第2期。

Karl Debreczeny(杜凯鹤):《绛域佛法:十世噶玛巴汉风唐卡绘画在丽江的发展》,张雯译,《美成在久》2015年第3期。

张昕、杨志国、李江:《北京智化寺彩画与佛教器物梵字考》,《古建园林技术》2015年第3期。

陈捷、张昕：《明清汉地佛寺彩画兰札体梵字纹饰考析》，《美术研究》2015年第3期。

杜常顺：《明代临洮宝塔寺及其法王史实考述——明代〈宝塔寺报恩传流碑〉笺释》，《青海师范大学学报》2015年第3期。

李帅：《明朝颁赐藏僧象牙图章研究》，《西藏大学学报》2015年第3期。

石婷婷：《明清瓷器八吉祥纹的发展演变》，《中国藏学》2015年第3期。

廖旸：《夏鲁寺护法殿门廊御榻图补论》，《世界宗教文化》2015年第4期。

切排、唐传菅：《明朝中央与藏区地方权力互动中的藏传佛教高僧》，《世界宗教文化》2015年第4期。

胡正宁、范金民：《郑和下西洋研究二题——基于洪保〈寿藏铭〉的考察》，《江苏社会科学》2015年第5期。

罗文华：《从西藏贡嘎曲德寺壁画看钦则画派的特点》，《故宫博物院院刊》2015年第5期。

喜富裕：《试论明成祖时期宦官出使乌思藏的活动》，《西藏研究》2015年第6期。

沈卫荣：《背景书和书之背景：说汉文文献中西藏和藏传佛教形象》，《想象西藏：跨文化视野中的和尚、活佛、喇嘛和密教》，北京师范大学出版社2015年版。

沈卫荣：《论蒙元王朝于明代中国的政治和宗教遗产——藏传佛教于西夏、元、明三代政治和宗教体制形成中的角色研究》，艾瑞卡·福特等主编：《8—15世纪中西部西藏的历史、文化与艺术》，中国藏学出版社2015年版。

熊文彬：《〈诸佛菩萨妙相名号经咒〉与明代内地藏传佛教版画艺术》，艾瑞卡·福特等主编：《8—15世纪中西部西藏的历史、文化与艺术》，中国藏学出版社2015年版。

阴海燕：《明代藏传佛教度牒制度探微》，《藏学学刊》第13

辑，中国藏学出版社 2015 年版。

霍巍：《西藏西部考古新发现的茶叶与茶具》，《西藏大学学报》2016 年第 1 期。

李文萍：《清与元明中央政府治藏宗教政策的差异及成因分析》，《西藏大学学报》2016 年第 1 期。

次旦扎西：《论明朝管理西藏宗教事务的基本经验》，《西藏大学学报》2016 年第 1 期。

熊文彬：《西藏著名艺术家十世噶玛巴活佛却英多吉笔下的汉式风格作品》，《中国藏学》2016 年第 1 期。

何孝荣：《印僧撒哈咱失里与元明时期印度密教在中国的传播》，《西南大学学报》2016 年第 2 期。

励轩：《美国藏学的历史、现状和未来》，《西北民族研究》2016 年第 2 期。

王启龙：《百年来汉藏关系史研究及相关问题》，《西南民族大学学报》2016 年第 2 期。

李志明、洲塔：《新发现的两件班丹扎释法旨及相关史实考述》，《中国藏学》2016 年第 3 期。

王家鹏：《明永乐宣德佛像源流新证——兼论明初朝廷治藏方略中甘青地区的重要地位》，《中国藏学》2016 年第 4 期。

王启龙、王丽：《近三十年来的韩国藏学研究》，《中国藏学》2016 年第 4 期。

徐汝聪：《解析上海出土文物中的藏传佛教因素》，《东南文化》2016 年第 5 期。

李勤璞：《"西藏"地名的起源》，《历史研究》2016 年第 5 期。

赵现海：《世界近代史的起点与明代中国的历史分流》，《中国史研究动态》2016 年第 5 期。

陈武强：《近 30 年来明代治藏政策研究综述》，《西藏研究》2016 年第 6 期。

刘立云：《明清陕藏商道研究》，《西藏研究》2016 年第 6 期。

刘凤强：《元明清时期藏族史书编纂与多民族共同体认识的形成》，《贵州民族研究》2016年第11期。

邓锐龄：《〈中国历史地图集〉元明时期西北边疆图幅地理考释》，《中国藏学》2016年第S1期。

沈卫荣、侯浩然：《〈吉祥喜金刚集轮甘露泉〉和〈如来顶髻尊胜佛母现证仪〉》，《文本与历史：藏传佛教历史叙事的形成和汉藏佛学研究的建构》，中国藏学出版社、北京大学出版社2016年版。

熊文彬、孜强·边巴旺堆：《西藏拉孜县平措林寺祖拉康大殿壁画的题材与风格及其流派初探》，《藏学学刊》第14辑，中国藏学出版社2016年版。

朱德涛：《两枚明清中央政府颁赐西藏地方官员印章考释》，《藏学学刊》第15辑，中国藏学出版社2016年版。

黄辛建、陈东：《从藏文史籍中有关朱元璋的记载看明清时期藏人对中原的认知》，《藏学学刊》第15辑，中国藏学出版社2016年版。

张永攀：《明王朝经藏与南亚诸部交通史迹补释》，《中国边疆学》第8辑，社会科学文献出版社2017年版。

李帅：《明代涉藏文物识读二则》，王煜主编：《文物、文献与文化：历史考古青年论集》第1辑，上海古籍出版社2017年版。

李帅、朱德涛：《大庆法王领占班丹考实——从大庆法王给大宝法王的一封致书谈起》，《藏学学刊》第17辑，中国藏学出版社2017年版。

李淮东：《明代汉藏交通的兴衰演变——以明朝使臣入藏活动为中心的探讨》，《中国边疆史地研究》2017年第2期。

刘永文、齐玲玲、王令梅：《大应法王札实巴考论》，《西藏大学学报》2017年第2期。

李志明：《大智法王班丹扎释年谱》，《西藏研究》2017年第3期。

熊文彬、廖旸：《哲蚌寺措钦大殿内转经道壁画的年代、题材与风格初探》,《中国藏学》2017年第3期。

刘冬梅:《勉唐派唐卡在拉萨的传承历史》,《西藏艺术研究》2017年第4期。

吴明娣、高燕宏:《明代佛教织绣与汉藏艺术交流》,《中国藏学》2017年第4期。

吴明娣、陈南:《冲突与调和——藏传佛教人骨法器在内地的流传及其影响》,《世界宗教研究》2017年第5期。

陈武强、杨洁:《明实录所见洪武时期明朝中央政府与藏族地方交往中的使臣派遣》,《西藏民族大学学报》2018年第1期。

杜常顺:《明代藏僧驻京的三大寺院考述——兼论教派色彩与法脉传承》,《青海民族研究》2018年第1期。

安海燕:《明成祖遣使召请宗喀巴史事再考》,《中国藏学》2018年第2期。

何峰:《永乐皇帝诏请宗喀巴再探——宗喀巴的基本态度及其原因分析》,《青藏高原论坛》2018年第2期。

王瑞雷:《西藏甘丹寺藏明初十六罗汉刺绣唐卡相关问题初探》,《故宫博物院院刊》2018年第3期。

李勤璞:《明代乌思藏别称"五藏"考——兼论满文 wargi dzang 的由来》,《中国藏学》2018年第3期。

陈沛杉:《明朝对西藏地方政教首领的册封及其演变》,《西藏研究》2018年第4期。

孙玲、陈武强:《明永乐年间的遣藏使》,《西藏大学学报》2018年第4期。

安海燕:《大慈法王释迦也失两次进京相关史事新证》,《民族研究》2018年第6期。

董华锋:《新发现的〈班丹扎释偈挽碑〉及相关问题研究》,《藏学学刊》第18辑,中国藏学出版社2018年版。

安海燕:《明代汉译藏传密教文献与北京的藏传佛教——兼论明代北京藏传佛教格局的形成》,《青海民族研究》2019年第1期。

张孝明：《明代西藏仁蚌巴家族与藏传佛教诸派关系》，《中国藏学》2019年第1期。

李帅：《论西藏地方的明代复制官印》，《西藏大学学报》2019年第3期。

王晶：《明代出土玉带相关问题研究》，《故宫博物院院刊》2019年第3期。

朱丽霞：《明朝汉人"诈冒"番僧现象探析》，《宗教学研究》2019年第4期。

陈武强：《〈明实录〉所见永乐时期中央政府与藏地人员往来论析——以出使人员为中心的历史考察》，《西藏研究》2019年第5期。

朱丽霞：《明代藏僧在内地的社会经济活动及其意义》，《暨南学报》2019年第11期。

杨天雪：《明成祖召请大乘法王史事考》，《中国藏学》2020年第1期。

李帅：《文物所见大宝法王名号在明代前期的传承与变迁》，《南方民族考古》第20辑，科学出版社2020年版。

（三）学位论文

朴永焕：《汉藏茶马贸易对明清时代汉藏关系发展的影响》，博士学位论文，四川大学，2003年

央倩：《论藏族茶文化》，硕士学位论文，中央民族大学，2005年。

杜常顺：《明朝宫廷与佛教关系研究》，博士学位论文，暨南大学，2005年。

任小波：《明代西番馆与西番馆来文》，硕士学位论文，中央民族大学，2007年。

童赛玲：《明代宫廷艺术与西藏本土佛教美术的交流》，硕士学位论文，中国美术学院，2008年。

妥延青：《试论明永乐时期汉藏之间的关系》，硕士学位论文，中央民族大学，2009年。

卢亮华：《明代中央政府赴藏地使者辑考》，硕士学位论文，

中央民族大学，2010年。

阴海燕：《明朝"多封众建"治藏方略研究》，硕士学位论文，西藏大学，2010年。

尹航：《明代内地藏传佛教民间流布考述》，硕士学位论文，中央民族大学，2011年。

曹娟：《"朝天录"中的明代北京藏传佛教研究——以〈燕行录全集〉为中心》，硕士学位论文，中央民族大学，2012年。

李淮东：《明代使藏使臣研究》，硕士学位论文，西北民族大学，2012年。

王红：《汉译佛经叙事研究》，博士学位论文，西北大学，2012年。

张超：《汉地藏式佛塔研究》，硕士学位论文，四川大学，2013年。

高宪平：《明代正统、景泰、天顺三朝景德镇民窑瓷业研究》，硕士学位论文，景德镇陶瓷学院，2014年。

马晓菲：《明代僧官制度研究》，博士学位论文，山东大学，2014年。

周景培：《明代永乐宫廷金铜造像研究》，硕士学位论文，台湾大学，2016年。

四　外文资料

（一）日文

高楠顺次郎、渡边海旭主编：《大正新修大藏经》第46册《诸宗部三·密咒圆因往生集（一九五六部）》，大藏出版株式会社1924—1934年版。

竜池清「明代北京に於ける喇嘛教団」（《明代北京的喇嘛教团》）『仏教研究』第4卷第6号、1941。

滋賀高義「明の成祖と西藏——哈立麻の来朝を中心として」『大谷史学』1961（8）。

佐藤長「明の武宗の『活佛』迎請について」（《关于明武宗的迎请活佛》）『仏教史学論集：塚本博士頌寿記念』塚本博士頌

寿記念会、1961。

佐藤長『中世チベット史研究』（《中世纪西藏史》）同朋舎、1986。

乙坂智子：《明朝西藏政策的基本体制——关于法王号与王号授予的考察》，Tamkang 大学《第二届中国政教关系国际学术研讨会论文集》，台北，1991 年。

乙坂智子「明敕建弘化寺考——一个青海格鲁派寺院的地位」『史話』『筑波大学東洋史論文集』第 6 期、1991。

乙坂智子「格鲁派与蒙古族关系的建立及与明朝的关系问题」『日本西藏研究学会紀要』卷 39、1993。

乙坂智子「一个反映了格鲁派与明朝关系的寺院—弘化寺的研究」『東洋文庫研究部紀要』卷 52、1994。

乙坂智子「永楽 5 年『御製霊谷寺塔影記』をめぐって：明朝によるチベット仏教導入の一側面」（《关于永乐五年"御制灵谷寺塔影记"——明朝引入藏传佛教的一个侧面研究》）『日本西藏学会々報』41・42 合併号、1997。

乙坂智子「明朝接待在京藏傳佛教僧人的政策」『蛮夷之王、胡羯之僧』平城 8、9、10 年度科学研究費補助金報告書、1998。

乙坂智子「帰ってきた色目人—明代皇帝権力と北京順天府のチベット仏教」（《归来的色目人——明代皇帝的权力和北京顺天府的藏传佛教》）『横浜市立大学論叢』第 51 卷第 1・2 合併号、2000。

(二) 西文

H. E. Richardson, "The Karma – Pa Sect. A Historical Note: Part I with Plates Ⅶ – Ⅺ," （《噶玛巴教派：一个历史注记 I》）*The Journal of the Royal Asiatic Society of Great Britain and Ireland*, No. 3/4 (Oct., 1958), pp. 139 – 164.

H. E. Richardson, "The Karma – Pa Sect. A Historical Note: Part Ⅱ Appendix A," （《噶玛巴教派：一个历史注记 Ⅱ》）*The Journal of the Royal Asiatic Society of Great Britain and Ireland*, No. 1/2 (Apr., 1959), pp. 1 – 18.

H. E. Richardson, *A Short History of Tibet* (《西藏简史》), New York, E. P. Dutton, 1962.

David M. Farquhar, "Emperor as Bodhisattva in The Governance of The Ching Empire," (《皇帝菩萨》) *Harvard Journal of Asiatic Studies*, Vol. 38, No. 1 (Jun., 1978), pp. 5 – 34.

Turrell V. Wylie, "Lama Tribute in the Ming Dynasty," (《明代喇嘛的进贡》) *Tibetan Studies in Honounr of Hugh Richardson*, Oxford, 1979, pp. 335 – 340.

Ulrich von Schroeder, *Indo – Tibetan Bronzes* (《印度与西藏的铜造像》), Hong Kong: Visual Dharma Publications, 1981.

Elliot Sperling, *Early Ming Policy toward Tibet : An Examination of the Proposition that the Early Ming Emperors Adopted a "Divide and Rule" Policy toward Tibet* (《明初对藏政策：对主张明初皇帝实施"分而治之"政策治藏的一个检验》), Ph. D. dissertation, Bloomington: Indiana University, 1983.

Guiseppe Tucci, *Indo – tibetica*, New Delhi: Aditya Prakashan, 1989. 图齐著, 魏正中、萨尔吉主编:《梵天佛地》, 上海古籍出版社 2009 年版。

Weldon David, "The Perfect Image: The Speelman Collection of Yongle and Xuande Buddhist Icons," (《完美的肖像：斯皮尔曼收藏的永乐、宣德造像》) *Arts of Asia*, Vol. 26, No. 3 (1996), pp. 64 – 73.

Michael Henss, "The Woven Image: Tibeto – Chinese Textile Thangkas of the Yuan and Early Ming Dynasties," (《编织的图像：元、明时期藏汉艺术的丝织唐卡》) *Orientations*, Vol. 28, No. 10 (1996), pp. 26 – 39.

Karl Debreczeny, "Fahai Temple and Tibetan Influence at the

Early Ming Court,"（《法海寺与明代早期的西藏影响》）Thesis（M. A.），Indiana University，Dept. of Central Eurasian Studies，1997.

Hugh Richardson，*High Peaks Pure Earth*（《高原净土》），London：Serindia Publications，1998.

Giuseppe Tucci，*Tibetan Painted Scrolls*（西藏画卷），Bangkok：SDI Publications，1999.

Elliot Sperling，"Notes on the Early History of Gro‐tshang Rdo‐rje‐Rdo‐rje‐'change and its Relations with the Ming Court,"（《卓仓多吉强和明朝的早期关系》）*Lungta*（2000），pp. 77‐87.

Ulrich von Schroeder，*Buddhist Sculptures in Tibet Vol. Two：Tibetan & Chinese*（《西藏佛教雕塑之二：西藏与汉地》），Hong Kong：Visual Dharma Publications Ltd.，2001.

Karl Debreczeny，"The Buddha's Law among the 'jang：the 10th karma‐pa's Development of His 'Chinese‐Style Thangka Painting' in the Kingdom of Lijiang,"（《佛陀之法在姜地：十世噶玛巴在丽江地区发展的"汉式风格唐卡画"》）*Orientations*，Vol. 34，No. 4（2003），pp. 46‐53.

Karl Debreczeny，"Sino‐Tibetan Artistic Synthesis in Ming Dynasty Temples at the Core and Periphery,"（《明代边缘和中心寺院中的汉藏艺术融合》）*The Tibet Journal*，Vol. 28，Issue 1/2（2003），pp. 49‐108.

Toh，Hoong Teik（卓鸿泽），"Tibetan Buddhism in Ming China,"（《明代汉地的藏传佛教》）Ph. D. dissertation，Harvard University，2004.

Elliot Sperling，"The Tibet‐China Conflict：History and Polemics,"（《汉藏冲突：历史与论战》）*Policy Studies*，2004，Issue 7，pp. 1‐43，45‐48.

James C. Y. Watt，Denise Patry Leidy，*Defining Yongle：Imperial Art in Early Fifteenth‐century China*（《定义永乐：15世纪早期中国

的帝国艺术》),New York: Metropolitan Museum of Art/New Haven : Yale University Press,2005.

Weirong Shen, " 'Accommodating Barbarians from Afar': Political and Cultural Interactions between Ming China and Tibet,"(《"怀柔远人":明朝与西藏之间的政治与文化互动》)*Ming Studies*, Number 56, Fall 2007, pp. 37 – 93.

Heather Stoddard, *Early Sino – Tibetan Art*(《早期汉藏艺术》),Bangkok : Orchid Press Publishing Limited, 2008.

Ulrich von Schroeder, *108 Buddhist Statues in Tibet: Evolution of Tibetan Sculptures*, Chicago: Serindia Publications, 2008. 乌尔里希·冯·施罗德:《西藏寺庙珍藏佛教造像108尊》,罗文华译,文化艺术出版社2010年版。

Marsha Weidner, "Beyond Yongle: Tibeto – Chinese Thangkas for The Mid – Ming Court,"(《永乐之外:明代中期宫廷的藏汉风格唐卡》)*Artibus Asiae*, Vol. 69, No. 1 (2009), pp. 7 – 37.

Amy Heller, "A Yung lo Embroidery Thangka: Iconographic and Historic Analysis,"(《一幅永乐刺绣唐卡:图形与历史的分析》)谢继胜、罗文华、景安宁主编:《汉藏佛教美术研究:第三届西藏考古与艺术国际学术讨论会论文集》,上海古籍出版社2009年版,第293—302页。

Helmut F. Neumann, Heidi A. Neumann, "A Tibetan Thangka Painted in Beijing,"(《一幅绘制于北京的藏式唐卡》)谢继胜、罗文华、景安宁主编:《汉藏佛教美术研究:第三届西藏考古与艺术国际学术讨论会论文集》,上海古籍出版社2009年版,第303—309页。

Marsha Weidner, "Sino – Tibetan Tangkas of the Chenghua and Zhengde Periods in Western Collections," 谢继胜、罗文华、景安宁主编:《汉藏佛教美术研究:第三届西藏考古与艺术国际学术讨论会论文集》,上海古籍出版社2009年版,第311—332页。

Sam Van Schaik, *Tibet: A History*(《西藏简史》), New Haven and London: Yale University Press, 2011.

Martin Slobodník, "Tribute and Trade: Economic Exchanges between Central Tibet and Early Ming China," (《朝贡和贸易：中部西藏和明代早期中国之间的经济交流》) *Studia Orientalia Slovaca*, I2·2 (2013), pp. 227 – 246.

Xiong Wenbin, "The Dissemination and Transformation of Han Chinese – style Sudhana or Chinese – style Children in Tibetan Buddhist Art during the Ming Dynasty," *China Tibetology*, No. 2, September 2017, pp. 56 – 79.

Xiong Wenbin, "Ancient Tubo – Nepal Road and Its Major Remains from the Song, Yuan, Ming and Qing Dynasties," *China Tibetology*, No. 1, March 2019, pp. 67 – 89.

Hon – Shiang Lau, "The Political Status of Tibet During the Ming Dynasty: An Analysis of Some Historical Evidence," (《明代西藏的政治地位：基于一些历史证据的分析》) *China Report*, Vol. 55, 2 (2019), pp. 154 – 171.

专有名词汉藏对照

A

阿吉旺秋扎西扎巴坚赞贝桑布/阿吉汪束劄失劄巴坚参巴藏卜ངག་དབང་ཕྱོགས་ལས་རྣམ་རྒྱལ་དཔལ་བཟང་པོ།

阿木葛灌顶国师ཨ་མོགྷ་ཀྲོ་ཤྲཱི།

阿旺贡噶索南ངག་དབང་ཀུན་དགའ་བསོད་ནམས།

阿旺扎西扎巴ངག་དབང་བཀྲ་ཤིས་གྲགས་པ།

阿屑领占ཨ་ཤེར་རིན་ཆེན།

安多ཨ་མདོ།

昂仁维桑林寺ངམ་རིང་བོད་གསལ་གླིང་དགོན།

昂仁扎桑寺ངམ་རིང་བཀྲ་བཟང་དགོན།

B

八思巴འགྲོ་མགོན་འཕགས་པ།

巴觉邓珠དཔལ་འབྱོར་དོན་གྲུབ།

巴卧·祖拉陈瓦དཔའ་བོ་གཙུག་ལག་ཕྲེང་བ།

巴藏卜པ་བཟང་པ།

白居寺དཔལ་འཁོར་ཆོས་སྡེ།

白朗པ་སྣམ།

班禅额尔德尼པན་ཆེན་ཨེར་ཏི་ནི།

班丹坚错དཔལ་ལྡན་མཚོ།

班丹托思巴藏卜监本དཔལ་ལྡན་ཐོགས་དཔལ་བཟང་།

班丹扎释དཔལ་ལྡན་བཀྲ་ཤིས།

班觉儿言千དཔལ་འབྱོར་མཆོག།

班蓝端竹巴དཔལ་ལྡན་གྲུབ་པ།

班南尖卒དཔལ་ལྡན་མཆོག།

班卓巴藏卜དཔལ་མཛོད་པ་བཟང་།

班卓尔藏布དཔལ་འབྱོར་བཟང་པོ།

班着端竹/班卓端竹དཔལ་འབྱོར་དོན་གྲུབ།

必力公瓦/止贡འབྲི་གུང་།

孛隆逋瓦桑儿加领真/桑结仁钦འབྲོང་བུ་བསམ་རྒྱས་རིན་ཆེན།

布达拉宫པོ་ཏ་ལ།

C

蔡巴/察里巴ཚལ་པ།

禅师ཆན་སི/བཙམས་གཏན་པ།

昌珠寺ཁྲ་འབྲུག་དགོན།

绰吉我些儿ཆོས་ཀྱི་འོད་ཟེར།

绰思吉监藏ཆོས་ཀྱི་རྒྱལ་མཚན།

绰竹藏卜ཆོས་གྲུབ་བཟང་པོ།

促儿卜/簇尔卜/楚布寺མཚུར་ཕུ་དགོན།

挫失吉མཚོ་ཤེས།

错尔基寺ཚོས་རྗེ་མགོན།

D

达仓宗巴·班觉桑布སྟག་ཚང་པ་དཔལ་འབྱོར་བཟང་པོ།
达赖喇嘛ཏཱ་ལའི་བླ་མ།
达隆巴·阿旺南杰སྟག་ལུང་པ་ངག་དབང་རྣམ་རྒྱལ།
达隆噶举派སྟག་ལུང་བཀའ་བརྒྱུད།
达隆寺སྟག་ལུང་དགོན།
达瓦多杰ཟླ་བ་རྡོ་རྗེ།
达孜县སྟག་རྩེ་རྫོང་།
答力麻八剌ཉག་ཀྲ་དཔལ་པ།
打箭炉དར་རྩེ་མདོ།
大崇教寺ཏ་ཆུང་ཅའོ་དགོན།
大国师ཏ་གུ་ཤྲཱི།
大隆善寺ཏ་ལུང་ཧྲན་དགོན།
大庆法王领占班丹ཏ་ཆིང་ཆོས་ཀྱི་རྒྱལ་པོ་རིན་ཆེན་དཔལ་ལྡན།
大昭寺གཙུག་ལག་ཁང་།
丹萨替寺གདན་ས་མཐིལ་དགོན།
得银协巴དེ་བཞིན་གཤེགས་པ།
德吉康萨娃བདེ་སྐྱིད་ཁང་གསར་བ།
德来钻竹扎西若དེ་ལེགས་འཛིན་འབྲུག་བཀྲ་ཤིས་རབ།
德庆བདེ་ཆེན།
邓柯འདན་ཁོག
帝师ཏི་ཤྲཱི།
第巴སྡེ་པ།
第悉སྡེ་སྲིད།
东嘎寺དུང་དཀར་དགོན།
都却喇让དུས་མཆོད་བླ་བྲང་།
都松钦巴དུས་གསུམ་མཁྱེན་པ།
端古禄丹竹斡薛/端竹沃色དོན་གྲུབ་འོད་ཟེར།
端竹班丹དོན་གྲུབ་དཔལ་ལྡན།
端竹监藏དོན་གྲུབ་རྒྱལ་མཚན།
端竹领占དོན་གྲུབ་རིན་ཆེན།
端竹斡薛儿巴里藏卜དོན་གྲུབ་འོད་ཟེར་དཔལ་བཟང་པོ།
端竹也舍དོན་གྲུབ་ཡེ་ཤེས།
堆隆སྟོད་ལུང་།
堆龙德庆སྟོད་ལུང་བདེ་ཆེན།
顿月多杰དོན་ཡོད་རྡོ་རྗེ།
朵儿只唱རྡོ་རྗེ་འཆང་།
朵儿只领占རྡོ་རྗེ་རིན་ཆེན།
朵甘思མདོ་ཁམས།
朵康མདོ་ཁམས།

E

俄尔寺/艾旺却丹寺ངོར་དགོན།/ཨེ་ཝཾ་ཆོས་ལྡན།
俄力思/阿里三围/纳里速古鲁孙མངའ་རིས་སྐོར་གསུམ།

F

法王ཆོས་རྗེ།

G

噶举派བཀའ་བརྒྱུད།
噶玛寺/噶玛丹萨寺ཀརྨ་དགོན།/ཀརྨ་ལྷ་སྟེང་དགོན།
甘丹颇章དགའ་ལྡན་ཕོ་བྲང་།
甘丹寺དགའ་ལྡན་དགོན།
高日瓦领禅伯བཀའ་བཞི་པ་རིན་ཆེན་དཔལ།
高日斡锁南观བཀའ་བཞི་པ་བསོད་ནམས་མགོན།
哥罗竹坚参巴藏卜བཀྲ་ཤིས་རྒྱལ་མཚན་དཔལ་བཟང་པོ།
格列饶丹དགེ་ལེགས་རབ་བརྟན།
格鲁派དགེ་ལུགས་པ།
葛谛藏卜བཀྲ་ཤིས་བཟང་པོ།
葛哩麻巴ཀརྨ་པ།
葛哩麻巴希ཀརྨ་པ་ཀྵི།

公哥儿寨/贡噶宗
公哥儿寨官忍昝巴
公哥坚藏巴藏卜
公哥列思监藏巴藏卜
公葛巴
公哈领占着即坚参巴藏卜
贡嘎岗堆·钦则钦莫
贡嘎宁波
贡嘎曲德寺
贡嘎县
古格
固始汗
管着坚昝
管著烈思巴簇林监藏
郭芒扎仓
国公
国师
果栾罗葛啰监藏巴里藏卜/果栾罗葛罗坚藏巴里藏卜

H

哈尔麻/哈立麻/噶玛巴/葛哩麻巴/葛哩麻/葛里麻/哈立麻巴/合立麻

J

吉剌思巴监藏巴理藏卜/吉剌思巴监藏巴藏卜
吉隆曲德寺
加麻
贾曹杰

江孜
绛巴达钦
绛曲坚赞
结瓦藏

K

堪钦·素朗却珠
康
昆葛班鸠儿
昆葛锁南扎叭坚参巴藏卜
昆泽思巴

L

拉堆绛
拉堆洛
拉隆寺
拉萨
拉孜
喇嘛/剌麻
剌麻三竹藏卜
剌昝肖/拉增加玛
来乌群巴/流崇干
浪卡子/俺不罗
冷真监藏
灵藏
领监端竹
领占巴/仁钦贝
领占端竹
领占坚参
领占坚参叭儿藏卜
领占省吉
领占扎

领占扎巴 རིན་ཆེན་གྲགས་པ།
领占竹 རིན་ཆེན་གྲུབ།
罗布林卡ནོར་བུ་གླིང་ག
罗桑图都བློ་བཟང་མཐུ་སྟོབས།
洛扎ལྷོ་བྲག
洛竹坚藏巴藏卜 ལྷོ་གྲུབ་རྒྱལ་མཚན་དཔལ་བཟང་པོ།
洛竹列思巴ལྷོ་གྲུབ་ལེགས་པ།

M

玛尔巴མར་པ།
满答剌/曼遮མཎྜལ།
弥觉多吉མི་བསྐྱོད་རྡོ་རྗེ།
米拉日巴མི་ལ་རས་པ།
勉拉顿珠སྨན་བླ་དོན་གྲུབ།
敏珠林寺སྨིན་གྲོལ་གླིང་དགོན་པ།
墨竹工卡མལ་གྲོ་གུང་དཀར།
木雅མི་ཉག

N

那卜坚参ནོར་བུ་རྒྱལ་མཚན།
那塘寺སྣར་ཐང་།
乃东སྣེ་གདོང་།
乃宁曲德寺གནས་རྙིང་ཆོས་སྡེ་དགོན།
南哥思丹巴亦坚藏ནམ་མཁའ་བསྟན་པ་ཡེ་རྒྱལ་མཚན།
南葛坚参巴藏卜ནམ་མཁའ་རྒྱལ་མཚན་དཔལ་བཟང་པོ།
南葛监藏ནམ་མཁའ་རྒྱལ་མཚན།
南葛劄失坚参叭藏卜/南渴扎失坚参巴藏卜 ནམ་མཁའ་བཀྲ་ཤིས་རྒྱལ་མཚན་དཔལ་བཟང་པོ།
南喀桑布ནམ་མཁའ་བཟང་པོ།
南喀扎西ནམ་མཁའ་བཀྲ་ཤིས།
南渴宁卜ནམ་མཁའ་སྙིང་པོ།
南木林རྣམ་གླིང་།
喃葛加儿卜ནམ་མཁའ་རྒྱལ་པོ།
喃葛监卜ནམ་མཁའ་རྒྱལ་པོ།

喃葛列思巴/喃渴烈思巴ནམ་མཁའ་ལེགས་པ།
喃加巴藏卜ནམ་རྒྱལ་པ་དཔལ་བཟང་པོ།
尼玛寺ཉི་མ་དགོན།
尼木杰吉寺སྙེ་མོ་རྒྱལ་རྩེ་དགོན།
牛儿宗/内邬宗སྣེའུ་རྫོང་།

P

帕木竹巴ཕག་མོ་གྲུ་པ།
帕竹噶举ཕག་གྲུ་བཀའ་བརྒྱུད།
彭措南杰ཕུན་ཚོགས་རྣམ་རྒྱལ།
普布ཕུར་བུ།

Q

琼结县འཕྱོངས་རྒྱས་རྫོང་།
瞿昙寺ཀོའུ་ཐན་དགོན་པ།
曲堆ཆུ་འདུས།
曲吉旺秋ཆོས་ཀྱི་དབང་ཕྱུག
却英多吉ཆོས་དབྱིངས་རྡོ་རྗེ།
却札嘉措ཆོས་གྲགས་རྒྱ་མཚོ།

R

仁蚌宗/领思奔寨རིན་སྤུངས་རྫོང་།
日喀则གཞིས་ཀ་རྩེ།
日托བྲི་མཐོང་།
日托巴罗葛罗监粲བྲི་མཐོང་བ་ཆོས་ཀྱི་རྒྱལ་མཚན།
乳必多吉རང་བྱུང་རྡོ་རྗེ།
乳奴领占གཞོན་ནུ་རིན་ཆེན།

S

撒力加监藏ས་སྐྱ་རྒྱལ་མཚན།
萨迦/萨释迦巴ས་སྐྱ།
萨迦寺ས་སྐྱ།
桑儿结སངས་རྒྱས།
色拉寺སེ་ར།

沙加
沙加星吉
赏巴国公
舍剌星吉
失家摄聂
释迦也失
司徒
苏意扎巴坚赞
素尔措
索南嘉措
索南喜饶国师
索南扎西/速南吒释
琐南藏卜
锁南巴
锁南巴藏卜
锁南奔
锁南坚参
锁南坚参巴藏卜
锁南领占
锁南领占巴藏卜
锁南泥麻
锁南剳思巴噫监藏卜

T

铁哩麻
通哇敦丹/统瓦顿丹
托林寺
妥巴阿摩葛

W

完卜迭列葛剌失坚粲巴藏卜

完卜锁南坚参巴尔藏卜

万户长
沃卡达孜宗
乌思藏
五世达赖喇嘛阿旺罗桑嘉措

X

西天佛子
细脱拉章
夏鲁寺
夏仲阿旺扎巴
协噶尔
星吉
星吉班丹
星吉儿监藏
雄顿·多吉坚赞
畜吉短竹

Y

亚郊巴
羊八井寺
仰思都巴
仰思多
远丹罗竹
远丹星吉

Z

藏卜监参
泽当寺
扎巴
扎巴坚赞/札巴坚参
扎巴迥乃
扎巴远丹

扎仓གྲྭ་ཚང༌། 劄失竹བཀྲ་ཤིས་སྒྲུབ།
扎喀གྲགས་དཀར། 札实巴བཀྲ་ཤིས་པ།
扎囊县གྲ་ནང་རྫོང༌། 张桑节朵而只སངས་རྒྱས་རྡོ་རྗེ།
扎失乳奴བཀྲ་ཤིས་གཞོན་ནུ། 章阳沙加དབྱངས་དཔལ་བཟང་སྐྱབས།
扎失远丹བཀྲ་ཤིས་ཡོན་ཏན། 哲蚌寺འབྲས་སྤུངས་དགོན་པ།
扎什伦布寺བཀྲ་ཤིས་ལྷུན་པོ་དགོན། 哲尊巴རྗེ་བཙུན་པ།
扎什藏卜བཀྲ་ཤིས་བཟང་པོ། 竹巴失剌གྲུབ་པ་ཤེས་རབ།
扎西巴觉བཀྲ་ཤིས་དཔལ་འབྱོར། 著肖藏卜གྲུབ་པ་བཟང་པོ།
扎西贝巴བཀྲ་ཤིས་དཔལ་འབར། 孜东拉章རྩེ་གདོང་བླ་བྲང༌།
扎西贝孜བཀྲ་ཤིས་དཔལ་རྩེ། 宗本རྫོང་དཔོན།
劄葛尔卜寨/扎噶寨བྲག་དཀར་རྫོང༌། 宗本རྫོང་དཔོན།
劄葛尔卜寨官领占巴/仁钦贝 宗喀巴ཙོང་ཁ་པ།
བྲག་དཀར་རྫོང་དཔོན་གྲགས་པ།/རིན་ཆེན་དཔལ། 钻竹罗古鲁འཛིན་འབྲུག་བློ་གྲོས།
劄思巴劄失坚参གྲགས་པ་བཀྲ་ཤིས་མཚན།

后　　记

　　这本拙著是基于我博士学位论文修改而成的，所谓敝帚自珍，确有些许欣悦，但同时亦有不安。所不安者，一是在于为文者，一旦铅字落定，误漏之处便于白纸黑字间固定下来。二是自己博士学位论文的研究领域，是几经周折后才确定的，在主题、时代和研究范式等方面与自己早前主攻的西南考古有较大差异，七年来虽算比较努力，但亦感功力和底气不足，还存在不少误漏和有待完善深化之处。今虽有幸付梓，但觉前路漫漫，仍将继续求索。故暂借此时，对自己的过往岁月做些回望，对自己曾经的学习做一个阶段性的总结，感恩扶持自己的人们。

　　来自乡村的我，过往的岁月多没有明确的规划，只要求自己一步步做好。回想高考时第一志愿选择考古，甚是庆幸，一是符合自己兴趣，二是遇见了川大。在川大考古系求学十年，六年直接受教于导师霍巍先生，一路成长，离不开他的教导、关心与帮助。先生的研究领域和视野十分广阔，治学与教学方法灵活多样，注重因材施教，宽严并济，除了传授具体的知识外，更注重方法和习惯的教授与培养。正是受先生的影响和鞭策，我不断地挑战和磨砺自己，最终选择了本书主题来做博士学位论文。虽然有过彷徨，但在先生的指导与教诲下得以不断前行，今天奉上的这本拙著，既是自己的学习成果，也是先生的心血凝聚，其中若有可点之处，离不开先生的教诲，而存在的纰漏或舛误，全然是因自己学力有限。

本书在写作和完善过程中还得到了很多师友的帮助。黄伟、熊文彬二位先生曾给予我很多有益的思路和建议，博士学位论文的五位匿名评审专家、五位答辩老师以及三位书稿匿名审阅专家给本书提出了很多合理的修改意见，在此向他们表示感谢。朱德涛博士、夏吾卡先副研究员、卢素文博士和张孝明博士等在藏文材料翻译、专有名词汉藏对照等方面给我提供了帮助，也给予了不少修改建议；另外师弟王文波曾帮我梳理过书稿的词语规范，西藏博物馆何晓东老师在资料收集方面曾予以支持，在此一并致谢。在川大的学习和成长离不开考古系各位老师的辛勤培养，在此向他们表示诚挚的谢意。有幸在求学路上遇到了许多真诚的朋友，谢谢你们一路相伴，我将铭记在心。最后还要感谢中国历史研究院支持本书的出版，社会科学文献出版社赵晨编辑细致而辛苦的编辑工作使本书的误漏被尽可能减少。

家人永远是我心里最深的牵挂，对他们的感激和深爱无法用言语表达。我父母平凡而朴实，他们日复一日地艰辛工作，默默的付出，只为让家人活得更好。回首过往的三十余年，或因生活所致，或为前途所累，与他们总是聚少离多，但大家都在为家拼搏，所以无怨无悔。如今我也是一个两岁孩子的父亲，更能理解父母的伟大和无私。只希望至此之后，该是我报恩了。感谢我的爱人杨姣女士对我工作毫无怨言的理解和支持，只希望能给她幸福的一生，这是我对她最大的心愿。

从2012年藏王墓的田野工作开始，我便与辽阔的青藏高原结下了不解之缘，至今已在这片土地上进行了七个年度的田野考古工作。我时常在心中问自己，我们在这片土地考古为何，仅仅是为了探索未知的过去吗？突然有一天，落日余晖中所呈现的祥和与宁静似乎让我找到了一些答案。其实我们的工作是在探索这片土地的文化，是为了理解和传承这片土地的文化，并通过我们的研究让这片土地的文化与其他文化相通相识，让这里的人们与其他地方的人们相共相知，使不同文化的人们之间架起文化和心灵通融之桥，如此才能消融因文化差异所带来的疑惑、隔阂乃至冲突，尽可能让这片土地保持长久的稳定与安宁。或许，这是边疆考古应该具有的一点现实关怀吧。

笔难搁，旧难叙，思将存，恩铭记。希望在接下来的人生岁月中，自己于家有责，于业有心，于学有命，于人有信。

李 帅

2021 年 1 月 3 日完笔

图书在版编目(CIP)数据

以文治边：文物考古视瞰下明朝对西藏的经略 / 李帅著. -- 北京：社会科学文献出版社，2021.3（2022.1重印）
中国历史研究院学术出版资助项目
ISBN 978-7-5201-7454-1

Ⅰ.①以… Ⅱ.①李… Ⅲ.①地方政府 - 行政管理 - 研究 - 西藏 - 明代 Ⅳ.①D691.2

中国版本图书馆CIP数据核字（2020）第252598号

中国历史研究院学术出版资助项目
以文治边：文物考古视瞰下明朝对西藏的经略

著　　者 / 李　帅

出 版 人 / 王利民
责任编辑 / 赵　晨
责任印制 / 王京美

出　　版 / 社会科学文献出版社·历史学分社（010）59367256
　　　　　 地址：北京市北三环中路甲29号院华龙大厦　邮编：100029
　　　　　 网址：www.ssap.com.cn

发　　行 / 社会科学文献出版社（010）59367028
印　　装 / 三河市东方印刷有限公司

规　　格 / 开　本：787mm×1092mm　1/16
　　　　　 印　张：40.25　字　数：558千字
版　　次 / 2021年3月第1版　2022年1月第2次印刷
书　　号 / ISBN 978-7-5201-7454-1
定　　价 / 158.00元

读者服务电话：4008918866

版权所有 翻印必究